SFV

Sigmund Freud

Aus den Anfängen der Psychoanalyse

Briefe an Wilhelm Fließ
Abhandlungen und Notizen
aus den Jahren 1887-1902

S. Fischer Verlag

Korrigierter Nachdruck der Paperback-Ausgabe des
S. Fischer Verlags von 1962.
Umschlagentwurf: Eberhard Marhold
Satz: Hanseatische Druckanstalt GmbH, Hamburg
Druck: Poeschel & Schulz-Schomburgk, Eschwege
Einband: Ludwig Fleischmann, Fulda
Printed in Germany 1975
ISBN 3 10 022735 2

VORBEMERKUNG ZUM NACHDRUCK

Die vorliegende Ausgabe ist ein Nachdruck der 1962 von S. Fischer publizierten Paperbackedition von *Aus den Anfängen der Psychoanalyse.* Jedoch wurden einige Korrekturen durchgeführt:
In Band I der von ihm herausgegebenen *Standard Edition of the Complete Psychological Works of Sigmund Freud* (Hogarth Press, London 1966) hat James Strachey Teile von *Aus den Anfängen der Psychoanalyse* (die ja ihrerseits die Fließ-Dokumente nicht vollständig wiedergeben) aufgenommen, nämlich Auszüge aus den Briefen und Manuskripten sowie den ›Entwurf einer Psychologie‹. Bei der Vorbereitung des Bandes hat Strachey das Originalmanuskript mit der zuerst 1950 bei Imago Publishing Company, Ltd., in London erschienenen, von Marie Bonaparte, Anna Freud und Ernst Kris herausgegebenen deutschen Ausgabe verglichen. (Diese Ausgabe wurde in der Paperbackausgabe von 1962 unverändert nachgedruckt.) Dabei stellte er eine Reihe von Fehlern fest. Die wichtigsten Abweichungen zwischen Manuskript und Erstdruck sind in den Anmerkungen zu Band I der *Standard Edition* vermerkt. Natürlich betreffen diese Anmerkungen nur diejenigen Auszüge aus den *Anfängen*, die Strachey abdruckte. Zumindest diese Korrekturen aber sind im vorliegenden Nachdruck der deutschen Ausgabe durchgeführt. Allerdings wurden nur jene Berichtigungen übernommen, die eindeutig auf Irrtümer bei der Transkription der Handschrift zurückzuführen sind. Auf S. 177 wird jetzt die vollständige Beschriftung der Abbildung wiedergegeben. Vermutungen Stracheys über Datierungsfragen, die Entzifferung schwer lesbarer Stellen etc. wurden nicht aufgenommen. Auch bleiben typographische Eigenheiten des Manuskripts, etwa doppelte Unterstreichungen, bestimmte Abkürzungsgepflogenheiten etc., die Strachey anmerkt, hier unerwähnt. Es bestand ferner nicht die Absicht, Stracheys umfangreiche editorische Kommen-

tare und Querverweise sowie seine zur Erleichterung des Verständnisses vorgenommenen Einschaltungen in den Text in die vorliegende Ausgabe zu übernehmen. Der komplette Vergleich mit dem Manuskript sowie eine umfassende editorische Kommentierung müssen der definitiven und vollständigen Ausgabe von Freuds Sendungen an Wilhelm Fließ, die eine Aufgabe der Zukunft ist, vorbehalten bleiben.

Einige weitere Hinweise auf Fehler, die in der vorliegenden Ausgabe korrigiert werden konnten, verdanken wir K. R. Eissler, New York.

Auf folgenden Seiten sind Korrekturen durchgeführt worden; die Seitenzahlen stimmen mit denen der Paperbackausgabe von 1962 überein: S. 61; S. 62; S. 64; S. 72; S. 81; S. 82 (2x); S. 83; S. 84; S. 94 (4x); S. 95 (4x); S. 96; S. 97; S. 99; S. 101; S. 104; S. 125; S. 126 (2x); S. 129; S. 133; S. 135; S. 136; S. 145 (2x); S. 151; S. 152; S. 156; S. 176; S. 177 (Beschriftung der Abbildung); S. 178; S. 181; S. 182; S. 187; S. 193; S. 200; S. 229 (2x); S. 303; S. 309; S. 311; S. 314; S. 317; S. 318; S. 319 (2x); S. 321; S. 322; S. 324; S. 325; S. 326; S. 329 (2x); S. 334; S. 336; S.337; S. 338 (2x); S. 339; S. 341; S. 342 (4x); S. 343; S. 344; S. 345 (3x); S. 346; S. 347; S. 348 (3x); S. 349 (2x); S. 351; S. 352; S. 353; S. 355 (3x); S. 356; S. 359 (2x); S. 360 (3x); S. 361; S. 363 (2x); S. 364 (2x); S. 365; S. 367 (2x); S. 370 (2x); S. 371; S. 373 (2x); S. 374 (2x); S. 375 (3x); S. 377; S. 378 (3x); S. 379; S. 382 (3x); S. 383 (3x); S. 438.

Die Redaktion.

VORWORT DER HERAUSGEBER

Die vorliegende Veröffentlichung ist eine Auswahl aus einem Briefwechsel zwischen Sigmund Freud und dem Berliner Arzt und Biologen Wilhelm Fließ. Der Briefwechsel umfaßt die Zeit von 1887 bis 1902. Die hier verwendeten Briefe Freuds an Fließ gerieten zur Zeit des Nationalsozialismus in Deutschland mit anderen Teilen des Fließ'schen Nachlasses in den Antiquariatshandel und auf diesem Umweg in die Hände der Herausgeber.[1] Die Briefe Fließ' an Freud sind nicht auffindbar.
Die Vorarbeiten für die Ausgabe wurden von Marie Bonaparte besorgt. Die Auswahl des Materials im einzelnen von Anna Freud und Ernst Kris. Letzterer trägt die Verantwortung für Einleitung und Anmerkungen.
Das Gesamtmaterial des Briefwechsels besteht aus 284 Sendungen ungleichen Umfangs (Postkarten, Ansichtskarten, Briefe, Notizen, Manuskripte). Prinzip der Auswahl war, zu veröffentlichen, was sich auf die wissenschaftliche Arbeit und die wissenschaftlichen Interessen des Schreibers bezieht, wie auch auf die sozialen und politischen Verhältnisse, unter denen die Psychoanalyse entstanden ist. Gekürzt oder ausgelassen anderseits sind Stellen, die der ärztlichen oder persönlichen Diskretion zuwiderlaufen; Bemühungen des Schreibers, auf Fließ' wissenschaftliche Theorien und Periodenberechnungen einzugehen; ferner alle Briefe und Briefstellen, die Wiederholungen gleicher Gedankengänge enthalten, die sich auf die häufigen Verabredungen, geplante und zustandegekommene Begegnungen und auf manche Vorkommnisse im Familien- und Freundeskreis beziehen. Die nachstehende Tabelle (S. 453) gibt das Verhältnis zwischen der vorhandenen Gesamtzahl und der Zahl der hier veröffentlichten Sendungen.
Der Band enthält keinerlei sensationelles Material und ist vor allem für die Leser und eingehenden Kenner der veröffentlichten Schriften Freuds bestimmt. Die Einleitung und Anmerkungen versuchen, das Verständnis

der Briefe und Abhandlungen zu erleichtern und den Zusammenhang mit den gleichzeitigen und späteren Publikationen Freuds herzustellen. Die veröffentlichten Briefe sind fortlaufend numeriert, Notizen und Manuskripte alphabetisch bezeichnet. Die Datierung der Sendungen ist fast überall handschriftlich oder durch Poststempel gegeben; einige wenige Notizen und Manuskripte, bei denen die Datierung fehlt, sind von den Herausgebern an die dem Inhalt nach richtig erscheinende Stelle eingereiht. Auslassungen sind durch ... bezeichnet, fehlende Interpunktion ergänzt, Abkürzungen von Worten und Sätzen aufgehoben, alte Schreibweise korrigiert. Von den Herausgebern eingefügte Ergänzungen stehen in eckiger Klammer.

Nichts von dem im vorliegenden Band enthaltenen Material wäre vom Verfasser selbst zur Veröffentlichung zugelassen worden. Es war Freuds Gewohnheit, Vorarbeiten, Proben und Entwürfe zu vernichten, sobald sie ihren Zweck erfüllt hatten, der Öffentlichkeit nichts sachlich Unfertiges vorzulegen und Persönliches nur dann, wenn es ihm als unentbehrliches Material zum Aufzeigen unbewußter Zusammenhänge diente. Trotz der Bedenken, die sich aus dem Respekt vor dieser Einstellung des Autors ableiten, scheint es den Herausgebern berechtigt, diese durch einen Zufall erhaltenen Briefe dem Druck zu übergeben. Sie bringen, wie kein anderes verfügbares Material, Ergänzungen zur Vor- und Frühgeschichte der Psychoanalyse, geben Einblick in bestimmte Phasen des Arbeitsvorgangs, von den ersten klinischen Eindrücken bis zur Formuliebildung der Theorie, zeigen Umwege und Abwege in der Hypothesenbildung und machen das Bild des Schreibers in diesen schwierigen Jahren des Interessenwechsels von Physiologie und Neurologie zur Psychologie und Psychopathologie vor dem Leser lebendig.

Marie Bonaparte	*Anna Freud*	*Ernst Kris*
Paris	London	New York

EINLEITUNG

I *Wilhelm Fließ' wissenschaftliche Interessen*

Die Briefe an Fließ lassen Freuds Bild in den Jahren vor uns erstehen, in denen er sich, anfänglich zögernd, einem neuen Arbeitsgebiet, der Psychopathologie, zuwandte und in diesem Gebiet die Einsichten erwarb, auf denen die Psychoanalyse als Therapie und Theorie ruht. Wir sehen Freud um das Verständnis eines neuen, »nie dargestellten Denkobjekts«[1] bemüht und in der Auseinandersetzung mit einer Umwelt, deren Ablehnung seiner Forschungen die materielle Existenz seiner Familie gefährdete, und begleiten ihn ein Stück weit bei dem Unternehmen, die neu erworbene Einsicht gegen den Widerstand eigener unbewußter Strebungen zu vertiefen.

Die Briefe umfassen den Zeitraum von 1887 bis 1902, von Freuds einunddreißigstem zu seinem sechsundvierzigsten Lebensjahr, von seiner ersten Niederlassung als Spezialarzt für Nervenkrankheiten bis zu den Vorarbeiten zu den ›Drei Abhandlungen zur Sexualtheorie‹. In den Jahren des Briefwechsels entstanden neben Freuds ersten Aufsätzen zur Neurosenlehre die ›Studien über Hysterie‹, ›Die Traumdeutung‹, ›Zur Psychopathologie des Alltagslebens‹ und das ›Bruchstück einer Hysterieanalyse‹.

Der Leser der Briefe findet sich etwa in der Lage dessen, der als Zuhörer einer telephonischen Unterredung nur die Worte des einen Gesprächsteilnehmers hört und die des anderen erraten muß. Da sein Interesse nur dem gilt, dessen Worte er hört, mag er zunächst geneigt sein, den Partner in Gedanken auszuschalten; bald aber findet er, daß er dem Sprecher nicht folgen kann, ohne da und dort den Dialog zu rekonstruieren.

Die Freundschaft zu Fließ, die engste, von der wir aus Freuds Leben wissen, ist mit der Entwicklung von Freuds Theorien in den 90er Jahren als förderndes und als hemmendes Element so eng verbunden, daß es unerläßlich ist, uns einleitend kurz mit Fließ' wissenschaftlichen Interessen vertraut zu machen. Hätten sich die Briefe Fließ' an Freud erhalten, so wären wir nicht nur in der Lage, den Gedankenaustausch beider im einzelnen zu verfolgen, sondern auch einen verläßlichen Eindruck von Fließ' Persönlichkeit zu gewinnen. So aber sind wir darauf angewiesen, das wenige, das wir aus seinen Schriften und durch Umfragen ermitteln können, an diese Stelle zu setzen. Alle, die Fließ begegnet sind, heben die Fülle seines biologischen Wissens, die reiche medizinische Einbildungskraft, die Neigung zur ausgreifenden Spekulation und die starke suggestive Kraft seines Auftretens hervor, aber auch die Neigung zu dogmatischem Festhalten an der einmal gefaßten Meinung; Eigenschaften, die zum Teil auch aus seinen Veröffentlichungen greifbar werden.

Fließ war als Spezialarzt für Hals- und Nasenkrankheiten ausgebildet, seine medizinische Bildung und seine wissenschaftlichen Interessen aber zielten weit über dieses engere Arbeitsgebiet hinaus. In seiner ärztlichen Praxis stand die otolaryngologische Therapie im Zentrum einer weitausgreifenden Tätigkeit als Konsiliarius, die er bis zu seinem Lebensende in einem weiten Patientenkreise in Berlin ausübte. Seine wissenschaftlichen Arbeiten führten ihn aus dem Gebiete der Medizin in das der allgemeinen Biologie. Die erste seiner bedeutenderen Veröffentlichungen, zu deren Publikation er sich auf Freuds Anregung hin entschloß (vgl. Brief Nr. 10), beschäftigte sich mit einem klinischen Syndrom.

Fließ hatte frühzeitig sein Interesse auf eine Anzahl von Symptomen gelenkt, die er durch Kokainisierung der Nasenschleimhaut zu beseitigen vermochte. Auf diesen Befund hatte er die Überzeugung gegründet, einer klinischen Einheit, einer von der Nase ausgehenden Reflexneurose gegenüberzustehen.[1] Sie ist in Fließ' Worten anzusehen »als ein Komplex verschiedener Krankheitszeichen, ähnlich wie das bei dem Menière'schen Komplex der Fall ist«.[2] Fließ unterscheidet dreierlei verschiedene Symptome: Kopfbeschwerden, neuralgische Beschwerden (der Arme, an der Spitze der Schulterblätter oder zwischen diesen, in den Intercostalräumen, in der Herzgegend, am Schwertfortsatz des Brustbeins, im Magen, in den Hypochondrien, in der Nierengegend am Kreuz, besonders aber ›Magenneuralgien‹); und endlich gestörte Organfunktionen, besonders der Verdauungsorgane, des Herzens und der Atmungsorgane.

»Die Zahl der angeführten Symptome«, sagt Fließ, »ist groß und doch verdanken dieselben einer einzigen Localität – eben der Nase – ihr Dasein. Denn ihre Zusammengehörigkeit wird nicht nur durch ihr gemeinsames Auftreten bewiesen, sondern auch durch ihr gemeinsames Verschwinden. Denn eben das ist das Charakteristische an diesem ganzen Beschwerden-Komplex, daß man ihn durchaus zeitweilig zum Aufhören bringen kann, indem man die verantwortlichen Stellen an der Nase mit Kokain anästhetisch macht«.[1]

Die Ätiologie der nasalen Reflexneurose ist eine zweifache: Sie kann durch organische Veränderungen, etwa »durch Überbleibsel von Infektionskrankheiten, die die Nase mit betreffen« hervorgerufen werden, oder auch durch »funktionelle, rein vasomotorische Störungen«. Die letztere Verursachung erklärt es, »daß die Beschwerden der Neurasthenie, also der Neurosen mit sexueller Ätiologie, so häufig die Form der nasalen Reflexneurose annehmen«.[2] Diese Häufigkeit erklärt Fließ durch die Annahme, daß eine besondere Beziehung zwischen der Nase und dem Genitalapparat bestehe. Er erinnert daran, daß Nasenbluten vikariierend für Menstruation auftrete, daß »das Anschwellen der Nasenmuschel während der Menstruation mit freiem Auge« zu beobachten sei, und berichtet von Fällen, in denen die Kokainisierung der Nase zum Abortus geführt habe. Auch für den Mann behauptet Fließ eine besondere Beziehung zwischen genitaler und nasaler Zone. In einigen späteren Arbeiten entwickelte er diese Beziehung, zunächst auf rein klinische Mitteilungen gestützt, weiter.

Sein Interesse ging bald über die klinische Feststellung hinaus, »daß bestimmten Teilen der Nase zum Zustandekommen zweier Leiden (der Magen-Neuralgie und der Dysmenorrhoe) eine wichtige Mitwirkung zukomme«, so daß »hyperplastische exogene Veränderungen in der Nase« zu »dauernder Erledigung der Fernerscheinungen bei Beseitigung der nasalen Störung führen«, oder daß »vasomotorische endogene Veränderungen in der Nase wesentlich . . . von den Geschlechtsorganen« hervorgerufen werden.[3] Er war mit den Problemen des menschlichen Sexuallebens im allgemeinen beschäftigt, und zu einer Zeit, da Freud von seinen Arbeitsplänen nur ungenau unterrichtet war, konnte er vermuten, daß Fliess das ›Konzeptionsproblem‹ gelöst hätte, die Frage also,

zu welcher Zeit die Befruchtungsmöglichkeit im Sexualverkehr am geringsten sei. Fließ' Interesse aber war auf ein anderes Ziel gerichtet.
Im Frühjahr des Jahres 1896 übersandte er an Freud das Manuskript seines Buches ›Die Beziehungen zwischen Nase und weiblichen Geschlechtsorganen in ihrer biologischen Bedeutung dargestellt‹, das zu Anfang 1897 im Druck vorlag. Fließ geht zunächst von der in seiner letzten Arbeit vorgebrachten Behauptung über die Beziehung von Nase und weiblichem Genitale aus und erweitert die dort aufgestellten Behauptungen in mehrerer Hinsicht: Während der Menstruation lassen sich regelmäßige Veränderungen an der Nase beobachten. Fließ diskutiert den diagnostischen und therapeutischen Wert des Kokainisierens der ›Nasenstelle‹; dieser Wert ist beträchtlich, denn die Menstruation bildet »den Typus zu mannigfachen Erscheinungen des Geschlechtslebens, ... wie vor allen Dingen der Geburtsakt und das Wochenbett bis in die Einzelheiten einem umgebildeten menstruellen Vorgang zeitlich und dem Wesen nach entsprechen«; der »echte Wehenschmerz« und die »nasale Dysmenorrhoe« sind, »morphologisch besehen«, Homologa.
Diese ›Tatsachen‹, die Fließ auf zahlreiche Beobachtungen zu stützen sucht, führen zu ausgreifenden Hypothesen über die Rolle der Perioden im menschlichen Leben. Schärfer als in der oft schwerfälligen Sprache der Monographie sind diese Gedanken in deren Vorwort zum Ausdruck gebracht:
»Die menstruelle Blutung des Weibes« ist der Ausdruck »eines Vorganges ..., welcher beiden Geschlechtern eignet und dessen Beginn nicht erst an die Pubertät geknüpft ist ...
Ein weiteres Moment zu betonen zwingen die uns vorliegenden Tatsachen. Sie lehren, daß außer dem Menstruationsprozeß mit dem 28tägigen Typus noch eine andere Gruppe periodischer Vorgänge von 23tägigem Zyklus besteht, denen ebenfalls jedes Alter und alle Geschlechter unterworfen sind.
Es hat sich diesen beiden Gruppen periodischer Vorgänge die Deutung unterlegen lassen, daß sie mit dem weiblichen und männlichen Geschlechtscharakter innere und feste Verbindungen haben. Und es entspricht nur unserer doppelgeschlechtlichen Anlage, wenn beide bei Mann *und* Weib – nur mit verschiedener Betonung – vorhanden sind.

Einmal im Besitz solcher Erkenntnis hat sich uns die weitere Einsicht ergeben, daß in diesen Sexualperioden sich der Aufbau unseres Organismus schubweise vollzieht, und daß durch sie der Tag unseres Todes ebenso bestimmt ist wie derjenige unserer Geburt. Krankhafte Störungen unterliegen den gleichen zeitlichen Gesetzen, denen die periodischen Vorgänge selbst unterworfen sind.
Die Mutter überträgt die Perioden auf ihr Kind, und durch den Charakter der zuerst übertragenen bestimmt sie sein Geschlecht. Dann schwingen die Perioden in dem Kinde fort und wandern in gleichem Rhythmus durch die Generationen. Sie können ebensowenig neu entstehen, wie die Energie überhaupt, und ihre Zeitform erlischt nicht, so lange organisierte Wesen geschlechtlich sich fortpflanzen. Ihre Existenz ist sonach nicht auf den Menschen beschränkt, sondern geht ins Tierreich und wahrscheinlich durch die ganze organische Welt. Ja die wunderbare Genauigkeit, mit der die Zeit von 23, bzw. 28 ganzen Tagen innegehalten wird, läßt eine tiefere Beziehung astronomischer Verhältnisse zur Schöpfung der Organismen vermuten.«

Dies sind die ausgreifenden Grundgedanken von Fließ' Periodenlehre; er hat sie durch Jahrzehnte weiterentwickelt, namentlich in seinem 1906 in erster, 1923 in zweiter Auflage erschienenen Hauptwerke ›Vom Ablauf des Lebens‹.[1] Dem ersten Ansatze von 1897 fügte er später eine Anzahl von Beobachtungen hinzu, die namentlich dem Thema der Bisexualität gewidmet waren, den Hauptnachdruck aber legte er mit einer Einseitigkeit, die sich über alle offenkundigen Unstimmigkeiten hinwegsetzte, auf die Ausarbeitung des mathematischen ›Beweises‹ seiner Lehre.

Während einige der klinischen Befunde von Fließ in der modernen Gynäkologie und Otolaryngologie Beachtung finden, hat seine Periodenlehre, die zur Zeit der Veröffentlichung kritisches Interesse erregte, in der modernen Biologie beinahe einmütige Ablehnung erfahren; namentlich sind die auf logischen Fehlschlüssen fußenden Berechnungen der Perioden längst als Verirrungen erkannt worden.[2]

Zur Zeit der Begegnung mit Freud war keine dieser Arbeiten erschienen, doch die Fähigkeit zu weit ausgreifenden Gedanken muß schon damals die Persönlichkeit Fließ' ausgezeichnet haben. Als Fließ im Herbst des

Jahres 1887 zu einem Studienaufenthalt in Wien war, besuchte er, wohl auf Rat von Josef Breuer, Freuds neurologische Vorlesung und erörterte bei diesem Anlaß mit Freud dessen sich formenden neuen Anschauungen über Anatomie und Funktionsweise des Zentralnervensystems, Gedanken und Arbeitspläne, die nur zum Teil ausgereift und zur Veröffentlichung gelangt sind. Der Briefwechsel, der diese Begegnung fortsetzte, begann als der zweier Spezialärzte, die einander Patienten überwiesen, und wurde seit 1893 zum regelmäßigen Gedankenaustausch zweier durch gemeinsame wissenschaftliche Interessen eng verbundenen Freunde, die immer wieder den freilich nie verwirklichten Plan zu gemeinsamer Veröffentlichung erwogen. Die Fortführung der Beziehung wurde äußerlich dadurch erleichtert, daß Fließ im Jahre 1892 eine Wienerin aus dem Patientenkreise Josef Breuers heiratete, so daß sich anfangs häufige Gelegenheiten zum Zusammentreffen ergaben. Bald aber begannen die Freunde außerhalb des Wiener Familien- und Bekanntenkreises Zusammenkünfte — nach dem Ausdrucke Freuds ›Kongresse‹ — abzuhalten, bei denen sie ihre wissenschaftlichen Anschauungen und Funde austauschten. Freuds Briefe stellten vielfach Brücken zwischen diesen Begegnungen dar und sind von Hinweisen auf gegenseitige mündliche Anregungen durchzogen.[1]

In den ersten Jahren ihrer Freundschaft finden wir beide Männer in einer ähnlichen Lebenssituation: junge, der wissenschaftlichen Forschung ergebene Spezialärzte, Söhne von Kaufleuten aus dem jüdischen Mittelstand, bemüht um die Gründung von Familie und Praxis. Freud, der um zwei Jahre Ältere, hatte 1886, im Jahre vor der Begegnung mit Fließ, geheiratet und im Hause Maria Theresienstraße 8 seine Ordination eröffnet. In den Jahren, die in den Briefen an uns vorüberziehen, sehen wir die Familie Freuds von einem zu sechs Kindern wachsen; wir hören von der Übersiedlung der Familie in die Wohnung im Hause Berggasse 19, aus der Freud dreiundvierzig Jahre später, nach der Besetzung Österreichs durch die Nationalsozialisten, nach England auswanderte. Wir hören von der Vermählung Fließ' mit Ida Bondy aus Wien, von der Geburt seiner drei Kinder und den Schicksalen beider Familien, soweit sie sich im Briefverkehr zweier Freunde naturgemäß widerspiegeln.

Das Gemeinsame der äußeren Lebenssituation findet eine Ergänzung im gemeinsamen Bildungsgut beider Männer. Das naturwissenschaftliche Interesse ruht sicher auf der Grundlage der humanistischen Bildung. Sie teilen die Bewunderung für die Meisterwerke der Weltliteratur und tauschen Mottos aus, die ihren Gedankengängen vorangestellt werden können. Während Freud immer wieder auf Shakespeare hinweist, Kipling und andere zeitgenössische englische Romane empfiehlt,[1] dankt er Fließ die nähere Bekanntschaft mit Conrad Ferdinand Meyer, dem Schweizer Novellisten, dem Freuds Vorliebe treu blieb.
Die gegenseitigen Anregungen verraten überdies die vorherrschenden Neigungen beider Männer: unter Freuds Büchern findet sich eine zweibändige Ausgabe der Vorträge von Helmholtz, die ihm Fließ zu Weihnachten 1898 als Geschenk sandte; Freud wieder, der in den neunziger Jahren die klinische Literatur in vielen Einzelheiten verfolgte, macht in eiligen Postkarten den Berliner Freund auf deutsche, französische und englische Neuerscheinungen auf dem Gebiete der Otolaryngologie aufmerksam, die Fließ entgangen sein könnten.[2] Daneben erzählt er von seinem Studium der zeitgenössischen Psychologen, aber auch von seinem wachsenden Interesse an prähistorischen und archäologischen Studien, von den ersten bescheidenen griechischen oder römischen Altertümern, erworben als Ersatz für die lange verschobene, in Goethescher Stimmung ersehnte Italienreise; und unter den wenigen Nachrichten von Tagesereignissen, die Freud besonders erwähnt, findet sich der Hinweis auf die erste Zeitungsnachricht über Evans' Funde in Kreta, die das Auftauchen einer unbekannten Zivilisation aus dem Schutt der Vergangenheit einleiten.
Die Umwelt, in der beide Männer lebten, war schärfer unterschieden. Der Gegensatz zwischen dem müden und engen Francisco-Josephinischen Wien und dem lebhaft aufstrebenden Berlin Wilhelms II. wird in Freuds Briefen öfters lebendig. Der Gegensatz reicht bis in die ökonomischen Verhältnisse; die ärztliche Praxis in Wien wird von jeder Schwankung der Wirtschaftskonjunktur schwer betroffen, »bis zu den Spitzen der ärztlichen Profession«, von Schwankungen, die neben jenen, denen Freuds Ansehen bei Ärzteschaft und Publikum unterworfen war, den Freudschen Haushalt in Mitleidenschaft ziehen. Von ähnlichen Klagen Fließ' verraten Freuds Briefe nichts. Es hat den Anschein, als ob sich die ärzt-

liche Tätigkeit Fließ' schnell und ungestört entwickelt hätte. Fließ war überdies seit seiner Eheschließung materieller Sorgen enthoben.
Der Gegensatz von Wien und Berlin reicht ins Politische: Freud berichtet vom Niedergang des Liberalismus in Wien, vom Sieg der Antisemiten in der Stadtverwaltung, von antisemitischen Tendenzen in der Wiener Gesellschaft der Ärzte, der medizinischen Fakultät und der Unterrichtsverwaltung, die ihm den Professorentitel lange vorenthält, – einen Titel, von dem man mit Recht erwarten durfte, daß er der Praxis Freuds einen neuen Aufschwung geben würde, da das Wiener Publikum dieser Zeit sein Vertrauen zum Spezialisten nach dessen akademischer Stellung zu bemessen gewohnt war. Beide Freunde folgen den Nachrichten über den Dreyfus-Prozeß und Zolas ›Kampf ums Recht‹ mit begreiflicher Spannung; Fließ scheint in diesem Zusammenhang den fortschrittlichen Geist in Berlin und Deutschland gerühmt zu haben.
Aber weder die Ähnlichkeit in Herkunft, Bildung und Familiensituation, noch Persönliches und Privates überhaupt, gab das Motiv zum Briefwechsel ab; auch in den Jahren der engsten Freundschaft blieben die Familienbeziehungen lose, und geplante Begegnungen beider Familien im Sommer kamen nie zustande. Die Funktion des Briefwechsels war, soweit wir nach allen erhaltenen Briefen Freuds schließen können, aus der Gemeinsamkeit der wissenschaftlichen Interessen bestimmt.
Die wachsende Häufigkeit des Gedankenaustausches[1] und die zunehmende Vertraulichkeit, die sich im Wechsel der Anrede vom Sie zum Du ankündigt, dürfen wir mit einer bedeutenden Wendung in Freuds persönlichen und wissenschaftlichen Beziehungen in Zusammenhang bringen, mit der Ablösung Freuds von Josef Breuer.[2] Seit seinen Studentenjahren hatte Freud in engster Beziehung zu diesem bedeutenden Manne gestanden. Schon anfangs der 80er Jahre hatte Breuer, der um dreizehn Jahre Ältere, Freud von der kathartischen Behandlung einer Patientin berichtet,[3] und ein Jahrzehnt später entschlossen sich beide zur gemeinsamen Veröffentlichung ihrer Anschauungen über Hysterie.
In der gemeinsamen Arbeit ergaben sich bald Meinungsverschiedenheiten, die zur Entfremdung führten. Freuds Gedanken waren in sprunghafter Entwicklung begriffen und der ältere, zaghaftere Breuer vermochte sich nicht zur Gefolgschaft zu entschließen. Schon anläßlich der

ersten gemeinsamen Veröffentlichung[1] berichtete Freud an Fließ von Konflikten mit Breuer (Brief Nr. 11); während der Vorarbeiten zur Veröffentlichung des gemeinsam abgefaßten Buches, der ›Studien über Hysterie‹, die zu Ende des Jahres 1895 erschienen, waren die Schwierigkeiten der Zusammenarbeit im ständigen Wachsen begriffen. Im Vorwort der endlich doch erfolgten Veröffentlichung betonten die Autoren ausdrücklich die Abweichung ihrer Standpunkte.

Breuer war Freud in seinen frühen Grundannahmen willig gefolgt, hatte die Begriffe der Abwehr und der Konversion von Freud übernommen, obwohl er im Anschluß an die französische Psychiatrie an der Annahme festhielt, daß ein besonderer Zustand, der hypnoide, für das Zustandekommen hysterischer Phänomene verantwortlich sei. Auch Freuds Grundanschauung von der Funktionsweise des psychischen Apparates, die er als das Prinzip von der Konstanterhaltung psychischer Energie formuliert hatte (S. 24 u. S. 120), war von Breuer angenommen und mit seinen eigenen Anschauungen verarbeitet worden. Die Meinungsverschiedenheit scheint sich entwickelt zu haben, als Freuds klinische Erfahrungen und erste theoretischen Überlegungen auf die Bedeutung der Sexualität in der Ätiologie der Neurosen hindeuteten.[2] Zur Zeit des Erscheinens der ›Studien‹ gelang es gerade noch, die Meinungsverschiedenheit äußerlich zu überbrücken. Vergleicht man die Zurückhaltung, mit der das Problem der Sexualität in den ›Studien‹ behandelt ist, mit Freuds Ausführung in seiner noch vor der Veröffentlichung der ›Studien‹ erschienenen Arbeit über die Angstneurose[3] und zieht man die Fülle der Einsichten heran, die nach dem Zeugnis der Briefe in Freud lebendig waren, so versteht man die Schwierigkeit, mit der er zu rechnen hatte: der ältere Freund und Mentor, der ihn vor Jahren auf das Problem der Hysterie hingewiesen hatte, versagte ihm Ermutigung und Anerkennung.

Von den offiziellen Vertretern der Psychiatrie und Neurologie an der Universität war keine Stütze zu erwarten; Meynert, Freuds früherer Lehrer, hatte schon seine ersten Arbeiten über Hysterie scharf abgelehnt und Krafft-Ebing stand ihnen mit gemessener Gleichgültigkeit gegenüber. Der engere Kreis der ärztlichen Freunde aber war von Breuers Einfluß beherrscht. Dabei scheint Freud nicht so sehr die Ablehnung seiner

Funde durch Breuer als dessen Schwanken zwischen Kritik und Bewunderung als Belastung empfunden zu haben. (Vgl. etwa Briefe Nr. 24, 35, 135.)[1]

Die Freundschaft mit Fließ trat in die Lücke, die durch die Lösung von Breuer entstanden war. Sie ersetzte Freud ältere, nicht mehr tragfähige Freundschafts- und Arbeitsbeziehungen;[2] Freud war des Verständnisses in seinem eigenen Kreise unsicher geworden und der Kollege in Berlin wurde, in Freuds Worten, zu seinem einzigen Publikum.

In den ersten Jahren der Korrespondenz kündigte Freud geplante Arbeiten an und übersandte Fliess Sonderdrucke seiner Veröffentlichungen. Bald aber wurde Fliess zum Vertrauten, dem klinisches Material vorgelegt, neue Funde angekündigt, erste Formulierungen vorgetragen wurden. So finden wir unter Freuds Sendungen an Fließ neben Skizzen unausgereifter Gedanken, neben Plänen für künftige Forschungsarbeit, formvollendete und in Freuds späteren Werken kaum übertroffene Abhandlungen. So kam es, daß manche der an Fließ gesandten Manuskripte später zurückerbeten wurden, um in Veröffentlichungen Verwendung zu finden, während einzelne Phasen und Umwege in Freuds Hypothesenbildung erst durch das hier veröffentlichte Material zugänglich werden.

Wir wissen nicht, wie sich Freuds Mitteilungen im Geiste seines Korrespondenten spiegelten. Aus Freuds Briefen schließen wir auf gelegentliche Zweifel und Mahnungen, öfters auf Zustimmung. Das Material beginnt erst reichhaltiger zu werden, als die Meinungsverschiedenheiten an Bedeutung gewannen und Fließ immer nachdrücklicher darauf bestand, daß seine Periodenlehre die Grundlage von Freuds Neurosenlehre abzugeben bestimmt sei.

Über die Einstellung Freuds zu den Forschungen von Fließ unterrichten uns die Briefe weitgehend: er folgte den Arbeiten des Freundes – mindestens im ersten Jahrzehnt der Beziehung – mit ungeteilter Spannung und bewunderte die Richtung seiner Forschungen. Es ist kennzeichnend, daß Freuds Enthusiasmus für Fließ' Untersuchungen größer war, wenn er ihm begegnet war oder ihm Fließ brieflich von seinen Arbeiten erzählt hatte; den Manuskriptsendungen gegenüber bewahrte Freud eine merkbare Zurückhaltung.

Dieser Umstand unterstützt die Vermutung, daß die Überschätzung von Fließ' Persönlichkeit und Leistung einem inneren Bedürfnis Freuds entsprochen habe. Er machte den Freund und Vertrauten zum Bundesgenossen im Kampf gegen die offizielle Wissenschaft, gegen die Medizin der hochmögenden Professoren und Universitätskliniken, ein Gedanke, der nach dem Zeugnis der gleichzeitigen Veröffentlichungen Fließ damals durchaus ferne lag. Freud suchte Fließ, um ihn sich enger zu verbinden, zur eigenen Höhe zu heben, und idealisierte zuweilen das Bild des vermeintlichen Mitkämpfers zu dem eines Führers in den Naturwissenschaften.
Die Überschätzung von Fließ' Bedeutung in Freuds Briefen hat neben der persönlichen zweifellos eine sachliche Wurzel: Freud suchte in Fließ nicht nur den Zuhörer und vermeintlichen Mitkämpfer, sondern erwartete zugleich aus der Beziehung zu ihm Antworten auf Fragen, die ihn seit Jahren bedrängten, auf die Fragen nach der Abgrenzung der physiologischen und der psychologischen Auffassung der Phänomene, die er studierte.

II Psychologie und Physiologie

»Ich bin nicht immer ein Psychotherapeut gewesen, sondern bin bei Lokaldiagnosen und Elektrodiagnostik erzogen worden wie andere Neuropathologen, und es berührt mich selbst noch eigentümlich, daß die Krankengeschichten, die ich schreibe, wie Novellen zu lesen sind, und daß sie sozusagen des ernsten Gepräges der Wissenschaftlichkeit entbehren. Ich muß mich damit trösten, daß für dieses Ergebnis die Natur des Gegenstandes offenbar eher verantwortlich zu machen ist als meine Vorliebe; Lokaldiagnostik und elektrische Reaktionen kommen bei dem Studium der Hysterie eben nicht zur Geltung, während eine eingehende Darstellung der seelischen Vorgänge, wie man sie vom Dichter zu erhalten gewöhnt ist, mir gestattet, bei Anwendung einiger weniger psychologischen Formeln doch eine Art von Einsicht in den Hergang einer Hysterie zu gewinnen.«

Mit diesen Worten leitete Freud die Epikrise der Krankengeschichte der Elisabeth von R. ein, vermutlich der letzten, die er zu den Studien über Hysterie beigetragen hatte. Es sind Worte, die auf einen intellektuellen Konflikt schließen lassen, der die Entwicklung von Freuds Ideen in den 99er Jahren entscheidend beeinflußte. Die Einsichten, die sich Freud eröffneten, waren neu und unerhört: es handelte sich um die Darstellung der Konflikte des menschlichen Seelenlebens mit den Mitteln der Wissenschaft. Es wäre verlockend gewesen, die Bewältigung des neuen Gebietes auf einfühlendes Verständnis zu gründen, etwa die Krankengeschichten vornehmlich im Biographischen zu verwurzeln und alle Einsicht auf Intuition zu stützen, »wie man sie von Dichtern zu erhalten gewohnt ist«. Freuds literarische Sicherheit in der Darstellung biographischen Materials, die sich in den ›Studien‹ zum ersten Male voll entfaltete, mußte die Versuchung zu einer nahen und unmittelbaren machen. Aus den Briefen erfahren wir, wie er die Motivgestaltung der Dichtung schon in diesen Jahren psychologisch zu durchdringen verstand; die Analysen zweier Novellen C. F. Meyers sind die frühesten Versuche dieser Art.[1] Aus späteren Jahren wissen wir, wie er der dichterischen Intuition gegenüberstand, dem Schaffen jener Einzelnen, denen es »gegeben ist aus dem Wirbel der eigenen Gefühle die tiefsten Einsichten doch eigentlich mühelos heraufzuholen, zu denen wir Anderen uns durch qualvolle Unsicherheiten und rastloses Tasten den Weg zu bahnen haben«.[2] Der Gegensatz, von dem er hier spricht und der ihn schon in den ›Studien über Hysterie‹ beschäftigte, ist der zwischen intuitivem Verständnis und wissenschaftlicher Erklärung. Es konnte nie zweifelhaft sein, auf welcher Seite Freud stand. Er war durch die Schule der Wissenschaft gegangen, und der Gedanke, die neue Psychologie auf wissenschaftlichen Methoden zu begründen, wurde zu Freuds Lebenswerk.

Wir haben nun zuerst in Kürze in Erinnerung zu rufen, was über Freuds Bildungsgang bekannt ist; unsere Quellen sind seine ›Selbstdarstellung‹ und seine Schriften. Noch als Student im Physiologischen Institut der Wiener Universität geschult, vertauschte er im Jahre 1882 ungerne und nur auf ausdrücklichen Rat seines Lehrers, des Physiologen Ernst Brücke, praktischen Erwägungen nachgebend, nach fast sechsjähriger Arbeit die Biologie mit der Klinik.[3] In der Wahl des klinischen Spezialfaches setzte er die Richtung seiner früheren biologischen Arbeiten fort, die vom Studium der Nervenwurzeln und Spinalganglien des Petromyzon ausgegangen waren.[1] Er wandte sich, angeregt durch Theodor Meynert, der Neurologie zu, und gefördert durch eine sich entwickelnde »Neigung zur ausschließenden Konzentration« veröffentlichte er in den Jahren 1884-85 sechs Arbeiten auf dem Gebiete der Histologie, Pharmakologie und Klinik, auf Grund deren er im Frühling 1885, neunundzwanzigjährig, die Privatdozentur für Neuropathologie erwarb.[2]

Ein Reisestipendium, dessen Verleihung an Freud Brücke befürwortet hatte, ermöglichte die Reise nach Paris und das Studium an Charcots Salpêtrière; der Aufenthalt dauerte vom Herbst 1885 bis Ende Februar 1886;[3] von Paris ging Freud nach Berlin, um sich bei Adolph Baginsky »einige Kenntnisse über die allgemeinen Erkrankungen des Kindesalters zu holen«. Denn in Wien erwartete ihn nicht eine Stelle an der psychiatrisch-neurologischen Klinik, die ihm damals und auch später versperrt blieb. Vielmehr hatte ihm der Kinderarzt Max Kassowitz an einer mit privaten Mitteln geführten, im Sinne der akademischen Organisation inoffiziellen Anstalt, dem ›Ersten öffentlichen Kinderkrankeninstitut‹, eine Stelle als Leiter der neu zu eröffnenden Neurologischen Abteilung zugesagt, die Freud durch mehrere Jahre hindurch bekleidete.[4]

In den Jahren nach Rückkehr, Eheschließung und Beginn der Praxis, in die uns die Briefe einen flüchtigen Einblick geben, waren Freuds wissenschaftliche Interessen auf mehrere Gebiete gerichtet. In seinen Publikationen blieb das neurologische Interesse zunächst überwiegend und die ersten seiner Veröffentlichungen setzten die alten Arbeitsinteressen auf klinischem, histologischem, pharmakologischem und anatomischem Gebiet unmittelbar fort.[5]

Bald aber folgte er der Anregung des ihm neu zugänglichen klinischen Materials. Eine 1888 erschienene Studie, ›Über Hemianopsie im frühesten Kindesalter‹, leitete eine Reihe von Arbeiten auf dem Gebiet der Kinderneurologie ein, zunächst die (gemeinsam mit Rie verfaßte) Monographie ›Über die halbseitige Zerebrallähmung der Kinder‹ (1891), dann die 1893 erschienene Monographie über die cerebralen Diplegien,[6] ein Arbeitsrichtung, die endlich in der umfassenden für Nothnagels Handbuch der speziellen Pathologie und Therapie verfaßten Gesamtdarstellung über infantile Zerebrallähmung gipfelte, die erst im Jahre 1897 in Einlösung eines längst gegebenen Versprechens unwillig vollendet wurde.[1] Nach dem Zeugnis der Briefe fühlte sich Freud als ›Pegasus im Joch‹; begreiflich genug, wenn wir bedenken, daß er der Vorbereitung der Zerebrallähmung die Beschäftigung mit den Problemen des Traumes opferte.

Was Freud in den Jahren 1895-97 als lästige und drückende Verpflichtung erschien, hat nach dem Zeugnis R. Bruns[2] in der modernen Neurologie noch immer einen festen Platz. Freuds Monographie stellt »das Gründlichste und Vollständigste dar«, »was bis heute über die zerebrale Kinderlähmung geschrieben wurde ... von der souveränen Beherrschung des gewaltigen klinischen Materials, das hier zusammengetragen und kritisch verarbeitet wurde, erhält man einen Begriff, wenn man bedenkt, daß allein das Literaturverzeichnis 14½ Seiten umfaßt«.

Wie nebenbei entstanden in den Jahren 1886-1892/3 die Übersetzungen von vier stattlichen Bänden, der beiden Bände der Vorlesungen Charcots und der beiden Bücher Bernheims;[3] zu zweien dieser Bände schrieb Freud bedeutsame Vorreden, und eines der Bücher, Charcots ›Poliklinische Vorträge‹, versah er mit fortlaufenden Hinweisen auf die neuere klinische Literatur und mit kritischen Anmerkungen, deren einige die frühesten Formulierungen Freudscher Gedanken auf dem Gebiet der Neurosenlehre enthalten.

Die allgemeine Anerkennung, die Freuds Arbeiten auf dem Gebiete der Kinderneurologie ernteten, beeindruckte ihn kaum (siehe Brief Nr. 18): sein eigentliches Interesse gehörte zwei anderen Arbeitsgebieten — oder zwei Manifestationen eines Problems — an, die einander in ihrer Bedeutung für Freuds Denken ablösten: der ›Gehirnanatomie‹ und der Erforschung der Hysterie.

Der Gedanke, seine Ansichten über Gehirnanatomie zusammenzufassen, war durch Freuds Mitarbeit an Villarts ›Handwörterbuch der gesamten Medizin‹ (2 Bände, 1888 und 1891) nahegelegt worden. Da die Arbeiten des Handwörterbuches von den Verfassern nicht gezeichnet wurden, nahm Freud sie später nicht in das Verzeichnis seiner Schriften auf; auch fand er, daß der Artikel über Gehirnanatomie durch Kürzungen verstümmelt worden war. Aus dem gleichen Gedankenkreise aber stammte

Freuds 1891 erschiene und Josef Breuer gewidmete Monographie ›Zur Auffassung der Aphasien‹, in der er zum ersten Male »Zweifel an der Richtigkeit eines wesentlich auf Lokalisation beruhenden Schemas der Sprache« äußerte.[1] Er ersetzte die Lokalisationstheorie durch eine, die die Funktionsweise der beteiligten Hirnpartien in den Vordergrund stellte; die Lokalisationstheorie unterschätzte seiner Meinung nach das Kräftespiel, die Dynamik, und Freud betonte den Gegensatz von dynamischen Zentren gegenüber bestimmten Lokalisationspunkten. Es kann kein Zweifel sein, daß Bernfeld im Recht ist, wenn er von der Arbeit über Aphasien als dem ersten Freudschen Buch spricht.[2]

Das Interesse an der Hysterie hatte sich bei Freud langsam entwickelt. Schon in den frühen achtziger Jahren, vermutlich bald nach seinem Ausscheiden aus dem physiologischen Institut, hatte ihm Josef Breuer von einer Kranken erzählt, die er vom Jahre 1880 bis 1882 behandelt hatte, deren Fall wir als den der Anna O. aus den ›Studien über Hysterie‹ kennen. Es ist dies der Fall, an dem Breuer die Prinzipien des kathartischen Heilverfahrens entdeckt hatte. Als Freud sich anschickte, Charcot von »Breuers Funden Kunde zu geben«, zeigte jener »für die ersten Andeutungen kein Interesse«; dies trug nach Freuds Selbstzeugnis dazu bei, auch seine Aufmerksamkeit vorübergehend von der Beschäftigung mit den durch Breuer eröffneten Problemen abzulenken.

Nach der Rückkehr aus Paris, während er mit der Übersetzung von Charcots Vorlesungen beschäftigt war, benützte Freud einen äußeren Anlaß zu einer Diskussion des Themas der Hysterie. Er hatte die Verpflichtung, in der Gesellschaft der Ärzte über das in Paris Gelernte zu berichten. Der Vortrag – am 15. Oktober 1886 – behandelte Charcots neuere Arbeiten auf dem Gebiete der männlichen Hysterie. Seine Darstellung fand keinen Glauben und Meynert forderte ihn auf, »solche Fälle der Gesellschaft vorzustellen, an denen die somatischen Kennzeichen der Hysterie, die hysterischen Stigmata«, durch welche Charcot die Neurose charakterisiert, »in scharfer Ausprägung zu beobachten sind«. Freud kam dieser Aufforderung am 26. November nach, indem er einen Fall »von hochgradiger Hemianaesthesie bei einem hysterischen Mann« gemeinsam mit dem Augenarzt L. Königstein vorstellte.[3] Der Vortrag fand eine beifällige Aufnahme, aber die Ablehnung der von Freud vertretenen Charcotschen Auffassung blieb bestehen. Meynerts Widerstand blieb ungebrochen und er stellte der Charcotschen Theorie eine anatomische Theorie gegenüber (Wiener klinische Wochenschrift, 1889), die Freud als völlig unzureichend empfand.[1] Der Konflikt mit Meynert führte dann dazu, daß Freud seine alte Arbeitsstätte, das neurologische Universitätsinstitut, versperrt und der Zusammenhang mit der medizinischen Fakultät entscheidend gelockert wurde.

Nach dieser ersten rein klinischen Mitteilung aus dem Herbst 1886 veröffentlichte Freud durch mehr als fünf Jahre nichts aus dem Gebiete der Hysterieforschung. Sein Interesse aber war nicht erloschen. Seit Herbst 1887 beschäftigte sich Freud mit hypnotischer Therapie (Brief Nr. 2) und seit Frühling 1889 bediente er sich der Hypnose zur Ausforschung seiner Kranken;[2] im Sommer dieses Jahres reiste er nach Nancy, um bei Bernheim seine klinischen Eindrücke zu ergänzen;[3] auch Breuers Interesse entzündete sich an dem Freuds von neuem.

Drei Jahre später, 1892, wurde dann die Abrede über die Veröffentlichung der vorläufigen Mitteilung ›Über den psychischen Mechanismus hysterischer Phänomene‹ getroffen, die anfangs 1893 im Druck vorlag und mehr als zwei Jahre später als Einleitungskapitel der ›Studien über Hysterie‹ nochmals abgedruckt wurde.

Freuds Interesse an dem neuen Arbeitsgebiet war zunächst ausschließlich klinisch gerichtet; das Studium des Krankenmaterials drängte ihm bald entscheidende Einsichten auf, die Breuer nicht, oder nur mit Vorbehalten, zu teilen gewillt war, die Einsicht in den Abwehrcharakter der Symptome, in ihre Überdeterminiertheit und in die Funktion des Widerstands. Hand in Hand mit der klinischen Einsicht, ja dieser voraneilend, gestaltete er die Technik um; er ersetzte Breuers kathartische Technik durch die ›Konzentrationstechnik‹, die er in den ›Studien‹ beschrieb und die wenig später, zwischen 1895 und 1898, der Residuen suggestiver Elemente entkleidet und zur eigentlichen psychoanalytischen Technik umgestaltet wurde.[4]

So fielen in den ›Studien‹ die klinischen und technischen Teile — vier der fünf Krankengeschichten und der technische Abschnitt (Zur Psychotherapie der Hysterie) — Freud zu, während Breuer den Abschnitt über Theorie zeichnete. Aber vieles an der Darstellung Breuers, namentlich

die Grundanschauung, von der er ausging, war unzweifelhaft Freuds geistiges Eigentum oder Miteigentum.[1] Wir besitzen aus dem Jahre 1892 einen Entwurf Freuds für die vorläufige Mitteilung, in dem manche der entscheidenden Formulierungen Breuers vorweggenommen waren.[2] Namentlich stellte dort Freud den Satz auf, »daß das Nervensystem bestrebt ist, etwas in seinen Funktionsverhältnissen, was man die Erregungssumme nennen mag, konstant zu erhalten, und daß es diese Bedingungen der Gesundheit durchsetzt, indem es jeden sensiblen Erregungszuwachs assoziativ erledigt oder durch entsprechende Reaktion abführt«.
Diese dem physikalischen Vorstellungskreise entlehnte Annahme fand als die von der ›intrazerebralen Erregung‹ in Breuers Darstellung Eingang und ermöglichte Breuers Verwertung des Vergleichs der Vorgänge im Zentralnervensystem mit elektrischen Leitungsvorgängen. Im Denken Freuds aber führte dieser Gedankengang zu mancherlei Spekulationen, über die die Briefe berichten, und endlich zu den Formulierungen über psychische Regulationsmechanismen, die zum Bestand der psychoanalytischen Grundannahmen gehören.
In einem glänzenden Essay, dem wir hier folgen dürfen, hat Bernfeld die Herkunft dieser Vorstellungen aufgezeigt. Sie stammen unmittelbar aus dem physiologischen Ansatz Brückes, zu dessen Schülern auch Breuer gehört hatte – Breuer und Freud waren einander zuerst im Physiologischen Institut begegnet –, sie waren im Kreise der Wiener Physiologen verbreitet, zu deren Führern Brücke und seine Assistenten Ernst von Fleischl-Marxow und Sigmund Exner gehörten, beide in den Briefen, wenn auch in verschiedenem Zusammenhang, erwähnt. Erst jetzt finden wir volles Verständnis für das, was Freud im Auge hatte, wenn er noch im Alter Brücke als den Lehrer bezeichnete, der ihm den größten Eindruck gemacht habe. Es ist die Brückesche Physiologie, fest begründet auf physikalischen Vorstellungen mit ihrem Ideal von der Meßbarkeit aller Vorgänge, die am Ausgangspunkt der psychoanalytischen Theorienbildung gestanden ist.
Brücke war kein Einzelgänger unter den Physiologen seiner Zeit. Er stammte aus einem Kreis von gleichgesinnten Männern, Schülern Johannes Müllers, die sich im Jahre 1845 in der Berliner Physikalischen Gesellschaft zusammengefunden hatten; in diesem Kreis hatte Helm-

holtz im Jahre 1847 einen Vortrag über das Prinzip der Erhaltung der Energie gehalten; Helmholtz (1821-1894) und Du Bois-Reymond (1818 bis 1892) waren gleichaltrig und enge Freunde, die Brücke als ihren ›Gesandten in Wien‹ betrachteten.

Diese von Bernfeld überzeugend geschilderte Enge der Beziehungen zwischen dem Wiener und Berliner Physiologenkreis bildete eine der Grundlagen für die Beziehung von Freud und Fließ. Als Fließ nach Wien kam, besuchte er Forscher, mit denen er sich eng verbunden fühlen mußte. Nach seinen Arbeiten kann es nicht zweifelhaft sein, daß er aus der gleichen Schule stammte; kein Zufall auch, daß er, wie wir schon erwähnten, Freud die gesammelten Aufsätze von Helmholtz als Geschenk sandte. Es hat den Anschein, als ob das Ideal einer physikalisch-mathematisch begründeten Wissenschaft sich in Fließ' Arbeiten immer stärker durchgesetzt hätte. Seine mathematischen Neigungen sind aus dem Briefwechsel selbst deutlich zu erschließen; sie haben in seinen späteren Veröffentlichungen eine verhängnisvolle Rolle gespielt und einen Ausdruck in dem Untertitel seines Hauptwerks ›Der Ablauf des Lebens‹ (1906) gefunden, von dem er die ›Grundlegung der exakten Biologie‹ erwartete.

Fließ' Teilnahme an Freuds Forschungen war durch diese Einstellung bestimmt: er unterstützte Freuds Bedürfnis, den Zusammenhang psychologischer und physiologisch-physikalischer Auffassung zu bewahren, und bot endlich seine eigenen Hypothesen als Grundlage für Freuds Funde an; ein Versuch, an dem sich seine Rivalität zu Freud entzündete und der schließlich zum Abbruch der Beziehung führen mußte.

In den ersten Jahren der Freundschaft aber war, was später das Motiv zur Entfremdung abgeben sollte, das Ferment gegenseitiger Anregung. Fließ' Aufstellung der Nasalen Reflexneurose rührte an eines der lebhaftesten Interessen Freuds, an das Problem der Differentialdiagnose hysterischer und somatischer Störungen, das Freud schon in Paris beschäftigt hatte. Erst 1893, sieben Jahre nach der Heimkehr, griff er in einer französisch veröffentlichten Arbeit einen Aspekt dieses Problems auf und zeigte mit unübertroffener Prägnanz, daß die hysterische Lähmung sich benehme, »als ob es eine Gehirnanatomie nicht gäbe«, sie habe mit der »Ansprechbarkeit eines bestimmten Vorstellungskreises« zu tun.[1]

Auch in den gleichzeitigen klinischen Arbeiten Freuds spielte das Problem der Differentialdiagnose eine erhebliche Rolle. Es war ihm die Vorstellung selbstverständlich, daß man »schärfer, als es bisher gelungen ist, verschiedene Pseudoneurasthenien (das Bild der *organisch vermittelten nasalen Reflexneurose*, die nervösen Störungen der Kachexien und der Arteriosklerose, die Vorstadien der progressiven Paralyse und mancher Psychosen) von echter Neurasthenie« werde zu unterscheiden haben.[1] Solche Abgrenzungen waren ihm um so dringlicher, als seine aus der klinischen Arbeit erwachsenen Einsichten auf das Wesen der Neurasthenie als einer Aktualneurose (Angstneurose) neues und unerwartetes Licht zu werfen schienen. Wir sehen, wie sich diese Einsicht in den Briefen entwickelte, gelegentlich überscharf formuliert wurde, bis sie in dem Aufsatz »Über die Berechtigung, von der Neurasthenie einen bestimmten Symptomenkomplex als ›Angstneurose‹ abzutrennen« zur ersten Veröffentlichung gelangte. Den entscheidenden Fund, daß der Mechanismus der Angstneurose »in der Ablenkung der somatischen Sexualerregung vom Psychischen und einer dadurch verursachten abnormen Verwendung dieser Erregung« bestehe, kleidete Freud in die Formel »Die neurotische Angst ist umgesetzte sexuelle Libido«.[2]
Für die Geschichte der Psychoanalyse hat diese Auffassung, die in den (später veröffentlichten) ›Studien‹ nur kurz berührt wurde, bedeutsame Folgen. Die ›toxikologische‹ Angsttheorie, die die Entstehung von Angst aus gestauter Libido behauptete, hat bis zur Neuformulierung der Angsttheorie in ›Hemmung, Symptom und Angst‹, 1926, das psychoanalytische Denken beherrscht. Zugleich hat erst diese Neuformulierung[3] einen anderen entscheidenden Gedanken, den Freud in den frühen 90er Jahren formuliert hatte, wiederaufgenommen: den Gedanken nämlich, die Funktion der Abwehr in das Zentrum der Neurosenlehre zu rücken; auf diesen Abwehrbegriff konnte dann, nach mehr als dreißigjährigem Intervall, ein Stück der psychoanalytischen Ichpsychologie gegründet werden.
Auch die Anschauungen, die Freud zur Aufstellung der Angstneurose als einer klinischen Einheit veranlaßten, sind nicht verloren gegangen; sie haben in der psychoanalytischen Klinik und Theorie einen sicheren aber bescheidenen Platz. An der klinischen Bedeutung dessen, was wir

heute die aktualneurotischen Anteile des neurotischen Konflikts nennen und als Steigerung der Gefahrsituation für das Ich verstehen, kann kein Zweifel sein; aber die sexuelle Versagung stellt nur eine neben anderen Bedingungen solcher aktualneurotischen Veranlassungen dar. Der Unterschied zwischen dieser und Freuds ursprünglicher Auffassung ist geeignet, die Entwicklung von Freuds Hypothesen in scharfes Licht zu rücken. Während wir gewohnt sind, auf Grund unserer Kenntnis von der Rolle genetischer Bedingungen bei der Entstehung der Neurosen die Reaktion auf Versagung und Triebspannung aus der Geschichte des Individuums herzuleiten, aber nicht meinen, daß Versagung bei der Erreichung des Sexualziels im Erwachsenen neurotische Angst hervorrufe, war gerade dieser Gedanke für Freud ursprünglich von entscheidender Bedeutung: die Auffassung, daß »die Angst, die den Erscheinungen der Neurose zu Grunde liegt, keine psychische Abteilung zulasse«, versprach, aus dem Ungewissen der psychologischen Einsicht auf den sicheren Boden physiologischer Vorgänge zu führen und wenigstens die Erklärung einer Gruppe psychopathologischer Phänomene an das physiologische Denken anzuschließen. Gerade auf diesem Gebiet, dem der sexuellen Ätiologie, war Breuer Freuds Interesse, wenn überhaupt, so nur zögernd gefolgt; gerade hier aber verspürte Freud das Bedürfnis nach Rat und Ermutigung. Es gab mannigfache Rätsel zu lösen; aus den Briefen gewinnt man den Eindruck des ständigen Kampfes des Beobachters mit den klinischen Eindrücken. Die Bedeutung des neuen Ansatzes wird zunächst überspannt und der Versuch unternommen, Physiologie und Psychologie der Sexualfunktion an einem Schema zu erklären, das alle Störungen als quantitative Verschiebungen faßbar machen sollte (Manuskript G), ein Versuch, der, offenbar angeregt von Fließ, von Freud schon wenige Jahre später abgelehnt wurde.

Der Gedanke, physiologische Veränderungen und das Physikalisch-Meßbare zur Grundlage aller psychologischen Erörterungen zu machen, also die strenge Anwendung jener Anschauungen, die dem Helmholtz-Brückeschen Ansatz zugrunde lagen, beherrschte Freuds Denken in diesen Jahren. Mindestens seit Beginn des Jahres 1895 beschäftigte sich Freud mit dem Versuch einer solchen Gesamtdarstellung. Es liegt nahe, sich hier daran zu erinnern, daß gleichzeitig Breuer mit der Abfassung des theoretischen Abschnittes der ›Studien‹ beschäftigt war, in dem er die Auffassung vertrat. daß bei dem damaligen Stande der Kenntnisse psychologische Erwägungen nicht mit hirnphysiologischen verbunden werden könnten. Gerade diesen Versuch aber unternahm Freud. Er dachte zunächst an eine ›Psychologie für Neurologen‹, modifizierte aber die Entwürfe und Ansätze offenbar mehrfach. Aus dem Herbst des Jahres 1895 ist eine Fassung der geplanten Darstellung erhalten, deren größter Teil nach seiner Begegnung mit Fließ in wenigen Tagen niedergeschrieben wurde, der Rest in den folgenden Wochen. Kaum war die Sendung an Fließ abgegangen, so folgten Erläuterungen und Verbesserungsvorschläge. Die Gedanken des Entwurfs blieben durch Monate in den Briefen lebendig, um dann neuen Bedenken, aber vor allem neuen Einsichten Raum zu geben.

Obwohl das im Anhang (S. 297 ff.) abgedruckte Manuskript uns daher nur über eine Phase von Freuds Versuchen, zu einer Gesamtauffassung von Hirnphysiologie und Psychologie zu gelangen, unterrichtet, ist sein historischer Wert doch beträchtlich. Eine zusammenhängende Würdigung dieses ›Entwurfes‹ kann hier nicht versucht werden; nur die Gedankenrichtungen, die ihn zusammensetzen, sind zu kennzeichnen. Es ist ein konsequenter Versuch, die Funktion des psychischen Apparates als Funktionen eines Neuronensystems zu beschreiben und alle Vorgänge letztlich als quantitative Veränderungen zu erfassen. Diese Vorgänge aber sind nicht auf Wahrnehmung und Gedächtnis beschränkt, sie umfassen das Denken und das Affektleben, Psychopathologie und Normalpsychologie und zugleich die erste gedrängte, aber in manchen Punkten abgeschlossene Lehre vom Traum. Der Gedanke, Neurosenlehre und Normalpsychologie mit der Hirnphysiologie zu verschmelzen, war an sich kühn. Für den heutigen Leser noch eindrucksvoller ist aber die Konsequenz, mit der diese eine Gedankenrichtung über alle Schwierigkeiten und Widersprüche hinaus festgehalten wurde. Jeder einzelne Abschnitt. der über Hirnphysiologie sowohl wie die über Psychopathologie, Abwehr und Denken, enthält eine Fülle neuer in Freuds späteren Arbeiten zum Teil nur andeutungsweise verwerteten Beobachtungen und Annahmen. Manche davon weisen auf die künftige Entwicklung der Psychoanalyse hin: Freud entwickelte in der vorliegenden Fassung des Entwurfs schon

Annahmen über das *Ich* als eine durch eine konstante Energiebesetzung ausgezeichnete Organisation – eine Annahme, die ein Vierteljahrhundert später zum Kernstück der psychoanalytischen Strukturlehre wurde. Mit der Ablehnung der Vorstellungsweise, deren sich Freud im Jahre 1895 bei dieser Annahme bediente – das Ich wird als eine Gruppe besonders ausgezeichneter Neuronen angesehen – verlor, wie es scheint, auch die Annahme selbst zeitweise an Bedeutung. Andere Grundgedanken des Entwurfes waren bestimmt, schon früher in die Entwicklung der Psychoanalyse einzugehen: der Gedanke, daß die biologische Not, die zur Anpassung zwingt, dem Luststreben des Individuums entgegenwirkt, hat in Freuds Annahmen über das Lust- und das Realitätsprinzip eine Fortführung erfahren. Die Beispiele aber, an denen Freud diese Probleme im ›Entwurf‹ beleuchtete, stammen zum Teil aus einem Gebiet, dessen Bedeutung ihm damals aus seiner klinischen Arbeit nur unvollkommen bekannt war. Sie sind der frühesten Kindheit entnommen: eines der Grundbeispiele Freuds behandelt die Beziehung des Säuglings zur Mutterbrust.

Die Fülle der Gedanken, die von der Hirnphysiologie zur Metapsychologie im späteren Sinne dieses Wortes reichen, mußte den Entwurf auch für den durch Gespräche vorbereiteten Leser schwer faßbar machen; auch enthält das Manuskript manche offenkundige von Freud selbst in späteren Briefen angemerkte Widersprüche. Fließ' Reaktion können wir aus den Briefen Freuds nur zum Teil erraten. Es hat den Anschein, daß sie aus einer Mischung von Zögern und Bewunderung bestand.

Der Zweck der Sendung, von Fließ, für den der Entwurf geschrieben war, im einzelnen Vorschläge für eine bessere Formulierung der hirnphysiologischen Teile zu erhalten (Brief Nr. 28), erfüllte sich nicht. Fließ war offenbar mit anderen Fragen beschäftigt, und Freud selbst konnte sein Interesse an dem allzu gewagten Unterfangen nicht aufrechterhalten. Er verbannte die Notizen zur ›Psychologie‹ und revoltierte gegen den ›Tyrannen‹, der sein Denken beherrscht hatte; neue klinische Eindrücke forderten sein Interesse.

III *Infantile Sexualität und Selbstanalyse*

Das Problem, das Freud im Jahre 1896 und in der ersten Hälfte 1897 beschäftigte, hatte sich lang angekündigt. Die Rolle der Kindheit in der Ätiologie der Hysterie wurde in den ›Studien‹ nur kurz berührt. In dem gleichzeitigen ›Entwurf‹ faßte Freud seine Anschauungen dahin zusammen, daß sexuelle Erlebnisse vor der Pubertät für die Neurosenbildung ätiologische Bedeutung besäßen (SS. 356 f.); später hieß es, daß die zweite Dentition der Zeitpunkt sei, vor dem sexuelle Erlebnisse neurosenauslösend wirken;[1] auch suchte Freud schon damals, die einzelnen »Neurosenformen und die Paranoia nach ihren Fixierungszeiten« zu unterscheiden. Anfänglich handelte es sich dabei um die spätere Kindheit, bald aber rückte das Datum in immer frühere Zeit, und zugleich festigte sich der Eindruck, daß die entscheidende Schädigung der Verführung durch Erwachsene zuzuschreiben sei. »Es ergab sich«, schreibt Freud in seiner ›Selbstdarstellung‹, »was Dichter und Menschenkenner immer behauptet hatten, daß die Eindrücke dieser frühen Lebensperiode, obwohl sie meist der Amnesie verfallen, unvertilgbare Spuren in der Entwicklung des Individuums zurücklassen, insbesondere daß sie die Disposition für spätere neurotische Erkrankungen festlegen. Da es sich aber in diesen Kinderjahren immer um sexuelle Erregungen und um die Reaktion auf dieselben handelt, stand man vor der Tatsache der infantilen Sexualität, die wiederum eine Neuheit und einen Widerspruch gegen eines der stärksten Vorurteile der Menschen bedeutete.«

»Ehe ich weiter in die Würdigung der infantilen Sexualität eingehe, muß ich eines Irrtums gedenken, dem ich eine Weile verfallen war und der bald für meine ganze Arbeit verhängnisvoll geworden wäre. Unter dem Drängen meines damaligen technischen Verfahrens reproduzierten die meisten meiner Patienten Szenen aus ihrer Kindheit, deren Inhalt die sexuelle Verführung durch einen Erwachsenen war. Bei den weiblichen Personen war die Rolle des Verführers fast immer dem Vater zugeteilt. Ich schenkte diesen Mitteilungen Glauben und nahm also an, daß ich in diesen Erlebnissen sexueller Verführung in der Kindheit die Quellen der späteren Neurose aufgefunden hatte. Einige Fälle, in denen sich solche Beziehungen zum Vater, Oheim oder älteren Bruder bis in die Jahre sicherer

Erinnerung fortgesetzt hatten, bestärkten mich in meinem Zutrauen.«[1] Diese Auffassung von der Genese der Neurose wurde in der im Mai 1896 veröffentlichten Arbeit ›Zur Ätiologie der Hysterie‹ niedergelegt und nach dem Zeugnis der Briefe durch eine Zeitlang festgehalten; wie sich später ergibt, gegen manche anfangs unterdrückte Bedenken. Während der letzten Monate des Jahres 1896 und während des ersten Halbjahres 1897 studierte Freud an seinen Kranken das reiche Wuchern des Phantasielebens, nicht nur ihre Tagträume, sondern namentlich die infantilen Phantasien, die sich im Denken, Träumen und Verhalten erwachsener Neurotiker unter den Bedingungen der psychoanalytischen Behandlung regelmäßig manifestieren; langsam fügten sich aus diesen Beobachtungen die ersten noch zögernden Einsichten in das Wesen der infantilen Sexualorganisation, zuerst in das der – damals noch nicht benannten – analen Phase. Später sollte sich schnell Beobachtung an Beobachtung reihen, zu dem vielleicht kühnsten Unterfangen Freuds. Aus den Beobachtungen an erwachsenen Neurotikern gelang es ihm, einige der regelmäßigen Reifungsvorgänge im Leben des menschlichen Kindes zu rekonstruieren. Denn die ›Entwicklungsstufen der Libido‹ beschreiben die zeitliche Abfolge von Reifungsvorgängen, die in einem halben Jahrhundert seit Freuds ersten Funden im einzelnen erforscht und immer von neuem durch systematische Beobachtung bestätigt worden sind.
Im Frühling des Jahres 1897 schienen sich die Einsichten in das Wesen der kindlichen Wunschphantasien zu häufen, aber trotzdem konnte sich Freud nicht zu dem entscheidenden, von seinen eigenen Beobachtungen geforderten Schritte entschließen, die Auffassung von der traumatischen Rolle der Verführung zu Gunsten der Einsicht in die regelmäßigen und notwendigen Bedingungen der kindlichen Entwicklung und des kindlichen Phantasielebens aufzugeben. Er berichtete in den Briefen von seinen neuen Eindrücken, aber der Widerspruch zwischen ihnen und seiner älteren Auffassung wurde nicht erwähnt – bis er eines Tages, in dem Brief vom 21. September 1897 (Nr. 69), schilderte, wie er Einsicht in seinen Irrtum gewonnen habe. Die Gründe für die Revision seiner Anschauung, die Freud in diesem Brief gab, und die Konsequenzen des Verzichts auf die Verführungshypothese hat Freud auch in seinen Schriften dargestellt.

»Als diese Ätiologie an ihrer eigenen Unwahrscheinlichkeit und an dem Widerspruch gegen sicher festzustellende Verhältnisse zusammenbrach, war ein Stadium völliger Ratlosigkeit das nächste Ergebnis. Die Analyse hatte auf korrektem Wege zu solchen infantilen Sexualträumen geführt und doch waren diese unwahr. Man hatte also den Boden der Realität verloren. Damals hätte ich gerne die ganze Arbeit im Stiche gelassen ... Vielleicht harrte ich nur aus, weil ich keine Wahl mehr hatte, anders zu beginnen.«[1]

Auf eine andere, wie es scheint, psychologisch bedeutsame Begründung für seinen damaligen Irrtum hat Freud fast 30 Jahre später in seiner Selbstdarstellung hingewiesen. »Ich war«, schreibt Freud, »mit dem Ödipuskomplex zusammengetroffen ...« Aus den Briefen ersehen wir, daß die Einsicht in die Struktur des Ödipuskomplexes, und damit die Einsicht in das Kernproblem der Psychoanalyse, erst durch Freuds Selbstanalyse möglich wurde, die er im Sommer 1897 während des Aufenthaltes in Aussee begann.[2]

Der Leser der Freudschen Schriften ist mit einzelnen Schritten der Selbstanalyse vertraut. Schon in seiner voranalytischen Zeit hatte Freud seine eigene Person als Versuchsobjekt benützt oder Selbstbeobachtungen in seinen Arbeiten verwertet;[3] seit der Selbstanalyse und im Zusammenhang seiner psychologischen Schriften gewann diese Übung eine neue Bedeutung. Als erstes Zeugnis dürfen wir die 1899 erschienene Arbeit ›Über Deckerinnerungen‹[4] ansehen, die Bernfeld als im wesentlichen autobiographisch erkannte.[5] Seit dem Erscheinen der Traumdeutung häuften sich die Beispiele; sie spielten auch in den späteren Auflagen dieses Werkes und in den verschiedensten Auflagen von ›Zur Psychopathologie des Alltagslebens‹ eine erhebliche Rolle. In späteren, nach 1902 erschienenen Freudschen Schriften waren die autobiographischen Beispiele seltener, aber eine der letzten Arbeiten Freuds nahm das Thema wieder auf: ein Brief zu Romain Rollands siebzigstem Geburtstag berichtete unter dem Titel ›Eine Erinnerungsstörung auf der Akropolis‹[6] über ein Entfremdungsgefühl, das Freud im Jahre 1904 beim Besuch Athens erlebt hatte und das er aus dem Schuldgefühl über »die kindliche Kritik am Vater« erklärte, »welche die frühkindliche Überschätzung seiner Person abgelöst hatte«. In der Einleitung zu dieser

Schrift wies Freud Rolland darauf hin, daß er zu der Zeit, als er sich das Ziel gesetzt hatte, »ungewöhnliche, abnorme, pathologische Erscheinungen des Seelenlebens aufzuklären«, dies »zunächst an der eigenen Person versuchte«. Die Briefe an Fließ gestatten uns die genauere Zeitbestimmung dieser ersten Versuche und zeigen uns in der Tat Freud in der Auseinandersetzung mit dem Ödipuskomplex. Nicht nur die Briefe vermitteln diesen Eindruck: Freud selbst wies auf dieses Thema als das zentrale seiner Analyse hin, wenn er (im Vorwort zur zweiten Auflage der ›Traumdeutung‹) von diesem Buche sagte: »Es erwies sich mir als ein Stück meiner Selbstanalyse, als meine Reaktion auf den Tod meines Vaters, also auf das bedeutsamste Ereignis, den einscheidendsten Verlust im Leben eines Mannes.«

Der wesentliche Teil dessen, was Freud in seinen Briefen an Fließ über seine Selbstanalyse berichtete, beschäftigte sich mit der Rekonstruktion entscheidender Kindheitserlebnisse, meist mit der Zeit vor Freuds viertem Lebensjahr. Dieser Zeitraum war auch äußerlich von Freuds späterem Leben scharf geschieden, denn als er drei Jahre alt war, wurde die Familie Freud durch eine Wirtschaftskrise gezwungen, die mährische Kleinstadt Freiberg zu verlassen. Auf den Wohlstand der Freiberger Zeit folgten die entbehrungsreichen Jahre von Freuds Kindheit und Jugend. Siegfried und Suzanne C. Bernfeld haben den Versuch unternommen, die Kindheitserlebnisse Freuds aus der Zeit seines Aufenthaltes in Freiberg aus seinen Schriften zu rekonstruieren.[1] Das Material der Briefe bestätigt die Schlüsse der Bernfelds in vielen Zügen, fügt an manchen Stellen Einzelheiten hinzu, aber ist im Ganzen weit dürftiger, als was aus Freuds Schriften gesammelt und erschlossen werden konnte. Aus den in Freuds Schriften verstreuten Bemerkungen erfahren wir manches über den Haushalt seines Vaters Jacob (geb. 1815), der, eben zum zweiten Male verheiratet, Kinder und Enkel unter einem Dach beherbergte. So kam es, daß Freud mit einem Neffen und Spielgefährten aufwuchs, der um ein Jahr älter war als er, John, dem Sohn des in den Briefen öfters erwähnten Bruders Emmanuel, und mit einer gleichaltrigen Nichte Pauline, gegen die sich beide Buben zuweilen verbündeten (Brief Nr. 70), wie sehr sie auch sonst einander befehden mochten. Die Gestalt des Vaters selbst, die in den Briefen schattenhaft bleibt, tritt in den Schriften in helleres Licht. In den frühen Kinderjahren ist er ›der weiseste, mächtigste und wohlhabendste Mann‹, den der Knabe kennt; die Erinnerung an gemeinsame Waldspaziergänge, bei denen er, kaum daß er ›gehen konnte, dem Vater zu entlaufen pflegte‹, hat sich bis spät erhalten und mag der Natursehnsucht Freuds, von der die Briefe sprechen, den Weg bereitet haben. Aus den Schriften ist auch die Gestalt der Kinderfrau bekannt, des alten, klugen, aber häßlichen Weibes, an deren Verschwinden sich entscheidende Erinnerungen knüpfen; Erinnerungen an die Verhaftung der Diebin und die Geburt einer Schwester, Eindrücke von der Schwangerschaft der Mutter und von der auf den jüngeren (aber doch zwanzig Jahre älteren) Stiefbruder, Philipp, verschobenen Eifersucht. Aber während Freud in seinen Schriften dieses Material benützte, um einzelne Hypothesen der Psychoanalyse zu belegen, machen uns die Briefe mit einigen Umständen der analytischen Arbeit bekannt, durch die sie gewonnen wurden. Die Rekonstruktionen der eigenen verdrängten Kindheitserinnerungen ergaben sich Freud nicht mühelos, sondern erst nach manchen vergeblichen Versuchen. Um eine Deutung zu sichern, wendete er sich an seine Mutter um Auskunft (Brief Nr. 71), und ihre Bestätigung und Korrektur seiner Deutung förderte ihn nicht nur im Verständnis seiner eigenen Probleme, sondern gab ihm zugleich erhöhtes Vertrauen in die Verläßlichkeit der Methode; so griffen sachlicher und persönlichen Gewinn ineinander.

Konnte man aus den Andeutungen über die Selbstanalyse in den Freudschen Schriften den Eindruck gewinnen, daß Freud beim Studium seiner Träume im Dienste seines wissenschaftlichen Interesses, und gleichsam als Nebengewinn, ein Stück seiner eigenen Analyse durchführte, Einsichten über sich selbst mühelos erwerbend, so wird unser Eindruck durch das Zeugnis der Briefe berichtigt: wir werden mit einigen der dynamischen Auswirkungen der Selbstanalyse vertraut, mit dem Auf und Ab von Widerstand und Fortschritt, wir hören von Phasen, in denen sich Freud plötzlich in seine frühe Kindheit zurückversetzt fühlte, von jähem Stimmungswechsel, kurz von einer Wirkung, die über einen rein intellektuellen Vorgang weit hinausging und alle wesentlichen Merkmale des echten analytischen Prozesses an sich trug. Ja, es scheint, daß Freud an der ›schwersten Analyse‹, erst an seinem eigenen Verhalten als Analysand, das volle Verständnis für manche Ausdrucksformen des analytischen Widerstandes erworben hat.

Aus den Briefen ersehen wir, wie die in der Selbstanalyse gewonnene Einsicht später in den Analysen der Patienten weiter verfolgt wurde; von dem dort Gelernten führte dann der Weg zurück zum weiteren Verständnis der eigenen persönlichen Vorgeschichte: es war kein einmaliger oder auf eine kurze Periode beschränkter Vorgang; er verlief in Phasen oder Vorstößen, aus denen sich jedesmal bedeutsame Einsichten ergaben. Nach dem Zeugnis der Freudschen Schriften war die Selbstanalyse nicht auf die Jahre des Briefwechsels beschränkt; sie setzte sich mindestens bis in die ersten Jahre des Jahrhunderts fort.[1] Jahrzehnte später, als aus der persönlichen Erfahrung Freuds längst ein Institution, und die Lehranalyse zum unentbehrlichen Bestand der analytischen Ausbildung geworden war, nahm Freud das Thema der Wechselbeziehung zwischen der eigenen Analyse und der der Patienten nochmals auf. »Man rechnet darauf, daß die in der Eigenanalyse erhaltenen Anregungen mit deren Aufhören nicht zu Ende kommen, daß die Prozesse der Ich-Umarbeitung sich spontan beim Analytiker fortsetzen und alle weiteren Erfahrungen in dem neuerworbenen Sinn verwendet werden.«[2] Dieser Vorgang aber wird durch die ›Gefahren‹, die die Analyse auch für den aktiven Partner, den Analytiker, mit sich bringt, bedroht; Gefahren, die nach Freuds Auffassung am besten dadurch bewältigt werden können, daß sich der Analytiker »periodisch wieder zum Objekt der Analyse macht«. Es liegt nahe, anzunehmen, daß mindestens ein Teil dieser Auffassung an eigener Erfahrung erworben wurde und daß die vielleicht zur systematischen Selbstbeobachtung ermäßigte Selbstanalyse Freuds eine ›unendliche‹ war und als ständige Korrektur des Beobachters bei seiner Arbeit wirkte.

Das erste und vielleicht bedeutsamste Ergebnis der Freudschen Selbstanalyse war ohne Zweifel der Schritt von der Verführungsätiologie zur vollen Einsicht in die Bedeutung der infantilen Sexualität. Die Ratlosigkeit, die Freud erfaßte, als er seinen Irrtum erkannte, machte schnell neuen Einsichten Platz. »Wenn die Hysteriker ihre Symptome auf erfundene Traumen zurückführen, so ist eben die neue Tatsache die, daß sie solche Szenen phantasieren, und die psychische Realität verlangt neben der praktischen Realität gewürdigt zu werden. Es folgte bald die Einsicht, daß diese Phantasien dazu bestimmt seien, die autoerotische Betätigung der ersten Kinderjahre zu verdecken, zu beschönigen und auf eine höhere Stufe zu heben, und nun kam hinter diesen Phantasien das Sexualleben des Kindes in seinem ganzen Umfange zum Vorschein.«[1] Die Entwicklung seiner Gedanken, die Freud hier in großen Zügen schilderte, läßt sich in den Briefen im einzelnen verfolgen. Die Selbstanalyse im Sommer und Herbst 1897 ließ Freud die wesentlichen Züge des Ödipuskomplexes erkennen und das Wesen von Hamlets Hemmung verstehen; es folgte die Einsicht in die Rolle der erogenen Zonen in der Libidoentwicklung. Im Frühling 1898 arbeitete er an der Niederschrift der ersten Fassung der ›Traumdeutung‹, im Sommer wurde das Problem der Fehlleistung gelöst, und im Herbst begann die systematische Vorbereitung für die ›Traumdeutung‹, wie wir sie kennen, die dann im Frühling und Sommer 1899 niedergeschrieben wurde. Inzwischen lag zu Beginn des Jahres 1899, nach einem neuerlichen ›Vorstoß‹ der Selbstanalyse, ein anderer entscheidender Schritt der Entwicklung psychoanalytischer Einsicht. Die Beschäftigung mit dem Traum und mit klinischen Fragen der Neurosenlehre hatten bis zu dieser Zeit als zwei unabhängige Interessengebiete nebeneinander gestanden; Stillstand in dem einen, Fortschritt in dem anderen wurden zu wechselnden Zeiten berichtet. Jetzt erkannte Freud die Einheit der Probleme, wurde sich bewußt, daß, was er am Traum erkannte, auch das Symptom miterklärte (Briefe Nr. 82, 105); aus zwei Problemen wurde ein Wissenschaftsgebiet: die Psychoanalyse als Theorie und Therapie. Das Ineinandergreifen theoretischer und therapeutischer Interessen fand bald einen bedeutsamen Ausdruck in der zu Anfang des Jahres 1900 niedergeschriebenen Studie über ›Traum und Hysterie‹, die erst vier Jahre später unter dem Titel ›Bruchstücke einer Hysterie-Analyse‹ veröffentlicht wurde.

IV Die Psychoanalyse als unabhängige Wissenschaft

Auflösung der Beziehung zu Fließ

Die Selbstanalyse Freuds, die den Weg zum Verständnis des frühkindlichen Konfliktes eröffnet hatte, brachte eine Verschiebung in der Verteilung seiner Interessen mit sich. Durch die Einsicht in die Entstehungsbedingungen des individuellen Konfliktes im Wechselspiel zwischen Kind und Umwelt, durch die Einführung des sozialen Gesichtspunkts hatte der Versuch einer direkten Erklärung der psychologischen Vorgänge an Anziehungskraft eingebüßt; ein Umstand, der auf die Beziehung zu Fliess nicht ohne Einfluß bleiben konnte.

Freud hatte sich immer wieder an Fließ gewendet, wenn er sich über den ›physiologischen Unterbau‹, das ›Fundament‹, die ›Realia‹ Bescheid erbat; gerade dieses Bedürfnis war nun im Abnehmen. Fließ aber hatte längst seine eigenen Theorien bis zu einem Punkte entwickelt, an dem sie, seiner Meinung nach, Freuds Auffassungen zu ergänzen schienen, in Wirklichkeit aber einzuengen bestimmt waren. Der erste Zusammenstoß zwischen Freuds Neurosenlehre und Fließ' Periodenlehre ergab sich, als im Frühling 1895 der Münchner Nervenarzt Ludwig Löwenfeld, mit dem Freud in späteren Jahren eine auf gegenseitige Achtung begründete Beziehung unterhielt, eine Kritik der Freudschen Auffassung der Angstneurose veröffentlichte.[1] Löwenfeld behauptete, daß Freuds Theorie nicht die Vielfalt der klinisch beobachtbaren Angstzustände und die Unvorhersagbarkeit ihres Auftretens zu erklären vermöge. Freuds Erwiderung[2] klärte manche Mißverständnisse Löwenfelds auf, wies auf das quantitative Element, die Summation der Noxen hin und steckte zugleich den Rahmen ab, in dem die Diskussion dieser Probleme zu führen sei. Dieser Rahmen sei durch die ›ätiologische Formel‹ gegeben, in der eine ›Bedingung‹ und mehrere Arten von ›Ursachen‹, spezifische, konkurrierende und auslösende Ursachen zu unterscheiden seien. Als Bedingung diskutierte Freud die Rolle der Heredität; die auslösende Ursache könne ein Ereignis des Tages sein, als spezifische und als konkurrierende Ursachen kämen sexuelle Erlebnisse und etwa physische Erschöpfung in Betracht. Für die weitere Forschung aber sei, nach der Meinung Freuds, das Studium der spezifischen Ursache entscheidend. »Welche Formen aber die

Neurose annimmt, — den Sinn des Ausschlages — das bestimmt allein das aus dem Sexualleben stammende *spezifische ätiologische Moment.*«[1]
Die Funde über die Bedeutung der infantilen Sexualität und die ätiologische Bedeutung des frühkindlichen Konflikts sollten allmählich Einsicht in dieses spezifische ätiologische Moment bieten. Aber längst bevor Freud dieses Ziel erreichen konnte, trat Fließ mit seiner Theorie in die Bresche. In seiner 1896 vollendeten Monographie über die Beziehung zwischen Nase und weiblichem Geschlechtsapparat erkannte Fließ den Wert von Freuds Funden ausdrücklich an. Er versicherte, daß er Freuds Befunde über die ätiologische Bedeutung frustraner sexueller Erregung klinisch immer wieder bestätigt gefunden habe (S. 142), und bemühte sich im einzelnen, das widerspruchsfreie Aneinanderpassen seiner und Freuds Auffassung zu erweisen. So betonte er, daß seine Aufstellung einer ›nasalen Dysmenorrhoe‹ den Einfluß der Konversion als eines ›vergrößernden Elementes‹ nicht ausschließe (S. 11), oder daß bei echtem hysterischem Magenschmerz »die Nase keine Rolle spiele, da es sich dort lediglich um die Verwandlung einer verdrängten Vorstellung in ein körperliches Symptom handle« (S. 110). Nur an einer entscheidenden Stelle zeigte sich der Kern des künftigen Konfliktes zwischen Fließ' Periodenlehre und Freuds Neurosenlehre: Fließ beschäftigte sich mit dem Auftreten der Angst »bei Kindern, Greisen, Männern und Frauen« und gelangte zur Ansicht, »daß das Auftreten von Angstanfällen an periodische Tage gebunden ist«. Fliess verglich den Angstanfall mit gewissen Intoxikationen, erinnerte »an die Angst bei acuter Nicotin- oder bei Colchiumvergiftung oder an das Angststadium bei diabetischem Coma« und vertrat die Annahme, »daß zur Zeit der periodischen Tage ein Stoff im Körper ausgeschieden« werde, der auf das Nervensystem »einwirke«. »Mit der Feststellung, daß Angst nur an determinierten Tagen entbunden wird«,[2] entfalle der Einwand Löwenfelds gegen Freuds These. »Löwenfeld wußte natürlich nicht, mit welcher Genauigkeit seine Forderung über eine Ähnlichkeit zwischen Angst- und epileptischem Anfall erfüllt würde. Beide folgen ihrer zeitlichen Bestimmung nach dem gleichen Gesetz.«
So nahm Fließ die Löwenfeldsche Kritik an Freuds Auffassung der Angstneurose auf und begegnete ihr mit seiner eigenen Lehre. Freud war anfänglich von Fliess' Funden tief beeindruckt; längst vor der Ver-

öffentlichung der Monographie über die ›Beziehungen‹ hatte er sich von der Größe des Gedankenflugs angezogen gefühlt. Er war damit beschäftigt, Fließ' Periodenberechnungen aus Krankengeschichten zur Verfügung zu stellen und aus dem Leben seiner Familie Reihen von Daten zu sammeln;[1] auch suchte er Schwankungen in seinem eigenen Befinden und in seiner Stimmung auf ›betonte‹ Tage im Sinne der Fließ'schen Auffassung zurückzuführen. Den latenten Gegensatz zwischen seinen und Fließ' Auffassungen konnte er solange leicht übersehen, als seine eignen Gedanken in lebhafter Fortentwicklung begriffen waren. Erst als er nach der Selbstanalyse vollends den Schritt in die lebensgeschichtliche Forschung getan hatte, kam es ihm zum Bewußtsein, daß Fließ' Versuch, den neurotischen Konflikt aus der ›Periodizität‹ zu erklären, eine entscheidende Einschränkung des durch den genetischen Aspekt bereicherten dynamischen Denkens der Psychoanalyse bedeutete.

Der Konflikt blieb aber nicht auf diese eine Frage beschränkt. Der Weg Freuds vom Studium von Traum und Fehlleistungen zum weiteren Ausbau der Sexualtheorie wurde durch eine Anregung erleichtert, die er von Fliess übernehmen konnte. Es handelte sich um die Einsicht in die Bedeutung der Bisexualität. Schon im Vorwort seiner Monographie ›Über die Beziehungen‹ hatte Fließ die These von der Existenz männlicher und weiblicher Perioden im menschlichen Leben zur Annahme einer konstitutionellen Bisexualität weiterentwickelt;[2] im Gedankenaustausch von Freud und Fließ spielte dieses Problem eine entscheidende Rolle. Freud war von den neuen Problemen gefesselt und machte sich Fließ' Gedanken, daß die Annahme der Bisexualität einen entscheidenden Beitrag zum Verständnis der Neurosen zu leisten vermöge, rasch zu eigen. In ›Zur Psychopathologie des Alltagslebens‹ schilderte er als Beispiel eines tendenziösen Vergessens, wie ihm die Erinnerung an Fließ' Anregung entschwunden war und erst allmählich wieder auftauchte.[3] In der Auswertung des Gedankens aber ergab sich ein Widerspruch der Auffassung, an dem sich der latente sachliche Konflikt zwischen Fließ und Freud entzündete. Die Probleme, um die es sich handelt, beschäftigten Freud durch Jahrzehnte; er erörterte sie noch zwanzig Jahre später und formulierte sie mit unübertrefflicher Klarheit:[4] Die Fließ'sche Theorie,[5] die er ›bestechend‹ nannte, und deren ›großzügige Einfachheit‹ er rühmte, behauptete, »das stärker ausgebildete, in der Person vorherrschende Geschlecht habe die seelische Vertretung des unterliegenden Geschlechts ins Unbewußte verdrängt. Der Kern des Unbewußten, das Verdrängte, sei also bei jedem Menschen das in ihm vorhandene Gegengeschlechtliche«. Freud stand dieser Auffassung, die er noch vor Fließ einen Augenblick lang erwogen hatte (Briefe Nr. 52, 63), zunächst schwankend gegenüber (Brief Nr. 75 ff.), aber endlich setzten sich die Gegenargumente durch: Die Fliess'sche Ansicht »kann einen greifbaren Sinn wohl nur dann« ergeben, »wenn wir das Geschlecht eines Menschen durch die Ausbildung seiner Genitalien bestimmt sein lassen«.[1] Freud lehnte diese Auffassung ab, die das Ziel hatte, »die Verdrängung zu sexualisieren, also sie biologisch, statt psychologisch zu begründen«.[2] In diesen Worten wendete sich Freud nicht gegen die Bedeutung der Bisexualität in der Erklärung mancher Züge menschlichen Verhaltens, sondern gegen den Ausspruch, daß biologische Verhältnisse psychologische Erklärungen ausschließen.

Die Frage der Bisexualität wurde für die Beziehung zu Fließ von entscheidender Bedeutung. Im Jahre 1901, als die Freundschaft im Schwinden war, versuchte Freud sie wieder zu beleben, indem er Fließ das Problem der Bisexualität nochmals als eines vorschlug, das sich zu einverständlicher und gemeinsamer Bearbeitung eigne. Der Versuch war vergeblich. Die Kluft war nicht mehr zu überbrücken. Bei der letzten Begegnung in Achensee (1900) zeigte sich, daß eine Verständigung nicht möglich war. Nach Fließ' späterer Schilderung[3] und Freuds brieflichen Äußerungen lassen sich einige Vorfälle der Begegnung rekonstruieren: Fließ forderte von Freud die ausdrückliche Anerkennung seines Versuches, die Spezifität neurotischer Erkrankungen zu erklären. Die durch die Interferenz des 28tägigen und des 23tägigen Zyklus entstehenden periodischen Schwankungen und die toxischen Veränderungen, die sie setzen, sollten als verantwortlich gelten für das Wesen der neurotischen Störung. Freud erwiderte offenbar, daß ein solcher Ansatz die Dynamik des Seelischen, die er sich aufzuklären bemühe, ausschalte und daß in seinem empirischen Material für eine solche Annahme keine Hinweise zu finden seien; Fliess griff darauf die Methode an, mit der der Einblick in diese Dynamik gewonnen worden war, und erhob den Vorwurf, Freuds Funde an seinen Patienten seien Projektionen seiner eigenen Gedanken.

Trotz dieses Vorwurfs bemühte sich Freud, den Briefverkehr aufrechtzuerhalten. Fließ aber war unversöhnlich und bekannte endlich die Gründe seiner Abwendung. Wir kennen die Worte nicht, in denen er es tat, aber ersehen aus Freuds Antwort (Brief Nr. 146), daß Fließ sich offenbar durch das mangelnde Interesse Freuds an seinen Theorien verletzt fühlte.

In der Tat nahm in Freuds Briefen seit 1897 und besonders seit 1898 das Interesse für Fließ' Periodenlehre ab. Der Grund ist nicht zu verkennen: Die Lehre hatte sich immer mehr vom Boden der Tatsachen und Beobachtungen entfernt; der Anspruch, ein alles Biologische erfassendes, ja ein kosmisches Prinzip entdeckt zu haben, das alle Lebensvorgänge erklärte, mußte sich in diesen Jahren weiterentwickelt haben. Das oben mitgeteilte Vorwort zu der Monographie über die ›Beziehungen‹ deutete diesen Weg an; in den späteren Fließ'schen Schriften ist der Zwang zu starrer Systembildung voll entwickelt.[1]

Gleichzeitig ›verfeinerte‹ Fließ seine mathematischen Beweise. Je weniger die Daten der Beobachtung sich seinen Forderungen fügten, desto künstlicher wurden die Fließ'schen Berechnungen. Freud war ihnen so lange gefolgt, als Zeitintervalle als Teile oder als Vielfaches von 23 und 28 erklärt wurden; bald aber sah sich Fließ genötigt, Intervalle auf eine Kombination von vier Zahlen zurückzuführen, und etwa neben 23 und 28 5 (28–23) und 51 (28+23) zu verwenden. Freud machte diesen Schritt nicht mehr mit und wies auf die Begrenzung seines mathematischen Verständnisses hin; man darf aber aus dem Tenor der Briefe vermuten, daß er sein Interesse in begreiflicher Scheu eingeschränkt hatte.

Die Neigung, die sich in dieser Überspitzung von Fließ' Hypothesen äußerte, führte dann zu einem Nachspiel, das die Beziehung von Fließ zu Freud nur mehr peripher betraf: im Jahre 1902 veröffentlichte Otto Weininger, ein Wiener Schriftsteller, der wenig später (Herbst 1903) durch Selbstmord endete, unter dem Titel ›Geschlecht und Charakter‹ ein sensationelles Buch, in dem er den Gedanken der konstitutionellen Bisexualität und andere von Fliess schon in den ›Beziehungen‹ angedeutete Vermutungen verwendete. Weininger hatte durch eine Mitteilung des Wiener Philosophen Swoboda von den Fließ'schen Forschungen gehört. Swoboda, der einer Neurose wegen bei Freud in Behandlung gestanden hatte, war im Zuge der Behandlung auf die Bedeutung der Bisexualität hingewiesen worden. Er gab diesen Hinweis an Otto Weininger weiter, der ihn in seinem Buche ausbeutete, ohne den Namen Fließ zu nennen. Swoboda aber, der ihm Jahre 1904 eine Monographie unter dem Titel ›Die Perioden des menschlichen Organismus in ihrer psychologischen und biologischen Bedeutung‹ erscheinen ließ, die die Periodenlehre auch auf die Traumdeutung anwendete, ging ausdrücklich von Fließ' Arbeiten aus, denen er ein Kapitel widmete. Durch das viel gelesene Buch von Weininger und die Monographie von Swoboda fühlte sich Fließ bedroht. Er veröffentlichte nicht nur eine Broschüre ›In eigener Sache‹, in der er seine Priorität verteidigte, sondern beauftragte den Bibliothekar Richard Pfenning damit, eine historische Studie über die Frage der Priorität zu schreiben: sie erschien unter dem Titel: ›Wilhelm Fließ und seine Nachentdecker O. Weininger und H. Swoboda‹ im Jahre 1906, Jahre nach dem dauernden Versiegen des Briefwechsels.[1]

In Fließ' Leben kam der Kampf um die Anerkennung seines biologischen Systems nie mehr zur Ruhe. Den Namen Freuds finden wir in keiner seiner späteren Studien erwähnt.[2] Und doch gab Fließ ein gewisses Interesse an der Psychoanalyse nie auf und belebte es im letzten Jahrzehnt seines Lebens in einer Freundschaftsbeziehung mit Karl Abraham, dem bekannten Berliner Psychoanalytiker, in einem gewissen Ausmaß wieder. Sein Sohn Robert, dem Freud in den Briefen Grüße sendet, wählte dann die Psychoanalyse als Beruf.

Freud war in seinen Schriften darauf bedacht, die Anregung, die er Fließ' Auffassung von der Bisexualität dankte, regelmäßig zu erwähnen. Die Periodenlehre prüfte er in der von Swoboda versuchten Anwendung auf die Traumpsychologie an eigenen Träumen im Jahre 1910 nach, ohne die Swobodaschen Thesen bestätigt zu finden.[3] Er bewahrte für den Fließ'schen Grundgedanken ein gewisses Interesse. Bei der Diskussion von Entwicklungshemmungen, die in der Disposition wurzeln könnten, verwies Freud auf die Arbeiten von Fließ; seit diese »die Bedeutung bestimmter Zeitgrößen für die Biologie aufgedeckt haben, ist es denkbar geworden, daß sich Entwicklungsstörung auf zeitliche Abänderung von Entwicklungsschüben zurückführt«.[4]

Als Freud in ›Jenseits des Lustprinzips‹ seine eigene biologische Spekulation vortrug, erwähnte er noch einmal Fließ: »Nach der großartigen Konzeption von W. Fließ sind alle Lebenserscheinungen – und gewiß auch der Tod – der Organismen an die Erfüllung bestimmter Termine gebunden, in denen die Abhängigkeit zweier lebender Substanzen, einer männlichen und einer weiblichen, vom Sonnenjahr zum Ausdruck komme. Allein die Beobachtungen, wie leicht und bis zu welchem Ausmaße es dem Einfluß äußerer Kräfte möglich ist, die Lebensäußerungen insbesondere der Pflanzenwelt in ihrem zeitlichen Auftreten zu verändern, sie zu verfrühen oder hintanzuhalten, sträuben sich gegen die Starrheit der Fließ'schen Formeln und lassen zum mindesten an der Alleinherrschaft der von ihm aufgestellten Gesetze zweifeln.«[1] So stand die Periodenlehre von Fließ an Grenzstellen von Freuds Interesse; zum Aufbau der Psychoanalyse leistete sie keinen Beitrag.

Daß die Beziehung zu Fließ in Freuds Selbstanalyse eine Rolle spielte, erwähnte Freud selbst wiederholt (siehe etwa Brief Nr. 66). Aus einigen Briefstellen darf man vermuten, daß Freud zur Einsicht gelangt war, daß die Beziehung zu Fließ mit dem Hauptproblem der ersten Phasen seiner Selbstanalyse, der Beziehung zum Vater, verbunden war (Brief Nr. 134), und es scheint, daß der Fortschritt der Selbstanalyse die Ablösung von Fließ erleichterte.[2] Die Verstimmung Freuds nach dem anfänglichen Mißerfolg der ›Traumdeutung‹, die durch die Last der finanziellen Sorgen erhöht war, war die letzte, von der wir aus Freuds Leben Kunde haben.[3] Die Reise nach Rom, der Entschluß, sich den Titel eines Professors zu verschaffen und damit eine gesicherte materielle Existenz folgen einander rasch. Bald fanden sich die ersten Schüler; die Psychoanalyse wuchs zur psychoanalytischen Bewegung.

Der Versuch, rückschauend die Bedeutung des Gedankenaustausches mit Fließ für Freuds geistige Entwicklung einzuschätzen, darf von Freuds eigener Auffassung ausgehen: in einer Zeit der Vereinsamung und Entfremdung von allen Mitarbeitern und Freunden bot sich Fliess als williger und oft begeisterter Zuhörer an. Sein wissenschaftlicher Einfluß richtete sich so gut wie ausschließlich auf eine Frage: auf Freuds Versuche, eine Brücke zwischen den neuen psychologischen Entdeckungen und physiologischen Erklärungen herzustellen. Noch ehe sich der Gedankenaustausch mit Fließ enger gestaltet hatte, war Freud mit dieser Frage beschäftigt. In ›Zur Auffassung der Aphasien‹ war er Hughlings Jackson gefolgt: »Die physiologischen Vorgänge hören nicht auf, sobald die psychischen begonnen haben; vielmehr geht die physiologische Kette weiter, nur daß jedem Glied derselben (oder einzelnen Gliedern) von einem gewissen Moment an ein psychisches Phänomen entspricht. Das Psychische ist somit ein Parallelvorgang des Physiologischen (a dependent concomitant).«[1]

Im Jahre darauf warf er die Frage auf, in welcher Distanz von einander diese Parallelvorgänge zu studieren seien. Der Einfluß der französischen Psychiatrie wies ihm den Weg. In der Haltung der deutschen Kliniker, so sagt Freud im Vorwort zur Veröffentlichung der Poliklinischen Vorlesungen Charcots (1892), herrschte die Neigung »zur physiologischen Deutung des Krankheitszustandes und des Zusammenhanges der Symptome. Die klinische Beobachtung der Franzosen gewinnt unzweifelhaft an *Selbständigkeit*, indem sie physiologische Gesichtspunkte an die zweite Stelle bannt ... Es liegt übrigens kein Versäumnis, sondern eine *allmähliche, für zweckmäßig erachtete Ausschließung vor.*« Freud suchte diesen Anweisungen in seinen nächsten Arbeiten zu folgen, aber im Jahre 1894 bis 1895 während der Niederschrift der für die ›Studien über Hysterie‹ bestimmten Abschnitte gewann der Gedanke Macht über ihn, den Versuch zu wagen, das Ganze der Psychologie und Hirnphysiologie ineinander zu arbeiten; ein großartiger Versuch, vielleicht angeregt davon, daß Breuer eben das theoretische Kapitel der ›Studien‹ niedergeschrieben hatte, ein Versuch, bei dem Fließ Pate gestanden und den er ermutigt hatte; ein Versuch jedoch, der bald verworfen wurde. Es ist kennzeichnend, daß der ›Entwurf‹ von 1895 sich unter den Papieren von Fließ fand, daß Freud ihn nie zurückerbeten hatte und an ihm nie wieder Interesse nahm.

Erst als nach der Selbstanalyse der dynamische Gesichtspunkt voll und ganz mit dem genetischen verschmolzen werden konnte, gelang es Freud, die Distanz zwischen physiologischer und psychologischer Betrachtung zu finden: In der ›Traumdeutung‹ gelang die erste Annäherung überraschend und die im siebenten Kapitel entworfene Struktur des psychischen Apparates konnte das Substrat für alle künftigen Ergänzungen

Freuds werden. Den Versuch, die Begriffe der Hirnphysiologie selbst zu benützen, lehnte Freud in den folgenden Jahren ausdrücklich ab. Er gab den Gedanken auf, »Zellen und Fasern oder die heute ihre Stelle einnehmenden Neuronsysteme als ... psychische Wege zu proklamieren, wenngleich solche Wege in noch nicht angebbarer Weise durch organische Elemente des Nervensystems darstellbar sein müßten«.[1] Wenige Jahre später beleuchtete Freud das Problem der Beziehung zwischen körperlichen und seelischen Vorgängen in seiner Arbeit über die psychogene Sehstörung, in der er das Grundprinzip der Betrachtungsweise entwickelte, die in den letzten zwei Jahrzehnten als psychosomatische Medizin bekannt geworden ist,[2] er bezeichnete später den Zusammenhang der psychischen mit biochemischen Vorgängen im Organismus immer wieder als ein zu erforschendes Gebiet und wies immer wieder darauf hin, daß die Sprache der Psychoanalyse eine provisorisch gewählte sei, gültig so lange, als sie noch nicht durch die Physiologie ersetzt werden könnte.[3] Was Freud für die Sprache der Analyse sagte, galt offenbar auch für ihre Begriffsbildung; die psychischen Instanzen der Psychoanalyse wurden als Organisationen beschrieben und wie Organe in der Physiologie durch ihre Funktion charakterisiert, eine Auffassung, die unmittelbar an den ›Entwurf‹ von 1895 anschloß.[4]

So ergab sich denn im Modell des psychischen Apparates, mit dessen Erforschung Freud seit seinen Studien über Gehirnanatomie beschäftigt war, endlich die Möglichkeit, den Zusammenhang zwischen physiologischer und psychologischer Betrachtungsweise zu bewahren, ohne durch die Enge der Bindung die Entwicklung der Psychoanalyse zu hemmen.

Der Einfluß Fließ' konnte diese Entwicklung seit 1897, seit dem Beginn der Selbstanalyse Freuds, nur stören. Seine Versuche, die Forschungen Freuds durch seine eigenen einzuschränken, die Dynamik des seelischen Geschehens im wesentlichen auf periodische Intoxikationen zurückzuführen oder die Verdrängungslehre ›zu biologisieren‹, mußten wie Fremdkörper wirken. Fließ' Vorwurf aber, daß die Psychoanalyse keine wissenschaftlichen Ergebnisse liefere, daß Freud seine Deutungen ›projiziere‹, mußte Freud um so schmerzlicher treffen, als die Technik seines Verfahrens sich noch in den Jahren des engen Gedankenaustausches entscheidend weiterentwickelt hatte. Schon 1898 hatte er in einer Arbeit von der Veränderung berichtet, die er an seiner Konzentrationstechnik vorgenommen hatte.[1] In den Briefen ist von diesem Fortschritt kaum die Rede. Und doch war er von entscheidender Bedeutung und muß neben Freuds großen Funden aus der Zeit um die Jahrhundertwende erwähnt werden: Mit dem Verzicht auf die Reste des hypnotischen Zeremoniells hatten sich der analytischen Therapie neue Möglichkeiten eröffnet; bald sollte die Bedeutung von Widerstand und Übertragung sich Freud klar darstellen; Gesichtspunkte, die die therapeutische Situation zu einem verläßlichen Instrument des Forschers gestalteten. Wenige Jahre nach der Trennung von Fließ wurde dieses Ziel erreicht; die Psychoanalyse gewann ihre dreifache Bedeutung: als Therapie, als psychologische Theorie und als neue und einzigartige Beobachtungsmethode menschlichen Verhaltens. Dieser Methode verdanken wir die überwiegende Mehrzahl der klinischen Hypothesen der Psychoanalyse, deren Verifizierung durch andere Beobachtungsmethoden gegenwärtig im Fortschreiten begriffen ist. Gleichzeitig haben sich einige der sozial bedingten Widerstände gegen die Funde der Psychoanalyse abgeschwächt. Die Psychoanalyse hat die Psychiatrie mit neuem Sinn und neuer Bedeutung erfüllt, auf das Gesamtgebiet der Medizin durch die Entwicklung der psychosomatischen Forschung Einfluß gewonnen, der sozialen Fürsorge eine Orientierung gegeben, viele Maßnahmen der Kinderpflege und -erziehung beeinflußt und den Sozialwissenschaften neue Gesichtspunkte geboten. ›Die psychoanalytische Bewegung‹, der bisher die Aufgabe zugefallen war, die psychoanalytische Forschungsarbeit zu fördern und die Ausbildung der Psychoanalytiker zu ermöglichen, teilt diese Aufgabe nun mit Universitäten und medizinischen Forschungsinstituten.

Im Zuge dieser Entwicklung haben manche Forscher den Eindruck gewonnen, als müßten die Grundanschauungen der Psychoanalyse darum veraltet sein, weil manche ihrer Termini der wissenschaftlichen Sprache der 80er und 90er Jahre des 19. Jahrhunderts entstammen. Die Tatsache selbst steht außer Zweifel. Die Hirnphysiologie, von der Freud ausgegangen ist, ist ebenso veraltet wie die mechanistische Psychologie Herbarts, die Freud – nach der überzeugenden Darstellung M. Dorers *(loc. cit.)* – vielfach als Ausgangspunkt gedient hat. Die der Tradition entlehnten Termini aber haben in der Psychoanalyse eine neue Bedeutung gewonnen, die vielfach mit ihrer ursprünglichen Bedeutung wenig zu tun hat; gerade auf Grund des Herbartschen Ansatzes etwa hat Freud, als erster, die mechanistische Assoziationspsychologie durch eine neue ersetzt. Die Frage nach der Herkunft der Termini und Grundanschauungen ist daher nur von historischem Interesse;[1] sie hat nichts mit der Frage zu tun, was die psychoanalytische Terminologie und die Freudschen Grundannahmen für die Psychoanalyse als Wissenschaft leisten. Die Frage, um die es sich dabei handelt, muß zerlegt werden; wir haben erstens zu fragen, ob die Hypothesen, die auf Grund der Annahmen Freuds gebildet werden können, verifizierbar sind und die Formulierung neuer Hypothesen erlauben, und zweitens ob es etwa andere Annahmen gibt, auf Grund deren fruchtbare Hypothesen aufgestellt werden könnten; Fragen, die die psychoanalytische Forschung auf lange Zeit hinaus zu beschäftigen versprechen.

Von hier aus gewinnt das in diesem Bande vorgelegte Material Bedeutung: es beleuchtet die allmähliche Ablösung Freuds von den Gebieten und Vorstellungskreisen, von denen er ausgegangen war, oder mindestens einige erste Schritte auf diesem Weg. Diese Ablösung war ihm zunächst unerwünscht und blieb eine Zeitlang unbeabsichtigt. Sie war Freud durch ›die Natur des Gegenstandes‹ aufgezwungen, durch den Versuch, die Darstellung und das Verständnis des menschlichen Konflikts aus dem Bereich von Dichtung und Intuition in den der Naturwissenschaft zu führen.

Ernst Kris, New York

Briefe - Abhandlungen - Notizen

1

Wien, 24. 11. 87.
I. Maria Theresienstraße 8.

Verehrter Freund und Kollege!

Mein heutiger Brief hat zwar einen geschäftlichen Anlaß; ich muß ihn aber mit dem Bekenntnis einleiten, daß ich mir Hoffnung auf Fortsetzung des Verkehrs mit Ihnen mache, und daß Sie mir einen tiefen Eindruck zurückgelassen haben, der mich leicht dazu führen könnte, Ihnen frei heraus zu sagen, in welche Rangordnung von Männern ich Sie stellen muß.

Frau A. hat mich seit Ihrer Abreise konsultiert und mir einige Pein des Entschließens verursacht. Ich bin endlich dazu gelangt, ihren Fall als keine Neurose anzusehen. Nicht sowohl wegen des (jetzt nicht nachweisbaren) Fußklonus, sondern weil ich die mir wertvollsten Kennzeichen der Neurasthenie (um andere Neurosen kann es sich doch nicht handeln) bei ihr nicht wiederfinde. Ich habe mich bei der oft so schwierigen Unterscheidung zwischen beginnenden organischen und neurasthenischen Affektionen stets an ein Merkmal gehalten: der Neurasthenie darf die hypochondrische Alteration, die Angstpsychose nicht fehlen, welche – ob sie geleugnet oder zugestanden wird – sich durch das Übermaß neu auftauchender Empfindungen, also durch Parästhesien verrät. An solchen Symptomen ist unser Fall recht arm. Sie konnte plötzlich nicht gehen, gibt aber von Sensationen nichts an als die Schwere der Beine, nichts von dem Ziehen und Drücken in der Muskulatur, den vielfachen Schmerzen, den korrespondierenden Sensationen in anderen Körperteilen usw. Sie wissen, was ich meine. Der sogenannte Schwindel, der Jahre vorher auftrat, stellt sich als ein ohnmachtsartiger Zustand, nicht als ein wirkliches Vertigo heraus; ich kann auch ihn nicht mit dem neurasthenischen Taumel beim Gehen zusammenbringen.

Nach der anderen Seite der Diagnose – gegen die organische Erkrankung – ist mir folgendes eingefallen. Die Frau hatte vor 17 Jahren eine postdiphtheritische Lähmung der Beine gehabt. Eine solche überstandene Infektionserkrankung des Rückenmarks mag trotz anscheinender Heilung einen schwachen Punkt im Zentralorgan zurücklassen, den Anstoß zu sehr langsamen Systemerkrankungen geben. Ich denke mir das ähnlich wie die Beziehung des Tabes zur Syphilis. Sie wissen ja auch, daß *Marie* in Paris die multiple Sklerose auf vorausgegangene akute Infektionen zurückführt.[1] Frau A. befand sich allem Anschein in der langsamen Decadence der Ernährung, welche das Los unserer Stadtfrauen nach mehreren Entbindungen ist. Das punctum minimae resistentiae im Rückenmark begann unter solchen Verhältnissen zu revoltieren.

Es geht ihr übrigens recht gut, besser als je seit Beginn der Erkrankung. Dies ist das Resultat Ihres Speisezettels, mir bleibt wenig zu tun übrig. Ich habe eine galvanische Behandlung des Rückens begonnen.[2]

Nun von Anderem! Meine Kleine gedeiht, meine Frau erholt sich langsam. Ich bin gleichzeitig mit drei Arbeiten beschäftigt, unter welchen auch die Gehirnanatomie ist.[3] Der Verleger ist bereit, sie zum nächsten Herbst auf den Markt zu bringen.

Mit herzlichem Gruß

Ihr Dr. Sigm. Freud.

2 Wien, 28. 12. 87.

Geehrter Freund und Kollege!

Ihr herzlicher Brief und Ihr prächtiges Geschenk haben mir die angenehmsten Erinnerungen wachgerufen, und die Gesinnung, welche ich aus beiden Weihnachtsgaben erkenne, erfüllen mich mit Hoffnung auf einen regen und teilnahmsvollen Verkehr zwischen uns für die Zukunft. Ich weiß noch immer nicht, wodurch ich Sie gewonnen habe; das bißchen spekulative Hirnanatomie hat Ihrem strengen Urteil wohl nicht lange imponiert. Aber ich freue mich sehr darüber. Ich habe bisher immer das Glück gehabt, meine Freunde unter den Besten zu finden, und war immer besonders stolz auf dieses Glück. Ich danke Ihnen also und bitte Sie, nicht verwundert zu sein, wenn ich für Ihr reizendes Geschenk gegenwärtig nichts zu erwidern habe.

Ich höre gelegentlich über Sie, natürlich zumeist Wunderdinge. Eine meiner Quellen ist Frau A., die sich, nebenbei gesagt, als gemeine zerebrale Neurasthenie entpuppt. Ich selbst habe mich in den letzten Wochen

auf die Hypnose geworfen und allerlei kleine, aber merkwürdige Erfolge erzielt. Ich gedenke auch das Buch von Bernheim über die Suggestion zu übersetzen.[1] Raten Sie nicht ab, ich bin bereits kontraktlich verpflichtet. Die beiden Arbeiten: Gehirnanatomie und allgemeine Charaktere hysterischer Affektionen[2] laufen als Erholung daneben her, soweit der Wechsel der Stimmung und der Beschäftigung es gestattet.
Meine Kleine entwickelt sich prächtig und schläft jede Nacht durch, was der größte Stolz jedes Vaters ist.
Leben Sie recht wohl, lassen Sie sich von der Arbeit nicht überwältigen, und wenn Sie Muße und Anlaß haben, denken Sie an Ihren

treu ergebenen

Dr. Sigm. Freud.

Meine Frau war von Ihrem Gruß sehr erfreut.

3 Wien, 4. 2. 88.

Verehrter Freund und Kollege!
Ich bitte Sie, den Empfang dieses Briefes vorzudatieren, ich hätte ihn längst schreiben sollen, kam nicht dazu vor Arbeit, Müdigkeit und Spielen mit meiner Tochter. Ich soll Ihnen zunächst einige Nachrichten über Frau A. geben, deren Schwester sich gegenwärtig bei Ihnen befindet. Der Fall hat sich recht einfach aufgehellt, als gemeine zerebrale Neurasthenie, was die Weisen chronische Hyperaemie des Schädelinhalts heißen. Es wurde immer klarer und klarer, dann auf Galvanisation und Halbbäder immer besser; ich dachte daran, sie durch Muskelarbeit vollends herzustellen – da geschah etwas Unerwartetes, die Periode blieb aus, bald darauf wurde es schlechter, bei der zweiten Periode blieb auch die Behandlung aus und der Zustand ist gegenwärtig ein sehr hoffnungsvoller, wiewohl nicht sehr guter. Ich meinerseits hätte gerne die Behandlung fortgesetzt, fühle deren Erfolg aber nicht sicher genug, um gegen die Ängstlichkeit der Frau, der ganzen Familie und gegen die Meinung Chrobaks[3] aufzutreten, ich habe mich also der Prophezeiung angeschlossen, daß die Sache nach dem vierten Monat von selber gut sein wird, und halte meine starken Zweifel daran geheim. Besitzen Sie Er-

fahrungen über den Einfluß der Schwangerschaft auf solche Neurasthenien?

Vielleicht daß ich an dem neuen Weltbürger mitschuldig bin. Ich habe vor der Patientin nicht absichtslos einmal sehr ernst über die Schädlichkeit des Coitus reservatus gesprochen.[1] Vielleicht irre ich mich dabei.

Von anderem, geehrter Freund, wenig. Meine kleine Mathilde gedeiht sehr gut und macht uns viel Spaß. Die, wie Sie wissen, nicht sehr ansehnliche Praxis hat in letzter Zeit durch Charcots Namen einige Bereicherung erfahren.[2] Der Wagen kostet viel[3] und das Besuchen und Ein- und Ausreden, worin meine Beschäftigung besteht, raubt die schönste Zeit für die Arbeit. Die Gehirnanatomie ruht, aber die Hysterie schreitet vor und ist in der ersten Bearbeitung fertig.

... Gestern gab es einen Hauptskandal in der Gesellschaft der Ärzte. Sie wollten uns zwangsweise auf ein neues Wochenblatt abonnieren, welches den geläuterten, exakten und christlichen Standpunkt einiger Hofräte, die das Arbeiten längst verlernt haben, behaupten soll. Sie setzen es natürlich durch; ich habe große Lust auszutreten.

Ich muß zu einem höchst überflüssigen Konsilium mit Meynert[4] eilen. Leben Sie wohl und lassen Sie mich an einem Sonntag ein paar Worte über Sie hören.

Ihr treu ergebener
Dr. Sigm. Freud.

4 Dozent Dr. Sigm. Freud. Wien, 28. 5. 88,
I. Maria Theresienstraße 8.

Lieber Freund und Kollege!

Ich habe einen kleinen Anlaß, Ihnen zu schreiben, was ich längst ohne Anlaß hätte tun können. Also zuerst von diesem Anlaß. Frau A., die seit ihrer Demaskierung als chronische zerebrale Neurasthenie (wenn Sie es auch so heißen wollen), seit ihrem Abortus etc. bei einem Minimum von Behandlung eine prächtige Rekonvaleszenz durchgemacht hat und sich heute sehr wohl befindet, sieht den Sommer herannahen. Ihre alten Sympathien ziehen sie nach Franzensbad,[5] ich rate zu einer Wasserkur im Gebirge; da bat sie mich, Ihnen die Entscheidung zu übertragen, was ich, mit allem Bedauern für Sie, hiermit tue. Ich hatte den Vierwaldstättersee, Axenstein[1] usw. ins Auge gefaßt. Bitte, wenn Sie einverstanden sind, schreiben Sie mir umgehend eine Karte, auf der Sie einen Namen eines Ortes nennen, und seien Sie versichert, dieser Ort wird Frau A. im Sommer beherbergen. Nur bitte tun Sie es mir nicht an, daß Sie die Entscheidung mir überlassen, das würde doch nicht befriedigen, denn die Gewalt über die Geister, die Ihnen gebührt, läßt sich nicht übertragen. Ich bitte umgehend, weil mein Versprechen, Ihnen zu schreiben, um 10 Tage älter ist als dieser Brief.

... Wir leben ziemlich glücklich in stets wachsender Anspruchslosigkeit weiter. Wenn unsere kleine Mathilde lacht, bilden wir uns ein, sie lachen zu hören sei das Schönste, das uns widerfahren kann, sind sonst nicht ehrgeizig und nicht sehr fleißig. Die Praxis hat im Winter und Frühjahr etwas zugenommen, nimmt jetzt wieder ab, erhält uns grade am Leben. Die Zeit und Muße für Arbeiten ist auf einzelne Artikel bei Villaret,[2] Stücke der Übersetzung von Bernheims Suggestion und ähnliche nicht rühmenswerte Dinge aufgegangen. Halt, die erste Ausarbeitung der ›hysterischen Lähmungen‹[3] ist auch fertig, unbestimmt, wann es die zweite wird. Kurz man lebt, und das Leben ist bekanntlich sehr schwierig und sehr kompliziert und es gibt viele Wege zum Zentralfriedhof,[4] heißt es bei uns.

...

Ich grüße Sie herzlich, in aller Eile Ihr

ganz der Ihrige Dr. Freud.

5

Wien, 29. 8. 88.

Verehrter Freund!

Ich habe lange geschwiegen, aber meine endliche Antwort fällt sehr effektvoll aus: Buch, Abhandlung[5] und Photographie; Sie können nicht mehr Begleitung eines Briefes erwarten. Ihr Schreiben enthielt vieles, was mich für lange Zeit zum Nachdenken angeregt hat und worüber ich gerne mit Ihnen gesprochen hätte. Ich habe Ihnen rückhaltlos Recht gegeben und kann doch nicht tun, was Sie fordern. Arzt sein anstatt Spezialist, mit allen Untersuchungsmitteln arbeiten und sich des Kranken ganz bemächtigen, das ist gewiß die einzige Methode, die eigene Befriedigung und materielle Erfolge verspricht, aber für mich ist es damit vorbei. Ich habe nicht genug gelernt, um Mediziner zu sein, in meiner medizinischen Entwicklung gibt es einen Riß, der später mühsam geknüpft worden ist. Ich konnte gerade noch so viel lernen, daß ich Neuropathologe wurde. Und jetzt fehlt mir allerdings nicht die Jugend, aber die Zeit und Unabhängigkeit, um nachzuholen. In diesem Winter war ich recht beschäftigt, da konnte ich mit meiner sehr großen Familie gerade davon leben und behielt keine Zeit übrig, etwas zu lernen.[1] Der Sommer war recht schlecht, ließ mir Zeit genug, aber brachte auch Sorgen, die mir die Stimmung raubten. Außerdem stört mich beim Lernen die Forschergewohnheit, der ich ziemlich viel geopfert habe, die Unzufriedenheit mit dem, was dem Lernenden geboten wird, die Nötigung ins Detail zu gehen und Kritik zu üben. Die ganze Atmosphäre Wiens ist auch wenig dazu angetan, einen Willen zu stählen oder jene Zuversicht des Erfolges aufkommen zu lassen, die Euch Berlinern eigen ist, und ohne welche ein erwachsener Mensch nicht daran denken darf, die Basis seiner Existenz zu verändern. So muß ich wohl bleiben, was ich bin; nur daß ich mich nicht über die Unzulänglichkeit des Zustandes täusche.

Von den Sendungen rechtfertigt sich die Photographie durch eine Erinnerung an Ihren in Wien ausgesprochenen Wunsch, dem ich damals nicht nachkommen konnte. Was es mit der Suggestion für Bewandtnis hat, wissen Sie. Ich habe die Arbeit sehr ungern unternommen, nur um bei einer Sache, welche in den nächsten Jahren gewiß die Praxis der Nervenärzte tief beeinflussen wird, eine Hand im Spiel zu behalten. Ich teile Bernheims Ansichten, die mir einseitig scheinen, nicht, und habe in der Vorrede den Standpunkt Charcots in Schutz zu nehmen versucht.[2] Mit welcher Geschicklichkeit, weiß ich nicht; aber ich weiß bestimmt, mit schlechtem Erfolg. Die suggestive, d. h. introsuggestive Theorie Bernheims hat einen common-place Zauber für die deutschen Ärzte, welche keinen großen Sprung zu machen brauchen, um aus der Simulationstheorie, bei der sie jetzt stehen, in die Suggestionstheorie hineinzukommen. In der Kritik Meynerts, der sich hier in seiner gewohnten frech-

boshaften Manier autoritativ über ein Thema hat hören lassen, von dem er nichts weiß, mußte ich mich gemäßigt halten, weil die Stimmung aller meiner Freunde es verlangt hat. Was ich geschrieben, erscheint ihnen auch so als Wagnis. Ich habe der Katze die Schelle angehängt.[1]
Jetzt geht es endlich an die Vollendung der hysterischen und organischen Lähmungen, die mir ziemlich behagen.[2] Meine Beteiligung an Villaret ist minder ausgiebig geworden, als zu erwarten war. Der Artikel Gehirnanatomie ist sehr zusammengestrichen worden, viele andere schlechte Nervenartikel sind nicht von mir. Der wissenschaftliche Wert des Ganzen ist kein sehr hoher.
Die Gehirnanatomie keimt noch immer wie zur Zeit Ihrer Anregung. Das ist meine wissenschaftliche Tätigkeit. Im Übrigen Gutes. Ich habe Weib und Kind seit Anfang Juli in Maria-Schutz am Semmering,[3] wo ich jetzt auch eine Woche zu verbringen gedenke. Die Kleine gedeiht vortrefflich.
Daß Sie einen Assistenten haben, hat mich herzlich gefreut. Vermutlich trifft Sie dieser Brief auch nicht in Berlin. Arbeiten Sie nicht zuviel, möchte ich Ihnen jeden Tag sagen lassen. Leben Sie recht wohl und gedenken Sie freundschaftlich

Ihres aufrichtig ergebenen

Dr. Sigm. Freud.

6 Reichenau, 1. 8. 90

Verehrter Freund!
Herzlich ungern schreibe ich Ihnen heute, daß ich nicht nach Berlin kommen kann – es ist mir gar nicht um die Stadt oder den Kongreß –, sondern daß ich Sie nicht in Berlin sehen kann. Es ist nicht ein einziges großes Motiv, das meinen Entschluß umgestoßen hat, sondern jene Vereinigung kleiner Gründe, die bei einem Praktiker und Familienvater so leicht zustande kommen kann. Es geht mir von keiner Seite zusammen, nicht ärztlich, wo meine Hauptklientin gerade eine Art nervöser Krise durchmacht, ... nicht in der Familie, wo allerlei mit den Kindern los war (ich habe jetzt Tochter und Sohn), und meine Frau, die sonst nie-

mals ein Hindernis für kleine Reisen sein will, gerade diese Reise sehr ungern sieht, u. dgl. mehr. Kurz, es geht nicht zusammen, und da ich die Reise im Sinne eines großen Vergnügens sehe, das ich mir bereite, bin ich veranlaßt worden, auf dieses Vergnügen zu verzichten.
Sehr ungern, denn ich hatte mir von dem Verkehr mit Ihnen sehr viel erwartet. Sonst recht zufrieden, glücklich wenn Sie wollen, bin ich doch sehr vereinsamt, wissenschaftlich abgestumpft, faul und resigniert. Wenn ich mit Ihnen sprach und merkte, daß Sie so von mir denken, pflegte ich sogar selbst was von mir zu halten, und das Bild der überzeugungsvollen Energie, das Sie boten, war nicht ohne Eindruck auf mich. Auch ärztlich hätte ich gern viel von Ihnen und vielleicht von der Berliner Atmosphäre profitiert, da ich seit Jahren ohne Lehrmeister bin und so ziemlich ausschließlich in der Behandlung der Neurosen stecke.
Kann ich Sie nicht anders sehen als zur Kongreßzeit in Berlin? Reisen Sie nicht nachher? Oder kommen Sie nicht im Herbst zurück? Verlieren Sie die Geduld nicht, nachdem ich Sie ohne briefliche Antwort gelassen und jetzt Ihre nicht an Herzlichkeit zu übertreffende Einladung abgelehnt habe. Lassen Sie mich etwas von einer Aussicht hören, Sie mehrere Tage zu sehen, um Sie nicht als Freund zu verlieren.

Mit herzlichem Gruß Ihr herzlich ergebener

Dr. Sigm. Freud.

7

Wien, 11. 8. 90.

Liebster Freund!
Herrlich! Und wissen Sie etwas Schöneres als Salzburg für diesen Zweck? Dort treffen wir uns und steigen einige Tage herum, wohin Sie wollen. Die Zeit ist mir ganz gleichgültig, bitte bestimmen Sie, es wird wohl gegen Ende August werden. Infolge der Ihnen angedeuteten Verhinderungen können es nicht mehr als drei oder vier schöne Tage werden, aber die sollen es werden und ich werde alles tun, um nicht wieder abgehalten zu sein. Sie reisen, wenn Sie Salzburg annehmen, wohl nicht über Wien, sondern München.

In herzlich froher Erwartung Ihr Sigm. Freud.

8 Wien, 2. 5. 91.

Lieber Freund!

Auf *den* Referenten und auf dies Ergebnis bin ich allerdings stolz.[1] Ich denke mir, der Schwung des Referates wird nicht wenig zum Erfolg beigetragen haben. In wenig Wochen werde ich mir die Freude machen, Ihnen ein Heft über Aphasie zu schicken, an dem ich selbst mit größerer Wärme beteiligt bin.[2] Ich bin darin sehr frech, messe meine Klinge mit ihrem Freund Wernicke, mit Lichtheim, Grashey und kratze selbst den hochthronenden Götzen Meynert.[3] Ich bin recht neugierig, was Sie zu der Leistung sagen werden. Infolge Ihres bevorzugten Verhältnisses zum Verfasser wird Ihnen einiges bekannt vorkommen. Es ist übrigens mehr suggestiv als ausgeführt.

Was machen Sie sonst, außer daß Sie meine Arbeit referieren? Bei mir bedeutet das ›sonst‹ einen zweiten Jungen, Oliver, jetzt drei Monate alt. Sehen wir uns heuer?

Mit freundlichem Gruß

Ihr Dr. Freud.

9 Wien, 28. 6. 92.

Liebster Freund!

. . .

Anlaß zum Schreiben bietet mir das Ereignis, daß Breuer sich bereit erklärt hat, die Theorie vom Abreagieren und unsere sonstigen gemeinsamen Mitteilungen über Hysterie auch gemeinsam zum öffentlichen ausführlichen Ausdruck zu bringen. Ein Stück davon, das ich erst allein schreiben wollte, ist fertig und wäre Dir unter anderen Verhältnissen sicherlich mitgeteilt worden.[4]

Die Lieferung Charcot, die ich Dir heute schicke, sonst wohlgelungen, kränkt mich durch mehrere stehengebliebene Akzent- und Sprachfehler in den wenigen französischen Worten. Schlamperei![5]

Ich höre, daß Du jetzt Gegenbesuch erwartest. Ich hoffe, Du wirst die Gnade haben, mir einen Wink zu geben, mit welchem Ding in Deiner

neuen Einrichtung ich meine und meiner Frau herzlichen Wünsche für das ganze Haus assozieren darf.
Herzlichsten Gruß für Dich, Deine Ida und die Eltern, die mich so unverdient freundschaftlich aufgenommen haben, von Deinem

Sigm. Freud.

10 Dozent Dr. S. Freud. 4. 10. 92.
Ord. 5–7 Uhr. IX. Berggasse 19.

Liebster Freund!
Anbei Bogen 1 Deiner Reflexneurosen.[1] Da es in Teschen gedruckt wird, trittst Du vielleicht besser mit der Druckerei in direkte Verbindung. Ich habe nur hie und da hineingeblickt und hoffe nur, daß Du mir die für mich interessanteste Vorrede zum Lesen schickst.
Mein Volk ist seit acht Tagen in Wien damit beschäftigt, sich zu entwikkeln; ich schreibe Kinderlähmungen II. Teil,[2] auch so ein zweiter Teil si parva licet etc.

Herzliche Grüße von Haus zu Haus, darf ich jetzt schreiben

Dein Sigm. Freud.

11 Dozent Dr. S. Freud. 18. 12. 92.
Ord. 5–7 Uhr. IX. Berggasse 19.

Liebster Freund!
Freue mich Dir mitteilen zu können, daß unsere Hysterietheorie (Reminiszenz, Abreagieren etc.) am 1. Januar 93 im Neurologischen Zentralblatt zu lesen sein wird, und zwar in Gestalt einer ausführlichen vorläufigen Mitteilung. Es hat Kämpfe mit dem Herrn Kompagnon genug gekostet.[3]
Was macht Ihr Glückverschollenen?[4] Sieht man Euch zu Weihnachten hier, wie es die Fama will?

Herzlichsten Gruß

Dein Sigm. Freud.

(Manuskript A)

PROBLEME[1]

1. Rührt die Angst der Angstneurosen von der Hemmung der Sexualfunktion oder von der mit der Ätiologie verbundenen Angst her?
2. Inwiefern verhält sich der Gesunde gegen die späteren sexuellen Traumen anders als der durch Masturbation Disponierte? Nur quantitativ oder qualitativ?
3. Ist der einfache Coitus reservatus (Kondom) überhaupt eine Schädlichkeit?
4. Gibt es eine angeborene Neurasthenie mit angeborener sexueller Schwäche oder ist diese immer in der Jugend erworben? (Kinderfrauen, Masturbierung durch andere.)
5. Ist die Hereditát etwas anderes als ein Multiplikator?
6. Was gehört zur Ätiologie der periodischen Verstimmung?
7. Ist die sexuelle Anästhesie der Frau etwas anderes als Folge der Impotenz? Kann sie allein Neurosen machen?

Sätze

1. Es gibt keine Neurasthenie oder analoge Neurose ohne Störung der Sexualfunktion.
2. Diese wirkt entweder direkt kausal oder disponierend für andere Momente, immer aber so, daß ohne sie die anderen Momente keine Neurasthenie zu Stande bringen.
3. Die Neurasthenie des Mannes geht der Ätiologie zufolge mit relativer Impotenz einher.
4. Die Neurasthenie der Frau ist die direkte Folge der Neurasthenie des Mannes durch Vermittlung dieser Potenzverminderung.
5. Die periodische Verstimmung ist eine Form der Angstneurose, die sich sonst in Phobien und Angstanfällen äußert.
6. Angstneurose ist zum Teil Folge der Hemmung der Sexualfunktion.
7. Einfacher Exzeß und Überarbeitung sind keine ätiologischen Momente.
8. Hysterie bei neurasthenischer Neurose deutet auf Unterdrückung der begleitenden Affekte.

Reihen

1. von gesund gebliebenen Männern und Frauen;
2. von sterilen Frauen, wo die ehelich präventiven Träume wegfallen;
3. von mit Gonorrhöe behafteten Frauen;
4. von gonorrhöisch, daher nach jeder Richtung geschützten Lebemännern, die um ihre Hypospermie wissen;
5. von gesund gebliebenen Mitgliedern schwer belasteter Familien.
6. Beobachtungen aus Ländern, in denen gewisse sexuelle Abnormitäten endemisch sind.[1]

Ätiologische Momente

1. Erschöpfung durch abnorme Befriedigung.
2. Hemmung der Sexualfunktion.
3. Begleitende Affekte dieser Praktiken.
4. Sexuelle Traumen vor der Zeit des Verständnisses.

(Manuskript B) 8/2/93

DIE ÄTIOLOGIE DER NEUROSEN[2]

Ich schreibe die ganze Geschichte für Dich, lieber Freund, und unsere gemeinsame Arbeit zum zweiten Mal. Vor Deiner jungen Frau wirst Du das Manuskript ja doch verwahren.[3]

I. Daß *Neurasthenie* eine häufige Folge abnormen Sexuallebens ist, darf als bekannt gelten.[4] Die Behauptung aber, die ich aufstellen und an den Beobachtungen prüfen möchte, ist die, daß die Neurasthenie überhaupt *nur* eine sexuelle Neurose ist.

Mit Breuer habe ich für die Hysterie einen ähnlichen Standpunkt vertreten. Die traumatische Hysterie war bekannt; wir sagten dann: jede Hysterie, die nicht eine hereditäre ist, ist eine traumatische. So nun für die Neurasthenie; jede Neurasthenie soll eine sexuelle sein.

Wir lassen zunächst dahingestellt, ob hereditäre Disposition und in zweiter Linie toxische Einflüsse echte Neurasthenie erzeugen können, oder ob auch die scheinbar hereditäre Neurasthenie auf frühzeitige sexuelle

Abnützung zurückgeht. Wenn es hereditäre Neurasthenie gibt, erheben sich die Fragen, ob der Status nervosus der Hereditären nicht von Neurasthenie noch zu unterscheiden ist, was es überhaupt mit den entsprechenden Symptomen des Kindesalters für Bewandtnis hat u. dgl.
Die Behauptung sei also zunächst auf die erworbene Neurasthenie eingeschränkt. Dann will obige Behauptung etwas sagen, was man auch so fassen kann: In der Ätiologie einer nervösen Affektion sind zu unterscheiden I. die notwendige Bedingung, ohne die der Zustand überhaupt nicht zu Stande kommt, und 2. die veranlassenden Momente.[1] Das Verhältnis der beiden kann man sich so vorstellen: Hat von der notwendigen Bedingung genug eingewirkt, so stellt sich die Affektion als notwendige Folge ein; hat von derselben nicht genug eingewirkt, so resultiert aus der Einwirkung zunächst eine Disposition zu jener Affektion, die aufhört latent zu sein, sobald ein genügendes Maß eines der Momente zweiter Ordnung hinzutritt. Also, was an der ersten Ätiologie zur vollen Wirkung fehlt, kann durch Ätiologie zweiter Ordnung ersetzt werden, die Ätiologie zweiter Ordnung ist aber entbehrlich, die erster Ordnung unentbehrlich.
Dieses ätiologische Schema auf unseren Fall angewendet besagt: Sexuelle Abnützung kann für sich allein Neurasthenie provozieren; wo sie allein dazu nicht hinreicht, hat sie das Nervensystem so weit disponiert, daß jetzt körperliche Erkrankung, depressiver Affekt und Überarbeitung (toxische Einflüsse) nicht ohne Neurasthenie vertragen werden. Ohne sexuelle Abnützung sind aber alle diese Momente nicht im Stande, Neurasthenie zu erzeugen, sie machen normal müde, normal traurig, normal körperschwach, aber sie liefern immer nur den Beweis, was ›an diesen schädlichen Einflüssen ein gesunder Mensch vertragen kann‹.
Behandeln wir gesondert die Neurasthenie der Männer und der Frauen.
Die *Neurasthenie der Männer* wird erworben im Pubertätsalter und tritt in den zwanziger Jahren in Erscheinung. Ihre Quelle ist die Masturbation, deren Häufigkeit der Neurasthenie der Männer parallel läuft. Man kann in seinem Bekanntenkreise die Erfahrung machen, daß jene Personen der Neurasthenie entgangen sind, denen frühzeitig weibliche Verführung genaht ist, wenigstens in der Stadtbevölkerung. Wo nun diese Schädlichkeit lange und intensiv eingewirkt, da macht sie den Betref-

fenden zum sexuellen Neurastheniker, der auch an seiner Potenz Schaden gelitten hat, der Intensität der Ursache entspricht der lebenslange Verbleib des Zustandes. Ein fernerer Beweis für den Kausalzusammenhang liegt auch darin, daß der sexuelle Neurastheniker immer gleichzeitig ein allgemeiner Neurastheniker ist.

Wo die Schädlichkeit nicht intensiv genug war, hat sie nach vorstehendem Schema disponierend gewirkt, um später unter Zutritt der provozierenden Momente Neurasthenie zu produzieren, welche diese Momente allein nicht produziert hätten. Kopfarbeit – Cerebrasthenie, normale Sexualarbeit – Spinalneurasthenie u. dgl.

In Mittelfällen entsteht die typisch mit Dyspepsie etc. beginnende und ablaufende Neurasthenie der Jugendjahre, die dann mit der Heirat abschließt.

Die zweite Schädlichkeit, welche ein anderes Alter der Männer trifft, stößt entweder auf ein intaktes oder auf ein durch Masturbation zur Neurasthenie disponiertes Nervensystem. Es ist die Frage, ob sie auch im ersteren Falle schädliche Wirkungen entfalten kann; wahrscheinlich ja. Manifest ist ihr Einfluß im zweiten Falle, wo sie die Neurasthenie der Jugend wieder aufleben läßt und neue Symptome schafft. Diese zweite Schädlichkeit ist der Onanismus coniugalis, der unvollständige Beischlaf zur Verhütung der Konzeption. Für den Mann scheinen hier alle Arten desselben nebeneinander zu rangieren, je nach früherer Disposition verschieden intensiv wirksam, aber nicht eigentlich qualitativ verschieden. Von stark Disponierten oder fortlaufend Neurasthenischen wird bereits der normale Koitus nicht vertragen, dann rächt sich die Intoleranz gegen Kondom, äußerlichen Koitus, und Coitus interruptus.

Der Gesunde verträgt alles das recht lange, aber auch nicht auf die Dauer, nach längerer Zeit verhält er sich wie der Disponierte, er genießt vor dem Onanisten nur das Vorrecht der größeren Latenz oder bedarf jedesmal der provozierenden Ursachen. Coitus interruptus erweist sich hier als die Hauptschädlichkeit, die auch beim nicht Disponierten ihre charakteristische Wirkung erzeugt.

Die *Neurasthenie der Frauen*: Das Mädchen ist normalerweise frisch, nicht neurasthenisch. Auch die junge Frau ist es trotz aller sexuellen Traumen dieser Zeit. In selteneren Fällen zeigt sich Neurasthenie bei

Frauen und alten Mädchen rein, und ist dann als spontan entstandene, auf die gleiche Art entstandene Neurasthenie anzusehen. Weit häufiger ist die Neurasthenie der Frauen von der der Männer abgeleitet oder mit ihr zugleich erzeugt. Sie ist dann fast immer mit Hysterie gemengt, die gewöhnliche gemischte Neurose der Frauen.

Die *gemischte Neurose* der Frauen entsteht aus der Neurasthenie der Männer in all den nicht seltenen Fällen, wo der Mann als sexueller Neurastheniker Einbuße an seiner Potenz erlitten hat. Die Beimengung der Hysterie resultiert direkt aus der zurückgehaltenen Erregung des Aktes. Je schlechter die Potenz des Mannes, desto mehr wiegt die Hysterie der Frau vor, so daß der sexuelle Neurastheniker seine Frau eigentlich nicht so sehr neurasthenisch als hysterisch macht.

Sie entsteht mit der Neurasthenie der Männer bei dem zweiten Schub sexueller Schädlichkeit, welche für die als frisch angenommene Frau die bei weitem größere Bedeutung hat. So daß man im ersten Dezennium der Pubertät weit mehr Männer, im zweiten weit mehr Frauen nervös sieht. Sie resultiert hier aus den Schädlichkeiten zur Verhütung der Konzeption. Die Reihe derselben aufzustellen ist nicht leicht, im allgemeinen dürfte nichts als ganz harmlos für die Frau gelten, so daß diese als der anspruchsvollere Teil der leichten Neurasthenie auch im günstigsten Falle (Kondom) kaum entgehen dürfte. Viel wird hier selbstverständlich auf die beiden Dispositionen ankommen 1. ob sie selbst vor der Ehe neurasthenisch war, 2. ob sie in der Zeit des freien Verkehrs hysterisch-neurasthenisch gemacht wurde.

II. *Die Angstneurose:* Eine gewisse Herabsetzung des Selbstbewußtseins, pessimistische Erwartung, Neigung zu peinlichen Kontrastvorstellungen gehört wohl jeder Neurasthenie an. Es ist aber die Frage, ob man nicht das Hervortreten dieses Moments ohne besondere Entwicklung der übrigen Symptome als eigene ›Angstneurose‹ abtrennen soll, besonders da sich diese bei Hysterie nicht minder häufig findet als bei Neurasthenie.

Die Angstneurose tritt in zwei Formen auf, *Dauerzustand* und *Angstanfall.* Beide kombinieren sich leicht, der Angstanfall nie ohne Dauersymptome. Der Angstanfall gehört mehr zu den mit Hysterie verbundenen Formen, also häufiger bei Frauen. Die Dauersymptome mehr bei neurasthenischen Männern.

Dauersymptome sind I. auf Körper bezügliche Angst: Hypochondrie, 2. auf körperliche Leistung: Agoraphobie, Claustrophobie, Höhenschwindel, 3. auf Entschlüsse und Gedächtnis (also eigene Vorstellungen psychischer Leistung) bezüglich: folie de doute, Grübelzwang u. dgl. Ich habe bis jetzt keinen Anlaß, diese Symptome anders als gleichzustellen. Es ist wieder die Frage, inwieweit dieser Zustand 1. bei Hereditären vorkommt ohne sexuelle Schädlichkeit, 2. ob er bei Hereditären auf beliebige sexuelle Schädlichkeit ausgelöst wird, 3. ob er zur gewöhnlichen Neurasthenie als Intensitätssteigerung hinzutritt. Keine Frage ist, daß er akquiriert wird und zwar von Männern und Frauen in der Ehe, in der zweiten Periode der sexuellen Schädlichkeiten durch den Coitus interruptus. Ich glaube nicht, daß es hiezu der Disponierung durch frühere Neurasthenie bedarf, doch ist im Falle mangelnder Disposition die Latenz größer. Dasselbe Kausalschema wie bei Neurasthenie.

Die selteneren Fälle von Angstneurose außerhalb der Ehe trifft man besonders bei Männern, sie lösen sich auf als Congressus interruptus bei starker psychischer Beteiligung mit Frauen, auf die Rücksicht genommen wird, und diese Prozedur unter diesen Verhältnissen ist für die Männer eine größere Schädlichkeit als der Coitus interruptus in der Ehe, der ja häufig auch durch normalen Koitus außer dem Hause gleichsam korrigiert wird.

Als dritte Form der Angstneurose muß ich die *periodische Verstimmung*, einen Wochen bis Monate lang fortgesetzten Angstanfall betrachten, der fast jedesmal zum Unterschied von echter Melancholie eine anscheinend rationelle Anknüpfung in einem psychischen Trauma hat. Dies ist aber nur die provozierende Ursache. Auch ist diese periodische Verstimmung ohne psychische Anästhesie, die für Melancholie charakteristisch ist.

Eine Reihe von solchen Fällen habe ich auf Coitus interruptus zurückführen können, der Beginn derselben war ein später, in der Ehe, nach dem letzten Kind. In einem zur Pubertät beginnenden qualvoll hypochondrischen Fall konnte ich ein Attentat im achten Lebensjahr nachweisen. Ein anderer Kindheitsfall erklärte sich als hysterische Reaktion auf Masturbationsattentat. Ich weiß also nicht, gibt es hier wirklich hereditäre Formen ohne sexuelle Ursachen, anderseits nicht, ob hier nur Coitus interruptus anzuschuldigen, ob hier hereditäre Disposition jedesmal zu entbehren ist.

Die *Beschäftigungsneurosen* streiche ich infolge des Nachweises veränderter Muskelpartien, wie ich Dir erzählt habe.[1]
Schlußfolgerungen: Aus dem Vorstehenden ergibt sich die volle Verhütbarkeit wie die volle Unheilbarkeit der Neurosen. Die Aufgabe des Arztes verschiebt sich ganz in die Prophylaxis.[2]
Das erste Stück derselben, die Verhütung der sexuellen Schädlichkeit der ersten Periode, fällt zusammen mit der Prophylaxis der Syphilis und des Trippers, da dies die Noxen sind, welche dem drohen, der sich Masturbation entzieht. Der einzig andere Weg wäre freier sexueller Verkehr der männlichen Jugend mit Mädchen freien Standes, er ist aber nur zu betreten, wenn unschädliche Mittel da sind, die Konzeption zu verhüten. Sonst lautet die Alternative – Onanie, Neurasthenie des Mannes, Hystero-Neurasthenie der Frau oder Lues des Mannes – Lues der Generation, Gonorrhöe des Mannes, Gonorrhöe und Sterilität der Frau.
Dieselbe Aufgabe, schadlose Beherrschung der Konzeption, stellt das sexuelle Trauma der zweiten Periode, da das Kondom eine weder sichere noch für den bereits Neurasthenischen annehmbare Lösung des Problems erbringt.
Beim Ausbleiben dieser Lösung zeigt sich die Gesellschaft als bestimmt, den unheilbaren Neurosen zu verfallen, welche den Lebensgenuß auf ein Minimum herabsetzen, das eheliche Verhältnis zerstören und die ganze Generation durch Heredität ruinieren. Die tieferen Volksschichten, die Malthusianismus nicht kennen, drängen nach, um naturgemäß, angekommen, demselben Verhängnis zu verfallen.
Daraus stellt sich für den Arzt das Problem her, das zu lösen aller seiner Kräfte wert ist.

Ich habe als Vorarbeit eine Sammlung begonnen: 100 Fälle von Angstneurosen, desgleichen möchte ich entsprechende Zahlen von männlicher und weiblicher Neurasthenie und die selteneren periodischer Verstimmung sammeln. Notwendiges Gegenstück wäre eine zweite Reihe 100 Fälle von Nervösen.
Wenn sich herausstellen sollte, daß dieselben Störungen der Nervenfunktion, die durch sexuellen Abusus erworben werden, auch auf rein

hereditärer Grundlage zustande kommen, so gäbe das Anlaß zu den bedeutsamsten Spekulationen, die wir heute erst ahnen.

Mit herzlichem Gruß

Dein Sigm. Freud.

12 Wien, 30. 5. 93.

Liebster Freund!

Daß Dich die Leute überlaufen, zeugt dafür, daß sie doch im Ganzen wissen, was sie tun. Ich bin neugierig darauf, ob Du die Diagnose in den von mir geschickten Fällen anerkennen wirst. Ich mache die Diagnose jetzt sehr oft und stimme Dir ganz bei, daß die nasale Reflexneurose zu den häufigsten Störungen gehört. Leider bin ich der Exekutive nie sicher. Auch das Band mit der Sexualität schlingt sich immer enger, schade daß wir nicht dieselben Fälle bearbeiten können.

... In der sexuellen Ätiologie der Neurosen sehe ich eine gute Möglichkeit, wieder eine Lücke auszufüllen. Die Angstneurosen jugendlicher Personen, die man für virginal ansehen muß, die nicht dem Mißbrauch unterworfen waren, glaube ich zu verstehen.[1] Ich habe zwei solcher Fälle analysiert, es war das ahnungsvolle Grausen vor der Sexualität, dahinter Dinge, die sie gesehen oder gehört und halb verstanden hatten, also reine Affektätiologie, aber doch sexueller Art.

Das Buch, das ich Dir heute schicke, ist nicht sehr interessant.[2] Die hysterischen Lähmungen, kleiner und interessanter, erscheinen anfangs Juni. Herzlichste Grüße an Dich und Ida von unserem ganzen Haus.

Dein Sigm. Freud.

(Manuskript C)[3]

ETWAS MOTIVENBERICHT

Liebster Freund! Welch großes Vergnügen es mir macht, unsere Ostergespräche so fortsetzen zu können, brauche ich nur anzudeuten. Im gan-

zen bin ich kaum unbefangen genug, um der richtige Kritiker für Deine Arbeiten zu sein. Also nur das eine, es gefällt mir sehr gut, und ich glaube nicht, daß der Kongreß etwas Wichtigeres bringen wird. Sollen Dir aber die Anderen alle die Schönheiten sagen, die dieser Vortrag verdient, ich werfe mich von jetzt ab auf Ausstellungen und Vorschläge zur Abänderung, nach Deinem eigenen Wunsch.
Es ist doch nicht an einem ganz kopfschmerzfreien Tag geschrieben, denn es hat nicht die Prägnanz und Kürze, mit der Du schreiben kannst. Einzelnes ist entschieden zu lang. z. B. ›Formes frustes‹. Das was zum Barbier soll, habe ich blau angestrichen. Einige Gelenke habe ich versucht schärfer unter dem Gewebe herauszuarbeiten.
Den Vergleich mit der Menière'schen Krankheit kann ich Dir empfehlen. Hoffentlich heißt man die nasale Reflexneurose bald allgemein die Fliess'sche Krankheit.
Nun zur sexuellen Frage. Ich glaube, man kann sich da mehr als literarischer Geschäftsmann gebärden. Wie Du die sexuelle Ätiologie bringst, schiebst Du dem Publikum eine Kenntnis zu, die es doch nur latent besitzt. Es weiß und macht sich nichts wissend. Preyer, dessen Verdienst ich sehr anerkenne, hat doch keinen Anspruch auf Hervorhebung in solch eiliger Erwähnung.[1] Soweit ich seine Arbeiten kenne, ... bleibt er in zwei principiellen Punkten zurück. 1. Er löst die Neurasthenie auf in einzelne reflektorisch vermittelte Magen-, Darm-, Blasenbeschwerden usw., d. h. er kennt nicht unsere ätiologische Formel, er kennt nicht neben der direkten Wirkung der sexuellen Noxe ihre disponierende, die die latente Neurasthenie ausmacht. 2. Er leitet die Reflexe von leichten anatomischen Veränderungen der Genitalien ab anstatt von der Veränderung im Nervensystem. Dabei mag immer noch die Urethra nostica ein ähnliches Reflexorgan sein wie die Nase. Er schneidet sich doch die Anknüpfung an die großen Gesichtspunkte weg.
Ich denke mir, umgehen kannst Du die Erwähnung der sexuellen Ätiologie der Neurosen nicht, ohne aus dem Kranz das schönste Blatt zu reißen.[2] So tue es gleich in der den Verhältnissen entsprechenden Weise. Kündige die bevorstehenden Untersuchungen an, gib das antizipierte Resultat für das aus, was es eigentlich ist, für etwas Neues, zeige den Leuten den Schlüssel, der alles erschließt, die ätiologische Formel, und

wenn Du mir dabei durch Aufnahme einer Bemerkung wie der vom befreundeten Kollegen einen Platz schaffst, so bin ich sehr erfreut anstatt böse zu sein. Ich habe einen solchen Passus über die Sexualität Dir vorschlagsweise hinzugeschrieben.[1]
In Betreff der Therapie bei den neurasthenischen Nasalneurosen würde ich mich nicht zu absprechend äußern. Es kann auch hier Resterscheinungen geben, die prompt weichen, und wenn es reine Fälle von vasomotorischen Reflexneurosen gibt, so sind vielleicht die rein organischen Fälle nicht sehr häufig, die Mischfälle vielleicht der Typus. So denke ich mir's.

...

Nun, »*Go where glory waits thee*«.

Mit herzlichem Gruß an Dich und Ida

Dein Sigm. Freud.

Kein Mißverständnis. Keine Namensnennung! Du hältst mich doch nicht für so ehrsüchtig.

13 Wien, 10. 7. 93

Liebster Freund!
Hätten wir uns nicht volle Freiheit des Verkehrs vorbehalten, so müßte ich mich heute sehr eindringlich entschuldigen. Du machst aber nicht einmal eine Bemerkung über meine Nachlässigkeit, die in einer hypernormalen Schreibmüdigkeit nach einer argen Schreibkampagne begründet ist.
Mit der Anfrage, wann und wo heuer, bist Du mir nur um wenige Tage zuvorgekommen. Also so: um dieselbe Zeit, Mitte August oder etwas früher, beginnen auch die Ferien, die ich mir diktiere. Daß wir uns also sehen, unterliegt keinen Schwierigkeiten ...
Hysterische Lähmungen sollten schon längst erschienen sein, wahrscheinlich kommen sie in der August Nummer, es ist ein ganz kurzer Aufsatz ...[2] Du erinnerst Dich vielleicht, daß ich die Sache schon hatte, als Du mein Schüler warst, und daß ich dem Publikum im Kurs damals darüber vortrug.[3] Mit den Neurosen möchte ich Dein Gemüt nicht belasten, ich sehe jetzt soviel Neurasthenien, daß ich die Arbeit ganz wohl

im Verlauf von zwei bis drei Jahren auf mein Material beschränken kann.[1] Ich löse unsere Gemeinschaft darum nicht auf. Erstens hoffe ich, daß Du den physiologischen Mechanismus meiner klinischen Feststellungen auf Deinem Weg aufklären wirst, 2. will ich das Recht weiterhin haben, Dir mit allen meinen Neurosentheorien und Funden zu kommen, 3. hoffe ich noch auf Dich als auf den Messias, der das von mir aufgezeigte Problem durch eine technische Verbesserung löst.[2]

Deine Nasalreflexsache ist keineswegs ins Wasser gefallen, das merkst Du ja auch selbst. Die Leute brauchen nur zu allem Zeit ...

Unsere Hysteriearbeit hat in Paris von seiten Janets endlich die gebührende Würdigung erfahren.[3] Es war seither mit Breuer nicht viel zu machen. Hochzeiten, Reisen, Praxis haben ihn ausgefüllt.

Ich merke, ich kann kaum leserlich weiterschreiben, schließe also rasch mit den Versicherungen, daß wir uns alle wohlbefinden, daß ich trotz mangelnder Auskunft dasselbe von Dir und Ida hoffe und daß ich mich riesig darauf freue, die Absicht schon heuer zu verwirklichen.

Mit herzlichstem Gruß

Dein Sigm. Freud.

14 Wien, 6. 10. 93.

Liebster Freund!

...

Dein Urteil über den Charcot[4] und die Nachricht, daß Du ihn Ida vorgetragen hast, hat mich sehr entzückt ... Es ist inzwischen lebhafter geworden, die sexuelle Geschichte zieht Leute an, die sämtlich frappiert und überzeugt von dannen gehen, nachdem sie ausgerufen haben ›danach hat mich noch niemand gefragt‹. Es kompliziert sich immer mehr, während es sich bestätigt. Gestern z. B. sah ich vier neue Fälle, deren Ätiologie nach den Zeitverhältnissen nur Coitus interruptus sein konnte. Es wird Dir vielleicht Spaß machen, wenn ich sie kurz charakterisiere. Sie sind weit entfernt von Gleichförmigkeit.

1. Frau von 41 Jahren, Kinder 16, 14, 11 und 7. Nervös seit 12 Jahren, in Gravidität gut, nachher wieder begonnen, durch letzte Gravidität

nicht verschlechtert. Anfälle von Taumel mit Schwächegefühl, Agoraphobia, *ängstliche* Erwartung, nichts Neurasthenisches, wenig Hysterie. Ätiologie bestätigt, rein.

2. Frau von 24 Jahren, Kinder vier und zwei Jahre, seit Frühjahr 93 nächtlicher Schmerzanfall (vom Rücken zum Sternum) mit Schlaflosigkeit, sonst nichts, tagsüber wohl. Mann Reisender, war im Frühjahr sowie jetzt längere Zeit zu Hause. Im Sommer während Reise des Mannes völligstes Wohlsein. Coitus interruptus und große Angst vor Kindern, also Hysterie.
3. Mann 42 Jahre. Kinder 17, 16, 13. Bis vor sechs Jahren gesund, dann bei Tod des Vaters plötzlicher Angstanfall mit Herzversagen, hypochondrische Sorge um Zungenkrebs, mehrere Monate später zweiter Anfall von Cyanose, Aussetzen des Pulses, Todesangst etc., seither schwach, schwindlig, agoraphob., etwas Dyspepsie. Hier reine mit Herzerscheinungen versetzte Angstneurose nach Gemütsbewegung, während scheinbar Coitus interruptus durch zehn Jahre gut vertragen wurde.[1]
4. Mann von 34 Jahren, seit drei Jahren appetitlos, seit einem Jahr Dyspepsie mit Verlust von 20 Kilo, Obstipation, nach Aufhören derselben heftigster Kopfdruck bei Scirocco, Anfälle von Schwäche mit assoziierten Sensationen, hysteriforme Schüttelkrämpfe. Hier wiegt also die Neurasthenie vor. Ein Kind, fünf Jahre. Seither Coitus interruptus wegen Krankheit der Frau; etwa gleichzeitig mit Heilung der Dyspepsie wurde der normale Koitus wieder aufgenommen.

Angesichts solcher Reaktionen auf dieselbe Noxe die Spezifität der Wirkungen in meinem Sinne festzuhalten, dazu gehört Mut. Und doch muß es so sein und es ergeben sich selbst in diesen vier Fällen (reine Angstneurose – reine Hysterie – Angstneurose mit Herzsymptomen – Neurasthenie mit Hysterie) gewisse Anhaltspunkte. Bei

1. einer sehr klugen Frau, fällt die Angst vor Kinderhaben weg, sie hat die reine Angstneurose;
2. nettes dummes Frauchen ist die Angst sehr ausgebildet, sie hat nach kurzer Zeit zuerst Hysterie;
3. mit Angstneurose und Herzsymptomen ist ein hochpotenter Mann, der ein starker Raucher war;

4. im Gegenteil ist (ohne Abusus) mit einer nur mäßigen Potenz ausgestattet, frigid.

Jetzt denke Dir, daß einer ein Arzt wäre wie Du, etwa gleichzeitig Genitalien und Nase untersuchen könnte; das Rätsel müßte sich binnen kurzer Zeit lösen lassen.

Ich bin aber zu alt, faul und überhäuft mit Pflichten, um selbst noch etwas zu lernen.

Mit herzlichstem Gruß von Haus zu Haus

Dein Sigm. Freud.

Frau und Kinder sind im besten Wohlbefinden vorgestern eingerückt.

15

Wien, 17. 11. 93.

Teurer Freund!

. . .

Das Sexualgeschäft konsolidiert sich sehr, die Widersprüche verstummen, aber das neue Material ist recht spärlich infolge einer geradezu ungewöhnlichen Armseligkeit meiner Ordinationsstunde. Wo ich einen Fall zur gründlichen Reparatur übernommen habe, bestätigt sich alles, und manchmal findet der Sucher mehr, als er zu finden wünschte, besonders die Anaesthesia sexualis ist recht vieldeutig und zuwider. Die Angst Typus *X* hat sich wohl erklärt. Ich habe einen vergnügten alten Junggesellen gesehen, der sich nichts abgehen läßt und der einen klassischen Anfall produziert hat, nachdem er sich von seiner dreißigjährigen Dame zu einem dreimaligen Koitus hinreißen ließ. Ich bin überhaupt darauf gekommen, die Angst nicht an eine psychische, sondern an eine physische Folge der sexualen Mißbräuche zu knüpfen.[1] Ein wunderbar reiner Fall von Angstneurose nach Coitus interruptus bei einer ruhigen und *ganz fridigen* Frau hat mich darauf gebracht. Es geht auch sonst gar nicht zusammen.

. . . Mit Breuer stehe ich gut, sehe ihn wenig. Er hat sich für meine Samstagsvorlesung inskribiert! . . .

Beilage (Enuresis) ist ein Schmarrn . . .[2]

Mit herzlichstem Gruß ans ganze Haus Dein Sigm. Freud.

16 Wien, 7. 2. 94.

Liebster Freund!
Ich bin auch gegenwärtig so überhetzt, daß ich Deinen Brief gleich beantworte, um ihn nicht zu lange unbeantwortet zu lassen. Deine Anerkennung der Theorie der Zwangsvorstellungen tut mir sehr wohl, fehlst Du mir doch während einer solchen Arbeit die ganze Zeit.[1] Wenn Du im Frühjahr nach Wien kommst, mußt Du ein paar Stunden der Familie entreißen und dem Austausch mit mir schenken. Ich habe noch etwas in petto, was mir erst dämmert. Du siehst, die letzte Arbeit[2] handelt von Affektverwandlung und -versetzung, außerdem gibt es noch Vertauschung. Weiter lüfte ich den Schleier noch nicht.
Du hast Recht, der Zusammenhang der Zwangsneurose mit dem Sexuellen liegt nicht immer so klar zu Tage. Ich kann Dir versichern, er war bei meinem Fall II (Harndrang) auch nicht leicht zu finden; wer ihn nicht so monoideistisch wie ich gesucht hätte, hätte ihn übersehen.[3] Und das Sexuelle beherrscht in diesem Fall, den ich in mehrmonatlicher Mastkur gründlich kennen lerne, einfach die ganze Szene! – Dein Fall der degoutierten und geschiedenen Frau trägt wohl die Eignung in sich, bei näherer Analyse dasselbe Ergebnis zu liefern.
Ich bin gegenwärtig mit der Analyse mehrerer Fälle beschäftigt, die wie Paranoia aussehen und die nach meiner Theorie zugegangen sind. Die Hysteriearbeit mit Breuer ist halb fertig, es fehlt die bei weitem kleinere Zahl von Krankengeschichten und zwei allgemeine Kapitel.

...

Ich weiß nicht, ob ich Dir schon geschrieben habe, daß ich bei der Naturforscherversammlung im September als 1. Schriftführer der neurologischen Sektion fungieren muß. Hoffentlich sehe ich Dich auch dabei und manchmal bei uns.
Hier ist jetzt Billroths Tod Tagesereignis.[4] Beneidenswert, sich nicht überlebt zu haben.
Mit herzlichsten Grüßen von uns allen an Dich und Deine liebe gute Frau

Dein Sigm. Freud.

17 Wien, 19. 4. 94.

Liebster Freund!
Dein lieber Brief macht meiner Zurückhaltung und Schonung ein Ende. Ich fühle mich berechtigt, Dir von meinem Befinden zu schreiben. Die wissenschaftlichen und persönlichen Nachrichten folgen dann hinterher. Da jeder Mensch irgendwen haben muß, von dem er sich suggerieren läßt, um sich von seiner Kritik auszuruhen, habe ich tatsächlich von damals an (es sind heute drei Wochen) nichts Warmes mehr zwischen den Lippen gehabt und kann heute bereits andere ohne Neid rauchen sehen, mir auch wieder Leben und Arbeit ohne diesen Beitrag vorstellen. Lange ist es nicht her, daß ich so weit bin, auch war das Elend der Abstinenz von einer ungeahnten Größe, aber das ist ja selbstverständlich. Minder selbstverständlich ist vielleicht mein sonstiges Befinden. Bald nach der Entziehung kamen leidliche Tage, in denen ich auch anfing, den Stand der Neurosenfrage für Dich niederzuschreiben; da kam plötzlich ein großes Herzelend, größer als je beim Rauchen. Tollste Arrhythmie, beständige Herzspannung – Pressung – Brennung, heißes Laufen in den linken Arm, etwas Dyspnoe von verdächtig organischer Mäßigung, das alles eigentlich in Anfällen, d. h. über zwei zu drei des Tages in continuo erstreckt und dabei ein Druck auf die Stimmung, der sich in Ersatz der gangbaren Beschäftigungsdelirien durch Toten- und Abschiedsmalereien äußerte. Die Organbeschwerden sind seit zwei Tagen gemildert, die hypomanische Stimmung besteht fort, ist nur so freundlich (wie gestern abend und heute Mittag) plötzlich zu weichen und einen Menschen zurückzulassen, der sich wieder langes Leben und unverringerte Rauchlust zutraut.
Es ist ja peinlich für den Medicus, der sich alle Stunden des Tages mit dem Verständnis der Neurosen quält, nicht zu wissen, ob er an einer logischen oder an einer hypochondrischen Verstimmung leidet. Man muß ihm dabei helfen. Ich habe mich auch wirklich gestern abend an X. gewendet und ihm gesagt, nach meiner Idee stimmten die Herzbeschwerden nicht mit einer Nikotinvergiftung, sondern ich hätte wohl eine chronische Myocarditis, die das Rauchen nicht verträgt. Ich erinnere mich auch sehr gut, daß die Arrhythmie ziemlich plötzlich 1889 nach meinem

Influenzaanfall aufgetreten ist. Ich hatte die Genugtuung, daß er erwiderte, das könnte so oder auch so sein, und ich sollte mich nächstens untersuchen lassen. Ich versprach, weiß aber, daß man dabei meist nichts findet. Ich weiß nicht, inwieweit die Unterscheidung beider Dinge überhaupt möglich ist, denke mir aber, es müßte aus subjektiven Symptomen und Verlauf wohl gehen und Ihr wüßtet wohl, was davon zu halten. Speziell Du bist mir diesmal verdächtig, denn meine Herzangelegenheit ist die einzige, in der ich widersprechende Äußerungen von Dir gehört habe. Das vorige Mal erklärtest Du es für nasal und sagtest, es fehle der perkutorische Befund des Nikotinherzens, heute zeigst Du eigentlich große Unruhe um mich, versagst mir das Rauchen. Ich kann das nur verstehen, wenn ich annehme, Du wolltest mir den eigentlichen Stand der Sache verdecken, und bitte Dich, es nicht zu tun. Wenn Du etwas Sicheres sagen kannst, teile es mir nur mit. Ich habe weder von meiner Verantwortlichkeit noch von meiner Unentbehrlichkeit eine übergroße Meinung und werde die Unsicherheit und die Lebensabkürzung, die mit der Diagnose der Myocarditis verbunden ist, sehr würdevoll ertragen, vielleicht im Gegenteil für die weitere Einrichtung meines Lebens Vorteil daraus ziehen und mich über alles sehr freuen, was mir verbleibt.

Schmerzlich war mir die Wahrnehmung, daß ich im Falle einer chronischen Krankheit nicht auf die Wissenschaft zu rechnen hätte, da ich so ganz arbeitsunfähig war. Deine schönen Krankengeschichten habe ich nicht angesehen, der ›gegenwärtige Stand der Lehre von den Neurosen‹ ist mitten im Satz abgebrochen, alles ist wie in Dornröschens Schloß, als plötzlich die Katalepsie eintrat. Bei der unzweifelhaft lösenden Tendenz dieser letzten Tage hoffe ich bald nachgeholt zu haben und werde Dir dann berichten . . .

Ich habe sonst nichts Neues in der Theorie der Neurosen; aber sammle fortwährend und es wird wohl was werden.

. . .

Wie ich arbeitsfähig werde, schicke ich Dir einmal einen Pack interessanter Krankengeschichten.

Mit vielen herzlichen Grüßen an Deine liebe Frau und Dich und vielen Dank für Deinen Brief

Dein Sigm. Freud.

18 Wien, 21. 5. 94.

Liebster Freund!

... Ich bin hier ziemlich allein mit der Aufklärung der Neurosen. Sie betrachten mich so ziemlich als einen Monomanen, und ich habe die deutliche Empfindung, an eines der großen Geheimnisse der Natur gerührt zu haben. Es ist etwas Komisches um das Mißverhältnis zwischen der eigenen und der fremden Schätzung seiner geistigen Arbeit. Da ist dieses Buch über die Diplegien, das ich mit einem Minimum von Interesse und Anstrengung zusammengestoppelt habe, fast in übermütiger Stimmung.[1] Es hat riesigen Erfolg gehabt. Die Kritik sagt das Schönste darüber, insbesondere die französischen Würdigungen wimmeln von Anerkennung. Eben heute habe ich ein Buch von Raymond, dem Nachfolger Charcots, in die Hand bekommen,[2] das diese Arbeit in dem entsprechenden Abschnitt einfach ausschreibt, unter ehrenvoller Erwähnung natürlich. Und von den wirklich guten Sachen, wie die Aphasie, die jetzt mit dem Erscheinen drohenden Zwangsvorstellungen, wie die Ätiologie und Theorie der Neurosen sein wird, kann ich nichts Besseres erwarten als einen achtungsvollen Durchfall. Es macht einen irre und etwas bitter. Ich habe noch hundert größere und kleinere Lücken in der Neurosensache, nähere mich aber einem Überblick und allgemeinen Gesichtspunkten. Ich kenne drei Mechanismen, den der Affektverwandlung (Konversions-Hysterie), der Affektverschiebung (Zwangsvorstellungen), und 3. den der Affektvertauschung (Angstneurose und Melancholie). Überall soll es sexuelle Erregung sein, die solche Umsetzungen eingeht, aber nicht überall liegt der Anstoß dazu im Sexuellen; d. h. überall dort, wo Neurosen erworben werden, da werden sie es durch Störungen des Sexuallebens, es gibt aber Leute mit hereditär gestörtem Verhalten der Sexualaffekte, die die entsprechenden Formen der hereditärischen Neurosen entwickeln. Die höchsten Gesichtspunkte, unter die ich die Neurosen bringen kann, sind folgende vier:

1. Degeneration,
2. Senilität. Was heißt das nun?
3. Konflikt,
4. Konflagration.

Degeneration bedeutet das angeborene abnorme Verhalten der Sexualaffekte, so daß konvertiert, verschoben, in Angst verwandelt wird, in dem Maße als die Sexualaffekte im Lauf des Lebens ins Spiel treten.
Senilität ist klar, es ist gleichsam die normaler Weise mit dem Alter zu erwerbende Degeneration.[1]
Konflikt deckt sich mit meinem Gesichtspunkt der Abwehr, umfaßt die Fälle von erworbener Neurose bei nicht hereditär abnormen Menschen. Das Abgewehrte ist immer die Sexualität.
Konflagration ist ein neuer Gesichtspunkt, bedeutet Zustände von gleichsam akuter Degeneration (z. B. in schweren Intoxikationen, Fiebern, im Vorstadium der Paralyse), Katastrophen also, in denen ohne sexuelle Anlässe Störungen der Sexualaffekte eintreten. Vielleicht ist hier für die traumatische Neurose anzuknüpfen.
Der Kern und Haltpunkt der ganzen Geschichte bleibt natürlich die Tatsache, daß durch besondere sexuelle Schädigung auch die Gesunden die einzelnen Formen der Neurosen erwerben können. Die Brücke zur weiteren Auffassung bildet die Tatsache, daß wo Neurose ohne sexuelle Schädigung entsteht, eine ähnliche Störung der Sexualaffekte von vornherein nachweisbar ist. Sexualaffekt natürlich im weitesten Sinn genommen als Erregung von fester Quantität.
Vielleicht bringe ich Dir mein letztes Beispiel für diesen Satz. Ein 42-jähriger Mann, kräftig, schön, bekommt im 30. Jahr plötzlich eine neurasthenische Dyspepsie mit 25 Kilo Verlust, lebt seither reduziert und neurasthenisch weiter. Zur Zeit der Entstehung allerdings Bräutigam und über Krankheit der Braut gemütlich alteriert. Sonst aber keine sexuellen Schädlichkeiten. Vielleicht nur ein Jahr onaniert, 16-17, mit 17 normaler Verkehr, kaum je Coitus interruptus, keine Exzesse, keine Abstinenz. Bezeichnet selbst sein Pochen auf seine Konstitution bis zu 30 Jahren, sein vieles Arbeiten, Trinken, Rauchen, unregelmäßiges Leben als Ursache. Allein dieser kräftige, banalen Schädlichkeiten erliegende Mann war *nie* (von 17-30 nie) ordentlich potent, konnte Koitus immer nur einmal ausüben, dabei rasch fertig, nie sein Glück bei Frauen recht ausgenützt, fand nie rasch hinein in die Vagina. Woher diese Verkürzung? Ich weiß nicht, aber es ist doch auffällig, daß sie sich gerade bei ihm findet. Übrigens habe ich zwei Schwestern von ihm an Neurosen behan-

delt, eine gehört zu meinen schönsten, geheilten neurasthenischen Dyspepsien.

Mit herzlichem Gruß für Dich und Ida von Deinem getreuen

Sigm. Freud.

(Manuskript D)

ZUR ÄTIOLOGIE UND THEORIE DER GROSSEN NEUROSEN

I. Gliederung[1]

Einleitung: Historisches, Allmählige Sonderung der Neurosen – Eigener Entwicklungsgang.

A. *Morphologie der Neurosen.*
   1. Neurasthenie und Pseudoneurasthenien.
   2. Angstneurose.
   3. Zwangsneurose.
   4. Hysterie.
   5. Melancholie, Manie.
   6. Die gemischten Neurosen.
   7. Ausläuferzustände der Neurosen und Übergänge ins Normale.

B. *Ätiologie der Neurosen* mit vorläufiger Beschränkung auf die erworbenen.
   1. Ätiologie der Neurasthenie – Typus der angeborenen Neurasthenie.
   2. Ätiologie der Angstneurose,
   3. der Zwangsneurose und Hysterie,
   4. der Melancholie,
   5. der gemischten Neurosen.
   6. Die ätiologische Grundformel. – Die Behauptung der Spezifität, die Analyse der Neurosengemenge.
   7. Die sexuellen Momente nach ihrer ätiologischen Bedeutung.
   8. Das Examen.[2]
   9. Verhalten und Beweise.
   10. Verhalten der Asexualen.

C. *Ätiologie und Heredität.*
Die hereditären Typen – Verhältnis der Ätiologie zur Degeneration, zu den Psychosen und zur Disposition.

II. Theorie[1]

D. *Anknüpfung an die Theorie der Konstanz.*
Innere und äußerer Reizzuwachs, konstante und ephemere Erregung. – Summationscharakter der inneren Erregung. – Spezifische Reaktion – Formulierung und Ausführung der Konstanztheorie – Einflechtung des Ich mit Aufspeicherung der Erregung.

E. *Der Sexualvorgang im Sinne der Konstanztheorie.*
Weg der Erregung beim männlichen und weiblichen Sexualvorgang. Weg der Erregung bei den ätiologisch wirksamen Sexualschädlichkeiten. – Theorie einer sexuellen Substanz. – Das Sexualschema.

F. *Mechanismus der Neurosen.*
Die Neurosen Gleichgewichtsstörungen durch erschwerte Abfuhr. – Ausgleichsversuche mit beschränkter Zweckmäßigkeit. – Mechanismus der einzelnen Neurosen mit Beziehung auf ihre sexuelle Ätiologie. – Affekte und Neurosen.

G. *Parallelismus der sexuellen und Hungerneurosen.*

H. *Zusammenfassung der Konstanztheorie, Sexual- und Neurosentheorie.*
Stellung der Neurosen in Pathologie, Momente unter welche sie fallen. Gesetzmäßige Kombination derselben – Psychische Unzulänglichkeit, Entwicklung, Degeneration u. dgl.

(Manuskript E)

WIE DIE ANGST ENTSTEHT[2]

Mit sicherer Hand stellst Du die Frage dort, wo ich den schwachen Punkt fühle. Ich weiß darüber also nur folgendes:
Daß die Angst meiner Neurotischen viel mit der Sexualität zu tun hat, ist mir rasch klar geworden und zwar ist mir aufgefallen, mit welcher Sicherheit der an der Frau verübte Coitus interruptus zur Angstneurose

führt. Ich bin nun zuerst verschiedene Irrwege gegangen. Ich dachte, die Angst, an der die Kranken leiden, sei aufzufassen als Fortsetzung der beim sexuellen Akt empfundenen, also eigentlich ein *hysterisches* Symptom. Die Beziehungen zwischen Angstneurose und Hysterie sind ja manifest genug. Anlaß zur Angstempfindung – beim Coitus interruptus – könnte zweierlei geben: bei der Frau die Befürchtung, gravid zu werden, beim Mann die Sorge, das Kunststück zu verfehlen. Ich überzeugte mich nun an verschiedenen Fällen, daß Angstneurose auch dort auftrat, wo von diesen beiden Momenten keine Rede gewesen war, wo es den Leuten im Grunde nicht wichtig war, ob sie ein Kind bekommen. Also eine fortgesetzte, erinnerte, *hysterische* Angst war die der Angstneurose nicht.

Ein zweiter höchst wichtiger fester Punkt zeigte sich mir durch folgende Beobachtung: die Angstneurose befällt Frauen, die beim Koitus anästhetisch sind, gerade so wie die empfindlichen. Das ist höchst merkwürdig, es kann aber nur den Sinn haben, daß die Quelle der Angst nicht im Psychischen zu suchen ist. Demnach liegt sie im Physischen, es ist ein physisches Moment des Sexuallebens, was Angst erzeugt.

Welches aber?

Zu diesem Zwecke stelle ich mir die Fälle zusammen, in denen ich Angst aus sexueller Ursache stammend fand. Sie erscheinen zunächst recht disparat.

1. Angst bei *virginalen* Personen (sexuelle Wahrnehmungen und Mitteilungen, Ahnungen des Sexuallebens); durch zahlreiche sichere Beispiele bestätigt, beide Geschlechter, Frauen vorwiegend. Nicht selten eine Hindeutung auf ein Mittelglied, eine erektionsartige Empfindung, die in den Genitalien entsteht.
2. Angst bei *absichtlich abstinenten* Personen, Prüden (ein Typus der Neuropathen). Männer und Frauen, die sich durch Pedanterie und Reinlichkeitssinn auszeichnen, denen alles Sexuelle ein Greuel ist; dieselben Personen neigen zur Verarbeitung der Angst in Phobien, Zwangshandlungen, Folie de doute.
3. Angst der *notgedrungen Abstinenten*, Frauen, die vom Manne vernachlässigt oder wegen mangelnder Potenz nicht befriedigt werden. Diese Form der Angstneurose mit Sicherheit erwerbbar, infolge der Nebenumstände mit Neurasthenie häufig kombiniert.

4. Angst der im *Coitus interruptus* lebenden Frauen, oder was ähnlich ist, der Frauen, deren Männer vorzeitige Ejakulation haben, Personen also, die auf physische Reizung nicht zur Befriedigung kommen.
5. Angst der den *Coitus interruptus* übenden Männer, noch mehr solcher, die sich auf mannigfaltige Art erregen und die Erektion nicht zum Koitus verwerten.
6. Angst der Männer, *die über ihre Lust oder Kräfte gehen*, ältere Leute, deren Potenz nachläßt, die aber doch Koitus forcieren.
7. Angst der Männer, die gelegentlich abstinieren, jüngere Männer, die ältere Frauen geheiratet haben, vor denen ihnen eigentlich graust, oder der *Neurastheniker*, die von der Masturbation abgezogen werden durch geistige Beschäftigung, ohne dafür zu koitieren, oder die bei beginnender Potenzschwäche in der Ehe wegen Sensationen post coitum abstinieren.

In übrigen Fällen war der Zusammenhang der Angst mit dem Sexualleben nicht augenfällig (er konnte theoretisch festgestellt werden).

Wie ließen sich alle diese Einzelfälle vereinigen? Am meisten kehrt darin die Abstinenz wieder. Durch die Tatsache, daß auch Anästhetische auf Coitus interruptus Angst bekommen, belehrt, möchte man sagen, es handelt sich um eine physische Anhäufung von Erregung, also *Anhäufung physischer sexualer Spannung*. Die Anhäufung ist die Folge verhinderter Abfuhr, es ist also die Angstneurose eine Stauungsneurose wie die Hysterie, daher die Ähnlichkeit, und da die Angst gar nicht in dem Angehäuften enthalten ist, so drückt man die Tatsache auch so aus, die *Angst* ist durch *Verwandlung* aus der angehäuften sexualen Spannung hervorgegangen.

Eine gleichzeitig erworbene Kenntnis über den Mechanismus der Melancholie schiebt sich hier ein. Gar besonders häufig sind die Melancholischen anästhetisch gewesen, sie haben kein Bedürfnis (und keine Empfindung) nach dem Koitus, aber große Sehnsucht nach Liebe in ihrer psychischen Form, man möchte sagen psychische Liebesspannung; wo diese sich anhäuft und unbefriedigt bleibt, entsteht Melancholie. Das wäre also das Gegenstück zur Angstneurose.

Wo sich physische Sexualspannung anhäuft – Angstneurose.

Wo sich psychische Sexualspannung anhäuft – Melancholie.

Warum aber die Verwandlung in Angst bei der Anhäufung? Da sollte man auf den normalen Mechanismus der Erledigung angehäufter Spannung eingehen. Es handelt sich hier um den zweiten Fall, den Fall endogener Erregung. Bei exogener Erregung ist die Sache einfacher. Die Erregungsquelle ist außen und schickt einen Erregungszuwachs in die Psyche, der nach seiner Quantität erledigt wird. Es reicht dazu jede Reaktion hin, die die psychische Erregung um dasselbe Quantum vermindert. Anders bei endogener Spannung, deren Quelle im eigenen Körper liegt (Hunger, Durst, Sexualtrieb). Hier nützen nur *spezifische* Reaktionen, solche, die das weitere Zustandekommen der Erregung in den betreffenden Endorganen verhindern, ob sie mit großem oder geringem Aufwand zugänglich sind. Man kann sich hier vorstellen, daß die endogene Spannung kontinuierlich oder diskontinuierlich wächst, jedenfalls erst bemerkbar wird, wenn sie eine gewisse *Schwelle* erreicht hat. Erst von dieser Schwelle an wird sie *psychisch* verwertet, tritt mit gewissen Vorstellungsgruppen in Beziehung, welche dann die spezifische Abhilfe veranstalten. Also physisch sexuale Spannung erweckt von gewissem Wert an psychische Libido, die dann den Koitus u. dgl. einleitet. Kann die spezifische Reaktion nicht erfolgen, so wächst die physisch-psychische Spannung (der Sexualeffekt) ins Ungemessene, er wird störend, es ist aber noch immer kein Grund zu seiner Verwandlung. Bei der Angstneurose tritt solche Verwandlung aber ein, somit taucht jetzt der Gedanke auf, es handle sich dabei um folgende Entgleisung: die physische Spannung wächst, erreicht ihren Schwellenwert, mit dem sie psychischen Affekt wecken kann, aber aus irgendwelchen Gründen bleibt die psychische Anknüpfung, die ihr geboten ist, ungenügend, es kann nicht zur Bildung eines *Sexualeffektes* kommen, weil es an den psychischen Bedingungen fehlt: somit verwandelt sich die physische, nicht psychisch gebundene Spannung in – Angst.
Folgt man der Theorie so weit, so muß man fordern, daß bei der Angstneurose ein Manko an Sexualaffekt, an *psychischer Libido* zu konstatieren sei. Das wird nun von der Beobachtung bestätigt. Die Patientinnen sind alle über den aufgestellten Zusammenhang entrüstet, im Gegenteil, sie haben jetzt gar keine Lust usw. Männer bestätigen es oft als Wahrnehmung, seitdem sie ängstlich sind, empfinden sie gar keine sexuelle Lust.

Wir wollen jetzt die Probe machen, ob dieser Mechanismus für die einzeln aufgezählten Fälle stimmt:

1. *Virginale Angst.* Hier ist das Vorstellungsgebiet, das die physische Spannung aufnehmen soll, noch nicht vorhanden, oder es ist nur ungenügend vorhanden und es kommt psychische Ablehnung als sekundäres Erziehungsresultat hinzu. Stimmt sehr gut.
2. *Angst der Prüden.* Hier ist der Fall der Abwehr, direkte psychische Verweigerung, die die Verarbeitung der Sexualspannung unmöglich macht. Hier auch der Fall der häufigen Zwangsvorstellungen. Stimmt sehr gut.
3. *Angst der erzwungenen Abstinenz* ist eigentlich dasselbe, da solche Frauen meist, um nicht in Versuchung zu geraten, psychische Verweigerung schaffen. Letztere ist hier eine gelegentliche, bei 2. eine prinzipielle.
4. *Angst des Coitus interruptus bei Frauen.* Hier ist der Mechanismus einfacher. Es handelt sich um endogene Erregung, die nicht entsteht, sondern erzeugt wird, aber nicht in dem Maße, daß sie psychischen Affekt wecken könnte. Es wird künstlich eine Entfremdung zwischen physisch-sexualem Akt und dessen psychischer Verarbeitung herbeigeführt. Wenn dann die endogene Spannung sich aus eigenem noch steigert, findet sie keine Verarbeitung und macht Angst. Hier kann Libido enthalten sein, aber nicht gleichzeitig mit Angst.

Also nach *psychischer Verweigerung* hier *psychische Entfremdung.*

endogen entstandene Spannung zugeführte Spannung

5. *Angst des Coitus interruptus oder der Zurückhaltung bei Männern.* Der klarere Fall ist der der Zurückhaltung, Coitus interruptus läßt sich zum Teil als solche auffassen. Es handelt sich wiederum um psychische Ablenkung, indem der Aufmerksamkeit ein anderes Ziel gesetzt und sie von der Verarbeitung der physischen Spannung abgehalten wird.
   Die Erklärung des Coitus interruptus ist aber wahrscheinlich einer Verbesserung bedürftig.
6. *Angst der abnehmenden Potenz oder der unzureichenden Libido.* Was hier nicht Umsetzung der physischen Spannung in Angst wegen Senilität ist, erklärt sich dadurch, daß nicht genügend psychische Lust für den einzelnen Akt aufgebracht werden kann.

7. *Angst der degoutierten Männer, abstinenten Neurastheniker.* Erstere fordert keine neue Erklärung, letztere ist vielleicht eine besondere abgeschwächte Form von Angstneurose, da diese sonst nur bei Potenten ordentlich ausfällt, und hat etwa damit zu tun, daß das neurasthenische Nervensystem eine Anhäufung von physischer Spannung nicht aushält, da mit der Masturbation die Gewöhnung an häufige, vollständige Spannungslosigkeit verbunden ist.

Im Ganzen stimmt es also nicht übel. Wo physische Sexualspannung reichlich entsteht, dieselbe aber nicht durch psychische Verarbeitung zum Affekt werden kann (wegen mangelnder Entwicklung der psychischen Sexualität, wegen versuchter Unterdrückung derselben [Abwehr], wegen Zerfall derselben oder gewohnheitsmäßiger Entfremdung der physischen und psychischen Sexualität), da verwandelt sich die Sexualspannung in *Angst.* Dazu gehört also auch Anhäufung von physischer Spannung und Verhinderung der Abfuhr nach der psychischen Seite.
Warum aber geschieht Verwandlung gerade in Angst? Angst ist die Empfindung der Anhäufung eines anderen endogenen Reizes, des Reizes zur Atmung, der keine psychische Verarbeitung sonst kennt, könnte also für angehäufte physische Spannung überhaupt in Verwendung kommen. Ferner: sieht man die Symptome der Angstneurose näher an, so findet man den großen Angstanfall auch zerstückelt in ihr, also: bloße Dyspnoe, bloßes Herzklopfen, bloße Angstempfindung und Kombination davon. Genauer zugeschaut, sind dies die Innervationswege, welche die physisch-sexuale Spannung auch sonst geht, auch wenn sie in psychische Verarbeitung eintritt. Die Dyspnoe, das Herzklopfen sind die des Koitus, hier sozusagen die einzigen Auswege der Erregung, sonst nur als Nebenabfuhren in Gebrauch. Es ist wieder eine Art von *Konversion* bei der Angstneurose wie bei der Hysterie (wieder die Ähnlichkeit); nur ist es bei der Hysterie psychische Erregung, die einen falschen Weg geht, ausschließlich ins Somatische, hier ist es *physische* Spannung, die nicht ins Psychische gehen kann und daher auf physischem Weg verbleibt. Das kombiniert sich enorm häufig.
Soweit bin ich heute gekommen. Es bedarf sehr der Ausfüllung von Lücken; ich halte es für unvollständig, es fehlt mir etwas, aber die

Grundlage halte ich für richtig. Natürlich absolut nicht reif zum Verlautbaren. Suggestionen, Amplifikationen, endlich Widerlegungen und Aufklärungen *höchst* dankbar aufgenommen.
Mit herzlichem Gruß Dein Sigm. Freud.

19 22. 6. 94.

Liebster Freund!
Dein Brief, den ich eben gelesen, mahnt mich an die Schuld, die ich ohnedies nächstens abtragen wollte. Ich habe mich heute von der spärlichen Praxis zurückgezogen, um zu konzipieren, anstatt dessen werde ich Dir also einen recht langen Brief schreiben über ›Theorie und Leben‹. Dein Urteil, mit der Angstgeschichte stimme es noch nicht, ist mir sehr lieb, das Echo meines eigenen; der Aufsatz z. B. ist keinem anderen unter die Augen gekommen. Es soll auch liegen, bis es sich klärt. Ich bin aber heute nicht weiter und muß warten, bis mir wieder von irgendwo ein Licht aufgeht. Einen Vorläufer über die Berechtigung, die Angstneurose von der Neurasthenie abzutrennen, möchte ich loslassen, aber da müßte ich auf Theorie und Ätiologie eingehen und darum lieber nicht. Die Konversionstheorie habe ich weiter ausgearbeitet und ihr Verhältnis zur Autosuggestion beleuchtet, doch auch dies nicht vollkommen; bleibt liegen. In die Arbeit mit Breuer kommen fünf Krankengeschichten, ein Aufsatz von ihm, von dem ich mich ganz ausschließe, über die Theorien der Hysterie (Zusammenfassendes, Kritisches) und ein noch nicht begonnener von mir über Therapie.[1]
. . .
Meine Kinder sind jetzt prächtig, nur Mathilde macht mir etwas Sorge. Meine Frau ist wohl und heiter, sieht aber wenig befriedigend aus. Wir sind eben im Begriff alt zu werden, etwas vorzeitig für die Kleinen. Eigentlich denke ich doch den ganzen Tag nur an die Neurosen, aber ich bin, seit der wissenschaftliche Verkehr mit Breuer aufgehört hat, auf mich allein angewiesen und darum geht es so langsam.
Mit herzlichstem Gruß für Dich und Deine liebe Frau
Dein herzlich ergebener Sigm. Freud.

20 Reichenau, 18. 8. 94.

Liebster Freund!
Nach Hause zurückgekehrt, nach einem reizenden Empfang von der ganzen blühenden Schar der Fratzen, mit dem Nachgeschmack der schönen Münchner Tage im Sinn – gibt es wieder einen Moment, in dem das Leben einem gefallen darf ...
Nach wenigen Stunden Anwesenheit ist mir eine kleine Angstneurose unabweisbar ins Haus geschlüpft, die ich sogleich für Dich fixiere, aber nicht jetzt zu lesen, sondern einmal in einer freien Stunde mit vielen anderen meiner Sammlung.
Herzlichsten Gruß Dir und Frau Ida! Im Gefühl einer noch sehr unvollständigen Trennung.

Dein Sigm. Freud.

(Manuskript F)
18. Aug. 94.

SAMMLUNG III.

Nr. 1[1]

Angstneurose
hered. Disp.

Herr K., 27 Jahre alt.
Vater an Altersmelancholie behandelt, Schwester O. schöne komplizierte Angstneurose, gut analysiert, alle K.'s nervös, gemütlich begabt. Vetter von Dr. K. in Bordeaux. – Bis vor kurzem gesund, seit 3/4 Jahren schlechter Schlaf, in Februar und März nächtliches Aufschrecken mit Herzklopfen sehr häufig, allmählich zunehmende allgemeine Erregbarkeit, dann Unterbrechung durch Waffenübung, die ihm sehr wohl tat. Vor 3 Wochen plötzlich abends Anfall von Angst ohne Inhalt, mit Gefühl von Kongestion von Brust herauf zum Kopf; Deutung, es muß etwas Schreckliches geschehen; keine Beklemmung, wenig Herzklopfen dabei. Solche Anfälle dann auch bei Tag, beim Mittagessen, konsultiert Arzt vor 2 Wochen; auf Brom gebessert, noch vorhanden, schläft aber gut. Außerdem letzte 2 Wochen kurze Anfälle von tiefer Depression, wie von völli-

ger Apathie, kaum durch einige Minuten, hier in K. besser. Sonst noch Anfälle von Druck im Hinterkopf.
Beginnt selbst mit sexuellen Mitteilungen. Vor einem Jahr in ein kokettes Mädchen verliebt, große Erschütterung, als er hörte, daß sie anders vergeben sei. Heute nicht mehr verliebt. – Wenig Wert darauf. Weiter: Von 13-16-17 Jahren onaniert, Schulverführung, angeblich mäßig, im sexuellen Verkehr mäßig, aus Furcht vor Ansteckung seit 2½ Kondom, fühlt sich dabei häufig matt, bezeichnet diesen Koitus als einen erzwungenen, merkt, daß Libido seit einem Jahr sehr abnimmt. Im Verkehr mit jenem Mädchen sexuell sehr erregt (ohne Berührung etc.); erster nächtlicher Anfall (Februar) zwei Tage nach Koitus, erster Angstanfall an demselben Abend nach Koitus, seither (drei Wochen) abstinent, ruhiger, zarter, sonst gesunder Mann.

Epikrise zu Nr. 1 18. 8. 94.
Versucht man den Fall K. zu deuten, so drängt sich vor allem eines auf. Der Mann ist ein heriditär Disponierter, sein Vater hat eine Melancholie, vielleicht eine Angstmelancholie, seine Schwester eine typische Angstneurose, die ich genau kenne, die ich sonst gewiß als erworben bezeichnet hätte. Das gibt über die Heredität zu denken. Es liegt in der Familie K. wahrscheinlich nur die ›Disposition‹ vor, die Eignung auf typische Ätiologie schwerer und schwerer zu erkranken, nicht die ›Degeneration‹. Man darf also bei Herrn K. erwarten, daß sich die leichte Angstneurose auf leichte Ätiologie hin entwickelt hat. Wo ist die vorurteilslos zu suchen?
Da scheint es mir zunächst, als handle es sich um einen Schwächezustand der Sexualität. Die Libido dieses Mannes nimmt seit längerer Zeit ab, die Vorbereitungen beim Kondom reichen hin, ihm den Akt als etwas Erzwungenes, das Vergnügen als ein Eingeredetes erscheinen zu lassen. Das ist wohl der Knoten der ganzen Geschichte. Nun fühlt er sich nach dem Koitus gelegentlich matt, er spürt es, wie er sagt, und dann bekommt er zwei Tage nach einem Koitus, respektive am Abend nachher, die ersten Angstanfälle.
Das Zusammentreffen verminderter Libido mit der Angstneurose stimmt zwanglos zu meiner Theorie. Es handelt sich um eine Schwäche in der psychischen Bewältigung der somatischen Sexualerregung, die schon seit

längerer Zeit besteht und die ermöglicht, daß bei gelegentlicher Steigerung der somatischen Erregung Angst entsteht.

Wodurch ist dies psychische Schwächung erworben? Mit der juvenilen Masturbation wenig anzufangen, die hat gewiß nicht solche Wirkungen, auch scheint sie nicht über ein gewöhnliches Maß hinausgegangen zu sein. Der Verkehr mit dem Mädchen, das ihn sinnlich sehr erregte, scheint weit eher geeignet, eine Störung in der angegebenen Richtung zu produzieren, der Fall nähert sich ja den Bedingungen der bekannten Bräutigamsneurose. Vor allem aber ist es unabweislich, daß die Furcht vor Infektion, der Entschluß, Kondom zu gebrauchen, den Grund zu dem gelegt haben, was ich als Moment der Entfremdung zwischen Somatischem und Psychischem aufgeführt habe. Es wäre dasselbe, was beim Coitus interruptus des Mannes wirkt. Kurz, Herr K. hat sich eine psychische Sexualschwäche zugezogen, weil er sich den Koitus verleidet hat, und bei ungestörter physischer Gesundheit und sexueller Reizproduktion gab dies zur Entstehung der Angst Anlaß. Man kann noch anführen, die Leichtigkeit, auf Vorsichten einzugehen, anstatt sich adäquate Befriedigung in einem sicheren Verhältnis zu schaffen, beweise eine von Anfang an nicht starke Sexualität. Der Mann ist ja ein Hereditärer, was bei ihm als Ätiologie auffindbar ist, ist zwar qualitativ wichtig, wird aber von Gesunden, d. h. Starken als harmlos vertragen.

Ein interessanter Zug dieses Falles ist das Vorkommen von typischer melancholischer Empfindung in Anfällen von kurzer Dauer. Das muß theoretisch für die Angstneurose aus Entfremdung wichtig sein, ist vorderhand nur anzumerken.

20. Aug. 94.

Nr. 2.

Herr v. F., Budapest, 44 Jahre.

Körperlich gesunder Mann, klagt, daß ihm ›Frische und Spannkraft abgehen, wie es sich für sein Alter nicht von selbst verstehe‹. Der Zustand, in dem ihm alles gleichgiltig ist, die Arbeit ihm schwer fällt, er verdrießlich und matt ist, ist begleitet von schwerem Druck auf den Scheitel, auch Hinterkopf, ferner ist regelmäßig dabei schlechter Magen, d. h. Empfindlichkeit gegen Speisen und Aufstoßen und träger Stuhl. Auch der Schlaf scheint schlecht zu sein.

Der Zustand ist aber deutlich intervallär, er hält jedesmal 4-5 Tage an, klingt langsam ab, am Aufstoßen merkt er, daß jetzt die nervöse Schwäche kommen wird, dazwischen sind 12-14 Tage, auch mehrere Wochen gut. Auch bessere Zeiten von monatlicher Dauer sind vorgekommen. Er beharrt dabei, er sei so seit 25 Jahren. Wie so oft, muß man sich das Krankheitsbild erst konstruieren, da er in monotonem Beharren bei seinen Klagen sonst versichert, er habe all den anderen Verhältnissen keine Aufmerksamkeit geschenkt. Die schlechte Abgrenzung der Anfälle gehört also zum Bilde, wie deren volle Unregelmäßigkeiten in der Zeit. Er schiebt den Zustand natürlich auf den Magen...

Organisch gesund, ohne schwere Sorge, Gemütsbewegung, folgendes über Sexualität: Von 12-16 Jahren an onaniert, dann sehr solide im Verkehr mit Frauen, der Anreiz war nicht übermächtig. Seit 14 Jahren verheiratet, nur 2 Kinder, letztes 10 Jahre, die Pause und die Zeit seither nur Kondom, keine andere Technik. Potenz in letzten Jahren recht im Nachlassen. Koitus etwa alle 12—14 Tage, oft auch lange Pause. Gesteht zu, daß er sich nach Koitus mit Kondom matt und elend fühlt, aber nicht gleich, erst am zweiten Tag nachher, d. h. er teilt es in der Form mit, er habe gemerkt, daß am zweiten Tag nachher Magenbeschwerden kommen. Warum er den Kondom gebraucht? Man darf nicht zu viele Kinder haben! (2)

Epikrise. Leichter aber ganz charakteristischer Fall von periodischer Verstimmung, Melancholie.[1] Symptome: Apathie, Hemmung, Kopfdruck, Dyspepsie, Schlafstörung, das Bild ist komplett.

Ähnlichkeit mit Neurasthenie unverkennbar, auch die Ätiologie dieselbe, ich habe ganze analoge Fälle, es sind Onanisten (Herr A.), nebenbei belastete Leute, die v. F.'s sind bekannt psychopathisch. Das ist also die neurasthenische Melancholie, die Theorie der Neurasthenie muß hier anknüpfen.

Es ist sehr gut möglich, daß der Ausgangspunkt einer solchen kleinen Melancholie jedesmal ein Koitus ist. Übertreibung des physiologisch Behaupteten: Omne animal post coitum triste. Die Zeitdifferenzen würden stimmen. Dem Mann tut jede Kur, jede Abwesenheit wohl, d. h. jede Befreiung vom Koitus, er ist seiner Frau natürlich treu, wie er sagt. Die Anwendung des Kondoms bezeugt schwache Potenz, als etwas der Onanie Analoges setzt sie die Verursachung dieser Melancholie fort.

21 Reichenau, 29. 8. 94.

Liebster Freund!

...

Fälle habe ich diesen Montag wenige gesammelt:[1]

Nr. 3.

Dr. Z., Arzt, 34 Jahre mit jahrelanger Organempfindlichkeit der Augen, Phospheum, Blendung, Skotomen u. dgl. seit vier Monaten (Zeit s. Verheiratung), enorm gesteigert bis zur Arbeitseinstellung. *Dahinter:* von 14 Jahren an onaniert, wie es scheint, bis in die letzten Jahre fortgesetzt, die Frau nicht defloriert, sehr herabgesetzte Potenz, Scheidung übrigens eingeleitet.

Gewöhnlicher Fall, schöne Organhypochondrie bei Onanisten in Periode sexueller Erregung. Interessant wie wenig tief die ärztliche Bildung geht.

Nr. 4.

Herr D., Neffe der in Hysterie verstorbenen Frau A. Nervöseste Familie. 28 Jahre; seit Wochen Mattigkeit, Kopfdruck, Knieschlottern, Abnahme der Potenz, zu rasche Ejakulation, beginnende Perversität, ganz junge Mädchen erregen ihn mehr als reife.

Angeblich von jeher launenhafte Potenz, Onanie zugestanden, nicht zu lange, jetzt Zeit von Abstinenz hinter sich. Vorher abendliche Angstzustände.

Ob vollständig gebeichtet?

Von Moebius ist ein Heft ›Neurologische Beiträge‹[2] erschienen. Sammlung älterer kleinerer Aufsätze, sehr schön, für Hysterie recht wichtig. Er ist der beste Kopf unter den Neurologen, zum Glück der Sexualität nicht auf der Spur.

Eigentlich merke ich, daß ich nichts zu sagen habe! Wenn ich in Wien eintreffe, wird mich mein Redakteur[3] gewiß zu Artikeln pressen. Soll ich dann nicht die ›Migraine‹ von M.[4] zum Gegenstand einer Kritik machen? Du müßtest mir dazu einige Deiner Bemerkungen geben. Die Magen-Menstruations-Geschichten[5] schaffst Du Dir doch gleich wenn Du wohl bist vom Halse? Die Praxis wartet auf solche Dinge.

Sigm.

(Manuskript G)

MELANCHOLIE[1]

I

Die vorliegenden Tatsachen sind etwa folgende:

a. Es bestehen auffällige Beziehungen zwischen Melancholie und Anästhesie. Das wird bezeugt I. durch den Befund, daß bei so vielen Melancholischen lange vorher Anästhesie bestanden hat, 2. durch die Erfahrung, daß alles, was Anästhesie hervorruft, die Entstehung von Melancholie fördert, 3. durch einen Typus von psychisch sehr bedürftigen Frauen, bei denen Sehnsucht leicht in Melancholie umschlägt, und die anästhetisch sind.

b. Melancholie entsteht als Steigerung von Neurasthenie durch Masturbation.

c. Melancholie kommt in typischer Kombination mit schwerer Angst vor.

d. Typus und Extrem der Melancholie scheint die periodische oder zyklische hereditäre Form.

II

Um mit diesem Material etwas anzufangen, braucht man feste Punkte. Diese scheinen durch folgende Erwägungen gegeben.

a. Der der Melancholie entsprechende Affekt ist der der Trauer, d. h.: der Sehnsucht nach etwas Verlorenem. Es dürfte sich also bei Melancholie um einen Verlust und zwar im Triebleben handeln.

b. Die der Melancholie parallele Eßneurose ist die Anorexie. Die berühmte Anorexia nervosa der jungen Mädchen scheint mir (nach guter Beobachtung) eine Melancholie bei unentwickelter Sexualität zu sein. Die Kranke gab an, einfach darum nicht gegessen zu haben, weil sie keinen Appetit hatte, nichts anderes. Appetitverlust —im Sexualen Verlust von Libido.

Es wäre daher nicht uneben, von der Idee auszugehen: *Die Melancholie bestünde in der Trauer über den Verlust der Libido.*

Es käme nun darauf an, ob diese Formel Vorkommen und Eigentümlichkeiten der Melancholiker erklärt. Dies soll am Sexualschema erörtert werden.

III[1]

An dem oft gebrauchten Sexualschema (s. Abbildg.) werden nun die Bedingungen erörtert, unter denen die psychische Sexualgruppe (ps. S.) ihre Erregungsgröße einbüßt. Es ergeben sich hier zwei Fälle: 1. wenn Produktion von somatischer Sexualerregung (s. S.) sinkt oder aufhört,

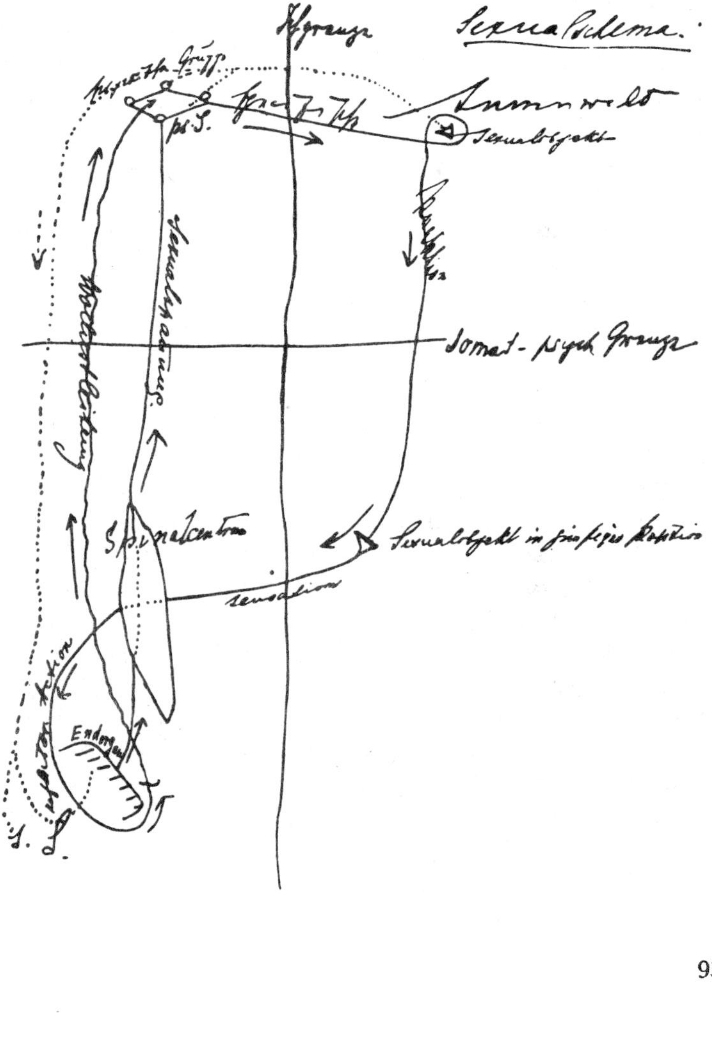

2. wenn die Sexualspannung der psychischen Sexualgruppe (ps. S.) abgelenkt wird. Der erste Fall, die Einstellung von Produktion der somatischen Sexualerregung (s. S.), ist wahrscheinlich das Charakteristische an der echten *gemeinen schweren* Melancholie, die periodisch wiederkehrt, oder bei der zyklischen Melancholie, wo Zeiten von Produktionssteigerung und -einstellung miteinander wechseln; ferner kann man annehmen, daß exzessive Masturbation, die nach der Theorie derselben zu übermäßiger Entlastung des Endorgans (E) und somit zu einem niedrigen Reizniveau im Endorgan führt, auf die Produktion von somatischer Sexualerregung übergreift und zur bleibenden Verarmung an somatischer Sexualerregung und somit zur Schwächung der psychischen Sexualgruppe führt; dies ist die neurasthenische Melancholie. Der Fall, daß Sexualspannung von der psychischen Sexualgruppe abgelenkt wird, während die Produktion von somatischer Sexualerregung nicht vermindert ist, setzt voraus, daß die somatische Sexualerregung anderweitig (an der Grenze) verwendet wird. Dies ist aber Bedingung der Angst, somit deckt dies den Fall der Angstmelancholie, einer Mischform von Angstneurose und Melancholie.
Bei dieser Diskussion erklären sich also die drei Formen der Melancholie, die man tatsächlich unterscheiden muß.

IV

Wie kommt es, daß die Anästhesie eine solche Rolle bei der Melancholie spielt?
Nach dem Schema gibt es folgende Arten von Anästhesie.
Anästhesie besteht ja jedesmal im Ausbleiben von Wollustempfindung (W), die nach der reflektorischen Aktion, welche das Endorgan entlastet, in die psychische Sexualgruppe geleitet werden sollte. Das Maß der Wollust ist der Betrag der Entlastung.

a. Das Endorgan ist nicht genügend geladen, daher ist die Entladung bei Koitus gering, W sehr klein – Fall der Frigidität.

b. Der Weg von der Sensation zur reflektorischen Aktion ist geschädigt, so daß die Aktion keine genügend starke ist, dann ist auch Entlastung und Wollust gering – Fall der masturbatorischen Anästhesie, der Anästhesie bei Coitus interruptus u. dgl.

c. Es ist unten alles ordentlich, nur wird Wollust wegen anderweitiger Verknüpfung (mit Ekel – Abwehr) nicht zur psychischen Sexualgruppe zugelassen. Dies ist hysterische Anästhesie, ganz analog der hysterischen Anorexie (Ekel).

Inwiefern wirkt nun Anästhesie fördernd auf Melancholie?

Im Falle *a* Frigidität ist Anästhesie nicht Ursache, sondern Zeichen der Disposition zur Melancholie, dies entspricht der eingangs erwähnten Tatsache I *a*;[1] in anderen Fällen ist die Anästhesie Ursache der Melancholie, weil ja die psychische Sexualgruppe durch Eintreffen von Wollust gestärkt, durch Ausbleiben geschwächt wird. (Berufung auf die allgemeinen Theorien über die Bindung von Erregung im Gedächtnis.) Somit ist der Tatsache II *a* Rechnung getragen.[2]

Man kann demnach anästhetisch sein, ohne melancholisch zu sein; denn: Melancholie bezieht sich auf das Ausbleiben von somatischer Sexualerregung.

Anästhesie bezieht sich auf Ausbleiben von Wollust, aber die Anästhesie ist ein Zeichen oder eine Vorbereitung für Melancholie, da durch das Ausbleiben von Wollust die psychische Sexualgruppe geschwächt wird wie durch das Ausbleiben von somatischer Sexualerregung.

V

Es wäre zu erörtern, wie es kommt, daß die Anästhesie so vorwiegend Eigentümlichkeit der Frauen ist. Dies rührt von der passiven Rolle der Frau her. Ein anästhetischer Mann wird bald keinen Koitus unternehmen, das Weib wird nicht gefragt. Es wird leichter anästhetisch, weil 1. die ganze Erziehung daraufhin arbeitet, somatische Sexualerregung nicht zu wecken, sondern alle Erregungen, die dies sonst könnten, in psychische Reize umzutauschen, die punktierte Bahn vom Sexualobjekt also ganz in die psychische Sexualgruppe zu lenken. Es ist dies darum notwendig, weil bei lebhafter somatischer Sexualerregung bald die psychische Sexualgruppe intermittierend eine solche Stärke bekäme, um wie beim Mann durch spezifische Reaktion das Sexualobjekt in günstige Position zu bringen. Vom Weibe wird aber verlangt, daß der Bogen der spezifischen Reaktion ausfalle, dafür sind permanente spezifische Aktionen verlangt, die das männliche Individuum zur spezifischen Aktion verlocken. Es wird also die Sexualspannung niedrig gehalten, ihr Zufluß zur psychischen Sexualgruppe möglichst abgesperrt und die unentbehrliche Stärke der psychischen Sexualgruppe auf andere Weise bestritten. Gerät nun die psychische Sexualgruppe in den Zustand der Sehnsucht, so verwandelt sich diese bei niedrigem Stand vom Endorgan[1] leicht in Melancholie. Die psychische Sexualgruppe für sich ist wenig widerstandsfähig. Es ist dies der juvenile unreife Typus der Libido und die erwähnten anspruchsvoll-anästhetischen Frauen setzen nur diesen Typus fort.

2. Weil die Frauen so häufig ohne Liebe, d. h. mit geringer somatischer Sexualerregung und Endorganspannung zum Geschlechtsakt schreiten, heiraten. Sie sind dann frigid und bleiben es.

Der niedrige Stand von Spannung im Endorgan scheint die Hauptdisposition zur Melancholie zu enthalten. Bei solchen Personen nehmen alle Neurosen leicht das melancholische Gepräge an. Während also die potenten Personen leicht Angstneurosen bekommen, neigen die impotenten zur Melancholie.

VI

Wie kann man sich nun Wirkungen der Melancholie erklären? Beste Schilderung: *Psychische Hemmung mit Triebverarmung und Schmerz darüber.*

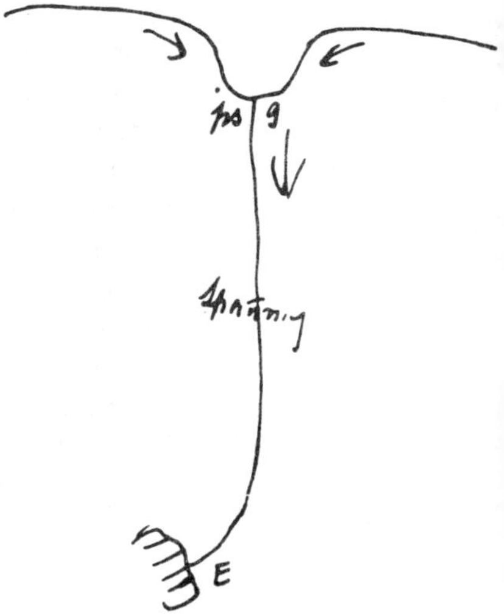

Man kann sich vorstellen, wenn die psychische Sexualgruppe sehr stark an Erregungsgröße verliert, bildet sich gleichsam *eine Einziehung im Psychischen,* die auf die anstoßenden Erregungsgrößen saugend wirkt. Die assoziierten Neuronen müssen ihre Erregung abgeben, *was Schmerz erzeugt.* Die Lösung von Assoziationen ist immer schmerzlich. Gleichsam durch *innere Verblutung* entsteht eine Verarmung an Erregung, am freien Vorrat, die sich an den anderen Trieben und Leistungen kundgibt.

Als Hemmung wirkt diese Einziehung wie eine Wunde (siehe Theorie des physischen Schmerzes) analog dem Schmerz. Gegenstück dazu wäre die Manie, wo sich die überquellende Erregung allen assoziierten Neuronen mitteilt. Hier ergibt sich nun eine Ähnlichkeit mit der Neurasthenie. Bei Neurasthenie entsteht eine ganz ähnliche Verarmung dadurch, daß die Erregung gleichsam wie durch ein Loch ausrinnt, aber hier wird somatische Sexualerregung leer gepumpt, bei Melancholie ist das Loch im Psychischen. Die neurasthenische Verarmung kann aber bis auf das Psychische übergreifen. Die Erscheinungen sind auch wirklich so ähnlich, daß man manche Fälle sorgfältig sondern muß.

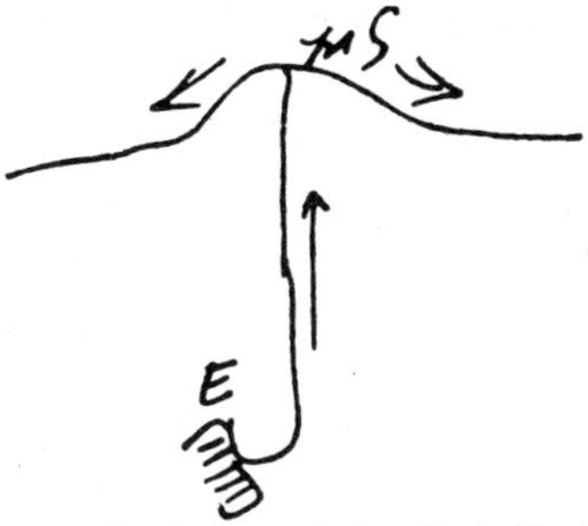

(Manuskript H)

PARANOIA[1]

Die Wahnvorstellung steht in der Psychiatrie neben der Zwangsvorstellung als rein intellektuelle Störung, die Paranoia neben dem Zwangsirresein als intellektuelle Psychose. Wenn die Zwangsvorstellung einmal auf Affektstörung zurückgeführt ist, der Nachweis erbracht ist, daß sie ihre Stärke einem Konflikt verdankt, dann muß die Wahnvorstellung derselben Auffassung verfallen, dann ist auch sie die Folge von Affektstörungen und verdankt ihre Stärke einem psychologischen Vorgang.
Das Gegenteil davon wird von den Psychiatern angenommen, während der Laie gewohnt ist, den Wahnsinn von erschütternden seelischen Erlebnissen abzuleiten. Wer über gewisse Dinge den Verstand nicht verliert, ›der hat keinen zu verlieren‹.[2]
Es ist nun in der Tat so: die chronische Paranoia in ihrer klassischen Form ist ein *pathologischer Modus der Abwehr* wie Hysterie, Zwangsneurose und halluzinatorische Verworrenheit. Man wird paranoisch über Dinge, die man nicht verträgt, vorausgesetzt daß man die eigentümliche psychische Disposition dazu besitzt.

Worin besteht diese Disposition? In der Neigung zu dem, was das psychische Kennzeichen der Paranoia darstellt, und dies wollen wir uns an einem Beispiel betrachten:

Eine etwa 30jährige alternde Jungfrau lebt mit Bruder und Schwester gemeinsam. Sie gehören dem besseren Arbeiterstande an, der Bruder arbeitet sich zum kleinen Fabrikanten empor. Unterdes vermieten sie ein Zimmer an einen Genossen, einen vielgereisten, etwas rätselhaften, sehr geschickten und intelligenten Mann, der ein Jahr lang bei ihnen haust und ihnen der beste Kamerad und Gesellschafter ist. Der Mann zieht wieder ab, um nach 6 Monaten wiederzukehren. Er bleibt jetzt nur kürzere Zeit und verschwindet dann endgültig. Die Schwestern bedauern oft seine Abwesenheit, wissen ihm nur Gutes nachzusagen, doch erzählt die jüngere Schwester der älteren von einem Mal, wo er den Versuch machte, sie in Gefahr zu bringen. Sie räumte die Zimmer auf, während er noch im Bette lag; da rief er sie zum Bett und als sie ahnungslos kam, gab er ihr seinen Penis in die Hand. Die Szene hatte keinerlei Fortsetzung, der Fremde verreiste bald nachher.

Im Laufe der nächsten Jahre wurde die Schwester, die das erlebt hatte, leidend, begann zu klagen und endlich formte sich ein unverkennbarer Beachtungs- und Verfolgungswahn des Inhaltes: die Nachbarinnen bedauerten sie als eine Sitzengebliebene, die immer noch auf jenen Mann warte, man machte ihr Andeutungen dieser Art, sagte ihr allerlei in bezug auf diesen Mann nach und dergleichen. Das sei natürlich alles unwahr. Diesem Zustand verfällt die Kranke seither nur auf Wochen, sie wird zeitweise wieder klar, erklärt das alles für Folgen der Aufregung, leidet übrigens auch in den Intervallen an unschwer sexuell zu deutender Neurose – und gerät bald wieder in einen neuen Schub von Paranoia hinein.

Die ältere Schwester hat mit Erstaunen bemerkt, daß die Kranke, sobald das Gespräch auf jene Szene der Versuchung kam, dieselbe leugnete. Breuer erfuhr von dem Fall, sie wurde zu mir geschickt und ich bemühte mich, den Drang zur Paranoia zu heilen, dadurch daß ich die Erinnerung an jene Szene in ihr Recht einsetzen wollte. Es gelang nicht, ich sprach sie zweimal, ließ mir in der Konzentrationshypnose alles auf den Gast Bezügliche erzählen, bekam auf meine dringenden Fragen, ob nicht doch etwas ›Genantes‹ vorgefallen, die entschiedenste Verneinung zur Antwort und – sah sie nicht wieder. Sie ließ mir mitteilen, es rege sie zu sehr auf. Abwehr! Das war klar zu erkennen. Sie *wollte* nicht daran erinnert werden, folglich hat sie es absichtlich verdrängt.

Die Abwehr war ganz unzweifelhaft, sie hätte sich ebensowohl ein hysterisches Symptom oder eine Zwangsvorstellung anschaffen können. Worin lag aber das Eigentümliche der paranoischen Abwehr?

Sie ersparte sich etwas; etwas wurde verdrängt. Es läßt sich erraten was. Wahrscheinlich war sie wirklich in Aufregung ob des Anblicks geraten und ob der Erinnerung daran. Sie ersparte sich also den Vorwurf: eine ›schlechte Person‹ zu sein. Denselben bekam sie dann von außen zu hören. Der *sachliche Inhalt blieb also ungestört* erhalten, es änderte sich aber etwas an der Stellung des ganzen Dinges. Früher war es ein innerer Vorwurf, jetzt eine von außen kommende Zumutung. Das Urteil über sie war nach außen versetzt, die Leute sagten das, was sonst sie sich gesagt hätte. Etwas war profitiert dabei. Das von innen erfolgte Urteil hätte sie akzeptieren müssen. Das von außen anlangende konnte sie ablehnen. *Das Urteil, der Vorwurf, war somit vom Ich ferngehalten.*

Die Paranoia hat also die Absicht, eine dem Ich unerträgliche Vorstellung dadurch abzuwehren, daß deren Tatbestand in die Außenwelt projiziert wird. Zwei Fragen: Wie kommt man zu einer solchen Verlegung? Gilt das noch für andere Fälle von Paranoia?

Ad I. Sehr einfach, es handelt sich um den Mißbrauch eines im Normalen sehr häufig gebrauchten psychischen Mechanismus der Verlegung oder Projektion. Bei jeder inneren Veränderung haben wir die Wahl, ob wir eine innere oder äußere Ursache annehmen wollen. Wo uns etwas von dem inneren Hergang abdrängt, werden wir natürlich zum äußeren greifen. Zweitens sind wir gewöhnt, daß unsere inneren Zustände (durch den Ausdruck der Gemütsbewegung) den anderen verraten werden. Das ergibt den normalen Beachtungswahn und die normale Projektion. Normal ist das nämlich, so lange wir uns dabei unserer eigenen inneren Veränderung bewußt bleiben. Vergessen wir an die, erübrigt nur der Schenkel des Syllogismus, der nach außen führt, so ist die Paranoia da mit der Überschätzung dessen, was man von uns weiß, und dessen, was man uns angetan hat. Was weiß man von uns, was wir gar nicht wissen,

nicht zugeben können. *Also Mißbrauch des Projektionsmechanismus zu Zwecken der Abwehr.*
Bei den Zwangsvorstellungen geht nämlich etwas ganz Analoges vor sich. Auch der Substitionsmechanismus ist ein normaler. Wenn die alte Jungfrau sich einen Hund hält, der Hagestolz Tabakdosen sammelt, so substituiert erstere ihr Bedürfnis nach ehelicher Gemeinschaft, letzterer sein Bedürfnis nach — zahlreichen Eroberungen. Jeder Sammler ist ein substituierter Don Juan Tenorio, wie auch der Bergspitzbezwinger, der Sportsmann, und dergleichen. Es sind das erotische Äquivalente. Die Frauen kennen sie auch. Die gynäkologische Behandlung fällt unter diesen Gesichtspunkt. Es gibt zwei Sorten von kranken Frauen, die einen, die ihrem Arzt so treu sind wie ihrem Mann, die anderen, die die Ärzte so wechseln wie die Liebhaber.
Dieser normal wirkende Substitutionsmechanismus wird nun bei den Zwangsvorstellungen mißbraucht — gleichfalls zu Zwecken der *Abwehr*.
Nun gilt eine solche Auffassung auch für andere Fälle von Paranoia?
Ich sollte meinen für alle. Ich will Muster hernehmen.
Der Querulantparanoiker verträgt die Idee nicht, daß er Unrecht getan hat, oder daß er sich von seinem Besitz trennen soll. Folglich ist das Urteil nicht rechtskräftig, er hat nicht Unrecht u. dgl. Der Fall ist zu klar, vielleicht nicht ganz eindeutig, etwa einfacher aufzulösen.
Die grande nation kann die Idee nicht fassen, daß sie im Krieg besiegt werden kann. Ergo ist sie nicht besiegt worden, der Sieg gilt nicht; sie gibt das Beispiel einer Massenparanoia und erfindet den Wahn des Verrates.
Der Alkoholiker wird sich nie eingestehen, daß er durch Trinken impotent geworden ist. Soviel Alkohol er verträgt, diese Einsicht verträgt er nicht. Also ist die Frau die Schuldige — Eifersuchtswahn u. dgl.
Der Hypochonder wird lange ringen, bis er für seine Empfindungen von schwerem Kranksein den Schlüssel gefunden hat. Er wird sich nicht eingestehen, daß sie von seinem sexuellen Leben herrühren, es gewährt ihm aber die größte Befriedigung, wenn sein Leiden kein endogenes, nach Moebius, sondern ein exogenes ist, folglich ist er vergiftet.
Der beim Avancement übergangene Beamte bedarf des Verfolgungskomplottes und des Ausspioniertwerdens in seinem Zimmer, sonst muß er sich seinen Schiffbruch eingestehen.

Es muß ja nicht immer Verfolgungswahn sein, der so entsteht. Ein Größenwahn leistet es vielleicht noch besser, das Peinliche vom Ich abzuhalten. Da ist die verblühte Köchin, die sich an den Gedanken gewöhnen dürfte, daß sie vom Liebesglück ausgeschlossen bleibt. Das ist der richtige Moment für den Herrn gegenüber, der sie offenbar heiraten will und es ihr in so merkwürdig schüchterner Weise, aber doch merkbar zu verstehen gibt.

In allen Fällen wird die *Wahnidee* gehalten mit derselben Energie, mit welcher eine andere unerträglich peinliche Idee vom Ich abgewehrt wird. Sie lieben also den *Wahn wie sich selbst*. Das ist das Geheimnis.

Nun, wie verhält sich diese Form der Abwehr zu den bereits gekannten:

1. Hysterie, 2. Zwangsvorstellung, 3. halluzinatorische Verworrenheit, 4. Paranoia.

In Betracht kommt: Affekt, Inhalt der Vorstellung und die Halluzinationen.

1. *Hysterie* Die unverträgliche Vorstellung wird nicht zur Assoziation mit dem Ich zugelassen. Der Inhalt bleibt abgesprengt erhalten, fehlt im Bewußtsein, ihr Affekt wird durch Konversion ins Körperliche erledigt ...
2. *Zwangsvorstellung*: Die unverträgliche Vorstellung wird gleichfalls nicht zur Assoziation zugelassen. Affekt bleibt erhalten; Inhalt substituiert.
3. *Halluzinatorische Verworrenheit:* Die ganze unverträgliche Vorstellung – Affekt und Inhalt werden vom Ich abgehalten, was nur auf Kosten einer partiellen Lösung von der Außenwelt möglich ist. Es kommt zu Halluzinationen, die dem Ich freundlich sind und die Abwehr unterstützen.
4. *Paranoia:* Inhalt und Affekt der unverträglichen Vorstellung bleiben erhalten, recht im Gegensatz zu 3., werden aber in die Außenwelt projiziert – Halluzinationen, die bei manchen Formen entstehen, sind dem Ich feindlich, unterstützen aber die Abwehr.

Im Gegensatz dazu die hysterischen Psychosen, in denen gerade die abgewehrten Vorstellungen zur Macht kommen. Typus Anfall und Etat secondaire. Halluzinationen sind dem Ich feindlich.

Übersicht

	abgewehrte Affekt	Vorstellungsinhalt	Hallucination	facit
Hysterie	durch Conversion erledigt –	fehlt dem Bewußtsein –	—	labile Abwehr mit gutem Gewinn
Zwangsvorst.	erhalten +	fehlt dem Bew. substituiert.	—	Dauernde Abwehr ohne Gewinn
Hallucin. Verw.	fehlt –	– fehlt	ichfreundlich abwehrfreundlich	Dauernde Abwehr glänzender Gewinn
Paranoia	erhalten +	+ erhalten – hinausprojiciert	ichfeindlich abwehrfreundlich	Dauernde Abwehr ohne Gewinn
Hysterische Psychose	beherrscht das Bewußtsein +	+	ichfeindlich abwehrfeindlich	Mißlungene Abwehr

Wahnidee ist entweder Abklatsch oder Gegensatz der abgewehrten Vorstellung (Größenwahn). Paranoia und halluzinatorische Verworrenheit sind die beiden *Trotz-* oder *Justamentspsychosen*. Die ›Eigenbeziehung‹ der Paranoia ist analog den Halluzinationen der Verworrenheit, die ja gerade das Gegenteil der abgewehrten Tatsache behaupten wollen. So will Eigenbeziehung stets die Richtigkeit der Projektion erweisen.

22

Wien, 4. 3. 95.

Liebster Wilhelm!

...

Wissenschaftlich wenig Neues! Ich schreibe eilig an dem Aufsatz Therapie der Hysterie.[1] Daher auch meine Verspätung ... Habe Dir nichts beizulegen. Höchstens kleine Analogie zu der Traumpsychose der D., die wir erlebt haben. Der Rudi Kaufmann, ein sehr intelligenter Neffe von Breuer, auch Mediziner, ist ein Spätaufsteher und läßt sich von seiner Bedienerin wecken, der er dann sehr ungern folgt. Eines Morgens weckt sie ihn wieder und ruft ihn, da er sie nicht hören will, bei seinem Namen: ›Herr Rudi‹. Darauf halluziniert der Schläfer eine Spitalstafel (vgl. Rudolfinerhaus!) mit dem Namen: Rudolf Kaufmann darauf und sagt sich: Also ist der R. K. ohnedies schon im Spital, da brauch' ich ja nicht hinzugehen, und schläft weiter![2]

... Vielleicht fällt dir der kleine Aufsatz über Migräne in die Hand. Er enthält bloß zwei Leitmotive.[3]

...

Schnelle Genesung wünschen Euch alle und ich.

Dein Sigm.

(Manuskript I)

MIGRAINE, FESTE PUNKTE[4]

1. *Eine Summationssache.* Es dauert von einem Anstoß bis zum Ausbruch der Symptome Stunden bis Tage. Man hat gleichsam Empfindung davon, wie ein Hindernis überwunden wird und sich dann ein Vorgang fortsetzt.

2. *Eine Summationssache.* Auch ohne Anstoß gewinnt man den Eindruck, als ob sich ein Reiz anhäufen müßte, der zu Beginn des Intervalls in geringster, gegen Ende in größter Quantität vorhanden ist.
3. *Eine Summationssache,* bei der die Empfindlichkeit gegen Ätiologien in der Niveauhöhe des bereits vorhandenen Reizes besteht.
4. Eine Sache mit *komplizierter Ätiologie,* vielleicht nach dem Schema der Kettenätiologie, wo eine nächste Ursache durch viele Momente direkt und indirekt erzeugt werden kann, oder nach dem der Summierungs-Ätiologie, wo nebst einer spezifischen Ursache banale quantitativ ersetzend eintreten können.
5. Eine Sache nach dem Vorbild der Menstrualmigraine und zur sexuellen Gruppe gehörig. Beweise:
   a) Bei gesunden Männern am seltensten.
   b) Auf das sexuelle Lebensalter beschränkt, Kindheit und Alter fast ausgenommen.
   c) Wenn durch Summation erzeugt, so ist der sexuelle Reiz etwas auch durch Summation Erzeugtes.
   d) Die Analogie der Periodizität.
   e) Häufigkeit bei Personen mit gestörter Sexualabfuhr (Neurasthenie, Coitus interruptus).
6. Sichere Erzeugung der Migraine durch chemische Reize: Menschengift, Scirocco, Ermüdung, Gerüche. Nun ist auch der sexuelle Reiz ein chemischer.
7. Aufhören der Migraine in der Gravidität, wo die Produktion wahrscheinlich anders gelenkt wird.

Darnach sollte man meinen, daß die Migraine eine Giftwirkung darstellt, die durch den sexuellen Reizstoff erzeugt wird, wenn dieser nicht genügende Abfuhr findet, wozu vielleicht noch gehört, daß eine gewisse topisch zu bestimmende Bahn sich in besonderer Empfänglichkeit befindet. Die Frage nach dieser ist die Frage nach der Lokalisation der Migraine.

8. Für diese Bahn hat man die Anzeichen, daß organische Erkrankungen des Schädels, Tumoren und Eiterungen (ohne toxische Mittelglieder?) Migraine oder Ähnliches erzeugen, ferner daß die Magraine halbsei-

tig ist, mit der Nase zusammenhängt und sich mit lokalisierten Lähmungserscheinungen verbindet. Das erste dieser Zeichen ist nicht eindeutig. Die Halbseitigkeit, Lokalisation über dem Auge, Komplikation mit herdartigen Lähmungen sind wichtiger.

9. Die Schmerzhaftigkeit der Migraine läßt nur an die Hirnhäute denken, da Hirnsubstanzaffektionen sicher schmerzlos sind.

10. Rückt die Migraine so in die Neuralgie, so stimmt dazu die Summation, die Empfindlichkeit mit ihren Schwankungen, die Entstehung von Neuralgien durch toxische Reize. Sie wird so die toxische Neuralgie als physiologisches Vorbild [haben].[1] Ihr Schmerzgebiet ist die Schädelhaut, ihre Bahn der Trigeminus. Da die neuralgische Veränderung aber nur eine zentrale sein muß, so ist ein Trigeminus-Kern, dessen Fasern die Dura versorgen, als logisches Zentrum der Migraine anzunehmen.
Da der Migraineschmerz ähnlich der Supraorbitalneuralgie verlegt wird, muß dieser Durakern dem Kern für den Ramus I benachbart sein. Da die einzelnen Trigeminusäste und -Kerne einander beeinflussen, können auch alle anderen Trigeminusaffektionen zur Ätiologie als konkurriende (nicht banale) Momente beitragen.

Das Symptombild und die biologische Stellung der Migraine

Der Schmerz einer Neuralgie findet gewöhnlich seinen Abfluß in tonische Spannung (selbst klonische Zuckung). Daher nicht unmöglich, daß zur Migraine spastische Innervation der Gefäßmuskeln als Reflexgebiet des Durabezirkes gehört. Dieser mag man die allgemeine, ja selbst die lokalisierte Funktionsstörung zuschreiben, die sich symptomatisch von einer solchen durch Gefäßverengung nicht unterscheidet (Ähnlichkeit der Migraine mit Anfällen von Thrombose). Ein Teil der Hemmung kommt dem Schmerz an und für sich zu. Mutmaßlich ist es das Gefäßgebiet des Plexus choroideus, welches zunächst von dem Abfuhrspasmus betroffen wird. Die Beziehung zu Auge und Nase erklärt sich durch die gemeinschaftliche Angehörigkeit zum I. Ast.

23 Wien, 27. 4. 95

Liebster Wilhelm!

Heute ist Dein erwarteter Brief gekommen und hat mich sehr froh gemacht. Da ist Gesundheit, Arbeit, Fortschritt endlich wieder zu treffen. Ich bin natürlich auf alle Neuigkeiten sehr neugierig ...

Im Übrigen ist es mit der Entfernung und dem Briefschreiben ein großes Elend, dem gar nicht abzuhelfen ist. Besonders wenn man ohnehin soviel schreibt wie ich und dann zeitweise den Horror calami kennenlernt ...

Wissenschaftlich bin ich übel daran, nämlich so in die ›Psychologie für den Neurologen‹ verrannt, die mich regelmäßig ganz aufzehrt, bis ich wirklich überarbeitet abbrechen muß. Ich habe nie eine so hochgradige Präokkupation durchgemacht. Und ob etwas damit wird? Ich hoffe, aber es geht schwer und langsam.

Neurosenfälle sind jetzt sehr selten, meine Praxis zieht sich ins Intensive, das Extensive läßt nach. Verschiedene Kleinigkeiten. Ein paar Seiten über eine von Bernhardt beschriebene Sensibilitätsstörung, an der ich auch leide, werde ich Dir für den Mendel schicken.[1] Schmarrn natürlich, nur um die Leute zu beschäftigen. Löwenfeld hat mich in einer Märznummer der Münch. Med. W. angegriffen, ich werde auf ein paar Seiten im Paschkis anworten u. dgl.[2]

Die Kinderlähmungen für Nothnagel muß ich wohl auch in Angriff nehmen, aber mein Interesse ist anderswo fixiert.[3]

My heart is in the coffin here with Caesar.

...

Dies der Status praesens in wissenschaftlichen und privaten Dingen. Sei mir herzlichst gegrüßt und übertrage ein gutes Stück davon auf Deine liebe Frau.

Dein Sigm.

24 Wien, 25. 5. 95.

Liebster Wilhelm!

. . . Ich hatte unmenschlich viel zu tun und bin nach 10-11stündiger Neurosenarbeitszeit regelmäßig unfähig gewesen, zur Feder zu greifen, um Dir wenig zu schreiben, wo ich Dir sehr viel zu sagen hätte. Ein Hauptgrund aber war der: ein Mensch wie ich kann ohne Steckenpferd, ohne herrschende Leidenschaft, ohne einen Tyrannen, mit Schiller zu reden, nicht leben, und der ist mir geworden. In dessen Dienst kenne ich nun auch kein Maß. Es ist die Psychologie, von jeher mein fern winkendes Ziel, jetzt seitdem ich auf die Neurosen gestoßen bin, um soviel näher gerückt. Mich quälen zwei Absichten, nachzusehen wie sich die Funktionslehre des Psychischen gestaltet, wenn man die quantitative Betrachtung, eine Art Ökonomik der Nervenkraft einführt, und zweitens aus der Psychopathologie den Gewinn für die normale Psychologie herauszuschälen. Tatsächlich ist eine befriedigende Gesamtauffassung der neuropsychotischen Störungen unmöglich, wenn man nicht an klare Annahmen über die normalen psychischen Vorgänge anknüpfen kann. Solcher Arbeit habe ich in den letzten Wochen jede freie Minute gewidmet, die Nachtstunden von 11 bis 2 mit solchem Phantasieren, Übersetzen und Erraten verbracht und immer erst aufgehört, wenn ich irgendwo auf ein Absurdum gestoßen war oder mich wirklich und ernstlich überarbeitet hatte, so daß ich kein Interesse für die tägliche ärztliche Tätigkeit mehr in mir vorfand. Nach Resultaten wirst Du mich noch lange nicht fragen können. Auch meine Lektüre ist derselben Richtung gefolgt. Ein Buch von W. Jerusalem, die Urteilsfunktion,[1] hat mich sehr gefördert, in dem ich zwei meiner Hauptgedanken vorfand, daß das Urteilen in einer Übertragung ins Motorische besteht, und daß die innere Wahrnehmung nicht auf ›Evidenz‹ Anspruch machen kann.

Eine große Freude bereiten mir die Neurosenarbeiten in der Praxis. Fast alles bestätigt sich täglich, Neues kommt hinzu und die Gewißheit, den Kern der Sache in der Hand zu haben, tut mir wohl. Ich hätte eine ganze Reihe der merkwürdigsten Sachen Dir mitzuteilen, aber brieflich geht es nicht und meine Aufzeichnungen sind in der Hetze dieser Tage so fragmentarisch, daß sie Dir nichts sagen würden . . .

Deine Mitteilungen hätten mich schreien machen können. Wenn Du wirklich das Konzeptionsproblem gelöst hast,[1] so geh nur gleich mit Dir zu Rate, welche Sorte Marmor am ehesten Deinen Beifall finden kann. Für mich kommst Du um einige Monate zu spät, aber man kann es vielleicht nächstes Jahr verwenden. Jedenfalls brenne ich vor Neugierde, etwas darüber zu hören

...

Breuer hingegen ist nicht zu erkennen. Man muß ihn wieder ohne Einschränkung gern haben. Er hat die ganze Nase[2] akzeptiert von Dir und macht Dir einen Riesenruf in Wien, wie er sich im ganzen Umfang zu meiner Sexualitätslehre bekehrt hat. Das ist doch ein ganz anderer Kerl als wir es zu finden gewöhnt sind.

...

Mit herzlichstem Gruß für Dich und Deine liebe Frau und der Bitte keine Präzedenz aus den letzten Wochen zu schaffen Dein Sigm.

25 Wien, 12. 6. 95.

Mein teurer Wilhelm!

...

Du hast Recht zu vermuten, daß ich übervoll mit Neuigkeiten bin, auch mit theoretischen. Die Abwehr hat einen wichtigen Schritt vorwärts gemacht, von dem ich Dir nächstens in einer kleinen Aufschreibung Rechenschaft geben werde. Aber auch die psychologische Konstruktion tut, als ob sie gelingen wollte, was mir eine riesige Freude wäre. Natürlich noch nichts Sicheres zu sagen. Darüber jetzt Mitteilung machen, hieße einen sechsmonatlichen Fötus von einem Mädchen auf den Ball schicken.

...

Ich habe Rauchen wieder begonnen, weil es mir immer gefehlt hat (nach 14 monatlicher Abstinenz) und weil ich den psychischen Kerl gut behandeln muß, sonst arbeitet er mir nichts. Ich verlange sehr viel von ihm. Die Plage ist meist übermenschlich.

Herzlichsten Gruß von uns allen, denen es sehr gut geht, an Dich und Deine liebe Frau. Dein Sigm.

26 Dr. Sigmund Freud, 6. 8. 95.
IX. Berggasse 19. ord. 3–5 h.

Liebster!
Ich teile Dir mit, daß ich nach langer Denkarbeit glaube, zum Verständnis der pathologischen Abwehr und damit vieler wichtiger psychologischer Vorgänge durchgedrungen zu sein. Klinisch hatte sich mir die Sache lange gefügt, allein die psychologischen Theorien, die ich brauchte, ergaben sich nur sehr mühselig. Hoffentlich ist es nicht ›Traumgold‹.
Es ist lange nicht fertig, aber ich kann wenigstens davon reden und in vielen Punkten Deine überlegene naturwissenschaftliche Bildung in Anspruch nehmen. Es ist kühn aber schön, wie Du sehen wirst. Ich freue mich sehr darauf, es Dir zu erzählen . . .
Frau Ida wird dafür sorgen, daß ich aufhöre, wenn ich Dich zuviel gequält habe.
Mit herzlichstem Gruß an die ganze Familie Dein Sigm.

27 Bellevue, 16. 8. 95.

Liebster Wilhelm!
Ich war mehrere Tage in Reichenau, dann einige Tage unentschlossen, heute kann ich Dir sicheren Bericht geben.
Ich reise zwischen dem 22.–24. nach Venedig mit meinem kleinen Bruder[1] und kann also leider . . . nicht gleichzeitig in Oberhof sein. Mein Motiv, mich so zu entschließen, da ich mich für eines entscheiden mußte, war die Sorge um den Jungen, der mit mir die Verantwortung für zwei alte Leute, so viel Frauen- und Kindervolk trägt . . .
Mit φψω[2] ist es mir seltsam ergangen. Kurze Zeit nach meiner alarmierenden, Glückwunsch heischenden Mitteilung, nachdem der eine Vorgipfel erstiegen war, habe ich mich vor neuen Schwierigkeiten gesehen und meinen Atem nicht ausreichend für die neue Arbeit befunden. Ich habe also, schnell gefaßt, das ganze Alphabet hingeworfen und rede mir ein, daß ich mich gar nicht dafür interessiere. Es ist mir selbst ein unbehaglicher Gedanke, daß ich Dir davon erzählen soll. Sähe ich Dich alle

vier Wochen, dann gewiß nicht im September. Also, wie Du verlangen wirst, desto mehr werde ich mir aber von Dir erzählen lassen. Mit meinen neurotischen[1] Neuigkeiten gedenke ich aber auch nicht zurückzuhalten.

Meine Gesellschaft befindet sich hier sehr wohl in recht vorteilhaften Verhältnissen. Meine Frau natürlich etwas unbeweglich, aber sonst heiter. Mein Sohn Oliver hat seine aufs Nächste gerichtete Natur unlängst selbst treffend charakterisiert. Er hat einer begeisterten Tante, die ihn fragte: »Oli, was willst Du werden?« geantwortet: »Tante, im Februar fünf Jahre.« Auch sonst sind sie in ihrer Mannigfaltigkeit sehr amüsant.

Mit der Psychologie ist es wirklich ein Kreuz. Kegelschieben und Schwämmesuchen ist jedenfalls viel gesünder. Ich wollte ja weiter nichts als die Abwehr erklären, aber erklärte etwas mitten aus der Natur heraus. Ich habe das Qualitätsproblem, den Schlaf, die Erinnerung, kurz die ganze Psychologie durcharbeiten müssen. Jetzt will ich nichts mehr davon wissen.

Die Suppe ist auf dem Tisch, sonst hätte ich weiter gejammert . . .

Sei herzlichst gegrüßt mit Weib und Kind und allen Hoffnungen von Deinem

Sigm.

28 Bellevue, 23. 9. 95.

Liebster Wilhelm!

Ich schreibe so wenig an Dich, nur weil ich soviel für Dich schreibe. Was ich nämlich noch im Eisenbahnwagen begonnen, eine summarische Darstellung der φψω, an die Du Deine Kritik anknüpfen sollst, das setze ich jetzt in freien Stunden und in den Pausen zwischen den Akten der allmählich sich steigernden Ärztlichkeit fort.[2] Es ist schon ein stattlicher Band, Geschmier natürlich, aber doch, wie ich hoffe, eine Unterlage für Deine Zutaten, auf die ich große Hoffnung setze. Mein ausgeruhter Kopf löst von damals erübrigte Schwierigkeiten jetzt spielend, so z. B. den Widerspruch, daß die Handlungen ihren Widerstand wiederherstellen, während die Neuronen im Allgemeinen der Bahnung unterliegen.

Das fügt sich jetzt leicht ein durch Hinweis auf die Kleinheit der endogenen Einzelreize. Auch andere Punkte ordnen sich jetzt zu meiner größten Zufriedenheit. Wieviel von dem Fortschritt bei besserem Zuschauen wieder in Schein zerfließt, steht freilich noch dahin. Aber Du hast mir den mächtigen Impuls gegeben, die Sache ernst nehmen zu dürfen.

Außer der Anpassung an die allgemeinen Bewegungsgesetze, die ich von Dir erwarte, steht mir wohl zu, die Theorie an den Einzeltatsachen der neueren Experimentalpsychologie zu prüfen. Die Faszinationsfähigkeit des Themas ist für mich die gleiche geblieben, sehr zum Nachteil alles ärztlichen Interesses und meiner Kinderlähmungen, die bis Neujahr fertig werden sollen!

Ich weiß kaum sonst von anderem zu erzählen: ich gedenke, Dir die Sache vielleicht in zwei Abteilungen zu schicken. Hoffentlich tut mir Dein Kopf den Gefallen, die Belastung in einer frischen Zeit für eine federleichte zu nehmen. Deine autotherapeutischen Versuche begrüße ich sympathisch. Mir ist es ergangen, wie Du es vermutest, also gründlich schlecht, steigende Beschwerden, seit der letzten Siebbeinoperation. Wenn ich nicht irre, war heute ein Anfang zur Milderung.

Daß die Wahlen im III. Wahlkörper 46 gegen 0, und im II. 32 gegen 14 liberale Mandate ergeben haben, hat Dir wohl Ida vorgelesen. Ich habe doch gewählt. Unser Bezirk ist liberal geblieben.[1]

Ein Traum vorgestern hat die komischesten Bestätigungen der Auffassung ergeben, daß die Wunscherfüllung das Motiv des Traumes ist.[2] Löwenfeld hat mir geschrieben, daß er eine Arbeit über Phobien und Zwangsvorstellungen auf Grund von 100 Fällen vorbereitet, und mich um verschiedene Auskünfte angegangen. Ich habe zur Antwort ihn gewarnt, meine Sachen ja nicht leicht zu nehmen.

... Ich warte ... noch auf Deine Migräneerfahrungen. Weib und Kindergesindel befinden sich mir sehr wohl. Dir, Deiner lieben Frau, für die selbst Alexander schwärmt, und der jungen Hoffnung wünsche ich das herzlich Beste.

Dein Sigm.

29 Wien, 8. 10. 95.

Liebster Wilhelm!

...

Ich lege heute allerlei zusammen, einige Schulden, die mich an ausstehenden Dank erinnern. Deine Krankengeschichte über den Wehenschmerz und zwei Hefte von mir. Deine Aufzeichnungen haben meinen ersten Eindruck verstärkt, es sei wünschenswert, daraus ein flügges Heft ›Nase und weibliche Sexualität‹ zu machen.[1] Die Schlußbemerkungen mit ihren überraschend einfachen Aufklärungen haben mir natürlich sehr gefehlt.

Nun die zwei Hefte.[2] Sie sind in einem Zug seit meiner Rückkehr vollgeschmiert worden und werden wenig Neues für Dich bringen. Ein drittes Heft habe ich noch zurückgehalten, das die Psychopathologie der Verdrängung behandelt, weil es seinen Gegenstand nur bis zu einer gewissen Stelle verfolgt hat.[3] Von dort ab habe ich neu in Entwürfen arbeiten müssen und bin dabei abwechselnd stolz und selig und beschämt und elend geworden, bis ich jetzt nach dem Übermaß geistiger Quälerei mir apathisch sage: Es geht noch nicht, vielleicht nie zusammen. Was mir nicht zusammengeht, ist nicht das Mechanische daran – da hätte ich Geduld –, sondern die Aufklärung der Verdrängung, deren klinische Kenntnisse übrigens große Fortschritte gemacht haben.

Denk Dir, unter anderem wittere ich folgende enge Bedingtheit: für die Hysterie, daß ein primäres Sexualerlebnis (vor der Pubertät) mit Abneigung und Schreck, für die Zwangsneurose, daß es mit Lust stattgefunden hat.[4]

Aber die mechanische Aufklärung gelingt mir nicht, vielmehr ich will der leisen Stimme aufmerksam Gehör schenken, die mir sagt, meine Erklärungen schlügen nicht ein.

Das Heimweh nach Dir und Deinem Umgang kam diesmal etwas später, war aber sehr groß. Ich bin allein mit meinem Kopf, in dem so vieles keimt und vorläufig sich durcheinander wirrt. Ich erlebe die interessantesten Dinge, die ich nicht erzählen kann und die ich aus Mangel an Muße nicht fixieren kann. (Einen Torso lege ich Dir noch bei.)[5] Lesen mag ich nichts, weil es mich zu sehr in Gedanken stürzt und mir den

Findergenuß verkümmert. Kurz, ich bin ein armer Einsiedler. Jetzt bin ich übrigens so erschöpft, daß ich den Quark wieder einige Zeit hinwerfe. Ich will dafür Deine Migraine studieren.[1] Auch bin ich mit Löwenfeld in eine briefliche Polemik verwickelt. Nach Beantwortung des Briefes sollst Du ihn bekommen.

...

Meine herzlichsten Grüße an Frau Ida und klein Paul(inchen). Das Gesindel ist hier wohl. Martha hat es sich wieder in Wien behaglich gemacht.

Dein Sigm.

30 Dr. Sigmund Freud, IX. Berggasse 19.

15. 10. 95.
ord. 3–5 h.

Liebster Wilhelm!

Toll, nicht wahr, meine Korrespondenz. Ich war zwei Wochen lang im Schreibfieber, glaubte das Geheimnis schon zu haben, jetzt weiß ich, ich hab' es noch nicht, und habe die Sache wieder abgeworfen. Doch hat sich allerlei geklärt oder wenigstens auseinandergelegt. Ich verzage nicht daran. Habe ich Dir das große klinische Geheimnis schon mündlich oder schriftlich mitgeteilt? Die Hysterie ist die Folge eines präsexuellen *Sexualschrecks*. Die Zwangsneurose ist die Folge einer präsexuellen *Sexuallust*, die sich später in *Vorwurf* verwandelt.[2]

›Präsexuell‹ heißt eigentlich vor der Pubertät, vor der Entbindung der Sexualstoffe, die betreffenden Ereignisse wirken erst als *Erinnerungen.*

Herzlichst Dein[3]

31

Wien, 16. 10. 95.

Liebster Wilhelm!

... Das Arbeitsfieber dieser Wochen, die lockenden Hoffnungen und Enttäuschungen, einige wirkliche Funde – aufgetragen auf einen Grund von elendem Körperbefinden und den gewöhnlichen praktischen Ärger-

nissen und Schwierigkeiten; wenn ich zu alledem Dir noch ein paar Seiten philosophischen Gestammels schicke (nicht gerade, was ich für gelungen halte), hoffe ich, Dich wieder versöhnlich gestimmt zu haben.
Ich bin noch immer sehr durcheinander. Es ist mir beinahe sicher, daß ich mit den Formeln vom infantilen Sexualschreck und Sexuallust die Lösung des Rätsels der Hysterie und der Zwangsneurose gefunden habe und ich bin ebenso sicher, daß beide Neurosen nun ganz allgemein heilbar sind, nicht bloß die einzelnen Symptome, sondern die neurotische Disposition überhaupt. Darüber habe ich eine Art von matter Freude, etwa 40 Jahre doch nicht umsonst gelebt zu haben, und doch keine ordentliche Befriedigung, da die psychologische Lücke in der neuen Kenntnis mein ganzes Interesse in Anspruch nimmt.
Für die Migraine[1] natürlich keinen Moment übrig, der aber doch noch kommen wird. Das Rauchen habe ich wieder ganz aufgegeben, um bei dem schlechten Puls mir nicht Vorwürfe machen zu müssen und um den elenden Kampf mit der Sucht nach der 4ten, 5ten (Zigarre) loszuwerden; kämpfe also lieber gleich um die erste. Wahrscheinlich ist die Abstinenz der psychischen Zufriedenheit auch nicht sehr förderlich.
Jetzt hätte ich genug von mir gesprochen. Das Fazit ist vielleicht doch das erfreuliche, daß ich die zwei Neurosen für im Wesen bezwungen halte und mich auf den Kampf um die psychologische Auslegung freue.
Der Jacobsen (N. L.) hat mir tiefer ins Herz geschnitten als irgendeine Lektüre der letzten neun Jahre. Die letzten Kapitel anerkenne ich als klassisch.[2]
Ich freue mich, von Dir nach vielerlei Andeutungen annehmen zu können, daß es wirklich besser geht.
... Ich habe eben jetzt 20 Individuen starke Kinderjause zu Mathildens Geburtstag.
Voriger Montag und die beiden folgenden Vorträge über Hysterie im Doktorenkollegium, sehr langweilig.[3]
Mit herzlichsten Grüßen für Dich und Deine liebe Frau

Dein Sigm.

32

Wien, 20. 10. 95.

Liebster Wilhelm!

...

Dein Urteil über die Hysterie-Zwangsneurose Lösung hat mich natürlich wahnsinnig gefreut. Nun höre weiter. In einer fleißigen Nacht der verflossenen Woche, bei jenem Grad von Schmerzbelastung, der für meine Hirntätigkeit das Optimum herstellt, haben sich plötzlich die Schranken gehoben, die Hüllen gesenkt, und man konnte durchschauen vom Neurosendetail bis zu den Bedingungen des Bewußtseins. Es schien alles ineinander zu greifen, das Räderwerk paßte zusammen, man bekam den Eindruck, das Ding sei jetzt wirklich eine Maschine und werde nächstens auch von selber gehen.[1] Die drei Systeme von Neuronen, der freie und gebundene Zustand von Quantität, der Primär- und Sekundärvorgang, die Haupttendenz und die Kompromißtendenz des Nervensystems, die beiden biologischen Regeln der Aufmerksamkeit und der Abwehr, die Qualitäts-, Real- und Denkzeichen, der Zustand der psychosexualen Gruppe — die Sexualitätsbedingung der Verdrängung, endlich die Bedingungen des Bewußtseins als Wahrnehmungsfunktion — das alles stimmte und stimmt heute noch! Ich weiß mich vor Vergnügen natürlich nicht zu fassen.

Hätte ich mit der Mitteilung an Dich doch zwei Wochen gewartet; es wäre alles so viel klarer ausgefallen. Allein erst bei dem Versuch, es Dir mitzuteilen, ist mir die Sache ja erst klar geworden. Es ging also nicht anders. Jetzt werde ich wenig Zeit zu einer ordentlichen Darstellung finden. Die Behandlungen fangen an und die Zerebrallähmungen, die mich gar nicht interessieren, drängen geradezu. Aber Einzelnes werde ich doch für Dich zusammenstellen; die quantitativen Postulate, aus denen Du die Charakteristik der Neuronenbewegung erraten sollst, und die Darstellung der Neurasthenie-Angstneurose in den Voraussetzungen der Theorie...

Wenn ich 48 Stunden lang mit Dir über nichts anderes sprechen könnte, wäre die Sache wahrscheinlich abzuschließen. Aber das sind Unmöglichkeiten.

»Was man nicht erfliegen kann,
muß man erhinken;
die Schrift sagt, es ist keine Schande zu hinken.«[1]

Sonstige neurotische Bestätigungen regnen mir. Die Sache ist wirklich wahr und echt.
Heute habe ich einen zweiten Vortrag über Hysterie losgelassen, in dem ich die Verdrängung in den Mittelpunkt gestellt habe. Es hat den Leuten gut gefallen. Lasse sie aber nicht publizieren.
Du hast doch nichts dagegen, wenn ich meinen nächsten Sohn Wilhelm heiße! Wenn *er* ein Mädchen wird, ist Anna für *sie* vorgemerkt.

Herzlichste Grüße Dein

Sigm.

33 Wien, 31. 10. 95.

Liebster Wilhelm!
Ich bin zwar todmüde, fühle mich aber verpflichtet, Dir noch in diesem Monat zu schreiben. Zuerst über Deine letzten wissenschaftlichen Mitteilungen, mir auch als Kopfschmerzmesser willkommen.[2]
Erster Eindruck: Verwunderung, daß es noch einen gibt, der sogar ein größerer Phantast ist als ich und daß dieser gerade mein Freund Wilhelm sein muß. Schlußergebnis: Absicht Dir die Blätter zurückzuschikken, damit sie nicht verloren gehen. Dazwischen hat mir die Sache eingeleuchtet und ich habe mir gesagt, das kann nur ein Universalspezialist wie Du herausgraben . . .
Auf meine Million möchte ich noch nichts borgen.[3] Ich glaube zwar wirklich, daß es zusammengeht, aber die einzelnen Stücke sind mir noch nicht recht verläßlich. Ich tausche sie unausgesetzt gegen andere aus und getraute mich noch nicht, einem Weisen den Bau zu zeigen. Was Du in der Hand hast, ist auch teilweise entwertet, mehr als Probe gemeint, aber ich hoffe, es wird werden. Jetzt bin ich ziemlich ausgepumpt, muß auch für zwei Monate die Sache beiseite legen, weil ich die Kinderlähmungen für Nothnagel bis 1896 schreiben muß, von denen bis jetzt kein Wort dasteht.

Die mit soviel Begeisterung angekündigte Lust-Schmerzlösung der Hysterie und Zwangsneurose ist mir zweifelhaft geworden. Es sind die Elemente unfraglich. Aber die richtige Ordnung in dem Geduldspiel habe ich nicht.
Zu meinem Glück müssen ja alle die Theorien in die Klinik der Verdrängung einmünden, die mich täglich berichtigen oder aufklären kann. Bis 96 muß mein ›Verschämter‹ fertig sein, der in der Jugend Hysterie, später Beachtungswahn gezeigt hat, und dessen beinahe durchsichtige Geschichte mir einige strittige Punkte klären muß. Ein anderer Mann (der sich wegen homizider Tendenz nicht auf die Gasse traut) muß mir ein anderes Rätsel lösen helfen.
Ich war zuletzt mit der Darstellung der sexuellen Akte beschäftigt, habe dabei die Lustpumpe (nicht Luftpumpe) und andere Curiosa entdeckt, rede aber für eine Weile nichts.[1] Dann kommt die Migraine in Einem; ihretwegen habe ich den Ausflug in den Mechanismus der Sexualakte unternommen.
. . .
›Wilhelm‹ oder ›Anna‹ sind sehr ungebärdig und werden wohl Novemberlicht zu sehen verlangen. Ich hoffe, Eurem Christkindl geht es sehr gut.
Unlängst habe ich drei Vorträge über Hysterie verbrochen, in denen ich sehr frech war. Ich bekäme jetzt Lust zur Arroganz, besonders wenn Du weiterhin so entzückt bleibst.
Mit herzlichen Grüßen an Dich, Ida und Paulinchen (?)

Dein Sigm.

34 Dr. Sigmund Freud, 2. 11. 95.
IX. Berggasse 19. ord. 3-5 h.

Es freut mich, daß ich den Brief noch warten ließ. Ich kann heute hinzufügen, daß der eine Fall mir das Erwartete ergeben hat (Sexualschreck, i. e.: infantiler Mißbrauch bei männlicher Hysterie!) und daß gleichzeitig eine Durcharbeitung des strittigen Materials mein Vertrauen in die Triftigkeit der psychologischen Aufstellungen bestärkt hat.[2] Ich habe jetzt wirklich einen zufriedenen Moment.

Es ist indes noch nicht an der Zeit, jetzt den höchsten Augenblick zu genießen und dann zurückzusinken. Es wartet noch viel Arbeit in den folgenden Teilen der Tragödie

auf Deinen

herzlichst grüßenden Sigm.

35 Wien, 8. 11. 95.

Liebster Wilhelm!

Deine langen Briefe zeugen mir von Deinem guten Befinden. Möge beides – Symptom und Ursache – keine Unterbrechung mehr erfahren. Mir (um daran nicht zu vergessen und nicht mehr davon sprechen zu müssen) geht es seit den letzten zwei Wochen unvergleichlich besser. Die komplette [Nikotin] Abstinenz habe ich nicht durchführen können, bei meiner Belastung mit theoretischen und praktischen Sorgen war die Steigerung der psychischen Hyperästhesie nicht auszuhalten. Ich halte mich sonst an die Vorschrift, nur am Tage von Luegers Nichtbestätigung habe ich aus Freude exzediert.

Meine Briefe werden jetzt viel von ihrem Inhalt verlieren. Ich habe die psychologischen Manuskripte gepackt und in eine Lade geworfen, wo sie bis 1896 schlummern sollen. Das kam so: Ich legte die Psychologie zunächst beiseite, um Raum für die Kinderlähmungen zu gewinnen, die bis 1896 fertig sein sollen. Daneben begann ich Migraine. Die ersten Erörterungen führten mich zu einer Einsicht, die wieder an das weggeschobene Thema erinnerte und ein gutes Stück Umarbeitung erfordert hätte. In dem Moment empörte ich mich gegen meinen Tyrannen. Ich fand mich überarbeitet, gereizt, verwirrt und unfähig, die Dinge zu meistern. Da warf ich alles weg. Es tut mir nun leid, daß Du aus jenen Blättern ein Urteil schöpfen sollst, das meinem Siegesjubel Recht gibt, was Dir doch schwer fallen muß. Plag Dich nicht weiter. Hoffentlich kann ich die Sache nach zwei Monaten klarer machen. Die klinische Lösung der Hysterie bleibt aber bestehen, sie ist hübsch und einfach, vielleicht raffe ich mich auf, sie Dir nächstens zu schreiben.

10. XI. Ich schicke Dir gleichzeitig die Krankengeschichten über Nase und Sexus zu.[1] Brauche nicht zu sagen, daß ich mit Deiner Arbeit voll einverstanden bin. Diesmal findest Du wenig von mir, einige rote Striche. Hoffentlich doch mehr, wenn ich den theoretischen Teil lese. Deine sexualchemischen Hypothesen haben mich wirklich gefesselt. Hoffentlich machst Du damit noch Ernst.

Ich stecke ganz in den Kinderlähmungen, die mich gar nicht interessieren. Seitdem ich die Psychologie weggelegt, bin ich wie geschlagen und ernüchtert, ich glaube gar kein Recht auf Deinen Glückwunsch zu haben. Es fehlt mir jetzt etwas.

Unlängst im Doktorenkollegium hat Breuer eine große Rede auf mich gehalten und sich als bekehrten Anhänger der sexuellen Ätiologie vorgestellt. Als ich ihm privatim dafür dankte, zerstörte er mir das Vergnügen, indem er sagte: »Ich glaub' es ja doch nicht.« Verstehst Du das? Ich nicht.

Martha leidet schon recht erbärmlich.[2] Ich wollt', es wäre vorüber.

Neurotisch gibt es sehr viel Interessantes, aber nichts Neues, nur Bestätigungen. Ich wollte, wir könnten darüber sprechen.

Mit herzlichsten Grüßen für Dich, Mutter und (Kind)

Dein Sigm.

36 Wien, 29. 11. 95.

Teurer Wilhelm!

...

Ich bin auf der Höhe der Arbeitsfähigkeit, habe 9-11 Stunden schwere Arbeit, 6-8 analytische Kuren am Tag, die schönsten Sachen natürlich, allerlei Neues. Für die Wissenschaft bin ich ganz verloren; wenn ich mich um 11h. an den Schreibtisch setze, muß ich die Kinderlähmungen kleben und zusammenflicken. Hoffe in zwei Monaten fertig zu sein und dann die gewonnenen Eindrücke aus den Behandlungen weiter zu verwerten.

Den Geisteszustand, in dem ich die Psychologie ausgebrütet, verstehe ich nicht mehr; kann nicht begreifen, daß ich sie Dir anhängen konnte.

Ich glaube, Du bist noch immer zu höflich, mir erscheint es als eine Art von Wahnwitz. Die klinische Lösung der beiden Neurosen wird sich wohl nach irgendwelchen Modifikationen halten.
Die Kinder haben eine katarrhalische Hausepidemie durchgemacht. Minna ist seit einigen Tagen für die Dauer einiger Monate im Hause.[1] Von der Welt sehe ich nichts und höre ich wenig, leider macht sich gerade in solchen Zeiten die Distanz Wien-Berlin fühlbar, wo mir das Schreiben so mühselig ist.
... Die Schüler *Wernickes, Sachs* und *S. C. Freund*, haben eine Dummheit in Sachen der Hysterie losgelassen (Über psych. Lähmungen), beinahe ein Plagiat nebenbei an meinen ›Considerations etc.‹, Arch. de Neur. Schmerzlicher ist die Aufstellung der Konstanz der psychologischen Energie durch Sachs.[2]
Ich hoffe bald von Dir, Weib, Kind und Sexualität durch die Nase viel Schönes und Gutes zu hören.
Herzlichsten Gruß

Dein Sigm.

37 Dr. Sigmund Freud, Wien, 3. 12. 95.
IX. Berggasse 19. ord. 3-5 h.

Liebster Wilhelm!
Wenn es ein Sohn gewesen wäre, hätte ich Dir telegraphische Nachricht gegeben, denn er hätte Deinen Namen getragen. Da es ein Töchterchen namens Anna geworden ist, kommt es bei Euch verspätet zur Vorstellung. Es hat sich heute um 3¼ h. in die Ordination gedrängt, scheint ein nettes und komplettes Frauenzimmerchen zu sein, hat seiner Mutter dank der Fürsorge Fleischmanns[3] nichts Böses getan und nun befinden sich beide recht wohl. Ich hoffe, es wird nicht lange dauern, bis die entsprechende gute Nachricht von Euch hier anlangt und dann sollen Anna und Paulinchen lernen, wenn sie zusammentreffen, sich sehr gut zu vertragen.
Mit herzlichstem Gruß

Dein Sigm.

38 Sonntag, 8. 12. 95.

Teurer Wilhelm!

. . .

Das Kind, glauben wir gerne, hat eine Steigerung der ärztlichen Beschäftigung auf das Doppelte des gewöhnlichen Standes gebracht. Ich habe Mühe nachzukommen, kann Unvorteilhaftes ablehnen und beginne, meine Preise zu diktieren. Ich werde eben sicher in der Beurteilung und Behandlung der beiden Neurosen, und ich meine zu merken, wie die Stadt allmählich aufmerksam wird, daß bei mir etwas zu holen ist.

Habe ich Dir schon geschrieben, daß die Zwangsvorstellungen in allen Fällen *Vorwürfe* sind, wie der Hysterie immer ein *Konflikt* zu Grunde liegt (der sexuellen Lust mit der etwa begleitenden Unlust)? Es ist eine neue Form, die klinische Lösung auszusprechen. Ich habe jetzt gerade schöne Mischfälle von beiden Neurosen und hoffe, aus ihnen intimere Aufschlüsse über die allerwesentlichsten Mechanismen zu entnehmen.

Dein Urteil halte ich immer in Ehren, auch wenn es meiner Psychologie gilt. Es macht mir Lust, die Sache in einigen Monaten wieder aufzunehmen, diesmal mit geduldiger kritischer Kleinarbeit. Du kannst bis jetzt auch nichts Besseres über sie sagen, als sie verdiene das Lob des ›voluisse in magnis rebus‹. Und soll ich wirklich für die Stammelei die Aufmerksamkeit durch eine vorläufige Mitteilung rege machen? Ich glaube, wir behalten es für uns, ob etwas daraus wird. Eventuell müßte ich lernen, mich mit der klinischen Klärung der Neurosen zu begnügen.

Für deine Enthüllungen in der Sexualphysiologie kann ich nur gespannteste Aufmerksamkeit und kritische Bewunderung bereit halten. Ich bin zu eng begrenzt in meinem Wissen, um dreinzureden. Aber ahne die schönsten und wichtigsten Dinge und hoffe, Du wirst Dich seinerzeit nicht abhalten lassen, auch Vermutungen öffentlichen Ausdruck zu geben. Man kann Leute nicht entbehren, die den Mut haben, Neues zu denken, ehe sie es aufzeigen können.

Es ginge freilich vieles anders, wenn wir nicht durch die geographische Entfernung getrennt wären . . . Um die Priorität der ›psychischen Konstanz‹ stehe ich nicht an. Du hast Recht, darunter kann sehr Verschiedenartiges verstanden werden.[1]

Besuch, ich muß schließen.

Herzlichste Grüße an Frau und Tochter von allen und Deinem Sigm.

(Manuskript J)

FRAU P. J., 27 J.[1]

Sie war drei Monate verheiratet, ihr Mann, Reisender, hatte sie wenige Wochen nach der Hochzeit verlassen müssen und war bereits Wochen lang abwesend. Sie vermißte ihn sehr, sehnte sich nach ihm. Sie war Sängerin gewesen oder wenigstens dazu ausgebildet. Um sich die Zeit zu vertreiben, sang sie beim Klavier, als ihr plötzlich übel wurde vom Leib und Magen her, der Kopf wirbelig, Beklemmung, Angstgefühl, Herzparästhesie; sie meinte, jetzt würde sie verrückt. Einen Moment später fiel ihr ein, daß sie am Vormittag Eier und Schwämme gegessen; sie hielt sich also für vergiftet. Indes ging der Zustand bald vorüber. Am nächsten Tag erzählte ihr das Dienstmädchen, eine im selben Haus wohnhafte Frau sei verrückt geworden; von da an verließ die ängstliche Zwangsidee, sie werde auch verrückt, sie nicht wieder.

Dies das Argument: Ich setze nun zunächst voraus, der Zustand damals sei ein Angstanfall gewesen, Sexualentbindung, die sich in Angst umgesetzt. Ich fürchte, ein solcher kann auftreten ohne daß sich ein psychischer Vorgang mit dabei vollzieht. Indes will ich die günstigere Möglichkeit, daß ein solcher zu suchen sei, nicht ablehnen, vielmehr von ihr bei der Arbeit ausgehen. In erwarte folgendes: Sie bekam Sehnsucht nach ihrem Mann, d. h. nach sexuellem Umgang mit ihm, dabei stieß sie auf eine Idee, die Sexualaffekt und in weiterer Folge Abwehr erregte, erschrak und machte eine falsche Verknüpfung oder Substitution.
Ich frage zunächst nach den Nebenumständen des Ereignisses. Es muß sie doch etwas an den Mann gemahnt haben. Sie sang die Arie der *Carmen* »Draußen beim Thor von Sevilla etc.«
Ich lasse mir die Arie wiederholen, sie kennt den Text nicht einmal genau. – Bei welcher Stelle, kommt Ihnen vor, hat der Anfall begonnen? – Das weiß sie nicht. – Auf Druck gibt sie an, *nach* Beendigung der Arie. Das ist ja gut möglich, es ist ein Gedankengang, den der Text des Liedes angeregt hat. – Nun behaupte ich, daß vor dem Anfall Gedanken in ihr vorhanden waren, die sie vielleicht nicht erinnert. Sie erinnert wirklich nichts, aber der Druck ergibt *Mann* und *Sehnsucht*. Letzteres

wird auf mein Drängen weiter bestimmt als Sehnsucht nach sexuellen Zärtlichkeiten. — Das glaube ich Ihnen gerne, ihr Anfall war doch nur ein Zustand von Liebeserguß. Kennen Sie das Lied des Pagen,

»Ihr, die Ihr die Triebe des Herzens kennt,
Sagt, ist es Liebe, was mir im Busen brennt?«

Es war gewiß noch anderes dabei, ein Gefühl im Unterleib, ein Krampf und Drang zum Urinieren. — Das bestätigt sie nun, die Unaufrichtigkeit der Frauen beginnt damit, daß sie von ihren Zuständen die bezeichnenden Sexualsymptome weglassen. Es war also wirklich eine *Pollution*. Nun Sie sehen doch wohl ein, daß ein solcher Zustand von Sehnsucht bei einer jungen und verlassenen Frau nichts Schmähliches sein kann? — Im Gegenteil, meint sie, etwas, was sein soll. — Recht, dann fehlt mir ein Grund zum Erschrecken. — Über *Mann* und *Sehnsucht* sind Sie gewiß nicht erschrocken, also fehlen uns hier noch andere Gedanken, die sich besser zum Schreck eignen. — Sie gibt aber nur noch an, daß sie sich die ganze Zeit vor den Schmerzen gefürchtet, die ihr der Verkehr bereitet, die Sehnsucht sei aber viel stärker gewesen als die Angst vor den Schmerzen. — Hier wird abgebrochen.

II.

Es ist sehr zu vermuten, daß in Szene I (beim Klavier) nebst dem Gedanken der Sehnsucht an den Mann (den sie erinnerte) ein nicht erinnerter, in die Tiefe reichender Gedankengang eingeschlagen wurde, der zu einer Szene II führt. Den Anknüpfungspunkt kenne ich aber noch nicht. Heute kommt sie verweint, verzweifelt, offenbar ohne jede Hoffnung auf den Erfolg dieser Behandlung. Der Widerstand ist also schon rege gemacht, auch geht es weit schwieriger. Ich will also wissen, was für Gedanken, die zum Erschrecken führen können, noch vorhanden waren. Sie bringt allerlei vor, was nicht dazu gehören kann. Daß sie lange Zeit nicht defloriert war, was ihr Prof. Chrobak auch bestätigte, daß sie darauf ihre nervösen Zustände schob und darum wünschte, es möchte geschehen sein. — Das war natürlich ein Gedanke von später; bis zu Szene I war sie ja gesund. — Endlich erhalte ich von ihr die Auskunft, sie habe einen ähnlichen, aber weit schwächeren und vorübergehenden Anfall mit den gleichen Empfindungen schon gehabt. (Ich ersehe daraus, daß die

Leitung in die Tiefe über das Erinnerungsbild der Pollution selbst geht.)
Wir gehen auf jene Szene ein. Sie war damals – vier Jahre zurück – in Regensburg engagiert, hatte Vormittag Probe gesungen und gefallen, nachmittags zu Hause hatte sie eine ›Erscheinung‹, als ob sie mit dem Tenoristen der Truppe und einem anderen Herrn etwas ›vorhätte‹ (einen Zank) und darauf den Anfall mit der Furcht, verrückt zu werden.
Das ist eine Szene II, die in Szene I assoziativ berührt wurde. Wir müssen uns sagen, daß auch hier die Erinnerung lückenhaft ist; es müßten noch andere Vorstellungen dazukommen, um dort die Sexualentbindung und das Erschrecken zu rechtfertigen. Ich frage nach diesen Mittelgliedern, bekomme aber dafür Motive zu hören. Das ganze Theaterleben habe ihr nicht gefallen. – Warum nicht? – Die Barschheit des Direktors und der Verkehr der Schauspieler miteinander. – Details für das letztere verlangt. – Da war eine komische Alte, mit der die jungen Männer sich den Scherz machten, sie zu fragen, ob sie bei Nacht zu ihr kommen dürften. – Weiter, etwas vom Tenoristen. – Der habe sie auch belästigt, bei der Probe ihr die Hand auf die Büste gelegt. – Durch die Kleider oder auf die bloße Haut? – Sie sagt zuerst das letztere, dann nimmt sie's zurück, sie war im Straßenanzug. – Ferner, was noch? – Die ganze Art des Verkehrs, das Angreifen und Küssen unter den Kollegen war ihr schrecklich. – Ferner. – Wieder die Barschheit des Direktors, sie blieb auch nur wenige Tage. – Ob das Attentat des Tenoristen am Tage selbst ihres Anfalles war? – Nein, sie weiß nicht, ob früher oder später. – Die Druckproben ergeben, daß das Attentat am vierten Tag ihres Aufenthaltes war, der Anfall am sechsten.
Durch Flucht der Patientin unterbrochen.

39 1. 1. 96.

Mein teurer Wilhelm!
Die erste Muße im neuen Jahr gehört Dir, um Dir über die paar Kilometer weg die Hand zu schütteln und Dir zu sagen, wie froh mich Deine letzten Nachrichten aus Familien- und Studierzimmer machen. Daß Du einen Sohn hast[1] – mit ihm die Anwartschaft auf andere Kinder –; ich

wollte es weder Dir noch mir vorher eingestehen, was Du vermißt hättest, als die Hoffnung auf ihn noch ferne war ...

Deine Briefe, so der letzte wieder, enthalten eine Fülle von wissenschaftlichen Einsichten und Ahnungen, zu denen ich leider nichts sagen kann, als daß sie mich packen und überwältigen. Es ist der erfreulichste Gedanke, den ich derzeit fassen kann, daß uns beide die gleiche Arbeit beschäftigt. Ich sehe, wie Du auf dem Umwege über das Arztsein Dein erstes Ideal erreichst, den Menschen als Physiologe zu verstehen, wie ich im geheimsten die Hoffnung nähre, über dieselben Wege zu meinem Anfangsziel der Philosophie zu kommen. Denn das wollte ich ursprünglich, als mir noch gar nicht klar war, wozu ich auf der Welt bin. Ich war in den letzten Wochen wiederholt damit beschäftigt, Dir Deine Mitteilungen in etwa zu vergelten, indem ich Dir meine letzten Erkenntnisse über die Abwehrneurosen in kurzer Zusammenstellung einschicke, aber meine Denkfähigkeit hat sich im Frühjahr so erschöpft, daß ich jetzt nichts zustande bringe. Ich überwinde mich doch, Dir das Fragment zu senden;[1] eine feine Stimme hat mir geraten, die Darstellung der Hysterie noch aufzuschieben, es sei zu viel Unsicherheit dabei. Mit der Zwangsneurose wirst Du wahrscheinlich zufrieden sein. Die paar Bemerkungen über Paranoia stammen von einer kürzlich begonnenen Analyse, welche bereits über jeden Zweifel festgestellt hat, daß *Paranoia wirklich eine Abwehrneurose ist.* Ob diese Aufklärung auch therapeutischen Wert besitzt, muß sich noch erst zeigen.

Deine Migraine-Bemerkungen[2] haben mich zu einer Idee geführt, die eine komplette Umarbeitung aller meiner φψω Theorien zur Folge hätte, was ich jetzt nicht wagen darf. Ich will doch versuchen, sie anzudeuten.[3]

Ich gehe von den zwei Arten von Nervenendigungen aus; die freien nehmen nur Quantität auf und leiten sie durch Summation nach ψ, haben aber keine Macht, Empfindung hervorzurufen, d. h. auf ω zu wirken. Die Neuronenbewegung behält hierbei ihre genuinen und monotonen qualitativen Charaktere. Dies sind die Wege für alle ψ erfüllende Quantität, auch die für sexuelle Energie natürlich. Die Nervenbahnen, die mit Endorganen ausgehen, leiten nicht Quantität, sondern den ihnen besonderen qualitativen Charakter, fügen der Summe in den ψ Neuronen nichts hinzu, sondern versetzen diese Neuronen bloß in Erregung. Die Wahrnehmungsneuronen (ω) sind solche ψ Neuronen, welche nur sehr geringer quantitativer Besetzung fähig sind. Das Zusammentreffen dieser mindesten Quantitäten mit der ihnen getreulich übertragenen Qualität vom Endorgan her ist wieder die Bedingung für die Entstehung von Bewußtsein. Ich schiebe jetzt diese Wahnehmungsneuronen (ω) zwischen die φ Neuronen und die ψ Neuronen ein, so daß φ seine Qualität an ω überträgt, ω jetzt an ψ weder Qualität noch Quantität überträgt, sondern ψ nur anregt, d. h. der freien psychischen Energie ihre Wege anweist. (Ich weiß nicht, ob Du das Kauderwelsch verstehen kannst. Es gibt sozusagen drei Arten, wie die Neuronen auf einander wirken: I. Sie übertragen einander Quantität, 2. sie übertragen einander Qualität, 3. sie wirken nach gewissen Regeln erregend auf einander.)

Demnach würden die Wahrnehmungsvorgänge eo ipso Bewußtsein involvieren und erst *nach dem* Bewußtwerden ihre weiteren psychischen Wirkungen üben, die ψ Vorgänge wären an und für sich unbewußt und würden ein sekundäres artifizielles Bewußtsein erst nachträglich erhalten, indem sie mit Abfuhr- und Wahrnehmungsvorgängen verknüpft werden(Sprachassoziation). Eine ω Abfuhr, die ich bei anderer Darstellung benötigte, fällt hier weg; die Halluzination, die immer der Erklärung Schwierigkeiten bereitet hat, ist jetzt nicht mehr ein Rückschreiten der Erregung nach φ, sondern bloß nach ω. Die Abwehrregel, die für Wahrnehmungen nicht gilt, sondern bloß für ω Vorgänge, versteht man heute viel leichter. Das Nachhinken des sekundären Bewußtseins gestattet, die Neurosenvorgänge einfach zu beschreiben. Auch bin ich die lästige Frage los, wieviel von der Stärke der φ Erregung (des Empfindungsreizes) auf ψ Neuronen übertragen wird. Antwort: direkt gar nichts, die Quantität (*Q*) in ψ hängt nur davon ab, wieweit durch die Wahrnehmungsneuronen (wN) die freie ψ Aufmerksamkeit dirigiert wird.

Die neue Annahme stimmt auch dazu besser, daß die objektiven Empfindungsreize so minimal sind, daß es schwer hält, aus dieser Quelle die Willenskraft nach dem Konstanzprinzip herzuleiten. Die Empfindung bringt aber gar keine Quantität (*Q*) nach ψ, die Quelle der ψ Energie sind die Organleitungen.

Aus dem Konflikt zwischen der rein quantitativen Organleitung und den durch die bewußte Empfindung in ψ *angeregten* Vorgängen erkläre ich mir auch die Unlustentbindung, die ich bei den Sexualneurosen zur Verdrängung brauche.

Für Deine Seite der Frage fällt die Möglichkeit ab, daß Reizzustände in Organen bestehen können, die keine spontane Empfindung erzeugen (wohl aber Druckempfindlichkeit zeigen müssen), die aber reflektorisch, d. h. durch Gleichgewichtsbeeinflussung Störungen von anderen Neuronenzentren her anregen können. Der Gedanke einer gegenseitigen Bindung der Neuronen oder der Neuronenzentren legt es nämlich auch nahe, daß die motorischen Abfuhrsymptome ganz verschiedener Natur sind.[1] Die willkürlichen Handlungen sind wahrscheinlich durch Quantitätsübertragung (*Q*) bedingt, da sie die psychische Spannung entladen. Daneben gibt es eine Lustabfuhr, Zuckungen u. dgl., die ich mir so erkläre, nicht daß auf das motorische Zentrum Quantität (*Q*) übertragen wird, sondern daß sie dort frei wird, weil sich die bindende Quantität (*Q*) im gepaarten sensiblen Zentrum etwa verringert hat. Das wäre der lange gesuchte Unterschied zwischen ›willkürlichen und krampfhaften‹ Bewegungen, gleichzeitig der Weg, eine Gruppe von somatischen Nebenwirkungen etwa der Hysterie zu erklären.

Für die rein quantitativen Übertragungsvorgänge auf ψ gibt es eine Möglichkeit, das Bewußtsein auf sich zu ziehen, nämlich wenn diese Quantitätsleitung (*Q*) die Schmerzbedingungen erfüllt. Wahrscheinlich ist die Aufhebung der Summation, kontinuierlicher Zufluß nach ψ für eine Weile das Wesentliche dieser Bedingungen. Gewisse Wahrnehmungsneuronen werden dann überbesetzt und geben die Unlustempfindung, verursachen auch eine Fesselung der Aufmerksamkeit auf diesem Punkte. So wäre die ›neuralgische Veränderung‹ zu denken, über eine gewisse Grenze gesteigerte Zufuhr von Quantität (*Q*) aus einem Organ, bis zur Aufhebung der Summation, Überbesetzung von Wahrnehmungsneuronen und Fesselung von freier ψ Energie. Du siehst, daß wir so auf die Migraine hinauskommen; die Existenz von Nasenbezirken in jenem Reizzustand, den Du mit freiem Auge erkennst, wäre die Bedingung. Der Quantitätsüberschuß würde sich auf verschiedene subkortikale Wege verteilen, ehe er ψ erreicht hat. Ist dies einmal der Fall, so dringt jetzt

kontinuierlich Quantität (Q) in ψ ein und nach der Aufmerksamkeitsregel strömt die freie ψ Energie an die Stelle der Eruption zu.
Es fragt sich nun, welches die Quelle der Reizzustände in den Nasenorganen sein mag.[1] Da bietet sich die Auffassung, daß die Schneidersche Membran das qualitative Organ für die Riechreize ist, die Schwellkörper das davon gesonderte quantitative. Die Riechstoffe sind, wie Du ja meinst und wie wir von den Blumen wissen, Zerfallstoffe des Sexualstoffwechsels; sie würden als Reize auf beide Organe wirken. Bei der Menstruation und anderen Sexualvorgängen produziert der Körper eine gesteigerte Quantität (Q) solcher Stoffe, also solcher Reize. Man müßte sich entscheiden, ob diese durch die Exspirationsluft oder durch die Blutbahnen auf die Nasenorgane wirken; wahrscheinlich letzteres, da man keine subjektive Geruchsempfindung vor der Migraine hat. Mittels der Schwellkörper würde also die Nase sich gewissermaßen über die *Binnen*riechreize orientieren, wie mit der M. Schneideri über die Außenreize, würde sich am eigenen Körper verderben. Die beiden Wege, Migraine zu bekommen, spontan und durch Gerüche, Menschengifte, würden einander so gleichgestellt, können ihre Wirkungen auch jederzeit summieren.
Die Anschwellung der nasalen Quantitätsorgane wäre demnach eine Art Adaptation des Sinnesorganes infolge des stärkeren internen Reizes, analog bei den wirklichen (qualitativen) Sinnesorganen, dem Augenaufreißen, Einstellen, Gehörspannen u. dgl.
Die Übertragung dieser Anschauung auf die anderen Migrainequellen und migraineähnlichen Zustände wäre vielleicht nicht zu schwierig; ich sehe aber noch nicht, wie das zu machen ist. Jedenfalls ist die Prüfung am Hauptthema das Wichtigere.[2]
Eine Menge unklarer uralter Vorstellungen der Medizin bekommen so Leben und Geltung.
Nun aber genug! Prosit 1896 und schreib mir sehr bald ein Wort, wie es Mutter und Sohn geht. Du kannst Dir denken, wie sehr sich Martha für alles interessiert.

Dein Sigm.

(Manuskript K)

DIE ABWEHRNEUROSEN[1]

Weihnachtsmärchen

Es gibt deren vier Typen und viele Formen. Ich kann nur Hysterie, Zwangsneurose und eine Form der Paranoia in Vergleich ziehen. Sie haben Verschiedenes miteinander gemein. Es sind pathologische Abirrungen normaler psychischer Affektzustände: des *Konfliktes* (Hysterie), des *Vorwurfs* (Zwangsneurose), der *Kränkung* (Paranoia), der *Trauer* (halluzinatorische akute Amentia). Sie unterscheiden sich von diesen Affekten, indem sie zu keiner Erledigung führen, sondern zur dauernden Schädigung des Ich. Sie kommen unter den gleichen Anlässen wie ihre Affektvorbilder zustande, wenn für den Anlaß noch zwei Bedingungen erfüllt sind, daß er sexueller Art sei und daß er sich in der Zeit vor der sexuellen Reife ereigne (Bedingungen der *Sexualität* und des *Infantilismus*). Über Bedingungen der Person ist mir nichts Neues bekannt; ich möchte im allgemeinen sagen, die Heredität sei eine weitere Bedingung, indem sie den pathologischen Affekt erleichtert und steigert, also jene Bedingung, welche hauptsächlich die Abstufungen vom Normalen zum Extremen ermöglicht. Ich glaube nicht, daß die Heredität die Auswahl der Abwehrneurose bestimmt.

Es gibt eine normale Abwehrtendenz, d. h. die Abneigung, die psychische Energie so zu lenken, daß Unlust entsteht. Diese Tendenz, welche mit den fundamentalsten Verhältnissen des psychischen Mechanismus (Gesetz der Konstanz) zusammenhängt, kann nicht gewendet werden gegen Wahrnehmungen, da diese sich Aufmerksamkeit (bezeugt durch Bewußtsein) zu erzwingen wissen; sie kommt nur in Betracht gegen Erinnerungen und Denkvorstellungen. Sie ist unschädlich, wo es sich um Vorstellungen handelt, die seinerzeit mit Unlust verknüpft waren, aber keine aktuelle Unlust (andere als erinnerte) zu erwerben imstande sind; sie kann auch hier durch psychisches Interesse überwunden werden.

Schädlich wird aber die Abwehrneigung, wenn sie sich gegen Vorstellungen richtet, die auch als Erinnerungen frische Unlust entbinden können, wie es bei den sexuellen Vorstellungen der Fall ist. Ja, hier ist die einzige Möglichkeit verwirklicht, daß eine Erinnerung nachträglich stärker entbindend wirkt, als das ihr entsprechende Erlebnis gewirkt hatte. Es

braucht dazu nur das eine, daß zwischen dem Erlebnis und seiner Wiederholung in der Erinnerung die Pubertät sich einschiebt, die den Effekt der Erweckung so sehr steigert. Auf diese Ausnahme scheint der psychische Mechanismus nicht vorbereitet zu sein, und darum wird es zur Bedingung der Freiheit von Abwehrneurosen, daß keine ausgiebigere sexuelle Irritation vor der Pubertät stattfinde, deren Effekt allerdings durch hereditäre Disposition bis zur krankmachenden Höhe gesteigert werden muß.[1]
(Hier zweigt ein Nebenproblem ab: wie es denn komme, daß unter analogen Bedingungen anstatt Neurose Perversität oder einfach Immoralität entsteht.)[2]
Tief in psychologische Rätsel führt nun die Erkundigung, woher die Unlust stamme, die durch vorzeitige Sexualreizung entbunden werden soll, ohne die doch eine Verdrängung nicht zu erklären ist. Die nächstliegende Antwort wird sich darauf berufen, daß Scham und Moralität die verdrängenden Kräfte sind, und daß die natürliche Nachbarschaft der Sexualorgane unfehlbar beim Sexualerlebnis auch Ekel erwecken muß.[3] Wo keine Scham besteht (wie beim männlichen Individuum), keine Moral zustande kommt (wie bei den niederen Volksklassen), wo der Ekel durch die Lebensbedingungen abgestumpft ist (wie auf dem Lande), da wird auch keine Verdrängung, somit keine Neurose die Folge der infantilen Sexualreizung sein.[4] Ich fürchte indes, diese Erklärung hält tieferer Prüfung nicht stand. Ich glaube nicht, daß die Unlustentbindung bei Sexualerlebnissen Folge von zufälliger Beimengung gewisser Unlustmomente ist. Die alltägliche Erfahrung lehrt, daß bei genügend hoher Libido Ekel nicht verspürt wird, Moral überwunden wird, und ich meine, daß die Entstehung von Scham durch tieferen Zusammenhang mit dem Sexualerlebnis verknüpft ist. Meine Meinung ist, es muß eine unabhängige Quelle der Unlustentbindung im Sexualleben geben; ist diese einmal da, so kann sie Ekelwahrnehmungen beleben, der Moral Kraft verleihen u. dgl. Ich halte mich an das Vorbild der Angstneurose des Erwachsenen, wo gleichfalls eine aus dem Sexualleben stammende Quantität eine Störung im Psychischen verursacht, die sonst eine andere Verwendung im Sexualvorgang gefunden hätte. Solange es keine korrekte Theorie des Sexualvorganges gibt, bleibt die Frage nach der Entstehung der bei der Verdrängung wirksamen Unlust eine ungelöste.

Der Krankheitsverlauf der Verdrängungsneurosen ist im allgemeinen stets der nämliche.

1. Das (oder die Reihe von) zu verdrängende, traumatische, vorzeitige Sexualerlebnis.
2. Dessen Verdrängung bei einem späteren Anlaß, der dessen Erinnerung weckt, dabei zur Bildung eines Primärsymptoms führt.
3. Ein Stadium gelungener Abwehr, das bis auf die Existenz des Primärsymptoms der Gesundheit gleicht.
4. Das Stadium, in dem die verdrängten Vorstellungen wiederkehren, und im Kampf zwischen ihnen und dem Ich neue Symptome, die der eigentlichen Krankheit, gebildet werden, d. h. ein Stadium des Ausgleiches, der Überwältigung oder Defektheilung.

In der Art, wie die verdrängten Vorstellungen wiederkehren, zeigen sich die Hauptunterschiede der einzelnen Neurosen, andere zeigen sich in der Symptombildung und des Ablaufes. Der spezifische Charakter der einzelnen Neurosen liegt aber in der Art und Weise, wie die Verdrängung bewerkstelligt wird.

Am durchsichtigsten ist mir der Hergang bei der Zwangsneurose, weil ich die am besten kennen gelernt habe.

Die Zwangsneurose

Hier ist das Primärerlebnis mit Lust ausgestattet gewesen; es war entweder ein aktives (vom Knaben) oder ein passives (vom Mädchen) ohne Schmerz- oder Ekelbeimengung, was beim Mädchen im allgemeinen ein höheres Alter (gegen acht Jahre) voraussetzt. Dieses Erlebnis gibt, später erinnert, Anlaß zur Unlustentbindung und zwar entsteht zunächst ein Vorwurf, der bewußt ist. Ja es scheint, als ob der ganze psychische Komplex – Erinnerung und Vorwurf – zuerst bewußt wäre. Später wird beides – ohne daß etwas Neues hinzukommt – verdrängt und dafür im Bewußtsein ein *Gegensymptom*, irgendeine Nuance von *Gewissenhaftigkeit* gebildet.

Die Verdrängung kann dadurch zustande kommen, daß die Lusterinnerung in der Reproduktion späterer Jahre an sich Unlust entbindet, was aus einer Theorie der Sexualität zu erklären wäre. Es kann aber auch anders zugehen. In *allen* meinen Fällen von Zwangsneurose fand sich in sehr frühem Alter, Jahre vor dem Lusterlebnis, ein *rein passives* Erlebnis, was kaum zufällig ist. Man kann sich dann denken, daß es das spätere Zusammentreffen dieses passiven mit dem Lusterlebnis ist, welches zur Lusterinnerung die Unlust hinzufügt und die Verdrängung ermöglicht. Es wäre dann eine klinische Bedingung der Zwangsneurose, daß das passive Erlebnis so frühzeitig fällt, daß es die spontane Entstehung des Lusterlebnisses nicht zu hindern vermag. Die Formel wäre dann:

Unlust – Lust – Verdrängung

Die zeitlichen Verhältnisse der beiden Erlebnisse zu einander und zum Zeitpunkt der Sexualreife sind das Bestimmende.

Im Stadium der Wiederkehr des Verdrängten zeigt sich, daß der *Vorwurf* unverändert wiederkehrt, aber selten so, daß er die Aufmerksamkeit auf sich zieht, also eine Weile als reines inhaltsloses Schuldbewußtsein auftritt. Meist kommt er in Verbindung mit einem Inhalt, der doppelt entstellt ist, nach der Zeit und nach dem Inhalt, ersteres, insofern er sich auf eine gegenwärtige oder zukünftige Handlung bezieht, letzteres, indem er nicht das wirkliche Ereignis, sondern ein Surrogat nach der Kategorie des Analogen, eine Substitution bedeutet. Die Zwangsvorstellung ist also ein Kompromißprodukt, richtig nach Affekt und Kategorie, falsch durch zeitliche Verschiebung und Analogiesubstitution.

Der Affekt des Vorwurfs kann sich durch verschiedene psychische Zustände verwandeln in andere Affekte, die dann deutlicher als er selbst ins Bewußtsein treten, so in *Angst* (vor den Folgen der Vorwurfshandlung), *Hypochondrie* (Furcht vor deren körperlichen Folgen), *Verfolgungswahn* (Furcht vor deren sozialen Folgen), *Scham* (Furcht vor dem Wissen der anderen um die Vorwurfshandlung) u. dgl.

Das bewußte Ich steht der Zwangsvorstellung wie etwas Fremdem gegenüber, es versagt ihr den Glauben, wie es scheint, mit Hilfe der lange Zeit vorher gebildeten Gegenvorstellung der Gewissenhaftigkeit: Es kann aber in diesem Stadium zeitweise zur Überwältigung des Ich durch die Zwangsvorstellung kommen, z. B. wenn sich eine Melancholie des Ich episodisch einschiebt. Sonst wird das Stadium der Krankheit eingenommen von dem Abwehrkampf des Ich gegen die Zwangsvorstellung, welcher selbst neue Symptome, die der *sekundären Abwehr*, erzeugt. Die Zwangsvorstellung wird wie jede andere logisch angegriffen, obwohl ihr Zwang nicht zu lösen ist; Steigerung der Gewissenhaftigkeit, Prüfungs- und Aufbewahrungszwang sind die Sekundärsymptome. Andere Sekundärsymptome entstehen, indem sich der Zwang auf motorische Impulse gegen die Zwangsvorstellung überträgt, z. B. auf das Grübeln, Trinken (Dipsomanie), auf Schutzzeremoniell u. dgl., (folie de doute). Somit kommt es hier zur Bildung von drei Arten von Symptomen,

a. das Primärsymptom der Abwehr: *Gewissenhaftigkeit*;

b. die Kompromißsymptome der Krankheit: *Zwangsvorstellungen* oder *Zwangsaffekte*;

c. die Sekundärsymptome der Abwehr: *Grübelzwang, Aufbewahrungszwang, Dipsomanie, Zeremonienzwang.*

Jene Fälle, in denen nicht der Erinnerungsinhalt durch Substitution bewußtseinsfähig wird, sondern der Vorwurfsaffekt durch Verwandlung, machen den Eindruck, als ob hier eine Verschiebung längs einer Schlußkette stattgefunden hätte. Ich mache mir einen Vorwurf wegen eines Ereignisses – fürchte, daß andere darum wissen – schäme mich darum vor anderen. – Sowie das erste Glied dieser Kette verdrängt wird, wirft sich der Zwang auf das zweite oder dritte und ergibt zwei Formen von Beachtungswahn, die aber eigentlich der Zwangsneurose angehören. Der Ausgang des Abwehrkampfes geschieht durch allgemeine Zweifelsucht oder Herausbilden einer Sonderlingsexistenz mit unbestimmt vielen Symptomen der sekundären Abwehr, wenn ein solcher Ausgang überhaupt erfolgt.

Eine noch offene Frage ist es, ob die verdrängten Vorstellungen an und für sich, ohne Hilfeleistung einer aktuellen psychischen Kraft, wiederkehren, oder ob sie zu jedem Schub von Wiederkehr einer solchen Hilfe bedürfen. Meine Erfahrungen weisen auf das letztere Verhältnis hin. Es scheint, daß es die Zustände aktueller unbefriedigter Libido sind, welche ihre Unlustkraft zur Erweckung des verdrängten Vorwurfes verwenden. Ist diese Erweckung einmal geschehen und durch die Einwirkung des Verdrängten auf das Ich ein Symptom entstanden, so arbeitet die verdrängte Vorstellungsmasse wohl selbständig weiter, bleibt aber in den Schwankungen ihrer quantitativen Mächtigkeit immer von dem Betrag der jeweiligen libidinösen Spannung abhängig; sexuelle Spannung, die nicht

Zeit hat zu Unlust zu werden, weil sie befriedigt wird, bleibt harmlos. Die Zwangsneurotiker sind Personen, welche Gefahr laufen, daß sich ihnen schließlich die gesamte täglich erzeugte sexuelle Spannung in Vorwurf, respektive Folgesymptome verwandle, wenngleich sie in der Gegenwart jenen primären Vorwurf nicht neuerdings anerkennen würden.

Die Heilung der Zwangsneurose erfolgt, indem man alle vorgefundenen Substitutionen und Affektverwandlungen rückgängig macht, bis der Primärvorwurf und dessen Erlebnis freigelegt und dem bewußten Ich zur neuerlichen Beurteilung vorgelegt werden können. Man muß sich dabei durch eine unglaubliche Anzahl von Zwischen- oder Kompromißvorstellungen durcharbeiten, die flüchtig zu Zwangsvorstellungen werden. Man gewinnt die lebhafteste Überzeugung davon, daß es dem Ich unmöglich ist, jenen Teil der psychischen Energie, mit welchem das bewußte Denken verknüpft ist, dem Verdrängten zuzuwenden. Die verdrängten Vorstellungen, muß man glauben, bestehen und gehen ungehemmt in die korrektesten Gedankenverbindungen ein; die Erinnerung an sie wird aber auch durch bloße Anklänge geweckt. Die Vermutung, daß die ›Moral‹ als verdrängende Macht nur ein Vorwand war, bestätigt sich durch die Erfahrung, daß der Widerstand bei der therapeutischen Arbeit sich aller möglichen Abwehrmotive bedient.[1]

Paranoia

Die klinischen Bedingungen und zeitlichen Verhältnisse von Lust und Unlust beim Primärerlebnis sind mir noch unbekannt. Erkannt ist die Tatsache der Verdrängung, das Primärsymptom, das Krankheitsstadium als bedingt durch die Rückkehr der verdrängten Vorstellungen.

Das Primärerlebnis scheint ähnlicher Natur zu sein wie bei der Zwangsneurose, die Verdrängung geschieht, nachdem diese Erinnerung, unbekannt wie, Unlust entbunden hat. Es bildet sich aber kein Vorwurf, der dann verdrängt wurde, sondern die entstehende Unlust wird nach dem psychischen Schema der Projektion vom Nebenmenschen hergeleitet. Das gebildete Primärsymptom ist *Mißtrauen* (Empfindlichkeit gegen andere). Es ist dabei einem Vorwurf der Glaube versagt worden.

Man ahnt nun verschiedene Formen, je nachdem nur der Affekt durch Projektion verdrängt oder auch der Inhalt des Erlebnisses mitverdrängt worden ist. Die Wiederkehr betrifft dann auch bloß den peinlichen Affekt oder mit die Erinnerung. Im zweiten Falle, den allein ich genauer kenne, kehrt der Inhalt des Erlebnisses wieder als einfallender Gedanke, Gesichts- oder Empfindungshalluzination. Der verdrängte Affekt scheint jedesmal in Stimmenhalluzinationen wiederzukehren.

Die wiederkehrenden Stücke der Erinnerung sind entstellt, indem sie durch analoge Bilder aus dem Aktuellen ersetzt sind, also nur einfach entstellt durch zeitliche Ersetzung, nicht durch Surrogatbildung. Die Stimmen bringen den Vorwurf gleichfalls als Kompromißsymptom wieder, und zwar erstens im Wortlaut entstellt bis zur Unbestimmtheit und verwandelt in Drohung, zweitens bezogen anstatt auf das primäre Erlebnis, gerade auf das Mißtrauen, also das Primärsymptom.

Weil dem primären Vorwurf der Glaube versagt wurde, steht er den Kompromißsymptomen ohne Schranken zu Gebote. Das Ich steht ihnen nicht fremd gegenüber, sondern wird durch sie zu Erklärungsversuchen angeregt, die man als *Assimilationswahn* bezeichnen darf.

Die Abwehr ist hier sofort mit der Wiederkehr des Verdrängten in entstellter Form mißlungen, und der Assimilationswahn kann nicht als Symptom sekundärer Abwehr, sondern als Beginn von *Ichveränderung*, als Ausdruck der Überwältigung gedeutet werden. Den Abschluß findet der Prozeß entweder in Melancholie (Ichkleinheit), welche den Entstellungen sekundär jenen Glauben schenkt, der dem Primärvorwurf versagt wurde, oder häufiger und ernster in *Schutzwahnbildung* (Größenwahn), bis das Ich völlig umgearbeitet ist.[1]

Das bestimmende Element der Paranoia ist der Projektionsmechanismus mit der Ablehnung des Glaubens an den Vorwurf. Daher die gemeinsamen charakteristischen Züge der Neurose: die Bedeutung der Stimmen als jener Mittel, durch welche die anderen auf uns einwirken, übrigens ebenso die der Gesten, die uns das Seelenleben der anderen verraten; die Wichtigkeit von Ton der Rede und Anspielung, da die direkte Beziehung aus dem Inhalt der Rede zur verdrängten Erinnerung nicht bewußtseinsfähig ist.

Die Verdrängung hat bei der Paranoia nach einem komplizierten bewußten Denkvorgang (Versagen des Glaubens) stattgefunden, vielleicht ist dies ein Hinweis darauf, daß sie erst in späterem Alter als bei der

Zwangsneurose und der Hysterie eingetreten ist. Die Vorausetzungen der Verdrängung sind wohl die gleichen. Ob der Projektionsmechanismus ganz in der individuellen Disposition liegt oder durch bestimmte zeitliche und zufällige Momente ausgewählt wird, steht ganz dahin.

Vier Arten von Symptomen:

a. Primäre Abwehrsymptome,
b. Kompromißsymptome der Wiederkehr,
c. Sekundäre Abwehrsymptome,
d. Symptome der Ichüberwältigung.

Hysterie

Die Hysterie setzt notwendigerweise ein primäres Unlusterlebnis also passiver Natur voraus. Die natürliche sexuelle Passivität des Weibes erklärt die Bevorzugung desselben für die Hysterie. Wo ich Hysterie bei Männern fand, konnte ich ausgiebige sexuelle Passivität in deren Anamnese nachweisen. Bedingung der Hysterie ist ferner, daß das primäre Unlusterlebnis nicht in zu frühe Zeit fällt, wo die Unlustentbindung noch zu gering ist und wo dann selbständig noch Lustereignisse nachkommen können, sonst kommt es nur zur Bildung von Zwangsvorstellungen. Bei Männern findet man daher häufig eine Kombination von beiden Neurosen oder die Ersetzung anfänglicher Hysterie durch spätere Zwangsneurose. Die Hysterie beginnt mit Überwältigung des Ich, wozu die Paranoia am Ende führt. Die Spannungserhöhung beim primären Unlusterlebnis ist so groß, daß das Ich dem nicht widersteht, kein psychisches Symptom bildet, sondern eine Abfuhräußerung, meist einen überstarken Ausdruck der Erregung, zulassen muß. Man kann dieses erste Stadium der Hysterie als Sckreckhysterie bezeichnen; ihr Primärsymptom ist die *Schreckäußerung* bei psychischer *Lücke*. Wie weit hinauf im Alter diese erste hysterische Überwältigung des Ich gehen kann, ist noch unbekannt.
Die Verdrängung und Bildung von Abwehrsymptomen erfolgt erst nachträglich an der Erinnerung, und von nun an können bei Hysterie *Abwehr* und *Überwältigung*, d. h. Symptombildung und Ausbrüche von Anfällen sich beliebig untereinander mengen.

Die Verdrängung geschieht nicht durch Bildung einer überstarken Gegenvorstellung, sondern durch Verstärkung einer Grenzvorstellung, die von nun an die verdrängte Erinnerung im Denkablauf vertritt.[1] *Grenzvorstellung* darf sie heißen, weil sie einerseits dem bewußten Ich angehört, andererseits ein unentstelltes Stück der traumatischen Erinnerung bildet. Sie ist so gleichfalls das Ergebnis eines Kompromisses, der sich aber nicht äußert in der Ersetzung nach irgendeiner topischen Kategorie, sondern in der Verschiebung der Aufmerksamkeit längs der durch Gleichzeitigkeit verbundenen Vorstellungsreihe. Wo das traumatische Ereignis sich in einer motorischen Äußerung Luft machte, da wird gerade diese zur Grenzvorstellung und zum ersten Symbol des Verdrängten. Man braucht darum nicht anzunehmen, daß bei jeder Wiederholung des primären Anfalls eine Vorstellung unterdrückt wird; es handelt sich ja zunächst um eine *Lücke im Psychischen.*

40 Wien, 6. 2. 96.

Liebster Wilhelm!
Es war ein unerhörtes Intervall in unserem Briefwechsel. Ich wußte Dich mit Robert Wilhelm neu beschäftigt, Nase und Sexus über ihn vergessend, und er lohnt es Dir hoffentlich durch sein Gedeihen. Ich habe gerackert, einen meiner Anfälle von Quartalschreibertum durchgemacht und ihn dazu ausgenützt, drei kleine Mitteilungen für Mendel und eine Gesamtdarstellung für die Revue Neurologique zu verfassen. Gestern ist alles abgegangen und, da es kein anderer tut, klatschte ich mir selbst Beifall, beschließe auf meinen selbst zugeteilten Lorbeern auszuruhen und beginne sofort Dir zu schreiben.[2]
Das Manuskript des deutschen Aufsatzes habe ich Dir erspart, weil es identisch ist mit einem Teil des Inhaltes, den ich Dir im Weihnachtsmärchen versetzt hatte.[3] Schrecklich leid tut es mir, daß diese letzten Neuigkeiten (die wirkliche Ätiologie der Hysterie – Wesen der Zwangsneurose – Einsicht in die Paranoia) Dir durch meine Darstellung verleidet worden sind. Auf unserem Privatkongreß im Sommer wirst Du alles deutlich vorgelegt bekommen. Ich gehe nach München. 4.-7. Au-

gust, Psychologischer Kongreß; willst Du mir diese Tage schenken? Ich engagiere mich absolut nicht offiziell.

Annerl ist prächtig, Martha hat lange gebraucht sich zu erholen. Mathilde ist mit einem sehr leichten Scharlach seit acht Tagen isoliert. Bis jetzt noch kein zweiter Fall...

Unser Buch hat von *Strümpell* in der Deutschen Zeitschrift für Nervenheilkunde eine niederträchtige Besprechung erfahren,[1] ist dafür Gegenstand eines feinsinnigen Artikels in der alten ›Presse‹ 2. 2. 96 von Freiherr v. Berger gewesen.[2]

Wir bitten sehr, nachdem alles abgelaufen sein dürfte, um ein paar Worte über das Befinden Deiner lieben Frau und meines kleinen Freundes.

Mit herzlichstem Gruß an Euch alle drei Dein Sigm.

41 Wien, 13. 2. 96.

Liebster Wilhelm!

Ich bin so vereinsamt, also so erfreut durch Deinen Brief, daß ich die Stille nach der heutigen Ordination zur Antwort benütze.

Allererstens, daß ich Dir nichts vorenthalte. Die neueste Publikation ist ein Auszug aus dem für Dich geschmiedeten sogenannten Weihnachtsmärchen, etwas sachlicher und zahmer gehalten.

Auf Deine Nase-Sexus freue ich mich natürlich sehr.[3] Sie bereiten auf hiesigen Kliniken Gegenarbeiten gegen Dich vor. Mehr konnte ich nicht erfahren. Die Kritik wird Dir nicht näher gehen als mir die Strümpellsche, gegen die ich wahrlich keinen Trost brauche. Ich bin so sicher, daß wir beide ein schönes Stück sachlicher Wahrheit in die Hände bekommen haben, und wir können Anerkennung von fremder (den Dingen Fremder)[4] Seite noch für längere Zeit entbehren. Wir werden, hoffe ich, noch mehr finden und selbst berichtigen, ehe uns jemand nachkommt...

Mein Befinden verdient nicht Gegenstand der Nachfrage zu sein... Ich bin rasch grau geworden.

Die Psychologie – Metapsychologie eigentlich – beschäftigt mich unausgesetzt,[5] das Buch von *Taine* ›L'Intelligence‹ paßt mir außerordentlich.[1] Ich hoffe, es wird doch etwas daraus. Die ältesten Ideen sind gerade die brauchbarsten, wie ich nachträglich finde. Ich hoffe, mit wissenschaftlichem Interesse bis ans Lebensende versorgt zu sein. Ein Mensch daneben bin ich freilich kaum mehr. Abends 10½ h. nach der Praxis bin ich zu Tode müde.

›Nase und Sexus‹ werde ich natürlich ohne Aufenthalt lesen und zurücksenden. Hoffentlich sprichst Du einige unserer gemeinsamen Grundansichten über Sexualität auch darin aus.

...

Mit herzlichem Gruß an Deine liebe Frau und Robert

Dein Sigm.

42 Wien, 1. 3. 96.

Teurer Wilhelm!

Ich habe das Manuskript in einem Zuge durchgelesen. In seiner schlichten Sicherheit, in der durchsichtigen wie von selbst gefundenen Verknüpfung der einzelnen Themata, in seinem anspruchslos ausgebreiteten Reichtum und – last not least – in der Fülle von Ausblicken auf neue Rätsel und neue Klärungen hat es mir ungemein gefallen. Ich habe es auch zunächst gelesen, als wäre es bloß für mich bestimmt. Rote Randbemerkungen wirst Du bis auf eine einzige vermissen; es war kein Anlaß dazu. Daß ich die Krankengeschichten nicht nochmals revidiert, wirst Du für entschuldigt halten.[2]

Zum Kritiker muß ich mich also erst gewaltsam verschrauben, und da finde ich, Du hättest mir das letzte, allgemeine Kapitel nur gleich mitschicken sollen. Dieses kann kein Zusatz sein, sondern wird von dem Vorhandenen dringend, schreiend erfordert. Ich bin auch sehr neugierig darauf. Ferner meine ich, die Leute werden Anstoß an der Art nehmen, wie die reizende Geschichte von I. F.'s Graviditätsperioden mit den angehängten Hypothesen von den zwei Organhälften, ihren Arbeitsverschiebungen und Interferenzen als ein vereinzelter Fernblick mitten in die Wanderung auf breiter bequemer Straße eingeschaltet ist. Es erinnert fast an die Art, wie G. Keller im ›Grünen Heinrich‹ die Erzählung seines Lebens unterbricht, um das Schicksal des armen tollen Prinzeßchens zu schildern. Ich würde glauben, für die Plebs, die das Büchlein lesen soll, stünde dieser Erklärungsversuch, der sich an die Tabelle anschließt, besser im allgemeinen, erklärenden Abschnitt, und genügte im Zusammenhange der Tatsachen die Bemerkung zur Tabelle, daß die Nasenbefunde sich verhalten, als ob die Menstruationsintervalle vom Juli an zwischen 23 und 33 oszillierten, wofür sich später hinreichende Anknüpfungen ergeben würden. Auch die folgenden Belege für eine 23tätige Periodizität kämen dann in ein anderes Niveau. Gewiß sind gerade diese Dinge für uns zwei das bei weitem Interessantere. Dem publico dürfte man aber nicht den Anlaß bieten, sein bißchen Kritik, über das es meist zu seinem Schaden verfügt, auf diesen ganzen den Tatsachen gewidmeten Abschnitt auszudehnen.[1] Die Darstellung des Neuen und Hypothetischen im zweiten Abschnitt dürfte dann auch ausführlicher sein. Ich fürchte, publicia findet sonst bald, das sei nicht notwendig die einzige Auflösung für die Reihe bei I. F., besonders da die Geburt nicht im Sinne dieser Reihe eintritt, sondern über die Vermittlung einer Störung. Das läßt sich aber eigentlich erst übersehen, wenn Du den zweiten Abschnitt dabei hast.[2]

Um von der lästigen Verpflichtung zurückzukommen, Dein Opus mit den mir nicht passenden Brillen des Publicus zu betrachten, füge ich an, daß manche Deiner hingeworfenen Bemerkungen bei mir geradezu eingeschlagen haben. So fällt mir ein, daß die Verdrängungsgrenze in meiner Neurosentheorie, d. h. die Zeit, von welcher an sexuelle Erlebnisse nicht mehr posthum, sondern aktuell wirken, mit der II. Dentition zusammenfällt.[3] Meine Angstneurose getraue ich mich erst jetzt zu verstehen, die Periode als ihr physiologisches Vorbild, sie selbst als eine Intoxikation, für die ein Organvorgang die physiologische Grundlage zu liefern hat.[4] Das unbekannte Organ (Thyreoidea[5] oder was sonst) wird Dir hoffentlich nicht lange unbekannt bleiben können. Auch die männliche Menopause hat mich riesig gefreut; ich habe sie in der ›Angstneurose‹ als letzte Bedingung für Männer kühnlich antizipiert.[6] Auch eine Erklärung für die Periodizität der Angstanfälle, die Löwenfeld von mir gefordert hat, scheinst Du an meiner Statt zu liefern . . .

Herzlichste Grüße an Dich, Ida, W.-R. Dein Sigm.

43 Wien, 16. 3. 96.

Teurer Wilhelm!

. . .

Glaube nicht, daß ich Deinen Perioden Mißtrauen entgegenbringe, weil sie sich in Deinen und Deiner Frau Beobachtungen nicht frei von störenden Einflüssen darstellen; ich will nur hintanhalten, daß Du dem Herrn Gegner, Publicus, etwas bietest, was Nachdenken von ihm fordert, wie ich es leider beständig tue, weil er sich für solche Zumutungen stets zu rächen pflegt.[1]

Wissenschaft geht allmählich vorwärts. Ich habe heute — wie ein Dichterjüngling zu tun pflegt — ein Blatt mit einem Titel beschrieben:

Vorlesungen über die großen Neurosen

(Neurasthenie, Angstneurose, Hysterie, Zwangsneurose).

Ich sehe nämlich, daß ich in der Erkenntnis der gemeinen Neurosen für jetzt nicht weiter komme und nichts zurückzunehmen brauche. So will ich losschlagen und die Dinge fixieren. Dahinter soll ein zweites und schöneres Werk lauern:

Psychologie und Psychotherapie der Abwehrneurosen,

für das ich mir noch Jahre Vorbereitung lasse und worin ich meine Seele stecken will.

Einen Fall von Dipsomanie will ich Dir noch mitbringen, der sich sehr durchsichtig nach meinem Schema gelöst hat. Auf die Psychologie komme ich beständig zurück, ich kann der Nötigung nicht ausweichen. Was ich habe, ist wohl weder eine Million, noch ein Kreuzer, sondern ein Klumpen Erz, in dem unbekannt wieviel Edelmetall steckt. Ich bin im ganzen mit den Fortschritten zufrieden, habe aber Anfeindungen und lebe in solcher Isolierung, als ob ich die größten Wahrheiten gefunden hätte.[2]

Unser Kongreß soll eine rechte Erholung und Auffrischung werden.

Mit herzlichsten Grüßen an Dich, Deine liebe Frau und Mutter von R.-W.

Dein Sigm.

44

Wien, 2. 4. 96.

Teurer Wilhelm!
Morgen wandert Dein Manuskript zu Deuticke. Ich habe es eben durchgelesen und mich sehr damit gefreut. Wir sprechen ja bald darüber. Es ist mir eine Herzensangelegenheit zu sehen, daß Du imstande bist, für meine Vorläufigkeiten die Realia einzusetzen. Die Trennung von Neurasthenie und Angstneurose wird sich so vielleicht auch durch die Organvorgänge rechtfertigen lassen; ich habe sie nach einer Art von klinischem Instinkt vorgenommen. Den Vorgang bei der Angstneurose habe ich mir immer wie die Neurosen überhaupt als Intoxikation vorgestellt,[1] auch oft an die symptomatische Ähnlichkeit von Angstneurose und Morbus Basedowi[2] gedacht, die Du vielleicht noch berühren kannst ...
Ich komme im ganzen mit der Neurosenpsychologie sehr schön fort, habe allen Grund zufrieden zu sein. Ich hoffe, Du leihst mir Dein Ohr auch für einige metapsychologische Fragen.
...
Wenn uns Beiden noch einige Jahre ruhiger Arbeit vergönnt sind, werden wir sicherlich etwas hinterlassen, was unsere Existenz rechtfertigen kann. In diesem Bewußtsein fühle ich mich stark gegen alle Sorgen und Mühen des Tages. Ich habe als junger Mensch keine andere Sehnsucht gekannt als die nach philosophischer Erkenntnis, und ich bin jetzt im Begriffe sie zu erfüllen, indem ich von der Medizin zur Psychologie hinüberlenke. Therapeut bin ich wider Willen geworden; ich habe die Überzeugung, daß ich Hysterie und Zwangsneurose definitiv heilen kann, gewisse Bedingungen der Person und des Falles zugegeben.
Also jetzt auf Wiedersehen. Wir haben uns die schönen Tage rechtschaffen verdient.
Wenn Du von Frau und Sohn über Ostern Abschied nimmst, grüße sie auch in meinem Namen.

Dein Sigm.

45 Wien, 4. 5. 96.

Teurer Wilhelm!

. . .

Ich arbeite in Psychologie rüstig und einsam weiter, kann Dir noch nichts halbwegs Fertiges schicken, wenn ich die Ansprüche an das Fertige noch so sehr herabstimme. An die chemische Neuronentheorie glaube ich immer besser, hatte ähnliche Ausgangspunkte wie Du sie genannt hast, sitze aber jetzt auch fest, nachdem ich mir gestern den Kopf dabei verdorben habe.

Mit dem Bewußtsein fühle ich mich sicherer und muß jetzt in der Hysterievorlesung den Versuch machen, diese allerschwierigsten Dinge vorzutragen. Samstag gab es einen Vortrag über Traumdeutung vor der Jugend der jüdisch-akademischen Lesehalle, dessen Inhalt Du auch einmal erfahren wirst.[1] Ich bin jetzt so darstellungslustig.

Isoliert bin ich, daß du zufrieden sein kannst . . . Denn alles fällt rings von mir ab. Bis jetzt trage ich es mit Gleichmut. Unangenehmer empfinde ich, daß die Ordination heuer zum ersten Male leer steht, daß ich wochenlang kein neues Gesicht sehe, keine neue Kur anknüpfen konnte und daß von den alten noch keine fertig ist. Die Sachen sind so schwer und mühsam, daß im Ganzen eine starke Konstitution dazu gehört . . .

17. 5. Der Hochzeitstrubel[2] eben angelaufen . . . Das Schönste . . . war übrigens unser Sopherl – mit gebrannten Haaren und einem Vergißmeinnichtkranz auf dem Kopf.

Dein Sigm.

46 Wien, 30. 5. 96.

Teurer Wilhelm!

Als Frucht quälerischen Nachdenkens teile ich Dir folgende Lösung der Psychoneurosenätiologie mit, die ihrer Bestätigung durch Einzelanalysen noch harrt. Es sind vier Lebensalter zu unterscheiden.

A und B (von etwa 8-10 und 13-17) sind die Übergangszeiten, in denen meist die Verdrängung vor sich geht.[3]

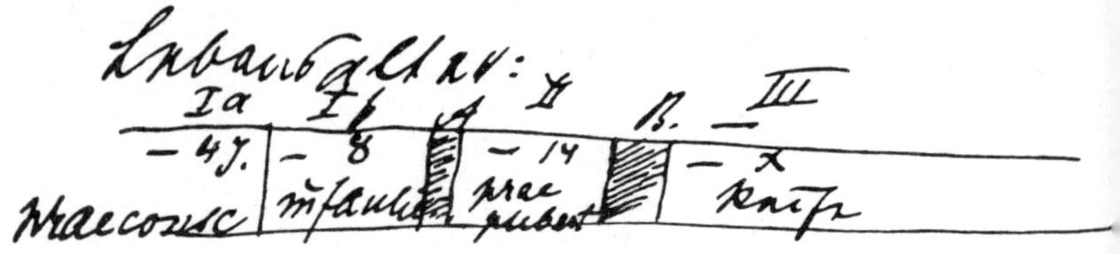

Die Erweckung einer sexuellen Erinnerung aus einer früheren Epoche in einer späteren bringt einen *Sexualüberschuß* in die Psyche, der als Denkhemmung wirkt und der Erinnerung wie ihren Folgen den Zwangscharakter – Unhemmbarkeit – verschafft.

An der Zeit I*a* haftet der Charakter des *Unübersetzten*, so daß die Erweckung einer I*a*-Sexualszene nicht zu psychischen Folgen, sondern zu Realisierungen, zur *Konversion* führt. Der Sexualüberschuß hindert die Übersetzung.

Der Sexualüberschuß allein kann noch keine Verdrängung machen, es gehört das Mitwirken der *Abwehr* dazu; ohne Sexualüberschuß erzeugt aber die Abwehr keine Neurose.

Die einzelnen Neurosen haben nun ihre Zeitbedingungen für die Sexualszenen:

d. h. die Szenen der Hysterie fallen in der ersten Kindheitsperiode vor (–4 Jahre), wo den Erinnerungsresten die Übersetzung in Wortvorstellungen abgeht. Es ist gleichgültig, ob diese I*a*-Szenen in der Zeit nach der II. Dentition (8-10) oder im Pubertätsstadium erweckt werden. Immer ensteht Hysterie, und zwar *Konversion,* da das Zusammenwirken von Abwehr und Sexualüberschuß die Übersetzung hindert.

Die Szenen der Zwangsneurosen gehören der Epoche I*b* an, sind mit Wortübersetzung versehen, und bei ihrer Erweckung in II oder III entstehen psychische Zwangssymptome.

Die Szenen der Paranoia fallen in die Zeit nach der II. Dentition, in die Epoche II und werden in III (Reife) erweckt. Die Abwehr äußert sich dann in Unglauben. Die Verdrängungszeiten sind somit für die Neurosenwahl gleichgültig, die Ereigniszeiten entscheidend. Der Charakter der Szene ist insofern wichtig, als er zur Abwehr Anlaß geben kann.

Was geschieht, wenn die Szenen sich durch mehrere Alter ziehen? Dann entscheidet die früheste Epoche oder es kommt zu Kombinationsformen, die nachzuweisen wären. Von diesen Kombinationen ist meist die von Paranoia und Zwangsneurose unmöglich, weil die in II erfolgte Verdrängung der I*b*-Szene neue Sexualszenen unmöglich macht.

Die Hysterie ist die einzige Neurose, bei welcher Symptome vielleicht auch ohne Abwehr möglich sind, da dann noch der Charakter der Konversion bleibt. (Rein somatische Hysterie.)

Zur Paranoia gehört, wie man sieht, am wenigsten infantile Bedingtheit; sie ist die *eigentliche* Abwehrneurose, auch unabhängig von der Moral und Sexualscheu, die in A und B die Abwehrmotive für die Zwangsneurose und Hysterie abgeben, daher dem niederen Plebs zugänglich. Affektion des reifen Alters. Wo Szenen aus I*a*, I*b*, II fehlen, da kann die Abwehr keine pathologischen Folgen haben (normale Verdrängung) – der Sexualüberschuß erfüllt die Bedingungen des *Angstanfalles* in der Reifezeit. Die Erinnerungsspuren sind insuffizient zur Aufnahme der entbundenen Sexualquantität, die Libido werden sollte.

Man sieht, welche Bedeutung *Pausen* im sexuellen Erleben haben. Kontinuierliche Fortsetzung der Szenen über eine Epochenscheidegrenze weicht vielleicht der Möglichkeit einer Verdrängung aus, da kein Sexualüberschuß zwischen einer Szene und der nächst tieferen Erinnerung entsteht.[1]

Vom Bewußtsein, besser: Bewußtwerden muß man dreierlei annehmen.

1. Daß es für die Erinnerungen zumeist im zugehörigen *Wort*bewußtsein besteht, also im Zulaß zu den assozierten Wortvorstellungen.
2. Daß es weder dem sogenannt unbewußten noch dem sogenannt bewußten Reich ausschließlich und untrennbar anhaftet, so daß diese Namen verwerflich scheinen.
3. Daß es durch *Kompromiß* zwischen den verschiedenen psychischen Mächten entschieden wird, die bei den Verdrängungen in Konflikt miteinander geraten.

Diese Mächte sind genau zu studieren und aus ihren Resultaten zu erraten. Es sind 1. die *eigene quantitative Stärke* einer Vorstellung und 2. eine frei verschiebbare *Aufmerksamkeit*, die nach gewissen Regeln attrahiert, nach der Abwehrregel abgestoßen wird. Die Symptome sind fast sämtlich *Kompromißbildungen*. Es ist ein fundamentaler Unterschied zwischen *ungehemmten* und *denkgehemmten* psychischen Vorgängen zu konstatieren. Im Konflikt zwischen diesen beiden entstehen die Symptome als Kompromisse, denen der Weg zum Bewußtsein eröffnet wird. Jeder der beiden Vorgänge ist bei den Neurosen an sich korrekt, der ungehemmte ist monoideistisch, einseitig, das Kompromißergebnis ist *inkorrekt*, analog einem Denkfehler.[1]

Überall sind quantitative Bedingungen zu erfüllen, da sonst die Abwehr des denkgehemmten Vorganges die Symptombildung verhindert.

Eine Art psychischer Störung entsteht, wenn die Macht der ungehemmten Vorgänge wächst, eine andere, wenn die Kraft des Denkhemmens nachläßt (Melancholie, Erschöpfung, Traum als Vorbild).

Das Wachstum der ungehemmten Vorgänge bis zum Alleinbesitz des Weges zum Wortbewußtsein schafft die *Psychose*.

Von einer Separation der beiden Vorgänge ist keine Rede, nur Unlustmotive sperren die einzelnen assoziativ möglichen Übergänge.

...

Meinen Kollegen zum Trotz habe ich den Vortrag über Ätiologie der Hysterie ausführlich für Paschkis niedergeschrieben. Er fängt heute an zu erscheinen.[2]

Mein ältester Bruder aus Manchester war diese Woche über hier. Nächsten Donnerstag geht mein Volk nach Aussee.

...

Du brauchst kein Urteil über die eingangs mitgeteilten Sachen zu äußern; ich habe Dir bekannt, daß mehr Spekulation dabei ist als sonst; es ließ mir nur gerade keine Ruhe.

Mit allerherzlichsten Grüßen Dein Sigm.

47 4. 6. 96.

Teurer Wilhelm!

...

Jetzt habe ich die Neurosen und die Psychologie wegtun müssen, um die Kinderlähmungen zu schreiben, die bis August zu Ende sein müssen. Nur von der letzten Aufklärung – Hysterie bis vier Jahre – habe ich mich seither überzeugt; das Fehlen der übersetzenden Wortvorstellungen gilt auch nur für diese Lebenszeit. Mit Löwenfeld ist es so: seinen Aufsatz hast Du ja gelesen. Meine Bemerkung ›Coitus-Periodicität‹ gehört meiner Erwiderung an (p. 9-10).[1] Plag Dich nicht viel damit.

...

Laß mich auf die versprochene Mitteilung in Ungestörtheit nicht lange warten.

Herzlichsten Gruß an Euch Alle. Dein Sigm.

48 Wien, 30. 6. 96.

Mein teurer Wilhelm!

... Mein alter Vater (81 Jahre) befindet sich in Baden in einem höchst wackeligen Zustand, mit Herzkollapsen, Blasenlähmung und ähnlichem. Das Lauern auf Nachrichten, Reisen zu ihm u. dgl. war eigentlich das einzig Interessante dieser zwei Wochen. Ich getraue mich darum nicht, jetzt einen Vorsatz zu fassen, der mich auf eine Tagesreise von Wien entführt. Er ist freilich ein Riesenkerl, und sollte, wie ich hoffe, ihm noch eine Spanne Wohlbehagen gegönnt sein, so werde ich sie für unsere Zusammenkunft ausnützen. Ankündigen kann ich mich heute nicht; aber kannst Du es möglich machen, frei zu werden, wenn ich telegraphisch

anzeige, daß ich unter 24 Stunden zu Dir reisen will, so daß Du mir noch Absage drahten kannst? Deine Termine natürlich ausgenommen.
Ich bin ziemlich verdüstert und kann nur sagen, ich freue mich auf den Kongreß wie auf die Befriedigung von Hunger und Durst. Ich bringe nichts als zwei offene Ohren und einen zur Aufnahme gescheuerten Schläfelappen. Mir ahnt Wichtiges – ich bin so eigennützig – auch für meine Zwecke. Mit der Verdrängung-Theorie bin ich auf Zweifel gestoßen, die so ein Wort von Dir wie das von der männlichen und weiblichen Menstruation bei demselben Individuum etwa lösen kann. Angst, Chemismus, u. dgl. – vielleicht finde ich bei Dir den Boden, auf dem ich aufhören kann, psychologisch zu erklären, und beginnen, physiologisch zu stützen!
Ich war eigentlich auch sehr untätig. Die ganz uninteressante Arbeit über Kinderlähmungen hat mich ausfüllen müssen. Indes habe ich nicht umhin können, einiges zu ahnen oder zu erfahren, so über Somnambulismus verschiedene Einzeldinge von hohem Wert. Wenn ich nur erst bei Dir und beim Erzählen bin.
Die Meinigen sitzen in einem Paradies über Aussee (Obertressen) und sind sehr fidel. Ich bin eben heute zurückgekommen. R. W.'s Bekanntschaft werde ich bekanntlich 1896 machen. Bis dahin herzlichste Grüße an seine Mama und Dich und schreib nur bald wieder

Deinem Sigm.

49 Dr. Sigmund Freud, 26. 10. 96.
IX. Berggasse 19. ord. 3–5 h.

Mein teurer Wilhelm!
Es ist eigentlich keine Beantwortung möglich bei solchen Intervallen. Das bleibt aber nicht so.
Gestern haben wir den am 23. 10. nachts verstorbenen Alten begraben. Er hatte sich wacker gehalten, bis zum Ende, wie er überhaupt ein nicht gewöhnlicher Mensch war. Zuletzt muß er Meningealblutungen gehabt haben. Anfälle von Sopor mit unerklärtem Fieber, Hyperästhesie, Spannungen, aus denen er dann fieberlos erwachte. An den letzten Anfall

schloß sich Lungenödem und ein eigentlich leichter Tod. Das Ganze fiel in meine kritische Zeit, ich bin auch recht hin davon.

. . . Herzlichst Dein Sigm.

50 Dr. Sigmund Freud, Wien, 2. 11. 96.
Dozent für Nervenkrankheiten IX. Berggasse 19.
a. d. Universität.

Teurer Wilhelm!

Das Schreiben fällt mir jetzt so schwer, daß ich es so lange aufgeschoben habe, Dir für die zum Herzen dringenden Worte in Deinem Brief zu danken. Auf irgendeinem der dunkeln Wege hinter dem offiziellen Bewußtsein hat mich der Tod des Alten sehr ergriffen. Ich hatte ihn sehr geschätzt, sehr genau verstanden und er hat viel in meinem Leben gemacht, mit der ihm eigenen Mischung von tiefer Weisheit und phantastisch leichtem Sinn. Er war lange ausgelebt, als er starb, aber im Innern ist wohl alles Frühere bei diesem Anlaß aufgewacht.

Ich habe nun ein recht entwurzeltes Gefühl.

Sonst schreibe ich Kinderlähmung (Pegasus im Joche!), freue mich mit meinen sieben Kuren und besonders mit der Aussicht, Dich einige Stunden zu sprechen. Einsam, das versteht sich. Vielleicht erzähle ich Dir einige kleine tolle Sachen im Austausch für Deine großen Ahnungen und Funde. Weniger erfreulich ist heuer das Geschäft, von dem meine Stimmung immer abhängig bleibt . . .

Unlängst habe ich die erste Reaktion auf meine Einmengung in die Psychiatrie vernommen. ›Grauen, schauerlich, Altweiberpsychiatrie‹ zitiere ich Dir daraus. Rieger in Würzburg. Ich war höchlich amüsiert. Gerade bei der Paranoia, die durchsichtig geworden ist!

Dein Buch läßt auf sich warten. Wernicke[1] hat mir unlängst einen Patienten, im Offiziersspital befindlichen Lieutenant zugewiesen.

Einen netten Traum muß ich Dir erzählen von der Nacht nach dem Begräbnis: Ich war in einem Lokal und las dort eine Tafel:

Es wird gebeten
die Augen zuzudrücken.

Das Lokal erkannte ich gleich als den Friseurladen, den ich täglich besuche. Am Tage des Begräbnisses mußte ich dort warten und kam darum etwas später ins Trauerhaus. Meine Familie war damals mit mir unzufrieden, weil ich das Leichenbegräbnis still und einfach bestimmt hatte, was sie später als sehr berechtigt anerkannte. Sie nahmen mir auch die Verspätung etwas übel. Der Satz auf der Tafel ist doppelsinnig und heißt nach beiden Richtungen: Man soll seine Pflicht gegen den Toten erfüllen. (Entschuldigung, als ob ich's nicht getan hätte und Nachsicht brauchte – die Pflicht wörtlich genommen.) Der Traum ist also ein Ausfluß jener Neigung zum Selbstvorwurf, die sich regelmäßig bei den Überlebenden einstellt.[1]

...

Grüß mir I. F. u. R. W.[2] *herzlichst*, meine Frau ist vielleicht schon bei Dir.

Dein Sigm.

51

4. 12. 96.
IX. Berggasse 19.

Teurer Wilhelm!

... Ich bin in voller Arbeit, jede halbe Stunde besetzt ... Ich gehe mit etwas um, was unsere Arbeit zusammenleimt, meinen Bau auf Dein Postament setzt, habe aber die Empfindung, ich soll davon nicht schreiben. Ein Brocken wird in einigen Tagen fertig sein, natürlich nur für Dich. Bin neugierig, was Du sagen wirst ...

Tolle Sachen gibt es sonst in der Welt, auch blöde, letzteres sind aber meist die Menschen. Von meinen Arbeiten am ehesten verraten kann ich Dir die Mottos. Vor der Psychologie der Hysterie wird das stolze Wort stehen: Introite et hic dii sunt. Vor dem Kapitel über Summation:

»Sie treiben's toll, ich fürcht' es breche,
Nicht jeden Wochenschluß macht Gott die Zeche.«

Vor der ›Symptombildung‹:

Flectere si nequeo superos
Acheronta movebo.[3]

Vor dem ›Widerstand‹:

»Mach es kurz!
Am jüngsten Tag ist's nur ein ...«[4]

Ich grüße Dich und Deine kleine Familie herzlich und bleibe rerum novarum aus Familie und Wissenschaft begierig

Dein Sigm.

52 6. 12. 96.

Mein teurer Wilhelm!

Nachdem ich heute einmal das Vollmaß von Arbeit und Erwerb genossen habe, das ich zum Wohlbefinden brauche (10 Stunden und fl. 100), todmüde und geistig frisch bin, will ich versuchen, Dir das letzte Stückchen Spekulation schlicht vorzutragen.

Du weißt, ich arbeite mit der Annahme, daß unser psychischer Mechanismus durch Aufeinanderschichtung entstanden ist, indem von Zeit zu Zeit das vorhandene Material von Erinnerungsspuren eine *Umordnung* nach neuen Beziehungen, eine *Umschrift* erfährt.[1] Das wesentlich Neue an meiner Theorie ist also die Behauptung, daß das Gedächtnis nicht einfach, sondern mehrfach vorhanden ist, in verschiedenen Arten von Zeichen niedergelegt. Eine ähnliche Umordnung habe ich seinerzeit (Aphasie) für die von der Peripherie kommenden Bahnen behauptet.[2] Wie viele solcher Niederschriften es gibt, weiß ich nicht. Mindestens drei, wahrscheinlich mehr. Dazu folgendes Schema, welches annimmt, daß die einzelnen Niederschriften auch nach ihren Neuronenträgern gesondert sind (nicht notwendig topisch). Die Annahme ist vielleicht nicht notwendig, aber doch die einfachste und vorläufig zulässig.

		I		II		III[3]		
W		*Wz*		*Ub*		*Vb*		*Bews*
××	——	××	——	××				
					——	××	——	××
×		××		×		×		×
				×				

W sind Neurone, in denen die *Wahrnehmungen* entstehen, woran sich Bewußtsein knüpft, die aber an sich keine Spur des Geschehenen bewahren. *Bewußtsein und Gedächtnis schließen sich nämlich aus.*

Wz[4] ist die erste Niederschrift der Wahrnehmungen, des Bewußtseins ganz unfähig, nach Gleichzeitigkeitsassoziation gefügt.

Ub (Unbewußtsein) ist die zweite Niederschrift, nach anderen, etwa Kausalbeziehungen angeordnet. *Ub* Spuren würden etwa Begriffserinnerungen entsprechen, ebenfalls dem Bewußtsein unzugänglich.

Vb (Vorbewußtsein) ist die dritte Umschrift, an Wortvorstellungen gebunden, unserem offiziellen Ich entsprechend. Aus diesem *Vb* werden die Besetzungen nach gewissen Regeln bewußt, und zwar ist dieses sekundäre *Denkbewußtsein* ein der Zeit nach nachträgliches, wahrscheinlich an die halluzinatorische Belebung von Wortvorstellungen geknüpft, so daß die Bewußtseinsneuronen wieder Wahrnehmungsneuronen und an sich ohne Gedächtnis wären.

Wenn ich die psychologischen Charaktere der Wahrnehmung und der drei Niederschriften vollständig angeben könnte, hätte ich damit eine neue Psychologie beschrieben. Etwas Material hierfür liegt vor, aber es ist jetzt nicht meine Absicht.

Ich will hervorheben, daß die aufeinander folgenden Niederschriften die psychische Leistung von sukzessiven Lebensepochen darstellen.[1] An der Grenze von zwei solchen Epochen muß die Übersetzung des psychischen Materials erfolgen. Die Eigentümlichkeiten der Psychoneurosen erkläre ich mir dadurch, daß die Übersetzung für gewisse Materien nicht erfolgt ist, was gewisse Konsequenzen hat. Wir halten ja an der Tendenz zur quantitativen Ausgleichung fest. Jede spätere Überschrift hemmt die frühere und leitet den Erregungsvorgang von ihr ab. Wo die spätere Überschrift fehlt, wird die Erregung nach den psychologischen Gesetzen erledigt, die für die frühere psychische Periode galten, und auf den Wegen, die damals zu Gebote standen. Es bleibt so ein Anachronismus bestehen, in einer gewissen Provinz gelten noch ›Fueroi‹; es kommen ›*Überlebsel*‹ zustande.

Die Versagung der Übersetzung, das ist das, was klinisch ›Verdrängung‹ heißt. Motiv derselben ist stets eine Unlustentbindung, die durch Übersetzung entstehen würde, als ob diese Unlust eine Denkstörung hervorriefe, die die Übersetzungsarbeit nicht gestattet.

Innerhalb derselben psychischen Phase und unter Niederschriften derselben Art macht sich eine *normale* Abwehr wegen Unlustentwicklung geltend – pathologische Abwehr gibt es aber nur gegen eine noch nicht übersetzte Erinnerungsspur aus früherer Phase.

Es kann nicht an der Größe der Unlustentbindung liegen, wenn der Abwehr die Verdrängung gelingt.[1] Wir bemühen uns ja oft vergebens gerade gegen Erinnerungen mit größter Unlust. So ergibt sich folgende Darstellung. Wenn ein Ereignis A als aktuell eine gewisse Unlust erweckt hat, so enthält die Erinnerungsniederschrift AI oder AII ein Mittel, die Unlustentbindung bei Wiedererweckung zu hemmen. Je öfter erinnert, desto gehemmter schließlich diese Entbindung. Es gibt aber *einen* Fall, für welchen die Hemmung nicht ausreicht: Wenn A als aktuell eine gewisse Unlust entbunden hat und bei der Erweckung neuerlicher Unlust entbindet, dann ist diese unhemmbar. Die Erinnerung benimmt sich dann wie etwas Aktuelles. Dieser Fall ist nur möglich bei sexuellen Ereignissen, weil die Erregungsgrößen, die diese entbinden, mit der Zeit (mit der sexuellen Entwicklung) an sich wachsen.

Das sexuelle Ereignis in einer Phase wirkt also als aktuell und somit unhemmbar in einer nächsten. Die Bedingung der pathologischen Abwehr (Verdrängung) ist *also sexuelle Natur des Ereignisses und Vorfall in einer früheren Phase.*

Nicht alle sexuellen Erlebnisse entbinden Unlust, die meisten Lust. Die Reproduktion der meisten wird also mit unhemmbarer Lust verbunden sein. Eine solche unhemmbare Lust konstituiert einen *Zwang.* Man kommt so zu folgenden Sätzen. Wenn ein sexuelles Erlebnis mit Phasendifferenz erinnert wird, so entsteht bei Lustentbindung Zwang, bei Unlustentbindung Verdrängung. In beiden Fällen scheint die Übersetzung in die Zeichen der neuen Phase gehemmt zu sein. (?)

Die Klinik lehrt nun drei Gruppen von sexuellen Psychoneurosen kennen, Hysterie, Zwangsneurose und Paranoia, und lehrt, daß die verdrängten Erinnerungen bei der ersten dem Alter von $1^1/_2$-4 Jahren,[2] bei Zwangsneurose dem Alter von 8-14 Jahren als aktuell angehören. Zu vier Jahren erfolgt aber noch keine Verdrängung, es fallen also die psychischen Entwicklungsperioden und die sexuellen Phasen nicht zusammen.[3]

Eine andere Folge der vorzeitigen Sexualerlebnisse ist nämlich auch die Perversion, deren Bedingung es scheint, daß die Abwehr nicht erfolgte, ehe der psychische Apparat komplettiert worden ist, oder ausbleibt.[4]

	$1\frac{1}{2}$	4	8	14–15	
psych.	Ia	Ib.	II		III
sex.	I		II		III

Folgendes kleine Schema gehört hieher

	Wz	Wz + Ub	Wz + Ub + Vb	idem
	–4	–8	–14/15	
Hy.	aktuell	Zwang	verdrängt in Wz	
Zw	—	aktuell	verdrängt in Ub-zeichen.	
Par	—	—	aktuell	verdrängt in Vb-zeichen
Perversion akt.	aktuell		Zwang (aktuell)	Verdrängung unmöglich oder nicht versucht.

Soweit der Oberbau. Nun der Versuch, ihn auf die Organgrundlagen zu stellen. Es ist zu erklären, warum sexuelle Erlebnisse, die als aktuell Lust erzeugten, mit Phasendifferenz erinnert Unlust erzeugen bei einigen Personen, bei anderen als Zwang bestehen bleiben. Im ersteren Falle müssen sie offenbar später eine Unlust entbinden, die anfangs nicht entbunden wurde.

Es sind auch die verschiedenen Epochen abzuleiten, die psychologischen und die sexuellen. Die letzteren hast Du mich kennen gelehrt als ausgezeichnete Vielfache der 28tägigen weiblichen Periode.[1]

Für die Entscheidung ob Perversion oder Neurose, helfe ich mir mit der Bisexualität aller Menschen. Bei einem rein männlichen Wesen würde auch zu den beiden sexuellen Schranken ein Übermaß von männlicher Entbindung, also Lust entstehen, somit Perversion, bei einem rein weiblichen ein Überschuß von Unlustsubstanz zu diesen Zeiten. In den ersten Phasen wären beide Entbindungen parallel, d. h. ergäben einen normalen Lustüberschuß. Darauf die Bevorzugung der echten Weiber für Abwehrneurosen zurückzuführen.

Die intellektuelle Natur der Männer wäre so auf dem Boden Deiner Theorie bezeugt.

Ich kann endlich die Vermutung nicht unterdrücken, daß die von mir klinisch gerochene Scheidung von Neurasthenie und Angstneurose mit der Existenz der beiden 23- und 28tägigen Substanzen zusammenhängt.[2]

Außer den beiden hier vermuteten könnte es von jeder Art mehrere geben.

Die Hysterie spitzt sich mir immer mehr zu als Folge von Perversion des *Verführers*; die Heredität *immer mehr* als Verführung durch den Vater. Es stellt sich also ein Generationswechsel heraus:

1. Generation: Perversion.

2. Generation: Hysterie, die dann steril ist. Mitunter an derselben Person eine Metamorphose: im kräftigen Alter pervers, dann von einer Angstperiode an: hysterisch: die Hysterie eigentlich also nicht abgelehnte Sexualität, sondern besser *abgelehnte Perversion*.

Dahinter dann die Idee von aufgelassenen *erogenen Zonen*. D. h.: im Kindesalter wäre die sexuelle Entbindung von sehr vielen Körperstellen zu erhalten, die dann später nur den 28 Angststoff, nicht auch den anderen zu entbinden vermögen. In dieser Differenzierung und Einschränkung der Kulturfortschritt, die Moralentwicklung wie die individuelle. Der hysterische Anfall ist keine Entladung, sondern eine *Aktion*, und behält den ursprünglichen Charakter jeder Aktion bei, Mittel zur Reproduktion von Lust zu sein. Das ist er wenigstens in der Wurzel, sonst motiviert er sich vor dem Vorbewußten mit allerlei anderen Gründen. So haben den Schlafanfall jene Kranken, denen im *Schlaf* Sexuelles zugefügt worden, sie schlafen wieder ein, um dasselbe zu erleben, provozieren oft damit die hysterische Ohnmacht.

Der Schwindelanfall, Weinkrampf, alles ist auf den *Anderen* berechnet, meist aber auf jenen prähistorischen unvergeßlichen Anderen, den kein späterer mehr erreicht. Auch das chronische Symptom der Bettsucht erklärt sich so. Einer meiner Patienten wimmert jetzt noch im Schlaf wie damals (damit ihn die Mama zu sich nimmt, die, als er 22 Monate alt, gestorben ist). Anfall als ›gesteigerter Ausdruck der Gemütsbewegung‹[1] scheint gar nicht vorzukommen.

. . .

Ich bin in vollster Arbeit 10–11 Stunden täglich und entsprechend wohl, aber fast heiser. Ist das Überanstrengung der Stimmbänder oder Angstneurose? Braucht auch *keine* Antwort. Am Besten: Travailler sans raisonner, wie der alte Candide rät.

. . .

Mein Zimmer habe ich jetzt mit Gypsen der Florentiner Statuen geschmückt.[2] Es war eine Quelle außerordentlicher Erquickung für mich; ich gedenke reich zu werden, um diese Reisen zu wiederholen. Ein Kongreß auf italischem Boden! (Neapel, Pompeji).

Herzlichste Grüße an Euch Alle

Dein Sigm.

Teurer Wilhelm!

. . .[1]

Nun ohne rechten Zusammenhang Psychoneurotisches. Daß Du die Aufklärung der Angst als Angelpunkt anerkennst, ist mir sehr recht. Vielleicht habe ich Dir noch die Analyse mehrerer Phobien nicht mitgeteilt. ›Angst, sich aus dem Fenster zu stürzen‹ ist ein Mißverständnis des Bewußten, respektive: Vorbewußten, bezieht sich auf einen unbewußten Inhalt, in dem Fenster vorkommt, und zerlegt sich so:

Angst + ... Fenster . . . . . .;

erklärt sich so:

Unbewußte Idee: Zum Fenster gehen, um sich einen Mann heraufzuwinken wie die Prostituierten: Sexualentbindung von dieser Idee.

Vorbewußtsein. Ablehnung, daher: Angst aus der Sexualentbindung. Aus dem Inhalt bewußt wird nur *Fenster*, weil dieses Stück durch eine zur Angst passende Idee: ›Aus dem Fenster stürzen‹ als Kompromißergebnis gehoben wird. Sie nehmen also wahr: *Angst vor dem Fenster* und deuten sie im Sinne des *Stürzens*; was nicht einmal immer bewußt dabei ist. Ihr Handeln ist übrigens nach beiden Motiven das nämliche: Sie gehen nicht zum Fenster. Denk' an Faire de la Fenêtre in Guy de Maupassant.[2] . . .

Ich habe gleichzeitig allerlei schöne Aufklärungen in meinem Gebiet. So eine lange gehegte Vermutung über den Mechanismus der Agoraphobie bei der Frau bestätigt. Du errätst es wohl, wenn Du an öffentliche Frauen denkst. Es ist die Verdrängung des Vorsatzes, sich den Ersten Besten auf der Straße zu holen: Prostitutionsneid und -Identifizierung. Auch sonst könnte ich zufrieden sein, aber immer noch ist niemand fertig; es ist mir, als fehlte mir noch ein wesentliches Stück. So lange kein Fall bis zum Ende durchschaut ist, fühle ich mich nicht sicher und kann nicht froh werden. Wenn das einmal geschehen ist, bin ich imstande, mir einen guten Tag zwischen zwei Reisenächten zu machen.

Die Aufklärung für die Phase des Clownismus im Charcotschen Anfallsschema liegt in den Perversionen der Verführer, die offenbar selbst im Repetitionszwang nach ihrer Jugend ihre Befriedigung unter den tollsten

Bocksprüngen, Purzelbäumen und Grimassen verfolgen. Dazu der Clownismus der Bubenhysterie, die Tiernachahmung und Zirkusszenen, die sich aus der Verwebung von Jugendspielen in der Kinderstube mit sexuellen Szenen erklären ...
Ich grüße Dich, Frau und Sohn herzlichst,

Dein Sigm.

54 S.F. 3. 1. 97.

IX. Berggasse 19.

Mein teurer Wilhelm!
Wir werden nicht scheitern. Anstatt der Durchfahrt, die wir suchen, dürften wir Meere auffinden, deren genauere Durchforschung Späteren erübrigen wird, aber wenn es uns nicht vorzeitig umbläst, wenn unsere Konstitution es aushält, werden wir ankommen.[1] Nous y arriverons. Gib mir noch zehn Jahre und ich mache die Neurosen und die neue Psychologie fertig, Du kommst vielleicht mit weniger Zeit für Deine Organologie aus. Trotz der Beschwerden, auf die Du anspielst, hat uns beide doch kein Neujahr so reich und so reif angetroffen. Wenn ich gerade keine Angst habe, nehme ich es noch immer mit allen Teufeln auf und Du kennst überhaupt noch keine Angst.
Du glaubst gewiß nicht, daß meine neurotischen Theorien so windig fundiert sind wie die Bemerkungen, die ich Dir zur Organologie mitteile. Hier fehlt mir alles Material, ich kann nur ahnen, dort auf meinem eigentlichen Gebiet stütze ich mich auf den solidesten Unterbau, den Du Dir denken kannst. Ich habe gewiß noch viel zu erfahren, so werden die Grenzen für die Entstehungszeiten der einzelnen Neurosen sich wahrscheinlich Korrektur gefallen lassen müssen, wenn die Fälle abgeschlossen sind. Während der Arbeit widerstreben sie gerade der Zeitbestimmung am heftigsten. Es rückt mir jetzt alles mehr in die erste Lebensepoche bis zu drei Jahren.[2] Von meinem Patienten mit Zwangsvorstellungen, den ich nur durch sieben Monate behandelt hatte, bekam ich heuer keine weitere Nachricht. Gestern erfuhr ich von der F., daß dieser Mann in seine Heimat gereist sei, um sich Sicherheit über die Realität der von ihm erinnerten Dinge zu holen und von der noch lebenden Ver-

führerin (Amme, jetzt altes Weib) die volle Bestätigung bekam.[1] Es soll ihm sehr gut gehen, einer gründlichen Heilung weicht er offenbar mit Hilfe dieser Besserung aus. Die Übereinstimmung mit den von Krafft[2] beschriebenen Perversionen ist ein neuer schätzbarer Realitätsbeweis. Auf dem nächsten Kongreß werden hoffentlich wichtige Dinge zur Sprache kommen. Ich denke, Ostern spätestens, etwa in Prag. Vielleicht habe ich bis dahin einen Fall zu Ende gebracht.

...

Vor dem Abschnitt ›Therapie‹ kommt das Zitat: Flavit et dissipati sunt;[3] vor der ›Sexualität‹ das Motto: ›Vom Himmel durch die Welt zur Hölle‹, wenn es so richtig zitiert ist.

...

Ich freue mich jetzt auf auf die Lösung eines Falles, der gleichzeitig Einsicht in zwei Psychosen gestattet, die des kranken Verführers und die der später erkrankten vom Patienten Verführten. Der Fall hat auch organologisches Interesse, wie Du sehen wirst. (Orale Sexualorgane.)
Nun leb recht wohl im neuen Jahr, bring Deiner lieben Frau meinen Dank und Robertchen meinen schönsten Onkelgruß,

Dein Sigm.

55

11. 1. 97.
IX. Berggasse 19.

Teurer Wilhelm!
Ich teile Dir brühwarm zwei heutige Einfälle mit, die mir lebensfähig scheinen, natürlich auf den Ergebnissen von Analysen beruhen.
I. Bedingung der Psychose anstatt der Neurose (d. h. der Amentia oder Verworrenheitspsychose, Überwältigungspsychose, wie ich früher geschrieben habe) scheint zu sein, daß sexueller Mißbrauch vor dem ersten intellektuellen Termin, also vor Fertigstellung des psychischen Apparates in seiner ersten Form stattfindet (vor 1¼-1½ Jahre). Eventuell, daß der Mißbrauch so weit zurückreicht, daß hinter den späteren Erlebnissen noch diese stecken, auf welche zeitweilig rekurriert werden kann.[4] In dieselbe Zeit meine ich gehört auch die Epilepsie ... Mit dem Tic convulsiv, den ich früher an diese Stelle gesetzt, muß ich mich anders auseinandersetzen. Ich bin so dazu gekommen. Einer meiner hysterischen

Männer ... hat seine älteste Schwester in eine hysterische Psychose mit Ausgang in komplette Verworrenheit gebracht. Nun bin ich seinem eigenen Verführer auf die Spur gekommen, der ein genialer Mensch war, aber vom fünfzigsten Jahr an Anfälle von schwerster Dipsomanie gehabt hat. Diese Anfälle leiteten sich regelmäßig ein mit entweder Diarrhoe oder Schnupfen und Heiserkeit (orales Sexualsystem!), also mit der Reproduktion der eigenen passiven Erlebnisse. Nun war der Mann bis zu seiner eigenen Erkrankung ein Perverser und darum gesund. Die Dipsomanie entsteht durch Verstärkung, besser *Substitution* des einen Impulses für den assoziierten sexuellen. (Dasselbe wahrscheinlich für die Spielsucht des alten F.) Nun kommen die Szenen zwischen diesem Verführer und meinem Patienten, bei einzelnen derselben ist die kleine Schwester beteiligt, die unter ein Jahr alt ist. Mit derselben nimmt Patient die Beziehungen später auf und in der Pubertät wird sie psychotisch. Du kannst daraus entnehmen, wie sich die Neurose in der nächsten Generation zur Psychose steigert, was man Degeneration heißt, einfach indem ein zarteres Alter herangezogen wird. Übrigens die Heredität dieses Falles: [Siehe Faksimile auf der nächsten Seite]
Ich hoffe, Dir gerade von diesem Falle, der drei Formen von Erkrankung aufklärt, noch viel Wichtiges erzählen zu können.
2. Die Perversionen münden regelmäßig in Zoophilie ein und haben tierischen Charakter. Sie erklären sich nicht durch Funktionieren von später aufgelassenen erogenen Zonen, sondern durch die Wirkung erogener *Sensationen*, welche diese Macht später verlieren. Man erinnert sich dabei, daß der leitende Sinn (auch für die Sexualität) beim Tier der Geruch ist, der beim Menschen abgesetzt wird.[1] Solange der Geruch (-Geschmack) herrscht, wirken Haare, Kot und die gesamte Körperoberfläche, auch das Blut sexuell erregend. Die Geruchssteigerung der Hysterie hat wohl damit zu tun. Daß die Sensationsgruppen mit der psychologischen Schichtung viel zu tun haben, geht wohl aus der Verteilung im Traum hervor und hat wohl mit dem Mechanismus der hysterischen Anästhesien direkt zu schaffen.
Du siehst, ich bin im vollen Finden, auch sonst geht es mir sehr gut. Nun möchte ich von Dir das Gleiche hören.

Herzlichen Gruß Dein Sigm.

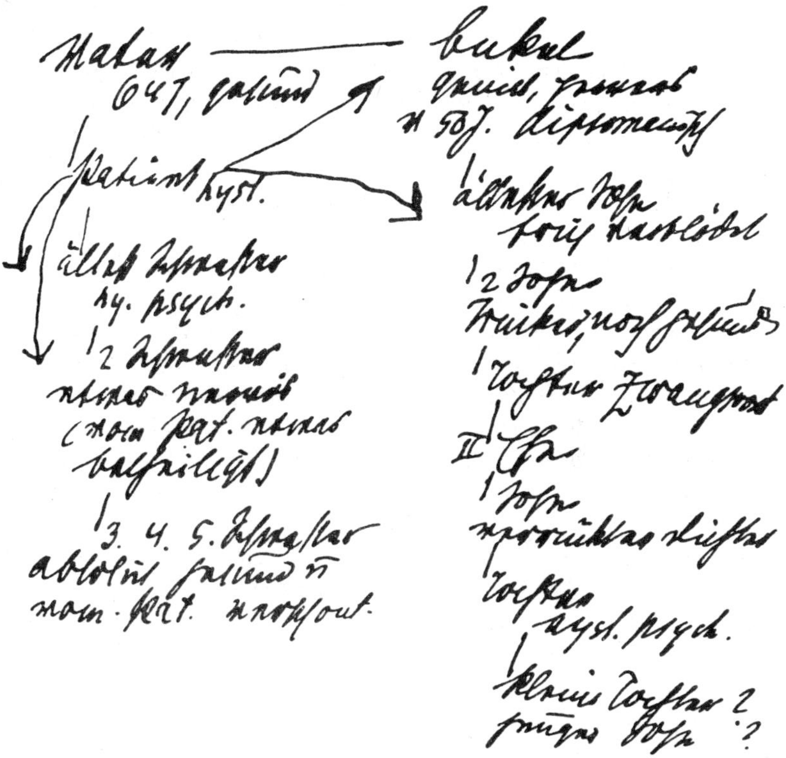

56 17. 1 97.

IX. Berggasse 19.

Mein teurer Wilhelm![1]

Das Getue in meinem Kopf macht Dir offenbar Spaß, darum will ich Dir immer wieder mitteilen, wenn es etwas Neues gibt. Die Psychosenbedingung steht bei mir noch hoch im Ansehen, ich werde Dir nächstens das Material vorlegen ... Was sagst Du übrigens zu der Bemerkung, daß meine ganze neue Hysterie-Urgeschichte bereits bekannt und hundertfach publiziert ist, allerdings vor mehreren Jahrhunderten? Erinnerst Du Dich, daß ich immer gesagt, die Theorie des Mittelalters und der geistlichen Gerichte von der Besessenheit sei identisch mit unserer Fremdkörpertheorie und Spaltung des Bewußtseins? Warum aber hat der Teufel, der die Armen in Besitz genommen, regelmäßig Unzucht mit ihnen getrieben und auf ekelhafte Weise? Warum sind die Geständnisse auf der Folter so ähnlich den Mitteilungen meiner Patienten in der psychischen Behandlung? Ich muß mich nächstens in die betreffende Literatur vertiefen. Die Grausamkeiten gestatten übrigens einige bisher dunkle Symptome der Hysterie zu verstehen. Die Stecknadeln, die auf den sonderbarsten Wegen zum Vorschein kommen; die Nähnadeln, wegen welcher die Armen sich die Brüste zerschinden lassen und die mit Röntgen nicht zu sehen sind, wohl aber in der Verführungsgeschichte zu finden! . . .

Nun stechen die Inquisitoren wieder mit Nadeln, um die Stigmata Diaboli zu finden, und in der ähnlichen Situation fällt den Opfern in Dichtung (vielleicht durch Verkleidungen der Verführer unterstützt) die alte grausame Geschichte ein. So erinnerten sich dabei nicht nur die Opfer, sondern auch die Henker an ihre erste Jugend.

Samstag habe ich die Pflicht erfüllt, in der Neurosenvorlesung Deine Nasenarbeiten zu erzählen, was ich Donnerstag fortsetzen werde. Die fünf Buben haben ordentlich aufgehorcht. Es macht sich doch bereits sehr packend.

Du siehst, es geht mir sehr gut. Warum bist Du jetzt nicht frisch? . . .

Grüß mir Deine liebe Frau und Deinen Buben herzlich

Dein Sigm.

Also: Ostern, Prag.

57

24. 1. 97.
IX. Berggasse 19.

Mein teurer Wilhelm!

. . .

Die Idee der Hexeneinbeziehung gewinnt Leben. Ich halte sie auch für zutreffend. Details fangen an zu wimmeln. Das ›Fliegen‹ ist erklärt, der Besen, auf dem sie reiten, ist wahrscheinlich der große Herr Penis. Die geheimen Versammlungen mit Tanz und Amusements kann man alle Tage auf den Straßen, wo Kinder spielen, beobachten. Ich las eines Tages, daß das Geld, das der Teufel seinen Opfern gibt, sich regelmäßig in Kot verwandelt; und am nächsten Tag sagt Herr E., der Gelddelirien von seiner Kinderfrau berichtet, plötzlich (auf dem Umweg über Cagliostro – Goldmacher – Dukatenscheißer), daß das Geld der Louise[1] immer Kot war. Es verwandelt sich also in den Hexengeschichten nur zurück in die Substanz, aus der es entstanden ist. Wenn ich nur wüßte, warum das Sperma des Teufels in den Hexenbeichten immer als ›kalt‹ bezeichnet wird. Ich habe mir den Maleus maleficorum bestellt und werde, da nun der letzte Strich an den Kinderlähmungen geschehen ist, fleißig studieren. Die Geschichte des Teufels, das Schimpflexikon des Volkes, die Gesänge und Gebräuche der Kinderstube, alles gewinnt nun Bedeutung für mich. Kannst Du mir aus Deiner reichen Erinnerung einige gute Literatur ohne Mühe angeben? Zum Tanzen in den Hexenbeichten erinnere Dich der Tanzepidemien des Mittelalters. E.'s Louise war eine solche Tanzhexe; er ist auch folgerichtig im Ballett zuerst an sie erinnert worden, daher seine Theaterangst.

Zum Fliegen, Schweben gehören Gymnastikkunststücke in den hysterischen Anfällen der Buben etc.

Ich bin einer Idee nahe, als hätte man in den Perversionen, deren Negativ die Hysterie[2] ist, einen Rest eines uralten Sexualkultus vor sich, der einmal vielleicht noch im semitischen Orient (Moloch, Astarte) Religion war ...

Die perversen Handlungen sind übrigens stets die nämlichen, sinnvoll und nach irgendeinem Muster gemacht, das sich wird erfassen lassen.

Ich träume also von einer urältesten Teufelsreligion, deren Ritus sich im geheimen fortsetzt[3] und begreife die strenge Therapie der Hexenrichter. Die Beziehungen wimmeln.

Ein weiterer Zufluß in das Strombett leitet sich aus der Erwägung her, daß es eine Klasse von Leuten gibt, die noch heute ähnliche Geschichten wie die Hexen und wie mein Patient erzählen, ohne Glauben zu finden, obwohl ihr Glaube daran nicht zu erschüttern ist. Ich meine, wie Du erraten hast, die Paranoiker, deren Klagen, man gebe ihnen Kot in die Speisen, mißhandle sie nachts auf die schändlichste Weise, sexuell etc., der reine Erinnerungsinhalt sind.[1] Du weißt, ich habe Erinnerungswahn und Deutungswahn unterschieden. Letzterer knüpft an die charakteristische Unbestimmtheit betreffs der Übeltäter an, die ja durch die Abwehr verhüllt werden.

Noch ein Detail. Bei der Hysterie erkenne ich den Vater an den hohen Ansprüchen, die in der Liebe gestellt werden, an der Demut vor dem Geliebten oder dem Nicht Heiraten Können wegen unerfüllter Liebe. Grund natürlich die Hoheit des Vaters, der sich zum Kind herabläßt. Dazu vergleiche bei der Paranoia die Kombination von Größenwahn mit Entfremdungsdichtung über die Abkunft.[2] Es ist die Kehrseite der Medaille.

Locker wird mir dabei eine bisher gehegte Vermutung, daß die Neurosenwahl durch die Entstehungszeit bedingt wird, die vielmehr auf die erste Kindheit fixiert erscheint. Es schwankt diese Bestimmung aber immer zwischen Entstehungszeit und (der jetzt bevorzugten) Verdrängungszeit.

In solcher Fülle der Gesichter läßt es mich ganz kalt, daß das Professorenkollegium meinen jüngeren Kollegen in der Spezialität zum Extraordinarius vorgeschlagen, mich also übergangen hat, wenn die Nachricht wahr ist. Es läßt mich ganz kalt, wird aber vielleicht meinen definitiven Bruch mit der Universität beschleunigen.

Für den Kongreß gebe ich mich durch solche Briefe ganz aus, werde also lieber anhören, wie sich Dir die Tatsachen der Periodizität ordnen und mir den Unterbau fertig von Dir holen, anstatt ihn zu phantasieren.

Schreib mir bald wieder.

Die Altersgrenze meine ich jetzt überschritten zu haben, mein Befinden ist soviel stabiler.

Herzlich für Dich, Frau und Kind,

Dein Sigm.

58

8. 2. 97.
IX. Berggasse 19.

Teurer Wilhelm!

...

Eine Nachricht von letzthin muß ich korrigieren. Als ich unlängst bei Nothnagel war, ihm ein Dankexemplar zu überreichen, teilte er mir spontan und als vorläufiges Geheimnis mit, daß er und Krafft-Ebing mich (neben Frankl-Hochwart) zum Professor vorschlagen würden, und zeigte mir das mit ihren Unterschriften versehene Schriftstück. Er fügte hinzu, daß sie beide den Vorschlag allein ans Ministerium leiten würden, wenn das Kollegium sich ihnen nicht anschließen sollte.[1] Als verständiger Mensch fügte er hinzu: Sie kennen die weiteren Schwierigkeiten. Es ist vielleicht damit nur erreicht, daß Sie aufs Tapet gebracht sind. – Wir wissen alle, welche geringe Wahrscheinlichkeit es hat, daß der Minister dem Vorschlag Folge leistet.

Vielleicht ist der Vorschlag in der gestrigen Sitzung vorgebracht worden. Das Erfreuliche für mich ist daran, daß ich die beiden Männer weiterhin für anständige Leute halten kann, denn im Ernst, wenn sie mich übergangen hätten, wäre es mir schwer gefallen, gut von ihnen zu denken. –

Ich habe eine Woche lang nicht geschrieben, weil die Arbeit ($11^1/_2$-$12^1/_2$ Stunden täglich) meine Kräfte dann doch erschöpft hat. Abends fiel ich um wie vom Holzhacken.

Meine Vermutungen betreffs dieser Saison haben sich bestätigt. Ich habe zehn Kuren jetzt, darunter eine Kranke aus Budapest; eine andere aus Breslau ist angekündigt. Vielleicht eine Stunde davon ist vom Übermaß, sonst geht es mir ja gerade bei vieler Arbeit am besten. Ich habe z. B. eine Woche von fl. 700 hinter mir, das bekommt man nicht umsonst. Reichwerden muß sehr schwer sein.

Der Fortschritt der Arbeit ist ein glänzender, aber Rätsel und Zweifel sind natürlich noch die schwere Menge vorhanden. Nicht alles will ich vor dem Kongreß Dir mitteilen. Vielleicht ist bis dahin ein Fall ganz fertiggestellt. Ehe das nicht erreicht ist, gibt es ja auch keine Sicherheit.

11/2. Heiße Arbeit und zwei arg betonte Tage – eine Seltenheit jetzt – haben mich aufgehalten. Ich wollte Dich mit Bezug auf das Kotfressen ...[1] Tiere noch fragen, wann der Ekel bei kleinen Kindern auftritt und ob es eine ekelfreie Periode des jüngsten Alters gibt. Warum ich nicht in die Kinderstube gehe und ... Versuche mache? Weil ich bei 12½ Arbeitsstunden keine Zeit dazu habe und die Weiblichkeit meine Forschungen nicht unterstützt. Die Beantwortung wäre theoretisch interessant. Übrigens ist mir die Theorie jetzt sehr ferne gerückt. Ich schiebe alle Versuche auf, Verständnis zu gewinnen. Selbst die Zeitverhältnisse sind mir unsicher geworden.[2]

Der Somnambulismus ist so, wie wir in Dresden[3] vermutet haben, richtig erkannt. Letztes Ergebnis die Auflösung des hysterischen Starrkrampfes: Imitation des Todes mit Totenstarre, also Identifizierung mit einem Toten. Wenn sie den Toten gesehen hat, dann verglaste Augen und offener Mund, wenn nicht, dann ruhiges friedliches Daliegen.

Hysterischer Frostschauer = aus dem warmen Bett genommen werden ...

Für Prag[4] bringe ich jedenfalls viel seltsames Material mit.

Sei mir herzlich gegrüßt samt Weib und Kind. Den Meinigen geht es vortrefflich.

Dein Sigm.

6. 4. 97.
IX. Berggasse 19.

59

Teurer Wilhelm!

...

Der Witz in der Hysterieauflösung, der mir gefehlt hat, besteht in der Entdeckung einer neuen Quelle, aus der ein neues Element der unbewußten Produktion herrührt. Ich meine die hysterischen Phantasien, die regelmäßig, wie ich sehe, auf die Dinge zurückgehen, welche die Kinder früh gehört und erst nachträglich verstanden haben.[5] Das Alter, in dem sie solche Kunde aufgenommen, ist sehr merkwürdig, von 6-7 Monaten an! ...

Ich habe meine Biographie zum Gebrauch von Krafft-Ebing, der über mich referiert, geschrieben.[1] Sonstige Leistungen geringfügig. Die Arbeit dieser Wochen ging denn doch bis an die Grenzen meines Vermögens.

Ich freue mich wesentlich, daß es keine zwei Wochen bis zu unserem Wiedersehen sind.

Herzliche Grüße für Dich, Weib und Kind,

Dein Sigm.

60

Wien, 28. 4. 97.

Teurer Wilhelm!

Heute Nacht hatte ich einen Traum, der sich auf Dich bezog. Es war eine telegraphische Nachricht über Deinen Aufenthalt:

Via Casa *Secerno*«

»(Venedig)

Villa

Die Darstellung gibt an, was undeutlich und was multipel erschien. Secerno war am deutlichsten. Meine Empfindung dabei Ärger, daß Du nicht hingegangen bist, wohin ich Dich empfohlen: Casa Kirsch.[2]

Motivenbericht. Anlaß dazu aus Ereignissen des letzten Tages. H. war da und berichtete von Nürnberg, daß er es sehr gut kenne und dort am Preller gewohnt. Ich erinnerte mich nicht gleich, fragte dann aber. »Also außerhalb der Stadt«. Dieses Gespräch regte ein Bedauern der letzten Zeit an, daß ich Deinen Aufenthalt nicht weiß und keine Nachricht von Dir habe. Ich wollte Dich nämlich zu meinem Publikum machen, Dir einige Erfahrungen und Erkenntnisse der Arbeit mitteilen, wagte es aber nicht, die Notizen ins Ungewisse zu schicken, da ich Dich hätte bitten müssen, sie mir als wertvolles Material zu verwahren. Somit ist es eine Wunscherfüllung, wenn Du mir Deinen Aufenthalt telegraphierst. Hinter dem Wortlaut des Telegramms steckt mancherlei: Die Erinnerung an die etymologischen Genüsse, die Du mir vorzusetzen pflegst, die Anspielung an das ›außerhalb der Stadt‹ bei H., aber auch Ernsteres, was mir bald einfiel. Als ob Du immer etwas Besonderes haben müßtest, sagt der Ärger; und dazu kommt erstens, daß Du am Mittelalter so gar kein Vergnügen finden konntest,[1] und ferner die fortwirkende Reaktion auf Deinen Abwehrtraum, der den sonst gebräuchlichen Vater durch den Großvater ersetzen wollte.[2] Dabei, daß ich mich beständig quäle, wie ich Dir den Fingerzeig zukommen lassen soll, daß Du erkundest, wer I. F. in ihrer Kindheit ›Katzel‹ genannt hat, wie sie Dich jetzt nennt. Da ich in Sachen der Väter selbst noch zweifelhaft bin, wird meine Empfindlichkeit begreiflich. Der Traum sammelt also den in mir unbewußt vorhandenen Ärger gegen Dich.

Übrigens bedeutet der Wortlaut noch mehr:

Via (Straßen von Pompeji, die ich studiere).

Villa (Böcklins Römische Villa).

Also unsere Reisegespräche, Secerno klingt mir ähnlich wie Salerno neapolitanisch-sizilianisch. Dahinter Dein Versprechen eines Kongresses auf italischem Boden.

Die komplette Deutung fiel mir erst ein, nachdem ein glücklicher Zufall mir heute Vormittag eine neue Bestätigung der paternellen Ätiologie zugeführt hatte. Ich habe gestern eine neue Kur mit einer jungen Frau begonnen, die ich aus Zeitmangel eher abschrecken möchte. Sie hatte einen Bruder, der geisteskrank gestorben ist, und ihr Hauptsymptom – Schlaflosigkeit – trat zuerst auf, als sie den Wagen mit dem Kranken aus dem Haustor in die Anstalt wegfahren hörte. Seither Angst vor Wagenfahren, Überzeugung, daß ein Wagenunglück geschehen werde. Jahre später scheuten während einer Spazierfahrt die Pferde, sie benutzte die Gelegenheit, aus dem Wagen zu springen und sich einen Fuß zu brechen. Heute kommt sie und berichtet, daß sie viel an die Kur gedacht und ein Hindernis gefunden habe. Welches? – Mich selbst kann ich so schlecht machen, als es sein muß, aber andere Personen muß ich schonen. Sie müssen mir gestatten, keinen Namen zu nennen. – An Namen liegt es wohl nicht. Sie meinen die Beziehung zu Ihnen. Da wird sich wohl nichts verschweigen lassen. – Ich meine überhaupt, ich wäre früher leichter zu kurieren gewesen als heute. Früher war ich arglos, seither ist mir die kriminelle Bedeutung mancher Dinge klar geworden, ich kann mich nicht entschließen, davon zu sprechen. – Ich glaube umgekehrt, das reife Weib wird toleranter in sexuellen Dingen. — Ja, da haben Sie Recht. Wenn ich mir sage, daß es ausgezeichnet edle Menschen sind, die sich solcher Dinge schuldig machen, muß ich denken, es ist eine Krankheit, eine Art Wahnsinn und muß sie entschuldigen. — Also sprechen wir deutlich. In meinen Analysen sind es die Nächststehenden, Vater oder Bruder, die die Schuldigen sind. — Ich habe nichts mit meinem Bruder. — Also mit dem Vater.

Und nun kommt heraus, daß der angeblich sonst edle und achtenswerte Vater sie von 8-12 Jahren regelmäßig ins Bett genommen und äußerlich gebraucht (›naß gemacht‹, nächtliche Besuche). Sie empfand dabei bereits Angst. Eine sechs Jahre ältere Schwester, mit der sie sich Jahre später ausgesprochen, gestand ihr, daß sie mit dem Vater die gleichen Erlebnisse gehabt. Eine Kusine erzählte ihr, daß sie mit 15 Jahren sich der Umarmung des Großvaters zu erwehren hatte. Natürlich konnte sie es nicht unglaublich finden, als ich ihr sagte, daß im frühesten Kindesalter ähnliche und ärgere Dinge vorgefallen sein müssen. Es ist sonst eine ganz gemeine Hysterie mit gewöhnlichen Symptomen.

Quod Erat Demonstrandum.

61 Wien, 2. 5. 97.

Teurer Wilhelm!

... Wie Du aus dem Beigelegten erraten wirst, konsolidieren sich meine Erwerbungen. Ich habe zuerst eine sichere Ahnung von der Struktur einer Hysterie gewonnen. Alles geht auf die Reproduktion von Szenen, die einen sind direkt zu bekommen, die anderen immer über vorgelegte Phantasien. Die Phantasien stammen aus *nachträglich* verstandenem *Gehörten*, sind natürlich in all ihrem Material echt. Sie sind Schutzbauten, Sublimierungen der Fakten, Verschönerungen derselben, dienen gleichzeitig der Selbstentlastung. Ihre akzidentelle Herkunft vielleicht von den Onaniephantasien. Eine zweite wichtige Erkenntnis sagt mir, daß das psychische Gebilde, welches bei Hysterie von der Verdrängung betroffen wird, nicht eigentlich die Erinnerungen sind, denn kein Mensch ergibt sich ohne Grund einer Erinnerungstätigkeit, sondern Impulse, die

sich von den Urszenen ableiten. Nun überschaue ich, daß alle drei Neurosen, Hysterie, Zwangsneurose und Paranoia dieselben Elemente aufweisen (nebst derselben Ätiologie), nämlich Erinnerungsstücke, Impulse (von der Erinnerung abgeleitet) und *Schutzdichtungen*, aber der Durchbruch zum Bewußtsein, die Kompromiß- also Symptombildung geschieht bei ihnen an verschiedenen Stellen; bei der Hysterie sind es die Erinnerungen, bei der Zwangsneurose die perversen Impulse, bei der Paranoia die Schutzdichtungen (Phantasie), die unter Kompromißentstellung ins Normale durchdringen.
Darin erblickte ich einen großen Fortschritt der Einsicht, hoffentlich erscheint es Dir ebenso.[1]

...

...

Ich hoffe, Du hast es endlich an den Seen schön gefunden. Den Tadel über Venedig verzeih' ich Dir auch nicht leicht, aber ich verstehe ein bißchen die Harmonie und den strengen Aufbau nach den schönsten Proportionen in Deinen psychischen Vorgängen.
Herzlichen Wunsch für schöne Tage Euch Beiden,

Dein Sigm.

(Manuskript L)[2]

NOTIZEN I

Architektur der Hysterie

Ziel scheint die Erreichung der Urszenen zu sein. Diese gelingt bei einigen direkt, bei anderen erst auf Umwegen über Phantasien. Die Phantasien sind nämlich psychische Vorbauten, die aufgeführt werden, um den Zugang zu diesen Erinerungen zu sperren.[3] Die Phantasien dienen gleichzeitig der Tendenz, die Erinnerungen zu verfeinern, zu sublimieren. Sie sind hergestellt mittels der Dinge, die *gehört* werden und *nachträglich* verwertet, und kombinieren so Erlebtes und Gehörtes, Vergangenes (aus der Geschichte der Eltern und Voreltern) mit Selbstgesehenem. Sie verhalten sich zum Gehörten wie die Träume zum Gesehenen. Im Traum hört man ja nichts, sondern sieht.

Rolle der Dienstmädchen[1]

Durch die Identifizierung mit diesen Personen niedriger Moral, die als wertloses weibliches Material so häufig in sexuellen Beziehungen mit Vater und Bruder erinnert werden, wird eine Unzahl von Belastungen mit Vorwürfen (Diebstahl, Kindesabtreibung) ermöglicht, und infolge der Sublimierung dieser Mädchen in den Phantasien sind dann gegen andere Personen sehr unwahrscheinliche Anwürfe in diesen Phantasien enthalten. Auf die Dienstmädchen deutet noch die Prostitutionsangst (allein auf der Straße), die Furcht vor dem unter dem Bett versteckten Mann u. dgl. Es ist tragische Gerechtigkeit darin, daß die Herablassung des Hausherrn zur Dienstmagd durch die Selbsterniedrigung der Tochter gesühnt wird.

Schwämme

Ein Mädchen hatte vorigen Sommer die Angst, eine Blume zu pflücken oder *gar* einen Schwamm auszureißen, weil dies gegen Gottes Gebot sei, der nicht wolle, daß lebende Keime vernichtet werden. – Dies rührt von der Erinnerung an religiöse Sprüche der Mutter gegen die Vorsichten beim Koitus, weil dadurch lebende Keime vernichtet werden. ›Schwämme‹ (Pariser Schwämmchen) waren darunter ausdrücklich angeführt. Identifizierung mit der Mutter Hauptinhalt der Neurose.

Schmerzen

Nicht direkt die Fixierungsempfindung, sondern die absichtliche Wiederholung derselben. Das Kind stößt sich an eine Kante, Möbel, etc. und berührt sich dabei ad genitalia, um eine Szene zu wiederholen, bei welcher die jetzt schmerzhafte, damals an die Kante gedrückte Stelle der Fixierung diente.

Mehrheit der psych. Personen[2]

Die Tatsache der Identifizierung gestattet vielleicht sie *wörtlich* zu nehmen.

Einwickeln

Ergänzung zur Schwammgeschichte. Das Mädchen verlangte, daß ihr alle Gegenstände eingewickelt gereicht werden. (Kondom.)

Mehrfache Reaktionen von Phantasien. Ob auch Wiederanknüpfung?
Wo das Kranksein gewünscht wird, die Kranken ihr Leiden festhalten, geschieht es regelmäßig, weil das Leiden als Schutzwehr gegen die eigene Libido betrachtet wird, also aus Mißtrauen gegen sich selbst. In dieser Phase wird das Erinnerungssymptom zum Abwehrsymptom, vereinigen sich beiderlei aktive Strömungen. In früheren Stadien war das Symptom Folge der Libido, Provokationssymptom, dazwischen dienen zur Abwehr vielleicht die Phantasien.
Es ist möglich, Weg, Zeit und Material der Phantasiebildung zu verfolgen, die dann der Traumbildung ganz ähnlich ist, nur daß keine Regression, sondern Progression in der Darstellung vorliegt. Verhältnis von Traum, Phantasie und Reproduktion.[1]

Noch ein Wunschtraum
Das soll ein Wunschtraum sein, sagt E. Ich träume, daß ich im Augenblick, wo ich mit einer Dame nach Hause komme, von einem Wachmann verhaftet werde, der mich auffordert, in den Wagen zu steigen. Ich verlange noch Zeit, meine Angelegenheiten zu ordnen usw. – Nähere Umstände? – Es war am Morgen, nachdem ich die Nacht mit dieser Dame verbracht hatte. – Waren Sie sehr entsetzt? – Nein. – Wissen Sie, wessen Sie beschuldigt waren? – Ja, ein Kind umgebracht zu haben. – Hat das irgendeine Beziehung zur Wirklichkeit? – Ich hatte einmal die Sorge für die Abtreibung eines Kindes aus einem Verhältnis und denke nicht gerne daran. – Nun, war da am Morgen vor dem Traum nichts vorgefallen? – Ja, ich war aufgewacht und habe einen Koitus vollzogen. – Doch mit Vorsicht? – Ja, mit Zurückziehen. – Dann haben Sie die Angst gehabt, Sie könnten ein Kind gemacht haben und der Traum zeigt Ihnen den Wunsch erfüllt, daß nichts geschehen ist, daß sie das Kind im Keim erstickt haben. Die Angsterregung nach einem solchen Koitus verwenden Sie als Traummaterial.[2]

62 16. 5. 97.

Teurer Wilhelm!

...

Die geistige Erfrischung habe ich Deinem Briefe selbst angemerkt. Ich hoffe, jetzt bist Du wieder für lange Zeit der Alte und läßt Dich auch von mir als wohl geneigtes Publikum weiterhin mißbrauchen. Ohne solches kann ich eigentlich doch nicht arbeiten. Wenn es Dir recht ist, mache ich's ähnlich wie letztes Mal, schicke Dir, was ich an Notizen fertig habe mit der Bitte, es mir auf Verlangen zurückzuschicken. Wo immer ich anfange, ich bin doch gleich wieder bei den Neurosen und beim psychischen Apparat. Es ist gewiß nicht persönliche oder sachliche Teilnahmslosigkeit, wenn ich nichts anderes aus der Feder bringe. Es gärt und brodelt bei mir, es wird nur ein neuer Schub abgewartet. Zu der vorläufigen Gesamtdarstellung, die Du wünschest, kann ich mich nicht entschließen; eine unklare Erwartung, in kurzer Zeit käme etwas Wesentliches hinzu, ist es, glaube ich, was mich hindert. Dagegen hat es mich gedrängt, mit der Bearbeitung des Traumes zu beginnen, wo ich mich so sicher fühle und es auch nach Deinem Urteil darf. Ich bin zunächst unterbrochen worden, mußte in Eile einen Auszug aus meinen sämtlichen Arbeiten für den Druck fertig machen.[1] Die Abstimmung soll noch dieser Tage erfolgen.[2] Jetzt bin ich fertig und denke wieder an den Traum. Ich habe in die Literatur hineingeblickt und komme mir vor wie das keltische Zaubermännchen »Ach wie bin ich froh, daß es niemand, niemand weiß –«. Niemand hat eine Ahnung davon, daß der Traum kein Unsinn ist, sonder eine Wunscherfüllung.

Ich weiß nicht, ob ich Dir's nicht schon geschrieben habe; doch sicherlich und nur zur Vorsicht wiederhole ich's, daß nun die Quelle der Gehörshalluzinationen der Paranoia aufgedeckt ist. Die Phantasien stammen auch bei der Hysterie aus dem Gehörten und *nachträglich* Verstandenen.

Ein stolzes Schiff ist mir wenige Tage nach der Rückkehr zu Grund gegangen. Mein Bankier, der am weitesten in der Analyse war, ist an einem entscheidenden Punkt, kurz ehe er mir die letzten Szenen bringen sollte, ausgesprungen. Es hat mich sicherlich auch materiell geschädigt, mich überzeugt, daß ich die Triebfedern der Sache doch nicht alle kenne.

Aber erfrischt, wie ich war, habe ich's leicht getragen und mir gesagt, ich warte also noch länger auf eine vollendete Kur. Es muß möglich sein und gemacht werden.

. . .

Ich wollte die Kinder am 18ten nach Aussee schicken, Martha wäre bis Pfingsten hier geblieben. Das elende Wetter hat uns zu einem unbestimmten Aufschub genötigt. Martin hat wieder einen Anfall gehabt von ungefährlicher *Dichter*itis ... Es war ein Gedicht ›Feiertag im Walde‹ und dann ein zweites noch unvollendetes ›Jagd‹. Daß die Operation bei ihm vollzogen worden, kannst Du Dir aus folgendem Vers erschließen, der in seinen ›Gesprächen der klugen Tiere‹ vorkommt:

»Hase«, spricht das Reh,
»Tut's Dir beim Schlucken im Halse noch weh?«

Es ist über alle Maßen komisch, wenn angesichts dieser Produktion Oli über die nicht vermiedenen orthographischen Fehler entrüstet ist ... Mathilde begeistert sich jetzt für Mythologie und hat unlängst bittere Tränen darüber geweint, daß die Griechen, die solche Helden waren, sich solche Schläge von den Türken geholt haben. Recht amüsantes Gesindel.

. . .

Ich habe jetzt einige neue Hörer und einen wirklichen Schüler aus – Berlin, einen Dr. Gattl, der hieher gekommen ist, von mir zu lernen. Ich versprach, ihm Unterricht, mehr nach altklassischer Weise (im Spazierengehen) als im Laboratorium und Krankensaal zu geben, und bin neugierig, wie er sich machen wird. Er ist übrigens Halbamerikaner ... Ich habe dieser Tage noch allerlei gute Einfälle für Dich gehabt, sie haben sich aber sämtlich wieder zurückgezogen. Ich muß auf den nächsten Schub warten. der sie wiederbringt. Bis dahin möchte ich gerne gute und reichliche Nachricht von Dir, Ida und Robert haben ...

Herzlichste Grüße und Glückauf zur Arbeit

Dein Sigm.

Teurer Wilhelm!

Ich schicke Dir hiemit das ›Verzeichnis sämtlicher Schönen usw.‹[1] Die Entscheidung im Kollegium verzögert sich, neuerlicher Widerspruch und Aufschub infolgedessen in letzter Sitzung. Meine Interessen sind zum Glück anderswo.

Die Beilage enthält einen Schub von Ahnungen, die mir große Hoffnung erwecken. Wenn ich da durchkomme, mache ich den bekannten Besuch in Berlin. Schätze, daß er erst nächstes Jahr erfolgen wird.

...

Mein Gesindel ist gestern abends mit Minna nach Aussee gereist und laut Bericht im schönsten Wetter angekommen. Martha bleibt bis Pfingsten hier.

Dein Sigm.

...

(Manuskript M)[2]

NOTIZEN II

Architektur der Hysterie

Wahrscheinlich so: Einzelne der Szenen sind direkt zugänglich, andere nur über vorgelegte Phantasien. Die Szenen sind nach steigendem Widerstand geordnet, die leichter verdrängten kommen zuerst nur unvollständig wegen der Assoziation mit den schwer verdrängten. Der Arbeitsweg geht in Schleifen zuerst an den Szenen herunter oder bis in ihre Nähe, dann von einem Symptom ein Stück weiter herab, dann wieder vom Symptom abwärts.[3] Da in den wenigen Symptomen die meisten Szenen vereinigt sind, so beschreibt man dabei wiederholte Schleifen durch die Hintergedanken derselben Symptome.

Symptome: Arbeit besteht aus einzelnen solchen tiefer und tiefer laufenden Stücken. [Siehe Abbildung S. 177.]

Verdrängung

Die Vermutung geht dahin, daß das eigentlich verdrängte Element stets das Weibliche ist, und wird dadurch bestätigt, daß die Frauen sowohl wie die Männer leichter die Erlebnisse mit Frauen hergeben als die mit Männern. Was die Männer eigentlich verdrängen ist das päderastische Element.[1]

Phantasien

Die Phantasien entstehen durch unbewußte Zusammenfügung von Erlebnissen und Gehörtem nach gewissen Tendenzen. Diese Tendenzen sind, die Erinnerung unzugänglich zu machen, aus der Symptome entstanden sind oder entstehen können. Die Phantasiebildung geschieht durch Verschmelzung und Entstellung analog der Zersetzung eines chemischen Körpers mit einem anderen zusammengesetzten. Die erste Art der Entstellung ist nämlich die Erinnerungsfälschung durch Zerteilung, wobei gerade die zeitlichen Verhältnisse vernachlässigt werden. (Das zeitliche Korrigieren scheint gerade an der Tätigkeit des Bewußtseinssystems zu hängen.) Das eine Teilstück der gesehenen Szene wird dann mit einem Teilstück der gehörten zur Phantasie vereinigt, während das frei gewordene Teilstück eine andere Verbindung eingeht. Damit ist ein ursprünglicher Zusammenhang unauffindbar gemacht. Durch die Bildung solcher Phantasien (in Erregungszeiten) hören die Erinnerungssymptome auf. Dafür sind unbewußte Dichtungen vorhanden, die der Abwehr nicht unterlegen sind. Wächst nun die Intensität einer solchen Phantasie soweit, daß sie den Zugang ins Bewußtsein erzwingen mußte, so unterliegt die Phantasie der Verdrängung und es entsteht ein Symptom durch Rückdrängung von ihr auf die konstituierenden Erinnerungen.

Alle Angstsymptome (Phobien) sind aus Phantasien so abgeleitet. Immerhin werden die Symptome so vereinfacht. Ein dritter Vorstoß und eine dritte Art der Symptombildung geht vielleicht von Impulsbildung aus.

Arten der Kompromißverschiebung:

Assoziationsverschiebung: Hysterie

Ähnlichkeit- (Begriffs-Verschiebung): Zwangsneurose — für Ort der Abwehr charakteristisch (vielleicht auch für Zeit)

Kausalverschiebung: Paranoia

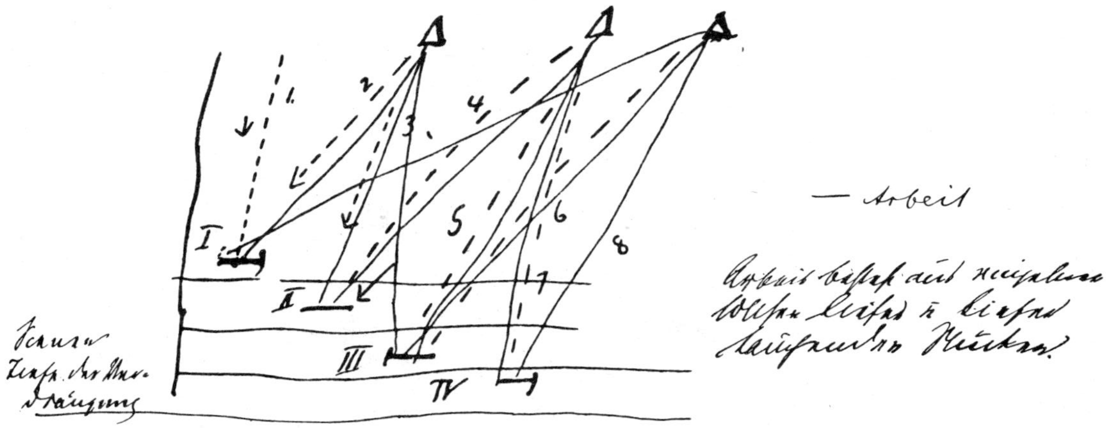

Alle punktierten Linien, Pfeile und Ziffern sind im Original rot; ebenso das Wort »—Arbeit«.

Typischer Ablauf
Ein guter Verdacht, daß die Erweckung des Verdrängten nicht dem Zufall überlassen ist, sondern Entwicklungsgesetzen folgt. Ferner, daß Verdrängung vom Rezenten nach rückwärts schreitet und die letzten Ereignisse zuerst betrifft.

Unterschied der Phantasien bei Hysterie und Paranoia
Letztere systematisch, alle in Kartell, erstere von einander unabhängig auch widersprechend, also vereinzelt, sind wie automatisch (auf chemischem Weg) entstanden. Dies und Vernachlässigung des Zeitcharakters wohl wesentlich für Unterschied zwischen Tätigkeit im Vorbewußten und Unbewußten.

Verdrängung im Unbewußten
Es genügt nicht, die Verdrängung zwischen Vorbewußtem und Unbewußtem in Betracht zu ziehen, sondern auch die normale Verdrängung innerhalb des Systems Unbewußt selbst. Sehr bedeutungsvoll, noch sehr dunkel.[1]
Es ist die schönste Hoffnung, die Anzahl und Art der Phantasien ebenso vorher zu bestimmen wie es mit den Szenen möglich ist. Ein Entfremdungsroman (vide Paranoia) regelmäßig dabei, dient der Illegitimierung der genannten Verwandten.[2] Agoraphobie scheint an Prostitutionsroman zu hängen, der selbst wieder auf diesen Familienroman zurückgeht. Frau, die nicht allein ausgehen will, behauptet also Untreue der Mutter.

31. 5. 97.
64 IX. Berggasse 19.

Teurer Wilhelm!
Lange nichts von Dir gehört. Anbei einige bei dem letzten Schub ans Ufer gespülte Brocken. Ich notiere jetzt nur für Dich und hoffe, Du bewahrst es mir auf. Zur Entschuldigung oder Erklärung füge ich nichts hinzu: ich weiß, es sind erst Vorahnungen, aber aus all solchen Dingen ist etwas geworden, nur was ich mit dem System *Vbw* dazuklügeln woll-

te, habe ich zurücknehmen müssen. Eine Ahnung sagt mir noch, als ob ich es schon wüßte – ich weiß aber gar nichts –, daß ich nächstens die Quelle der Moral aufdecken werde. So wächst die Sache noch immer in meiner Erwartung und macht mir die größte Freude. Wenn ich Dich nur zur Mitteilung bequemer und näher haben könnte.

Die Sommerstimmung ist sonst sehr mächtig. Freitag abends wollen wir über Pfingsten nach Aussee. Ich weiß nicht, ob mir noch mitteilungsfähige Einfälle kommen werden; arbeiten will ich nicht mehr. Selbst den Traum habe ich bei Seite gelegt. Unlängst träumte ich von überzärtlichen Gefühlen für Mathilde, sie hieß aber Hella und ›Hella‹ sah ich dann nochmals fett gedruckt vor mir. Auflösung: Hella heißt eine amerikanische Nichte, deren Bild wir bekommen haben.

Mathilde könnte Hella heißen, weil sie unlängst über die Niederlagen der Griechen so bitter geweint hat. Sie begeistert sich für die Mythologie des alten Hellas und sieht in allen Hellenen natürlich Helden. Der Traum zeigt natürlich meinen Wunsch erfüllt, einen Vater als Urheber der Neurose zu ertappen, und macht so meinen noch immer sich regenden Zweifeln ein Ende.

Ein andermal träumte ich, daß ich wenig bekleidet eine Treppe hinaufgehe, wie der Traum hervorhub, sehr flink (Herz – Beruhigung!); plötzlich merke ich aber, daß ein Frauenzimmer nachkommt und da tritt das im Traum so häufige an der Stelle Kleben, Gelähmtsein, auf. Das begleitende Gefühl war nicht Angst, sondern erotische Erregung. So siehst Du, wie die dem Schlaf eigene Lähmungsempfindung zur Erfüllung eines Exhibitionswunsches gebraucht wird. Ich war vorher tatsächlich in der Nacht die Treppe von der unteren Wohnung hinaufgegangen und zwar wenigstens ohne Kragen und dachte daran, es könnte ein Nachbar auf der Treppe sein.[1]

...

Mit herzlichsten Grüßen für Deine liebe Frau und Sohn

Dein Sigm.

(Manuskript N)[1]

NOTIZEN III

Impulse

Die feindseligen Impulse gegen die Eltern (Wunsch, daß sie sterben mögen) sind gleichfalls ein integrierender Bestandteil der Neurose. Als Zwangsvorstellung kommen sie bewußt zu Tag. Bei Paranoia entspricht ihnen das Ärgste am Verfolgungswahn (pathologisches Mißtrauen der Herrscher und Monarchen). Verdrängt werden diese Impulse zu Zeiten, wenn sich Mitleid für die Eltern regt, Krankheit, Tod derselben. Dann ist es eine Äußerung der Trauer, sich Vorwürfe über ihren Tod zu machen (sog. Melancholien) oder sich hysterisch mittels der Vergeltungsidee mit denselben Zuständen zu bestrafen, welche sie gehabt haben. Die dabei stattfindende Identifizierung ist, wie man sieht, nichts anderes als ein Denkmodus und macht die Suche nach dem Motiv nicht überflüssig.
Es scheint, als ob dieser Todeswunsch bei den Söhnen sich gegen den Vater, bei den Töchtern gegen die Mutter kehren würde.[2] Ein dienendes Mädchen macht davon die Übertragung, daß sie der Dienstfrau den Tod wünscht, damit der Dienstherr sie heiraten kann. (Beob. Traum von Lisel[3] mit Bezug auf Martha und mich.)

Verhältnis von Impulsen und Phantasien

Von den Erinnerungen aus scheint es sich zu gabeln, ein Teil derselben wird durch Phantasien verlegt und ersetzt, ein anderer zugänglicher Teil scheint direkt zu Impulsen zu führen. Ob dann später Impulse auch aus Phantasien hervorgehen können?
Ähnlich würden Zwangsneurose und Paranoia ex aequo aus Hysterie hervorgehen, was die Unverträglichkeit dieser beiden erklären würde.

Glaubensversetzung

Glauben (Zweifeln) ist ein Phänomen, das ganz dem System des Ich (Bw) angehört und kein Gegenstück im Ubw hat. In den Neurosen wird der Glaube verschoben, dem Verdrängten, wenn es sich Reproduktion erzwingt, verweigert, und wie zur Strafe auf das Abwehrende verlegt. Titania, die ihren rechtmäßigen Gatten Oberon nicht lieben will, muß dafür die Liebe dem Phantasieesel Zettel schenken.

Dichtung und fine frenzy

Der Mechanismus der Dichtung ist derselbe wie der hysterischen Phantasien. Goethe vereinigt zum Werther etwas Erlebtes, seine Liebe zu Lotte Kästner, und etwas Gehörtes, das Schicksal des jungen Jerusalem, der durch Selbstmord endigt. Er spielt wahrscheinlich mit dem Vorsatz sich zu töten, findet darin den Berührungspunkt und identifiziert sich mit Jerusalem, dem er seine Motive aus der Liebesgeschichte leiht. Mittels dieser Phantasie schützt er sich gegen die Wirkung seines Erlebnisses. So behält Shakespeares Zusammenstellung von Dichtung und Wahn recht (fine frenzy).[1]

Motive der Symptombildung

Erinnern ist nie ein Motiv, sondern nur ein Weg, ein Modus. Das der Zeit nach erste Motiv der Symptombildung ist die Libido. Das Symptom also eine *Wunscherfüllung* wie der Traum.[2]

In späteren Stadien hat sich die Abwehr gegen die Libido auch im Ubw Raum geschafft. Die Wunscherfüllung muß dieser unbewußten Abwehr genügen. Dies geschieht, wenn das Symptom als Strafe (wegen bösen Impulses) oder aus Mißtrauen zur Selbsthinderung wirken kann. Die Motive der *Libido* und der *Wunscherfüllung als Strafe* summieren sich dann.[3] Die allgemeine Tendenz zum Abreagieren, zum Durchbruch des Verdrängten ist dabei unverkennbar, auf welches sich die beiden anderen Motive auftragen. Es scheint, als ob in späteren Stadien einerseits von den Erinnerungen her sich komplizierte psychische Gebilde (Impulse, Phantasien, Motive) verschieben, andererseits die *Abwehr* vom Vorbewußten (Ich) her ins Unbewußte eindringen würde, so daß auch die Abwehr *multilokulär* wird. Die Symptombildung durch Identifizierung ist an die Phantasien geknüpft, d. h. an die Verdrängung derselben im Ubw, analog die Ichveränderung der Paranoia. Da an diese verdrängten Phantasien der Ausbruch von *Angst* geknüpft ist, muß man schließen, daß die Verwandlung von Libido in Angst nicht durch Abwehr zwischen Ich und Ubw, sondern im Ubw selbst vor sich geht. Es gibt darum auch ubw Libido.

Die Verdrängung von Impulsen scheint nicht *Angst* zu ergeben, sondern vielleicht Verstimmung – Melancholie. Die Melancholien schließen sich so der Zwangsneurose an.

Definition von ›Heilig‹
›Heilig‹ ist, was darauf beruht, daß die Menschen zu Gunsten der größeren Gemeinschaft ein Stück ihrer sexuellen und Perversionsfreiheit geopfert haben. Der Abscheu vor dem Inzest (ruchlos) beruht darauf, daß infolge der sexuellen Gemeinschaft (auch in der Kinderzeit) die Familienmitglieder dauernd zusammenhalten und des Anschlusses an Fremde unfähig werden. Er ist also antisozial – Kultur besteht in diesem fortschreitenden Verzicht.[1] Dagegen der ›Übermensch‹.

65 Dienstag, 12. 6. 97.

Teurer Wilhelm!
Dein Brief hat mich sehr amüsiert, besonders die Bemerkung über den Titel. Auf dem nächsten Kongreß nennst Du mich ›Herr Professor‹; ich will ein Kavalier sein wie andere Kavaliere. Die Wahrheit, daß wir im Leidenden wunderbar Schritt halten, im Schaffenden minder. So etwas wie diese Periode intellektueller Lähmung ist mir noch nicht vorgestellt gewesen. Und jede Zeile wird mir zur Qual. Du aber blühst jetzt wieder, ich sperre alle Sinnespforten auf, begreife zwar nichts, freue mich aber auf den nächsten Kongreß. In Aussee hoffentlich und im August.[2]...
In Aussee weiß ich einen wunderbaren Wald mit Farren und Schwämmen, wo Du mir die Geheimnisse der niederen Tier- und Kinderwelt enthüllen sollst. Ich stand noch nie so erwartungsvoll blöde vor Deinen Mitteilungen, hoffe aber, die Welt erfährt es nicht vor mir und anstatt eines kurzen Artikels bescherst Du uns über Jahresfrist ein kleines Buch, das die organischen Geheimnisse in Reihen von 28 und 23 auflöst.
Eingeschlagen mit der Gewalt des als richtig Geahnten hat bei mir die Bemerkung über das zeitweise Verschwinden der Perioden und ihr Wiederauftauchen oberirdisch. Es ist nämlich so mit mir gegangen. Ich habe übrigens irgend etwas Neurotisches durchgemacht, komische Zustände, die dem Bewußtsein nicht faßbar sind. Dämmergedanken, Schleierzweifel, kaum hie und da ein Lichtstrahl.[3]...
Umsomehr freue ich mich, daß Du wieder arbeitest. Wir teilen uns wie die beiden Schnorrer, von denen einer die Provinz Posen bekommt; Du

das Biologische, ich das Psychische. Ich will gestehen, daß ich in letzter Zeit eine Sammlung tiefsinniger jüdischer Geschichten angelegt habe. Ich mußte noch im Sommer zwei neue Fälle annehmen, die recht gut gehen. Der letzte ist ein 19jähriges Mädchen mit fast reinen Zwangsvorstellungen, das mich sehr neugierig macht. Nun gehen Zwangsvorstellungen nach meiner Spekulation auf ein höheres psychisches Alter zurück, deuten also von vorneherein nicht auf den Vater, der ja das Kind um so eher schont, je älter es wird, sondern auf die wenig älteren Geschwister, für die das Kind erst ein Frauenzimmerchen werden muß. Nun war der Herrgott so liebenswürdig, in diesem Fall den Vater sterben zu lassen, ehe das Kind 11 Monate war, zwei Brüder aber, davon einer drei Jahre älter als Patientin, haben sich erschossen.
Sonst bin ich blöde und empfehle mich Deiner Gnade. Ich glaube, ich bin in einer Puppenhülle, weiß Gott, was für ein Vieh da herauskriecht.
Herzliche Grüße und auf bald Dein Sigm.

66 Dr. Sigm. Freud, Wien, 7. 7. 97.
Dozent für Nervenkrankheiten IX. Berggasse 19.
a. d. Universität.

Mein teurer Wilhelm!
Ich weiß, daß ich gegenwärtig ein unbrauchbarer Korrespondent bin, der gar keine Ansprüche erheben darf, aber es war ja nicht immer so und wird nicht so bleiben. Was in mir vorgegangen ist, weiß ich noch immer nicht; irgend etwas aus den tiefsten Tiefen meiner eigenen Neurose hat sich einem Fortschritt im Verständnis der Neurosen entgegengestellt und Du warst irgendwie mit hineingezogen.[1] Denn die Schreiblähmung scheint mir bestellt, um unseren Verkehr zu hemmen. Garantien dafür besitze ich keine, es sind so Gefühle höchst dunkler Natur. Ob nicht etwas Ähnliches bei Dir der Fall war? Seit einigen Tagen scheint mir das Auftauchen aus diesem Dunkel in Vorbereitung. Ich merke, daß ich unterdes allerlei Fortschritte in der Arbeit gemacht habe; auch fällt mir wieder hie und da etwas ein. Hitze und Überarbeit haben gewiß ihr Teil dazu getan.

Ich sehe also, daß die Abwehr gegen die Erinnerungen nicht hindert, daß höhere psychische Gebilde aus ihnen entstehen, die eine Weile Bestand haben und dann selbst der Abwehr unterliegen, welche aber eine höchst spezifizierte ist, genau wie im Traum, der überhaupt die Psychologie der Neurosen in nuce enthält. Es sind dies Erinnerungsfälschungen und Phantasien, letztere auf die Vergangenheit oder Zukunft bezüglich. Ich kenne ungefähr die Regeln, nach denen diese Gebilde sich zusammensetzen, und die Gründe, welche sie stärker machen als die echten Erinnerungen, und habe so Neues zur Charakteristik der Vorgänge im *Ubw* gelernt. Daneben entstehen perverse Impulse, und bei der Verdrängung dieser Phantasien und Impulse, die später notwendig wird, ergeben sich die höheren Determinierungen der schon aus den Erinnerungen folgenden Symptome und neue Motive, an der Krankheit festzuhalten. Ich lerne einige typische Fälle von Zusammensetzung dieser Phantasien und Impulse kennen und einige typische Bedingungen für den Eintritt der Verdrängung gegen sie. Vollständig ist diese Kenntnis noch nicht. Die Technik fängt an, einen gewissen Weg als den naturgemäßen zu bevorzugen.

Die Traumaufklärung scheint mir das Gefestigste, rings herum liegen massenweise starrende Rätsel. Das Organologische wartet auf Dich, es hat bei mir keinen Fortschritt gemacht.

Ein interessanter Traum ist der, daß man halb oder ganz unbekleidet mit Scham und Angst unter fremden Leuten wandelt.[1] Merkwürdigerweise ist es Regel, daß die Leute es *nicht* bemerken, was wir der Wunscherfüllung zu danken haben. Dieser Traumstoff, welcher auf Exhibition in der Kindheit zurückgeht, ist in einem bekannten Märchen mißverstanden und lehrhaft verarbeitet worden. (Das Scheingewand des Königs – ›Talisman‹.) In der nämlichen Weise pflegt das Ich die sonstigen Träume fehlzudeuten.

Vom Sommer interessiert mich zunächst, wann und wo wir uns treffen, die Tatsache als ganz sicher hingestellt. Der Dr. Gattl attachiert sich sehr an mich und meine Theorien, ... Ich hoffe, Du wirst etwas an ihm finden und an ihm haben, wenn er nach Berlin kommt.

In Aussee geht es sehr gut. Ich bin auf Nachrichten von Dir sehr begierig.

Mit herzlichstem Gruß an die ganze Familie Dein Sigm.

67 Aussee, 14. 8. 97.

Teurer Wilhelm!
Ich muß mir vorhalten, daß ich mit der Absage gestern eine gute Tat getan habe, sonst tut's mir zu leid. Ich meine aber, es war wirklich so.

...

An meinen Erzählungen verlierst Du diesmal nichts. Es gärt in mir, ich bin mit nichts fertig; mit der Psychologie sehr zufrieden, in der Neurotik von schweren Zweifeln gequält, sehr denkfaul und habe es hier nicht zu Stande gebracht, das Wühlen im Kopf und in den Gefühlen zu ducken; dazu gehört erst Italien.

Nachdem ich hier schon sehr fidel geworden war, genieße ich jetzt eine grantige Periode. Der Hauptpatient, der mich beschäftigt, bin ich selbst. Meine kleine, aber durch die Arbeit sehr gehobene Hysterie hat sich ein Stück weiter gelöst. Anderes steckt noch. Davon hängt meine Stimmung in erster Linie ab. Die Analyse ist schwerer als irgendeine andere. Sie ist es auch, die mir die psychische Kraft zur Darstellung und Mitteilung des bisher Gewonnenen lähmt. Doch glaube ich, es muß gemacht werden und es ist ein notwendiges Zwischenstück in meinen Arbeiten.

Nun seid beide herzlichst gegrüßt und laßt mir auf das kurze Bedauern bald eine neue Erwartung folgen.

Dein Sigm.

68 Aussee, 18. 8. 97.

Teurer Wilhelm!

...

Ich merke, daß ich in letzter Zeit den Briefwechsel mit Dir ziemlich zurückgesetzt habe, weil eben die Zusammenkunft bevorstand. Nun sie vorüber ist – für meine Gedanken – meine ich, will ich zur alten, mit Unrecht verschmähten Technik des Gedankenaustausches den Weg frei machen. Meine Schrift ist auch wieder menschlicher, also meine Ermüdung im Rückgang. Deine Schrift ist, wie ich mit Vergnügen sehe, unveränderlich.

Martha freut sich sehr auf die Reise, obwohl die täglich berichteten Eisenbahnunfälle einem Familienvater- und Mutterpaar nicht gerade viel Lust dazu machen können. Du wirst lachen – und hast Recht – aber ich muß neue Ängstlichkeiten eingestehen, die kommen und gehen, aber dazwischen halbe Tage lang Bestand haben. Aus der Furcht vor dem nächsten Eisenbahnunfall hat mich vor einer halben Stunde die Erwägung gerissen: Wilhelm und Ida sind ja auch unterwegs. Damit war der Narrentanz zu Ende. Das bleibt aber strenge unter uns.

...

Ich hoffe für mich, diesmal etwas tiefer in die Kunst Italiens einzudringen. Ich ahne Deinen Standpunkt, der nicht das Kulturhistorisch-Interessante, sondern das Absolutschöne in der Deckung von Gedanken und Formgebung und in den elementar angenehmen Raum- und Farbensensationen sucht. In Nürnberg war ich noch fern davon. Hab' ich Dir übrigens schon einmal mitgeteilt, daß Neapel aufgegeben ist und daß die Reise nach S. Gimignano-Siena-Perugia-Assisi-Ancona, kurz nach Toscana und Umbrien geht?

Ich hoffe, sehr bald von Dir zu hören, wenn auch nur jedesmal wenig. Schreib zunächst hieher, vom 25. bis 1. 9. nach Venedig, Casa Kirsch. Herzlichste Wünsche für ungestört schönen Sommerrest.

Dein Sigm.

69 Dr. Sigm. Freud, Dozent für Nervenkrankheiten a. d. Universität. — Wien, 21. 9. 97. IX. Berggasse 19.

Teurer Wilhelm!

Hier bin ich wieder, seit gestern früh, frisch, heiter, verarmt, derzeit beschäftigungslos und schreibe Dir zuerst nach hergestellter Wohnbarkeit.[1] Und nun will ich Dir sofort das große Geheimnis anvertrauen, das mir in den letzten Monaten langsam gedämmert hat. Ich glaube an meine Neurotica nicht mehr. Das ist wohl nicht ohne Erklärung verständlich; Du hast ja selbst glaubwürdig gefunden, was ich Dir erzählen konnte. Ich will also historisch beginnen, woher die Motive zum Unglauben gekommen sind. Die fortgesetzten Enttäuschungen bei den Versuchen, meine Analyse zum wirklichen Abschluß zu bringen, das Davonlaufen der eine Zeitlang am besten gepackten Leute, das Ausbleiben der vollen Erfolge, auf die ich gerechnet hatte, die Möglichkeit, mir die partiellen Erfolge anders, auf die gewöhnliche Art zu erklären: dies die erste Gruppe. Dann die Überraschung, daß in sämtlichen Fällen der Vater als pervers beschuldigt werden mußte, mein eigener nicht ausgeschlossen, die Einsicht in die nicht erwartete Häufigkeit der Hysterie, wo jedesmal dieselbe Bedingung erhalten bleibt, während doch solche Verbreitung der Perversion gegen Kinder wenig wahrscheinlich ist.[1] (Die Perversion muß unermeßlich häufiger sein als die Hysterie, da ja Erkrankung nur eintritt, wo sich die Ereignisse gehäuft haben und ein die Abwehr schwächender Faktor hinzugetreten ist.) Dann drittens die sichere Einsicht, daß es im Unbewußten ein Realitätszeichen nicht gibt, so daß man die Wahrheit und die mit Affekt besetzte Fiktion nicht unterscheiden kann. (Demnach blieb die Lösung übrig, daß die sexuelle Phantasie sich regelmäßig des Themas der Eltern bemächtigt.)[2] Viertens die Überlegung, daß in der tiefgehendsten Psychose die unbewußte Erinnerung nicht durchdringt, so daß das Geheimnis der Jugenderlebnisse auch im verworrensten Delirium sich nicht verrät. Wenn man so sieht, daß das Unbewußte niemals den Widerstand des Bewußten überwindet, so sinkt auch die Erwartung, daß es in der Kur umgekehrt gehen müßte bis zur völligen Bändigung des Unbewußten durch das Bewußte.

Soweit beeinflußt wurde ich bereit, auf zweierlei zu verzichten, auf die völlige Lösung einer Neurose und auf die sichere Kenntnis ihrer Ätiologie in der Kindheit. Nun weiß ich überhaupt nicht, woran ich bin, denn das theoretische Verständnis der Verdrängung und ihres Kräftespiels ist mir nicht gelungen. Es erscheint wieder diskutierbar, daß erst spätere Erlebnisse den Anstoß zu Phantasien geben, die auf die Kindheit zurückgreifen, und damit gewinnt der Faktor einer hereditären Disposition einen Machtbereich zurück, aus dem ihn zu verdrängen ich mir zur Aufgabe gestellt hatte – im Interesse der Durchleuchtung der Neurose.

Wäre ich verstimmt, unklar, ermattet, so wären solche Zweifel wohl als Schwächeerscheinungen zu deuten. Da ich im gegensätzlichen Zustande bin, muß ich sie als Ergebnis ehrlicher und kräftiger intellektueller Ar-

beit anerkennen und stolz darauf sein, daß ich nach solcher Vertiefung solcher Kritik noch fähig bin. Ob dieser Zweifel nur eine Episode auf dem Fortschreiten zur weiteren Erkenntnis darstellt?
Merkwürdig ist auch, daß jedes Gefühl von Beschämung ausgeblieben ist, zu dem doch ein Anlaß sein könnte. Gewiß, ich werde es nicht in Dan erzählen, nicht davon reden in Askalon, im Lande der Philister, aber vor Dir und bei mir habe ich eigentlich mehr das Gefühl eines Sieges als einer Niederlage (was doch nicht recht ist).[1]
Wie schön, daß jetzt eben Dein Brief kommt! Er veranlaßt mich, einen Vorschlag voranzustellen, mit dem ich schließen wollte. Wenn ich Samstag abends in dieser faulen Zeit auf die Nordwestbahn gehe, bin ich Sonntags mittags bei Dir und kann die nächste Nacht zurückreisen. Kannst Du Dir den Tag für ein Idyll zu Zweien, unterbrochen durch eines zu Dreien und Dreieinhalb, freimachen? Das wollte ich fragen. Oder hast Du einen lieben Gast im Hause oder Dringendes außerhalb zu tun? Oder, wenn ich am Abend nach Hause abreisen muß, was sich dann nicht lohnen würde, gelten dieselben Bedingungen für den Fall, daß ich Freitag abends zur Nordwestbahn gehe und eineinhalb Tage bei Dir bleibe? Ich meine natürlich diese Woche.[2]
Nun setze ich meinen Brief fort. Ich variiere das Hamlet'sche Wort ›To be in readiness‹ — Heiter sein ist Alles. Ich könnte mich ja sehr unzufrieden fühlen. Die Erwartung des ewigen Nachruhmes war so schön und des sicheren Reichtums, die volle Unabhängigkeit, das Reisen, die Hebung der Kinder über die schweren Sorgen, die mich um meine Jugend gebracht haben. Das hing alles daran, ob die Hysterie aufgeht oder nicht. Nun kann ich wieder still und bescheiden bleiben, sorgen, sparen und da fällt mir aus meiner Sammlung die kleine Geschichte ein: Rebekka zieh das Kleid aus, Du bist keine Kalle[3] mehr . . .
Noch etwas muß ich anfügen. In diesem Sturz aller Werte ist allein das Psychologische unberührt geblieben. Der Traum steht ganz sicher da und meine Anfänge metapsychologischer Arbeit haben an Schätzung nur gewonnen. Schade, daß man vom Traumdeuten z. B. nicht leben kann.
Martha ist mit mir nach Wien gekommen, Minna und die Kinder bleiben noch eine Woche draußen. Sie haben sich alle ausgezeichnet befunden . . .

Wie es Euch geht und was sich sonst zwischen Himmel und Erde tut, hoffe ich – Deine Antwort vorweggenommen – bald selbst zu erfahren.

Herzlichst Dein

Sigm.

70 Wien, 3. 10. 97.

Teurer Wilhelm!

Mein Besuch hat den Vorteil gebracht, daß Du mir wieder Einzelheiten mitteilen kannst, seitdem ich den Rahmen des gegenwärtigen Ganzen kenne. Nicht auf alles darfst Du Antwort erwarten und bei manchen Antworten wirst Du, hoffe ich, meine eigene Fremdheit und Urteilsschwäche in Deinen Dingen nicht außer Rechnung lassen ...

Bei mir geht äußerlich noch sehr wenig vor, innerlich etwas sehr Interessantes. Seit vier Tagen hat sich meine Selbstanalyse, die ich für unentbehrlich halte zur Aufklärung des ganzen Problems, in Träumen fortgesetzt und mir wertvollste Aufschlüsse und Anhaltspunkte ergeben. An einzelnen Stellen habe ich die Empfindung, am Ende zu sein, und bisher wußte ich auch immer, wo die nächste Traumnacht fortsetzen wird. Schwieriger als alles andere ist mir davon die schriftliche Darstellung, auch viel zu weitläufig. Ich kann nur andeuten, daß bei mir der Alte keine aktive Rolle spielt, daß ich aber wohl einen Analogieschluß von mir auf ihn gerichtet habe, daß meine ›Urheberin‹ ein häßliches, älteres aber kluges Weib war, das mir viel vom lieben Gott und von der Hölle erzählt und mir eine hohe Meinung von meinen eigenen Fähigkeiten beigebracht hat; daß später (zwischen 2 und 2½ Jahren) meine Libido gegen matrem erwacht ist, und zwar aus Anlaß der Reise mit ihr von Leipzig nach Wien, auf welcher ein gemeinsames Übernachten und Gelegenheit, sie nudam zu sehen, vorgefallen sein muß (Du hast für Deinen Sohn daraus die Konsequenz längst gezogen, wie mir eine Bemerkung verraten hat); daß ich meinen 1 Jahr jüngeren Bruder(der mit wenigen Monaten gestorben) mit bösen Wünschen und echter Kindereifersucht begrüßt hatte, und daß von seinem Tode der Keim zu Vorwürfen in mir geblieben ist. Auch den Genossen meiner Untaten zwischen 1–2 Jahren kenne ich längst, es ist ein um 1 Jahr älterer Neffe, jetzt in Manchester, der, als ich 14 Jahre Jahre war, uns in Wien besuchte. Mit der um 1 Jahr jüngeren Nichte scheinen wir beide gelegentlich grausam umgegangen zu sein. Dieser Neffe und dieser jüngere Bruder bestimmen nun das Neurotische, aber auch das Intensive an allen meinen Freundschaften.[1] Meine Reiseangst hast Du noch selbst in Blüte gesehen.[2]

Von den Szenen selbst, die der Geschichte zugrunde liegen, habe ich noch nichts erfaßt. Kommen die auch und gelingt mir die Lösung der eigenen Hysterie, so werde ich dem Andenken des alten Weibes dankbar sein, das mir in so früher Lebenszeit die Mittel zum Leben und Weiterleben vorbereitet hat. Du siehst, die alte Neigung schlägt heute wieder durch. Von der intellektuellen Schönheit der Arbeit kann ich Dir eine Vorstellung nicht verschaffen.

Die Kinder kommen morgen früh. Das Geschäft geht noch sehr elend. Ich fürchte, wenn es stärker geht, kann es der Selbstanalyse hindernd in den Weg treten. Meine Einsicht, daß die Behandlungsschwierigkeiten daher rühren, daß man endlich die bösen Neigungen des Patienten, seinen Willen krank zu bleiben, freilegt, stärkt und klärt sich. Wir wollen weiter sehen.

Ich grüße Dich und Deine kleine Familie herzlich und hoffe, bald wieder Brocken von Deinem Tisch zu erhalten

Dein Sigm.

4. Okt. Die Kinder sind angekommen. Das schöne Wetter ist um. Der heutige Traum hat unter den merkwürdigsten Maskierungen Folgendes gebracht.

Sie war meine Lehrerin in sexuellen Dingen und hat geschimpft, weil ich ungeschickt war, nichts gekonnt habe (die neurotische Impotenz geht immer so zu; die Angst vor dem Nichtkönnen in der Schule bekommt auf diese Weise ihren sexuellen Untergrund). Ich sah dabei einen kleinen Tierschädel, zu dem ich ›Schwein‹ im Traum dachte, wo aber sich in der Analyse anreihte Dein Wunsch vor zwei Jahren, ich möchte auf dem Lido einen mich aufklärenden Schädel finden wie einst Goethe. Ich fand ihn aber nicht. Also ›ein kleiner Schafskopf‹. Der ganze Traum war voll der kränkendsten Anspielungen auf mein heutiges Unvermögen als Therapeut. Die Neigung, an die Unheilbarkeit der Hysterie zu glauben, fängt vielleicht hier an. Außerdem hat sie mich mit rötlichem Wasser gewaschen, in dem sie sich früher gewaschen hatte (Deutung nicht schwer; ich finde in meiner Erinnerungskette nichts Ähnliches, halte dies also für einen echten alten Fund), und mich veranlaßt, ›Zehner‹ (10 Kreuzer-Stücke) wegzunehmen, um sie ihr zu geben.[1] Von diesen ersten silbernen Zehnern bis zu dem Haufen papierner Zehngulden, die ich im Traum als Wochengeld für Martha sah, reicht eine lange Kette. Der Traum läßt sich zusammenfassen als ›schlechte Behandlung‹. So wie die Alte für ihre schlechte Behandlung Geld von mir bekam, so bekomme ich heute Geld für die schlechte Behandlung meiner Patienten. Die *Qu*, von der Du mir jene Äußerung hinterbracht hast, von der ich als Frau eines Kollegen nichts nehmen sollte (er hat natürlich eine Bedingung daraus gemacht), spielte eine besondere Rolle.

Ein harter Kritiker könnte auf alles sagen, es sei nach rückwärts phantasiert, anstatt nach vorne bedingt. Die experimenta crucis müßten gegen ihn entscheiden. Das rötliche Wasser scheint schon solcher Art zu sein. Woher bei allen Patienten die entsetzlichsten perversen Details, die oft ihrem Erleben ebenso ferne sind wie ihrer Kenntnis?

15. 10. 97.

71 IX. Berggasse 19.

Teurer Wilhelm!

Meine Selbstanalyse ist in der Tat das Wesentlichste, was ich jetzt habe, und verspricht, von höchstem Wert für mich zu werden, wenn sie bis zu Ende geht. Mitten drin hat sie drei Tage plötzlich versagt und dabei hatte ich das Gefühl der inneren Bindung, über das die Kranken so klagen und war eigentlich trostlos ...

Meine Praxis läßt mir unheimlicherweise noch immer sehr viel Zeit.

Um so wertvoller ist das Ganze für meine Absichten, als es mir gelungen ist, einige reale Anhaltspunkte für die Geschichte zu finden. Ich fragte meine Mutter, ob sie sich noch der Kinderfrau erinnert. Natürlich sagte sie, eine ältliche Person, sehr gescheit, sie hat Dich in alle Kirchen getragen: wenn Du dann nach Hause gekommen bist, hast Du gepredigt und erzählt, wie der liebe Gott macht. Als ich im Wochenbett mit Anna war (2½ Jahre jünger), kam es heraus, daß sie eine Diebin war, und man hat alle blanken Kreuzer, Zehnerl und alles Spielzeug, das Dir geschenkt worden war, bei ihr gefunden. Dein Bruder Philipp ist selbst um den Polizeimann gegangen, sie hat dann 10 Monate Strafe bekommen. Nun sieh mal, was für Bestätigung dies für die Schlüsse meiner Traumdeutung abgibt. Den einzigen möglichen Irrtum habe ich mir leicht erklären können. Ich habe Dir geschrieben: Sie hat mich verleitet, Zehnerl zu stehlen und ihr zu geben. In Wahrheit bedeutet der Traum, sie hat selbst gestohlen. Denn das Traumbild war eine Erinnerung, daß ich Geld nehme von der Mutter eines Arztes, also unrechtmäßig. Die richtige Deutung ist: Ich = sie, und Mutter eines Arztes gleich meiner Mutter. Ich habe so wenig gewußt, daß sie eine Diebin war, daß ich die Deutung verfehlt habe.[1] Auch nach dem Arzt, den wir in Freiberg gehabt hatten, erkundigte ich mich, weil ein Traum viel Groll auf ihn häufte. Bei der Analyse der Traumperson, hinter der er steckte, war mir auch ein Prof. v. K. eingefallen, mein Gymnasiallehrer für Geschichte, der mir gar nicht zu passen schien, da ich in indifferentem, eher behaglichem Verhältnis zu ihm gestanden bin. Die Mutter erzählte mir nun, daß der Arzt aus meiner Kindheit einäugig war, und unter all meinen Lehrern war auch Prof. K. der einzige mit demselben Gebrechen!

Die Beweiskraft dieser Übereinstimmungen könnte man durch den Einwand entkräften, ich hätte einmal in späterer Kindheit gehört, daß die Kindsfrau diebisch war und es scheinbar vergessen, bis es im Traum zuletzt aufgetaucht. Ich glaube selbst, es ist so. Aber ich habe einen anderen ganz einwandfreien und amüsanten Beweis. Ich sagte mir, wenn mir die Alte so plötzlich entschwunden ist, so muß sich der Eindruck davon bei mir nachweisen lassen. Wo ist er nun? Da fiel mir eine Szene ein, die seit 29 Jahren gelegentlich in meiner bewußten Erinnerung auftaucht, ohne daß ich sie verstünde. Die Mutter ist nicht zu finden, ich heule wie verzweifelt. Bruder Philipp (20 Jahre älter als ich) sperrt mir einen Kasten auf, und nachdem ich die Mutter auch hierin nicht gefunden, weine ich noch mehr, bis sie schlank und schön zur Türe hereinkommt. Was soll das bedeuten? Wozu sperrt mir der Bruder den Kasten auf, der doch weiß, daß die Mutter nicht drin ist, mich also nicht beruhigen kann? Jetzt verstehe ich's plötzlich. Ich habe es von ihm verlangt. Als ich die Mutter vermißte, habe ich gefürchtet, sie werde mir ebenso verschwunden sein wie kurz vorher die Alte. Ich muß nun gehört haben, die Alte sei eingesperrt und darum geglaubt haben, die Mutter sei es auch, oder besser, sie sei ›eingekastelt‹, denn solche scherzhafte Ausdrucksweise beliebt Bruder Philipp, der jetzt 63 Jahre ist, noch bis auf den heutigen Tag. Daß ich mich gerade an ihn gewendet, beweist, daß mir sein Anteil am Verschwinden der Kinderfrau wohl bekannt war.[1]

Ich bin seither viel weiter gekommen, aber noch bei keinem rechten Ruhepunkt. Die Mitteilung des Unfertigen ist so weitläufig und mühselig, daß ich hoffe, Du erlassest sie mir und begnügst Dich mit der Kenntnis der sichergestellten Stücke. Wenn die Analyse hält, was ich von ihr erwarte, werde ich sie systematisch bearbeiten und Dir dann vorlegen. Ich habe nichts völlig Neues bis jetzt gefunden, alle Komplikationen, die ich sonst gewohnt bin. Ganz leicht ist es nicht. Ganz ehrlich mit sich sein, ist eine gute Übung. Ein einziger Gedanke von allgemeinem Wert ist mir aufgegangen. Ich habe die Verliebtheit in die Mutter und die Eifersucht gegen den Vater auch bei mir gefunden und halte sie jetzt für ein allgemeines Ereignis früher Kindheit, wenn auch nicht immer so früher wie bei den hysterisch gemachten Kindern. (Ähnlich wie den Abkunftsroman der Paranoia – Heroen, Religionsstifter.) Wenn das so ist, so versteht man die packende Macht des Königs Ödipus trotz aller Einwendungen, die der Verstand gegen die Fatumsvoraussetzung erhebt, und versteht, warum das spätere Schicksalsdrama so elend scheitern mußte. Gegen jeden willkürlichen Einzelzwang wie er in der Ahnfrau etc. Voraussetzung ist, bäumt sich unsere Empfindung, aber die griechische Sage greift einen Zwang auf, den jeder anerkennt, weil er dessen Existenz in sich verspürt hat. Jeder der Hörer war einmal im Keime und in der Phantasie ein solcher Ödipus und vor der hier in die Realität gezogenen Traumerfüllung schaudert jeder zurück mit dem ganzen Betrag der Verdrängung, der seinen infantilen Zustand von seinem heutigen trennt.

Flüchtig ist mir durch den Kopf gegangen, ob dasselbe nicht auch dem Hamlet zugrunde liegen möchte. Ich denke nicht an Shakespeares bewußte Absicht, sondern glaube lieber, daß eine reale Begebenheit den Dichter zur Darstellung reizte, indem das Unbewußte in ihm das Unbewußte im Helden verstand. Wie rechtfertigt der Hysteriker Hamlet sein Wort »So macht Gewissen Feige aus uns Allen«, wie erklärt er sein Zaudern, durch den Mord des Onkels den Vater zu rächen, derselbe, der unbedenklich seine Hofleute in den Tod schickt und geradezu vorschnell den Laertes ermordet? Wie besser, als durch die Qual, welche ihm die dunkle Erinnerung bereitet, er habe sich mit derselben Tat gegen den Vater aus Leidenschaft zur Mutter getragen »und wenn wir nach dem Verdienst behandelt werden, wer würde dann dem Auspeitschen entgehen«. Sein Gewissen ist sein unbewußtes Schuldbewußtsein. Und seine Sexualentfremdung im Gespräch mit Ophelia, ist die nicht typisch hysterisch, seine Verwerfung des Instinkts, der Kinder gebären will, endlich seine Übertragung der Tat von seinem Vater auf Ophelias. Und gelingt es ihm nicht am Ende auf ebenso wunderbare Weise wie meinen Hysterikern, sich seine Bestrafung zu erzwingen, indem er dasselbe Schicksal erfährt wie der Vater, von demselben Nebenbuhler vergiftet wird.[1]
Ich halte mein Interesse so ausschließlich auf die Analyse gerichtet, daß ich noch nicht einmal den Versuch gemacht habe, anstatt meiner Hypothese, die Verdrängung gehe jedesmal vom Weiblichen aus und richte sich gegen das Männliche, die von Dir vorgeschlagene gegensätzliche zu versuchen. Ich werde es aber irgend einmal vornehmen. An Deinen Arbeiten und Fortschritten habe ich leider so geringen Anteil. In der einen Hinsicht bin ich besser daran als Du. Was ich Dir vom Seelenende dieser Welt erzähle, findet in Dir einen verständnisvollen Kritiker, und was Du mir von ihrem Sternenende mitteilst, weckt in mir nur unfruchtbares Staunen.
Mit herzlichstem Gruß für Dich, Deine liebe Frau und meinen neuen Neffen,

Dein Sigm.

72 Dr. Sigmund Freud, Wien, 27. 10. 97.
Dozent für Nervenkrankheiten IX. Berggasse 19.
a. d. Universität.

Teurer Wilhelm!
Es scheint, daß ich Deine Antwort nicht ›auswarten‹ kann. Du hast für Dein Stillschweigen sicherlich nicht die Erklärung, daß es Dich mit elementarer Gewalt in die Zeiten zurückwirbelt, in denen Lesen und Schreiben Dir eine lästige Aufgabe war, wie es mir am Sonntag ging, als ich Deinen noch nicht vierzigsten Geburtstag durch einen Brief feiern wollte, – aber hoffentlich eine ebenso harmlose. Von mir berichte ich Dir nichts als Analyse, die, mein' ich, auch für Dich das Interessanteste an mir sein wird. Das Geschäft ist trostlos schlecht, übrigens allgemein bis hinauf zu den Spitzen der Profession, und so lebe ich nur der ›inneren‹ Arbeit. Es packt und zerrt mich durch alte Zeiten in rascher Gedankenverbindung, die Stimmungen wechseln wie die Landschaften vor dem Eisenbahnfahrenden und wie der große Dichter es ausdrückt, in seinem Vorrecht der Veredlung (Sublimierung):

»Und manche liebe Schatten steigen auf;
Gleich einer alten, halbverklungenen Sage,
Kommt erst Lieb' und Freundschaft mit herauf.«[1]

Auch erster Schreck und Hader. Manches traurige Lebensgeheimnis geht hier auf seine ersten Wurzeln, mancher Stolz und Vorzug wird seiner bescheidenen Herkunft inne. Alles, was ich als Dritter bei den Patienten miterlebte, finde ich hier wieder, die Tage, an denen ich gedrückt herumschleiche, weil ich nichts vom Traum, von der Phantasie, von der Stimmung des Tages verstanden, und dann wieder die Tage, an denen ein Blitz den Zusammenhang erhellt und das Vorige als Vorbereitung des Heutigen verstehen läßt. In der Determinierung ahnen mir große allgemeine Rahmenmotive, möchte ich sie nennen, und andere Füllmotive, die nach den Erlebnissen des Einzelnen wechseln. Gleichzeitig lösen sich manche, wenn auch noch nicht alle Zweifel über die Auffassung der Neurose. Ich habe meine sämtlichen ziemlich verfahrenen Fälle durch einen Gedanken über den Widerstand sanieren können, so daß sie jetzt erfreulich weiter gehen. Der Widerstand, der endlich das Arbeiten versagt, ist nichts anderes als der damalige Charakter des Kindes, der degenerative Charakter, der sich infolge jener Erlebnisse entwickelt hat oder hätte, die man in den sogenannten degenerativen Fällen als bewußt vorfindet, der hier aber durch die Verdrängungsentwicklung überlagert wird. Durch die Arbeit grabe ich ihn aus, er sträubt sich, der erst so brave, edle Mensch wird gemein, verlogen oder trotzig, Simulant, bis ich's ihm sage, und so den Charakter überwindbar mache. So ist mir der Widerstand sachlich greifbar geworden, und ich wollte, ich hätte auch schon anstatt des Begriffes Verdrängung die dahinter verborgene Sache.[1]

Dieser Kindercharakter entwickelt sich in der Zeit der ›Sehnsucht‹, nachdem das Kind den sexuellen Erlebnissen entzogen ist. Die Sehnsucht ist der Hauptcharakterzug der Hysterie, wie die aktuelle Anästhesie (wenn auch nur fakultativ) ihr Hauptsymptom. Während derselben Periode der Sehnsucht werden die Phantasien gemacht und (ob regelmäßig?) die Masturbation gepflegt, die dann der Verdrängung weicht. Weicht sie nicht, so entsteht eben keine Hysterie; die Abfuhr der Sexualerregung hebt die Möglichkeit der Hysterie größtenteils auf. Von verschiedenen Zwangsbewegungen ist mir klar geworden, daß sie einen Ersatz der unterlassenen Masturbationsbewegungen bedeuten. Genug für heute, Details ein andermal, bis ich von Dir Gutes und Neues gehört habe . . .

Dein Sigm.

31. 10. 97.

73 IX. Berggasse 19.

Teurer Wilhelm!

. . .

Das Geschäft bei uns ist so, daß ich erwarte, wir gehen sehr schlechten Zeiten entgegen, die ja auf anderen Gebieten längst etabliert sind. Da ich Zeit habe, ließ ich mich bestimmen, zwei Fälle für unentgeltliche Behandlung zu übernehmen. Macht mit meiner Person drei Analysen, die nichts tragen.

Meine Analyse geht weiter, bleibt mein Hauptinteresse, alles noch dunkel, selbst die Probleme, aber ein behagliches Gefühl dabei, man brauchte nur in seine Vorratskammer zu greifen, um seinerzeit herauszuholen, was man braucht. Das Unangenehmste sind die Stimmungen, die einem die Wirklichkeit oft ganz verdecken. Auch die sexuelle Erregung ist für einen wie ich nicht mehr zu brauchen. Ich bin aber noch immer freudig dabei. An Resultaten ist jetzt gerade wieder Stille eingetreten.

Glaubst Du, daß das aus dem Schlafsprechen der Kinder dem Träumen angehört? Wenn ja, dann kann ich Dir den allerjüngsten Wunschtraum vorstellen: Annerl 1½ Jahre. In Aussee eines Tages Aushungerung, weil sie morgens erbrochen, was auf eine Erdbeermahlzeit geschoben wird. In der Nacht darauf ruft sie aus dem Schlaf einen Speisezettel aus: »Erbeer, Hochbeer, Eierpeis, Papp.« Ich hab' Dir's vielleicht schon erzählt.[1]

Unter dem Einfluß der Analyse ersetzen sich meine Herzbeschwerden jetzt sehr häufig durch Magendarmbeschwerden.

Verzeih das Geschwätz heute, das nur die Kontinuität unseres Briefverkehrs betonen soll.

Herzlichst Dein

Sigm.

74 Dr. Sigm. Freud,
Dozent für Nervenkrankheiten
a. d. Universität.

Wien, 5. 11. 97.
IX. Berggasse 19.

Teurer Wilhelm!

Ich habe Dir eigentlich nichts zu schreiben, es geschieht nur so in einer Stunde, in der man Zwiegespräch und Aufmunterung brauchen könnte. — . . .

Interessant, daß die Literatur sich jetzt so sehr der Psychologie des Kindes zuwendet. Ich habe heute wieder ein derartiges Buch erhalten, von James Mark Baldwin.[2] So bleibt man immer ein Kind seiner Zeit, auch mit dem, was man für sein Eigenstes hält.

Mir graut übrigens vor all der Psychologie, die ich in den nächsten Jahren aus Büchern holen soll. Gegenwärtig kann ich weder lesen noch denken. Das Beobachten zehrt mich genug auf. Meine Selbstanalyse stockt wieder einmal, besser, sie träufelt so langsam weiter, ohne daß ich etwas von ihrem Verlauf verstehe. In den anderen Analysen hilft mir die letzte Idee über den Widerstand noch immer weiter. Unlängst bekam ich Anlaß, einen alten, auch schon gedruckten Einfall zur Neurosenwahl wieder aufzunehmen, daß nämlich die Hysterien sich auf sexuelle Passivität, die Zwangsneurosen auf Aktivität beziehen. Sonst geht es langsam, langsam. Da ich nichts anderes kann als analysieren und nicht voll beschäftigt bin, langweile ich mich am Abend. Meine Vorlesung wird von 11 Hörern besucht, die mit Bleistift und Büchel dasitzen und verflucht wenig Positives zu hören bekommen. Ich spiele vor ihnen den neuropathologischen Naturforscher und kommentiere den Beard; mein Interesse ist aber gar nicht dabei.[1]

Über meine Deutung des König Ödipus und des Hamlet hast Du nichts geschrieben. Da ich das sonst niemand erzähle, weil ich mir die befremdete Ablehnung vorher denken kann, möchte ich eine kurze Äußerung von Dir darüber haben. Du hast mir im Vorjahr manchen Einfall mit gutem Recht zurückgewiesen.

Einen angeregten Abend verschaffte mir unlängst mein Freund Emanuel Löwy, Professor der Archäologie in Rom,[2] ein ebenso gründlicher als ehrlicher Kopf und braver Mensch, der mich jährlich einmal zu besuchen und bis 3h. morgens wachzuhalten pflegt. Er verbringt seine Herbstferien hier, wo seine Familie lebt Von seinem Rom –

. . .

Herzlichste Grüße für Dich, Weib und Kind,

Dein Sigm.

75 Dr. Sigm. Freud, Wien, 14. 11. 97.
Dozent für Nervenkrankheiten IX. Berggasse 19.
a. d. Universität.

Teurer Wilhelm!

»Es war also am 12. November 97; die Sonne stand eben im östlichen Winkel, Merkur und Venus in Konjunktion –« Nein, so fängt heute keine Geburtsanzeige mehr an. Es war am 12. November, einem von linksseitiger Migraine beherrschten Tag, an dessen Nachmittag Martin sich niedersetzte, um eine neues Gedicht zu schreiben,* an dessen Abend Oli seinen zweiten Zahn verlor,** daß mir nach den greulichen Wehen der letzten Wochen ein neues Stück Erkenntnis geboren wurde. Nicht ganz neu in Wahrheit, es hatte sich schon wiederholt gezeigt und wieder zurückgezogen,*** aber diesmal blieb es und erblickte das Licht.[1] Komischer Weise ahne ich solche Ereignisse eine gute Weile vorher. So schrieb ich Dir einmal im Sommer, ich werde die Quelle der normalen Sexualverdrängung (Moral, Scham etc.) finden und fand sie dann lange nicht. Vor den Ferien fiel die Äußerung, der wichtigste Patient sei für mich meine eigene Person, und nach der Ferienreise ging plötzlich die Selbstanalyse los, von der damals keine Spur zu sehen war.[2] Vor wenigen Wochen war der Wunsch, jetzt die Verdrängung durch das Wesentliche hinter ihr ersetzt zu wissen, und darum handelt es sich jetzt.

Daß bei der Verdrängung etwas Organisches mitwirkt, habe ich oft geahnt, daß es sich um die Auflassung von ehemaligen Sexualzonen handelt, konnte ich Dir schon einmal erzählen und beifügen, daß ich zu meinem Vergnügen eine solche Idee auch bei Moll angetroffen. Die Priorität des Einfalls trete ich privatim niemendem ab; bei mir hatte sich die Vermutung an die veränderte Rolle der Geruchssensationen geknüpft: Aufrechter Gang, Nase vom Boden abgehoben, damit eine Anzahl von früher interessanten Sensationen, die an der Erde haften, widerlich geworden – durch einen mir noch unbekannten Vorgang. (Er trägt die Nase hoch = Er hält sich für etwas besonders Edles.) Die Zonen nun, welche beim normalen und reifen Menschen sexuelle Entbindung nicht mehr produzieren, müssen Afterregion und Mund-Rachengegend sein. Das ist zweifach gemeint, erstens daß ihr Anblick und ihre Vorstellung nicht mehr erregend wirkt, zweitens daß die von ihnen ausgehenden Binnensensationen keinen Beitrag zur Libido liefern, wie die von den eigentlichen Sexualorganen. Bei den Tieren bestehen diese Sexualzonen

* Ich habe es nicht erfahren sollen. Es scheint, daß ihm die poetischen Mandeln beschnitten worden sind.

** Der erste wurde in der Tat am 9. November abends von der Kinderfrau gezogen, hätte sich vielleicht bis zum 10ten gehalten.

*** Lauter lange Kerls für S. Maj. le roi de Prusse.

nach beiden Hinsichten in Kraft; wo sich das auch beim Menschen fortsetzt, entsteht Perversion. Es ist anzunehmen, daß im infantilen Alter die Sexualentbindung noch nicht so lokalisiert ist wie später, so daß hier gewissermaßen auch jene später aufgelassenen Zonen (vielleicht die ganze Körperoberfläche mit) etwas anregen, was der späteren Sexualentbindung analog ist. Das Zugrundegehen dieser anfänglichen Sexualzonen hätte ein Gegenstück in der Aufzehrung gewisser innerer Organe im Laufe der Entwicklung. Sexualentbindung (Du weißt, ich meine eine Art von Sekretion, die man korrekter Weise als den inneren Zustand der Libido verspürt) kommt nun zu Stande nicht nur wie 1. durch peripheren Reiz an den Sexualorganen, wie 2. durch die Binnenerregungen von diesen Organen, sondern auch 3. von den Vorstellungen, also Erinnerungsspuren aus, also auch auf dem Wege der Nachträglichkeit. (Du kennst den Gedankengang von früher her.) Hat man ein Kind an den Genitalien irritiert, so entsteht daran eine weit stärkere Sexualentbindung als damals, weil der ausschlaggebende Apparat und der Sekretionsbetrag inzwischen gewachsen sind. So gibt es eine nicht neurotische Nachträglichkeit normaler Weise, und aus ihr entsteht der Zwang. (Unsere anderen Erinnerungen wirken sonst nur, weil sie als Erlebnisse gewirkt haben.) Solche Nachträglichkeit stellt sich nun auch für die Erinnerungen an die Erregungen der aufgelassenen Sexualzonen her. Aber deren Folge ist nicht Entbindung von Libido, sondern von einer Unlust, einer Binnensensation, die analog ist dem Ekel im Objektfalle.

Grob gesagt, die Erinnerung stinkt aktuell, wie in der Gegenwart das Objekt stinkt und wie wir das Sinnesorgan (Kopf und Nase) im Ekel abwenden, so wendet sich Vorbewußtes und der bewußte Sinn von der Erinnerung ab. Dies ist die *Verdrängung*.

Was liefert nun die normale Verdrängung? Etwas, woraus frei Angst, psychisch gebunden Verwerfung werden kann, also die Affektgrundlage für eine Menge von intellektuellen Vorgängen der Entwicklung, wie Moral, Scham, u. dgl. Dies entsteht also sämtlich auf Kosten untergegangener (virtueller) Sexualität. Somit ist es ersichtlich, wie mit den Entwicklungsschüben das Kind von der Frömmigkeit, Scham u. dgl. überzogen wird, und wie das Ausbleiben solchen Unterganges sexueller Zonen die Moral Insanity als Entwicklungshemmung produzieren kann.

Diese Schübe werden beim männlichen und weiblichen Geschlecht anders zeitlich disponiert sein. (Der Ekel tritt beim kleinen Mädchen früher auf als beim Knaben.) Der Hauptunterschied zwischen beiden Geschlechtern stellt sich aber um die Zeit der Pubertät her, wo eine *nicht* neurotische *Sexual*abneigung das Mädchen, Libido den Mann erfaßt. Um diese Zeit geht nämlich beim Weib eine weitere Sexualzone (ganz oder teilweise) unter, die beim Mann bestehen bleibt. Ich meine die männliche Genitalzone, die Region der Klitoris, in der sich während der Kindheit die sexuelle Empfindlichkeit auch des Mädchens konzentriert zeigt. Daher der Überguß von Scham, den das Weib um diese Zeit zeigt, bis spontan oder reflektorisch die neue Vaginalzone geweckt wird. Daher etwa die Anästhesie der Frauen, die Rolle der Masturbation bei den zur Hysterie bestimmten Kindern, und das Aufhören der Masturbation, wenn eine Hysterie daraus wird.

Nun zu den Neurosen! Kindererlebnisse, die bloß das Genitale betreffen, erzeugen beim Manne (und Mannweibe) nie Neurose, sondern bloß Masturbationszwang und Libido. Da aber die Kindererlebnisse in der Regel auch die beiden anderen Sexualzonen betroffen haben, bleibt auch für den Mann der Fall übrig, daß die durch Nachträglichkeit erwachende Libido zur Verdrängung und zur Neurose führt. Insoferne die Erinnerung ein Erlebnis an den Genitalien betroffen hat, erzeugt es nachträglich Libido; insoferne After, Mund usw., nachträglichen *inneren* Ekel und daher der Endzustand, daß ein Betrag Libido nicht wie sonst zur Aktion oder zur psychischen Übersetzung durchdringen kann, sondern sich in *regressiver* Richtung (wie im Traum) durchsetzen muß. Libido und Ekel hängen einmal assoziativ aneinander, der ersteren dankt man's, daß nicht allgemeine Unlust usw. aus der Erinnerung werden kann, sondern daß eine psychische Verwertung stattfindet, der letzteren, daß diese nichts anderes als Symptome liefert anstatt Zielvorstellungen. Das Psychologische daran wäre nicht schwer zu übersehen, der organische Faktor ist nun, ob das Aufgeben der Sexualzonen nach dem männlichen oder weiblichen Entwicklungstypus oder überhaupt erfolgt.

Wahrscheinlich hängt nun die Neurosenwahl, die Entscheidung, ob Hysterie, Zwangsneurose oder Paranoia entsteht, von der Natur des Schubes (d. h. seiner zeitlichen Bestimmtheit) ab, der die Verdrängung ermög-

licht, d. h. eine Quelle innerer Lust in eine solche inneren Ekels verwandelt. Soweit mit allen daran haftenden Unklarheiten. Ich bin also entschlossen, das, was Libido und das, was Angst macht, fortan für getrennte Faktoren zu halten. Habe es auch aufgegeben, die Libido für den männlichen, die Verdrängung für den weiblichen Faktor zu erklären. Jedenfalls bedeutsame Entscheidungen. Die Unklarheit liegt hauptsächlich in der Veränderung, durch welche aus der inneren Bedürfnissensation die Ekelsensation werden soll. Andere dunkle Punkte brauche ich Dir nicht anzuzeigen. In der Verknüpfung des neurotischen Vorganges mit dem normalen liegt der Hauptwert der Synthese. Es schreit also jetzt förmlich nach einer baldigen Aufklärung der gemeinen neurasthenischen Angst.
Meine Selbstanalyse bleibt unterbrochen. Ich habe eingesehen, warum. Ich kann mich nur selbst analysieren mit den objektiv gewonnenen Kenntnissen (wie ein Fremder), eigentliche Selbstanalyse ist unmöglich,[1] sonst gäbe es keine Krankheit. Da ich noch irgendein Rätsel bei meinen Fällen habe, so muß mich dies auch in der Selbstanalyse aufhalten.

76 Dr. Sigmund Freud, 18. 11. 97.
IX. Berggasse 19. ord. 5-7h.

Teurer Wilhelm!
. . .
Ich hatte heute früh ein angenehmes Gefühl, als ob mir etwas Wichtiges gelungen wäre. Ich weiß aber nicht, was es sein soll. Es war irgendwie verknüpft mit der Idee, man müßte die Hysterieanalyse beginnen mit der Aufdeckung der aktuell wirksamen Motive, das Kranksein zu akzeptieren, von denen ich ja einige kenne.[2] (Die Krankheit wird nämlich erst konstituiert, wenn sich die aberrante Libido mit solchen Motiven in Verbindung gesetzt, gleichsam eine aktuelle Verwendung gefunden hat.) Aber das selbst kann es nicht sein. Ich teile Dir das ganze Ereignis mit, weil solche Gefühle nach einer gewissen Zeit recht zu behalten pflegen, und weil heute ein leise betonter Tag war (müder Kopf, besonders schlechte Vorlesung).
Herzlichste Grüße Dein Sigm.

77 Wien, 3. 12. 97.

Teurer Wilhelm!

...

5. Dez. Ein kritischer Tag hat mich gehindert fortzufahren. Zu Ehren des lieben Besuches war mir ein Stück Aufklärung eingefallen, dessen Überbringerin Deine Frau werden sollte. Wahrscheinlich war es aber kein Tag hervorragender Art, das Neue, das mir in der Euphorie eingefallen war, zog sich wieder zurück, gefiel mir nicht mehr und wartet jetzt auf seine Wiedergeburt. Mitunter schwirren mir so Gedanken durch den Kopf, die alles zu verwirklichen versprechen, das Normale und das Pathologische, das sexuelle und das psychologische Problem zu verbinden scheinen, dann sind sie wieder weg, und ich bemühe mich nicht sie festzuhalten, weil ich doch weiß, ihr Vergehen wie ihr Erscheinen im Bewußtsein ist nicht der wirkliche Ausdruck ihrer Schicksale. An solchen stillen Tagen aber wie gestern und heute ist es sehr still in mir, furchtbar einsam. Ich kann mit niemandem darüber reden, auch nicht wie ein anderer Arbeiter mich absichtlich und willkürlich beschäftigen. Ich muß warten, bis es sich in mir rührt und ich davon erfahre. So träume ich mich oft über Tage weg. – Dies alles ist nur Einleitung zu unserem Zusammentreffen – in Breslau, wie Ida vorgeschlagen hat, wenn die Zugsverbindungen Dir taugen. Daß mir die Ereignisse in Prag Recht gegeben haben, weißt Du ja. Als wir uns das letzte Mal für Prag entschieden, spielten Träume eine große Rolle. Du wolltest nicht nach Prag kommen, weißt auch noch warum, und ich träumte gleichzeitig: daß ich in Rom bin, in den Straßen spazieren gehe und mich über die große Zahl von deutschen Straßen- und Geschäftstafeln wundere. Ich erwachte und dachte sogleich daran, das war also Prag (wo bekanntlich solche deutsche Tafeln ein Desiderat sind). Somit hatte der Traum meinen Wunsch erfüllt, Dich lieber in Rom als in Prag zu treffen.[1] Meine Romsehnsucht ist übrigens tief neurotisch. Sie knüpft an die Gymnasialschwärmerei für den semitischen Heros Hannibal an und ich bin wirklich heuer so wenig wie er vom Trasimener See nach Rom gekommen.[2] Seitdem ich das Unbewußte studiere, bin ich mir selbst so interessant geworden. Schade, daß man sich für's Intimste immer den Mund verschließt.

»Das Beste, was Du wissen kannst,
Darfst Du den *Buben* doch nicht sagen.«[1]

Breslau spielt eine Rolle in meinen Kindheitserinnerungen. Im Alter von 3 Jahren habe ich den Bahnhof dort passiert auf der Übersiedlung von Freiberg nach Leipzig und die Gasflammen, die ich zum ersten Mal sah, haben mich an brennende Geister in der Hölle gemahnt. Ich weiß ein wenig den Zusammenhang. Meine überwundene Reiseangst hängt auch daran.[2] Heute bin ich zu nichts zu brauchen . . .

Leb recht wohl und laß bald . . . eine vernünftige Antwort hören.

Dein Sigm.

78 Dr. Sigm. Freud, Wien, 12. 12. 97
Dozent für Nervenkrankheiten IX. Berggasse 19-6.
a. d. Universität.

Teurer Wilhelm!

. . .

Kannst Du Dir denken, was ›endopsychische Mythen‹ sind? Die neueste Ausgeburt meiner Denkarbeit. Die unklare innere Wahrnehmung des eigenen psychischen Apparates regt zu Denkillusionen an, die natürlich nach außen projiziert werden, und charakteristischer Weise in die Zukunft und in ein Jenseits. Die Unsterblichkeit, Vergeltung, das ganze Jenseits sind solche Darstellungen unseres psychischen Inneren . . . Psycho-Mythologie.[3]

Ein Buch von Kleinpaul ›Die Lebendigen und die Todten‹ möchte ich Dir auch empfehlen.[4]

Darf ich Dich bitten, mir die eingeschickten Traumbeispiele (insoweit sie auf separaten Blättern standen) nach Breslau mitzubringen? Ich habe letzten Dienstag einen Vortrag über den Traum in meinem jüdischen Verein (vor Laien) gehalten, der eine begeisterte Aufnahme fand. Nächsten Dienstag die Fortsetzung.[5]

Einen merkwürdigen Genuß hatte ich unlängst von den ›Meistersingern‹ . . . Die ›Morgentraumdeutweise‹ hat mich sympathisch berührt . . .

Es sind übrigens wie in keiner Oper sonst wirkliche Gedanken in Musik gesetzt, die dem Nachsinnen anhaftenden Gefühlstöne.
Leb recht wohl bis Breslau.

Dein Sigm.

Hoffe aber noch vorher zu hören und zu schreiben.

79 Wien, 22. 12. 97.

Teurer Wilhelm!
Ich bin wieder fidel und sehr gespannt auf Breslau, d. h. auf Dich und Deine schönen Neuigkeiten über das Leben und seine Abhängigkeit vom Weltenlauf. Ich war immer neugierig darauf, fand aber bisher keinen, der mir Antwort geben konnte. Wenn es jetzt zwei Leute gibt, von denen der eine sagen kann, was das Leben, der andere (beinahe), was die Seele ist, so ist es nur recht, daß sich die beiden öfter sehen und sprechen. Ich will nun rasch einige Neuigkeiten abwerfen, um selbst nicht erzählen zu müssen und ungestört lauschen zu können.
Es ist mir die Einsicht aufgegangen, daß die Masturbation die einzige große Gewohnheit, die ›Ursucht‹ ist, als deren Ersatz und Ablösung erst die anderen Süchte nach Alkohol, Morphin, Tabak etc. ins Leben treten.[1] Die Rolle dieser Sucht ist in der Hysterie ganz ungeheuer, vielleicht ist hier mein noch ausstehendes großes Hindernis ganz oder teilweise zu finden. Natürlich regt sich dabei der Zweifel, ob solche Sucht heilbar ist oder ob Analyse und Therapie hier Halt machen und sich begnügen müssen, eine Hysterie in eine Neurasthenie zu verwandeln.
Für die Zwangsneurose bestätigt es sich, daß die *Wortvorstellung* und nicht der ihr anhängende Begriff die Lokalität ist, wo das Verdrängte durchbricht. (Genauer, die Wort-Erinnerung.) Daher sind gerne die disparatesten Dinge als Zwangsvorstellung unter einem mehrdeutigen Wort vereinigt. Diese zweideutigen Worte sind gleichsam mehrere Fliegen auf einen Schlag für die Durchbruchstendenz, z. B. folgender Fall. Ein Mädchen, daß die Nähschule besucht und bald beendigt haben wird, wird von der Zwangsvorstellung belästigt: nein, Du darfst nicht fortgehen, Du bist noch nicht *fertig*, Du muß noch mehr *machen*, noch alles

mögliche lernen. Dahinter die Erinnerung an Kinderszenen, wo sie auf den Topf gesetzt wird, nicht bleiben will und denselben Zwang erfährt. Du darfst nicht fortgehen, Du bist noch nicht *fertig*, Du mußt noch mehr *machen*. Das Wort *machen* gestattet, die spätere Situation mit der infantilen zusammenzufassen. Die Zwangsvorstellungen bekleiden sich häufig mit einer eigentümlichen *Wortunbestimmtheit*, um solche mehrfache Verwendung zu gestatten. Faßt man sie (bewußt) näher ins Auge, so gerät dann der Ausdruck daneben, »Du mußt noch mehr lernen«; was dann später die fixierte Zwangsvorstellung wird, entsteht durch solche mißverständliche Deutung von Seiten des Bewußten.
Es ist nicht alles Willkür dabei. Das Wort ›machen‹ hat selbst die analoge Wandlung in seiner Bedeutung erfahren.[1] Eine alte Phantasie von mir, die ich Deinem linguistischen Spürsinn empfehlen möchte, handelt von der Abkunft unserer Tätigkeitsworte von solchen ursprünglich koproerotischen Terminis.
Ich kann Dir kaum ausführen, was sich mir Alles (ein neuer Midas!) in — Dreck auflöst.[2] Es stimmt ganz zur Lehre vom innerlichen Stinken. Vor allem Geld selbst. Ich glaube, dies geht über das Wort ›schmutzig‹ für ›geizig‹. Ebenso gehen alle Geburtsgeschichten, Fehlgeburt, Periode über das Wort ›Abort‹ (Abortus) auf den Locus zurück. Es ist ganz toll, ist aber ganz analog dem Vorgang, wie Worte eine übertragene Bedeutung annehmen, sobald sich neue der Bezeichnung bedürftige Begriffe einfinden.

. . .

Hast Du einmal eine ausländische Zeitung gesehen, welche die russische Zensur an der Grenze passiert hat? Worte, ganze Satzstücke und Sätze schwarz überstrichen, so daß der Rest unverständlich wird. Solche *russische Zensur*[3] kommt zustande bei Psychosen und ergibt die scheinbar sinnlosen *Delirien*.

. . .

Auf Wiedersehen!

Dein Sigm.

Ich reise also Sonntag 8h. wie verabredet.

80 Wien, 29. 12. 97.

Teurer Wilhelm!

... Eine kleine Deutung ist mir in den ersten Tagen gleich zugestoßen. Herr E., den Du kennst, hat im Alter von 10 Jahren einen Angstanfall bekommen, als er sich bemühte, einen schwarzen Käfer einzufangen, der es sich nicht gefallen ließ. Die Deutung dieses Anfalles war bislang dunkel geblieben. Nun hält er beim Kapitel ›Unschlüssigkeit‹, repetiert ein Gespräch der Großmutter mit der Tante über die Heirat der damals schon verstorbenen Mama, aus dem sich ergibt, daß sie etwas lange mit der Entscheidung gezögert, kommt plötzlich auf besagten seit Monaten nicht erwähnten schwarzen Käfer, von ihm auf den Marienkäfer (seine Mutter hieß Marie), lacht dann laut auf und erklärt dies Lachen mangelhaft durch die Bemerkung, die Zoologen nennen diesen Käfer septempunctate usw. je nach der Anzahl der Punkte, während er doch immer dasselbe Tier sei. Dann brechen wir ab und vor der nächsten Sitzung erzählt er mir, die Deutung des Käfers sei ihm eingefallen. Nämlich: Que faire? – Unschlüssigkeit ...

Daß man ein Frauenzimmer bei uns einen netten ›Käfer‹ heißen kann, dürfte Dir bekannt sein. Seine Kinderfrau und erste Geliebte war eine Französin; er hat eigentlich früher französisch sprechen gelernt als deutsch. Du erinnerst Dich an unsere Gespräche über die Verwendung der Worte ›Hineinstecken‹, ›Abort‹, u. dgl.[1]

...

Ich wünsche mir jetzt recht viel Material für die unbarmherzig strenge Nachprüfung der Linkshändigkeit. Nadel und Faden habe ich bereits. Übrigens ist die daran anschließende Frage die erste seit langer Zeit, in welcher unser beider Ahnungen und Neigungen nicht den gleichen Weg gehen.[2]

...

Nun Prosit Neujahr und auf viel Wiedersehen in 1898!

Dein Sigm.

81 Wien, 4. 1. 98.

Teurer Wilhelm!

. . .

Daß Dir mein noch ablehnendes Verhältnis zur Deutung der Linkshändigkeit so nahe geht, ist mir sehr interessant. Ich will versuchen, objektiv zu sein, ich weiß nämlich, wie schwer es ist.[1]

Wie ich mir erscheine, ist es so: ich bin auf die Betonung der Bisexualität förmlich geflogen und halte diesen Deinen Einfall für den bedeutsamsten in meinen Themen seit der ›Abwehr‹. Hätte ich Abneigung aus persönlichen Gründen, weil ich selbst ein Stück neurotisch bin, so müßte sich diese Abneigung gerade gegen die Bisexualität kehren, der wir ja die Neigung zur Verdrängung Schuld geben. Mir kommt vor, ich sträube mich nur gegen die Durchdringung von Bisexualität und Bilateralität, die Du forderst. Zu dieser Idee nahm ich anfangs gar keine Stellung, weil ich mich von dem Thema noch so entfernt fühlte. In Breslau war ich am zweiten Nachmittag . . . etwas auf den Kopf geschlagen, sonst hätte ich wohl den verspürten Zweifel zu einem Einwand formieren können, vielmehr es aufgreifen können, als Du selbst sagtest, jede der beiden Hälften enthalte wahrscheinlich beiderlei Geschlechtsorgane. Wo bleibt dann wirklich die Weiblichkeit etwa der linken Hälfte beim Manne, wenn sie einen Hoden (und entsprechende niedere männliche Sexualorgane) trägt wie die rechte? Deinem Postulat, daß sich zu allen Ergebnissen männlich und weiblich vereinigen müssen, ist ja schon in einer Hälfte genügt!

Ferner kam mir vor, Du hieltest mich selbst für ein Stück Linkshänder; und wenn, würdest Du mir's sagen, da diese Selbsterkenntnis nichts mich Verletzendes hat. Es liegt nur an Dir, wenn Du nicht alles Diskrete von mir weißt; soweit kennst Du mich lange. Ich weiß nun nichts von einer Bevorzugung der Linken jetzt oder in der Kindheit, eher könnte ich sagen, daß ich vor Jahren zwei linke Hände gehabt habe. Nur eines kann ich Dir nicht entgegenbringen. Ich weiß nicht, ob es anderen ohne weiteres evident ist, wo sie rechts oder links haben, und wo rechts oder links bei anderen sind. Für mich war es (in früheren Jahren) eher Sache der Überlegung, wo meine Rechte ist, kein Organgefühl sagte es mir.

Ich pflegte rasch die Schreibbewegungen mit der Rechten zu versuchen. Bei anderen muß ich heute noch die Stellung usw. umrechnen. Vielleicht paßt das Dir in die Auffassung hinein, vielleicht hängt es damit zusammen, daß ich im allgemeinen ein niederträchtig geringes Raumvorstellungsvermögen habe, was mir alle geometrischen und davon abgeleiteten Studien unmöglich gemacht hat.
So erscheint es mir. Nun weiß ich ja, daß es trotzdem anders sein kann und daß meine bisherige Abneigung gegen Deine Auffassung der Linken auf unbewußten Motiven beruhen mag. Sind die hysterisch, so haben sie sicherlich mit dem Thema nichts tun, sondern halten sich nur ans Schlagwort. Etwa, daß ich etwas angestellt habe, was man nur mit der Linken tun kann. Die Aufklärung darüber kommt dann irgendeinmal, Gott weiß, wann.
...
Du mußt mir versprechen, von der Gartenlaube gar nichts zu erwarten. Es wird wirkliches Geschwätz, gut genug für die Leute, zwischen uns mit keinem Wort zu berühren.[1]
... Herzlichst Dein Sigm.

16. 1. 98.

82 IX. Berggasse 19.

Teurer Wilhelm!
...
Es wimmelt allerlei kleines Zeug, Traum und Hysterie fügen sich immer feiner. Die Details verlegen jetzt den Weg für die in Breslau angeregten großen Probleme. Man muß es nehmen, wie es kommt, und froh sein, daß es kommt. Die Definition von ›Glück‹ füge ich bei (wenn ich sie Dir nicht schon längst mitgeteilt?).
Glück ist die nachträgliche Erfüllung eines prähistorischen Wunsches. Darum macht Reichtum so wenig glücklich; Geld ist kein Kinderwunsch gewesen. Allerlei anderes dämmert noch und immer ist alles Frühere vergessen. Zusammenfassen ist noch nicht möglich.
... Dein Sigm.

83 Dr. Sigm. Freud, Wien, 9. 2. 98.
Dozent für Nervenkrankheiten IX. Berggasse 19.
a. d. Universität.

Teurer Wilhelm!

...

Ich war Sonntag auf Konsultation in Ungarn, wo eine 50jährige Dame behauptet, sie ginge auf hölzernen Rollen, ihre Glieder seien schlaff wie die einer Gliederpuppe, sie werde bald anfangen, auf allen Vieren zu kriechen. Im Übrigen bin ich ohne jeden Grund glänzend aufgelegt und habe mein Tagesinteresse gefunden. Ich bin tief im Traumbuch,[1] schreibe es fließend und freue mich in Gedanken an all das ›Schütteln des Kopfes‹[2] über die Indiskretionen und Vermessenheiten, die es enthält. Wenn man nicht auch lesen müßte! Das bißchen Literatur ist mir schon zuwider. Das einzige vernünftige Wort ist dem alten Fechner in seiner erhabenen Einfalt in den Sinn gekommen.[3] Der Traumvorgang spielt auf einem anderen psychischen Terrain. Die erste rohe Karte dieses Terrains werde ich mitteilen.

... Selbstanalyse ruht zugunsten des Traumbuches. Die Hysteriefälle gehen sogar schlecht voraus. Ich werde auch in diesem Jahr keinen zu Ende bringen; für's nächste bin ich dann ganz ohne Patientenmaterial.

Den ›Gartenlaubenartikel‹ habe ich heute zu Ende gebracht.[4] Er ist ziemlich frech und wesentlich dazu bestimmt, ein Ärgernis zu geben, was ihm auch gelingen wird. Breuer wird sagen, ich hätte mir sehr geschadet.

Einem Gerücht zufolge sollen wir zum Kaiserjubiläum 2. Dezember mit dem Titel von Professoren bekleidet werden. Ich glaube nicht daran, habe einen reizenden Traum darüber gehabt, der leider nicht publizierbar ist, weil sein Hintergrund, sein zweiter Sinn zwischen meiner Amme (meiner Mutter) und meiner Frau hin und hergeht ... Überhaupt. Das Beste, was Du wissen kannst usw.

Zola hält uns sehr in Atem. Der brave Kerl, das wär' einer, mit dem man sich verständigen könnte.[5] Das lausige Benehmen der Franzosen hat mir Deine Bemerkungen auf der Breslauer Brücke über Frankreichs Verfall, die mir anfangs unangenehm waren, ins Gedächtnis gerufen.

Das Auftreten Schweningers hier im Redezirkus war eine arge Blamage.[1] Ich war natürlich nicht dabei. Dafür habe ich mir das Vergnügen gegönnt, unseren alten Freund Mark Twain leibhaftig zu hören, was ein großer Genuß war.[2]
Leb recht wohl und grüß' mir Deine ganze gegenwärtige und zukünftige Familie

Dein Sigm.

84 Dr. Sigm. Freud, Dozent für Nervenkrankheiten a. d. Universität.

Wien, 10. 3. 98. IX. Berggasse 19.

Teurer Wilhelm!

...

Es war keine kleine Leistung von Dir, das Traumbuch fertig daliegen zu sehen.[3] Es hat wieder geruht und das Problem unterdes sich vertieft und erweitert. Es scheint mir, als ob mit der Theorie der Wunscherfüllung nur die psychologische Lösung gegeben wäre, nicht die biologische, oder besser, metapsychische. (Ich werde Dich übrigens ernsthaft fragen, ob ich für meine hinter das Bewußtsein führende Psychologie den Namen Metapsychologie gebrauchen darf.) Biologisch scheint mir das Traumleben durchwegs von den Resten der prähistorischen Lebenszeit (1-3 Jahre) auszugehen, derselben Zeit, welche die Quelle des Unbewußten ist und die Ätiologie aller Psychoneurosen allein erhält, der Zeit, für welche normaler Weise eine der Hysterie analoge Amnesie besteht. Mir ahnt die Formel: Was in der prähistorischen Zeit *gesehen* wird, ergebe den Traum, was in ihr *gehört* wird, die *Phantasien*, was in ihr *sexuell erlebt* wird, die Psychoneurosen. Die Wiederholung des in dieser Zeit Erlebten sei an und für sich Wunscherfüllung, ein rezenter Wunsch führt nur dann zum Traum, wenn er sich mit Material aus dieser prähistorischen Periode in Verbindung setzen kann, wenn der rezente Wunsch ein Abkömmling eines prähistorischen ist oder sich von einem solchen kann adoptieren lassen. Wie weit ich diese auf's Letzte gehende Theorie festhalten und wie weit ich sie schon im Traumbuch preisgeben kann, steht noch dahin.

Mein Kolleg war heuer besonders animiert, auch ein Assistent von Erb dabei. Während der unfreiwilligen Unterbrechung durch die Schließung der Universität habe ich in meinem Zimmer beim Bierkrug und bei der Zigarre weiter doziert. Für's nächste Semester habe ich außer den bisherigen bereits zwei Neuanmeldungen.
Ein jüngst erschienenes Buch von Jane, ›Hysterie et idées fixes‹ habe ich mit Herzklopfen zur Hand genommen und ruhigen Pulses bei Seite gelegt.[1] Er ahnt den Schlüssel nicht.
So altere ich meist zufrieden weiter, sehe mich rapid grau und die Kinder groß werden, freue mich auf die Ostertage und übe mich in Geduld auf die Lösung der Neurosenprobleme zu warten.
Ein Gerücht sagt, daß R. W. heuer mitkommen wird? Lassen wir ihn dann die Bekanntschaft der Kinder machen?

...

Dein Sigm.

85 Dr. Sigm. Freud, Dozent für Nervenkrankheiten a. d. Universität.

Wien, 15. 3. 98. IX. Berggasse 19.

Teurer Wilhelm!
Habe ich Conrad Ferdinand je unterschätzt, so bin ich seit dem Himmelstor durch Dich längst bekehrt.[2]

...

Auch die Bisexualität unterschätze ich keineswegs, ich erwarte alle weitere Erleuchtung von ihr, speziell seit jenem Moment am Breslauer Markt, da wir uns in einer Rede trafen. Ich bin nur jetzt ferne von ihr, weil ich in einem dunklen Schacht vergraben nichts anderes sehe. Meine Arbeitsfrische scheint eine Funktion der Entfernung von unseren Kongressen. Um diese Zeit bin ich einfach blöde, ... es fällt mir absolut nichts mehr ein. Ich glaube wirklich, meine Lebensweise, die 9 Stunden Analyse, 8 Monate im Jahr, verwüsten mich. Leider hält mein leichter Sinn, der mir Erholung von Zeit zu Zeit raten würde, vor dem schlechten Ertrag dieser Zeiten und den Aussichten auf noch schlechtere nicht stand.

Ich arbeite also weiter wie ein Komfortableroß,[1] sagt man bei uns. Ich bin auf die Idee gekommen, Du wolltest die Traumarbeit lesen und seiest zu diskret, sie zu verlangen. Bedarf keiner Erörterung, daß ich sie Dir vor dem Druck geschickt hätte. Da sie aber jetzt wieder still hält, kann ich sie Dir wirklich auch in Bruchstücken schicken. Dazu dann einige Erläuterungen. Es ist ein zweites Kapitel. Das erste über Literatur ist noch nicht geschrieben. Es folgen

3. Traummaterial,
4. Typische Träume,
5. Psychischer Vorgang im Traum,
6. Traum und Neurosen.[2]

Die hier angeführten zwei Träume werden in späteren Abschnitten wiederkehren, ihre noch unvollständige Deutung dort zu Ende geführt werden. Die freimütigen Bemerkungen im Professurtraum wirst Du hoffentlich nicht beanstanden.[3] Die Philister hier werden froh sein, sagen zu können, daß ich mich dadurch unmöglich gemacht habe. Was Dich etwa an den Traum frappiert, wird später seine Aufklärung finden (mein Ehrgeiz). Bemerkungen über König Ödipus, das Talismanmärchen, vielleicht den Hamlet, werden ihre Stelle finden. Vorher muß ich über die Ödipussage nachlesen, weiß noch nicht wo.
Mein Bedenken, Dich in einer arbeitsunlustigen Zeit zu beschweren, bekämpfe ich mit der Erwägung, daß das Ding bei seinem minimalen spekulativen Inhalt Dich wahrscheinlich nur harmlos amüsieren wird.
In Hysterie bin ich jetzt völlig disorientiert . . .
Mit herzlichstem Gruß Dein Sigm.

86 Dr. Sigm. Freud, Wien, 24. 3. 98.
Dozent für Nervenkrankheiten IX. Berggasse 19.
a. d. Universität.

Teurer Wilhelm!
Du wirst darauf gefaßt sein, daß ich Dir heute von Deinem Urteil über mein Traummanuskript schreibe, welches mir einen guten Tag verschafft hat . . .

Deine Einwendungen kann ich glücklicher Weise durch den Hinweis auf die späteren Abschnitte beantworten. Ich bin eben vor einem solchen stehen geblieben, welcher die somatischen Reize für den Traum behandelt. Dabei wird auch der Angsttraum berührt werden, auf den im letzten Abschnitt ›Traum und Neurose‹ neuerdings Licht fallen soll. In die Darstellung, die Du gelesen, werden aber Verweisungen aufgenommen werden, damit Dein Eindruck, daß sich der Autor hier die Arbeit zu leicht mache, vermieden wird.

Ich denke mir diese Redaktion überhaupt nicht als definitive. Ich will zuerst mein Eigentum in Form gebracht haben, dann die Literatur eingehend studieren und nachher einschalten oder umarbeiten, wozu diese Lektüre Anlaß geboten hat. Ich kann nicht lesen, ehe ich selbst nicht fertig bin, und ich kann nur beim Schreiben in's Detail komponieren. Bis jetzt sind weitere 24 Seiten fertig; aber so amüsant oder so gründlich wie das von Dir Gelesene wird wohl keine andere Partie.

Über vieles Einzelne hoffe ich von Dir mündlich zu hören. Du sollst mir die Pflichten des ersten Publikums und obersten Richters nicht verweigern ...

Martin hat unlängst in einem Gedicht die Verführung der Gans durch den Fuchs geschildert. Die Liebeswerbung darin lautet:

Ich liebe, Dich,
herzinniglich,
komm, küsse mich,
Du könntest mir von allen
Tieren am besten gefallen.

Findest Du die Form nicht bemerkenswert? Gelegentlich macht er Verse, die sein Auditorium empören, z. B.

Der Fuchsvater sagt: Wir gehen nach Aussee,
Darauf freuen sich die Kinder und trinken Café.

Zur Beschwichtigung sagt er dann: Das ist nur wie Gesichterschneiden, wenn ich solche Sachen dichte.

Und Robert Wilhelm? Bringt Ihr ihn mit, wenn Ihr nach Wien kommt? Auf die besten Nachrichten wartet

Dein Sigm.

87 Dr. Sigm. Freud, Wien, 3. 4. 98.
Dozent für Nervenkrankheiten IX. Berggasse 19.
a. d. Universität.

Teurer Wilhelm!

...

At odd hours schreibe ich am Traumbuch weiter, ein zweiter Abschnitt, der sich mit den Traumquellen und typischen Träumen beschäftigt, ist beinahe vollendet, aber weit weniger befriedigend als der erste und wahrscheinlich der Umarbeitung bedürfig. Sonst sagt mir die Wissenschaft gar nichts, es ist auch kein anderes Interesse als für den Traum in mir lebendig.

Die Influenza ist nach geringem Schaden und ohne Vorliebe für das männliche Geschlecht zu zeigen abgelaufen. Das Volk ist lebhaft und amüsant, die Frauenzimmer wohl, der Mann grantig.

...

Die Kinder wollen, daß ich heute das große Reisespiel ›100 Reisen durch Europa‹ mit ihnen spiele. Ich werde es tun, denn auch die Lust zur Arbeit ist nicht immer vorhanden.

Meine Vorlesung langweilt mich, ich mag die Hysterie nicht vortragen, weil mir an zwei wichtigen Stellen die sichere Entscheidung fehlt.

Sehr gerne möchte ich heuer wieder in unser schönes Italien, aber der Erwerb war schlecht. Ich muß sparen.

...

Dein Sigm.

88 Dr. Sigm. Freud, Wien, 14. 4. 98.
Dozent für Nervenkrankheiten IX. Berggasse 19.
a. d. Universität.

Ich meine, es ist eine gute Regel für den Briefschreiber, das unerwähnt zu lassen, was der Empfänger schon weiß, ihm dafür lieber etwas Neues zu erzählen. Darum gehe ich darüber hinweg, daß ich gehört, Du hattest zu Ostern eine schlechte Zeit gehabt; das weißt Du ohnehin. Ich will Dir lieber von meiner Osterreise erzählen, die ich grantig zurückgelegt, von der ich aber erfrischt zurückgekommen bin.[1]

Wir fuhren Freitag abends (Alexander und ich) vom Südbahnhof fort und langten Samstags 10 h. früh in Görz an, wo wir im hellen Sonnenschein zwischen weißgestrichenen Häusern spazierten, weißblühende Bäume sahen, Orangen und kandierte Früchte essen konnten. Dabei sammeln wir Erinnerungen, die Aussicht von der Festung erinnert an Florenz, die Fortezza selbst an S. Pietro in Verona und an die Burg in Nürnberg. Die erste Empfindung, die einem im italienischen Lande nachgeht, das Vermissen von Wiese und Wald, war natürlich wie bei jedem Übergang sehr lebhaft. Der Isonzo ist ein herrlicher Fluß. Auf dem Wege begegneten wir drei Zügen der Julischen Alpen. Am Sonntag hieß es früh aufstehen, um mit der friaulischen Lokalbahn bis nahe an Aquileja zu kommen. Die ehemalige Großstadt ist ein kleiner Misthaufen, das Museum zeigt freilich einen unerschöpflichen Reichtum an Römerfunden: Grabsteine, Amphoren, Göttermedaillons vom Amphitheater, Statuen, Bronzen und Schmuck. Mehrere priapäische Darstellungen. Eine Venus, die sich von dem eben geborenen Kinde unwillig abwendet, nachdem ihr das Membrum gezeigt worden ist; Priapus als alter Mann, dem ein Silen die Scham verhüllt, der sich von jetzt an also dem Trunk ergeben wird. Ein steinernes Priapusornament, der Penis als Flügeltier, von dem an natürlicher Stelle ein kleinerer abgeht, während die Flügel selbst als Penis endigen. Der Priapus war die festgehaltene Erektion, die Wunscherfüllung als Gegensatz der psychischen Impotenz.

Um 10h. wurde von einem merkwürdigen Motor ein kleiner Dampfer in den Kanal von Aquileja geschleppt, der gerade niedriges Wasser hatte. Der Motor hatte einen Strick um den Leib und rauchte während seiner Tätigkeit Pfeife. Den Dampfer hätte ich gerne den Kindern mitgebracht, er war aber als einzige Weltverbindung nach dem Kurort Grado nicht zu entbehren. Eine 2½stündige Fahrt durch die ödesten Lagunen brachte uns nach Grado, wo wir endlich wieder am Strande der Adria Muscheln und Seeigeln sammeln konnten.

Noch am Nachmittag kamen wir nach Aquileja zurück, nachdem wir von unseren Vorräten und von einem köstlichen Istrianerwein auf dem

Schiff Mahlzeit gehalten hatten. Im Dom von Aquileja waren gerade mehrere hundert der schönsten Friauler Mädchen zur Feiertagsmesse versammelt. Die Pracht der alten romanischen Basilika tat wohl mitten in der Armut der Neuzeit. Auf dem Rückweg sahen wir ein Stück alter Römerstraße mitten in einem Feld freigelegt. Ein rezenter Betrunkener lag auf den antiken Pflastersteinen. Am selben Abend kamen wir noch nach Divaca auf dem Karst, wo wir übernachteten, um am nächsten und letzten Tag – Montag – die Höhlen zu besuchen. Am Vormittag gingen wir in die Rudolfshöhle, 1/4 Stunde von der Station, angefüllt mit allerlei seltsamen Tropfsteinbildungen, Riesenschachtelhalmen, Baumkuchen, Stoßzähnen von unten, Vorhängen, Maiskolben, faltenschweren Zelten, Schinken und Geflügel von oben herabhängend. Das merkwürdigste war unser Führer, im schweren Alkoholdusel, aber ganz sicher und humoristisch belebt. Er war der Entdecker der Höhle selbst, ein verkommenes Genie offenbar, sprach immer von seinem Tode, seinen Konflikten mit den Geistlichen und seinen Eroberungen in diesen unterirdischen Reichen. Als er äußerte, daß er schon in 36 ›Löchern‹ im Karst gewesen, erkannte ich ihn als Neurotiker und sein Konquistadorentum als erotisches Äquivalent. Er gab wenige Minuten später die Bestätigung, denn als Alexander ihn fragte, wie weit man in der Höhle kommen kann, antwortete er: Es ist wie bei einer Jungfrau; je weiter man kommt, desto schöner ist es.

Das Ideal des Mannes ist es, einmal nach Wien zu kommen, um sich dort in den Museen Vorbilder für die Namengebung seiner Tropfsteine zu holen. Ich überzahlte den ›größten Lumpen von Divaca‹, wie er sich nennt, mit einigen Gulden, damit er sich schneller aus dem Leben trinken kann.

Die Höhlen von St. Cangian, die wir am Nachmittag sahen, sind ein schauerliches Naturwunder, ein unterirdischer Flußlauf durch großartige Gewölbe, Wasserfälle,. Tropfsteinfelsbildungen, Nacht, schlüpfrige, mit eisernen Geländern versicherte Wege. Der reine Tartarus. Wenn Dante dergleichen gesehen hat, so brauchte er für sein Inferno nicht viel Phantasieanstrengung mehr. Der Herr von Wien, Herr Dr. Carl Lueger,[1] war mit uns gleichzeitig in der Höhle, die uns alle nach 3 1/2 Stunden wieder an's Licht spie.

Montag abends fing die Heimreise an. Tags darauf konnte ich an der Wiederkehr von Einfällen bei der Arbeit merken, daß die Ruhe dem Apparat wohlgetan hat.

...

Dein Sigm.

89 Dr. Sigm. Freud, Wien, 1. 5. 98.
Dozent für Nervenkrankheiten IX. Berggasse 19.
a. d. Universität.

Teurer Wilhelm!

...

Anbei Caput III vom Traume. Du wirst mich etwas ungenießbar finden, ich bin ganz im Traum und darin ganz blöde. Ich habe jetzt das Stück Psychologie, bei dem ich stecken geblieben war, geschrieben, aber es gefällt mir nicht, wird auch nicht stehen bleiben. Der Abschnitt, den Du jetzt in Händen hast, ist stilistisch noch ganz roh und in einzelnen Stükken schlecht, d. h. leblos dargestellt. Die darin gelassenen Stücke in Betreff der somatischen Anregungen zum Traum müssen noch stärker hervorgehoben werden. Ich erwarte natürlich, daß Du mir verschiedene kräftige Worte dazu sagst, wenn wir uns wiedersehen. Das Ergebnis halte ich für richtig.

Ich möchte irgendeine kräftige Anregung haben. Ich bin, wie ich unlängst jemand von sich sagen hörte, eine Maschine auf 10 Atmosphären Druck gespannt und bei 2 Atmosphären laufe ich heiß. Ich habe es heuer noch kaum zum Gefühl der Ermüdung gebracht, sonst schnappe ich um diese Zeit längst nach Erholung. Ich habe nicht viel, und was ich habe, plagt mich weniger.

Meine intellektuelle Arbeit leiten habe ich nie können; somit geht meine Muße unbenutzt verloren.

...

Ich grüße Dich herzlich und hoffe vor Pfingsten noch mehrmals von Dir zu hören.

Dein Sigm.

90 Dr. Sigm. Freud, Wien, 9. 6. 98.
Dozent für Nervenkrankheiten IX. Berggasse 19.
a. d. Universität.

Mein teurer Wilhelm!

...

Mit der Fortsetzung des Traumes hapert's.[1] (Ida wird Dir das Wort erklären.) Ich bin zwar schon bei p. 14, aber unmöglich, es so publizieren, vielleicht selbst es einem anderen vorzulegen. Der bloße Vorversuch. Es ist nämlich die neue Psychologie, soweit sie sich auf den Traum bezieht, hundeschwer darzustellen, von Natur aus Fragment, und alle die dunkeln Partien, die ich mir bisher in Trägheit gelassen, verlangen nun nach Aufhellung. Ich brauche viel Geduld, frohe Laune und einige gute Einfälle. So stecke ich bei dem Verhältnis der zwei Denksysteme; ich muß Ernst mit ihnen machen. Eine Weile wird wieder mit mir nicht zu reden sein. Die Spannung der Unsicherheit ergibt einen niederträchtig unbehaglichen Zustand, den man fast leiblich verspürt.

...

C. F. Meyer lese ich mit großem Genuß. In ›Gustav Adolfs Page‹ finde ich den Gedanken der Nachträglichkeit zweimal, in der berühmten von Dir entdeckten Stelle mit dem schlummernden Kuß und in der Episode mit dem Jesuiten, der sich als Lehrer bei der kleinen Christine einschleicht. In Innsbruck wird ja die Kapelle gezeigt, wo sie zum Katholizismus übergetreten ist! Sonst aber stehe ich ratlos vor der Willkürlichkeit der Annahme, auf der die Verknotung beruht. Die Ähnlichkeit des Pagen mit dem Lauenburger in Hand und Stimme, an sich so unwahrscheinlich und gar nicht weiter begründet.

Über die Richterin nächstens ein kleiner Aufsatz.

Herzlichste Grüße

Dein Sigm.

91 Dr. Sigm. Freud, Wien, 20. 6. 98.
Dozent für Nervenkrankheiten IX. Berggasse 19.
a. d. Universität.

Teurer Wilhelm!

...

Ich bin heute früh von Aussee zurückgekommen, wo ich mein armes Volk verschnupft und erfroren getroffen habe. Sie wollen trotz aller Schönheit nicht wieder nach Aussee. Ich finde hier noch ausgiebige Beschäftigung bis Ende dieses Monats.

...

Die Richterin[1]

Kein Zweifel, daß es sich um die poetische Abwehr der Erinnerung an ein Verhältnis mit der Schwester handelt. Merkwürdig nur, daß diese *genau* so geschieht wie in der Neurose. Alle Neurotiker bilden den sogenannten Familienroman (der in der Paranoia bewußt wird), der einerseits dem Größenbedürfnis dient, andererseits der Abwehr des Inzestes. Wenn die Schwester nicht das Kind der Mutter ist, so ist man ja des Vorwurfes ledig.[2] (Ebenso wenn man selbst das Kind anderer Leute ist.) Woher nimmt man nun das Material von Untreue, illegitimem Kind u. dgl., um diesen Roman zu bilden? Gewöhnlich aus dem niedrigeren sozialen Kreis der Dienstmädchen. Dort kommt dergleichen so häufig vor, daß man nie um Material verlegen ist und hat besonderen Anlaß dazu, wenn die Verführerin selbst eine dienende Person war. In allen Analysen bekommt man darum dieselbe Geschichte zweimal zu hören, einmal als Phantasie auf die Mutter, das zweite als wirkliche Erinnerung von der Magd. So erklärt sich, daß in der Richterin, die ja die Mutter ist, dieselbe Geschichte unverändert zweimal erscheint, was als Komposition kaum eine gute Leistung wäre. Herrin und Dienerin liegen am Ende entseelt nebeneinander. Die Magd geht am Ende vom Hause fort, der gewöhnliche Ausgang von Dienstbotengeschichten, aber auch die Buße der Dienerin in der Novelle. Außerdem dient dieses Stück des Romans zur Rache gegen die gestrenge Frau Mama, die einen etwa beim Verkehr überrascht und ausgezankt hat. Im Roman wie in der Novelle wird die Mutter überrascht und gerichtet, bloßgestellt. Das Wegnehmen des Horns ist ein echt kindlicher Klagepunkt, das Wiederfinden eine geradezu kindische Wunscherfüllung. Der Zustand der Schwester, die Anorexie, geradezu die neurotische Folge des Kinderverkehrs, nur ist es in der Novelle nicht Schuld des Bruders, sondern der Mutter. Gift entspricht paranoisch genau der Anorexie der Hysterie, also der unter den Kindern gebräuchlichsten Perversion. Sogar der ›Schlag‹ spukt darin (die Angst vor dem Schlag als Phobie bedeutet Kinderschläge). Die Rauferei, die in einer Kinderliebe nie fehlt, ist auch in der Novelle durch das an die Felsen Schleudern der Schwester dargestellt, geschieht aber als Gegensatz aus Tugend, weil die Kleine zu zudringlich ist. Der Herr Lehrer spielt mit der Person des Alcuin hinein. Der Vater winkt als Kaiser Karl in seiner dem Kindertreiben fernen Größe und in anderer Inkarnation als der, dem die Mutter das Leben vergiftet hat und den der Familienroman regelmäßig beseitigt, weil er dem Sohn im Weg steht. (Wunschtraum vom Tod des Vaters.) Zwistigkeiten zwischen den Eltern sind das fruchtbarste Material für die Kinderromane. Die Erbitterung gegen die Mutter macht sie in der Novelle zur Stiefmutter. Also in jedem einzelnen Zug identisch mit einem der Rache- und Entlastungsromane, den meine Hysteriker gegen ihre Mutter dichten, wenn sie Knaben sind.

Mit der Psychologie geht es seltsam, sie ist fast fertig, wie im Traum komponiert und sicher in der Form nicht zur Publikation geeignet, auch nicht dazu bestimmt, wie der Stil zeigt. Ich stehe ihr sehr zaghaft gegenüber. Alle Motive für sie liegen in der Neurosen-, nicht in der Traumarbeit. Ich werde vor den Ferien nichts Definitives mehr machen.

Der Sommer wird bald sehr langweilig werden. Laß mich bald von Dir und Deiner Familie hören . . .

Herzlichst

Dein Sigm.

92 Dr. Sigm. Freud, Wien, 7. 7. 98.
Dozent für Nervenkrankheiten IX. Berggasse 19.

Teurer Wilhelm!
Hier ist sie.[1] Ich habe mich sehr schwer entschlossen sie aus der Hand zu geben. Persönliche Intimität hätte nicht hingereicht, es gehörte unsere intellektuelle Aufrichtigkeit vor einander dazu. Sie ist ganz dem Unbewußten nachgeschrieben nach dem berühmten Prinzip von Itzig dem Sonntagsreiter. »Itzig, wohin reit'st Du? – Weiß ich, frag das Pferd.« Ich wußte bei keinem Absatzanfang, wo ich landen werde. Es ist natürlich nicht für den Leser geschrieben, der Versuch einer Stilisierung nach den ersten zweiten Seiten aufgegeben. Natürlich glaube ich aber doch an die Resultate. In welcher Form der Inhalt sich endlich fügen wird, ahne ich noch gar nicht.
Ich lebe jetzt in behaglicher Faulheit und ernte ein bißchen die Früchte der Vertrautheit mit den hysterischen Dingen. Es wird mir alles leicht und durchsichtig. Sonntag und Montag habe ich als Konsiliarius die Schlachtfelder von Königgrätz[2] aus der Ferne gesehen. Nach Aussee komme ich jetzt nicht. Es geht ihnen endlich gut drunten. Schmerzen habe ich jetzt ausnahmsweise keine, wenn ich wohl bin, bin ich auch furchtbar faul.
Die schönste und von den Kinderszenen entlegenste Novelle unseres Dichters[3] scheint mir die ›Hochzeit des Mönchs‹ zu sein, welche eine in späteren Jahren bei der Phantasiebildung auftretende Aktion herrlich illustriert, das Zurückphantasieren von einem neuen Erlebnis auf eine alte Zeit, so daß die neuen Personen mit den alten Reihen bilden und die Vorbilder für sie abgeben. Das geheime Thema ist wohl die ungesättigte, durch Dante in die Ewigkeit fortgesetzte Rache und unausweichliche Strafe. Vorgeschoben, gleichsam als gelinde Mißdeutung des Bewußtseins, ist das Thema von der Haltlosigkeit, wenn man einmal seine feste Stütze aufgegeben hat. Dem manifesten wie dem latenten Thema gemeinsam ist wohl der Zug, von Streich zu Streich zu gehen, als ob die ›Richterin‹ die Reaktion wäre auf die damals aufgedeckten, diese Novelle der Nachklang der unentdeckt gebliebenen Kinderuntaten. Der Mönch ist der Bruder, ›Frate‹. Als ob es vor seiner eigenen Ehe phanta-

siert wäre und besagen wollte, so ein Frater wie ich soll nicht heiraten sonst rächt sich die Kinderliebe an der späteren Ehefrau.
Herzlichste Grüße an Euch alle 3¾

Dein Sigm.

93

Aussee, 20. 8. 98.

Teurer Wilhelm!
Deine Zeilen haben mir die Genüsse der Reise wieder belebt. Es war wirklich herrlich, das aus wenigen Elementen in einfachen Linien zusammengesetzte Engadin, eine Art Nachrenaissance von Landschaft, und Majola mit Italien dahinter und einem vielleicht nur von der Erwartung eingetragenen italienischen Charakter. Leprese war für uns ein Zauberidyll auch durch die Aufnahme, die wir dort fanden und durch den Kontrast, den der Weg von Tirano hinauf mit sich brachte. Wir mußten diesen, der nicht gerade eben ist, im entsetzlichsten Staubsturm machen und kamen halbtot oben an. Die Luft machte mich beiter und streitsüchtig erregt, wie ich es selten gewesen bin. An der Güte meines Schlafes haben die 1600 m mehr nichts geändert.
Bis zum letzten Tag in Maloja hat uns die Sonne nicht geniert. Dann wurde es aber heiß, selbst für oben, und es fehlte uns der Mut, nach Chiavenna, d. h. an die Seen herabzugehen. Ich glaube, es war klug, denn einige Tage später in Innsbruck gab es für uns beide Zustände von lähmungsartiger Schwäche. Seither ist es auch immer heißer geworden und hier in unserem schönen Obertressen liegen wir von 10h. früh bis 6h. abends auf verschiedenen Unterlagen herum, ohne einen Schritt über die Grenze unseres kleinen Gutes zu wagen.
Eine kleine römische Statuette, die ich in Innsbruck gekauft, hat Annerl nicht unpassend ›ein altes Kind‹ genannt.
Scheinbar allem Nachdenken entrückt, kaum imstande z. B. Deine schönen Aufklärungen über die Lebenszeit der alten Leute zu verstehen, beschäftige ich mich jetzt wesentlich mit der Kränkung darüber, daß die Ferien schon so weit aufgezehrt sind. Ein lebhaftes Bedauern, daß Ihr beide diese Zeit über an die Stadt gebunden seid, wird dann durch

die Erwägung gemäßigt, daß Du Deine Reisezeit hinter Dir hast und Ida einen schönen Ersatz dafür vor sich.
Doch, ich habe auch Nansen durchflogen, für den mein ganzes Haus schwärmt, Martha, indem die Nordländer (Großmama, die jetzt bei uns ist, spricht noch schwedisch) offenbar ihr Jugendideal erneuern, das sich im Leben für sie nicht getroffen hat, Mathilde, die vom griechischen Helden, der sie bisher erfüllt, den Übergang zum Wikinger herstellt, und Martin, der wie gewöhnlich mit einem – nicht üblen – Gedicht auf die drei Bände Abenteuer reagiert hat.
Nansens Träume werde ich sehr gut verwenden können, sie sind geradezu durchsichtig.[1] Daß sein seelischer Zustand einfach typisch ist für den, der Neues wagt und Vertrauen in Anspruch nimmt, und der wahrscheinlich auf falschem Weg was Neues entdeckt und nicht so viel, als er sich vorgestellt, das weiß ich aus eigenster Erfahrung. Dich hält zum Glück die sichere Harmonie Deines Wesens davon ferne.
... Ich grüße Dich und Deine liebe Frau herzlichst. Ich bin noch immer nicht ausgesöhnt mit der Entfernung, die uns während der Arbeitszeit trennt und sich während der Ferien so selten aufhebt. Dein Sigm.

94 Aussee, 26. 8. 98.

Teurer Wilhelm!
...
Was ich hier treibe? In Aussee, dessen Spaziergänge mir ziemlich bekannt sind, langweile ich mich ein wenig. Ganz ohne Material kann ich doch nicht sein. Ich habe mir die Aufgabe gestellt, zwischen meiner keimenden Metapsychologie und der in Büchern enthaltenen die Brücke herzustellen und mich darum in das Studium von Lipps versenkt, in dem ich den klarsten Kopf unter den heutigen philosophischen Schriftstellern ahne.[2] Es geht bis jetzt mit Verständnis und Übertragung in meine Annahmen recht gut. Natürlich ist die Zeit arm an Aufklärungen. Die Hysteriearbeit wird mir in Gedanken immer zweifelhafter, ihr Wert geringer, als hätte ich noch ein paar mächtige Faktoren außer Rechnung, und vor der Wiederaufnahme der Arbeit graut mir stark.

Eine Kleinigkeit, lang vermutet, habe ich endlich gefaßt. Du kennst den Fall, daß einem ein Name entfällt und sich ein Stück eines anderen dafür einschiebt, auf das man schwören möchte, obwohl es sich jedesmal als falsch erweist.[1] So ging es mir unlängst mit dem Namen des Dichters, von dem Andreas Hofer (»Zu Mantua in Banden«) ist. Es muß etwas mit — *au* sein, Lindau, Feldau. Natürlich heißt der Mann Julius *Mosen*, das ›Julius‹ war mir nicht entfallen. Nun gelang es mir nachzuweisen, 1. daß ich den Namen Mosen wegen gewisser Beziehungen verdrängt habe, 2. daß in dieser Verdrängung infantiles Material mitgewirkt, und 3. daß die vorgeschobenen Ersatznamen aus beiden Materialgruppen wie Symptome entstanden waren. Die Analyse fiel ganz lückenlos aus, leider kann ich sie so wenig wie meinen großen Traum der Öffentlichkeit preisgeben... Leb recht wohl. Wie lange dauert es noch bis zu Paulinens Auftreten?

Dein Sigm.

95 Aussee, 31. 8. 98.

Teurer Wilhelm!
Ich reise heute Mittag mit Martha an die Adria, ob Ragusa, Grado oder sonst was, das soll sich unterwegs entscheiden. »Sein letztes Hemd soll man verkaufen und ein reicher Mann sein dafür« sagt ein exzentrisch scheinender aber weiser Spruch. Das Geheimnis dieser Ruhelosigkeit ist die Hysterie. In der Untätigkeit ohne fesselnde Neuheit hier hat sich die ganze Angelegenheit mir drückend schwer auf die Seele gelegt. Meine Arbeit kommt mir sehr entwertet vor, die Desorientierung komplett, die Zeit, von der wieder ein rundes Jahr ohne greifbaren Fortschritt in den Prinzipien vergangen ist, als inkommensurabel mit den Zeitforderungen des Problems. Dazu ist es die Arbeit, auf deren Gelingen ich meine bürgerliche Existenz gesetzt habe. Die Erfolge sind zwar gut, aber vielleicht nur indirekt, als hätte ich den Hebel in einer Richtung angesetzt, die allerdings eine brauchbare Komponente für die Spaltrichtung des Zeugs abgibt; letztere bliebe mir aber selbst unbekannt. So will ich mir entfliehen und möglichst Frische und Objektivität sammeln, da ich die Arbeit doch nicht verlassen kann.

In der Psychologie geht es besser. Bei Lipps habe ich die Grundzüge meiner Einsicht ganz klar wiedergefunden, vielleicht etwas mehr, als mir recht ist. »Der Sucher fand oft mehr, als er zu finden wünschte!« Das Bewußtsein nur Sinnesorgan, aller psychische Inhalt nur Vorstellung, die seelischen Vorgänge sämtlich unbewußt. Auch in den Einzelheiten ist die Übereinstimmung groß, vielleicht kommt später die Gabelung, von der aus mein Neues ansetzen kann. Ich habe etwa ein kleines Drittel durchgearbeitet. Bei den Tonverhältnissen bin ich stehen geblieben, die mir immer ärgerlich waren, weil mir hier die elementarsten Kenntnisse fehlen, dank der Verkümmerung meiner akustischen Sinnesempfindungen. Die große Neuigkeit des Tages, das Manifest des Zaren, hat mich auch persönlich berührt. Ich habe vor Jahren schon die Diagnose gemacht, daß der junge Mann zum Glück für uns – an Zwangsvorstellungen leidet, übergut ist und ›kein Blut sehen kann‹, wie der Koko im ›Mikado‹,[1] der dabei Oberscharfrichter ist. Es könnte zwei Leuten geholfen werden, wenn man mich mit ihm zusammenbrächte. Ich gehe auf 1 Jahr nach Rußland, nehme ihm soviel weg, daß er nicht leidet, und lasse soviel übrig, daß er keinen Krieg anfängt. Von da an halten wir drei Kongresse im Jahr, *ausschließlich* auf italischem Boden, und ich behandle nur mehr gratis. – Nebstbei glaube ich, daß auch er mit gemischten Motiven arbeitet und daß das Egoistische bei dem Manifest die Absicht ist, sich durch die friedliche Aufteilung Chinas auf dieser Konferenz befriedigen zu lassen.

Das Unvergängliche an dem Manifest ist übrigens die revolutionäre Sprache. Jeder Leitartikler eines demokratischen Organs wird wegen solcher Äußerungen über den Militarismus in Österreich konfisziert, in Rußland selbst nach Sibirien geschickt.[2]

Ich grüße Dich, Ida, Robert und Paulinchen herzlich und werde Dir weitere Nachricht von der Reise geben.

Dein Sigm.

96 Wien, 22. 9. 98.

Teurer Wilhelm!
Es war wohl Zeit, daß ich heimkehre, ich bin aber kaum drei Tage hier und schon hat mich der ganze Mißmut des Wienertums ergriffen. Es ist ein Elend hier zu leben und keine Atmosphäre, in der die Hoffnung, etwas Schweres zu Ende zu bringen, sich erhalten kann.
Ich wollte, Du hieltest weniger von meiner Meisterschaft und ich hätte Dich in der Nähe, um Deine Kritik öfter zu hören. Ich bin aber gar nicht anderer Meinung als du, gar nicht geneigt, das Psychologische ohne organische Grundlage schwebend zu erhalten. Ich weiß nur von der Überzeugung aus nicht weiter, weder theoretisch noch therapeutisch, und muß also mich so benehmen, als läge mir nur das Psychologische vor.[1] Warum mir das nicht zusammengeht, ahne ich noch gar nicht.
Ein zweites Beispiel von Namensvergessen hat sich noch leichter gelöst. Den Namen des großen Malers, der das Weltgericht in Orvieto gemacht hat, das Größte, was ich bisher gesehen, konnte ich nicht finden und dafür trat Botticelli, Boltraffio ein, mit der Sicherheit des Unrichtigen. Endlich erfuhr ich den Namen: Signorelli und wußte aus Eigenem sofort den Vornamen: Luca als Beweis, daß es nur ein Verdrängen, kein echtes Vergessen war. Es ist klar, warum sich Botticelli vorgeschoben, das Verdrängte war nur Signor, das doppelte B in den beiden Ersatznamen findet seine Aufklärung in der zur Verdrängung wirksamen Erinnerung, deren Inhalt in *Bosnien* spielt und mit einer Rede, *Herr*, was läßt sich da machen? anfängt. Ich verlor den Namen Signorelli auf einem kleinen Ausflug in der *Her*zegowina, den ich von Ragusa aus mit einem Berliner Assessor (Freyhau) machte, mit dem ich unterwegs auf Bilder zu sprechen kam. In dem Gespräch, das also als verdrängend dahinter erinnert wurde, handelte es sich um Tod und um Sexualität. Die Silbe Trafio ist wohl Anklang an das auf der ersten Reise gesehene Trafoi! Wem soll ich das nun glaubwürdig machen?[2]
Ich bin noch allein, Ende der Woche oder des Monats kommt ›das Haus‹, nach dem ich mich schon sehr sehne. Ein Brief von Gattl, der Anknüpfung sucht, hat mir nahe gelegt, nach Berlin zu kommen wegen eines Patienten, den er behandeln soll. So eine halbe Geschichte, die ich zum

Vorwand nehmen könnte, Dich (und die neue Tochter) wiederzusehen. Es geht aber mit der ärztlichen Würde nicht zusammen, und ich darf Götter und Menschen durch weitere Reisen nicht aufbringen, sondern hier geduldig warten, bis die Schäflein zusammenkommen.
Ich hoffe, bald von Dir zu hören, wie sich die Tochter benimmt,[1] und was mich besonders interessiert, wie Robert sich gegen die Schwester stellt. Daß es der Mutter sehr gut geht, habe ich hier erfahren.
Mit herzlichstem Gruß

Dein Sigm.

97 Wien, 27. 9. 98.

Teurer Wilhelm!

...

Aus dem Signorelli habe ich einen kleinen Aufsatz gemacht, den ich Ziehen (Wernicke) geschickt.[2] Sollten sie refüsieren, so gedenke ich eine alte Idee von Dir aufzugreifen und das Ding etwa der Deutschen Rundschau anzubieten.

...

Noch gar nichts zu tun, d. h. 2 Stunden anstatt 10. Eine neue Behandlung begonnen, an die ich also ganz vorurteilslos herangehe. Natürlich geht anfangs alles glänzend zusammen. Ein Bursche von 25 Jahren, der vor Steifigkeit der Beine, Krampf, Zittern etc. kaum gehen kann. Vor jeder Fehldiagnose schützt die Angst dabei, die ihn sich an die Mutterschürze hängen läßt wie das Baby, das dahinter steckt. Tod des Bruders und Tod des Vaters in Psychose aus Anlässe für den Ausbruch des seit dem 14ten Jahr spielenden Zustandes. Er schämt sich vor jedem, der ihn so gehen sieht, und hält das für natürlich. Vorbild: ein tabischer Onkel, mit dem er sich wegen der geltenden Ätiologie (ausschweifender Lebenswandel) schon als 13jähriger Junge identifiziert hat. Übrigens körperlich ein Bärenlackel!
Bitte zu bemerken, daß das Schämen bloß an die Symptome gehängt ist und anderen Anlässen entsprechen muß. Er läßt sich selbst aufklären, daß ja sein Onkel sich gar nicht seines Ganges schämt. Die Verbindung

zwischen Scham und Gang war eine korrekte vor Jahren, als er seine Gonorrhoe hatte, die man dem Gang natürlich anmerkte, auch noch Jahre früher, als ihn beständige (ziellose) Erektionen am Gehen behinderten. Außerdem liegt der Grund des Schämens tiefer. Er hat mir erzählt, daß im Vorjahr, als sie an der Wien wohnten[1] (auf dem Lande), die plötzlich zu steigen begann, eine entsetzliche Angst ihn erfaßte, das Wasser würde in sein Bett kommen, d. h. sein Zimmer überschwemmen, und zwar während der Nacht. Ich bitte, den zweideutigen Ausdruck zu beachten; ich wußte, der Mann war als Kind ein Bettnässer. Fünf Minuten später erzählte er spontan, daß er noch in der Schule regelmäßig das Bett genäßt und daß die Mutter gedroht, sie werde kommen und es dem Lehrer und allen Mitschülern erzählen. Er habe großartige Angst ausgestanden. Dazu gehört also das Schämen. Die ganze Jugendgeschichte gipfelt einerseits in den Beinsymptomen, andererseits entbindet sie ihren zugehörigen Affekt und die beiden werden nur für die innere Wahrnehmung zusammengelötet. Die ganze untergegangene Kindheitsgeschichte ist dazwischen einzuschalten.
Nun muß ein Kind, das regelmäßig bis in siebente Jahr Bett näßt(ohne epileptisch u. dgl. zu sein), sexuelle Erregungen in früherer Kindheit durchgemacht haben. Spontan oder Verführung? Da liegt es nun und muß auch die nähere Determinierung – auf die Beine – enthalten.
Du siehst, ich könnte zur Not von mir sagen:
»Zwar bin ich gescheiter als alle die Laffen« etc., aber auch der traurige Nachsatz bleibt mir nicht aus. »Führe meine Leute an der Nase herum und seh', daß wir nichts wissen können.«
Wer Lipps ist? Professor in München und in seinem Dialekt sagt er gerade das, was ich mir ausspekuliert über Bewußtsein, Qualität u. dgl. Ich studierte die ›Grundtatsachen des Seelenlebens‹, bis die Reise kam; muß jetzt wieder die Anknüpfung suchen.
Die Kinder sollen in den nächsten Tagen von Aussee kommen.
. . .
Herzliche Grüße an Dich, Ida, Robert und Paulinchen,

Dein Sigm.

98 Wien, 9. 10. 98.

Teurer Wilhelm!

...

Bei mir ist Stimmung, Kritik, Nebengedanken, kurz alles psychische Beiwerk durch eine Lawine von Praxis verschüttet worden, die vor 8 Tagen über mich hereingebrochen. Wenig vorbereitet und durch die Ferien verwöhnt, fühlte ich mich zuerst wie ein Erschlagener, jetzt bin ich wieder frisch, habe aber auch nichts übrig. Alle Kräfte konzentrieren sich auf die Arbeit mit den Kranken. Um 9h fangen die Behandlungen an – vorher zwei kurze Besuche – dauern bis ½2h, von 3-5h Pause für die Ordination, die abwechselnd leer oder voll ist; von 5-9h wieder Behandlungen. Auf einen weiteren Fall rechne ich noch mit Sicherheit. 10-11 Psychotherapien im Tage. Natürlich bin abends sprachlos und halbtot. Sonntag ist aber fast frei. Ich rücke mit den Dingen herum, probiere und verändere hier und dort, bin nicht ganz ohne neue Spur. Sollte ich auf etwas kommen, so hörst Du davon. Die Hälfte meiner Patienten sind jetzt Männer, alle Altersstufen, 14-45 Jahre.

...

Leonardo, von dem kein Liebeshandel bekannt ist, war vielleicht der berühmteste Linkshänder. Kannst Du ihn brauchen?

Herzlichsten Gruß

Dein Sigm.

99 Dr. Sigmund Freud, Wien, 23. 10. 98.
Dozent für Nervenkrankheiten IX. Berggasse 19.
a. d. Universität.

Teurer Wilhelm!

Dieser Brief soll Dich an dem für Dich bedeutungsvollsten Datum treffen und Dir über die Entfernung hinweg meinen und der Meinigen Glückwunsch bringen, einen Wunsch, der – wie es seine Natur und nicht der menschliche Mißbrauch verlangt – sich auf die Zukunft bezieht, und zum Inhalt hat: die Erhaltung und Entwicklung des gegenwärtigen

Besitzes sowie die Erwerbung neuer Güter an Kindern und Erkenntnissen, endlich die Fernhaltung von jeder Spur mehr an Leid und Krankheit, als der Mensch dringend zur Anspannung seiner Kräfte und zur Vergleichung mit dem Guten bedarf.
Es sind wohl diesmal gute Zeiten bei Dir, von denen so wenig zu sagen ist. Bei mir wäre es ähnlich, wenn nicht bei der letzten Influenzaepidemie eine Infektion mich gestreift hätte, die mir die Stimmung nimmt, die Nasenatmung behindert und deren Nachwirkung ich wohl zu fürchten habe. Martha geht es vortrefflich, Mathilde verträgt und genießt die Schule besser als wir gehofft. Meine Kräfte empfinden längst die von 9-9h dauernde Arbeit nicht mehr schwer, ja, wenn einmal eine Stunde ausfällt, komme ich mir unbeschäftigt vor. Es dämmert auch wieder, als sollte ich heuer in den Stand kommen, von schweren Irrtümern den Weg zur Wahrheit zu finden. Aber es ist noch nicht licht und ich mag mich nicht äußern, um mich nicht vor unserem Zusammentreffen, mit dem ich längst rechne, auszugeben.
Ich bin allerdings nicht gesammelt genug, daneben etwas anderes zu tun, außer etwa Topographie von Rom zu studieren, da die Sehnsucht immer quälender wird. Der Traum ruht, unveränderlich; es fehlt mir das Motiv, ihn zur Publikation fertig zu machen, und die Lücke in der Psychologie sowie die andere, in der das zu Grunde analysierte Beispiel gesteckt hat, sind Hindernisse für den Abschluß, die ich noch nicht überwinde. Sonst bin ich ganz einsam, auch die Vorlesung habe ich heuer aufgegeben, um nichts erzählen zu müssen, was ich erst zu erfahren hoffe.
...
Eine Lehre habe ich aber doch bekommen, die mich zum alten Mann macht. Wenn die Feststellung so weniger Punkte, wie sie in der Auflösung der Neurosen gefordert wird, soviel Arbeit, Zeit und Irrtümer mit sich bringt, wie soll ich hoffen dürfen, was einst meine stolze Erwartung war, einen Einblick in das Ganze des psychischen Geschehens zu bekommen?
Vom Standpunkt dieser Erkenntnis habe ich den I. Band von Kassowitz' ›Allgemeiner Biologie‹ mit traurigem und neidischem Lächeln empfangen. Kauf das Buch nicht; ich werde Dir mein Exemplar schicken.
Mit herzlichstem Gruß Dein Sigm.

100 5. 12. 98.

Teurer Wilhelm!

...

Die Literatur (über den Traum), die ich jetzt lese, macht mich ganz blöde. Eine schreckliche Strafe, die auf alles Schreiben gesetzt ist. Dabei diffundiert einem alles Eigene weg; ich weiß mich oft nicht zu besinnen, was ich denn Neues habe, und es ist doch alles daran neu. Die Lesearbeit dehnt sich, bis jetzt unabsehbar. Genug davon. Die Erlösung unseres lieben C. F. Meyer habe ich durch die Anschaffung der mir noch fehlenden Bände Hutten – Pescara – Der Heilige gefeiert.[1] Ich glaube, jetzt tue ich es Dir an Begeisterung für ihn gleich. Vom Pescara konnte ich mich kaum losreißen. Ich möchte gerne etwas von seiner Lebensgeschichte und damit von der Reihenfolge der Werke wissen, was ich zur Deutung nicht entbehren könnte.

Schön finde ich es aber, daß Du wieder wohl bist, Pläne machst wie ich ›Programme‹. Schmerzen werden ja bald vergessen.

Also auf Wiedersehen! Wir wechseln noch einige Briefe bis dahin, auch trifft Dich wohl noch in Berlin ein winziger Separatdruck von mir.

Dein Sigm.

101 Dr. Sigmund Freud, Wien, 3. 1. 99.
Dozent für Nervenkrankheiten IX. Berggasse 19.
a. d. Universität.

Teurer Wilhelm!

...[2]

Zuerst hat sich ein Stückchen Selbstanalyse durchgerungen und mir bestätigt, daß die Phantasien Produkte späterer Zeiten sind, die sich von der damaligen Gegenwart bis in die erste Kindheit zurückprojizieren, und auch der Weg, auf dem das geschieht, hat sich ergeben, wieder eine Wortverbindung.[3]

Auf die Frage, was ist in der ersten Kindheit vorgefallen, lautet die Antwort: Nichts, aber es war ein Keim sexueller Regung da. Die Sache wäre

glatt und schön zu erzählen, geschrieben würde sie einen halben Bogen füllen, also für den Osterkongreß, nebst anderen Aufschlüssen über meine Jugendgeschichte.
Dann habe ich ein neues psychisches Element erfaßt, daß ich für allgemein bedeutsam und für eine Vorstufe des Symptoms (noch vor der Phantasie) auffasse.
4. 1. Gestern wurde ich müde und heute kann ich in der beabsichtigten Richtung nicht weiter schreiben, weil die Sache wächst. Es ist etwas daran. Es dämmert. In den nächsten Tagen kommt sicherlich noch etwas dazu. Ich schreibe Dir dann, wenn es durchsichtig geworden ist. Ich will Dir nur verraten, daß das Traumschema einer allgemeinsten Anwendung fähig ist, daß im Traum wirklich der Schlüssel mit zur Hysterie liegt.[1] Ich verstehe jetzt auch, warum ich den Traum trotz aller Bemühung nicht abgeschlossen habe. Wenn ich noch ein Stück warte, kann ich den psychischen Vorgang im Traum so darstellen, daß er mir den Vorgang bei der hysterischen Symptombildung miteinschließt. Also warten wir.
Etwas Erfreuliches, was ich gestern schon Dir schreiben wollte, ist eine Sendung aus – Gibraltar von Mr. Havelock Ellis, einem Autor, der sich mit dem sexuellen Thema beschäftigt und offenbar ein sehr gescheiter Mensch ist, denn sein im ›Alienist und Neurologist‹ (Okt. 98) erschienener Aufsatz,[2] der die Beziehung der Hysterie zum Sexualleben behandelt, mit Plato anfängt und mit Freud aufhört, gibt letzterem sehr viel Recht und würdigt die Studien über Hysterie sowie spätere Aufsätze in sehr verständiger Weise... Am Ende nimmt er einen Teil des Lobes wieder zurück. Aber es bleibt etwas übrig und der gute Eindruck ist nicht mehr zu verwischen...
Jetzt sieh einmal an. Ich lebe da verdrossen und in Dunkelheit, bis Du kommst; ich schimpf' mich aus, entzünde mein flackerndes Licht an Deinem ruhigen, fühle mich wieder wohl und nach Deiner Abreise habe ich wieder Augen bekommen zu sehen und was ich sehe, ist schön und gut. Ist es nur der Termin, der noch ausgestanden war, oder können aus den vielen, für alle Zwecke reichenden Tagen nicht die Termine geschaffen werden durch die seelischen Einflüsse, die den Wartenden treffen? Muß nicht ein Platz dafür gelassen werden, so daß durch die Zeit nicht die Kraft aus der Betrachtung verdrängt wird?[3]
Ich grüße Dich und die Deinigen herzlichst Dein Sigm.

102 Dr. Sigm. Freud, Wien, 16. 1. 99.
Dozent für Nervenkrankheiten IX. Berggasse 19.
a. d. Universität.

Teurer Wilhelm!

...

Wenn ich nicht durch zehnstündiges Sprechen so schreibfaul wäre – Du wirst es meiner ungleichen Schrift anmerken – so könnte ich Dir eigentlich eine kleine Abhandlung über die kleinen Fortschritte der Wunschtheorie schreiben, denn das Licht ist seit dem 3ten[1] nicht mehr ganz ausgegangen, und die Sicherheit, einen wichtigen Knotenpunkt in die Hand bekommen zu haben, auch nicht. Vielleicht ist es aber besser, wenn ich spare und sammle, um auf dem Osterkongreß nicht wieder als armer Schnorrer vor Dir zu stehen und Dir nur durch Ankündigungen Lust mache.

Auch ein paar andere Dinge haben sich ergeben von minderer Bedeutung, z. B. daß die hysterischen Kopfschmerzen auf einer phantastischen Vergleichung beruhen, die das Kopfglied mit dem Endglied gleichstellt. Haare hier und dort – Backen und Hinterbacken – Lippen und Schamlippen, Mund = Vagina, so daß der Migraineanfall zur Darstellung einer gewaltsamen Defloration verwendet werden kann und das ganze Leiden doch wieder eine Wunscherfüllungssituation darstellt. Die Bedingung des Sexuellen stellt sich immer schärfer und schärfer; bei einer Patientin (die ich mit dem Phantasieschlüssel zurecht gebracht habe) gab es immer Zustände von Verzweiflung mit der melancholischen Überzeugung, sie tauge zu nichts, sei nicht leistungsfähig u. dgl. Ich meinte immer, sie habe einen analogen Zustand, eine wirkliche Melancholie der Mutter, in frühen Kinderjahren mit angesehen. Es war der früheren Theorie konform, ließ sich aber in zwei Jahren nicht bestätigen. Jetzt ergibt sich, daß sie als 14jähriges Mädchen eine Atresia hymenalis an sich entdeckt hat und verzweifelt war, als Weib nichts zu taugen etc. Melancholie – also Impotenzfurcht. Ähnliche Zustände, in denen sie sich nicht entschließen kann, einen Hut, Kleid zu wählen, gehen auf den Kampf zur Zeit, da sie ihren Mann zu wählen hatte, zurück.

Bei einer anderen Patientin habe ich mich überzeugt, daß es eine hysterische Melancholie wirklich gibt und wodurch sie sich auszeichnet, auch

die vielfachsten Übersetzungen derselben Erinnerung notiert und von dem Zustandekommen der Melancholie durch Summation eine erste Ahnung bekommen. Diese Kranke ist übrigens total anästhetisch, wie sie nach einer Idee aus den ältesten Zeiten der Neurosenarbeit sein sollte.[1]
Von einer dritten habe ich auf folgende interessante Art gehört. Ein hochstehender und hochvermögender Herr (Bankdirektor), etwa 60 Jahre alt, sucht mich auf und unterhält mich von den Eigentümlichkeiten eines jungen Mädchens, mit dem er ein Verhältnis hat. Ich werfe die Vermutung hin, sie sei wohl ganz anästhetisch. Im Gegenteil, sie hat 4-6 Entladungen während eines Koitus. Aber – sie gerät schon bei der Annäherung in Tremor, ist unmittelbar nachher in einem pathologischen Schlaf und spricht aus diesem wie aus einer Hypnose, führt auch posthypnotische Suggestionen aus, für den ganzen Zustand volle Amnesie. Er wird sie verheiraten und für den Mann wird sie sicher anästhetisch sein. Der Alte wirkt offenbar durch die mögliche Identifizierung mit dem hochvermögenden Vater der Kinderjahre so, daß er die an Phantasien hängende Libido flüssig machen kann. Lehrreich!

...

Kinder und Frau sind jetzt endlich wieder wohl. Annerl ist plötzlich eines Morgens genesen und seither köstlich frech.
Leb recht wohl, grüß herzlich Frau und Kinder und gib mir bald Nachricht

Dein Sigm.

103 Wien, 30. 1. 99.

Teurer Wilhelm!

...

Meine Verzögerung erklärt sich so: ich hatte schon vor acht Tagen einen Brief an Dich fertig, weil ich glaubte, einen schönen Fund getan zu haben. Während des Schreibens kamen Zweifel, ich beschloß zu warten und hatte recht, denn die Sache war nicht richtig, d. h. es war etwas daran, aber es mußte auf ein ganz anderes Gebiet umgedeutet werden.

Du weißt wohl nicht, welche Hebung Dein letzter Besuch mir bedeutet hat. Ich zehre immer noch daran. Das Licht ist seitdem nicht ausgegangen, bald hier, bald dort dämmert ein Stückchen Erkenntnis, gegen die Trostlosigkeit des letzten Jahres eine wahre Erfrischung. Was diesmal sich aus dem Chaos hebt, ist die Anknüpfung an die in den Studien enthaltene Psychologie, der Zusammenhang mit dem Konflikt, dem Leben: die klinische Psychologie möchte ich's nennen. Die Pubertät rückt immer mehr in's Zentrum, der Phantasieschlüssel bewährt sich. Doch ist nichts Großes und Ganzes noch da. Ich notiere fleißig die Merkwürdigkeiten, um sie Dir am Kongreß vorzulegen. Ich brauche Dich als Publikum.
Zu meiner Erholung lese ich Burckhardt's Griechische Kulturgeschichte, die mir unerwartete Parallelen liefert. Meine Vorliebe für das Prähistorische in allen menschlichen Formen ist im gleichen geblieben.
...
3. 2. Ich konnte mich nicht entschließen, den kurzen Brief als beendet abzuschicken und wartete auf neues Material. Es kam aber nichts, es geht jetzt alles in die Blätter, auf denen ich für den Kongreß notiere, und zu anderem reicht mein Interesse und meine Kraft überhaupt nicht aus. Heute nach 12stündiger Arbeit und 100 fl. Verdienst bin ich wieder einmal mit meinen Kräften fertig. Alle Sehnsüchte der Seele schlafen, etwa so wie die Kunst nur im Reichtum gedeiht, so die Sehnsucht nur in der Muße. Ich antizipiere nur, was Du zu den Notizen sagen wirst, die Dir einen besseren Einblick als je zuvor geben werden. Vom *ersten* Rang ist allerdings nichts darunter.
Ich weiß übrigens, daß Du nicht gern Pläne auf lange hinaus machst.
Sonst nichts Neues hier. Ich erwarte gute Nachricht von Dir, Frau und Kindern

Dein Sigm.

104 Dr. Sigm. Freud,
Dozent für Nervenkrankheiten
a. d. Universität.

Wien, 6. 2. 99.
IX. Berggasse 19.

Teurer Wilhelm!

...

Fälle, wie Du nach ihnen fragst, sehe ich nicht, einfach weil ich nichts anderes sehe als meine täglichen Kranken, mit denen ich ja auch für eine ganze lange erste Arbeitsperiode mein Auskommen finde. Sie liefern mir das Typische; hoffentlich brauche ich mich um die Korollarien nicht mehr selbst zu bemühen. Erinnerlich sind mir Fälle von Tbc. mit Angst auch aus früherer Zeit, ohne daß sie mir besonderen Eindruck hinterlassen hätten.

... Die Kunst, einen Kranken zu täuschen, ist ja gerade nicht groß erforderlich. Wohin ist es aber mit dem Einzelnen gekommen, wie gering muß der Einfluß der Wissenschaftsreligion sein, welche die alte Religion abgelöst haben sollte, wenn man sich der Eröffnung nicht mehr getraut, daß der oder jener jetzt zu sterben hat ... Der Christ läßt sich wenigstens noch einige Stunden vorher mit den Sterbesakramenten versehen. Es heißt doch bei Shakespeare: Du bist der Natur einen Tod schuldig. Hoffentlich finde ich zu meiner Zeit jemanden, der mich mit mehr Achtung behandelt und es mir sagt, wenn ich bereit sein soll. Mein Vater hat es klar gewußt, nicht davon gesprochen und seine schöne Fassung bis an's Ende bewahrt.

So arm an Externi wie diese war lange keine andere Zeit. Für Familienangelegenheiten ist das ja ein Glück, denn diese Neuigkeiten sind selten begehrenswert. In der Arbeit geht es langsam vorwärts, nie ohne gewisse Ausbeute aber jetzt schon wieder länger ohne eine überraschende Wendung. Das geheime Dossier wird dabei immer dicker, sehnt sich förmlich nach der Ostereröffnung. Wann Ostern in Rom möglich sein wird, darauf bin ich schon selbst neugierig.

Auch ist es mir noch völlig Ernst mit dem Wechsel des Berufs und des Aufenthaltes, trotz aller Besserung in Arbeit und Erwerb.[1] Es ist doch im Ganzen zu arg. Schade, daß diese Pläne ebenso phantastisch sind wie ›Ostern in Rom‹. Das sonst so bunte, erinnerungs- und überraschungssüchtige Schicksal hat Deinen Freund in seinem einsamen Winkel rein vergessen.

. . . Dein Sigm.

Ich bin tief in Burckhardt's Griechischer Kulturgeschichte.

105 Dr. Sigm. Freud, Wien, 19. 2. 99.
Dozent für Nervenkrankheiten IX. Berggasse 19.
a. d. Universität.

Teurer Wilhelm!

. . .

Der letzte allgemeine Gedanke hat sich erhalten und scheint ins Unabsehbare wachsen zu wollen. Nicht der Traum allein ist eine Wunscherfüllung, auch der hysterische Anfall. Das hysterische Symptom ist es, wahrscheinlich jedes neurotische Ergebnis, da ich es frühzeitig schon vom akuten Wahnsinn erkannt habe. Realität—Wunscherfüllung, aus diesen Gegensätzen sprießt unser psychisches Leben. Ich glaube, ich weiß nun, welche Bedingung den Traum von dem Symptom, das sich ja ins wache Leben eindrängt, scheidet. Für den Traum genügt es, daß er die Wunscherfüllung des verdrängten Gedankens sei; er ist ja von der Realität ferngehalten. Das Symptom aber, mitten im Leben, muß noch etwas anderes sein, auch die Wunscherfüllung des verdrängenden Gedankens. Ein Symptom entsteht dort, wo der verdrängte und der verdrängende Gedanke in einer Wunscherfüllung zusammentreffen können. Wunscherfüllung des verdrängenden Gedankens ist das Symptom z. B. als Strafe, Selbstbestrafung, die letzte Ersetzung der Selbstbefriedigung, der Onanie.[1]

Mit dem Schlüssel geht nun vieles auf. Weißt Du z. B., warum die X. Y. hysterisch erbricht? Weil sie in der Phantasie gravid ist, weil sie in ihrer Unersättlichkeit es nicht entbehren kann, auch von dem letzten Phantasiegeliebten ein Kind zu tragen. Aber sie darf auch erbrechen, weil sie dann ausgehungert wird, abmagert, ihre Schönheit verliert und niemandem mehr gefallen wird. So ist ein kontradiktorisches Paar von Wunscherfüllungen der Sinn des Symptoms.

Weißt Du, warum unser Freund E., den Du kennst, rot wird und schwitzt, sobald er eine gewisse Kategorie von Bekannten sieht, besonders im Theater? Er schämt sich; freilich, aber wessen? Einer Phantasie, in der er sich als Deflorator jeder Person, der er begegnet, vorkommt. Er schwitzt beim Deflorieren, plagt sich tüchtig dabei. Ein Nachklang dieser Bedeutung wird jedesmal wie ein Grollen des Niedergeworfenen in ihm laut, wenn er sich vor einer Person geschämt hat: jetzt glaubt die dumme Gans, ich schäm' mich vor ihr. Wenn ich sie im Bett hätte, würde sie merken, wie wenig ich mich vor ihr geniere! Und die Zeit, in der er seine Wünsche auf diese Phantasie gerichtet hat, hat ihre Spur im psychischen Komplex, der das Symptom auslöst, hinterlassen. Es ist die lateinische Zeit, der Theatersaal erinnert ihn an den Schulsaal, er strebt, immer denselben festen Sitz zu haben in der ersten Bank. Der Zwischenakt ist das Respirium und das ›Schwitzen‹ hieß damals ›operam dare‹. Über diese Phrase hat er einen Streit mit dem Professor. Übrigens kann er es nicht verwinden, daß er dann auf der Universität mit der Botanik nicht fertig geworden, jetzt setzt er das als ›Deflorator‹ fort. Die Fähigkeit, in Schweiß auszubrechen, dankt er freilich der Kindheit, seitdem ihm der Bruder im Bad (mit 3 Jahren) Badewasser mit Seifenschaum über's Gesicht gegossen, ein Trauma, aber kein sexuelles. Und warum hat er damals in Interlaken mit 14 Jahren in so merkwürdiger Stellung im Abort masturbiert? Es war nur, um die ›Jungfrau‹ dabei zu sehen, eine andere hat er auch seither nicht zu Gesicht bekommen, ad genitalia wenigstens. Er ist dem freilich absichtlich ausgewichen, denn warum sucht er sonst nur Verhältnisse mit Schauspielerinnen? Wie ›ausgeklügelt‹ und doch der ganze ›Mensch mit seinem Widerspruch‹![1]

Herzlichst

Dein Sigm.

106 Dr. Sigm. Freud, Wien, 2. 3. 99.
Dozent für Nervenkrankheiten IX. Berggasse 19.
a. d. Universität.

Teurer Wilhelm!
»Das Schreiben hat er ganz vergessen«. Warum das? Und mit einer plausibel warnenden Theorie der Vergeßlichkeit frisch im Gedächtnis? Sollte wieder eine Kreuzung unterwegs sein? Nun, einen Tag bleibt der Brief noch liegen.
Mir geht es fast gleichmäßig gut. Ich kann Ostern nicht erwarten, um Dir ein Hauptstück der Geschichte, das von der Wunscherfüllung und von der Kuppelung der Gegensätze, ausführlich zu zeigen. Ich erlebe manche Freude an alten Fällen und habe zwei neue, nicht die günstigsten zwar, bekommen. Noch immer ist das Reich der Unsicherheit riesig groß, die Probleme wimmeln, von dem, was ich tue, ist erst der kleinste Teil vom Denken gefaßt; doch wird es alle paar Tage lichter, bald hier, bald dort, und ich bin bescheiden geworden, rechne mit langen Jahren Arbeit und geduldigem Zusammenklauben, unterstützt durch einige brauchbare Einfälle nach den Ferien, nach unseren Zusammenkünften.
Rom ist noch weit, Du kennst ja meine römischen Träume.
5. 3. Das Leben ist sonst unglaublich inhaltslos. Kinderstube und Ordinationszimmer, es gibt in diesen Zeiten nichts anderes, wenn beides gut ist, ist dem Neid der Götter doch sonst genug geopfert... Das Wetter wechselt zwischen Schneesturm und Frühlingsahnung alle 24 Stunden. Der Sonntag ist noch immer eine schöne Einrichtung, obwohl Martin behauptet, nach seiner Empfindung werden die Sonntage immer seltener. Ostern ist eigentlich nicht mehr so weit. Sind Deine Pläne schon fixiert? In mir zuckt es schon vor Reiselust.
Pour revenir à nous moutons — ich kann sehr deutlich zwei verschiedene intellektuelle Zustände an mir unterscheiden, einen, in dem ich mir alles, was meine Leute erzählen, sehr gut merke, während der Arbeit auch Neues erfinde, aber außer derselben nicht nachdenken kann und nichts anderes arbeiten kann, und einen zweiten, in dem ich Schlüsse ziehe, Notizen mache, auch freies Interesse habe, aber eigentlich weiter weg von den Dingen und nicht recht aufmerksam bei der Arbeit mit den

Kranken bin. – Mitunter dämmert mir ein zweites Stück der Behandlung, ihre Gefühle so zu provozieren wie ihre Einfälle, als ob dies ganz unentbehrlich wäre. Die Überwindung der Phantasie scheint mir das Hauptergebnis der heurigen Arbeit zu sein: sie haben mich doch weit weg vom Wirklichen gelockt. Meinem eigenen Seelenleben hat die ganze Beschäftigung doch sehr wohl getan; ich bin offenbar viel normaler als ich vor 4 oder 5 Jahren war.

Meine Vorlesungen habe ich heuer trotz sehr zahlreicher Anmeldungen eingestellt und gedenke, sie in nächster Zeit nicht wieder aufzunehmen. Vor der kritiklosen Anhängerschaft der ganz Jungen habe ich dasselbe Grauen, wie es mir die Gegnerschaft der etwas Älteren verursacht hat. Auch ist die ganze Sache nicht reif – nonum prematur in annum! Schüler à la Gattl die schwere Menge zu haben; in der Regel verlangen sie dann selbst behandelt zu werden. Auch habe ich die Nebenabsicht, einen geheimen Wunsch zu verwirklichen, der etwa gleichzeitig mit Rom reif werden kann. Wenn also Rom möglich ist, dann werfe ich auch die Dozentur hin. Aber, wie gesagt, wir sind noch nicht in Rom.

Ich vermisse Deine Nachrichten schmerzlich. Muß es so sein?

Herzlichst und mit vielen Grüßen für Deine liebe Frau

Dein Sigm.

107 Dr. Sigmund Freud, Wien, 28. 5. 99.
Dozent für Nervenkrankheiten
a. d. Universität.

Teurer Wilhelm!

... Die Deckerinnerungen sind in Jena bei Ziehen.[1] ... Der Traum aber wird plötzlich, ohne besondere Motivierung, aber diesmal sicher. Ich hab' mir überlegt, daß es mit all den Verkleidungen nicht geht, daß es auch mit dem Verzichten nicht geht, denn ich bin nicht reich genug, den schönsten, den wahrscheinlich einzig überlebenden Fund, den ich gemacht habe, für mich zu behalten. Ich habe mich dann in diesem Dilemma benommen wie der Rabbi in der Geschichte vom Hahn und der Henne. Kennst Du sie? »Ein Ehepaar, das einen Hahn und eine Henne besitzt, beschließt, sich zu den Feiertagen einen Hühnerbraten zu gönnen, kann sich aber zur Wahl des Opfers nicht entschließen und wendet sich darum an den Rabbi. ›Rabbe, was sollen wir tun, wir haben nur einen Hahn und eine Henne. Wenn wir den Hahn schlachten, wird sich die Henne kränken, und wenn wir die Henne schlachten, wird sich der Hahn kränken. Wir wollen aber Huhn essen zum Feiertag; Rabbe, was sollen wir tun?‹ Der Rabbi: ›So schlacht's den Hahn.‹ – ›Da wird sich doch die Henne kränken.‹ – ›Ja, das ist wahr, also schlacht's die Henne.‹ – ›Aber Rabbi, dann kränkt sich ja der Hahn.‹ – Der Rabbi: ›Loss er sich kränken!!‹«

Der Traum wird also werden ... Leider haben die Götter vor die Abhandlung die Literatur zur Abschreckung gesetzt. Das erste Mal bin ich in ihr stecken geblieben. Diesmal werde ich mich durchbeißen; es steht ja ohnedies nichts Rechtes darin. So autochthon war noch keine meiner Arbeiten, mein eigen Mistbeet, mein Setzling und eine nova species mihi (sic!) darauf. Nach der Literatur kommen dann die Streichungen, Einschaltungen usw. und das Ganze soll Ende Juli, wenn ich aufs Land gehe, druckfertig sein. Mit der Verlagsänderung versuche ich's vielleicht, wenn ich merke, daß Deuticke nicht viel dafür zahlen will oder nicht sehr darauf brennt.

Der 10 Analysen eilte es noch nicht; ich habe jetzt 2½! 4 Anknüpfungen zerschlagen, auch sonst Totenstille. Merkwürdigerweise läßt es mich kühl. Die Technik war zuletzt schon sehr vollkommen.

Die Buben haben nach zweitägigem Fieber eine leichte Angina produziert, Ernst leidet noch sehr unter seiner angeblichen Magenerweiterung; er soll Kassowitz gezeigt werden. Freitag geht es (Minna mit den Kindern außer Mathilde) nach Berchtesgaden.

Ich habe mir Schliemann's Ilias geschenkt und mich an seiner Kindheitsgeschichte erfreut. Der Mann war glücklich, als er den Schatz des Priamos fand, denn Glück gibt es nur als Erfüllung eines Kinderwunsches. Dabei fällt mir ein, daß ich heuer nicht nach Italien reisen werde. Auf nächstes Mal.

Mit herzlichsten Grüßen für Dich, Frau, Sohn und Tochter

Dein Sigm.

108 Dr. Sigmund Freud, 9. 6. 99.
IX. Berggasse 19. ord. 3–5 Uhr.

Teurer Wilhelm!
Lebenszeichen! Das ›Schweigen im Walde‹ ist Großstadtlärm gegen meine Ordination. Hier läßt sich trefflich ›träumen‹. In der Literatur gibt es einzelne Produkte, die mir das erste Mal den Eindruck gemacht haben, daß ich am liebsten nie etwas mit der Sache zu tun gehabt hätte. Einer heißt Spitta (to spit = Speien).[1] Jetzt bin ich über die Klippe. Natürlich kommt man immer tiefer hinein, muß dann einmal abbrechen. Die ganze Sache löst sich mir wieder in einen Gemeinplatz auf. Der Traum sucht *einen* Wunsch jedesmal zu erfüllen, der sich in verschiedene verwandelt hat. Es ist der Wunsch zu schlafen! Man träumt, um nicht erwachen zu müssen, weil man schlafen will. Tant de bruit.
... Ich habe bei einer Freundin (Frau A.), einer Frau vom ersten Rang – sollte ich noch nie von ihr gesprochen haben? – eine Analyse begonnen und kann mich wieder überzeugen, wie glänzend alles zusammengeht. Sonst bin ich resigniert. Für einige Monate habe ich ja zu leben... Deprimierend wirkt auf mich die Überschwemmung mit psychologischer Literatur, ein Gefühl, gar nichts zu wissen, wo ich schon das Neue zu greifen vermeinte. Das Malheur ist auch, daß man diese lesende und exzerpierende Tätigkeit nur wenige Stunden im Tag aushält. Frage mich also, ob Du mir wirklich gut geraten, ob ich Dich nicht lieber dafür verwünschen soll. Einzige Ersatzmöglichkeit: Du mußt mir in Deiner Einführung in die Biologie etwas Erfrischendes zu lesen geben.
Herzlichste Grüße an Dich und Euch alle

Dein Sigm.

109 Dr. Sigmund Freud, Wien, 27. 6. 99.
Dozent für Nervenkrankheiten IX. Berggasse 19.
a. d. Universität.

Teurer Wilhelm!

. .

Ich bin müde und freue mich sehr auf die vier Tage vom 29. 6. – 2. 7., die ich in Berchtesgaden zubringen werde. Die Schreiberei – ich habe es einmal bis zu einem Bogen im Tag gebracht – geht weiter, der Abschnitt dehnt sich und wird weder schön noch fruchtbar. Es ist doch eine Verpflichtung, ihn zu machen. Das Thema wird mir nicht lieber dabei.

. . .

Morgen gebe ich die ersten Bogen in den Druck; vielleicht gefällt es anderen besser als mir. ›Mir gefällt sie nicht‹, könnte man Onkel Jonas variieren.[1] Meine eigenen Träume erheben sich jetzt zu blödsinniger Kompliziertheit. Unlängst berichtet man mir, Annerl hätte zu Tante Minnas Geburtstag geäußert: »An Geburtstagen bin ich meistens ein bißchen brav«. Darauf träume ich den bekannten Schultraum, bei dem ich in der Sexta bin, und denke dabei: »Bei solchen Träumen ist man meistens in der Sexta«. Einzig mögliche Lösung, Annerl ist meine Sexta, mein 6tes Kind! Brr . . .

Es herrscht ein Hundewetter. Du merkst, daß ich nichts zu schreiben habe, nicht heiter bin . . .

Dein Sigm.

110 3. 7. 99.

Teurer Wilhelm!

. . .

Der Autor des ›hochbedeutsamen, leider von der Wissenschaft nicht genug geschätzten Buches über den Traum‹ befand sich vier Tage lang in Berchtesgaden vortrefflich, *au sein de sa famille*, und ließ sich nur durch einen Rest von Schamgefühl abhalten, Dir *keine* Ansichtskarte vom Königssee zu schicken. Die Wohnung ist ein kleines Juwel an Sauberkeit,

Einsamkeit und Aussicht, die Frauen und Kinder behagen sich sehr und sehen vortrefflich aus. Annerl wird geradezu schön vor Schlimmheit. Die Buben sind bereits zivilisierte und genußfähige Menschen. Martin ist ein komischer Kauz, feinsinnig und gutmütig in seinen Privatverhältnissen, ganz in eine humoristische phantastische Welt eingesponnen. Wir gehen z. B. an einer kleinen Höhle im Felsen vorüber. Er beugt sich hinab und fragt: Ist der Herr Drache zu Hause? Nein, nur die Frau Drachin. Guten Tag, Frau Drachin. Der Herr ist nach München geflogen? Sagen Sie ihm, ich werde ihn nächstens besuchen und ihm Bonbons mitbringen – der Name ›Drachenloch‹ zwischen Salzburg und Berchtesgaden hat das veranlaßt. Oli ordnet hier Berge wie in Wien Stadtbahn- und Tramwaylinien. Sie halten auch sehr gut und neidlos zusammen.
Martha und Minna lesen jetzt Briefe von Hehn an einen Herrn Wichmann und da Du überhaupt alles weißt, auch in der Wichmannstraße gewohnt hast, wollen sie von Dir wissen, wer dieser Herr Wichmann war. Ich habe ihnen angedeutet, daß Du etwa Wichtigeres im Moment zu tun hast.
Weißt Du, woran mich der Ausflug lebhaft erinnert hat? An unsere erste Zusammenkunft 90 oder 91 in Salzburg und die Wanderung von dort über den Hirschbühel nach Berchtesgaden, wo Du dann auf dem Bahnhof einen meiner schönsten Anfälle von Reiseangst mitangesehen. Auf dem Hirschbühel stehst Du im Fremdenbuch von meiner Hand eingetragen als ›Universalspezialist aus Berlin‹. Zwischen Salzburg und Reichenhall hattest Du, wie gewöhnlich, kein Auge für die schöne Natur, sondern schwärmtest von Mannesmannschen Röhren. Ich fühlte mich damals etwas gedrückt durch Deine Überlegenheit, das war die klare Empfindung, und daneben lief eine unklare, die ich erst heute in Worte fassen kann; die Ahnung, daß dieser Mann seinen Beruf noch nicht entdeckt hat, als der sich später herausstellte, das Leben in die Fesseln der Zahlen und Formeln zu schlagen. Auch von dem anderen Beruf war damals noch keine Rede und hätte ich von Frl. Ida Bondy erzählt, so hättest Du noch gefragt: Wer ist das? Ich bitte, die betreffende Dame von den Meinigen herzlichst zu grüßen.

Dein Sigm.

111 Dr. Sigmund Freud, Wien, 17. 7. 99.
Dozent für Nervenkrankheiten IX. Berggasse 19.
a. d. Universität.

Teurer Wilhelm!

. . .

Ich habe hier noch 115 kleine Geschäfte zu erledigen, mit den großen bin ich fertig. Das I. Traumkapitel ist im Druck und wartet auf Korrekturen . . .

Noch einige Abschiedsbesuche, Ordnung, Zahlungen etc. und ich bin flott. Es war ein zweifellösendes, siegreiches Jahr im Ganzen, nur zu verwundern, daß man sich nicht mehr freut, wenn die lang erwarteten Dinge kommen. Die Konstitution läßt eben nach . . . Den Lassalle und einige Schriften über das Unbewußte nehme ich nach Berchtesgaden nebst meinem Manuskript mit. Auf Reisen wird — ungern — verzichtet. In guten Stunden phantasiere ich von neuen großen und kleinen Arbeiten. Motto für den Traum hat sich nicht ergeben, seitdem Du das Goethesche sentimentale umgebracht. Es wird beim Hinweis auf die Verdrängung bleiben.

Flectere si nequeo Superos, Acheronta movebo.

Titel aus den Phantasien:

Zur Psychopathologie des täglichen Lebens.

Verdrängung und Wunscherfüllung.

(Eine psychologische Theorie der Neuropsychosen.)

Soviel von mir.

. . .

Es gibt noch alte Götter, denn ich habe unlängst einige bekommen, darunter einen Janus aus Stein, der mit seinen zwei Gesichtern mich sehr überlegen anschaut.

Also herzlichste Grüße und ich hoffe, in Berchtesgaden bereits Nachricht von Dir vorzufinden.

Dein Sigm.

112 Dr. Sigm. Freud, Wien, 22. 7. 99.
Dozent für Nervenkrankheiten IX. Berggasse 19.
a. d. Universität.

Teurer Wilhelm!

...

Mit dem Traum steht es so. Es hat ein erstes in die Literatur einführendes Kapitel gefehlt, das Du, wenn ich nicht sehr irre, auch verlangt hast, um das Weitere zu entlasten. Dieses ist geschrieben worden, wurde mir sehr sauer und ist nicht sehr befriedigend ausgefallen. Die meisten Leser werden in diesem Dornengestrüpp stecken bleiben und Dornröschen dahinter gar nicht zu Gesicht bekommen. Das andere, was Du kennst, wird einer nicht eingreifenden Durcharbeitung unterzogen. Was die Literatur behandelt, kommt heraus, einzelne detaillierte Beziehungen auf die Literatur, die ich erst jetzt kennengelernt, werden eingestreut, neue Traumbeispiele zur Illustration eingeschoben, was alles nicht viel ausmacht, dann wird der letzte psychologische Abschnitt neu gemacht, die Wunschtheorie, die ja das Bindeglied zu dem Folgenden wird, einiges von Annahmen über den Schlaf, die Abrechnung mit dem Angsttraum, die Verwicklung zwischen dem Wunsch zu schlafen und dem Unterdrückten. Vielleicht alles mehr andeutungsweise.

Nun verstehe ich nicht, was und wann Du es sehen willst. Soll ich Dir dieses I. Kapitel schicken? Und dann auch die fortlaufende Umarbeitung, ehe ich sie in Druck gebe? Du würdest Dich ohne Genuß sehr belasten. Mir wäre es ja nur Genuß, wenn Du Dich noch darum kümmertest. An den Bedingungen der Publikation ist nichts geändert worden. Deuticke wollte das Buch nicht abgeben und so habe ich mich entschlossen, durch nichts zu verraten, wie sauer mir der Entschluß geworden ist. Es wird immerhin ein Stück vom ersten Drittel der großen Aufgabe erledigt sein, Neurosen und Psychose in die Wissenschaft einzureihen durch die Lehre von Verdrängung und Wunscherfüllung. 1. Das Organisch-Sexuelle, 2. das Faktisch-Klinische, 3. das Metapsychologische daran. Die Arbeit ist jetzt im zweiten Drittel, über das erste müssen wir noch viel verhandeln, wenn das Dritte erreicht ist (Rom, Karlsbad)[1], will ich mich gern zur Ruhe legen. Die Zuversicht in Deinen Äußerungen hat immer etwas äußerst Wohltuendes für mich und wirkt exzitierend für längere Zeit.

Nun möchte ich auch bald Genaues von Dir und den Deinigen hören. Ich werde von Berchtesgaden schreiben, so oft ich die Lust verspüre und das wird nicht selten der Fall sein.

Mit herzlichstem Gruß Dein Sigm.

113 Dr. Sigm. Freud, Riemerlehen, 1. 8. 99.
Dozent für Nervenkrankheiten Wien
a. d. Universität IX. Berggasse 19.

Teurer Wilhelm!

Gleichzeitig sende ich Dir in zwei Umschlägen die ersten Korrekturen des einleitenden (Literatur-) Kapitels. Wenn Du etwas zu beanstanden hast, so schicke mir das Blatt mit Deinen Bemerkungen, es ist noch bis zur zweiten und dritten Korrektur Zeit, es zu verwerten. Dein lebhaftes Interesse für die Arbeit tut mir, ich kann nicht sagen wie, wohl. Leider wird dies Kapitel eine harte Prüfung für den Leser sein.

Wir haben es hier unvergleichlich schön, machen größere und kleinere Spaziergänge und befinden uns alle sehr wohl, bis auf einige Zustände, die ich gelegentlich habe. Ich arbeite in einem großen, ruhigen Paterreraum mit Bergaussicht an der Vervollständigung der Traumarbeit. Meine von Dir so wenig anerkannten alten und dreckigen Götter beteiligen sich als Manuskriptbeschwerer an der Arbeit. Der Ausfall des großen von Dir gestrichenen Traumes soll durch Einschiebung einer kleinen Traumsammlung (harmlose, absurde Träume, Rechnen und Reden im Traum, Affekte im Traum) wettgemacht werden. Die Umarbeitung wird nur das letzte psychologische Kapitel betreffen, das ich vielleicht im September angreifen und Dir im Manuskript schicken oder – mitbringen werde. Mein Interesse ist ganz dabei.

Schwämme gibt es hier auch, aber noch nicht reichlich. Die Kinder nehmen an dem Sport natürlich Anteil. Der Geburtstag der Hausfrau ist groß gefeiert worden, u. a. durch einen Familienausflug nach Bartholomäe. Annerl hättest Du auf dem Königsee sehen sollen. Martin, der hier ganz in seiner Phantasie lebt, sich ein Malepartus im Wald erbaut hat usw., hat gestern geäußert: »Ich glaube eigentlich nicht, daß meine sogenannten Gedichte wirklich schön sind.« Wir stören ihn nicht in dieser Selbsterkenntnis. Oli übt sich wieder in der exakten Aufnahme der Wege, Entfernungen, Orts- und Bergnamen. Mathilde ist ein ganzer Mensch und natürlich ein volles Frauenzimmer. Sie haben alle gute Zeiten.

...

Je mehr die Arbeit dieses Jahres jetzt zurücktritt, desto zufriedener werde ich mit ihr. Nur die Bisexualität! Mit der hast Du sicherlich Recht. Ich gewöhne mich auch, jeden sexuellen Akt als einen Vorgang zwischen vier Individuen aufzufassen. Darüber wird viel zu reden sein.

Manches, was Du schreibst, tut mir schrecklich leid. Ich wollte, ich könnte helfen.

Grüß mir herzlichst die ganze Familie und erinnere Dich an das Riemerlehen, wo ich sitze.

Herzlichst Dein Sigm.

114 Dr. Sigm. Freud,
Dozent für Nervenkrankheiten
a. d. Universität.

Berchtesgaden,
Riemerlehen, 6. 8. 99.

Teurer Wilhelm!

Wann hättest Du nicht Recht? Du sprichst wieder aus, was ich mir leise gedacht habe, daß dieses erste Kapitel einen Haufen Leser von den weiteren abhalten kann. Aber 's ist nicht viel zu machen. Bis auf die Notiz in der Vorrede, die wir am Ende noch konstruieren werden. Im Inneren der Arbeit wolltest Du die Literatur nicht und hattest Recht, am Anfang auch nicht und wieder Recht. Es geht Dir wie mir, das Geheimnis dürfte sein, wir mögen sie überhaupt nicht. Wenn wir aber den ›Wissenschaftlern‹ nicht ein Beil in die Hand geben wollen, das arme Buch zu erschlagen, müssen wir sie irgendwo dulden. Nun ist das Ganze so auf eine Spaziergangsphantasie angelegt. Anfangs der dunkle Wald der Autoren (die die Bäume nicht sehen), aussichtslos, irrwegereich. Dann ein verdeck-

ter Hohlweg, durch den ich den Leser führe – mein Traummuster mit seinen Sonderbarkeiten, Details, Indiskretionen, schlechten Witzen, – und dann plötzlich die Höhe und die Aussicht und die Anfrage: Bitte, wohin wünschen Sie zu gehen?
Die Korrekturbogen, die ich Dir schicke, brauche ich natürlich nicht wieder. Da Du im I. Kapitel nichts beanstandet hast, werde ich es jetzt in der Korrektur erledigen. Vom Übrigen ist noch nichts gesetzt. Du bekommst die Bogen, sobald sie anfangen, und das Neue wird darin angestrichen sein. – Es werden massenhaft neue Träume eingefügt, die Du hoffentlich nicht streichen wirst. *Pour faire une omelette il faut casser des oeufs*. Übrigens sind es humana und humaniora, nichts von wirklich Intimem, d. h. persönlich Sexuellem ... Die Arbeit hat mich die letzten Tage sehr gefreut. »Mir gefällt sie«, sagt Onkel Jonas; für den Erfolg erfahrungsgemäß ein schlechtes Zeichen. Den Traum von Robert werde ich mit Deiner Erlaubnis unter die Hungerträume der Kinder, nach dem geträumten Speisezettel von Annerl einreihen.[1] ... Das ›Groß‹ in Kinderträumen muß doch auch einmal berücksichtigt werden, es gehört zur Größensucht der Kinder, auch einmal so eine Schüssel Salat zu essen wie der Papa, das Kind hat nie genug, auch nicht an Wiederholungen. Maßhalten ist ihm das Schwerste, so auch dem Neurotiker.
Ich habe es hier ideal gut und bin entsprechend wohl; gegangen wird nur früh und abends, sonst sitze ich bei der Arbeit. Eine Seite des Hauses hat immer köstlichen Schatten, wenn die andere glüht. Ich kann mir leicht vorstellen, wie es in der Stadt ist ...
Schwämme gibt es allerdings täglich. Am nächsten Regentag marschiere ich aber zu Fuß in mein geliebtes Salzburg, wo ich das letzte Mal sogar ein paar ägyptische Altertümer aufgestöbert habe. Die Dinge geben mir Stimmung und sprechen von fernen Zeiten und Ländern.
In Wien habe ich einige Male J. J. David[2] zum Gast gehabt, einen unglücklichen Menschen und nicht unansehnlichen Dichter ...
Mit herzlichsten Grüßen und Dank für Deine Teilnahme am ägyptischen Traumbuch.

Dein Sigm.

115 Dr. Sigm. Freud, Berchtesgaden, 20. 8. 99.
Dozent für Nervenkrankheiten
a. d. Universität.

Teurer Wilhelm!

Jetzt bin ich vier Wochen hier und jammere, daß die schöne Zeit so schnell vergeht. In wieder vier Wochen bin ich mit dem Urlaub fertig, und er ist mir zu wenig. Ich habe hier so wunderschön gearbeitet, in Ruhe, ohne Nebensorgen, in fast völligem Wohlsein, dazwischen bin ich spazieren gerannt und habe Berge und Wald genossen. Du sollst Nachsicht mit mir haben, ich bin von der Arbeit ganz übersponnen, kann von nichts anderem schreiben. Ich bin weit im Kapitel von der ›Traumarbeit‹ und habe den von Dir gestrichenen ganzen Traum durch eine kleine Sammlung von Traumflicken, wie ich meine, mit Vorteil ersetzt. Im nächsten Monat beginnt dann das letzte philosophische Kapitel, vor dem mir bangt, für das ich auch wieder lesen muß.

Der Druck geht langsam vorwärts. Was ich neu habe, gestern an Dich geschickt. Ich bitte Dich, mir nur die Blätter zurückzuschicken, die Du beanstandest und die Bemerkung an den Rand zu schreiben. Auch wenn Du später in die Lage kommst, ein Zitat oder eine Referenz zu korrigieren; ich bin hier natürlich ohne literarische Hilfsmittel.

Heute nach fünfstündiger Arbeit habe ich etwas Schreibkrampfartiges in der Hand. Die Fratzen machen auf der Wiese ein Höllenspektakel, nur Ernst liegt mit einem argen Insektenstich ... Seitdem der Junge den einen Vorderzahn verloren hat, beschädigt er sich fortwährend, er ist voll von Wunden wie ein Lazarus, dabei tollkühn und wie anästhetisch. Ich erkläre mir das durch eine leise Hysterie. Er ist der einzige, der von der damaligen Kinderfrau schlecht behandelt worden ist.

... Alexander war vier Tage lang hier, er hat den Unterricht in Tarifkunde an der Exportakademie bekommen und soll Titel und Rang eines außerordentlichen Professors nach einem Jahr haben, also viel früher als ich ...[1]

Meine Hand versagt heute den Dienst. Sehr bald mehr und herzlichste Grüße

Dein Sigm.

116 Dr. Sigm. Freud, B., 27. 8. 99.
Dozent für Nervenkrankheiten
a. d. Universität.

Teurer Wilhelm!
Ich danke Dir, eben habe ich zwei Blätter aus Harzburg erhalten, die, wenn die Korrektur mir zurückkommt, natürlich getreu nachgeahmt werden sollen. Ähnliches von überflüssiger Subjektivität wirst Du noch einige Male anzustreichen haben. Deine Durchsicht ist mir doch eine große Beruhigung.
Ich bin sonst unbrauchbar, wie Du leicht verstehen wirst. Ganz Traum. Gestern habe ich einen Haufen Schreibpapier im Manuskriptzustande (dabei 56 neue Seiten, Traumdeutungen, Beispiele) auf die Post gebracht und schon regen sich die Vorarbeiten für den letzten und heikelsten Abschnitt, den psychologischen, für den es mir noch an Begrenzung und Anordnung fehlt. Lesen soll ich auch etwas dazu, die Psychologen werden ohnedies genug zu schimpfen finden, aber so ein Ding wird, wie es einmal wird. Jeder Versuch, es besser zu machen, als es von selbst gerät, verleiht ihm etwas Gequältes. Es wird also 2467 Fehler haben, – die ich ihm lassen werde.[1]
Die Kürze der Ferien habe ich noch nie so bedauert wie heuer. In drei Wochen ist alles um, dann kommen wieder die Sorgen ...
Roberts Traum wirst Du an anderer, späterer Stelle finden – beim Egoismus der Träume. Hier geht es sehr gut, es ist ein heißer, ungestört schöner Sommer. Ein bißchen Italien schlösse ihn schön ab. Aber das wird wohl nicht werden.
Was meinst Du zu 10 Tagen Rom zu Ostern (wir beide natürlich), wenn alles gut geht, ich wieder zu leben habe und nicht des ägyptischen Traumbuches wegen eingesperrt, gelyncht oder boykottiert worden bin? Lange versprochen! Von den ewigen Gesetzen des Lebens in der ewigen Stadt zuerst zu hören, keine üble Komposition.
Ich vermute Dich wieder in Berlin, schön, daß Du wenigstens einige freie Tage gefunden hast für den Besuch in Harzburg mit allen Kindern.
...

Etwas Spielraum für meinen ›Gift‹ wirst Du mir in den Traumdeutungen frei lassen müssen. Es tut der Konstitution wohl, sich auszuschimpfen.
Sei mir herzlichst gegrüßt, ich werde Dich in den nächsten Wochen ja mit Zusendungen überreichlich belästigen müssen.

Dein Sigm.

117 Dr. Sigm. Freud, B., 6. 9. 99.
Dozent für Nervenkrankheiten
a. d. Universität.

Teurer Wilhelm!
Heute ist Dein Hochzeitstag, den ich sehr wohl erinnere. Aber hab' noch eine Weile Nachsicht mit mir. Ich bin eben ganz im Traum, schreibe 8-10 Seiten Seiten täglich und habe eben das Ärgste in der Psychologie überstanden. Unter großer Quälerei, ich mag gar nicht denken, wie es geworden. Du wirst mir dann sagen, ob es überhaupt zulässig ist, aber an den Aushängebogen, Manuskript lesen ist eine zu große Schinderei, und es kann noch alles geändert werden. Ich habe endlich doch mehr hergegeben, als ich wollte, wie man ja immer tiefer hineinkommt, aber ich fürchte, es ist: Stuß, wie Ihr sagt: Quatsch. Und was werde ich da zu hören bekommen! Wenn das Gewitter über mich hereinbricht, flüchte ich zu Dir ins Fremdenzimmer. Du wirst immer noch etwas zu loben finden, denn Du bist parteiisch *für* wie die anderen *gegen*.
Nun habe ich heute 60 Blätter bekommen, die gleichzeitig an Dich abgehen. Beinahe schäme ich mich, Dich so auszunützen und den Gegendienst bei der Biologie wirst Du von mir nicht brauchen, weil Du allein zu sondern weißt und mit der Helle, nicht dem Dunkel, der Sonne, nicht dem Unbewußten, zu tun hast. Ich bitte Dich aber sehr, Dich nicht mit einem Mal über das Ganze zu setzen und mir die Blätter, auf denen Du die Zensur übst, zu schicken, wenn Du einige beisammen hast, damit ich Deine Korrekturen vor Absendung meiner, die im Ganzen abgehen, bekomme. Es sind massenhaft neue Geschichten dabei, die ich Dir anstreiche. Dem Sexuellen bin ich ja ausgewichen, aber der Dreck ist un-

vermeidlich und bittet um humane Behandlung. Gemeine Druckfehler werden Dich natürlich nicht bekümmern; wo Du meine Zitierignoranz, Stil oder schlechtes Gleichnis anstreichen kannst, da tu es nur. Wenn mir jemand den wirklichen Wert von der Geschichte sagen könnte.
Es war hier schön, vielleicht bringe ich es noch zu einigen freien Tagen. Mein Stil war leider schlecht, weil es mir zu gut körperlich ging, ich muß etwas elend sein, um schön zu schreiben. — Also jetzt von etwas anderem. Alle befinden sich hier sehr wohl, wachsen und gedeihen, das Kleine allen voran. Ich denke nicht gerne an die kommende Saison.
Es wird heut' nichts mehr, immer das Gleiche. Sei mir herzlichst gegrüßt und bedankt

Dein Sigm.

Kennst Du David? und *Friedjungs* Geschichte von 1859—1866.[1]

118 Dr. Sigm. Freud, B., 11. 9. 99.
Dozent für Nervenkrankheiten
a. d. Universität.

Teurer Wilhelm!
Ich danke Dir herzlich für Deine Bemühung. Einiges Nachlässige und durch Auslassung Verworrene hatte ich schon selbst bemerkt, die anderen Verbesserungen werden getreulich eingetragen werden. — ... Leider folgt heute ein weiterer Pack von 30 Blättern, auch der lange nicht der letzte.
Ich bin fertig, d. h. alles Manuskript ist abgesendet. Meine Verfassung kannst Du Dir denken, die Steigerung der normalen Depression nach dem Aufschwung. Vielleicht liest Du den Simplicissimus nicht, an dem ich mich regelmäßig ergötze. Gespräch zwischen zwei militärischen Kameraden: »Nun, Herr Kamerad, haben sich verlobt, Braut wohl reizend, schön, geistreich, anmutig?« — »Jeschmubozeche, mir gefällt sie nicht«. Das ist ganz mein Fall.[2]
Mit der Psychologie steht es so, daß ich es von Deinem Urteil werde abhängen lassen, ob ich sie noch einmal umarbeiten oder in dieser Form wagen soll.[3] Die Traumsachen selbst halte ich für unangreifbar; was mir

an ihnen mißfällt, ist der Stil, der unfähig war, den edlen einfachen Ausdruck zu finden, und in witzelnde, bildersuchende Umschreibungen verfallen ist. Ich weiß das, aber der Teil in mir, der es weiß und zu schätzen weiß, der produziert leider nicht.
Daß der Träumende zu witzig, ist sicher richtig, aber es trifft weder mich, noch motiviert es einen Vorwurf. Alle Träumer sind ebenso unausstehlich witzig und sie sind es aus Not, weil sie im Gedränge sind, ihnen der gerade Weg versperrt ist. Wenn Du meinst, werde ich noch eine solche Bemerkung irgendwo einschalten.[1] Der scheinbare Witz aller unbewußten Vorgänge hängt intim mit der Theorie des Witzigen und Komischen zusammen.[2]
Grüß Deine liebe Frau und Kinderchen herzlichst von mir. Vielleicht sehen wir uns wirklich.

Dein Sigm.

119 Dr. Sigm. Freud, Dozent für Nervenkrankheiten a. d. Universität. — Wien, 21. 9. 99. IX. Berggasse 19.

Teurer Wilhelm!
Da sitze ich nach 32stündiger ekelhafter Fahrt durch Wasser wieder am vertrauten Platz, 7 Bogen Korrekturen vor mir und keine ärztliche Nachricht und von Deinem lieben Brief mit seinen guten Nachrichten schön empfangen. Eine Art Ersatz für unser vereiteltes Wiedersehen finde ich in der gesteigerten Lebhaftigkeit unseres Briefverkehrs und hoffe, auch während der Zeit, da Du den Toten nachgräbst, wirst Du des Lebenden öfter gedenken. Wie Du richtig vermutest, ist mein Grant von mir abgefallen, nicht nach einer Migraine, sondern nach einer schönen Reihe ähnlicher Zustände. Allein ich glaube, meine Selbstkritik war nicht ganz unberechtigt. Es steckt auch in mir irgendwo ein Stück Formgefühl, eine Schätzung der Schönheit als einer Art der Vollkommenheit und die gewundenen, auf indirekten Worten stolzierenden, nach dem Gedanken schielenden Sätze meiner Traumschrift haben ein Ideal in mir schwer beleidigt. Ich tue auch kaum Unrecht, wenn ich diesen Formmangel als

ein Zeichen fehlender Stoffbeherrschung auffasse. Du wirst es ebenso empfunden haben und wir sind immer zu ehrlich mit einander gewesen, als daß einer dem anderen etwas vorzumachen brauchte. Der Trost liegt in der Notwendigkeit, es ist eben nicht besser gegangen. Es tut mir noch leid, daß ich mir den liebsten und besten Leser durch die Mitteilung der Korrekturen verderben muß, denn was kann einem überhaupt gefallen, wenn man es als Korrektor lesen muß. Ich kann Dich aber, den Repräsentanten des ›Anderen‹, leider nicht entbehren und — habe wieder 60 Blätter für Dich.

Und jetzt ein Jahr weiter in dieses sonderbare Leben hinein, in dem die Stimmung wohl der einzige wirkliche Wert ist. Die meine schwankt, aber wie Du siehst, wie es im Wappen unserer lieben Stadt Paris heißt:

Fluctuat nec mergitur.[1]

Eben hat sich eine Patientin, ... mit der ich schon lange in Unterhandlungen gestanden bin, angekündigt, ich weiß nicht, ob abzusagen oder anzunehmen. Von dem Erwerb hängt meine Stimmung auch sehr ab... Aus meiner Jugend weiß ich, daß die wilden Pferde in den Pampas, die einmal mit dem Lasso gefangen worden sind, ihr Leben über etwas Ängstliches behalten. So habe ich die hilflose Armut kennen gelernt und fürchte mich beständig vor ihr. Du wirst sehen, mein Stil wird besser und meine Einfälle richtiger werden, wenn mir diese Stadt reichlich zu leben gibt.

Mit Verifizieren von Zitaten usw. plagst Du Dich diesmal nicht? Ich bin ja wieder im Besitze aller literarischen Hilfsmittel. Das Hauptstück der Deutungsleistung kommt diesmal. Die absurden Träume. Es ist erstaunlich, wie oft Du vorkommst. In dem Traum ›non vixit‹ freue ich mich, Dich überlebt zu haben;[2] ist es nicht arg, so etwas andeuten, für jeden Wissenden also heraussagen zu müssen.

Frau und Kinder bleiben noch bis Ende September in Berchtesgaden. Paulinchen kenne ich noch immer nicht!

Herzlichsten Gruß

Dein Sigm.

120 Dr. Sigm. Freud, Dozent für Nervenkrankheiten a. d. Universität.

Wien, 9. 10. 99. IX. Berggasse 19.

Teurer Wilhelm!

. . .

Denk' Dir, daß ich durch die dunkle innerliche Macht zur Lektüre psychologischer Schriften getrieben werde und mich in ihnen besser als vorhin zurechtfinde. Unlängst hatte ich die Freude, ein Stück meiner imaginierten Lust- und Unlustlehre bei einem englischen Autor Marshall zu finden. Andere Autoren, auf die ich stoße, sind mir freilich ganz unergründlich.[1]

Auch meine Stimmung hält noch immer. Das Ausschreiben im Traumbuch muß mir wohl getan haben . . . Deiner Bemerkung über die Beschleunigung der Praxis möchte ich entgegenhalten, daß es auch Bummelzüge gibt . . . Die Sache liegt so: Selbst wenn sich z. B. der November zur vollen Tätigkeit hebt, so ist doch dieses Jahr mit seiner schlechten Zeit vom 1. Mai bis Ende Oktober (6 Monate) unzureichend zur Deckung unserer Bedürfnisse. Ich muß mich nach Anderem umsehen und habe jetzt einen Schritt nach einer bestimmten Richtung getan. Ich will für den Sommer eine Anlehnung an eine Wasseranstalt suchen, in deren Nähe wir Wohnung nehmen würden. Auf dem Kobenzl soll eine solche eröffnet werden und der Leiter hat mir im Vorjahr schon Andeutungen gemacht, daß ich mich darum einer Wohnung auf der Bellevue versichern sollte. (Beides in der Kahlenberggegend.)[2] Diesem Mann habe ich also wieder geschrieben. Der Schulbesuch der Kinder wird uns ohnedies nötigen, die lange Sommerabwesenheit aufzugeben.

In der diesjährigen Beförderung (Ende September: Schub von 5 Professoren) ist unsere Gruppe: Königstein, ich etc. wieder übergangen worden.

. . .

Der Traum ist bis auf drei Bogen imprimiert. Die Vorrede, die ich Dir einmal gezeigt, ist geblieben . . .

Mit herzlichstem Gruß für alle Deinen

Dein Sigm.

121 Dr. Sigm. Freud, 11. 10. 99.
IX. Berggasse 19. ord. 3–5 Uhr.

Teurer Wilhelm!

Psych. Apparat. φ
Hysterie — Klinisch.
Sexualität. Organisch.

Es arbeitet merkwürdigerweise im untersten Stockwerk. Eine Sexualtheorie dürfte die nächste Nachfolgerin des Traumbuches werden. Heute sind mir mehrere sehr merkwürdige Dinge eingefallen, die ich noch gar nicht recht verstehe. Vom Nachdenken ist ja bei mir keine Rede. Diese Art zu arbeiten tritt ruckweise ein. Gott allein kennt das Datum des nächsten Schubes, wenn Du nicht schon meine Formel hast. Kommt da mehr dazu, so wird sich ein Aussprechen und Zusammenarbeiten kaum vermeiden lassen. Tolle Sachen übrigens, einiges davon schon in der stürmischen ersten Produktionsepoche geahnt.

»Ihr naht Euch wieder, schwankende Gestalten.« Nach einer früheren Rechnung von Dir (auf alle 7½ J.) stünde mir 1900-1 eine leistungsfähige Zeit bevor.

Leb' recht wohl! Dein Sigm.

122 Dr. Sigm. Freud, Wien, 27. 10. 99.
Dozent für Nervenkrankheiten IX. Berggasse 19.
a. d. Universität.

Teurer Wilhelm!

Dank für die freundlichen Worte, mit denen Du die Übersendung des Traumbuches beantwortet hast. Ich bin mit dem Zeug schon lange ausgesöhnt und sehe seinen Schicksalen mit — resignierter Spannung — entgegen. Wenn das Buch nicht rechtzeitig, wie ich wollte, auf Deinen Geburtstagstisch gekommen ist, so ist der nicht in Rechnung gezogene Umstand daran Schuld, daß die Post es nur als Paket annehmen wollte. Wir hatten die Absendung so abgepaßt, als ob es als rekommandierter Brief gehen sollte. So ist es vielleicht bei Dir zu spät gekommen, anderwärts wird es sicherlich zu früh kommen. Es ist übrigens bis heute noch nicht

ausgegeben, andere als unsere zwei Exemplare haben das Licht der Öffentlichkeit noch nicht erblickt.
Jetzt, die anderen fünf Bücher, die ich vorhabe –, da werden wir uns Zeit lassen müssen. Lebenszeit, Material, Gedanken, Fernbleiben der ärgsten Störungen, und was gehört nicht noch alles dazu. Auch dann einmal ein kräftiger Stoß von ›befreundeter Seite‹. Vorläufig ist der Faden wieder abgerissen, darum auch die Antwort auf Deine Frage ausgeblieben. Ich suche nach dem richtigen Angriffspunkt. Die pathologischen Erscheinungen sind auch auf dem Sexualgebiet vielfach Kompromißbildungen und zur Auflösung ungeeignet.
...
Wenn sich in der Sexualtheorie wieder etwas rührt, überrasche ich Dich wieder mit ein paar rätselvollen Zeilen. Unterdes wünsche ich Euch beiden alles Glück zu dem, was das Jahr – und Jahrhundert ... Euch noch zu bringen hat. Im Dezember, meine ich!
Mit herzlichstem Gruß

Dein Sigm.

123 Dr. Sigm. Freud, 5. 11. 99.
IX. Berggasse 19. ord. 3–5 Uhr.

Teurer Wilhelm!
Man kann nicht sagen, daß Du übermäßig mitteilsam bist. Ich will mir kein Beispiel an Dir nehmen, wenngleich eine betrübende Gleichförmigkeit Mitteilungen erschwert. Das Buch ist endlich gestern erschienen. Hannibals Vater heißt, wie ich immer gewußt und wie mir unlängst plötzlich eingefallen – Hamilkar, nicht Hasdrubal.[1] Geschäfts- und Kinderkrankheiten sind im Gleichen ...
Von der Sexualtheorie hätte ich Dir gerne geschrieben, da ich etwas habe, was plausibel ist und sich praktisch bestätigt, allein mit dem + + + Weiblichen weiß ich noch gar nichts anzufangen, und das macht mich gegen das Ganze mißtrauisch. Sonst langsame Aufklärung, bald hier, bald dort, wie der Tag es gestattet, im Ganzen etwas gemächlich. Als Leckerei darunter das Verständnis, wie Ahnungsträume entstehen und

was sie bedeuten. Ich möchte übrigens bald von Dir hören und wie es Deiner lieben Frau geht und den Kindern

Herzlichst

Dein Sigm.

124 Dr. Sigm. Freud, 12. 11. 99.
IX. Berggasse 19. ord. 3–5 Uhr.

Teurer Wilhelm!

...

Frl. G. wird wie alle fremden Patienten die nötige Unterstützung für Unterkunft und Wartung bei mir finden. Aus den beiden anderen scheint nichts geworden zu sein. Sie haben seither nichts von sich hören lassen.

Man trägt mir jetzt komische Irrtümer zu, die sich im Traumbuch finden. Schillers Geburtsort ist Marburg genannt anstatt Marbach, von Hannibals Vater, der dort Hasdrubal anstatt Hamilkar heißt, habe ich Dir schon geschrieben. Es sind das aber nicht Gedächtnisfehler, sondern Verschiebungen, Symptome. Die Kritik wird nichts Besseres zu tun finden, als diese Flüchtigkeiten hervorzuheben, die keine sind.

Endlich wieder einmal alle wohl.

Jetzt, da alle Gefahr vorüber, schreibst Du mir wohl, was das Kind gehabt hat. Herzlichst

Dein Sigm.

125 Dr. Sigm. Freud, Wien, 9. 12. 99.
Dozent für Nervenkrankheiten IX. Berggasse 19.
a. d. Universität.

Teurer Wilhelm!

Durch Deine letzte Anwesenheit ist mein Durst nach Personalien von Dir noch etwas gesättigt. Ich kann mich also ruhig wissenschaftlichen Dingen zuwenden.

Vielleicht ist mir unlängst ein erster Einblick in neue Dinge gelungen. Vor mir steht als Problem das der ›Neurosenwahl‹. Wann wird ein

Mensch hysterisch anstatt paranoisch? Ein erster, roher Versuch zur Zeit, da ich im Sturm die Festung bezwingen wollte, meinte, es hinge vom Alter ab, in dem die sexuellen Traumen vorfallen, vom Erlebensalter.[1] Das ist längst aufgegeben, dann blieb ich ahnungslos bis vor wenigen Tagen, wo sich mir ein Zusammenhang mit der Sexualtherapie eröffnete.

Das unterste in der Sexualschichtung ist der Autoerotismus, der auf ein psychosexuelles Ziel verzichtet und nur die lokal befriedigende Empfindung verlangt. Er wird dann vom Allo- (Homo- und Hetero-) erotismus abgelöst, besteht aber gewiß als besondere Strömung fort. Die Hysterie (und ihre Abart, die Zwangsneurose) ist alloerotisch, ihr Hauptweg ist ja die Identifizierung mit der geliebten Person. Die Paranoia löst die Identifizierung wieder auf, sie stellt alle die weggelassenen Liebespersonen der Kindheit wieder her (vgl. die Erörterung zu den Exhibitionsträumen) und löst das Ich selbst in fremde Personen auf. So bin ich darauf gekommen, die Paranoia als einen Vorstoß der autoerotischen Strömung zu betrachten, als eine Rückkehr auf den damaligen Standpunkt.[2] Die ihr entsprechende Perversionsbildung wäre die sogenannte originäre Verrücktheit. Die besonderen Beziehungen des Autoerotismus zum ursprünglichen ›Ich‹ würden den Charakter dieser Neurose gut beleuchten. Hier reißt der Faden wieder ab.

Ungefähr gleichzeitig kommen zwei meiner Patienten auf die Vorwürfe nach Krankenpflege und Tod der Eltern und zeigen mir, daß meine Träume hierin das Typische getroffen haben. Es ist jedesmal die Rache, Schadenfreude, Genugtuung über die Exkretionsschwierigkeiten der Kranken (Harn und Stuhl), an die der Vorwurf angeknüpft hat. Ein wirklich unbeachteter Winkel des Seelenlebens.

...

14. 12. Es ist wohl eine Seltenheit, daß Du eher zum Schreiben kommst als ich. Die Öde der letzten Tage hat die Vollendung aufgehalten. Eine Weihnachtszeit, in der man sich des Kaufens enthalten muß, drückt ein wenig auf die Stimmung. Daß Wien nicht der richtige Ort für uns ist, wissen wir ja. Diskretion verlangte, Dich Deiner Familie nicht zu viel zu entziehen. Dem älteren Anspruch stand der innigere entgegen. So ward der Abschied am Bahnhof nur zum Symbol.

Deine Nachricht von dem Dutzend Leser in Berlin erfreut mich sehr. Leser habe ich wohl auch hier, für Anhängerschaft wird die Zeit nicht reif sein. Es ist zuviel des Neuen und Unglaublichen und zu wenig strenger Beweis. Auch bei meinem Philosophen[1] habe ich es, während er mir die glänzendsten Bestätigungen am Material lieferte, nicht zur Überzeugung gebracht. Die Intelligenz ist immer schwach und der Philosoph hat es leicht, inneren Widerstand in logischen Widerspruch zu verwandeln. Wieder ist eine neue Behandlung in naher Sicht. Bis auf meinen Schnupfen herrscht bei uns Wohlsein. Ich schreibe nochmals, ehe $\frac{\text{der}}{\text{die}}$ Ankömmling zu Dir ins Haus kommt.
Herzlichsten Gruß an sie alle Dein Sigm.

126 Dr. Sigm. Freud, Wien, 21. 12. 99.
Dozent für Nervenkrankheiten IX. Berggasse 19.
a. d. Universität.

Teurer Wilhelm!
Noch einen herzlichen Gruß vor Weihnachten, einer unserer sonstigen Kongreßzeiten. Ich bin nicht ohne *eine* frohe Aussicht. Du kennst meinen Traum, der trotzig die Beendigung von E.'s Kur verspricht (unter den absurden Träumen[2]), denkst Dir wohl auch, wie wichtig mir dieser eine andauernde Patient geworden ist. Nun scheint es, daß er in Erfüllung gehen soll. Scheint, sage ich vorsichtig, meine es aber mit größerer Sicherheit. Tief unter allen Phantasien verschüttet, fanden wir eine Szene aus seiner Urzeit (vor 22 Monaten) auf, die allen Anforderungen entspricht, und in die alle übrig gelassenen Rätsel einmünden; die alles zugleich ist, sexuell, harmlos, natürlich etc. Ich getraue mir noch kaum, daran ordentlich zu glauben. Es ist, als hätte Schliemann wieder einmal das für sagenhaft gehaltene Troja ausgegraben. Dabei geht es dem Kerl unverschämt gut. Er hat mir die Realität meiner Lehre am eigenen Leibe gezeigt, indem er mir mit einer überraschenden Wendung die von mir übersehene Lösung meiner einstigen Eisenbahnphobie gegeben... Meine Phobie also war eine Verarmungsphantasie, oder besser eine Hunger-

phobie, von meiner infantilen Gefräßigkeit abhängig und durch die Mitgiftlosigkeit meiner Frau (auf die ich stolz bin) hervorgerufen. Von alledem hörst Du mehr auf dem nächsten Kongreß.[1]

Sonst wenig Neues. Eine einzige Kritik des Buches in der ›Gegenwart‹, als Kritik inhaltslos, als Referat mangelhaft, aus meinen eigenen Brocken schlecht zusammengekittet; wegen des einzigen Wortes ›epochal‹ will ich alles verziehen haben. Das Benehmen der Leute in Wien sonst sehr ablehnend; ich glaube nicht, daß ich hier eine öffentliche Besprechung durchsetzen werde. Wir sind doch schrecklich weit voraus.

...

Zum theoretischen Arbeiten reicht die Kraft jetzt gar nicht. Am Abend langweile ich mich also gräßlich. Heuer lerne ich auch frieren, was ich bis jetzt nicht zustande gebracht. Ich kann vor Frost in meinem Kellerloch kaum schreiben.

Die letzte Seite[2] der Neugierde, wie es Dir und den Deinigen, besonders Paulinchen geht. Ich hoffe, die Zeit des Gedeihens hat sich für sie aufgetan.

...

Oscar[3] kommt wegen seines Abszesses täglich zu Mathilde. Die Fratzen sind sonst wohl und fesch. Martin verträgt die Schule gut und Oli ist auf der Höhe, erledigt alles spielend.

So altere ich geduldig weiteren Ergebnissen entgegen. Ein Kongreß wäre eine schöne Unterbrechung – aber auf italienischem Boden einmal.

Sei herzlichst gegrüßt von Deinem Sigm.

127 Dr. Sigm. Freud, Wien, 8. 1. 1900.
Dozent für Nervenkrankheiten IX. Berggasse 19.
a. d. Universität.

Teurer Wilhelm!

Ich freue mich, von meinem Freund Conrad zu hören.[4] Schon nach den wenigen Proben seines Benehmens möchte ich mitteilen, er ist ein braver Junge. Ob er sich nun den Namen oder die von mir gefeierten merkwürdigen Umstände seiner Geburt zur Richtschnur für sein späteres Wirken wählt, ich glaube vorhersagen zu können, er hat etwas Tüchtiges und Verläßliches an sich, und was er anpackt, wird ihm gelingen. Ich behalte mir vor, seine persönliche Bekanntschaft zu machen, wenn er erst über das Schwerste hinaus ist.

Das neue Jahrhundert, von dem uns am Interessantesten sein dürfte, daß es unsere Todesdaten in sich schließt, hat mir nichts gebracht als ein blödes Referat in der ›Zeit‹[1] von dem ehemaligen Burgtheaterdirektor Burckhard (mit unserem alten Jacob ja nicht zu verwechseln). Es ist wenig schmeichelhaft, ungemein verständnislos und — was das ärgste daran — in nächster Nummer fortzusetzen . . . .

Auf Anerkennung zu Lebzeiten wenigstens rechne ich nicht. Möge es Dir besser zu gehen! Du wirst Dich wenigstens an ein anständigeres, im Denken geschultes Publikum wenden können. Ich habe in dunkeln Dingen mit Leuten zu tun, denen ich um 10—15 Jahre voraus bin, und die mich nicht einholen werden. Ich suche also nur Ruhe und etwas materielles Behagen. Ich arbeite nichts und es ist still in mir. Kommt die Sexualtheorie, so werde ich sie anhören.[2] Wenn nicht, dann nicht. Ich lese abends Prähistorie u. dgl. ohne ernste Absicht, denke sonst nur daran, die Fälle in guter Stimmung weiter zur Lösung zu führen . . . Bei E. kommt die zweite echte Szene, durch Jahre vorbereitet, sogar eine, die sich durch Nachfragen bei seiner älteren Schwester *vielleicht* wird objektiv bestätigen lassen. Dahinter naht etwas Drittes, lang Vermutetes.

. . .

Daß wir hier immer mehr herunterkommen, ist traurig. Denke Dir am 1. Januar, an dem die Kronenwährung begonnen hat,[3] gab es noch keine Postkarten zu kaufen, die 5 Heller kosten sollen; die Post hat aber trotzdem für die Verwendung der alten mit 2 Kreuzer-Marke Strafporto eingehoben. Es gab auch noch keine 1 Hellermarken als Zusatz. Die neuen Geldsorten zu 5 und 10 Kronen werden erst Ende März ausgegeben. Ganz Österreich liegt in diesen Details. Du wirst mir einmal einige Söhne nach Berlin nehmen müssen, meinetwegen um sie weiter in die Welt zu schicken. Nun laß keine so lange Pause mehr eintreten (24. Dezember — 7. Januar $= \frac{28}{\bar{o}}$ und grüße herzlich von uns Deine liebe Frau als glückliche dreifache Mutter

Dein Sigm.

128 Dr. Sigm. Freud, Wien, 26. 1. 1900.
Dozent für Nervenkrankheiten IX. Berggasse 19.
a. d. Universität.

Teurer Wilhelm!

. . .

Es geht wirklich nichts vor. Wenn ich mich erinnere, daß ich seit Mai 99 nur einen neuen Fall bekommen habe, den Du kennst, und daß ich zwischen April und Mai wieder vier Patienten verlieren soll, bin ich nicht gerade sehr heiter gestimmt. Wie ich mich durchbringen werde, weiß ich noch nicht, bin aber entschlossen auszuhalten. Die geringe Lust zu klagen ist auch Grund, daß ich seltener geschrieben habe. Von dem Buch ist seit der verständnislosen, leider auch frech respektlosen Rezension in der ›Zeit‹ weiter nicht die Rede gewesen.[1] Für den Sommer bemühen wir uns wieder um die Bellevue bei Grinzing; die Projekte nach einer Sommerbeschäftigung habe ich als aussichtslos wieder fallen gelassen.

Die Arbeiten gehen gut, nicht so anstrengend wie einst . . .

Mit Neuigkeiten geht es langsam, nie ganz stille. Bei E. ist wieder eine Verzögerung und dunklere Region, das frühere bleibt aufrecht. Zur Sexualtheorie wird gesammelt und gewartet, bis das aufgehäufte Material durch einen zündenden Funken in Brand gesteckt werden kann.

Ein Buch zur Lebensgeschichte von Eurem C. F. Meyer lesen wir jetzt (von Frey). Er weiß das Interne nicht oder darf es aus Diskretion nicht sagen. Es ist auch gerade nicht viel zwischen den Zeilen zu lesen.

Somit bleibt nur noch die Neugierde zu erfahren, wie es Dir und Deiner nicht mehr ganz kleinen Familie geht. Auf diese Nachricht wartend mit herzlichen Grüßen,

Dein

Sigm.

129 Dr. Sigm. Freud, Dozent für Nervenkrankheiten a. d. Universität.

Wien, 12. 2. 1900.
IX. Berggasse 19.

Teurer Wilhelm!

Wenn ich das Bedürfnis eines öfteren Gedankenaustausches mit Dir jetzt häufig zurückdränge, so ist es, um nicht klagen zu müssen, was ich Dir gerade jetzt ersparen möchte, wo Du unter dem Einflusse der noch nicht abgelaufenen Erkrankung Deiner Mutter stehst ...

Beinahe mache ich mir Vorwürfe, Dir nur von mir schreiben zu sollen. Vieles, was sich sagen ließe, ergibt sich nicht beim Schreiben.

Meine ärztliche Tätigkeit hat sich schon seit einer Woche etwas gehoben. Die Zeit, wo ich in 5 Ordinationen 1 Patienten sah (in allen 5), scheint wieder überwunden. Heute habe ich sogar eine neue Behandlung begonnen, von der ich freilich nicht weiß, ob sie sich halten wird. Seit heute ist auch der Druck von meiner Stimmung gewichen. Könnte ich Dir einmal erzählen, welche Umwandlungen ich noch immer mit meinen Gedanken über mein Arbeitsthema vornehmen muß, also was für Irrtümer ich noch zu korrigieren finde, und wie schwer das alles ist, so würdest Du für meine neurotischen Eigenschwankungen wahrscheinlich viel Nachsicht haben, besonders wenn Du an die Lebenssorgen dabei nicht vergißt.

...

Ich sträube mich gar nicht, das Stück nasaler Therapie von Dir zu erlernen, wenn wir einmal die Gelegenheit dazu finden, aber es ist sehr schwer, hier etwas Neues durchzuführen, und eine Schwierigkeit liegt auch an mir. Du ahnst nicht, wie schwer ich etwas lerne und wie leicht Dir etwas vorkommt, wenn Du es kannst.

Im Ganzen bin ich weiter weg von Rom als je, seitdem wir uns kennen, und die Jugendfrische läßt sehr merklich nach. Die Reise ist lang, die Stationen, auf denen man hinausgeworfen wird, sehr zahlreich, und es bleibt beim ›Wenn ich es aushalt‹.

Leb recht wohl und schreib sehr bald wieder

Dein Sigm.

130 Dr. Sigm. Freud, Wien, Sonntag, 11. 3. 1900.
Dozent für Nervenkrankheiten IX. Berggasse 19.
a. d. Universität.

Teurer Wilhelm!

Endlich ein ausführlicher Brief von Dir. Seit dem 15. Februar habe ich nichts von Dir gehört, ich war der letztschreibende und eine Karte anfangs März, in der ich Dich auf das Buch von *Jonas* über nasogene Reflexneurosen aufmerksam mache, scheint nicht zu Dir gelangt zu sein . . .

Nun freue ich mich, soviel von Dir zu hören, denn ich stelle mir vor, daß Du wie ich ungern an das Versiegen unseres Briefverkehrs und das Aufhören unserer Zusammenkünfte denkst. Ich war erstaunt zu lesen, daß schon drei Wochen vergangen sind, seit ich Dir geschrieben. Die Zeit ist so unmerklich verflossen, behaglich fast nach meinem neuen Regime, von dem Du hören wirst. Die Kinder waren alle wohl, Martha frischer als gewöhnlich, mein Befinden war glänzend, durch eine regelmäßige leichte Sonntagsmigraine reguliert; ich sah täglich dieselben Leute, in letzter Woche hat sogar eine neue Behandlung angefangen, die noch in der Probezeit ist, vielleicht wieder nicht über sie hinauskommt. Von der Außenwelt war ich so gut wie abgeschnitten; kein Blättchen rauschte, um zu verraten, daß die Traumdeutung irgendwem das Gemüt bewegt. Erst gestern überraschte mich ein recht liebenswürdiger Aufsatz im Feuilleton einer Tageszeitung ›Wiener Fremdenblatt‹.

. . .

Meinen Patienten geht es meistens gut; es ist jetzt meine starke Zeit, 70–80 fl. täglich, etwa 500 fl. wöchentlich, die erfahrungsgemäß mit Ostern abschließt. Für den Sommer hat sich nichts machen lassen. Überhaupt läßt sich nichts machen, es ist schade um jede Energieanwendung; dies ist der Schlüssel der Situation.

Ich möchte zu Ostern gerne auf drei Tage fortgehen, und gewiß am liebsten Dich sehen. Aber ich leide unter einem argen Frühlingshunger, Sonne, Blumen, ein Streifen blauen Wassers u. dgl. wie ein Jüngling. Ich hasse Wien geradezu persönlich und wie ein Gegensatz zum Riesen Antaeus sammle ich frische Kraft, so oft ich den Fuß vom vaterstädtischen Boden abgehoben habe. Diesen Sommer muß ich der Kinder wegen auf Ferne und Gebirge verzichten, muß auf der Bellevue immer wieder Wien als Aussicht genießen, weiß nicht, ob ich das Geld für eine Septemberreise haben werde und möchte darum gerne zu Ostern von den Herrlichkeiten der Erde naschen . . .

Wenn Du noch mehr von mir wissen willst, so höre dies. Nach dem großen Aufschwung im Sommer, der in fieberhafter Tätigkeit den Traum fertig brachte, war ich Tor wieder einmal hoffnungstrunken, daß jetzt ein Schritt gegen die Freiheit und das Wohlbehagen geschehen sei. Der Empfang des Buches und das Stillschweigen seither haben das keimende Verhältnis zum Milieu wieder zerstört. Mein zweites Eisen im Feuer ist ja die Arbeit, die Aussicht irgendwo zu Ende zu kommen, viele Zweifel zu erledigen und dann zu wissen, was ich von der therapeutischen Chance zu halten habe. Die Aussicht schien am günstigsten bei E. Dort traf mich auch der Schlag am heftigsten. Als ich gerade glaubte, die Lösung in Händen zu haben, entzog sie sich mir, und ich sah mich genötigt, alles umzuwenden, um es neu zusammenzusetzen, wobei mir alle bisherigen Wahrscheinlichkeiten verloren gingen. Die Depression hierauf hielt ich nicht aus. Ich fand auch bald, daß es unmöglich ist, die wirklich schwere Arbeit unter Verstimmung und lauernden Zweifeln fortzusetzen. Jeder einzelne der Kranken ist mein Quälgeist, wenn ich nicht heiter und gesammelt bin. Ich glaubte wirklich, ich müßte gleich erliegen. Ich habe mir so geholfen, daß ich auf alle bewußte Gedankenarbeit verzichtet habe, um nur mit einem dunkeln Takt weiter in den Rätseln zu tappen. Seitdem mache ich die Arbeit, vielleicht geschickter als je, aber ich weiß nicht recht, was ich mache. Ich könnte nicht Auskunft geben, wie die Sache steht. In den Stunden, die ich übrig habe, sorge ich dafür, nicht zur Reflexion zu kommen. Ich überlasse mich meinen Phantasien, spiele Schach, lese englische Romane; alles Ernsthafte bleibt verdammt. Seit Monaten ist keine Zeile mehr von dem, was ich lerne oder ahne, schriftlich fixiert worden. Ich lebe so als genußsüchtiger Philister, sowie ich vom Handwerk frei bin. Du weißt, wie eingeschränkt meine Genüsse sind, ich darf nichts Gutes rauchen, Alkohol leistet mir gar nichts, mit dem Kinderzeugen bin ich fertig, der Verkehr mit Menschen ist mir abgeschnitten. Ich vegetiere also harmlos, sorgsam die Aufmerksamkeit von dem

Thema, das ich tagsüber bearbeite, abgelenkt zu erhalten. Bei diesem Regime bin ich heiter und meinen acht Opfern und Quälern voll gewachsen. Samstag abends freue ich mich auf einen großen Tarockexzess und jeden zweiten Dienstag Abend verbringe ich unter meinen jüdischen Brüdern, denen ich kürzlich wieder einen Vortrag gehalten habe.[1] Bis Ostern bin ich so gedeckt, dann wird wohl mit dem Abbruch mehrerer Behandlungen eine neue und unbehaglichere Zeit beginnen.
So wirst Du genug haben. Wenn ich Dir je in Rom oder Karlsbad begegne, werde ich Dich um Verzeihung bitten für die vielen Klagen, die ich auf dem Weg verschwendet habe.
Grüß mir aber Frau und Kinder recht herzlich . . .

Dein Sigm.

131 Dr. Sigm. Freud, Wien, 23. 3. 1900.
Dozent für Nervenkrankheiten IX. Berggasse 19.
a. d. Universität.

Teurer Wilhelm!
Ich muß Dir doch wieder ausführlich schreiben. Was denkst Du Dir sonst? Herzlichsten Dank vor allem für Minnas Aufnahme. Endlich habe ich auch wieder etwas Ordentliches über Dein Haus gehört. Daß es Deiner Mutter wieder gut geht, gegen meine Erwartung, und darum doppelt erwünscht, wie schön und wie klein das teure Paulinchen ist, wie robust Conrad auftritt, unseren alten Freund Robert nicht zu vergessen und seine apta dicta – jetzt habe ich wieder einen guten Eindruck davon bekommen. Daß Dein Interesse für das Traumkind unverringert geblieben ist und Du die Hand dazu bietest, es der Rundschau und ihrem trägen Referenten aufzudrängen, habe ich mit großer Genugtuung gehört. Denn nach mancherlei Schwankungen im Urteil bin ich dabei stehen geblieben, Dir für die Patenschaft sehr dankbar zu werden und es für gut und echt zu halten. In vielen trüben Stunden ist es mir zum Trost geworden, dies Buch hinterlassen zu können. Seine Aufnahme, die bisherige mindestens – hat mich zwar nicht gefreut; Verständnis ist spärlich, Lob nur wie Almosen, es ist den Meisten offenbar unsympathisch,

von einer Ahnung des Bedeutungsvollen an ihm habe ich noch keine Spur gesehen. Ich erkläre mir's so, daß ich um 15-20 Jahre voraus gekommen bin. Dann kommt freilich die regelmäßige Qual, die sich an ein Urteil in propriis haftet.
Es hat noch kein Halbjahr gegeben, in welchem ich mich so ständig und so innig nach Zusammenleben mit Dir und den Deinigen gesehnt habe, wie das eben abgelaufene. Du weißt, es war eine tiefgehende innerliche Krise, Du würdest sehen, wie alt ich in ihr geworden bin. Es hat mich darum mächtig gepackt, als ich hörte, Du schlügest ein Wiedersehen in diesen Ostertagen vor. Wenn man nicht verstünde, Widersprüche feiner aufzulösen, müßte man es unbegreiflich finden, daß ich nicht eilig dem Vorschlag zustimme. In Wirklichkeit ist es wahrscheinlicher, daß ich Dir ausweichen werde. Nicht nur mein fast kindliches Lechzen nach dem Frühling und nach schönerer Natur, das opferte ich gerne der Befriedigung, Dich für drei Tage neben mir zu haben. Es sind noch andere, innere Gründe vom Aggregatzustand der Imponderabilien, die mir aber schwer wiegen ... Ich bin innerlich tief verarmt, mußte meine sämtlichen Luftschlösser demolieren, und gerade eben faßte ich etwas Mut, sie wieder aufzubauen. Während der Katastrophe des Einsturzes wärst Du mir unschätzbar gewesen, im gegenwärtigen Stadium würde ich mich Dir kaum verständlich machen können. Ich habe meine Depression dann mit Hilfe einer besonderen Diät in intellektuellen Dingen besiegt, nun heilt es unter der Ablenkung langsam aus. Wenn ich mit Dir wäre, würde ich unvermeidlich versuchen, alles bewußt zu fassen und für Dich darzustellen, wir würden Vernunft und Wissenschaft reden, Deine schönen und sicheren biologischen Aufdeckungen würden meinen tiefinnersten (unpersönlichen) Neid erwecken. Das Ende wäre, ich würde Dir fünf Tage lang klagen und käme aufgewühlt und unzufrieden in den Sommer zurück, für den ich wahrscheinlich meine ganze Fassung brauchen werde. Abhelfen läßt sich dem Allerwenigsten, was mich bedrückt; es ist mein Kreuz, ich muß es tragen, und weiß Gott, mein Rücken ist bei der Anpassung merklich krumm geworden.

...

Meine Osterabsicht geht mit Alexander nach Trient und von dort an den Gardasee, mit langer Reise ein paar schöne Frühlingsblicke zu erhaschen.

Heute drei Wochen, wenn nichts dazwischen kommt, wollen wir abdampfen, vier Tage lang leben wie Studenten und Touristen, wie wir es immer tun.

Vorige Woche hörten wir einen Vortrag von G. Brandes[1] über Lektüre. Thema nichts besonderes, Vortrag anstrengend, Stimme schnarrt, die Aussprache fremdartig, aber der Mann eine Erholung. Die ganze Art muß den guten Wienern fremdländisch genug erschienen sein, er sagte dem Publikum eigentlich nur Grobheiten. So strenge Lebensauffassung kennen wir hier nicht; unsere kleine Logik wie unsere kleine Moral sind von der nordischen doch schon sehr verschieden. Ich habe geschwelgt im Zuhören, Martha, ... hat mich dann veranlaßt, ihm ein Traumbuch ins Hotel zu schicken. Er hat bis jetzt nicht darauf reagiert, vielleicht liest er es wirklich zu Hause.
Nun leb recht wohl mit Ida und den Kindern. Ich hoffe von Dir bald zu hören und Dir noch mehrmals vor Ostern zu schreiben.

Dein getreuer

Sigm.

132 Dr. Sigm. Freud, Dozent für Nervenkrankheiten a. d. Universität.

Wien, 4. 4. 1900. IX. Berggasse 19.

Teurer Wilhelm!
Der Ausdruck der Gefühle läßt sich aufschieben, Geschäftliches erfordert Erledigung. Darum rasch die Antwort, daß ich nicht dabei bin, für die Rundschau einen kleinen Traum zu schreiben. Aus einer Anzahl von Gründen. Erstens weil dies nach der großen Arbeit ein schweres Mißvergnügen ist, zweitens weil ich solchen Essay schon für Löwenfeld versprochen habe, es also gar nicht anderswo kann.[2] Drittens weil es ein Vergehen gegen die Differenzierung ist, die darin sich zeigte, daß der Eine ein Buch schreibt und ein Anderer es referiert, wobei noch der Leser die Kritik und der Autor die Art, wie sich sein Werk bei einem Fremden reflektiert, dazubekommt. Viertens endlich soll die Rundschau nicht genö-

tigt werden, ein Referat wider ihren Willen zu bringen. Ein widerwilliger Referent verwandelt sich sofort in einen widerwärtigen. Dies scheint auch das Geheimnis der Burkhardschen in der ›Zeit‹ gewesen zu sein, einer Kritik, die mit all ihrer Blödheit das Buch in Wien umgebracht hat. Fünftens will ich alles vermeiden, was einer Reklame ähnlich sieht. Ich weiß, was ich mache, ist der Mehrzahl widerwärtig. So lange ich völlig korrekt bleibe, sind die Herren Gegner unsicher, erst wenn ich dasselbe tue wie sie selbst, werden sie sich sicher fühlen, daß ich nichts Besseres mache als sie. Durch ähnliche Erwägungen habe ich mich seinerzeit abhalten lassen, eine Kritik über Dein Buch zu schreiben, die mir sonst nahe gelegen wäre. Die Kerle sollten nicht sagen, daß wir einander in der Öffentlichkeit poussieren. So meine ich denn, es sei am geratensten, die Absage der Rundschau als Zeichen der öffentlichen Stimmung, das nicht wegzuleugnen ist, ruhig hinzunehmen.
Mathilde liegt entsprechend wenig unwohl, mit Schafblattern; alle anderen wohlauf. Von den kleinen Unfällen in Deinem Hause sind wir im Anschluß an Minnas Reise unterrichtet gewesen . . . E. endigt zu Ostern, hoffentlich mit größtem Profit. Ich bin noch immer zu faul, mir etwas zurechtzulegen. Der letzte neue Fall mußte nach zwei Wochen weggeschickt werden, es war eine Paranoia.
Mit herzlichsten Grüßen für Dich, Weib, Tochter und Söhne,

Dein Sigm.

133 Dr. Sigm. Freud, Wien, 16. 4. 1900.
Dozent für Nervenkrankheiten IX. Berggasse 19.
a. d. Universität

Teurer Wilhelm!
Dies der bestellte Gruß aus dem Lande des Sonnenscheins. Ich bin nämlich wieder einmal nicht hingekommen . . .
E. hat endlich mit einer Abendeinladung in meinem Hause seine Laufbahn als Patient beschlossen. Sein Rätsel ist *fast* ganz gelöst, sein Befinden vortrefflich, Wesen ganz verändert, von den Symptomen ist derzeit ein Rest geblieben. Ich fange an zu verstehen, daß die scheinbare End-

losigkeit der Kur etwas Gesetzmäßiges ist und an der Übertragung hängt.[1] Ich hoffe, daß dieser Rest den praktischen Erfolg nicht beeinträchtigen wird. Es lag nur an mir, die Kur noch weiter fortzusetzen, aber mir ahnte, daß dies ein Kompromiß zwischen Krank- und Gesundsein ist, den sich die Kranken selbst wünschen, auf den der Arzt darum nicht eingehen soll. Der assymptotische Abschluß der Kur, mir im Wesen gleichgiltig, ist immerhin eine Enttäuschung mehr für die Außenstehenden. Ich behalte den Mann übrigens im Auge. Da er alle meine technischen und theoretischen Irrtümer hat mitmachen müssen, so meine ich wohl, ein nächster Fall wäre in der Hälfte dieser Zeit zu lösen. Der Herr sende nun diesen nächsten ...

Gelegentlich rührt es sich zur Synthese, aber ich halte es nieder.

Wien ist sonst Wien, also höchst ekelhaft. Wenn ich schließen würde, nächste Ostern in Rom,[2] käme ich mir wie ein frommgläubiger Jude vor. Also lieber auf Wiedersehen im Sommer oder Herbst in Berlin oder wo Du willst.

Herzlichster Gruß

Dein Sigm.

134 Dr. Sigm. Freud, Dozent für Nervenkrankheiten a. d. Universität.

Wien, 7. 5. 1900. IX. Berggasse 19.

Teurer Wilhelm!

Vielen Dank für so herzliche Worte! Es umschmeichelt mich so, daß ich Dir beinahe ein Stück davon glauben würde — wenn ich bei Dir wäre. So sehe ich es ein wenig anders. Gegen die Tatsache der splendid isolation hätte ich nichts einzuwenden, wenn sie sich nicht zu weit, nicht auch zwischen uns beide selbst fortsetzte. Ich bin zwar im allgemeinen — bis auf einen schwachen Punkt: der Angst vor der Not — zu verständig zu klagen, und befinde mich auch jetzt zu wohl dafür; ich weiß, was ich alles habe, und auf wie wenig man nach der Statistik des menschlichen Elends ein Recht hat. Aber den Verkehr mit dem Freund, den eine besondere — etwa feminine — Seite fordert, ersetzt mir niemand, und innere Stim-

men, denen zu lauschen ich gewöhnt bin, raten mir eine weit bescheidenere Schätzung meiner Arbeit an, als Du sie proklamierst. Wenn Deine Arbeit[1] vorliegen wird, wird uns allen zwar Urteil über ihre Richtigkeit abgehen, das Nachkommenden vorbehalten bleibt, wie bei allen großen Neuerungen, aber die Schönheit der Konzeption, die Originalität der Gedanken, die Einfachheit der Zusammenhänge und die Sicherheit des Autors werden einen Eindruck hervorrufen, der die erste Entschädigung für die Mühsal des Ringens mit dem Dämon schenken wird. Anders bei mir. Kein Kritiker ... kann schärfer als ich sehen, welches Mißverständnis sich zwischen Problemen und Lösungen auftut, und zur gerechten Strafe wird es mir sein, daß keine der unentdeckten Provinzen im Seelenleben, die ich zuerst von den Sterblichen betreten, je meinen Namen führen oder meinen Gesetzen gehorchen wird. Als mir im Ringkampf der Atem auszugehen drohte, bat ich den Engel abzulassen, und das hat er seitdem getan. Ich bin aber nicht der Stärkere gewesen, obwohl ich seitdem deutlich hinke. Ja, ich bin wirklich schon 44 Jahre, ein alter, etwas schäbiger Israelit, wie Du Dich im Sommer oder Herbst überzeugen wirst. Die Meinigen haben den Tag doch feiern wollen. Mein bester Trost ist, daß ich ihnen nicht alles Zukünftige vorwegnehme. Sie können erleben und erobern, soviel in ihren Kräften stehen wird. Ich lasse ihnen eine Stufe zum Fuß darauf fassen, führe sie nicht auf einen Gipfel, von dem aus sie nicht weiter steigen können.
Samstag beginne ich die Vorlesung über den Traum. In 10 Tagen werden wir die Bellevue beziehen ...
Gesundheitszustand jetzt erträglich. Wien ist plötzlich unerquicklich heiß geworden ... Ein neuer Mann, psychisch impotent, wohl nur über die Sommersaison. Einige noch nicht reife Anknüpfungen. Im allgemeinen etwas Regung.
Mit herzlichstem Gruß an Dein ganzes Haus

Dein Sigm.

135 Dr. Sigm. Freud, Wien, 16. 5. 1900.
Dozent für Nervenkrankheiten IX. Berggasse 19.
a. d. Universität.

Teurer Wilhelm!
... Eine Abendpatientin hat mich verlassen, mein schwerster, in der Ätiologie sicherster Fall, an den ich durch vier Jahre nicht herankommen konnte und zudem der einzige Fall von Breuer. Er hat das Mädchen immer wieder zu mir geschickt, wenn ich sie in heller Verzweiflung weggejagt habe. Im vorigen Jahr fing ich endlich an, mich mit ihr zu befreunden, und heuer ist es endlich gegangen. Ich habe die Schlüssel gefunden, d. h. mich überzeugt, daß anderswo gefundene Schlüssel bei ihr passen, und habe, soweit die knappe Zeit es gestattete (Dezember bis heute) ihren Zustand tief und wesentlich beeinflußt. Sie hat heute mit den Worten Abschied genommen: »Sie haben mir Unschätzbares geleistet«. Von ihr weiß ich, daß Breuer, als sie ihm ihre außerordentliche Besserung eingestand, in die Hände geklatscht und ein über das andere Mal gerufen: »Also hat er doch Recht« ...
Hörer habe ich nur drei, Hans Königstein, Frl. Dora Teleky und einen Dr. Marcuse aus Breslau. Der Buchhändler beklagt sich, daß die ›Traumdeutung‹ schwach gehe. In der ›Umschau‹ vom 10. März war ein kurzes, liebenswürdiges und einsichtsloses Referat. Mich dominiert aber natürlich nur die Arbeit und ich bin bereit, ganz einseitig zu werden, wenn ich dort nur durchkomme.
... Herzlichst

Dein Sigm.

136 Dr. Sigm. Freud, Wien, 20. 5. 1900.
Dozent für Nervenkrankheiten IX. Berggasse 19.
a. d. Universität.

Teurer Wilhelm!
... Jetzt kommt die öde Zeit, vor der ich mich fürchte, d. h. in der ich mich vor mir fürchte. Die vierte Patientin gestern verabschiedet, im herz-

lichsten Einvernehmen, im besten Zustand, mit der Böcklinschen ›Toteninsel‹[1] als Abschiedsgeschenk; ein Fall, der mir das größte Vergnügen gemacht hat und der vielleicht fertig ist. Es ist heuer also gut gegangen. Ich habe es endlich bezwungen. Aber was fang' ich jetzt an? Ich habe 3½ Personen, d. h. Stunden täglich, viel zu wenig Tonnen für den Walfisch. Weh! wenn ich mich langweile. Es wird alle möglichen Zustände geben. Arbeiten kann ich nichts. Ich bin mit Faulheit infiltriert, die Art Arbeit, die ich vom Oktober bis jetzt getrieben, ist der Art Arbeit, die zum Niederschreiben führt, so sehr unähnlich und so sehr ungünstig. Nicht einmal das Traumbroschürchen für Löwenfeld habe ich begonnen.[2] Nicht einmal bei den Allotriis halte ich aus, ich schwanke zwischen Schach, Kunstgeschichte und Prähistorie, aber nichts darf sich lange fortsetzen. Ein paar Wochen möchte ich irgendwo untertauchen, wo es gar nichts von Wissenschaft gibt. Das ist außer dem Kongreß mit Dir. Hätt ich nur Geld oder einen Reisebegleiter für Italien!

...

Ich hätte Angst, daß Du Pfingsten mit nach Wien kämest, denn mein ältester Bruder aus Manchester hat sich für diese Tage angekündigt. Er ist kein Jüngling mehr, ich meine 68 Jahre (!) obwohl sehr jugendlich in seiner Erscheinung.

Sei mir herzlichst gegrüßt...

Dein Sigm.

137 Dr. Sigm. Freud, Dozent für Nervenkrankheiten a. d. Universität. — Wien, 12. 6. 1900. IX. Berggasse 19.

Teurer Wilhelm!

Wir haben Familienbesuch gehabt. Am Tag vor Pfingsten kam mein ältester Bruder Emanuel mit seinem jüngsten Sohn Sam, auch schon über 35 Jahre alt, und blieb bis Mittwoch abends. Er brachte eine große Erfrischung mit sich, denn er ist ein prächtiger trotz seiner 68-69 Jahre frischer und geistig rastloser Mensch, der mir immer viel bedeutet hat. Er reiste dann nach Berlin, wo jetzt das Hauptquartier der Familie ist...

Das Leben auf Bellevue gestaltet sich sonst für alle sehr angenehm. Die Abende und Morgen sind entzückend; nach Flieder und Goldregen duften jetzt Akazien und Jasmin, die Heckenrosen blühen auf, und zwar geschieht das alles, wie ich auch sehe, plötzlich.
Glaubst Du eigentlich, daß an dem Hause dereinst auf einer Marmortafel zu lesen sein wird?:

›Hier enthüllte sich am 24 Juli 1895 dem
Dr. Sigm. Freud
das Geheimnis des Traumes‹[1]

Die Aussichten sind bis jetzt hiefür gering. Wenn ich aber in den neueren psychologischen Büchern (Mach, ›Analyse der Empfindungen‹, 2. Aufl., Kroell, ›Aufbau der Seele‹ u. dgl.),[2] die alle nach ähnlichen Richtungen zielen wie meine Arbeit, lese, was sie über den Traum zu sagen wissen, so freue ich mich doch wie der Zwerg im Märchen, ›daß die Prinzessin es nicht weiß‹.
Ein neuer Fall ist nicht gekommen, oder doch, d. h. für diesen neuesten habe ich einen im Mai gekommenen neuen verloren, so daß ich auf demselben Niveau bin. Das neueste aber ist schön, ein 13jähriges Mädchen, bei dem ich mit Dampf heilen soll und die mir auch einmal das oberflächlich zeigt, was ich sonst unter überlagernden Schichten freizulegen bemüht bin. Ich brauche Dir nicht zu sagen, daß es genau das Nämliche ist. Wir werden von dem Kind im August sprechen, wenn es mir nicht vorzeitig entrissen wird. Denn im August sehe ich Dich bestimmt, falls ich nicht um 1500 Kronen, die ich am 1. Juli erwarte, enttäuscht werde. Vielmehr ich bin im stande, trotzdem nach Berlin zu kommen und ... mir noch in den Bergen oder in Italien etwas Kühlung und neue Spannkraft für 1901 zu holen. Bei der schlechten Laune kommt so wenig etwas heraus wie beim Sparen.
Von Conrads Unfall hat mich die Kunde erreicht, auch vom glücklichen Ablauf. Nun habe ich wieder ein Recht, von Dir und den Deinen Neues zu hören.
Sei mir mit ihnen herzlichst gegrüßt!

Dein Sigm.

138 Dr. Sigm. Freud, Wien, 10. 7. 1900.
Dozent für Nervenkrankheiten IX. Berggasse 19.
a. d. Universität.

Teurer Wilhelm!
Es erklärt und löst sich doch leicht. Da Du mir bisher keinen bestimmten Anhalt geben konntest und ich einen solchen festen Punkt hatte, verschob ich unseren Kongreß auf eine spätere Ferienzeit. Seitdem Du Deine Pläne eröffnet hast, kann ich nur antworten, daß es mir vortrefflich so paßt. Ich kann am 31. 7. in Innsbruck sein, dort bis zum 4. 8. mit Dir bleiben, am 4. 8. können die Frauen nachkommen und ich gehe mit Martha nach Landeck, von wo aus wir die Wagenfahrt nach Trafoi machen. Wenn kein Kind krank wird, kein Steg einstürzt usw., wird es so sein. Ich habe ein leichtes Bedauern zu überwinden, daß ich die Kinder wieder nicht sehen soll, auch daß Du mich auf dem Gipfel der Erschöpfung und üblen Laune sehen sollst, aber die Zusammenkunft bleibt doch die Hauptsache und jeder Aufschub bringt Gefahren mit sich. Deine weiteren Absichten hast Du mir nicht mitgeteilt, ich weiß also gar nicht, ob es anders in diesen Ferien ginge. Das wäre abgemacht und ich freue mich darauf, nachdem ich lange Zeit nichts gehabt, worauf ich mich hätte freuen können.
... Ich bin von der Arbeit und allem, was daran hängt, damit keimt, lockt und droht, ganz erschöpft. Der Sommer war übrigens nicht sehr schlecht. Was vor einem Jahr ein Problem schien, sich Sommerbeschäftigung zu verschaffen, zeigt sich jetzt als erledigt. Es ist einerseits nicht notwendig, andererseits reichten meine Kräfte dazu nicht aus. Von den großen Problemen ist noch nichts entschieden. Alles wogt und dämmert, eine intellektuelle Hölle, eine Schicht hinter der anderen; im dunkelsten Kern die Umrisse von Lucifer-Amor sichtbar.
Das Wohlgefallen der Menschen am Traumbuch beginnt mich kalt zu lassen und ich beginne, sein Schicksal zu beklagen. Der Stein ist durch den Tropfen offenbar nicht weicher geworden. Ich habe übrigens von keiner weiteren Besprechung gehört, gelegentliche Anerkennungen im Verkehr fallen beleidigender aus als die sonstige schweigsame Verurteilung. Ich selbst habe bis jetzt noch keine Korrektur aufgefunden. Es ist

und bleibt wohl wahr. Den kleinen Traumaufsatz habe ich auf Oktober verschoben.
Das Wiedersehen am 31. 7. oder 1. 8. wenigstens ist ein Lichtblick. Halten wir daran fest. Die Details können wir noch besprechen. Vielleicht daß sich anstatt Innsbruck ein anderer Ort derselben Strecke einschieben läßt. Übrigens auch nicht wesentlich.[1]
Mit herzlichen Grüßen für Deine liebe Frau und Kinder

Dein Sigm.

139 Dr. Sigm. Freud, Wien, 14. 10. 1900.
Dozent für Nervenkrankheiten IX. Berggasse 19.
a. d. Universität.

Teurer Wilhelm!
Du hast jetzt Weib und Kind wieder im Hause und weißt wohl auch, daß ich sie beide noch einen Moment lang gesehen und gesprochen habe. Robert war glänzend ...
Ich hoffe von Dir zu hören was vorgeht. Ich selbst schreibe den Traum ohne rechten Genuß und werde Professor auf dem Wege der Zerstreutheit, während ich Material für die Alltagspsychologie sammle. Die Zeit war belebt, hat auch wieder einen neuen und für die vorhandene Sammlung von Dietrichen glatt aufgehenden Fall eines 18jährigen Mädchens gebracht.
Für die Alltagspsychologie möchte ich mir das schöne Motto ›Nun ist die Welt von diesem Spuk so voll etc.‹ von Dir ausbitten.[2] — Außerdem lese ich griechische Archäologie und schwelge in Reisen, die ich nie machen, in Schätzen, die ich nie besitzen kann.
...
Mit herzlichstem Gruß

Dein Sigm.

P. S. — Referat über Traum in der Münchner Allgemeinen Zeitung vom 12. Oktober.

140 Dr. Sigm. Freud, Wien, 25. 1. 01.
Dozent für Nervenkrankheiten IX. Berggasse 19.
a. d. Universität.

Teurer Wilhelm!
›Traum und Hysterie‹ ist gestern fertig geworden, heute fehlt es mir bereits an einer Betäubung. Es ist ein Bruchstück einer Hysterieanalyse, in der sich die Aufklärungen um zwei Träume gruppieren, also eigentlich eine Fortsetzung des Traumbuches.[1] Außerdem sind Auflösungen hysterischer Symptome und Ausblicke auf das sexuell-organische Fundament des Ganzen. Es ist immerhin das Subtilste, was ich bis jetzt geschrieben und wird noch abschreckender als gewöhnlich wirken. Immerhin man tut seine Pflicht und schreibt ja nicht für den Tag. Die Arbeit ist schon von Ziehen akzeptiert,[2] der nicht ahnt, daß ich bald ihm auch die Psychopathologie des Alltagslebens anhängen werde. Wie lange Wernicke diese Kuckuckseier vertragen will, ist seine Sache.[3]
Ich grüße Dich herzlich und hoffe bald zu hören, daß der Druck von Dir gewichen ist.

Dein getreuer Sigm.

141 Dr. Sigm. Freud, Wien, 30. 1. 01.
Dozent für Nervenkrankheiten IX. Berggasse 19.
a. d. Universität.

Teurer Wilhelm!
...
›Traum und Hysterie‹ soll Dich womöglich nicht enttäuschen. Die Hauptsache darin ist noch immer das Psychologische, die Verwertung des Traumes, einige Besonderheiten der unbewußten Gedanken. Aufs Organische gibt es nur Durchblicke und zwar auf die erogenen Zonen und die Bisexualität. Aber genannt und anerkannt ist es einmal und vorbereitet für eine ausführliche Darstellung ein anderes Mal. Es ist eine Hysterie mit Tussis nervosa und Aphonie, die sich auf den Charakter der Lutscherin zurückführen lassen, und in den sich bekämpfenden Gedankenvorgän-

gen spielt der Gegensatz zwischen einer Neigung zum Manne und einer zur Frau die Hauptrolle.

Alltagsleben ruht indes halbfertig und soll bald fortgesetzt werden. Ich habe selbst etwas Drittes, Kleines vor; eben sehr viel freie Zeit und Bedürfnis mich zu beschäftigen. Es ist heuer eine Entlastung um 3-4 Arbeitsstunden täglich, dem entsprechend größeres psychisches Wohlbefinden, aber ein gewisses Unbehagen im Budget.

...

Meinst Du nicht, daß es jetzt der richtige Moment wäre, die paar Nachträge zu dem aktuellen Thema, die Headschen Zonen, die Wirkung bei Herpes Zoster und was Du sonst hast, auf drei[1] Seiten zusammenzustellen und der Öffentlichkeit zu übergeben? Der Kontakt mit dem Volk wird schließlich doch ein Mittel sein, den großen biologischen Dingen, die Dir wichtiger sind, eine gewisse Beachtung zu sichern. Die Leute gehen doch nur auf die Autorität, die man sich wiederum nur erwerben kann, wenn man etwas macht, was ihnen zugänglich ist.

Mitten in der gemütlichen und materiellen Depression dieser Zeit quält mich die Versuchung, die heurige Osterwoche in Rom zu verbringen. Mit gar keinem Recht, es ist nichts erreicht, und es wird wahrscheinlich auch äußerlich unmöglich sein. Hoffen wir auf bessere Zeiten. Ich wünsche sehnlichst daß Du mir bald von solchen berichten magst.

Herzlichst Dein Sigm.

142 Dr. Sigm. Freud, Dozent für Nervenkrankheiten a. d. Universität. — Wien, 15. 2. 01. IX. Berggasse 19.

Teurer Wilhelm!

Ich gehe so wenig Ostern nach Rom wie Du. Deine Bemerkung hat mich erst über den Sinn der mir sonst selbst unverständlichen Einschaltung in meinem letzten Brief aufgeklärt. Es war gewiß eine Mahnung an Dein in besseren Zeiten gegebenes Versprechen dahinter; einen Kongreß auf klassischem Boden mit mir abzuhalten. Ich wußte sehr wohl, daß diese Mahnung gerade jetzt übel angebracht ist. Ich flüchtete mich nur vor der

Gegenwart in die schönste der damaligen Phantasien und merkte es selbst, in welche. Unterdes sind die Kongresse selbst Überlebsel geworden; ich mache selbst nichts Neues und bin, wie Du schreibst, dem völlig entfremdet, was Du machst.
Ich kann mich nur noch aus der Ferne freuen, wenn Du die Darstellung der großen Lösungen als bevorstehend ankündigst und Dich so zufrieden mit dem Fortgang der Arbeit äußerst. Du hast dann gewiß Recht, wenn Du Dir die weiteren Mitteilungen über die nasalen Beziehungen für diesen weiteren Zusammenhang aufsparst.
In einigen Tagen wird auch die Alltagspsychologie fertig und dann werden beide Aufsätze korrigiert, abgesendet usw.[1] Es ist alles in einer gewissen Dumpfheit geschrieben, deren Spuren sich nicht werden verbergen lassen. Das Dritte, was ich begonnen, ist etwas ganz Harmloses; die reine Wasserkocherei der armen Leute. Ich sammle die Notizen über die Neurotiker in der Ordination, um zu zeigen, was eine notwendig flüchtige Beobachtung von den Beziehungen zwischen Vita sexualis und Neurose enthüllt und um Bemerkungen daran zu knüpfen. Also etwa dasselbe, womit sich Gattl seinerzeit so unbeliebt in Wien gemacht hat.[2] Da ich neue Fälle haben will und die Ordination sehr spärlich geht, habe ich bis jetzt erst 6 Nummern und nicht von der besten Art beisammen. Auch die Probe auf die Linkshändigkeit habe ich ein geführt: Dynamometer und Einfädeln.

...

Einen letzten Montag in der Neuen Freien Presse angekündigten Vortrag habe ich nicht gehalten. Es war ... Breuer, der die Philosophische Gesellschaft, die zu ihm betteln kam, auf mich hetzte. Ich sagte sehr ungern zu, merkte später bei der Ausarbeitung, daß ich allerlei Intimes und Sexuelles bringen müßte, was für ein gemischtes und mir fremdes Publikum nicht tauge, und sagte brieflich ab (1. Woche). Darauf erschienen zwei Abgesandte bei mir und suchten mich doch zu nötigen. Ich riet ihnen dringend ab und forderte sie auf, sich den Vortrag eines Abends bei mir selbst anzuhören (2. Woche). In der dritten Woche hielt ich ihnen zweien den Vortrag und hörte, er sei wunderschön, ihr Publikum würde ihn anstandslos vertragen usw. Der Vortrag wurde als für die 4. Woche angesetzt. Einige Stunden vorher erhielt ich aber einen pneumatischen

Brief, einige Mitglieder hätten doch Einwände erhoben und sie ließen mich bitten, meine Theorie zuerst durch unverfängliche Beispiele zu erläutern, dann anzukündigen, jetzt käme das Verfängliche und eine Pause zu machen, damit die Damen den Saal verlassen könnten. Ich habe natürlich sofort abgesagt und der Brief, in dem ich es tat, war wenigstens gewürzt und gesalzen. Dies ist wissenschaftliches Leben in Wien!
In der Hoffnung, bald Gutes von Dir zu hören,

Dein getreuer

Sigm.

143 Dr. Sigm. Freud, Wien, 8. 5. 01.
Dozent für Nervenkrankheiten IX. Berggasse 19.
a. d. Universität.

Teurer Wilhelm!
Gewiß darfst Du mir die Fortdauer Deiner kräftigen Stimmung und die Wiederholung so erfrischender Zwischenzeiten auch zu meinem Geburtstag wünschen, und ich will selbstlos den Wunsch unterstützen. Dein Brief lag neben anderen Gaben, die mich erfreut haben und die zum Teil auf Dich zurückweisen, auf dem Geburtstagstische, obwohl ich gebeten hatte, von der elenden Mittelzahl, die zu klein für einen Jubilar und viel zu groß für ein Geburtstagskind ist, abzusehen. Er hat mir nicht die kleinste Freude bereitet, bis auf die Stelle vom Zauber, die ich als überflüssiges Pflaster für Deine Zweifel am ›Gedankenlesen‹ beanstande. Ich bleibe dem Gedankenlesen treu und zweifle weiterhin am ›Zauber‹.
Sein Bestes leistet der Mensch erst in der Not, klingt mir von irgendwoher nach. Ich habe mich also, wie Du wünschest und schon einige Wochen, ehe Du es wünschtest, zurechtgekriegt und mit den Verhältnissen in Eintracht gebracht. Ein Orchideenkorb spiegelt mir Pracht und Sonnenglut vor, ein Stück Mauer aus Pompeji mit Zentaur und Faun versetzt mich in das ersehnte Italien.[1]

Fluctuat nec mergitur!

... Ich korrigiere eben die ersten Seiten des ›Alltagslebens‹, das 60 Seiten stark ausgefallen ist. Es *miß*fällt mir großartig, hoffentlich anderen noch viel mehr. Die Arbeit ist ganz formlos und es stehen allerlei verbotene Dinge drin. Zur Absendung der zweiten Arbeit habe ich mich noch nicht entschlossen. Eine neue Patientin, entgleiste Braut, hat die Lücke ausgefüllt, die durch die Abreise von R. entstanden ist, und löst sich natürlich ganz nach Wunsch. Auch sonst ist es nicht mehr so stille wie vor einigen Wochen ...

Der Fortschritt in meinen Arbeiten ist offenbar nur von der viertausendfachen Wiederholung derselben Eindrücke zu erwarten, und ich bin ganz bereit, mich dem Nämlichen immer wieder zu unterziehen. Bis jetzt erweist sich alles richtig, ich übersehe aber den Reichtum noch nicht und kann ihn nicht mit dem Denken bewältigen.

›Beziehungen‹ wird einen aufmerksamen Leser finden. Du wirst Neues darin doch nicht vermieden haben.[1]

Sei recht herzlich gegrüßt von

Deinem Sigm.

144 Dr. Sigm. Freud, Dozent für Nervenkrankheiten a. d. Universität.

Wien, 4. 7. 01. IX. Berggasse 19.

Teurer Wilhelm!

Du fragst soviel, daß es ein langer Antwortbrief werden muß. Die Ordination werde also zur Schreibstunde.

Wohin wir gehen, kann ich Dir noch immer nicht sicher sagen. Nach den vielfältigsten mißglückten Plänen sind wir auf etwas Improvisiertes gestoßen, das sich wahrscheinlich wird durchsetzen lassen. In den zwei Feiertagen am Ende des Junimonats war ich zu Besuch in Reichenhall bei Mama und Minna[2] und habe mich auf einen Wagenausflug nach dem nahen Thumsee so für das Plätzchen begeistert: die Alpenrosen bis zur Straße herab, das kleine grüne Wasserbecken, die herrlichen Wälder herum mit Erdbeeren, Blumen und (hoffentlich auch) Pilzen, daß ich nachgefragt habe, ob man in dem einzigen Wirtshaus dort auch wohnen kann. Dort wird nun heuer zum ersten Mal vermietet, da der Besitzer, ein Arzt und Eigentümer von Bad Kirchberg, der es sonst selbst bewohnt, gestorben ist. Und nun schweben die von Reichenhall geführten Unterhandlungen, die wahrscheinlich zum Abschluß führen werden ...

Der Vater einer Patientin schickt mir eifrig Zeitungsausschnitte und Artikel, in denen er mich oder das Traumbuch erwähnt findet, so einen Aufsatz ›Traum und Märchen‹ aus dem ›Lotse‹, den mir dann der Verfasser, ein Münchener Dozent, auch geschickt hat.[1] Er steht jetzt mit mir im Briefwechsel wegen dessen, was man im Dienste der ›Propaganda‹ von der Kur mitteilen kann. Ob da nun viel, wenig oder gar nichts daraus wird, es geht jedenfalls auf den Moment zurück, da Du dem Manne meinen Namen genannt hast.

...

Meinen anderen Kunden geht es heuer höchst befriedigend; es waren allerdings weniger als im Vorjahr. Dank der geringen Plage bin ich zur gleichen Zeit unvergleichlich wohler, aber doch schon etwas gehirnmüde. Es fällt mir gar nichts mehr ein; ich weiß auch nicht recht, womit die freien Stunden auszufüllen.

Der Münchener Dr. van der Leyen hat mich auf ein Buch von L. Laistner 1889 ›Das Rätsel der Sphinx‹ aufmerksam gemacht, welches die Rückführung der Mythen auf Träume sehr energisch vertritt.[2] Ich habe darin zunächst eine reizende Vorrede gelesen, vom Weiteren hält mich die Faulheit ab; ich merke, er weiß nichts von dem *hinter* dem Traum, dagegen scheint er den *Angst*traum trefflich im Auge zu behalten.

...

Das Alltagsleben wird das Licht der Öffentlichkeit in diesen Tagen erblicken, doch wahrscheinlich erst halb geboren, so daß ich Dir den Sonderabdruck erst im August schicken kann. Es ist zu stark für ein einziges Heft der Monatsschrift.

Martin dichtet jetzt wenig, er zeichnet und malt, meist Tierphantasien von gutem Humor, fängt an, Bewegungen zu charakterisieren u. dgl. Wichtiger ist vielleicht, daß er mit einem relativ guten Zeugnis in die zweite Klasse aufgestiegen ist. Olis Aufnahmsprüfung ist es, die uns bis zum 15. dieses Monats hier festhält. So lange halten auch alle meine großen Kinder aus.

...

Hast Du gelesen, daß die Engländer auf Kreta (Knossos) einen alten Palast ausgegraben haben, den sie für das richtige Labyrinth des Minos erklären?[1] Es scheint, daß Zeus ursprünglich ein Stier war. Auch unser alter Gott soll zuerst, vor der durch die Perser angeregten Sublimierung, als Stier verehrt worden sein. Es gibt da allerlei zu denken, worüber noch nicht zu schreiben ist.

...

In Treue Dein Sigm.

145 Thumsee, 7. 8. 01.

Teurer Wilhelm!

Zum ersten Male seit drei Wochen ist das Wetter heute unleidlich und schließt jede andere Beschäftigung aus; morgen sollen wir nach Salzburg zur Don Juanvorstellung ...; so kommt es, daß ich Dir heute antworte oder wenigstens zu antworten beginne.

Zuerst vom Geschäft, dann vom Ernst und am Ende das Vergnügen.

Frau D. wäre ein sehr schöner Ersatz für G., nach Deinen früheren Mitteilungen gewiß für diese Kur die richtige Person und ein vollerer Erfolg als im Durchschnitt darum vorherzusehen. Allein ich gehe nicht vor dem 16. September wieder ins Geschirr, keiner Patientin zu Liebe, bekannten oder unbekannten, und bis dahin kann sie den Paroxysmus wieder hinter sich haben. Ich rechne mit niemandem, der nicht schon in meiner Faust sitzt. Meine Leute sind Kranke, also ganz besonders irrationell und bestimmbar. Die nächste Saison wird mich übrigens besonders interessieren. Ich habe nur einen Kranken, einen Jüngling mit Zwangsneurose, sozusagen sicher, und meine gute alte Frau, die mir eine kleine Rente war, ist in den Ferien gestorben.

...

Es ist gar nicht zu verhehlen, daß wir beide ein Stück weit auseinander geraten sind. An dem und jenem merke ich die Distanz ... Du bist hier an die Grenze Deiner Scharfsichtigkeit gekommen, nimmst Partei gegen mich und sagst mir, was alle meine Bemühungen entwertet: ›Der Gedankenleser liest bei den Anderen nur seine eigenen Gedanken.‹

Wenn ich so einer bin, so wirf mein Alltagsleben nur ungelesen in den Papierkorb. Es ist voll von Beziehungen auf Dich, manifesten, zu denen Du das Material geliefert, und versteckten, bei denen das Motiv auf Dich zurückgeht. Das Motto ist auch von Dir geschenkt. Von allem Bleibenden des Inhaltes abgesehen, kann es Dir Zeugnis für die Rolle ablegen, die Du bei mir bis jetzt gespielt hast. Nach solcher Ankündigung darf ich Dir dann wohl die Arbeit wortlos schicken, wenn sie in meine Hände gelangt.

...

Ich versprach, Dir noch vom ›Vergnügen‹ zu schreiben. Thumsee ist wirklich ein kleines Paradies, besonders für die Kinder, die hier wild gefüttert werden, sich miteinander und mit den Gästen um die Boote raufen, auf denen sie dann unserem besorgten Elternblick entschwinden. Mich hat der Umgang mit den Fischen bereits gehörig verdummt, doch habe ich noch nicht die freie Seele, die ich mir sonst in den Ferien hole, und mir ahnt, 8-12 Tage Öl und Wein werden nicht zu entbehren sein. Mein Bruder wird vielleicht Reisegefährte...

Nun die Hauptsache! Soviel ich erkenne, wird meine nächste Arbeit lauten ›Die menschliche Bisexualität‹, wird das Problem an der Wurzel fassen und das letzte Wort sagen, das mir zu sagen vergönnt sein dürfte. Das letzte und tiefste. Ich habe dafür vorläufig nur eines, die Haupterkenntnis, die sich seit längerer Zeit auf der Idee aufgebaut hat, daß die Verdrängung, mein Kernproblem, nur durch Reaktion zwischen zwei sexuellen Strömungen möglich ist. Ich werde etwa ein halbes Jahr brauchen, das Material zusammenzustellen und hoffe zu finden, daß die Arbeit jetzt schon ausführbar ist. Dann aber muß ich eine lange ernsthafte Unterhaltung mit Dir haben. Die Idee selbst ist Deine. Du erinnerst Dich, ich habe Dir vor Jahren gesagt, die Lösung liegt in der Sexualität, als Du noch Nasenarzt und Chirurg warst, und Du hast Jahre später korrigiert: in der Bisexualität, und ich sehe, Du hast Recht. Vielleicht muß ich also noch mehr von Dir entlehnen, vielleicht nötigt mich mein Ehrlichkeitsgefühl Dich zu bitten, die Arbeit mit mir zu zeichnen, wobei der bei mir kärgliche anatomisch-biologische Teil eine Ausbreitung für sich gewinnen würde. Den psychischen Aspekt der Bisexualität und die Erklärung der Neurotik würde ich zum Ziel nehmen. Das ist also das

nächste Zukunftsprojekt, das uns hoffentlich wieder recht ordentlich auch in wissenschaftlichen Dingen einigen wird.
Ich grüße Dich und die Deinen herzlichst. Laß etwas von Dir hören.

Dein Sigm.

146 19. 9. 01.

Teurer Wilhelm!

Einige Stunden vor der Abreise habe ich noch Deine Karte erhalten. Nun sollte ich Dir über Rom schreiben, es ist schwer. Es war auch für mich überwältigend und die Erfüllung eines, wie Du weißt, lange gehegten Wunsches. Wie solche Erfüllungen sind, etwas verkümmert, wenn man zu lange auf sie gewartet hat, aber doch: ein Höhepunkt des Lebens. Während ich aber ganz ungestört bei der Antike war (das Stückchen Minervatempel neben dem Nervaforum hätte ich in seiner Erniedrigung und Verstümmelung anbeten können), ist mir ein freier Genuß des zweiten Rom[1] nicht möglich geworden, die Tendenz hat mich gestört, unfähig mein Elend und alles andere, von dem ich weiß, in Gedanken los zu werden, habe ich die Lüge von der Erlösung der Menschheit, die so himmelragend ihr Haupt erhebt, nicht gut vertragen.
Das dritte, italienische Rom finde ich hoffnungsvoll und sympathisch.
Ich war übrigens bescheiden im Genuß, habe in den zwölf Tagen nicht alles sehen wollen. Ich habe nicht nur Trevi bestochen,[2] wie alle tun, sondern auch, was ich mir selbst erfunden, die Hand in die Bocca della Verità bei S. Maria Cosmedin gesteckt mit dem Schwur, daß ich wiederkomme. Das Wetter war heiß, aber gut zu ertragen, bis eines Tages, zum Glück erst am 9ten, ein Scirocco losbrach, der mich einfach knickte und von dem ich mich nicht mehr erholt habe. Nach meiner Ankunft ist eine Magen-Darmverderbnis aufgetreten, die ich auf den Reisetag zurückführe, und unter der ich jetzt, ohne zu murren, leide. Mein Volk war eine Nacht früher als ich heimgekehrt, meine Beschäftigung ist noch minimal.

Dein letzter Brief war doch eigentlich wohltuend. Ich kann mir jetzt Dein Briefverhalten im abgelaufenen Jahr erklären. Das erste Mal übrigens, daß Du mir etwas anderes als die Wahrheit gesagt hattest.
Was Du über mein Verhalten gegen Deine große Arbeit schreibst, erkenne ich bei mir als ungerecht. Ich weiß, wie oft ich mit Stolz und mit Zittern an sie gedacht habe, und wie die Unfähigkeit, dem oder jenem Schluß mich anzuschließen, mich verstört hat. Du weißt, daß ich von quantitativer Begabung keine Spur und für Zahlen und Maße kein Gedächtnis habe; vielleicht hat es Dir darum den Eindruck gemacht, daß ich nichts von dem halte, was Du mir mitgeteilt. Alles, was sich aus den Zahlen von Gesichtspunkten und Qualitäten herauslesen ließ, ist, glaube ich, bei mir nicht untergegangen. Vielleicht hast Du zu rasch auf meine Mitwisserschaft verzichtet. Ein Freund, der das Recht hat, auch Widerspruch zu versuchen, der bei seiner Unkenntnis kaum je gefährlich werden kann, ist nicht wertlos für einen, der so dunkle Pfade geht und mit sehr wenigen Personen verkehrt, die alle ihn unbedingt und kritiklos verehren.
Einzig kränkend war ein anderes Mißverständnis in Deinem Brief, daß sich mein Ausruf,[1] ›Du untergräbst ja den Wert meiner Funde‹, auf meine Therapie beziehe . . . Es hat mir leid getan, den ›einzigen Publikum‹, wie unser Nestroy sagt, zu verlieren. Für wen schreibe ich denn noch? Wenn Du also in dem Moment, da eine Deutung von mir Dir Unbehagen macht, bereit bist zuzustimmen, daß der ›Gedankenleser‹ nichts am anderen errät, sondern nur seine eigenen Gedanken projiziert, bist Du wirklich mein Publikum auch nicht mehr, mußt Du die ganze Arbeitsweise für ebenso wertlos halten wie die anderen.
Deine Antwort auf das Thema der Bisexualität habe ich nicht verstanden. Es ist offenbar sehr schwer, einander zu verstehen. Gewiß wollte ich nichts anderes, als meine Zugabe zu der Theorie der Bisexualität bearbeiten, den Satz ausführen, daß die Verdrängung und die Neurosen, die Selbständigkeit des Unbewußten also, die Bisexualität zur Voraussetzung hat.
Daß ich nicht daran denke, meinen Anteil an dieser Erkenntnis zu vergrößern, wird Dir seither die betreffende Stelle von der Priorität im ›Alltagsleben‹ gezeigt haben.[2] Irgendeine Anknüpfung an das allgemein Biologische und Anatomische der Bisexualität wäre da aber doch

nicht zu entbehren, und da fast alles, was ich dazu weiß, von Dir herrührt, so bleibt nichts anderes übrig, als mich auf Dich zu berufen oder diese Einleitung ganz von Dir zu beziehen. Ich bin aber gar nicht publikationslustig jetzt. Unterdes sprechen wir wohl einmal darüber.
Einfach sagen: Das Bewußtsein ist das herrschende, das Unbewußte das unterliegende sexuelle Moment, kann man nicht ohne gröbste Vereinfachung der sehr viel komplizierteren Natur, obwohl es natürlich die Grundtatsache ist. — Ich schreibe an einem mehr psychologischen Aufsatz: ›Vergessen und Verdrängen‹, den ich aber auch lange bei mir behalten werde.[1]
Die Zeit für Deinen Beziehungsvortrag ist ja auch schon überschritten, ich erwarte ihn mit Spannung; hat er sich verzögert?
Ich grüße Dich herzlich und bin in Erwartung guter Nachrichten von Dir und den Deinigen.

Dein Sigm.

147 Dr. Sigm. Freud, 20. 9. 01.
IX. Berggasse 19. ord. 3-5 h.,

Teurer Wilhelm!
Tableau! Kreuzung! Gerade gestern habe ich mich nach ihm erkundigt. Da ist er also. Ich habe ihn zum ersten Mal durchgelesen und sage gerne: so ein Stück von Klarheit, Knappheit und Inhaltsfülle hast Du noch nicht von Dir gegeben. Und welch ein Segen, daß an der Wahrheit kein Zweifel ist! Dank Dir auch für das Plätzchen, das Du mir bereitet hast.[2]
Mit dem Herpes habe ich mich auch sehr gefreut. Und überall verspürt man, daß Du noch mehr dahinter hast, Deinen Reichtum aber bei Seite zu schieben und Dich zur Beschränkung zu meistern weißt. Ich glaube, das sind die Kennzeichen des klassischen Stils.
Der Titel fällt sonderbar ab ›Ursächlicher‹ Zusammenhang von Nase und Geschlechtsorgan? Abkürzung von ›Veränderungen in Nase und Geschlechtsorgan‹. Aber es ist so gleichgiltig, ich will kein Pedant sein.
Sei herzlichst bedankt

Dein Sigm.

148 Dr. Sigm. Freud,
Dozent für Nervenkrankheiten
a. d. Universität.

Wien, 7. 10. 01.
IX. Berggasse 19.

Teurer Wilhelm!

Vor drei Wochen kam, von Dir geschickt, Frau D. bei mir an, es gehört sich also längst, daß ich über sie berichte.

Sie ist natürlich ganz die Person, die ich brauche; ein schwerer konstitutioneller Fall, bei dem alle Schlüssel passen, alle Saiten nachhallen. Schmerzloses Arbeiten ist bei ihr kaum möglich, dazu hat sie Schmerzen und Schmerzen bereiten zu gerne; aber Erfolg müßte sicher und dauernd sein.

Leider stehen andere Dinge im Wege. Der Mann ... ist noch immer nicht einverstanden; er hat sie nur für drei Monate frei gegeben, was ich natürlich zurückgewiesen, aber auch diese Konzession ist keine, denn er wollte sie am nämlichen Abend noch einpacken, und sie erwartet täglich, daß er kommen wird, sie zu holen. Dann wird sie aber mit ihm gehen. Sie hält es auch bereits nicht mehr ohne ihn aus.

Wenn es so mit der Zeitbereitschaft geht, scheint es mit der Geldbereitschaft nicht viel sicherer zu sein. Liegt alles nun wirklich so ungünstig oder gelingt es *ihr* bereits, mich so zu verwirren; kurz, es ist gar nicht unmöglich, daß ich nächstens erkläre, auf so unsicherem Fundament beginnt man besser nicht zu bauen. Daß sie in drei Monaten etwas Wertvolles erreicht, ist bei all ihrer Intelligenz sehr unwahrscheinlich. Der Mann aber ist mir mit so deutlichem eifersüchtigem Mißtrauen entgegengekommen, daß ich nicht hoffen kann, ihm in einer Auseinandersetzung einen Eindruck zu machen.

Vielleicht leimt sich noch alles. Ich wollte Dich nur auf die Möglichkeit vorbereiten, daß Du sie eher wiedersiehst als Du erwartest und meine Rechtfertigung, wenn ich Deiner großen Bemühung so entsprechen muß, vorarbeiten.

In Folge der Seltenheit unseres Verkehrs habe ich Dir noch nicht danken können.

Mit herzlichen Gruß

Dein Sigm.

149 Dr. Sigm. Freud, Wien, 2. 11. 01.
Dozent für Nervenkrankheiten IX. Berggasse 19.
a. d. Universität.

Teurer Wilhelm!
Du hast wohl ein Recht, von Zeit zu Zeit zu erfahren, wie es mit Deiner Patientin steht, und ich schreibe umso lieber über sie, als mir für anderes die Stimmung völlig abgeht.
Du hast mir da einen Fall ausgesucht, der für diese Therapie geradezu geschaffen ist. Ich kann sagen, es geht bis jetzt hervorragend gut, vielleicht auch, weil es mir leicht wird, mich für diese Natur zu interessieren. Näheres erzähle ich Dir wohl einmal mündlich, nachdem ich die Diskretion ungestraft verletzen kann. Es stimmt aber wieder einmal alles, wenigstens mit meiner neueren Auffassung, und das Instrument gehorcht willig den meisternden Fingern. Nicht daß sie nicht Versuche genug machte, mir das Leben zu erschweren; solche waren schon und werden auch noch kommen. Der verstimmte Brief, auf den Du mit richtigen Auskünften geantwortet, war die Folge einer Betörung, in die sie mich gestürzt, indem sie Berge von Schwierigkeiten vor mir aufgetürmt. Ein zweites Mal sitze ich ihr gewiß weniger leicht auf, habe wenigstens den Vorsatz. Sie ist jedenfalls eine interessante und wertvolle Person.
Ich freue mich, Dir dieses berichten zu können und grüße Dich herzlich.
Dein Sigm.

150 Dr. Sigm. Freud, Wien, 7. 12. 01.
Dozent für Nervenkrankheiten IX. Berggasse 19.
a. d. Universität.

Teurer Wilhelm!
Frau D. hat eben Abschied genommen. Meine Besorgnisse, die ich Dir nach zwei Wochen äußerte, waren nicht ganz ungerechtfertigt. Der Mann hat, wie Du weißt, die Behandlung durch gewalttätigen Eingriff gestört, den er mit Rücksichten auf Geld und Zeit motivierte, wiewohl diese – ganz im Einklang mit Deinen Aufklärungen – nur vorgeschoben

sein dürften, um Eifersucht zu maskieren. Zuletzt kam noch ein Brief, der es unmöglich machte, die zugestandene Verlängerung bis zum 19. dieses Monats auszunützen. Der Mann hat sich im Ganzen so beleidigend gegen mich benommen, daß viel Überwindung dazu gehört hat, es so lange mitzumachen.
Die Kur war so kurz – 10 Wochen –, daß von einem Dauererfolg keine Rede sein kann. Die Gestaltung der nächsten Zeit für die Kranke kann ich auch nicht vorhersagen. Andererseits ist die Sache so glänzend gegangen, daß die Arbeit unmöglich fruchtlos bleiben kann. Nach Ablauf des jetzt entfesselten Sturmes wird sich der erzielte Effekt wohl feststellen lassen.
Es war jedenfalls die bestgeeignete und interessanteste Person, die ich Deiner Empfehlung verdankt habe. Daß es nicht besser ausgegangen ist, dafür können wir wohl beide gleich wenig. Die Übertragung des Zutrauens von Dir auf mich ist dem Herrn Professor D. eben nicht gelungen. Ich passiere eben durch eine schwierige Region des Zufalls, da ereignen sich für mich vorwiegend unangenehme Dinge. Ich übe mich fortdauernd im Ertragen.
Nochmals also herzlichen Dank.

Dein Sigm.

151 Dr. Sigm. Freud, 8. 3. 02.
IX. Berggasse 19. ord. 3-5 h.

Teurer Wilhelm!
Es freut mich, Dir mitteilen zu können, daß nun endlich der lange vorenthaltene und zuletzt recht wünschenswert gewordene Professor eingetroffen ist. In nächster Woche tut es die Wiener Zeitung dem Publikum kund, von dem ich erwarte, daß es solche amtliche Stempelung honorieren wird. Es ist ziemlich lange her, daß Du keine Nachricht, an die man angenehme Erwartungen knüpfen konnte, von mir erhalten hast.
Ich grüße Dich herzlich

Dein Sigm.

152 Dr. Sigm. Freud, Wien, 11. 3. 02.
Dozent für Nervenkrankheiten IX. Berggasse 19.
a. d. Universität.

Teurer Wilhelm!
Was so eine Exzellenz alles zu Stande bringt! Sogar, daß ich wieder einmal Deine traute Stimme in einem Brief vernehme. Da Du aber so schöne Dinge an die Nachricht knüpfest, von Anerkennung, Meisterschaft etc. fühle ich mich im gewohnten schädlichen Aufrichtigkeitsdrang verpflichtet, Dir zu schreiben, wie es denn endlich doch gegangen ist.
Mein Verdienst nämlich. Als ich von Rom zurück kam, war die Lust am Leben und Wirken etwas gesteigert, die am Martyrium etwas verringert bei mir. Meine Praxis fand ich recht eingeschmolzen, meine letzte Publikation zog ich vom Druck zurück, da ich kurz vorher an Dir meinen letzten Publikum verloren hatte.* Ich konnte mir denken, daß das Warten auf Anerkennung noch ein ziemliches Stück meiner Lebenszeit in Anspruch nehmen würde und daß sich unterdes kein Nebenmensch um mich bekümmern würde. Und ich wollte doch Rom wiedersehen, meine Kranken pflegen und meine Kinder bei guter Stimmung erhalten. So beschloß ich denn, mit der strengen Tugend zu brechen und zweckmäßige Schritte zu tun, wie andere Menschenkinder auch. Von etwas muß man sein Heil erwarten können und wählte den Titel zum Heiland. Vier Jahre lang hatte ich auch nicht ein Wort für ihn aufgewendet, jetzt kündigte ich mich bei meinem alten Lehrer Exner an.[1] Er war so unliebenswürdig als möglich, fast grob, wollte mir von Gründen für meine Zurücksetzung nichts verraten, warf sich in die Rolle des hohen Beamten. Erst nachdem ich ihn durch einige spöttische Bemerkungen über die Tätigkeit des hohen Ministeriums in Aufruhr gebracht, verriet er etwas Dunkles von persönlichen Einflüssen, die bei seiner Exzellenz[2] gegen mich tätig seien, und riet mir, einen persönlichen Gegeneinfluß zu suchen.

*Nestroy soll, als er einmal durchs Guckloch vor einem Benefice schauend nur zwei Personen im Parterre erblickte, ausgerufen haben: »Den einen ›Publikum‹ kenn' ich, der hat eine Freikarte. Ob der andere Publikum auch eine Freikarte hat, weiß ich nicht.«

Ich konnte ihm ankündigen, daß ich meine alte Freundin und frühere Patientin, die Frau des Hofrates Gomperz, ansprechen könnte.[1] Das schien ihm selbst zu gefallen. Frau Elise war sehr liebenswürdig und nahm sich der Sache warm an. Sie besuchte den Minister und bekam eine erstaunte Miene zur Antwort: 4 Jahre? Und wer ist das? Der Fuchs tat, als sei ich ihm unbekannt. Jedenfalls sei ein neuer Vorschlag notwendig. Ich schrieb nun an Nothnagel und Krafft-Ebing, der kurz vor seinem Rücktritt war, und bat sie, ihren damaligen Vorschlag zu erneuern.[2] Beide benahmen sich reizend. Nothnagel schrieb nach einigen Tagen: Wir *haben* den Vorschlag eingebracht. Der Minister wich aber Gomperz hartnäckig aus und die Sache schien wieder zu verlaufen.

Da trat eine andere Kraft in Aktion, eine meiner Patientinnen ... hatte von der Sache gehört und begann auf eigene Faust zu wühlen. Sie ruhte nicht, bis sie die Bekanntschaft des Ministers in einer Gesellschaft gemacht, verstand es, sich ihm zu empfehlen und ließ ihn dann durch eine gemeinsame Freundin versprechen, daß er ihren Arzt, der sie gesund gemacht, zum Professor ernennen werde. Genügend aufgeklärt darüber, daß ein erstes Versprechen von ihm soviel wie nichts bedeute, stellte sie ihn dann persönlich, und ich glaube, wenn ein gewisser Böcklin sich in ihrem Besitz befände anstatt in dem ihrer Tante ..., wäre ich drei Monate früher ernannt worden. So wird sich Seine Exzellenz mit einem modernen Bild für die Galerie begnügen müssen, die er jetzt, natürlich nicht für die eigene Person, schaffen will.[3] Endlich also, als der Minister zu Tische bei meiner Patientin war, machte er ihr gnädigst die Mitteilung, der Akt befinde sich schon beim Kaiser und sie werde die erste sein, der er von dem Vollzug der Ernennung Kunde gebe.

Sie kam dann auch eines Tages strahlend und einen pneumatischen Brief des Ministers schwingend zur Arbeit. Es war also erreicht. Die Wiener Zeitung hat die Ernennung noch nicht gebracht, aber die Nachricht, daß sie bevorstehe, hat sich von der amtlichen Stelle aus rasch verbreitet. Die Teilnahme der Bevölkerung ist sehr groß. Es regnet auch jetzt schon Glückwünsche und Blumenspenden, als sei die Rolle der Sexualität plötzlich von Sr. Majestät amtlich anerkannt, die Bedeutung des Traumes vom Ministerrat bestätigt, und die Notwendigkeit einer psycho-

analytischen Therapie der Hysterie mit $^2/_3$ Majorität im Parlament durchgedrungen.
Ich bin offenbar wieder ehrlich geworden, die scheu gewordensten Verehrer grüßen auf der Straße von weitem.
Ich selbst gebe noch immer je fünf Gratulationen für einen anständigen Fall zur längeren Behandlung. Ich habe gelernt, daß diese alte Welt von der Autorität regiert wird wie die neue vom Dollar. Ich habe meine erste Verbeugung vor der Autorität gemacht, darf also hoffen, belohnt zu werden. Wenn die Wirkung auf die ferneren Kreise so groß ist wie auf die näheren, so dürfte ich mit Recht hoffen.
In der ganzen Gesellschaft gibt es eine Person mit sehr langen Ohren, die in Deinem Brief nicht genügend gewürdigt wird, das bin: Ich. Wenn ich die paar Schritte vor drei Jahren unternommen hätte, wäre ich vor drei Jahren ernannt worden und hätte mir mancherlei erspart. Andere sind eben so klug, ohne erst nach Rom kommen zu müssen. Das also ist der ruhmreiche Vorgang, dem ich unter anderen auch Deinen freundlichen Brief verdanke. Ich bitte Dich, behalte den Inhalt dieses Schreibens für Dich.
Ich danke Dir und grüße Dich herzlich

Dein Sigm.

153

Ansichtskarte (Tempio di Nettuno, Pesto)

10. 9. 02.

Einen herzlichen Gruß vom Höhepunkt der Reise

Dein Sigm.

Entwurf einer Psychologie[1]

VORBEMERKUNG DER HERAUSGEBER

Das folgende Manuskript ist im Herbst 1895 entstanden. Der erste und zweite Teil (S. 305 ff.) wurden nach einer Begegnung mit Fließ noch im Eisenbahnzug begonnen (Brief vom 23. 9. 1895; ein Teil des Manuskriptes ist mit Bleistift geschrieben), und (siehe Datum am Schluß des Manuskriptes) am 25. September beendet. Der dritte Teil (S. 360 ff.) wurde (siehe Datum am Beginn des Manuskriptes) am 5. Oktober 1895 begonnen. Am 8. Oktober ging die alle drei Teile enthaltende Sendung an Fließ ab.

Ein vierter Teil, der sich mit der Psychologie der Verdrängung beschäftigen sollte, die Freud als ›den Kern des Rätsels‹ ansah, ist offenbar nie vollendet worden. Bei der Arbeit an diesem Problem hatten sich Freuds Bedenken gegen die Fruchtbarkeit der im Entwurf versuchten Betrachtungsweise verstärkt. Diese Bedenken stellten sich bald nach Abschluß der in fieberhafter Anteilnahme begonnenen Arbeit ein. Schon am 29. November 1895 (Brief Nr. 36) ist Freud skeptisch: »Den Geisteszustand, in dem ich die Psychologie ausgebrütet, verstehe ich nicht mehr.« Im Brief vom 1. Jänner 1896 (Nr. 35) versucht er eine Revision seiner Annahmen über das Verhältnis der drei Neuronenarten zueinander, das namentlich die Stellung der ›Wahrnehmungsneuronen‹ klärt. Mehr als ein Jahr nach der Niederschrift des ›Entwurfes‹ hatte sich seine Auffassung soweit entwickelt, daß er ein Modell des psychischen Apparates annähernd in demselben Sinne entwarf, in dem es im siebenten Kapitel der ›Traumdeutung‹ dargestellt ist (Brief Nr. 52 vom 6. Dezember 1896); seit dieser Zeit ist Freuds Interesse an dem Versuch, den psychischen Apparat in Begriffen der Hirnphysiologie darzustellen, erlahmt. Jahre später hat Freud auf das Scheitern seiner Bemühungen in dieser Richtung mit folgenden Worten angespielt: »Es ist ein unerschütterliches Resultat der Forschung, daß die seelische Tätigkeit an die Funktion des

Gehirns gebunden ist wie an kein anderes Organ. Ein Stück weiter – es ist nicht bekannt, wie weit – führt die Entdeckung von der Ungleichwertigkeit der Gehirnteile und deren Sonderbeziehung zu bestimmten Körperteilen und geistigen Tätigkeiten. Aber alle Versuche, von da aus eine Lokalisation der seelischen Vorgänge zu erraten, also Bemühungen, die Vorstellungen in Nervenzellen aufgespeichert zu denken und die Erregungen auf Nervenfasern wandern zu lassen, sind gründlich gescheitert.« (Das Unbewußte, 1915, *G. W.*, X, S. 273.) Die neuere hirnphysiologische Forschung teilt im ganzen und großen diese Auffassung. Vgl. dazu die schöne Arbeit von E. D. Adrian, ›The Mental and Physical Origins of Behaviour‹, *International Journal of Psycho-Analysis*, 1946, XXVII, 1-6.

In die Sprache der Hirnphysiologie aber kleidet der Entwurf einen Reichtum an konkreten psychologischen Hypothesen, allgemeinen theoretischen Annahmen und verstreuten Andeutungen. Viele dieser Gedanken sind, nach der durch den Verzicht auf den physiologischen Ansatz nötig gewordenen Umgestaltung, in Freuds Schriften eingegangen, manche gehören zum festen Bestand psychoanalytischer Hypothesen. Andere Teile des Entwurfs, so etwa die Behandlung der Denkpsychologie im dritten Teil (S. 360 ff.) haben in Freuds Schriften keine vergleichbare Beachtung gefunden, obgleich sich einige der hier entwickelten Gedanken mühelos in das System psychoanalytischer Hypothesen einfügen ließen.

Die unmittelbare Fortsetzung des ›Entwurfs‹ in Freuds Schriften ist in der ›Traumdeutung‹ zu finden. Aber die Neuformulierung über das Wesen der psychischen Apparates, wie sie im siebenten Kapitel der ›Traumdeutung‹ versucht wird, reicht mindestens in einem Punkt nicht an die im ›Entwurf‹ gemachten Annahmen heran: die Stellung der Wahrnehmungsfunktion konnte dort nicht völlig geklärt werden. (Vgl. dazu ›Metapsychologische Ergänzung zur Traumlehre‹, 1917, *G. W.*, X, S. 412.) Die Lösung dieses Problems ergab sich erst durch die Freudschen Annahmen über psychische Struktur, wie sie sich seit ›Das Ich und das Es‹ (1923) entwickelt haben. Gerade dieser Ansatz war aber im ›Entwurf‹ vorbereitet durch die ausführlich begründete Annahme einer kontinuierlich besetzten Ichorganisation, die in Freuds Denken nach dreißigjährigem Intervall wirksam geworden ist.

Zur Zeit der Niederschrift des ›Entwurfs‹ war Freuds Interesse hauptsächlich auf die hirnphysiologischen Teile gerichtet. Mit dem Scheitern der Hypothesen auf diesem Gebiet sind andere Überlegungen vorübergehend mit fallen gelassen worden. Das dürfte namentlich von den Annahmen über das Ich gelten, die im ›Entwurf‹ an eine besonders ausgezeichnete Gruppe von Neuronen geknüpft sind.
Unmittelbar nach der Niederschrift wendet sich Freuds Interesse anderen Fragen zu. Mit der Rückkehr zur klinischen Arbeit im Herbst rückt die Neurosenlehre in den Vordergrund und der entscheidende Fund aus dem Herbst 1895 bezieht sich auf die Unterscheidung der genetischen Verhältnisse bei Zwangsneurose und Hysterie. (Briefe Nr. 34ff.)
Um dem Leser das Verhältnis der in äußerster Kondensierung dargestellten Gedanken zu erleichtern, stellen wir ein Inhaltsverzeichnis voran und weisen durch Anmerkungen gelegentlich auf Stellen der Arbeit hin, in denen ein eben eingeführtes Thema später fortgeführt wird.

INHALTSVERZEICHNIS

I. Teil: Allgemeiner Plan

Einleitung 305
Erster Hauptsatz: Die quantitative Auffassung 305
Zweiter Hauptsatz: Die Neuronentheorie 307
Die Kontaktschranken 308
Der biologische Standpunkt 311
Das Quantitätsproblem 314
Der Schmerz 315
Das Qualitätsproblem 316
Das Bewußtsein 319
Das Funktionieren des Apparates 321
Die ψ-Leitungen 323
Das Befriedigungserlebnis 325
Das Schmerzerlebnis 327
Affekte und Wunschzustände 329
Einführung des ›Ich‹ 330
Primär- und Sekundärvorgang in ψ 332
Das Erkennen und reproduzierende Denken 334
Das Erinnern und das Urteilen 336
Denken und Realität 338
Primärvorgänge – Schlaf und Traum 341
Die Traumanalyse 343
Das Traumbewußtsein 345

II. Teil: Psychopathologie. Psychopathologie der Hysterie

Der hysterische Zwang 348
Die Entstehung des hysterischen Zwanges 351
Die pathologische Abwehr 352
Das hysterische πρῶτον ψεῦδος 353
Bedingungen des πρῶτον ψεῦδος ὑστ 356
Die Denkstörung durch den Affekt 357

III. Teil

Versuch, die normalen ψ-Vorgänge darzustellen 360

I. Teil ALLGEMEINER PLAN

EINLEITUNG

Es ist die Absicht dieses Entwurfs, eine naturwissenschaftliche Psychologie zu liefern, d. h. psychische Vorgänge darzustellen als quantitativ bestimmte Zustände aufzeigbarer materieller Teile, und sie damit anschaulich und widerspruchsfrei zu machen. Der Entwurf enthält zwei Hauptideen,

1. das, was Tätigkeit von Ruhe unterscheidet, als Quantität (Q) aufzufassen, die dem allgemeinen Bewegungsgesetz unterworfen ist,
2. als materielle Teilchen die Neuronen anzunehmen.

N und *Q*$\acute{\eta}$[1] – Ähnliche Versuche sind jetzt häufig.[2]

ERSTER HAUPTSATZ

Die quantitative Auffassung

Sie ist direkt pathologisch-klinischen Beobachtungen entnommen, besonders wo es sich um überstarke Vorstellungen handelte, wie in der Hysterie und in der Zwangsneurose, wobei, wie sich zeigen wird, der quantitative Charakter reiner als im Normalen hervortritt. Vorgänge wie Reiz, Substitution, Konversion, Abfuhr, die dort zu beschreiben waren, haben direkt die Auffassung der Neuronenerregung als fließender Quantitäten nahegelegt.[3] Ein Versuch, das hier Erkannte zu verallgemeinern, schien nicht unstatthaft. Von dieser Betrachtung an ließ sich ein Grundprinzip der Neuronentätigkeit mit Beziehung auf die Quantität (*Q*) aufstellen, das viel Licht versprach, indem es die gesamte Funktion zu umfassen schien. Es ist dies das Prinzip der Neuronen-Trägheit; es besagt, daß Neuronen sich der Quantität zu entledigen trachten. Bau und Entwicklung sowie Leistungen der Neuronen sind hiernach zu verstehen.

Das Prinzip der *Trägheit* erklärt zunächst die Bau-Zweispältigkeit der Neuronen in motorische und sensible, als eine Einrichtung, um die Quantitätsaufnahme durch Abgabe aufzuheben. Die Reflexbewegung ist als feste Form dieser Abgabe jetzt verständlich. Das Trägheitsprinzip gibt das Motiv für die Reflexbewegung. Geht man von hier aus weiter zurück, so hat man das Neuronensystem zuerst als Erbe der allgemeinen Reizbarkeit des Protoplasmas mit der reizbaren Außenfläche verknüpft, die durch größere Strecken unerregbarer ...[1] zersprengt ist. Ein primäres Neuronensystem bedient sich dieser so erworbenen Quantität ($Q\dot{\eta}$), um sie durch Verbindung an die Muskelmaschinen abzugeben und erhält sich so reizlos. Diese Abfuhr stellt die Primärfunktion der Neuronensysteme dar. Hier ist Platz für die Entwicklung einer Sekundärfunktion, indem unter Abfuhrwegen solche bevorzugt und erhalten werden, mit denen Aufhören des Reizes verbunden ist, *Reizflucht*. Hiebei besteht im allgemeinen eine Proportion zwischen Erregungsquantität und der zur Reizflucht nötigen Leistung, so daß das *Trägheits*-Prinzip hiedurch nicht gestört wird. Allein das Trägheitsprinzip wird von Anfang durchbrochen durch ein anderes Verhältnis. Mit der Komplexität des Inneren nimmt das Neuronensystem Reize auf aus dem Körperelement selbst, endogene Reize, die gleichfalls abgeführt werden sollen. Diese entstammen Körperzellen und ergeben die großen Bedürfnisse, Hunger, Atem, Sexualität. Diesen kann sich der Organismus nicht entziehen wie den Außenreizen, er kann ihre Quantität (Q) nicht zur Reizflucht verwenden. Sie hören auf nur unter bestimmten Bedingungen, die in der Außenwelt realisiert werden müssen. Z. B. Nahrungsbedürfnis. Um diese Aktion, die spezifisch genannt zu werden verdient, zu vollführen, bedarf es einer Leistung, die unabhängig ist von endogenen Quantitäten ($Q\dot{\eta}$), im allgemeinen größer ist, da das Individuum unter Bedingungen gesetzt ist, die man als *Not des Lebens* bezeichnen kann. Hiemit ist das Neuronensystem gezwungen, die ursprüngliche Tendenz zur Trägheit d. h. zum Niveau $= O$ aufzugeben. Es muß sich Vorrat von Quantität gefallen lassen, um den Anforderungen zur spezifischen Aktion zu genügen. In der Art, wie es dies macht, zeigt sich indes die Fortdauer derselben Tendenz modifiziert zum Bestreben, die Quantität ($Q\dot{\eta}$) wenigstens möglichst niedrig zu halten und sich gegen Steigerung zu wehren, d. h. konstant zu halten. Alle Leistungen des Neuronensystems sind entweder unter den Gesichtspunkt der Primärfunktion oder der Sekundärfunktion, die durch Not des Lebens aufgedrungen ist, zu bringen.[1]

ZWEITER HAUPTSATZ

Die Neuronentheorie

Der Gedanke, mit dieser Quantitätstheorie (*Qή*) die Kenntnis der Neuronen zu kombinieren, wie sie die neuere Histologie ergibt, ist ein zweiter Pfeiler dieser Lehre. Hauptinhalt dieser neuen Erkenntnis ist, daß das Neuronensystem aus distinkten, gleich gebauten Neuronen besteht, die sich durch Vermittlung fremder Masse berühren, die aneinander endigen wie an fremden Gewebsteilen, in denen gewisse Leistungsrichtungen vorgebildet sind, indem sie mit Zellfortsätzen aufnehmen, mit Axenzylinder abgeben. Dazu kommt noch die reichliche Verzweigung mit Verschiedenheit des Kalibers.
Kombiniert man diese Darstellung der Neuronen mit der Auffassung der Quantitätstheorie (*Qή*), so erhält man die Vorstellung eines *besetzten* Neurons (*N*), das mit gewisser Quantität (*Qή*) gefüllt ist, andere Male leer sein kann. Das Trägheitsprinzip findet seinen Ausdruck in der Annahme einer *Strömung*, die von den Zelleitungen oder -Fortsätzen zum Axenzylinder gerichtet ist. Das einzelne Neuron ist so Abbild des gesamten Neuronensystems mit seinem zwiespältigen Bau, der Axenzylinder das Abfuhrorgan. Die Sekundärfunktion aber, die eine Aufspeicherung von Quantität (*Qή*) verlangt, ist ermöglicht durch die Annahme von Widerständen, die sich der Abfuhr entgegensetzen, und der Bau der Neurone legt es nahe, die Widerstände sämtlich in die *Kontakte* zu versetzen, die hiedurch den Wert von *Schranken* erhalten. Die Annahme der *Kontaktschranken* ist fruchtbar nach vielen Richtungen.

Die Kontaktschranken

Die erste Berechtigung zu dieser Annahme entspringt der Erwägung, daß hier die Leitung über undifferenziertes Protoplasma geht anstatt wie sonst innerhalb des Neurons über differenziertes, wahrscheinlich zur Leitung besser geeignetes Protoplasma. Man bekommt so einen Wink, das Leitungsvermögen an die Differenzierung zu knüpfen, so daß man erwarten darf, durch den Leitungsvorgang selbst werde eine Differenzierung im Protoplasma und damit ein besseres Leitungsvermögen für fernere Leitungen geschaffen.

Ferner läßt die Kontaktschrankentheorie folgende Verwertungen zu: Eine Haupteigenschaft des Nervengewebes ist das Gedächtnis, d. h. ganz allgemein die Fähigkeit, durch einmalige Vorgänge dauernd verändert zu werden, was einen so auffälligen Gegensatz gibt zum Verhalten einer Materie, die eine Wellenbewegung durchläßt und darauf in ihren früheren Zustand zurückkehrt. Eine irgendwie beachtenswerte psychologische Theorie muß eine Erklärung des ›Gedächtnisses‹ liefern. Nun stößt jede solche Erklärung auf die Schwierigkeit, daß sie einerseits annehmen muß, die Neuronen seien nach der Erregung dauernd anders als vorher, während doch nicht geleugnet werden kann, daß die neuen Erregungen im allgemeinen auf dieselben Aufnahmebedingungen stoßen wie die früheren. Die Neuronen sollen also sowohl beeinflußt sein als auch unverändert, unvoreingenommen. Einen Apparat, der diese komplizierte Leistung vermöchte, können wir vorderhand nicht ausdenken; die Rettung liegt also darin, daß wir die dauernde Beeinflussung durch die Erregung einer Klasse von Neuronen zuschreiben, die Unveränderlichkeit dagegen, also die Frische für neue Erregungen einer anderen. So entstand die gangbare Scheidung von ›Wahrnehmungszellen‹ und ›Erinnerungszellen‹, die sich aber sonst in nichts eingefügt hat und selbst sich auf nichts berufen kann.

Wenn die *Kontaktschranken*-Theorie[1] sich diesen Ausweg aneignet, so kann sie ihm folgenden Ausdruck geben: Es gibt 2 Klassen von Neuronen. Erstens solche, die Quantität *(Qή)* durchlassen, als ob sie keine Kontaktschranken hätten, die also nach jedem Erregungsablauf im selben Zustand sind wie vorher, und zweitens solche, deren Kontaktschranken sich geltend machen, so daß sie Quantität ($Q\dot{\eta}$) nur schwer oder nur partiell durchlassen. Solche können nach jeder Erregung in anderem Zustand sein als vorher, ergeben also eine *Möglichkeit, das Gedächtnis darzustellen.*[1]

Es gibt also *durchlässige* (keinen Widerstand leistende und nichts retenierende) Neuronen, die der Wahrnehmung dienen, und *undurchlässige* (mit Widerstand behaftete und Quantität [$Q\dot{\eta}$] zurückhaltende) Neuronen, die Träger des Gedächtnisses, wahrscheinlich also der psychischen Vorgänge überhaupt sind. Ich will also das erstere System von Neuronen fortan φ, das letztere ψ nennen.[2]

Es ist jetzt gut, sich klar zu machen, welche Annahmen über die ψ-Neuronen notwendig sind, um die allgemeinsten Charaktere des Gedächtnisses zu decken. Das Argument ist: sie werden durch den Erregungsablauf dauernd verändert. Mit Einfügung der Kontaktschrankentheorie: ihre Kontaktschranken geraten in einen dauernd veränderten Zustand. Und da die psychologische Erfahrung zeigt, daß es ein Über-Erlernen gibt auf Grund des Gedächtnisses, muß diese Veränderung darin bestehen, daß die Kontaktschranken leitungsfähiger, minder undurchlässig werden, also denen des φ-Systems ähnlicher. Diesen Zustand der Kontaktschranken wollen wir als Grad der *Bahnung* bezeichnen. Dann kann man sagen: *Das Gedächtnis ist dargestellt durch die zwischen den ψ-Neuronen vorhandenen Bahnungen.*

Nehmen wir an, daß alle ψ-Kontaktschranken gleich gut gebahnt wären oder den gleichen Widerstand böten, was dasselbe ist, so kämen die Charaktere des Gedächtnisses offenbar nicht heraus. Denn das Gedächtnis ist im Verhältnis zum Erregungsablauf offenbar eine der bestimmenden, den Weg weisenden Mächte und bei überall gleicher Bahnung wäre eine Wegbevorzugung nicht einzusehen. Man kann daher noch richtiger sagen: *Das Gedächtnis sei dargestellt durch die Unterschiede in den Bahnungen zwischen den ψ-Neuronen.*

Wovon hängt nun die *Bahnung* in den ψ-Neuronen ab? Nach der psychologischen Erfahrung hängt das Gedächtnis, d. h. die fortwirkende Macht eines Erlebnisses ab von einem Faktor, den man die Größe des Eindruckes nennt, und von der Häufigkeit der Wiederholung desselben Eindrucks. In die Theorie übersetzt: Die Bahnung hängt ab von der Quanti-

tät (*Q*ή), die im Erregungsvorgang durch das Neuron läuft, und von der Wiederholungszahl des Vorganges. Dabei zeigt sich also Quantität (*Q*ή) als das wirksame Moment, die *Quantität* und die *Bahnung* als Erfolg der Quantität (*Q*ή), gleichzeitig als das, was die Quantität ersetzen kann. Wie unwillkürlich denkt man hier an das ursprüngliche, durch alle Modifikationen festgehaltene Bestreben der Neuronensysteme, sich die Belastung durch Quantität (*Q*ή) zu ersparen oder sie möglichst zu verringern. Durch die Not des Lebens gezwungen, hat das Neuronensystem sich einen Quantitätsvorrat (*Q*ή) anlegen müssen. Dazu hat es einer Vermehrung seiner Neuronen bedurft und diese mußten undurchlässig sein. Nun erspart es sich die Erfüllung mit *Quantität* (*Q*ή), die Besetzung, wenigstens teilweise, indem es die *Bahnungen* herstellt. Man sieht also, die *Bahnungen dienen der Primärfunktion.*
Noch eines fordert die Anwendung der Gedächtnisforderung auf die Kontaktschrankentheorie: Jedem ψ-Neuron sind im allgemeinen mehrere Verbindungswege mit anderen Neuronen, also mehrere Kontaktschranken zuzuschreiben. Darauf beruht ja die Möglichkeit der Auswahl, die durch die Bahnung determiniert wird. Ganz einleuchtend ist es jetzt, daß der Bahnungszustand der einen Kontaktschranke unabhängig sein muß von dem aller anderen Kontaktschranken derselben ψ-Neuronen; sonst erhielte sich wieder keine Bevorzugung, also kein Motiv. Hieraus kann man einen negativen Schluß ziehen auf die Natur des ›*gebahnten*‹ Zustandes. Denkt man sich ein Neuron mit Quantität (*Q*ή) erfüllt, also besetzt, so kann man diese Quantität (*Q*) nur gleichmäßig annehmen über alle Regionen des Neurons, also auch über alle Kontaktschranken desselben. Dagegen hat es keine Schwierigkeit sich vorzustellen, daß bei strömender Quantität (*Q*ή) nur ein bestimmter Weg durch das Neuron genommen wird, so daß nur eine Kontaktschranke der Einwirkung der strömenden Quantität (*Q*ή) unterliegt und nachher davon Bahnung übrig behält. Es kann also die Bahnung nicht ihren Grund haben in einer zurückgehaltenen Besetzung; dabei ergäben sich nicht die Unterschiede in der Bahnung der Kontaktschranken derselben Neurone.
Worin die Bahnung sonst besteht, bleibt dahingestellt. Man könnte zunächst denken: in der Absorption von Quantität (*Q*ή) durch die Kontaktschranken. Vielleicht fällt hierauf später Licht. Die Quantität (*Q*ή), die

Bahnung hinterlassen hat, wird wohl abgeführt, gerade infolge der Bahnung, die ja durchlässiger macht. Es ist übrigens nicht notwendig, daß die Bahnung, die nach einem Qualitätsablauf ($Q\dot{\eta}$) bleibt, so groß ist wie sie während des Ablaufes sein mußte. Möglich, daß nur ein Quotientbetrag davon als *dauernde Bahnung* bleibt. Insoferne läßt sich auch noch nicht übersehen, ob es gleichwertig ist, wenn eine Quantität $3Q\dot{\eta}$ auf einmal oder eine Quantität $Q\dot{\eta}$ auf dreimal abläuft.[1] All dies bleibt späteren Anpassungen der Theorie an die psychischen Tatsachen vorbehalten.

Der biologische Standpunkt

Mit der Annahme zweier Neuronensysteme φ und ψ, von denen φ aus durchlässigen, ψ aus undurchlässigen Elementen besteht, scheint die eine Eigentümlichkeit des Neuronensystems, zu retenieren und doch aufnahmsfähig zu bleiben, der Erklärung zugeführt. Alles psychische Erwerben bestünde dann in der Gliederung des ψ-Systems durch teilweise und topisch bestimmte Aufhebung des Widerstandes in den Kontaktschranken, der φ und ψ unterscheidet. Mit dem Fortschritt derselben hätte die Aufnahmsfrische des Neuronensystems tatsächlich eine Schranke gefunden.

Indes wird jeder, der sich mit Hypothesenbauen wissenschaftlich beschäftigt, erst dann beginnen, seine Aufstellungen ernst zu nehmen, wenn sie von mehr als einer Seite her sich in das Wissen einfügen lassen, und wenn sich die Willkürlichkeit der Constructio ad hoc bei ihnen mildern läßt. Gegen unsere Kontaktschrankenhypothese wird eingewendet werden, daß sie 2 Klassen von Neuronen annimmt mit fundamentaler Verschiedenheit der Funktionsbedingungen, für welche Scheidung zunächst andere Begründung fehlt. Morphologisch wenigstens, d. h. histologisch ist keine Unterstützung dieser Sonderung bekannt.

Woher soll man sonst einen Grund zu dieser Klassenteilung nehmen? Wenn möglich, aus der biologischen Entwicklung des Neuronensystems, das für den Naturforscher wie alles andere etwas allmählich Gewordenes ist. Man verlangt zu wissen, ob die 2 Neuronenklassen biologisch verschiedene Bedeutung gehabt haben können, und wenn ja, durch welchen Mechanismus sie sich zu den so verschiedenen Charakteren der Durchlässigkeit und Undurchlässigkeit entwickelt haben mögen. Natürlich wäre es am meisten befriedigend, wenn der gesuchte Mechanismus sich selbst aus der primitiven biologischen Rolle ergäbe; man hätte dann beide Fragen mit einer Antwort behoben.

Nun erinnern wir uns, daß das Neuronensystem von Anfang an 2 Funktionen hatte, die Reize *von außen* aufzunehmen und die endogen entstandenen Erregungen abzuführen. Aus letzterer Verpflichtung ergab sich ja durch die Not des Lebens der Zwang zur weiteren biologischen Entwicklung. Nun könnte man vermuten, unsere Systeme φ und ψ seien es aber, die jedes eine dieser primären Verpflichtungen auf sich genommen hätten. Das System φ sei jene Gruppe von Neuronen, zu der die Außenreize gelangen, das System ψ enthielte die Neuronen, welche die endogenen Erregungen aufnehmen. Dann hätten wir die beiden φ und ψ nicht *erfunden*, sondern sie *vorgefunden*. Es erübrigt noch, sie mit Bekanntem zu identifizieren. Tatsächlich kennen wir aus der Anatomie ein System von Neuronen (das Spinalgrau), welches allein mit der Außenwelt zusammenhängt, und ein superponiertes (das Gehirngrau), das keine direkten peripheren Verbindungen hat, an dem aber die Entwicklung des Neuronensystems und die psychischen Funktionen haften. Das primäre Gehirn paßt nicht übel zu unserer Charakteristik des Systems ψ, wenn wir annehmen dürfen, daß das Gehirn direkte und von φ unabhängige Bahnen zum Körperinnern hat. Die Herkunft und ursprüngliche biologische Bedeutung des primären Gehirns ist nun den Anatomen nicht bekannt; nach unserer Theorie wäre es ein *Sympathicusganglion*, direkt herausgesagt. Es ist hier die erste Möglichkeit, die Theorie an tatsächlichem Material zu prüfen.[1]

Vorläufig halten wir das ψ-System für identifiziert mit dem Gehirngrau. Man versteht nun leicht aus den einleitenden biologischen Bemerkungen, daß gerade ψ der Weiterentwicklung unterliegt durch Neuronenvermehrung und Quantitätsanhäufung, und sieht auch ein, wie zweckmäßig es ist, daß ψ aus undurchlässigen Neuronen besteht, da es sonst den Anforderungen der spezifischen Aktion nicht nachkommen könnte. Allein auf welchem Weg ist ψ zur Eigenschaft der Undurchlässigkeit gekommen?

φ hat doch auch Kontaktschranken, wenn diese so gar keine Rolle spielen, warum die Kontaktschranken von ψ? Die Annahme einer ursprünglichen Verschiedenheit in der Wertigkeit der Kontaktschranken von φ und ψ hat wieder den mißlichen Charakter von Willkür, obwohl man sich jetzt nach Darwinschen Gedankengängen auf die Unentbehrlichkeit und somit das Überleben undurchlässiger Neuronen berufen könnte.
Ein anderer Ausweg scheint fruchtbarer und anspruchsloser zu sein. Erinnern wir uns, daß auch die Kontaktschranken von ψ-Neuronen schließlich der Bahnung unterliegen und daß es die Quantität ($Q\dot{\eta}$) ist, welche sie bahnt. Je größer die Quantität im Erregungsablauf, desto größer die Bahnung, d. h. aber die Annäherung an die Charaktere von φ-Neuronen. Verlegen wir daher die Unterschiede nicht in die Neuronen, sondern in die Quantitäten, mit denen sie zu tun haben. Dann ist ja zu vermuten, daß auf den φ-Neuronen Quantitäten ablaufen, gegen welche der Kontaktschrankenwiderstand nicht in Betracht kommt, daß aber zu den ψ-Neuronen nur Quantitäten gelangen, die von der Größenordnung dieses Widerstandes sind. Dann würde ein φ-Neuron undurchlässig und ein ψ-Neuron durchlässig werden, wenn wir ihre Topik und Verbindungen vertauschen könnten; sie behalten aber ihre Charaktere, weil sie — das φ-Neuron nur mit der Peripherie, das ψ-Neuron nur mit dem Körperinnern zusammenhängen. Die Wesensverschiedenheit ist durch eine Schicksals-Milieuverschiedenheit ersetzt.
Wir haben aber jetzt die Annahme zu prüfen, ob man sagen darf, von der Außenperipherie gelangten Reizquantitäten höherer Ordnung zu den Neuronen als von der Innenperipherie des Körpers. Dafür spricht wirklich mancherlei.
Zunächst ist es keine Frage, daß die Außenwelt die Herkunft aller großen Energiequantitäten ist, da sie nach physikalischer Erkenntnis aus mächtigen, heftig bewegten Massen besteht, die ihre Bewegung fortpflanzen. Das System φ, welches dieser Außenwelt zugekehrt ist, wird die Aufgabe haben, die auf die Neuronen eindringenden Quantitäten ($Q\dot{\eta}$) möglichst rasch abzuführen, wird aber jedenfalls der Einwirkung großer Quantitäten (Q) ausgesetzt sein.
Das System ψ ist nach unserer besten Kenntnis außer Verbindung mit der Außenwelt, es empfängt Quantiäten (Q) nur einerseits von den φ-

Neuronen selbst, andererseits von den zelligen Elementen im Körperinnern, und es handelt sich jetzt darum, wahrscheinlich zu machen, daß diese Reizquantitäten niedrigerer Größenordnung sind. Es stört vielleicht zuerst die Tatsache, daß wir den ψ-Neuronen zwei so verschiedene Reizquellen wie φ und die Körperinnenzellen zuerkennen müssen; allein gerade hier hilft uns die neuere Histologie der Neuronensysteme in zureichender Weise. Sie zeigt, daß Neuron-*Endigung* und Neuron-*Verbindung* nach demselben Typus gebaut ist, daß die Neuronen aneinander endigen wie an den Körperelementen; wahrscheinlich ist auch das Funktionelle beider Vorgänge gleichartig. Es wird sich wahrscheinlich bei der Nervenendigung um ähnliche Quantitäten handeln wie bei der interzellulären Leitung. Wir dürfen auch erwarten, daß die *endogenen* Reize von solcher *interzellulären* Größenordnung sind. Im übrigen eröffnet sich hier ein zweiter Zugang zur Prüfung der Theorie.[1]

Das Quantitätsproblem

Ich weiß nichts über die absolute Größe interzellulärer Reize, werde mir aber die Annahme gestatten, sie seien von geringerer Größenordnung und von derselben wie die Widerstände der Kontaktschranken, was dann leicht einsichtlich ist. Mit dieser Annahme ist die Wesensgleichheit der φ- und ψ-Neuronen gerettet und deren Verschiedenheit in Betreff der Durchlässigkeit biologisch und mechanisch erklärt.
An Beweisen ist hier Mangel, desto interessanter sind gewisse Ausblicke und Auffassungen, die sich an obige Annahme knüpfen. Zunächst, wenn man sich von der Größe der Quantitäten (*Q*) in der Außenwelt den richtigen Eindruck geholt hat, wird man sich fragen, ob die ursprüngliche Tendenz des Neuronensystems, die Quantität ($Q\dot{\eta}$) auf O zu erhalten, denn ihr Genüge an der raschen Abfuhr findet, ob sie sich nicht schon bei der Reizaufnahme betätigt?[2] Tatsächlich sieht man die φ-Neuronen nicht frei an der Peripherie endigen, sondern unter Zellbildungen, die an ihrer Statt den exogenen Reiz aufnehmen. Diese ›Nervenendapparate‹ im allgemeinsten Sinn könnten wohl den Zweck haben, die exogenen Quantitäten (*Q*) nicht unverringert auf φ wirken zu lassen, sondern

zu dämpfen. Sie hätten dann die Bedeutung von Quantitätsschirmen (*Q*), durch die nur *Quotienten* der exogenen Quantitäten (*Q*) durchgehen.
Dazu stimmt es dann, wenn die andere Art der Nervenendigung, die *freie*, ohne Endorgane in der Körperinnenperipherie die bei weitem bevorzugtere ist. Dort scheint es keiner Quantitätsschirme (*Q*) zu bedürfen, wahrscheinlich weil die dort aufzunehmenden Quantitäten ($Q\dot{\eta}$) nicht erst die Herabdrückung auf das interzelluläre Niveau erfordern, sondern von vorneherein so sind.
Da man die Quantitäten (*Q*) berechnen kann, die von den Endigungen der φ-Neuronen aufgenommen werden, ergibt sich hier vielleicht ein Zugang, sich von den Größen, die zwischen ψ-Neuronen ablaufen, die also von der Art der Kontaktschrankenwiderstände sind, eine Vorstellung zu verschaffen.
Man ahnt hier ferner eine Tendenz, die etwa den Aufbau des Neuronensystems aus mehreren Systemen beherrschen mag: immer weiter gehende Abhaltung von Quantität ($Q\dot{\eta}$) von den Neuronen. Der Aufbau also des Neuronensystems dürfte der *Abhaltung*, die Funktion der *Abfuhr* der Quantität ($Q\dot{\eta}$) von den Neuronen dienen.

Der Schmerz[1]

Alle Einrichtungen biologischer Natur haben ihre Wirksamkeitsschranken, außerhalb derer sie versagen. Dies Versagen äußert sich in Phänomenen, die ans Pathologische streifen, sozusagen die Normalvorbilder für das Pathologische geben. Wir haben das Neuronensystem so eingerichtet gefunden, daß die großen äußeren Quantitäten (*Q*) von φ und noch mehr von ψ abgehalten werden: Die Nervenendschirme und die bloß indirekte Verbindung von ψ mit der Außenwelt dienen diesem Zweck. Gibt es eine Erscheinung, die sich zur Deckung bringen läßt mit dem Versagen dieser Einrichtungen? Ich glaube, es ist der *Schmerz.*
Alles was wir vom Schmerz wissen, stimmt hiezu. Das Neuronensystem hat die entschiedenste Neigung zur *Schmerzflucht.* Wir erblicken darin die Äußerung der primären Tendenz gegen die Erhöhung der Quanti-

tätsspannung ($Q\dot{\eta}$) und schließen, der Schmerz bestehe in *dem Hereinbrechen großer Quantitäten* (*Q*) *nach* ψ. Dann sind die beiden Tendenzen eine einzige. Der Schmerz setzt das φ- wie das ψ-System in Bewegung, es gibt für ihn kein Leitungshindernis, er ist der gebieterischeste aller Vorgänge. Die ψ-Neuronen scheinen also durchlässig für ihn zu sein, er besteht also in der Aktion von Quantitäten (*Q*) höherer Ordnung.

Die Schmerzanlässe sind einerseits quantitative Steigerung; jede sensible Erregung neigt zum Schmerz mit Zunahme des Reizes, selbst der höchsten Sinnesorgane. Dies ist ohne weiteres als Versagen zu verstehen. Andererseits gibt es Schmerz bei geringen Außenquantitäten und dieser ist dann regelmäßig an Kontinuitätstrennung gebunden, d. h. äußere Quantität (*Q*), die auf die Enden der φ-Neurone direkt wirkt, nicht durch die Nervenendapparate, ergibt Schmerz. Der *Schmerz* ist hiedurch charakterisiert als Hereinbrechen übergroßer Quantitäten (*Q*) nach φ und ψ, d. h. solcher Quantitäten (*Q*), die von noch höherer Ordnung sind als die φ-Reize.

Daß der Schmerz alle Abfuhrwege geht, ist leicht verständlich. In ψ hinterläßt er nach unserer Theorie, daß Quantität (*Q*) Bahnung macht, wohl dauernde Bahnungen, wie wenn der Blitz durchgeschlagen hätte, Bahnungen, die möglicherweise den Widerstand der Kontaktschranken völlig aufheben und dort einen Leitungsweg etablieren, wie er in φ besteht.

Das Qualitätsproblem

Es ist bisher gar nicht zur Sprache gekommen, daß jede psychologische Theorie außer den Leistungen von naturwissenschaftlicher Seite her noch eine große Anforderung erfüllen muß. Sie soll uns erklären, was wir auf die rätselhafteste Weise durch unser ›Bewußtsein‹ kennen, und da dieses Bewußtsein von den bisherigen Annahmen – Quantitäten und Neuronen – nichts weiß, uns auch dieses Nichtwissen erklären.

Sofort werden wir uns einer Voraussetzung klar, die uns bisher geleitet hat. Wir haben die psychischen Vorgänge als etwas behandelt, was dieser Kenntnis durch das Bewußtsein entbehren könnte, was unabhängig von einer solchen existiert. Wir sind darauf gefaßt, einzelne unserer Annahmen nicht durch das Bewußtsein bestätigt zu finden. Wenn wir uns darum nicht irre machen lassen, so folgt dies aus der Voraussetzung, das Bewußtsein gebe weder vollständige noch verläßliche Kenntnis der Neuronenvorgänge; dieselben seien im ganzen Umfang zunächst als unbewußt zu betrachten und wie andere natürliche Dinge zu erschließen.

Dann aber ist der Inhalt des Bewußtseins einzureihen in unsere quantitativen ψ-Vorgänge. Das Bewußtsein gibt uns, was man *Qualitäten* heißt, Empfindungen, die in großer Mannigfaltigkeit *anders* sind und deren *Anders* nach Beziehungen zur Außenwelt unterschieden wird. In diesem Anders gibt es Reihen, Ähnlichkeiten u. dgl., Quantitäten gibt es eigentlich darin nicht. Man kann fragen, *wie* entstehen die Qualitäten und *wo* entstehen die Qualitäten? Es sind Fragen, der sorgsamsten Untersuchung bedürftig, über die hier nur ungefähr gehandelt werden kann.

Wo? entstehen die Qualitäten? In der Außenwelt nicht, denn nach unserer naturwissenschaftlichen Anschauung, der auch die Psychologie unterworfen werden soll, gibt es draußen nur bewegte Massen, nichts sonst. Im φ-System etwa? Dem stimmt zu, daß die Qualitäten an die Wahrnehmung geknüpft sind, widerspricht aber alles, was für den Sitz des Bewußtseins in oberen Etagen des Neuronensystems mit Recht geltend zu machen ist. Also im ψ-System. Dagegen gibt es nun einen wichtigen Einwand. Bei der Wahrnehmung sind das φ- und das ψ-System mitsammen tätig; es gibt nun einen psychischen Vorgang, der sich wohl ausschließlich in ψ vollzieht, das Reproduzieren oder Erinnern, und dieser ist allgemein gesprochen *qualitätslos*. Die Erinnerung bringt de norma nichts von der besonderen Art der Wahrnehmungsqualität zustande. So schöpft man Mut zur Annahme, es gäbe ein drittes System von Neuronen, Wahrnehmungsneuronen etwa, welches bei der Wahrnehmung mit erregt wird, bei der Reproduktion nicht, dessen Erregungszustände die verschiedenen Qualitäten ergeben, d. h. *bewußte Empfindungen* sind.[1]

Hält man fest, daß unser Bewußtsein nur *Qualitäten* liefert, während die Naturwissenschaft nur *Quantitäten* anerkennt, so ergibt sich wie aus einer Regeldetri eine Charakteristik der Wahrnehmungsneuronen. Während nämlich die Wissenschaft sich zur Aufgabe gesetzt hat, unsere Empfindungs-*Qualitäten* sämtlich auf *äußere Quantität* zurückzuführen, ist vom Bau des Neuronensystems zu erwarten, daß es aus Vorrichtungen bestehe, um die äußere *Quantität* in Qualität zu verwandeln, womit wieder die ursprüngliche Tendenz zur Abhaltung von *Quantität* siegreich erscheint. Die Nervenendapparate waren ein Schirm, um Quotienten der äußeren Quantität zur Wirkung auf φ zuzulassen, während φ gleichzeitig die grobe Quantitätsabfuhr besorgt. Das System ψ war vor höheren Ordnungen von Quantitäten bereits geschützt, hatte nur mit interzellulären Größen zu tun. In weiterer Fortsetzung ist zu vermuten, daß das System *W* von noch geringeren Quantitäten bewegt wird. Man ahnt, es käme der Qualitätscharakter (also die bewußte Empfindung) nur dort zustande, wo die Quantitäten möglichst ausgeschaltet sind. Ganz beseitigen läßt sie sich nicht, denn auch die Wahrnehmungsneuronen müssen wir uns mit Quantität (*Q*ἡ) besetzt und zur Abfuhr strebend denken.[1]

Damit eröffnet sich aber eine anscheinend ungeheure Schwierigkeit. Wir sahen, Durchlässigkeit hängt von der Einwirkung der Quantität (*Q*ἡ) ab, die ψ-Neuronen sind bereits undurchlässig. Bei noch kleinerer Quantität (*Q*ἡ) müßten die Wahrnehmungsneuronen noch undurchdringlicher sein. Allein diesen Charakter können wir den Bewußtseinsträgern nicht lassen. Zum Wechsel des Inhalts, zur Flüchtigkeit des Bewußtseins, zur leichten Verknüpfung gleichzeitig wahrgenommener Qualitäten stimmt nur volle Durchlässigkeit der Wahrnehmungsneuronen mit vollständiger restitutio in integrum. Die Wahrnehmungsneuronen verhalten sich wie Wahrnehmungsorgane, auch wüßten wir mit einem Gedächtnis derselben nichts anzufangen. Also Durchlässigkeit, volle Bahnung, die nicht von Quantitäten herrührt, wovon sonst?

Ich sehe nur einen Ausweg, die Grundannahme über den Quantitätsablauf (*Q*ἡ) zu revidieren. Ich habe denselben bisher nur als Übertragung von Quantität (*Q*ἡ) von einem Neuron zum anderen betrachtet. Er muß aber noch einen Charakter haben, zeitlicher Natur, denn auch den anderen Massenbewegungen der Außenwelt hat die Mechanik der Physiker diese zeitliche Charakteristik gelassen. Ich heiße dieselbe kurz: Die *Periode*. So will ich annehmen, daß aller Widerstand der Kontaktschranken nur für die Quantitätsübertragung (*Q*) gilt, daß aber die *Periode* der Neuronenbewegung sich ungehemmt überallhin fortpflanzt, gleichsam als Induktionsvorgang.

Für physikalische Klärung ist hier sehr viel zu tun, denn die allgemeinen Bewegungsgesetze müssen auch hier widerspruchsfrei zur Geltung kommen. Die Annahme geht aber weiter, daß die Wahrnehmungsneuronen unfähig sind, Quantitäten ($Q\dot{\eta}$) aufzunehmen, dafür sich die *Periode* der Erregung aneignen, und daß dieser ihr Zustand von Affektion durch die Periode bei geringster Quantitätserfüllung ($Q\dot{\eta}$) das Fundament des Bewußtseins ist. Auch die ψ Neuronen haben natürlich ihre Periode, allein diese ist qualitätslos, besser gesagt: monoton. Abweichungen von dieser psychischen Eigenperiode kommen als Qualitäten zum Bewußtsein.

Woher rühren die Verschiedenheiten der *Periode*? Alles weist auf die Sinnesorgane hin, deren Qualitäten eben durch verschiedene Perioden der Neuronenbewegung dargestellt werden sollen. Die Sinnesorgane wirken nicht nur als Quantitätsschirme (*Q*) wie alle Nervenapparate, sondern auch als *Siebe*, indem sie nur von gewissen Vorgängen mit bestimmter Periode Reiz durchlassen. Wahrscheinlich übertragen sie dann auf φ diese Verschiedenheit, indem sie der Neuronenbewegung irgend analog verschiedene Perioden mitteilen (spezifische Energie) und diese Modifikationen sind es, die sich durch φ über ψ nach *W* fortsetzen, und dort, wo sie fast quantitätsfrei sind, bewußte Empfindungen von Qualitäten erzeugen. Haltbar ist diese Qualitätsfortpflanzung nicht, sie hinterläßt keine Spuren, ist nicht reproduzierbar.

Das Bewußtsein

Nur durch solche komplizierte und wenig anschauliche Annahmen ist es mir bisher gelungen, die Phänomene des Bewußtseins in den Aufbau der quantitativen Psychologie einzubeziehen.

Eine Erklärung, wieso Erregungsvorgänge in den Wahrnehmungsneuronen (ω*N*) Bewußtsein mit sich bringen, ist natürlich nicht zu versuchen. Es handelt sich nur darum, die uns bekannten Eigenschaften des Bewußtseins durch parallel veränderliche Vorgänge in den Wahrnehmungsneuronen (ω*N*) zu decken. Das geht dann im Einzelnen nicht übel.

Ein Wort über das Verhältnis dieser Bewußtseinstheorie zu anderen. Nach einer vorgeschrittenen mechanistischen Theorie ist das Bewußtsein eine bloße Zutat zu den physiologisch-psychischen Vorgängen, deren Wegfall am psychischen Ablauf nichts ändern würde. Nach anderer Lehre ist Bewußtsein die subjektive Seite alles psychischen Geschehens, also untrennbar vom physiologischen Seelenvorgang. Zwischen beiden steht die hier entwickelte Lehre. Bewußtsein ist hier die subjektive Seite eines Teiles der physischen Vorgänge im Neuronensystem, nämlich der Wahrnehmungsvorgänge (ω-Vorgänge), und Wegfall des Bewußtseins läßt das psychische Geschehen nicht ungeändert, sondern schließt den Wegfall des Beitrages aus dem *W* (ω) System in sich ein.

Stellt man das Bewußtsein durch Wahrnehmungsneuronen (ω*N*) dar, so hat dies mehrere Folgerungen. Diese Neuronen müssen eine Abfuhr haben, so klein sie sein mag, und es muß einen Weg geben, die Wahrnehmungsneuronen mit Quantitäten (*Q*ή) im geringen erforderlichen Betrag zu erfüllen. Die Abfuhr geht wie jede nach der Seite der Motilität, wobei zu bemerken ist, daß beim motorischen Umsatz offenbar jeder Qualitätscharakter, jede Besonderheit der Periode verloren geht. Die Quantitätserfüllung der Wahrnehmungsneuronen kann wohl nur von ψ aus geschehen, da wir diesem dritten System keine direkte Verknüpfung mit φ zugestehen möchten. Was der ursprüngliche biologische Wert der Wahrnehmungsneuronen war, läßt sich nicht angeben.

Wir haben aber bisher den Inhalt des Bewußtseins unvollständig beschrieben; er zeigt außer den Reihen der sinnlichen Qualitäten eine andere davon sehr verschiedene Reihe, die der *Lust-* und *Unlust*-Empfindungen, die jetzt der Deutung bedarf. Da uns eine Tendenz des psychischen Lebens, *Unlust zu vermeiden*, sicher bekannt ist, sind wir versucht, diese mit der primären Trägheitstendenz zu identifizieren. Dann wäre *Unlust* zu decken mit Erhöhung des Quantitätsniveaus (*Q*ή) oder quantitativer Drucksteigerung, wäre die Wahrnehmung Empfindung bei Quantitätssteigerung (*Q*ή) in ψ. Lust wäre die Abfuhrempfindung. Da das System *W* von ψ aus erfüllt werden soll, ergäbe sich die Annahme, daß bei höherem ψ-Niveau die Besetzung in *W* zu-, bei fallendem Niveau dagegen abnimmt. Lust und Unlust wären die Empfindungen der eigenen Besetzung, des eigenen Niveaus in *W*, wobei *W* und ψ gewisser-

maßen kommunizierende Gefäße darstellen. Auf solche Weise kämen auch die quantitativen Vorgänge in ψ zum Bewußtsein, wieder als Qualitäten.
Mit der Lust- und Unlustempfindung schwindet die Eignung, sinnliche Qualitäten wahrzunehmen, die sozusagen in der Indifferenzzone zwischen Lust und Unlust liegen. Es wäre dies zu übersetzen, daß die Wahrnehmungsneurone (ω*N*) bei einer gewissen Besetzung ein Optimum zeigen, die *Periode* der Neuronenbewegung aufzunehmen, bei stärkerer Besetzung Unlust ergeben, bei schwächerer Lust, bis die Aufnahmefähigkeit mit dem Mangel an Besetzung schwindet. Zu solchen Daten wäre die entsprechende Bewegungsform zu konstruieren.

Das Funktionieren des Apparates

Man kann sich nun folgende Vorstellung von der Leistung des aus φψω bestehenden Apparates bilden.
Von außen dringen die Erregungsgrößen auf die Enden des φ Systems ein, stoßen zunächst auf die Nervenendapparate und werden durch diese auf Quotienten gebrochen, welche wahrscheinlich höherer Ordnung als Interzellularreize sind (vielleicht doch derselben Ordnung?). Es gibt hier eine erste Schwelle; unterhalb einer gewissen Quantität kommt ein wirksamer Quotient überhaupt nicht zustande, so daß die Wirkungsfähigkeit der *Reize* gewissermaßen auf die *mittleren* Quantitäten beschränkt ist. Nebstbei wirkt die Natur der Nervenddecken als Sieb, so daß an den einzelnen Endstellen nicht Reize jeder Art wirken können. Die auf φ-Neuronen wirklich anlangenden Reize haben eine Quantität und einen qualitativen Charakter, sie bilden in der Außenwelt eine Reihe gleicher Qualität und wachsender Quantität von der Schwelle an bis zur Schmerzgrenze.
Während in der Außenwelt die *Vorgänge* ein Kontinuum nach zwei Richtungen darstellen, der Quantität wie der Periode (Qualität) nach, sind die ihnen entsprechenden *Reize* der Quantität nach erstens *reduziert*, zweitens durch einen Ausschnitt *begrenzt*, der Qualität nach *diskontinuierlich*, so daß gewisse Perioden gar nicht als Reize wirken.

Der Qualitätscharakter der Reize setzt sich nun ungehindert durch φ über ψ nach ω fort, wo er Empfindung erzeugt; er ist dargestellt durch eine besondere Periode der Neuronenbewegung, die gewiß nicht die gleiche ist wie die des Reizes, aber eine gewisse Relation zu ihr hat nach einer uns unbekannten Reduktionsformel. Diese Periode erhält sich nicht lange und schwindet gegen die motorische Seite hin; da sie durchgelassen wird, hinterläßt sie auch kein Gedächtnis.

Die Quantität des φ-Reizes erregt die Abfuhrtendenz des Nervensystems, indem sie sich in proportionale motorische Erregung umsetzt. Der Motilitätsapparat ist direkt an φ gehängt, die so übersetzten Quantitäten schaffen eine ihnen quantitativ weit überlegene Wirkung, indem sie in die Muskeln, Drüsen u. dgl. eingehen, also dort durch *Entbindung* wirken, während zwischen den Neuronen nur *Übertragung* stattfindet.

In den φ-Neuronen endigen ferner die ψ-Neuronen, auf welche ein Teil der Quantität (Qἡ) übertragen wird, aber nur ein Teil, etwa ein Quotient, welcher einer interzellulären Reizgröße entspricht. Es fragt sich hier, ob die auf ψ übertragene Quantität nicht proportional der in φ strömenden Quantität wächst, so daß ein größerer Reiz eine stärkere psychische Wirkung ausübt. Hier scheint eine besondere Einrichtung vorzuliegen, welche neuerdings Quantität (*Q*) von ψ abhält. Die sensible φ Leitung ist nämlich in eigentümlicher Weise gebaut, sie verzweigt sich fortwährend und zeigt dickere und dünnere Bahnen, welche in zahlreichen Endstellen ausgehen, wahrscheinlich von folgender Bedeutung: Ein stärkerer Reiz geht andere Wege als ein schwächerer. (Qἡ) 1 z. B. wird nur den Weg I gehen und bei der Endstelle α einen Quotienten auf ψ übertragen. ($Q\dot{\eta}$) 2 wird nicht in α den doppelten Quotienten übertragen, sondern auch den Weg II gehen können, der enger ist und eine zweite Endstelle nach ψ eröffnen. ($Q\dot{\eta}$) 3 wird die engste Bahn eröffnen und auch durch γ übertragen. So wird die einzelne φ-Bahn entlastet, die größere

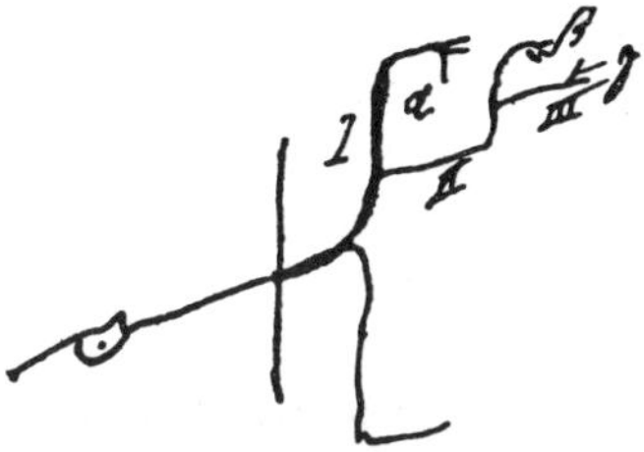

Quantität in φ sich dadurch ausdrücken, daß sie in ψ mehrere Neurone anstatt eines einzigen besetzt. Die einzelnen Besetzungen der ψ Neuronen können dabei ungefähr gleich sein. Wenn $Q\dot{\eta}$ in φ eine Besetzung in ψ ergibt, so drückt sich ($Q\dot{\eta}$) 3 aus durch Besetzung in ψ1+ψ2+ψ3. *Quantität* in φ drückt sich also aus durch *Komplikation* in ψ. Hiedurch ist die Quantität (*Q*) von ψ abgehalten, bis zu gewissen Grenzen wenigstens. Es erinnert dies sehr an die Verhältnisse des Fechnerschen Gesetzes, welches sich so lokalisieren ließe.

Auf solche Weise wird ψ von φ aus besetzt in Quantitäten (*Q*), die normaler Weise klein sind. Die Quantität der φ-Erregung drückt sich in ψ aus durch Komplikation, die Qualität durch *Topik*, indem den anatomischen Verhältnissen nach die einzelnen Sinnesorgane durch φ nur mit bestimmten ψ-Neuronen in Verkehr stehen. ψ erhält aber noch Besetzung vom Körperinnern aus und es geht wohl an, sich die ψ-Neuronen in zwei Gruppen zu zerlegen, die *Mantel*-Neurone die von φ aus und die *Kern*-Neurone, die von endogenen Leitungen aus besetzt werden.

Die ψ-Leitungen

Der Kern von ψ steht in Verbindung mit jenen Bahnen, auf welchen endogene Erregungsquantitäten aufsteigen. Ohne daß wir Verbindungen dieser Bahnen mit φ ausschließen, müssen wir doch die ursprüngliche Annahme festhalten, daß ein direkter Weg vom Körperinneren zu ψ-Neuronen führt. Dann ist aber ψ auf dieser Seite den Quantitäten (*Q*) schutzlos ausgesetzt und hierin liegt die *Triebfeder* des psychischen Mechanismus.

Was wir von den *endogenen* Reizen wissen, läßt sich in der Annahme ausdrücken, daß sie interzellulärer Natur sind, kontinuierlich entstehen und nur periodisch zu psychischen Reizen werden. Die Idee einer Anhäufung ist unabweislich und die Intermittenz der psychischen Wirkung läßt nur die Auffassung zu, daß sie auf ihrem Leitungsweg nach ψ auf Widerstände stoßen, die erst beim Anwachsen der Quantität überwunden werden. Es sind also Leitungen mehrfacher Gliederung, mit Einschaltung mehrerer Kontaktschranken bis zum ψ-Kern. Von einer gewissen Quantität (*Q*) an wirken sie aber beständig als Reiz und jede Steigerung der Quantität (*Q*) wird als Steigerung des ψ-Reizes wahrgenommen. Es gibt also dann einen Zustand, in dem die Leitung durchlässig geworden ist. Die Erfahrung lehrt weiter, daß nach Abfuhr des ψ-Reizes die Leitung ihren Widerstand wieder aufnimmt.

Man heißt einen solchen Vorgang: *Summation.* Die ψ-Leitungen erfüllen sich durch Summation, bis sie durchlässig werden. Offenbar ist es die Kleinheit des einzelnen Reizes, welche die Summation gestattet. Summation ist auch für die φ-Leitungen, z. B. für die Schmerzleitung, nachgewiesen, sie gilt dort nur für kleine Quantitäten. Die geringere Rolle der Summation auf der φ-Seite spricht dafür, daß es sich dort in der Tat um größere Quantitäten handelt. Sehr kleine scheinen durch die Schwellenwirkung der Nervenendapparate abgehalten, während auf der ψ-Seite solche fehlen und nur kleine Qualitäten wirken.

Es ist sehr bemerkenswert, daß die ψ-Leitungsneurone sich zwischen den Charakteren der Durchlässigkeit und der Undurchlässigkeit erhalten können, indem sie trotz des Durchganges von Quantität (*Q*ἠ) ihren Widerstand im vollen Umfang beinahe wieder aufnehmen. Es widerspricht dies ganz der angenommenen Eigenschaft der ψ-Neurone, durch strömende Quantität (*Q*ἠ) dauernd gebahnt zu werden. Wie läßt sich dieser Widerspruch aufklären? Durch die Annahme, daß die Wiederherstellung des Widerstandes bei Aufhören der Strömung allgemeine Eigenschaft der Kontaktschranken ist. Dies läßt sich auch dann unschwer mit der Beeinflussung der ψ-Neurone zur Bahnung vereinen. Man braucht nur anzunehmen, daß die Bahnung, die nach dem Quantitätsablauf übrig bleibt, nicht in der Aufhebung eines jeden Widerstandes besteht, sondern in der Herabsetzung desselben bis auf ein notwendig bleibendes Minimum. Während des Quantitätsablaufes (*Q*) ist der Widerstand aufgehoben, nachher stellt er sich wieder her, allein je nach der durchgelaufenen Quantität (*Q*) bis zu verschiedener Höhe, so daß nächstes Mal bereits eine kleinere Quantität (*Q*) passieren kann u. dgl. Bei völligster Bahnung bleibt dann ein gewisser für alle Kontaktschranken gleicher Widerstand, der also auch Anwachsen von Quantitäten (*Q*) bis zu einer gewissen Schwelle fordert, damit diese passieren. Dieser Widerstand wäre eine Konstante. Somit bedeutet die Tatsache der Einwirkung der endogenen Quantitäten (*Q*ή) durch Summation weiter nichts, als daß diese Quantität sich aus sehr kleinen, unter der Konstante befindlichen Größen von Erregung zusammensetzt, die endogene Leitung ist darum doch vollkommen gebahnt.

Daraus folgt aber, daß die ψ Kontaktschranken im allgemeinen höher reichen als die Leitungsschranken, so daß in den Kern-Neuronen eine neue Aufspeicherung von Quantität (*Q*ή) erfolgen kann. Dieser ist von der Ausgleichung der Leitung an weiter keine Grenze gesetzt. ψ ist hier der Quantität (*Q*) preisgegeben und damit entsteht im Innern des Systems der Antrieb, welcher alle psychische Tätigkeit unterhält. Wir kennen diese Macht als den *Willen*, den Abkömmling der *Triebe*.

Das Befriedigungserlebnis

Die Erfüllung der Kern-Neuronen in ψ wird ein Abfuhrbestreben, einen *Drang* zur Folge haben, der sich nach motorischem Weg hin entlädt. Der Erfahrung nach ist es die Bahn zur *inneren Veränderung* (Ausdruck der Gemütsbewegung, Schreien, Gefäßinnervation), die dabei zuerst beschritten wird. Alle solche Abfuhr wird aber, wie eingangs dargelegt, keinen entlastenden Erfolg haben, da die Aufnahme endogenen Reizes doch fortdauert und die ψ-Spannung wiederherstellt. Reizaufhebung ist hier nur möglich durch einen Eingriff, welcher im Körperinnern die Quantitätsentbindung (*Q*ή) für eine Weile beseitigt, und dieser Eingriff erfordert eine Veränderung in der Außenwelt (Nahrungszufuhr, Nähe des Sexualobjektes), welche als *spezifische Aktion* nur auf bestimmten Wegen erfolgen kann. Der menschliche Organismus ist zunächst unfähig, die spezifische Aktion herbeizuführen. Sie erfolgt durch *fremde Hilfe*, indem durch die Abfuhr auf dem Wege der inneren Veränderung ein erfahrenes Individuum auf den Zustand des Kindes aufmerksam gemacht wird. Diese Abfuhrbahn gewinnt so die höchst wichtige Sekundärfunktion der *Verständigung* und die anfängliche Hilflosigkeit des Menschen ist die *Urquelle* aller *moralischen Motive*.[1]

Wenn das hilfreiche Individuum die Arbeit der spezifischen Aktion in der Außenwelt für das hilflose geleistet hat, so ist dieses durch reflektorische Einrichtungen imstande, die zur endogenen Reizaufhebung nötige Leistung in seinem Körperinnern ohne weiteres zu vollziehen. Das Ganze stellt dann ein *Befriedigungserlebnis* dar, welches die eingreifendsten Folgen für die Funktionsentwicklung des Individuums hat. Es geschieht nämlich dreierlei im ψ-System. 1. Es wird dauernde Abfuhr geleistet und damit dem Drang, der in *W* Unlust erzeugt hatte, ein Ende gemacht, 2. es entsteht im Mantel die Besetzung eines Neurons (oder mehrerer), die der Wahrnehmung eines Objektes entsprechen, 3. es kommen in andere Stellen des Mantels die Abfuhrnachrichten von der ausgelösten Reflexbewegung, die sich an die spezifische Aktion anschließt. Zwischen diesen Besetzungen und den Kern-Neuronen bildet sich eine Bahnung.

Die Reflexabfuhrnachrichten kommen dadurch zustande, daß jede Bewegung durch ihre Nebenfolgen Anlaß zu neuen sensiblen Erregungen (von Haut und Muskeln) wird, die in ψ ein *Bewegungsbild* ergeben. Die Bahnung bildet sich aber auf eine Weise, welche tieferen Einblick in die Entwicklung von ψ gestattet. Bisher haben wir Beeinflussung von ψ-Neuronen durch φ und durch endogene Leitungen kennen gelernt; die einzelnen ψ-Neuronen aber waren durch Kontaktschranken mit starken Widerständen gegeneinander abgesperrt. Nun gibt es ein Grundgesetz der *Assoziation durch Gleichzeitigkeit*, welches sich bei der reinen ψ-Tätigkeit, beim reproduzierenden Erinnern, betätigt und das die Grundlage aller Verbindungen zwischen den ψ-Neuronen ist. Wir erfahren, daß das Bewußtsein, also die quantitative Besetzung von einem ψ-Neuron α auf ein zweites β übergeht, wenn α und β einmal gleich-

zeitig von φ aus (oder sonst woher) besetzt waren. Es ist also durch gleichzeitige Besetzung α-β eine Kontaktschranke gebahnt worden. Hieraus folgt in den Ausdrücken unserer Theorie, daß eine Quantität aus einem Neuron leichter übergeht in ein besetztes als in ein unbesetztes.
Die Besetzung des zweiten Neurons wirkt also wie die stärkere Besetzung des ersten. *Besetzung zeigt sich hier wiederum als gleichwertig mit Bahnung für den Quantitätsablauf.*
Wir lernen also hier einen zweiten wichtigen Faktor für die Richtung des Quantitätsablaufes kennen. Eine Quantität im Neuron α wird nicht nur nach der Richtung der am besten gebahnten Schranke gehen, sondern auch nach der von der Gegenseite besetzten. Die beiden Faktoren können einander unterstützen oder eventuell einander entgegenwirken.
Es entsteht also durch das Befriedigungserlebnis eine Bahnung zwischen zwei Erinnerungsbildern und den Kern-Neuronen, die im Zustande des Dranges besetzt werden. Mit der Befriedigungsabfuhr strömt wohl auch die Quantität (*Q*ή) aus den Erinnerungsbildern ab. Mit Wiederauftreten des *Drang-* oder *Wunsch*-Zustandes geht nun die Besetzung auch auf die beiden Erinnerungen über und belebt sie. Zunächst wird wohl das Objekterinnerungsbild von der *Wunschbelebung* betroffen.
Ich zweifle nicht, daß diese Wunschbelebung zunächst dasselbe ergibt wie die Wahrnehmung, nämlich eine *Halluzination.* Wird daraufhin die reflektorische Aktion eingeleitet, so bleibt die Enttäuschung nicht aus.

Das Schmerzerlebnis

ψ ist der Quantität (*Q*ή) normaler Weise ausgesetzt von den endogenen Leitungen aus, in abnormer, wenngleich noch nicht pathologischer Weise für den Fall, daß übergroße Quantitäten (*Q*) die Schirmvorrichtungen in φ durchbrechen, also im Falle des *Schmerzes.* Der Schmerz erzeugt in ψ 1. große Niveausteigerung, die von *W* als Unlust empfunden wird, 2. eine Abfuhrneigung, die nach gewissen Richtungen modifiziert sein kann, 3. eine Bahnung zwischen dieser und einem Erinnerungsbild des schmerzerregenden Objektes. Es ist überdies keine Frage, daß der Schmerz eine besondere Qualität hat, die sich neben der Unlust geltend macht.

Wird das Erinnerungsbild des Objektes (feindlichen) irgendwie neu besetzt, z. B. durch neue Wahrnehmungen, so stellt sich ein Zustand her, welcher nicht Schmerz ist, aber doch Ähnlichkeit mit ihm hat. Er enthält *Unlust* und die Abfuhrneigung, die dem Schmerzerlebnis entspricht. Da Unlust Niveausteigerung bedeutet, fragt es sich nach der Herkunft dieser Quantität (*Qή*). Im eigentlichen Schmerzerlebnis war es die hereinbrechende äußere Quantität (*Q*), welche das ψ-Niveau steigerte. In dessen Reproduktion – *dem Affekt* – ist nur die Quantität hinzugekommen, die Erinnerung besetzt, und es ist klar, daß diese von der Natur einer jeden Wahrnehmung, nicht eine allgemeine Quantitätssteigerung (*Qή*) zur Folge haben kann.

Es bleibt also nur übrig anzunehmen, daß durch die Besetzung von Erinnerungen Unlust aus dem Körperinnern *entbunden*, neu hinaufbefördert wird. Den Mechanismus dieser Entbindung kann man sich nur in folgender Weise vorstellen: Wie es motorische Neuronen gibt, die bei einer gewissen Erfüllung Quantitäten (*Qή*) in die Muskeln leiten und somit abführen, muß es ›sekretorische‹ Neuronen geben, die, wenn sie erregt sind, im Körperinnern entstehen lassen, was auf die endogenen Leitungen nach ψ als Reiz wirkt, die also die Produktion endogener Quantitäten (*Qή*) beeinflussen, somit nicht Quantität (*Qή*) abführen, sondern auf Umwegen zuführen. Diese motorischen[1] Neuronen wollen wir ›Schlüsselneuronen‹ heißen. Sie werden offenbar erst bei gewissem Niveau in ψ erregt. Durch das Schmerzerlebnis hat das Erinnerungsbild des feindlichen Objektes eine vortreffliche Bahnung zu diesen Schlüsselneuronen erhalten, kraft deren sich nun im Affekt Unlust entbindet.

Eine Anlehnung für diese befremdende aber unentbehrliche Annahme gibt das Verhalten der Sexualentbindung. Gleichzeitig drängt sich die Vermutung auf, die endogenen Reize bestünden hier wie dort in *chemischen Produkten*, deren Anzahl eine erhebliche sein mag. Da die Unlustentbindung bei ganz geringfügiger Besetzung der feindlichen Erinnerung eine außerordentliche sein kann, darf man schließen, daß der Schmerz ganz besonders ausgiebige Bahnungen hinterläßt. Die Bahnung, ahnt man dabei, hängt durchwegs von der erreichten Quantität ab, so daß die bahnende Wirkung von 3 *Qή* der von 3 × *Qή* weit überlegen sein könnte.[2]

Affekte und Wunschzustände

Die Reste der beiden behandelten Arten von Erlebnissen sind die Affekte und die Wunschzustände, denen beiden gemeinsam ist, daß sie eine Erhöhung der Quantitätsspannung in ψ enthalten, *im Affekt* durch plötzliche Entbindung, im *Wunsch* durch Summation hergestellt. Beide Zustände sind von der größten Bedeutung für den Ablauf in ψ, da sie zwangsartige Motive für denselben hinterlassen. Aus dem Wunschzustand folgt geradezu eine *Attraktion* nach dem Wunschobjekt respektive dessen Erinnerungsbild, aus dem Schmerzerlebnis resultiert eine Abstoßung, eine Abneigung, das feindliche Erinnerungsbild besetzt zu halten. Es sind dies die primäre *Wunschanziehung* und die primäre *Abwehr*.

Die Wunschanziehung kann man sich leicht durch die Annahme erklären, daß die Besetzung des freundlichen Erinnerungsbildes im Begierdezustand an Quantität ($Q\dot{\eta}$) die bei bloßer Wahrnehmung erfolgte weit übersteigt, so daß eine besonders gute Bahnung vom ψ-Kern zu dem entsprechenden Neuron des Mantels führt.

Schwieriger zu erklären ist die primäre *Abwehr* oder *Verdrängung*, die Tatsache, daß ein feindliches Erinnerungsbild stets so bald als möglich von der Besetzung verlassen wird.[1] Indes dürfte die Erklärung darin liegen, daß die primären Schmerzerlebnisse durch reflektorische Abwehr zu Ende gebracht wurden. Das Auftauchen eines anderen Objektes an Stelle des feindlichen war das Signal dafür, daß das Schmerzerlebnis beendet sei, und das ψ-System versucht, biologisch belehrt, den Zustand in ψ zu reproduzieren, der das Aufhören des Schmerzes bezeichnete. Mit dem Ausdruck *biologisch belehrt* haben wir einen neuen Erklärungsgrund eingeführt, der selbständige Geltung haben soll, wenngleich er eine Zurückführung auf mechanische Prinzipien (quantitative Momente) nicht ausschließt, sondern erfordert. Im vorliegenden Falle kann es leicht die bei Besetzung von feindlichen Erinnerungen jedesmal auftretende Quantitätssteigerung ($Q\dot{\eta}$) sein, die zur gesteigerten Abfuhrtätigkeit, somit zum Abfluß auch von Erinnerungen drängt.

Tatsächlich aber haben wir mit der Annahme der ›*Wunschanziehung*‹ und der Neigung zur Verdrängung bereits einen Zustand von ψ berührt, welcher noch nicht erörtert worden ist, denn diese beiden Vorgänge deuten darauf hin, daß sich in ψ eine Organisation gebildet hat, deren Vorhandensein Abläufe stört, die sich zum ersten Mal in bestimmter Weise vollzogen haben. Diese Organisation heißt das ›Ich‹ und kann leicht dargestellt werden durch die Erwägung, daß die regelmäßig wiederholte Aufnahme endogener Quantitäten in bestimmte Neuronen (des Kernes) und die bahnende Wirkung, die von dort ausgeht, eine Gruppe von Neuronen ergeben wird, die konstant besetzt ist, also dem durch die sekundäre Funktion erforderten *Vorratsträger* entspricht.[1] Das Ich ist also zu definieren als die Gesamtheit der jeweiligen ψ-Besetzungen, in denen sich ein bleibender von einem wechselnden Bestandteil sondert. Wie man leicht einsieht, gehören die Bahnungen zwischen ψ-Neuronen als Möglichkeiten, in nächsten Momenten dem veränderten Ich seine Ausbreitung anzuweisen, mit zum Besitz des Ich.

Während es das Bestreben dieses Ich sein muß, seine Besetzungen auf dem Wege der Befriedigung abzugeben, kann es nicht anders geschehen, als daß es die Wiederholung von Schmerzerlebnissen und Affekten beeinflußt und zwar auf folgendem Wege, der allgemein als der der *Hemmung* bezeichnet wird.

Eine Quantität ($Q\dot{\eta}$), die von irgendwoher in ein Neuron einbricht, wird sich nach der Kontaktschranke der größten Bahnung fortsetzen und eine dorthin gerichtete Strömung hervorrufen. Genauer gesprochen, es wird sich der Strom Quantität ($Q\dot{\eta}$) im umgekehrten Verhältnis zum Widerstand nach den einzelnen Kontaktschranken verteilen, und wo dann eine Kontaktschranke von einem Quotient getroffen wird, der unter ihrem Widerstand liegt, da wird praktisch nichts durchpassieren. Leicht kann für jede Quantität ($Q\dot{\eta}$) im Neuron sich dieses Verhältnis anders gestalten, da dann Quotienten entstehen, die auch bei anderen Kontaktschranken die Schwelle überragen. So ist der Ablauf abhängig von Quantitäten ($Q\dot{\eta}$) und dem Verhältnis der Bahnungen. Wir haben aber den dritten mächtigen Faktor kennen gelernt. Wenn ein anstoßendes Neuron gleichzeitig besetzt ist, so wirkt dies wie eine zeitweilige Bahnung der zwischen beiden liegenden Kontaktschranken und modifiziert den Ablauf, der sich sonst nach der einen gebahnten Kontaktschranke gerichtet hätte. Eine *Seitenbesetzung* ist also eine *Hemmung für den Quantitätsablauf* (Qή).

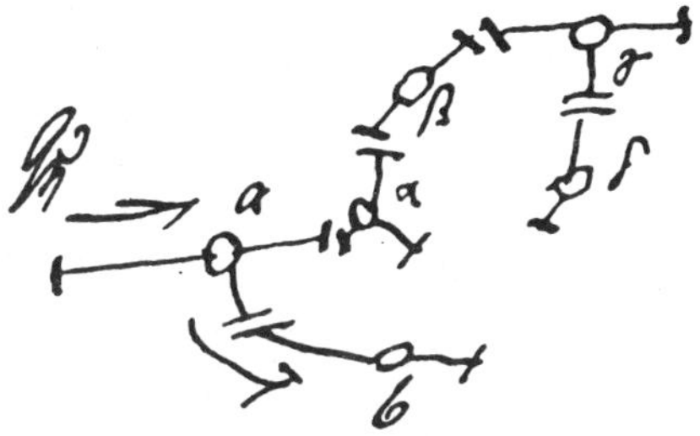

Stellen wir uns das Ich als ein Netz besetzter, gegeneinander gut gebahnter Neuronen vor, etwa so: So wird eine Quantität (Qή), die von außen (φ) her in *a* eindringt und unbeeinflußt nach dem Neuron *b* gegangen wäre, durch die Seitenbesetzung in a, α, so beeinflußt, daß sie nur einen Quotient nach *b* abgibt, eventuell gar nicht nach *b* gelangt. Wenn also ein Ich existiert, muß es psychische Primärvorgänge *hemmen*. Solche Hemmung ist aber ein entschiedener Vorteil für ψ. Nehmen wir an, *a* sei eine feindliche Erinnerung, *b* ein Schlüssel-Neuron zur Unlust, so wird primär bei Erweckung von *a* Unlust entbunden werden, die vielleicht zwecklos wäre, es jedenfalls ihrem vollen Betrag nach ist. Bei Hemmungswirkung von α wird die Unlustentbindung sehr gering ausfallen, und dem Neuronensystem wird die Entwicklung und Abfuhr von Quantität ohne sonstigen Schaden erspart. Man kann sich nun leicht vorstellen, daß mit Hilfe eines Mechanismus, welcher das Ich auf die ankommende Neubesetzung des feindlichen Erinnerungsbildes *aufmerksam* macht, das Ich dazu gelangen kann, durch ausgiebige, nach Bedarf zu verstärkende Seitenbesetzung den Ablauf vom Erinnerungsbild zur Unlustentbindung zu hemmen. Ja, wenn man annimmt, daß die anfängliche Unlust-(Qή) Entbindung vom Ich selbst aufgenommen wird, so hat man in ihr selbst die Quelle für den Aufwand, welchen die hemmende Seitenbesetzung vom Ich erfordert.

Die primäre Abwehr ist dann um so stärker, je stärker die Unlust.

Primär- und Sekundärvorgang in ψ

Aus den bisherigen Entwicklungen folgt, daß das Ich in ψ, welches wir seinen Tendenzen nach wie das Gesamtnervensystem behandeln können, bei den unbeeinflußten Vorgängen in ψ zweimal in Hilflosigkeit und Schaden gerät. Nämlich erstens, wenn es im *Wunschzustande* die Objekt-Erinnerung neu besetzt und dann Abfuhr ergehen läßt, wo dann die Befriedigung ausbleiben muß, weil das Objekt nicht *real*, sondern nur in Phantasie-*Vorstellung* vorhanden ist. ψ ist zunächst außer Stande, diese Unterscheidung zu treffen, weil es nur nach der Folge analoger Zustände zwischen seinen Neuronen arbeiten kann. Es bedarf also von anderswoher eines Kriteriums, um *Wahrnehmung* und *Vorstellung* zu unterscheiden.[1]

Andererseits bedarf ψ eines Zeichens, um auf die Wiederbesetzung des feindlichen Erinnerungsbildes aufmerksam zu werden und der daraus folgenden Unlustentbindung durch Seitenbesetzung vorzubeugen. Wenn ψ diese Hemmung zeitig genug vornehmen kann, fällt die Unlustentbindung und damit die Abwehr geringfügig aus, im anderen Falle gibt es enorme Unlust und exzessive primäre Abwehr.

Die Wunschbesetzung wie die Unlustentbindung bei Neubesetzung der betreffenden Erinnerung können biologisch schädlich sein. Die Wunschbesetzung ist es jedesmal, wenn sie ein gewisses Maß überschreitet und so zur Abfuhr verlockt, die Unlustentbindung ist es wenigstens jedesmal, wenn die Besetzung des feindlichen Erinnerungsbildes nicht von der Außenwelt, sondern von ψ selbst aus erfolgt (durch Assoziation). Es handelt sich also auch hier um ein Zeichen, Wahrnehmung von Erinnerung (Vorstellung) zu unterscheiden.

Wahrscheinlich sind es nun die Wahrnehmungsneuronen, welche dieses Zeichen, das *Realitätszeichen*, liefern. Bei jeder äußeren Wahrnehmung entsteht eine Qualitätserregung in *W*, die aber zunächst für ψ ohne Bedeutung ist. Es muß noch hinzugefügt werden, daß die Wahrnehmungserregung zur Wahrnehmungsabfuhr führt und von dieser wie von jeder Abfuhr eine Nachricht nach ψ gelangt. *Die Abfuhrnachricht von W*(ω) *ist dann das Qualitäts- oder Realitätszeichen für* ψ.

Wird das Wunschobjekt ausgiebig besetzt, so daß es halluzinatorisch belebt wird, so erfolgt auch dasselbe Abfuhr- oder Realitätszeichen wie bei

äußerer Wahrnehmung. Für diesen Fall versagt das Kriterium. Findet aber die Wunschbesetzung unter *Hemmung* statt, wie es bei besetztem Ich möglich ist, so ist ein quantitativer Fall denkbar, daß die Wunschbesetzung, als nicht intensiv genug, kein *Qualitätszeichen* ergibt, während die äußere Wahrnehmung es ergeben würde. Für diesen Fall behält das Kriterium also seinen Wert. Der Unterschied ist nämlich, daß das *Qualitätszeichen* von außen her bei jeder Intensität der Besetzung erfolgt, von ψ her nur bei großen Intensitäten. Es ist demnach die *Ichhemmung, welche ein Kriterium zur Unterscheidung zwischen Wahrnehmung und Erinnerung ermöglicht.* Biologische Erfahrung wird dann lehren, die Abfuhr nicht eher einzuleiten, als bis das Realitätszeichen eingetroffen ist, und zu diesem Zweck die Besetzung von den erwünschten Erinnerungen nicht über ein gewisses Maß zu treiben.
Andererseits kann die Erregung der Wahrnehmungsneuronen auch dazu dienen, das ψ-System im zweiten Fall zu schützen, d. h. indem ψ auf die Tatsache einer Wahrnehmung oder das Wegbleiben derselben aufmerksam gemacht wird. Man muß zu diesem Zwecke annehmen, daß die Wahrnehmungsneuronen (ω*N*) ursprünglich in anatomischer Verbindung mit der Leitung von den einzelnen Sinnesorganen stehen und ihre Abfuhr wieder auf motorische Apparate richten, die denselben Sinnesorganen angehören. Dann wird die letztere Abfuhrnachricht (die der *reflektorischen Aufmerksamkeit*) für ψ biologisch ein Signal werden, nach denselben Richtungen Besetzungsquantität zu schicken.
Also: bei Hemmung durch besetztes Ich werden die ω Abfuhrzeichen ganz allgemein zu *Realitätszeichen*, welche ψ biologisch verwerten lernt. Befindet sich das Ich beim Auftauchen eines solchen Realitätszeichens im Zustande der Wunschspannung, so wird es die Abfuhr nach der spezifischen Aktion folgen lassen; fällt mit dem Realitätszeichen eine Unluststeigerung zusammen, so wird ψ durch geeignete große Seitenbesetzung am angezeigten Orte eine Abwehr von normaler Größe veranstalten; ist keines von beiden der Fall, so wird die Besetzung ungehindert nach den Bahnungsverhältnissen vor sich gehen dürfen. Die Wunschbesetzung bis zur Halluzination, die volle Unlustentwicklung, die vollen Abwehraufwand mit sich bringt, bezeichnen wir als *psychische Primärvorgänge*; hingegen jene Vorgänge, welche allein durch gute Besetzung des Ich er-

möglicht werden und Mäßigung der obigen darstellen, als *psychische Sekundärvorgänge*. Die Bedingung der letzteren ist, wie man sieht, eine richtige Verwertung der *Realitätszeichen*, die nur bei Ichhemmung möglich ist.[1]

Das Erkennen und reproduzierende Denken

Nachdem wir die Annahme eingeführt haben, daß beim Wunschvorgang die Ichhemmung eine gemäßigte Besetzung des gewünschten Objektes herbeiführt, welche gestattet, es als nicht real zu erkennen, dürfen wir die Analyse dieses Vorganges fortsetzen. Es können sich mehrere Fälle ereignen. Erstens: gleichzeitig mit der Wunschbesetzung des Erinnerungsbildes ist die Wahrnehmung desselben vorhanden; dann fallen die beiden Besetzungen übereinander, was biologisch nicht verwertbar ist, es entsteht aber außerdem das Realzeichen von *W* aus, nach welchem erfahrungsgemäß die Abfuhr erfolgreich ist.[2] Dieser Fall ist leicht erledigt. Zweitens: die Wunschbesetzung ist vorhanden, daneben eine Wahrnehmung, die nicht ganz, sondern nur teilweise mit ihr übereinstimmt. Es ist nämlich Zeit sich zu erinnern, daß die Wahrnehmungsbesetzungen nie Besetzungen einzelner Neurone sind, sondern stets von Komplexen. Wir haben diesen Zug bisher vernachlässigt; es ist jetzt an der Zeit, ihm Rechnung zu tragen. Die Wunschbesetzung betreffe ganz allgemein Neuron *a* + Neuron *b*, die Wahrnehmungsbesetzungen Neuron *a* + Neuron *c*. Da dies der häufigere Fall sein wird, häufiger als der der Identität, erfordert er genauere Erwägung. Die biologische Erfahrung wird auch hier lehren, daß es unsicher ist, Abfuhr einzuleiten, wenn die Realitätszeichen nicht den ganzen Komplex, sondern nur einen Teil davon bestätigen. Es wird aber jetzt ein Weg gefunden, die Ähnlichkeit zur Identität zu vervollkommnen. Der *W*-Komplex wird sich durch den Vergleich mit anderen *W*-Komplexen zerlegen in einen Bestandteil Neuron *a* eben, der sich meist gleichbleibt und in einen zweiten, Neuron *b*, der zumeist variiert. Die Sprache wird später für diese Zerlegung den Terminus *Urteil* aufstellen und die Ähnlichkeit herausfinden, die zwischen dem Kern des Ich und dem konstanten Wahrnehmungsbestandteil, den wechselnden Besetzungen im Mantel und dem inkonstanten Bestandteil tatsächlich vorliegt; wird Neuron *a* das *Ding* und Neuron *b* dessen Tätigkeit oder Eigenschaft, kurz dessen *Prädikat* benennen.

Das *Urteilen* ist also ein ψ-Vorgang, welchen erst die Ichhemmung ermöglicht, und der durch die Unähnlichkeit zwischen der *Wunschbesetzung* einer Erinnerung und einer ihr ähnlichen Wahrnehmungsbesetzung hervorgerufen wird. Man kann davon ausgehen, daß das Zusammenfallen beider Besetzungen zum biologischen Signal wird, den Denkakt zu beenden und Abfuhr eintreten zu lassen. Das Auseinanderfallen gibt den Anstoß zur Denkarbeit, die wieder mit dem Zusammenfallen beendet wird.

Man kann den Vorgang weiter analysieren: Wenn Neuron *a* zusammenfällt, Neuron *c* aber anstatt Neuron *b* wahrgenommen wird, so folgt die Icharbeit den Verbindungen dieses Neuron *c* und läßt durch Strömung von Quantiät längs dieser Verbindungen neue Besetzungen auftauchen, bis sich ein Zugang zu dem fehlenden Neuron *b* findet. In der Regel ergibt sich ein Bewegungsbild, welches zwischen Neuron *c* und Neuron *b* eingeschaltet ist und mit der Neubelebung dieses Bildes durch eine wirklich ausgeführte Bewegung ist die Wahrnehmung von Neuron *b* und damit die gesuchte Identität hergestellt. Z. B. das gewünschte Erinnerungsbild sei das Bild der Mutterbrust und ihrer Warze in Vollansicht, die erste Wahrnehmung sei eine Seitenansicht desselben Objektes ohne die Warze. In der Erinnerung des Kindes befindet sich eine Erfahrung, beim Saugen zufällig gemacht, daß mit einer bestimmten Kopfbewegung das Vollbild sich in das Seitenbild verwandelt. Das nun gesehene Seitenbild führt auf die Kopfbewegung, ein Versuch zeigt, daß ihr Gegenstück ausgeführt werden muß, und die Wahrnehmung der Vollansicht ist gewonnen.

Hierin ist noch wenig vom Urteil, allein es ist ein Beispiel von der Möglichkeit, durch Reproduktion von Besetzungen auf eine Aktion zu kommen, welche bereits zum akzidentellen Schenkel der spezifischen Aktion gehört.

Es ist kein Zweifel, daß es Quantität (*Q*ἠ) aus dem besetzten Ich ist, welche diesen Wanderungen längs der gebahnten Neuronen unterliegt, und daß diese Wanderung nicht von den Bahnungen, sondern von

einem Ziel beherrscht wird. Welches ist dieses Ziel und wie wird es erreicht?
Das Ziel ist, zu dem vermißten Neuron *b* zurückzukehren und die Identitätsempfindung auszulösen, d. h. den Moment, in dem nur Neuron *b* besetzt ist, die wandernde Besetzung in Neuron *b* einmündet. Es wird erreicht durch probeweises Verschieben der Quantität auf allen Wegen und es ist klar, daß hiezu bald ein größerer bald ein geringerer Aufwand von Seitenbesetzung nötig ist, je nachdem man sich der vorhandenen Bahnungen bedienen kann, oder ihnen entgegenwirken muß. Der Kampf zwischen den festen Bahnungen und den wechselnden Besetzungen charakterisiert den Sekundärvorgang des reproduzierenden Denkens im Gegensatz zur primären Assoziationsfolge.
Was leitet auf dieser Wanderung? Daß die Wunschvorstellung der Erinnerung besetzt gehalten wird, während man von Neuron *c* die Assoziation verfolgt. Wir wissen, daß durch solche Besetzung von Neuron *b* alle seine etwaigen Verbindungen selbst gebahnter und zugänglicher werden.
Auf dieser Wanderung kann es geschehen, daß die Quantität ($Q\dot{\eta}$) auf eine Erinnerung stößt, die mit einem Schmerzerlebnis in Beziehung steht und somit Anlaß zur Unlustentbindung gibt. Da dies ein sicheres Anzeichen ist, Neuron *b* sei auf diesem Weg nicht zu erreichen, lenkt sich der Strom sofort von der betreffenden Besetzung ab. Die Unlustbahnen behalten aber ihren hohen Wert, um den Reproduktionsstrom zu dirigieren.

Das Erinnern und das Urteilen

Das reproduzierende Denken hat also einen praktischen Zweck und ein biologisch festgestelltes Ende, nämlich eine von der überschüssigen Wahrnehmung aus wandernde Quantität ($Q\dot{\eta}$) auf die vermißte Neuronenbesetzung zurückzuführen. Dann ist Identität und Abfuhrrecht erreicht, wenn noch das Realitätszeichen von Neuron *b* auftritt. Es kann aber der Vorgang sich vom letzteren Ziel unabhängig machen und nur die Identität anstreben. Dann hat man einen reinen Denkakt vor sich, der aber in jedem Falle später praktisch verwertbar gemacht werden kann. Auch benimmt sich das besetzte Ich dabei in völlig gleicher Weise.

Wir folgen einer dritten Möglichkeit, die sich im Wunschzustande ereignen kann, daß nämlich bei vorhandener Wunschbesetzung eine auftauchende Wahrnehmung gar nicht mit dem gewünschten Erinnerungsbild (*Er* +) zusammenfällt. Dann entsteht ein Interesse, dieses Wahrnehmungsbild zu *erkennen*, um eventuell doch von ihm einen Weg zu *Er* + zu finden. Es ist anzunehmen, daß zu diesem Zwecke die Wahrnehmung auch vom Ich aus überbesetzt wird, wie im vorigen Falle bloß der Bestandteil Neuron *c*. Wenn die Wahrnehmung nicht absolut neu ist, wird sie jetzt an die Erinnerung einer Wahrnehmung *erinnern*, diese *wachrufen*, mit welcher sie wenigstens teilweise zusammenfällt. An diesem Erinnerungsbild wiederholt sich nun der Denkvorgang von vorhin, nur gewissermaßen ohne das *Ziel*, welches die besetzte Wunschvorstellung vorhin bot.

Soweit die Besetzungen übereinander fallen, geben sie keinen Anlaß zur Denkarbeit. Die auseinanderfallenden Anteile dagegen ›erwecken das Interesse‹ und können zu zweierlei Weisen von Denkarbeit Anlaß geben. Entweder richtet sich der Strom auf die *geweckten* Erinnerungen und setzt eine ziellose Erinnerungsarbeit in Gang, die also durch die Verschiedenheiten, nicht durch die Ähnlichkeiten bewegt wird, oder er verbleibt in den neu aufgetauchten Bestandteilen und stellt dann eine ebenfalls ziellose *Urteilsarbeit* dar.

Nehmen wir an, das Objekt, welches die Wahrnehmung liefert, sei dem Subjekt ähnlich, ein *Nebenmensch*. Das theoretische Interesse erklärt sich dann auch dadurch, daß ein *solches* Objekt gleichzeitig das erste Befriedigungsobjekt, im ferneren das erste feindliche Objekt ist, wie die einzig helfende Macht. Am Nebenmenschen lernt darum der Mensch erkennen. Dann werden die Wahrnehmungskomplexe, die von diesem Nebenmenschen ausgehen, zum Teil neu und unvergleichbar sein, seine *Züge*, etwa auf visuellem Gebiet; andere visuelle Wahrnehmungen, z. B. die seiner Handbewegungen, aber werden im Subjekt über die Erinnerung eigener ganz ähnlicher visueller Eindrücke vom eigenen Körper fallen, mit denen die Erinnerungen von selbst erlebten Bewegungen in Assoziation stehen. Noch andere Wahrnehmungen des Objektes, z. B. wenn es schreit, werden die Erinnerung an eigenes Schreien und damit an eigene Schmerzerlebnisse wecken. Und so sondert sich der Komplex des Nebenmenschen in 2 Bestandteile, von denen der eine durch konstantes Gefüge imponiert, als *Ding* beisammenbleibt, während der andere durch Erinnerungsarbeit *verstanden*, d. h. auf eine Nachricht vom eigenen Körper zurückgeführt werden kann.[1] Diese Zerlegung eines Wahrnehmungskomplexes heißt ihn *erkennen*, enthält ein *Urteil* und findet mit dem letzterreichten Ziel ein Ende. Das Urteil ist, wie man sieht, keine Primärfunktion, sondern setzt die Besetzung des disparaten Anteiles vom Ich aus voraus; es hat zunächst keinen praktischen Zweck, und es scheint, daß beim Urteilen die Besetzung der disparaten Bestandteile abgeführt wird, da sich so erklären würde, warum sich die Tätigkeiten, ›Prädikate‹, vom Subjektkomplex durch eine lockere Bahn sondern.

Man könnte von hier aus tief in die Analyse des Urteilsaktes eingehen, allein dies führt vom Thema ab.

Begnügen wir uns damit festzuhalten, daß es das ursprüngliche Interesse an der Herstellung der Befriedigungssituation ist, welches in einem Falle das *reproduzierende Nachdenken*, im anderen Falle das *Beurteilen* als Mittel erzeugt hat, aus der real gegebenen Wahrnehmungssituation auf die gewünschte zu gelangen. Voraussetzung dabei bleibt, daß die ψ-Vorgänge nicht ungehemmt, sondern bei tätigem Ich ablaufen. Der eminent praktische Sinn aller Denkarbeit wäre aber dabei erwiesen.

Denken und Realität[2]

Ziel und Ende aller Denkvorgänge ist also die Herbeiführung eines *Identitätszustandes*, die Überführung einer von außen stammenden Besetzungsquantität (Qή) in ein vom Ich aus besetztes Neuron. Das *erkennende* oder *urteilende* Denken sucht eine Identität mit einer Körperbesetzung, das *reproduzierende* Denken mit einer eigenen psychischen Besetzung (eigenes Erlebnis) auf. Das urteilende Denken arbeitet dem reproduzierenden vor, indem es ihm fertige Bahnungen zur weiteren Assoziationswanderung bietet. Kommt nach Abschluß des Denkaktes das *Realitätszeichen zur Wahrnehmung, so ist das Realitätsurteil, der Glaube* gewonnen und das Ziel der ganzen Arbeit erreicht.

Für das Urteilen ist noch zu bemerken, daß dessen Grundlage offenbar das Vorhandensein von eigenen Körpererfahrungen, Empfindungen und Bewegungsbildern ist. Solange diese fehlen, bleibt der variable Anteil des Wahrnehmungskomplexes unverstanden, d. h. er kann reproduziert werden, gibt aber keine Richtung für weitere Denkwege. So können z. B., was in der Folge wichtig sein wird, alle sexuellen Erfahrungen keine Wirkung äußern, so lange das Individuum keine Sexualempfindung kennt, d. h. im allgemeinen bis zum Beginn der Pubertät.

Das *primäre Urteilen* scheint eine geringere Beeinflussung durch das besetzte Ich vorauszusetzen als die reproduzierenden Denkakte. Handelt es sich dabei um Verfolgung einer Assoziation durch teilweises Übereinanderfallen, der keine Modifikation angetan wird, so kommen dann auch Fälle vor, in denen der Urteilsassoziationsvorgang sich mit voller Quantität vollzieht. Wahrnehmung entspricht etwa einem Objektkern + einem Bewegungsbild. Während man *W* wahrnimmt, ahmt man die Bewegungen selbst nach, d. h. innerviert das eigene Bewegungsbild, das auf Aufeinanderfallen geweckt ist, so stark, daß die Bewegung sich vollzieht. Man kann daher von einem *Imitationswert* einer Wahrnehmung sprechen.[1] Oder die Wahrnehmung weckt das Erinnerungsbild einer eigenen Schmerzempfindung, man verspürt dann die entsprechende Unlust und wiederholt die zugehörigen Abwehrbewegungen. Dies ist der *Mitleidswert* einer Wahrnehmung.

In diesen beiden Fällen haben wir wohl den *Primärvorgang* für das Urteilen zu sehen und können annehmen, daß alles sekundäre Urteilen durch Ermäßigung dieser rein assoziativen Vorgänge zustande gekommen ist. Das Urteilen, später ein Mittel zur *Erkenntnis* des vielleicht praktisch wichtigen Objektes, ist also ursprünglich ein Assoziationsvorgang zwischen von außen kommenden und vom eigenen Körper stammenden Besetzungen, eine *Identifizierung von φ und Binnennachrichten oder Besetzungen.* Es ist vielleicht nicht unrecht zu vermuten, daß es gleichzeitig einen Weg darstellt, wie von φ kommende Quantitäten (*Q*) übergeführt und abgeführt werden können. Was wir *Dinge* nennen, sind Reste, die sich der Beurteilung entziehen.

Aus dem Urteilsbeispiel ergibt sich zuerst ein Wink für die Verschiedenheit im Quantitativen, welche zwischen Denken und Primärvorgang zu statuieren ist. Es ist berechtigt anzunehmen, daß beim *Denken* ein leiser Strom motorischer Innervation von ψ abläuft, natürlich nur dann, wenn im Verlauf ein motorisches oder Schlüssel-Neuron innerviert worden ist. Doch wäre es unrecht, diese Abfuhr für den Denkvorgang selbst zu nehmen, von dem sie nur eine unbeabsichtigte Nebenwirkung ist. Der *Denkvorgang* besteht in der Besetzung von ψ-Neuronen mit Abänderung des Bahnungszwanges durch Seitenbesetzung vom Ich aus. Es ist mechanisch verständlich, daß dabei nur ein Teil der Quantität ($Q\dot{\eta}$) den Bahnungen folgen kann und daß die Größe dieses Teils beständig durch die Besetzungen reguliert wird. Es ist aber auch klar, daß damit gleichzeitig Quantität (Q) genug erspart wird, um die Reproduktion überhaupt nutzbringend zu machen. Im anderen Falle würde *alle* Quantität ($Q\dot{\eta}$), die am Schlusse zur Abfuhr nötig ist, während des Umlaufes auf den motorischen Auslaufspunkten verausgabt werden. *Der Sekundärvorgang ist also eine Wiederholung des ursprünglichen ψ-Ablaufes auf niedrigerem Niveau, mit geringeren Quantitäten.*

Noch kleinere Quantitäten ($Q\dot{\eta}$), wird man einwerfen, als sonst in ψ-Neuronen verlaufen! Wie bringt man es zustande, so kleinen Quantitäten ($Q\dot{\eta}$) die Wege zu öffnen, die doch nur für größere, als ψ in der Regel empfängt, gangbar sind? Die einzig mögliche Antwort ist, dies muß eine mechanische Folge der Seitenbesetzungen sein. Wir müssen derartige Verhältnisse erschließen, daß bei Seitenbesetzung kleine Quantitäten ($Q\dot{\eta}$) durch Bahnungen abströmen, wo sonst nur große den Durchgang gefunden hätten. Die Seitenbesetzung *bindet* gleichsam einen Betrag der durch das Neuron strömenden Quantität ($Q\dot{\eta}$).

Das Denken muß ferner einer anderen Bedingung genügen. Es darf die durch die Primärvorgänge geschaffenen Bahnungen nicht wesentlich verändern, sonst fälscht es ja die Spuren der Realität. Dieser Bedingung genügt die Bemerkung, daß Bahnung wahrscheinlich der Erfolg einmaliger großer Quantität ist, und daß Besetzung, im Moment sehr mächtig, doch keinen vergleichbar dauernden Effekt hinterläßt. Die kleinen beim Denken passierenden Quantitäten (Q) kommen im allgemeinen gegen die Bahnungen nicht auf.

Es ist aber unzweifelhaft, daß der Denkvorgang doch dauernde Spuren hinterläßt, da ein zweites Überdenken soviel weniger Aufwand fordert als ein erstes. Um die Realität nicht zu fälschen, bedarf es also besonderer Spuren, Anzeichen für die Denkvorgänge, die ein Denkgedächtnis konstituieren, welches sich bisher nicht formen läßt. Wir werden später hören, durch welche Mittel die Spuren der Denkvorgänge von denen der Realität geschieden werden.

Primärvorgänge – Schlaf und Traum

Nun taucht die Frage auf, aus welchen quantitativen Mitteln wird dann der ψ-*Primärvorgang* bestritten? Beim Schmerzerlebnis ist es offenbar die von außen einbrechende Quantität (*Q*), beim *Affekt* die durch Bahnung entbundene endogene Quantität; beim Sekundärvorgang des *reproduzierenden Denkens* kann offenbar auf Neuron *c* eine größere oder geringere Quantität (*Q*ή) aus dem Ich übertragen werden, die man als *Denkinteresse* bezeichnen darf, und die dem *Affektinteresse* proportional ist, wo ein solches entstehen konnte. Es fragt sich nur, gibt es ψ-Vorgänge primärer Natur, für welche die aus φ mitgebrachte Quantität (*Q*ή) hinreicht oder kommt zur φ-Besetzung einer Wahrnehmung ein ψ-Beitrag (Aufmerksamkeit) automatisch hinzu, der erst einen ψ-Vorgang ermöglicht? Diese Frage bleibe offen, ob sie nicht etwa durch Spezialanpassung an psychologische Tatsachen entschieden werden kann.

Eine wichtige Tatsache ist es, daß wir ψ-*Primärvorgänge*, wie sie in der ψ-Entwicklung biologisch allmählich unterdrückt worden sind, alltäglich während des Schlafes vor uns haben. Eine zweite Tatsache derselben Bedeutung, daß die pathologischen Mechanismen, welche die sorgfältigste Analyse bei den Psychoneurosen aufdeckt, mit den Traumvorgängen die größte Ähnlichkeit haben. Aus diesem später auszuführenden Vergleich ergeben sich die wichtigsten Schlüsse.[1]

Zunächst ist die Tatsache des Schlafes in die Theorie einzutragen. Die *wesentliche Bedingung* des Schlafes ist beim Kinde klar zu erkennen. Das Kind schläft, solange es kein Bedürfnis oder äußerer Reiz quält (Hunger und Naßkälte). Es schläft mit der Befriedigung (an der Brust) ein. Auch der Erwachsene schläft leicht post coenam et coitum. Bedingung des Schlafes ist somit *Absinken der endogenen Ladung im ψ-Kern*, welche die Sekundärfunktion überflüssig macht. Im Schlaf ist das Individuum im Idealzustand der Trägheit, des Quantitätsvorrates ($Q\dot{\eta}$) entledigt. Dieser Vorrat ist beim Erwachsenen im ›Ich‹ angesammelt; wir dürfen annehmen, daß es die Ichentladung ist, die den Schlaf bedingt und charakterisiert. Hiemit ist, wie sofort klar, die *Bedingung für psychische Primärvorgänge* gegeben.

Ob das *Ich* sich beim Erwachsenen im Schlaf vollständig entlastet, ist nicht sicher. Jedenfalls zieht es eine Unzahl seiner Besetzungen ein, die aber mit dem Erwachen sofort und mühelos hergestellt werden. Dies widerspricht keiner unserer Voraussetzungen, macht aber aufmerksam darauf, daß zwischen gut verbundenen Neuronen Strömungen anzunehmen sind, welche wie in kommunizierenden Gefäßen das gesamte Niveau betreffen, obwohl die Niveauhöhe im einzelnen Neuron nur proportional, nicht gleichförmig zu sein braucht.

Aus den Eigentümlichkeiten des Schlafes ist manches zu entnehmen, was sich nicht erraten ließe.

Der Schlaf ist ausgezeichnet durch *motorische (Willens-)*Lähmung. Der Wille ist die Abfuhr der gesamten ψ-Quantität ($Q\dot{\eta}$). Im Schlaf ist der spinale Tonus teilweise gelöst; es ist wahrscheinlich, daß die motorische φ-Abfuhr sich im Tonus äußert; andere Innervationen bestehen mitsamt ihren Erregungsquellen.

Es ist höchst interessant, daß der Schlafzustand beginnt und hervorgerufen ist mit dem Verschluß der verschließbaren Sinnesorgane. Wahrnehmungen sollen im Schlaf nicht gemacht werden, nichts stört den Schlaf mehr als Auftreten von Sinneseindrücken, Besetzung von φ her in ψ. Dies scheint darauf zu deuten, daß während des Tages den Mantelneuronen, welche Wahrnehmungen von φ her empfangen, eine beständige, wenngleich verschiebbare Besetzung entgegengeschickt wird *(Aufmerksamkeit)*, so daß sehr wohl die ψ-Primärvorgänge sich mit diesem ψ-Beitrag vollziehen können. Ob die Mantelneurone selbst bereits vorbesetzt sind oder anstoßende Kernneurone, das stehe dahin. Zieht ψ diese Mantelbesetzungen ein, so erfolgen die Wahrnehmungen auf unbesetzte Neuronen, sind gering, vielleicht nicht imstande, von Wahrnehmungen aus ein Qualitätszeichen zu geben. Wie wir vermutet haben, hört mit der Entleerung der Wahrnehmungsneurone (ω*N*) dann auch eine die Aufmerksamkeit steigernde Abfuhrinnervation auf. Auch das Rätsel des Hypnotisierens hätte *hier* anzusetzen. Auf dieser Einziehung der Aufmerksamkeitsbesetzung wird die scheinbare Unerregbarkeit der Sinnesorgane beruhen.

Durch einen automatischen Mechanismus also, das Gegenstück vom Aufmerksamkeitsmechanismus, schließt ψ die φ-Eindrücke aus, solange es selbst unbesetzt ist.

Das Merkwürdigste aber ist, daß im Schlaf ψ-Vorgänge ablaufen, die Träume, mit vielen unverstandenen Charakteren.

Die Traumanalyse[1]

Die Träume zeigen alle Übergänge zum Wachen und Vermengung mit normalen ψ-Vorgängen, doch läßt sich das eigentlich Traumhafte leicht herausklauben.

1. Die Träume *entbehren der motorischen Abfuhr*, sowie zumeist motorischer Elemente. Man ist im Traum gelähmt.

Die bequemste Erklärung dieses Charakters ist der Wegfall der spinalen Vorbesetzung durch Aufhören der φ-Abfuhr. Die motorische Erregung kann die Schranke bei unbesetzten Neuronen nicht überschreiten. In sonstigen Traumzuständen ist Bewegung nicht ausgeschlossen. Es ist nicht der wesentlichste Charakter des Traumes.

2. Die Traumverknüpfungen sind teilweise *widersinnig*, teils *schwachsinnig*, oder auch sinnlos, seltsam toll.

Der letztere Charakter erklärt sich daraus, daß im Traum der Assoziationszwang herrscht, wie wohl primär im psychischen Leben überhaupt. Zwei gleichzeitig vorhandene Besetzungen müssen, scheint es, in Verbindung gebracht werden. Ich habe komische Beispiele für das Walten dieses Zwanges im Wachen gesammelt. (Z. B. Zuhörer während des Attentates in der französischen Kammer aus der Provinz haben den Schluß gezogen, daß nach jeder guten Rede eines Deputierten als Beifallszeichen – geschossen wird.)[2]

Die beiden anderen, eigentlich identischen Charaktere beweisen, daß ein Teil der psychischen Erfahrungen vergessen ist. Tatsächlich sind ja alle die biologischen Erfahrungen vergessen, die sonst den Primärvorgang hemmen und dies wegen mangelnder Ichbesetzung. Wahrscheinlich ist die Unsinnigkeit und Unlogik des Traumes auf eben denselben Charakter zurückzuführen. Es scheinen nicht eingezogene ψ-Besetzungen zum Teil nach ihren nächsten Bahnungen, zum Teil nach den benachbarten Besetzungen sich abzugleichen. Bei vollständiger Ichentladung müßte der Schlaf traumlos sein.

3. Die Traumvorstellungen sind halluzinatorischer Art, erwecken Bewußtsein und finden Glauben.

Dies ist der bedeutsamste Schlafcharakter. Er tritt gleich beim alternierenden Einschlafen auf, man schließt die Augen und halluziniert, öffnet sie und denkt in Worten. Es gibt mehrere Erklärungen für die halluzinatorische Natur der Traumbesetzungen. Erstens könnte man annehmen, die *Strömung* von φ zur Motilität habe eine rückläufige Besetzung der φ-Neuronen gehindert von ψ aus; mit dem Aufhören dieser Strömung werde φ rückläufig besetzt und damit die Qualitätsbedingung gegeben. Dagegen spricht nur die Erwägung, daß die φ-Neuronen durch Nichtbesetzung gegen Besetzung von ψ aus geschützt sein sollen, ähnlich wie die Motilität. Es ist bezeichnend für den Schlaf, daß er das ganze Verhältnis hier umkehrt, die motorische Abfuhr von ψ aufhebt, die rückläufige nach φ ermöglicht. Man könnte geneigt sein, den großen Abfuhrstrom des Wachens, von φ zur Motilität, hier die entscheidende Rolle spielen zu lassen. Man könnte zweitens auf die Natur des Primärvorganges rekurrieren, anführen, daß die primäre Erinnerung einer Wahrnehmung stets Halluzination ist und daß erst die Ichhemmung gelehrt hat, *W* nie so zu besetzen, daß es rückläufig auf φ übertragen kann. Man könnte dabei zur Erleichterung der Annahme aufführen, daß die Leitung φ-ψ jedenfalls leichter vor sich geht als die ψ-φ, so daß selbst eine ψ-Besetzung eines Neurons, welche die Wahrnehmungsbesetzung desselben Neurons weit überschreitet, doch noch nicht rückläufig zu leiten braucht. Ferner spricht für diese Erklärung der Umstand, daß im Traum die Lebhaftigkeit der Halluzination im geraden Verhältnis steht zur Bedeutung, also zur quantitativen Besetzung der betreffenden Vorstellung. Dies weist darauf hin, daß es die Quantität (*Q*) ist, welche die Halluzination bedingt. Kommt eine Wahrnehmung von φ aus im Wachen, so wird sie durch ψ-Besetzung (Interesse) zwar deutlicher, aber nicht lebhafter, sie ändert ihren quantitativen Charakter nicht.

4. Der Zweck und Sinn der Träume (der normalen wenigstens) ist mit Sicherheit festzustellen. Sie sind *Wunscherfüllungen*,[1] also Primärvorgänge nach den Befriedigungserlebnissen, und werden nur darum nicht als solche erkannt, weil die Lustentbindung (Reproduktion von Lustabfuhrspuren) bei ihnen gering ist, weil sie überhaupt fast affektlos (ohne motorische Entbindung) verlaufen. Diese ihre Natur ist aber sehr leicht nachzuweisen. Gerade daraus möchte ich schließen, *daß die primäre Wunschbesetzung auch halluzinatorischer Natur war.*

5. Bemerkenswert ist das schlechte Gedächtnis und der geringe Schade der Träume im Vergleich mit anderen Primärvorgängen. Das erklärt sich aber leicht daraus, daß die Träume meist nach alten Bahnungen gehen, also keine Veränderung machen, daß die φ-Erlebnisse von ihnen abgehalten sind und daß sie nicht Abfuhrspuren hinterlassen wegen Motilitätslähmung.

6. Interessant ist noch, daß das *Bewußtsein* im Traum so ungestört die Qualität wie im Wachen liefert. Dies zeigt, daß Bewußtsein nicht am Ich haftet, sondern Zutat zu allen ψ-Vorgängen werden kann. Es warnt uns auch davor, etwa die Primärvorgänge mit unbewußten zu identifizieren. *Zwei für die Folge unschätzbare Winke!*

Fragt man das Bewußtsein bei erhaltenem Traumgedächtnis nach dem Trauminhalt aus, so ergibt sich, daß die Bedeutung der Träume als Wunscherfüllungen verdeckt ist durch eine Reihe von ψ-Vorgängen, die sich alle bei den Neurosen wiederfinden und deren krankhafte Natur charakterisieren.[2]

Das Traumbewußtsein

Das Bewußtsein der Traumvorstellung ist vor allem ein diskontinuierliches, es ist nicht ein ganzer Asoziationsablauf bewußt geworden, sondern nur einzelne Stationen. Dazwischen liegen unbewußte Mittelglieder, welche man mit Leichtigkeit im Wachen auffindet. Forscht man nach dem Grunde dieses Überspringens, so zeigt sich folgendes: Es sei *A* eine bewußt gewordene Traumvorstellung, sie führe zu *B*; anstatt *B* findet sich aber *C* im Bewußtsein, und zwar weil es auf dem Wege zwischen *B* und einer gleichzeitig vorhandenen *D*-Besetzung liegt.

Es ergibt sich also eine Ablenkung durch eine gleichzeitige, andersartige, selbst übrigens nicht bewußte Besetzung. Es hat sich also darum *C* dem *B* substituiert, während *B* der Gedankenverbindung, der Wunscherfüllung besser entspricht. Z. B. O. hat der Irma eine Injektion von *Propyl* gemacht, dann sehe ich vor mir Trimethylamin sehr lebhaft, halluziniere als Formel. Erklärung: Der gleichzeitig vorhandene Gedanke ist die sexuelle Natur von Irmas Krankheit. Zwischen diesem Gedanken und dem Propyl gibt es eine Assoziation in der Sexualchemie, die ich mit W. Fl. besprochen habe, wobei er mir das Trimethylamin hervorgehoben. Dies wird nun bewußt durch beiderseitige Förderung.[1]

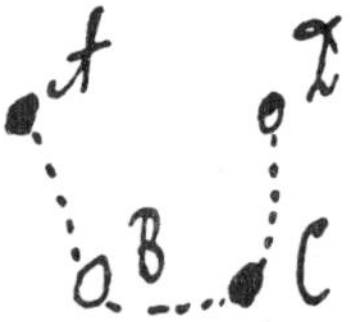

Es ist sehr rätselhaft, daß nicht auch das Mittelglied (Sexualchemie) oder die ablenkende Vorstellung (sexuelle Natur der Krankheit) bewußt wird, und es bedarf einer Erklärung hiefür. Man würde meinen, die Besetzung von *B* oder *D* sei allein nicht intensiv genug, sich zur rückläufigen Halluzination durchzusetzen, das gemeinsam besetzte *C* brächte diese zu stande. Allein im gewählten Beispiel war *D* (Sexualnatur) gewiß so intensiv wie *A* (Propylinjektion) und der Abkömmling beider, die chemische Formel, war enorm lebhaft.

Das Rätsel unbewußter Mittelglieder gilt ebenso für das wache Denken, wo ähnliche Vorkommnisse alltäglich sind. Charakteristisch für den Traum bleibt aber die *Leichtigkeit der Verschiebung der Quantität und* somit die *Ersetzung von B durch ein quantitativ bevorzugtes C.*

Ähnlich bei der Wunscherfüllung im Traum überhaupt. Es wird nicht etwa der Wunsch bewußt und dann dessen Erfüllung halluziniert, sondern nur das letztere, das Mittelglied, bleibt zu erschließen. Es ist ganz gewiß passiert worden, ohne sich qualitativ ausbilden zu können. Man sieht aber ein, daß die Besetzung der Wunschvorstellung unmöglich stärker sein kann als das dazu drängende Motiv. Der psychische Ablauf geschieht also im Traum nach der Quantität (*Q*); aber nicht die Quantität (*Q*) entscheidet über das Bewußtwerden.

Es ist aus den Traumvorgängen etwa noch zu entnehmen, daß das Bewußtsein während eines Quantitätsablaufes ($Q\dot{\eta}$) entsteht, d. h. nicht durch eine konstante Besetzung geweckt wird. Ferner sollte man auf die Vermutung geraten, daß eine intensive Quantitätsströmung der Entstehung des Bewußtseins nicht günstig ist, da sich dies an den Erfolg der Bewegung, gewissermaßen an ein ruhigeres Verweilen der Besetzung anschließt. Es ist schwer, zwischen diesen einander widersprechenden Bestimmungen zur wirklichen Bedingtheit des Bewußtseins durchzudringen. Auch wird man dazu die Verhältnisse berücksichtigen müssen, unter denen Bewußtsein im Sekundärvorgang entsteht.

Vielleicht erklärt sich die vorhin angegebene Eigentümlichkeit des Traumbewußtseins daraus, daß ein Rückströmen von Quantität ($Q\dot{\eta}$) nach φ mit einer energischen Strömung nach ψ-Assoziationsbahnen unverträglich ist. Für die φ-Bewußtseinsvorgänge scheinen andere Bedingungen zu gelten.

25. Sept. 95.

II. Teil PSYCHOPATHOLOGIE

Der erste Teil dieses Entwurfes enthielt, was sich aus den Grundannahmen gewissermaßen a priori ableiten ließ, gemodelt und korrigiert nach einzelnen tatsächlichen Erfahrungen. Dieser II. Teil sucht aus der Analyse pathologischer Vorgänge fernere Bestimmungen des auf die Grundannahmen fundierten Systems zu erraten; ein dritter soll aus beiden vorhergehenden die Charaktere des normalen psychischen Ablaufs aufbauen.

PSYCHOPATHOLOGIE DER HYSTERIE

Der hysterische Zwang

Ich beginne von Dingen, die sich bei der Hysterie finden, ohne daß sie ihr einzig eigen sein müssen. – Jedem Beobachter der Hysterie fällt zunächst auf, daß die Hysterien einem *Zwang* unterliegen, der von *überstarken* Vorstellungen ausgeübt wird. Es taucht etwa eine Vorstellung besonders häufig im Bewußtsein auf, ohne daß der Ablauf es rechtfertigen würde; oder es ist die Erweckung dieser Neurone von psychischen Folgen begleitet, die sich nicht verstehen lassen. Mit dem Auftauchen der überstarken Vorstellung sind Folgen verbunden, die einerseits nicht zu unterdrücken, andererseits nicht zu verstehen sind, Affektentbindungen, motorische Innervationen, Verhinderungen. Dem Individuum geht die Einsicht in das Auffällige des Sachverhaltes keineswegs ab.

Überstarke Vorstellungen gibt es auch normalerweise. Sie verleihen dem Ich seine Besonderheit. Wir wundern uns nicht über sie, wenn wir ihre genetische Entwicklung (Erziehung, Erfahrungen) und ihre Motive kennen. Wir sind gewohnt, in solchen überstarken Vorstellungen das Ergebnis großer und berechtigter Motive zu sehen. Die hysterischen *über-*

starken Vorstellungen fallen uns dagegen durch ihre Sonderbarkeit auf, es sind Vorstellungen, die bei anderen folgenlos sind und von deren Würdigkeit wir nichts verstehen. Sie erscheinen uns als Emporkömmlinge, Usurpatoren, daher als lächerlich.

Der *hysterische Zwang* ist also 1. unverständlich, 2. durch Denkarbeit unlöslich, 3. in seinem Gefüge *inkongruent*.

Es gibt einen *einfachen neurotischen* Zwang, den man mit dem hysterischen in Kontrast bringen darf, z. B.: Ein Mann ist aus einem Wagen gestürzt, dabei in Gefahr geraten und kann seither nicht mehr in einem Wagen fahren. Dieser Zwang ist (1) verständlich, denn wir kennen seine Herkunft, (3) kongruent, denn die Assoziation mit Gefahr rechtfertigt die Verknüpfung des Wagenfahrens mit Furcht. Er ist aber auch durch Denkarbeit nicht löslich. Letzterer Charakter ist nicht ganz pathologisch zu heißen, auch unsere normalen, überstarken Ideen sind oft unlöslich. Man würde den neurotischen Zwang für gar nicht pathologisch halten, wenn die Erfahrung nicht zeigte, daß ein solcher beim gesunden Menschen nur kurz nach der Veranlassung fortbesteht, dann mit der Zeit zerfällt. Die Fortdauer des Zwanges ist also pathologisch und weist auf eine *einfache Neurose* hin.

Nun ergeben unsere Analysen, daß der hysterische Zwang sofort *gelöst* ist, wenn er *aufgeklärt* (verständlich gemacht) ist. Diese beiden Charaktere sind also im Wesen eines. Bei der Analyse erfährt man auch den Vorgang, durch welchen der Anschein von Absurdität und *Inkongruenz* zustande gekommen ist. Das Resultat der Analyse ist allgemein ausgedrückt folgendes:

Vor der Analyse ist *A* eine überstarke Vorstellung, die sich zu oft ins Bewußtsein drängt, jedesmal Weinen hervorruft. Das Individuum weiß nicht, warum es bei *A* weint, findet es absurd, kann es aber nicht hindern.

Nach der Analyse hat sich gefunden, daß es eine Vorstellung *B* gibt, die mit Recht Weinen hervorruft, die mit Recht sich oft wiederholt, so lange nicht eine gewisse komplizierte psychische Leistung gegen sie vom Individuum vollbracht ist. Die Wirkung von *B* ist nicht absurd, ist dem Individuum verständlich, kann selbst von ihm bekämpft werden.

B steht zu *A* in einem bestimmten Verhältnis.

Es hat nämlich ein Erlebnis gegeben, welches aus $B + A$ bestand. *A* war ein Nebenumstand, *B* war geeignet, jene bleibende Wirkung zu tun. Die Reproduktion dieses Ereignisses in der Erinnerung hat sich nun so gestaltet, als ob *A* an die Stelle von *B* getreten wäre. *A* ist das Substitut, das *Symbol* für *B* geworden.[1] Daher die Inkongruenz, *A* ist von Folgen begleitet, deren es nicht würdig scheint, die nicht zu ihm passen.

Symbolbildungen kommen auch normalerweise vor. Der Soldat opfert sich für einen mehrfarbigen Fetzen auf einer Stange, weil dieser zum Symbol des Vaterlandes geworden ist und niemand findet dies neurotisch.

Das hysterische *Symbol* benimmt sich aber anders. Der Ritter, der sich für den Handschuh der Dame schlägt, *weiß* erstens, daß der Handschuh seine Bedeutung der Dame verdankt, er ist zweitens durch die Verehrung des Handschuhes in keiner Weise gehindert, an die Dame zu denken und ihr sonst zu dienen. Der *Hysteriker,* der bei *A* weint, weiß nichts davon, daß er dies wegen der Assoziation $A - B$ tut und *B* selbst spielt in seinem psychischen Leben gar keine Rolle. Das Symbol hat sich hier dem *Ding* vollkommen substituiert.

Diese Behauptung ist im strengsten Sinne richtig. Man überzeugt sich, daß bei allen Erweckungen von außen und aus der Assoziation her, die eigentlich *B* besetzen sollten, anstatt dessen *A* ins Bewußtsein tritt. Ja, man kann aus den Anlässen, die – merkwürdigerweise – *A* erwecken, auf die Natur von *B* schließen.

Man kann den Sachverhalt zusammenfassen, *A* ist zwangsartig, *B* ist verdrängt (wenigstens aus dem Bewußtsein).

Die Analyse hat das überraschende Resultat ergeben, daß jedem *Zwang* eine *Verdrängung* entspricht, jedem übermäßigen Eindrängen ins Bewußtsein eine Amnesie.

Der Terminus ›überstark‹ weist auf quantitative Charaktere hin; es liegt nahe anzunehmen, daß die *Verdrängung* den quantitativen Sinn einer Entblößung von Quantität (*Q*) hat, und daß die Summe von beiden dem normalen gleich wäre. Dann hat sich nur die Verteilung geändert. Dem *A* ist etwas zugelegt worden, was dem *B* entzogen wurde. Der pathologische Vorgang ist der einer *Verschiebung,* wie wir sie im Traume kennen gelernt haben, also ein Primärvorgang.

Nun entstehen mehrere inhaltsvolle Fragen. Unter welchen Bedingungen kommt es zu einer solchen pathologischen Symbolbildung oder (andererseits) Verdrängung? Welches ist die bewegende Kraft dabei? In welchem Zustand befinden sich die Neuronen der überstarken und die der verdrängten Vorstellung?

Es wäre da nichts zu erraten und nicht weiter zu bauen, wenn nicht die klinische Erfahrung zwei Tatsachen lehrte. Erstens die Verdrängung betrifft durchwegs Vorstellungen, die dem *Ich* einen peinlichen Affekt (Unlust) erwecken, zweitens Vorstellungen aus dem sexuellen Leben.

Man kann schon vermuten, daß es jener Unlustaffekt ist, welcher die Verdrängung durchsetzt. Wir haben ja schon eine *primäre Abwehr* angenommen, die darin besteht, daß die Denkströmung umkehrt, sobald sie auf ein Neuron stößt, dessen Besetzung Unlust entbindet.

Die Berechtigung dazu ergab sich aus 2 Erfahrungen, 1. daß diese Neuronenbesetzung gewiß nicht die gesuchte ist, wo der Denkvorgang ursprünglich die Herstellung der ψ-Befriedigungssituation bezweckte, 2. daß bei reflektorischer Beendigung eines Schmerzerlebnisses die feindliche Wahrnehmung durch eine andere ersetzt wurde.

Allein man kann sich von der Rolle des Abwehraffektes direkter überzeugen. Forscht man nach dem Zustand, in dem sich die verdrängte (Vorstellung) *B* befindet, so entdeckt man, daß diese leicht aufzufinden und ins Bewußtsein zu bringen ist. Dies ist eine Überraschung, man hätte ja meinen können, *B* sei wirklich vergessen, keine Erinnerungsspur von *B* in ψ geblieben. Nein, *B* ist ein Erinnerungsbild wie ein anderes, ist nicht verlöscht, aber wenn, wie gewöhnlich, *B* ein Besetzungskomplex ist, so erhebt sich ein ungemein großer, schwer zu besiegender *Widerstand* gegen die Denkarbeit mit *B*. Man darf ohne weiteres in diesem Widerstand gegen *B* das Maß des *Zwanges* sehen, den *A* ausübt, und darf glauben, daß man die Kraft, welche seinerzeit *B* verdrängt hat, hier neuerdings bei der Arbeit sieht. Gleichzeitig erfährt man etwas anderes. Man hat ja nur gewußt, daß *B* nicht *bewußt* werden kann, über das Verhalten von *B* zur Denkbesetzung war nichts bekannt. Nun lernt man, daß der Widerstand sich gegen jede Denkbeschäftigung mit *B* kehrt, wenn es auch schon teilweise bewußt gemacht ist. Man darf also anstatt vom Bewußtsein ausgeschlossen, einsetzen: vom *Denkvorgang ausgeschlossen.*

Es ist also ein vom *besetzten Ich* ausgehender Abwehrvorgang, der die hysterische Verdrängung und damit den hysterischen Zwang zur Folge hat. Insofern scheint sich der Vorgang von den ψ-Primärvorgängen abzusondern.

Die pathologische Abwehr

Wir sind indes weit entfernt von einer Lösung. Der Erfolg der *hysterischen Verdrängung* unterscheidet sich, wie wir wissen, sehr weitgehend von dem der normalen Abwehr, von der wir genau Bescheid wissen. Es ist ganz allgemein, daß wir es vermeiden, an das zu denken, was nur Unlust erweckt, und wir tun dies, indem wir die Gedanken auf anderes richten. Allein, wenn wir darnach erreichen, daß die unverträgliche *B*-Vorstellung selten in unserem Bewußtsein auftaucht, weil wir sie möglichst isoliert erhalten haben, so gelingt es uns doch nie an *B* so zu vergessen, daß wir nicht durch neue Wahrnehmung daran erinnert werden könnten. Nun kann solche Erweckung auch bei der Hysterie nicht verhütet werden, der Unterschied besteht nur darin, daß dann anstatt *B* immer *A* bewußt, also besetzt wird. Es ist also die *Symbolbildung* so fester Art jene Leistung, welche über die normale Abwehr hinausgeht.

Die nächste Erklärung dieser Mehrleistung wäre, daß die größere Intensität des Abwehraffektes zu beschuldigen ist. Allein die Erfahrung zeigt, daß die peinlichsten Erinnerungen, welche notwendigerweise die größte Unlust erwecken müssen (Erinnerung von Reue über schlechte Taten), nicht verdrängt und durch Symbole ersetzt werden können. Die Existenz der zweiten Bedingung für die pathologische Abwehr – die Sexualität – weist auch darauf hin, daß die Erklärung anderswo zu suchen ist.

Es ist ganz unmöglich anzunehmen, daß peinliche sexuelle Affekte an Intensität allen anderen Unlustaffekten so sehr überlegen seien. Es muß ein anderer Charakter der sexuellen Vorstellung sein, welche erklären kann, daß einzig sexuelle Vorstellungen der Verdrängung unterliegen.

Noch eine Bemerkung ist hier anzufügen. Die hysterische Verdrängung geschieht offenbar mit Hilfe der *Symbolbildung*, der *Verschiebung* auf andere Neurone. Man könnte nun meinen, das Rätsel liege nur im Mechanismus dieser Verschiebung, an der Verdrängung selbst sei nichts zu erklären. Allein wir werden bei der Analyse z. B. der Zwangsneurose hören, daß dort *Verdrängung ohne* Symbolbildung stattfindet, ja daß Verdrängung und Substitution dort zeitlich auseinanderfallen. Somit bleibt der Vorgang der *Verdrängung* als Kern des Rätsels bestehen.

Das hysterische πρῶτον ψεῦδος

Wir haben gehört, daß der hysterische Zwang von einer eigentümlichen Art der Quantitätsbewegung (Symbolbildung) herrührt, welche wahrscheinlich ein *Primärvorgang* ist, da er sich im Traum leicht erweisen läßt;[1] daß die bewegende Kraft dieses Vorganges die *Abwehr* des Ich ist, welche aber hier mehr leistet als normal. Wir brauchen eine Erklärung dafür, daß bei einem *Ichvorgang* sich Folgen einstellen, die wir nur bei Primärvorgängen gewohnt sind. Es sind da besondere psychische Bedingungen zu erwarten. Von klinischer Seite wissen wir, daß sich dies alles nur auf sexuellem Gebiet ereignet; vielleicht haben wir also die besondere psychische Bedingung aus natürlichen Charakteren der Sexualität zu erklären.

Nun gibt es auf sexuellem Gebiet allerdings eine besondere psychische Konstellation, die für unsere Absicht verwertbar sein könnte. Wir wollen sie, die aus Erfahrung bekannt ist, an einem Beispiel erörtern.[2]

Emma steht heute unter dem Zwange, daß sie nicht *allein* in einen Kaufladen gehen kann. Zur Begründung desselben eine Erinnerung, als sie 12 Jahre alt war (kurz nach Pubertät). Sie ging in einen Laden etwas einkaufen, sah die beiden Kommis, von denen ihr einer in Erinnerung ist, miteinander lachen, und lief in irgendwelchem *Schreckaffekt* davon. Dazu lassen sich Gedanken erwecken, daß die beiden über ihr Kleid gelacht und daß ihr einer sexuell gefallen habe.

Sowohl die Beziehung dieser Teilstücke als auch die Wirkung des Erlebnisses sind unverständlich. Wenn sie Unlust empfunden hat, wegen ihres Kleides ausgelacht zu werden, so hätte sich das längst korrigieren müssen, seitdem sie als Dame gekleidet ist; auch ändert es nichts an ihrer Kleidung, ob sie allein in den Laden geht oder begleitet. Daß sie nicht direkt Schutz braucht, geht daraus hervor, daß wie bei Agoraphobie schon die Begleitung eines kleinen Kindes ihr Sicherheit bringt. Ganz unvereinbar steht da, daß ihr der eine gefallen hat; auch daran würde Begleitung nichts ändern. Die erweckten Erinnerungen erklären also weder den Zwang, noch die Determinierung des Symptoms.

Weiteres Forschen deckt nun eine zweite Erinnerung auf, die im Moment der Szene I gehabt zu haben, sie bestreitet. Es ist auch durch nichts erwiesen. Als Kind von 8 Jahren ging sie zweimal in den Laden eines Greißlers allein, um Näschereien einzukaufen. Der Edle kniff sie dabei durch die Kleider in die Genitalien. Trotz der ersten Erfahrung ging sie ein zweites Mal hin. Nach dem zweiten blieb sie aus. Sie macht sich nun Vorwürfe, daß sie zum zweiten Mal hingegangen, als ob sie damit das Attentat provozieren hätte wollen. Tatsächlich ist ein Zustand des ›drükkenden bösen Gewissens‹ auf dieses Erlebnis zurückzuführen.

Wir verstehen nun Szene I (Kommis), wenn wir Szene II (Greißler) dazunehmen. Wir brauchen nur eine assoziative Verbindung zwischen beiden. Sie gibt selbst an, diese sei durch das *Lachen* gegeben. Das Lachen der Kommis habe sie an das Grinsen erinnert, mit dem der Greißler sein Attentat begleitet hatte. Nun läßt sich der Vorgang wie folgt rekonstruieren. Im Laden *lachen* die beiden Kommis, dieses Lachen ruft (unbewußt) die Erinnerung an den Greißler wach. Die Situation hat ja noch eine Ähnlichkeit, sie ist wieder im Laden allein. Mit dem Greißler wird der Kniff durch die Kleider erinnert, sie ist aber seitdem pubes geworden. Die Erinnerung weckt, was sie damals gewiß nicht konnte, eine *sexuelle Entbindung*, die sich in Angst umsetzt. Mit dieser Angst fürchtet sie, die Kommis könnten das Attentat wiederholen, und läuft davon.

Es ist ganz sichergestellt, daß hier 2 Arten von ψ-Vorgängen durcheinander gehen, daß die Erinnerung an Szene II (Greißler) in einem anderen Zustand geschah als das andere. Der Hergang läßt sich folgendermaßen darstellen:

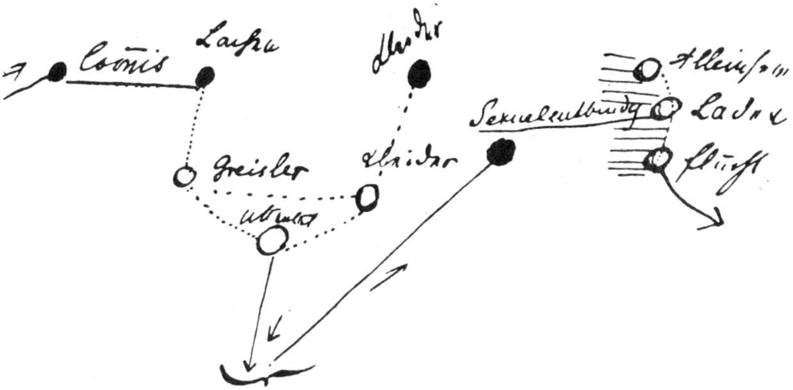

Davon sind die geschwärzten Vorstellungen (*V*) Wahrnehmungen, die auch erinnert werden. Daß die Sexualentbindung auch zum Bewußtsein kam, beweist die sonst unverständliche Idee, der lachende Kommis habe ihr gefallen. Der Schluß, nicht allein im Laden zu bleiben wegen Attentatsgefahr, ist ganz korrekt gebildet, mit Rücksicht auf alle Stücke des Assoziationsvorganges. Allein von dem (unten dargestellten) Vorgang ist nichts zum Bewußtsein gekommen als das Stück ›Kleider‹ und das mit *Bewußtsein* arbeitende Denken hat aus dem vorhandenen Material (Kommis, Lachen, Kleider, Sexualempfindung) zwei falsche Verknüpfungen gestaltet, daß sie wegen ihrer Kleider ausgelacht worden, und daß der eine Kommis ihr sexuelles Gefallen erregt hat.

Der ganze Komplex (lichtgehalten) ist im Bewußtsein vertreten durch die eine Vorstellung ›Kleider‹, offenbar die harmloseste. Es ist hier eine Verdrängung mit Symbolbildung vorgefallen. Daß der Schluß – das Symptom – dann ganz korrekt gebildet ist, so daß das Symbol keine Rolle darin spielt, ist eigentlich eine Besonderheit des Falles.

Man könnte sagen, es sei ganz gewöhnlich, daß eine Assoziation durch unbewußte Mittelglieder durchgeht, bis sie auf ein bewußtes kommt, wie es hier geschieht. Wahrscheinlich tritt dann jenes Glied ins Bewußtsein, welches ein besonderes Interesse erweckt. In unserem Beispiel ist aber gerade das bemerkenswert, daß nicht jenes Glied ins Bewußtsein tritt, welches ein Interesse weckt (Attentat), sondern ein anderes als Symbol

(Kleider). Fragt man sich, was die Ursache dieses eingeschobenen pathologischen Vorganges sein mag, so ergibt sich nur eine einzige, die *Sexualentbindung*, die auch im Bewußtsein bezeugt ist. Diese ist an die Attentatserinnerung geknüpft, allein es ist höchst bemerkenswert, daß sie an das Attentat, als es erlebt wurde, nicht geknüpft wurde. Es liegt hier der Fall vor, daß eine Erinnerung einen Affekt erweckt, den sie als Erlebnis nicht erweckt hatte, weil unterdes die Veränderung der Pubertät ein anderes Verständnis des Erinnerten ermöglicht hat.

Dieser Fall ist nun typisch für die Verdrängung bei der Hysterie. Überall findet sich, daß eine Erinnerung verdrängt wird, die nur *nachträglich* zum Trauma geworden ist. Ursache dieses Sachverhaltes ist die Verspätung der Pubertät gegen die sonstige Entwicklung des Individuums.[1]

Bedingungen des πρῶτον ψεῦδος ὑστ

Obwohl es im psychischen Leben nicht gewöhnlich vorkommt, daß eine Erinnerung einen Affekt erweckt, den sie als Erlebnis nicht mitgebracht, so ist dies doch für die sexuelle Vorstellung etwas ganz Gewöhnliches, gerade weil die Pubertätsverzögerung ein allgemeiner Charakter der Organisation ist. Jede adoleszente Person hat Erinnerungsspuren, welche erst mit dem Auftreten von sexuellen Eigenempfindungen verstanden werden können, jede sollte also den Keim zur Hysterie in sich tragen. Es bedürfte offenbar noch mitwirkender Momente, sollte diese allgemeine Nötigung sich auf die geringe Anzahl von Personen einschränken, welche wirklich hysterisch werden.

Nun weist die Analyse darauf hin, daß das Störende an einem sexuellen Trauma offenbar die Affektentbindung ist, und die Erfahrung lehrt die Hysteriker als Personen kennen, von denen man zum Teil weiß, daß sie durch mechanische und durch Gefühlsreizung *vorzeitig* sexuell erregbar geworden sind (Masturbation), und zum Teil annehmen kann, daß eine vorzeitige Sexualentbindung in ihrer Anlage liegt. Vorzeitiger *Beginn* der Sexualentbindung oder vorzeitig *stärkere* Sexualentbindung ist aber offenbar gleichwertig. Dies Moment ist auf einen quantitativen Faktor reduziert.

Worin soll nun aber die Bedeutung der *Vorzeitigkeit* in der Sexualentbindung bestehen? Es fällt hier alles Gewicht auf die Vorzeitigkeit, denn daß Sexualentbindung überhaupt zur Verdrängung Anlaß gibt, läßt sich nicht festhalten; es würde die Verdrängung wiederum zu einem Vorgang von normaler Häufigkeit machen.

Die Denkstörung durch den Affekt

Wir haben es nicht abweisen können, daß die Störung des normalen psychischen Vorganges 2 Bedingungen hatte, 1. daß die Sexualentbindung an eine Erinnerung statt an ein Erlebnis anknüpfte, 2. daß die Sexualentbindung *vorzeitig* stattfand.

Durch diese beiden Zutaten sollte eine Störung verursacht werden, welche das normale Maß überschreitet, die aber auch im Normalen vorgebildet ist.

Es ist eine ganz alltägliche Erfahrung, daß Affektentwicklung den normalen Denkablauf hemmt, und zwar in verschiedener Weise. Erstens, indem viele Denkwege vergessen werden, die sonst in Betracht kämen, also ähnlich wie im Traum; so z. B. ist es mir vorgekommen, daß ich in der Erregung einer großen Besorgnis vergessen habe, mich des seit kurzer Zeit bei mir eingeführten Telephons zu bedienen. Die rezente Bahn unterlag im Affektzustand. Die *Bahnung*, d. h. die *Anciennität* gewann die Oberhand. Mit diesem Vergessen schwindet die Auswahl, die Zweckmäßigkeit und Logik des Ablaufs ganz ähnlich wie im Traum. Zweitens, indem ohne Vergessen Wege beschritten werden, die sonst vermieden sind, insbesondere Wege zur Abfuhr, etwa Handlungen im Affekt. Schließlich nähert sich der Affektvorgang dem ungehemmten Primärvorgang an.

Hieraus ist mancherlei zu erschließen. Erstens daß bei der Affektentbindung die entbindende Vorstellung selbst eine Verstärkung gewinnt, zweitens daß die Hauptleistung des besetzten Ich in der Verhütung neuer Affektvorgänge und der Herabdrückung der alten Affektbahnungen besteht. Man kann sich das Verhältnis nur folgender Art vorstellen. Ursprünglich hat eine Wahrnehmungsbesetzung als Erbe eines Schmerz-

erlebnisses Unlust entbunden, sich durch die entbundene Quantität verstärkt und ist nun auf den zum Teil vorgebahnten Ablaufwegen zur Abfuhr vorgegangen. Auf bekannte Weise hat sich, nachdem ein besetztes Ich gebildet war, die ›Aufmerksamkeit‹ gegen neue Wahrnehmungsbesetzungen entwickelt, die nun dem Ablauf von *W* aus mit Seitenbesetzungen folgte. Dadurch ist die Unlustentbindung quantitativ eingeschränkt worden und deren Beginn war für das Ich gerade ein Signal, normale Abwehr vorzunehmen; so ist verhütet worden, daß neue Schmerzerlebnisse mit ihren Bahnungen so leicht entstehen. Je stärker doch die Unlustentbindung, desto schwieriger die Aufgabe für das Ich, das mit seinen Seitenbesetzungen doch nur den Quantitäten bis zu gewisser Grenze ein Gegengewicht bieten kann, somit einen *Primärablauf* zulassen muß.
Ferner, je größer die zum Ablauf strebende Quantität ist, desto schwieriger ist für das Ich die Denkarbeit, welche nach allen Andeutungen in einem probeweisen Verschieben von kleinen Quantitäten ($Q\dot{\eta}$) besteht.[1] Das ›Überlegen‹ ist eine zeiterfordernde Tätigkeit des Ich, die bei starken Quantitäten ($Q\dot{\eta}$) im Affektniveau nicht statthaben kann. Daher die Voreiligkeit und die dem Primärvorgang ähnliche Auswahl der Wege im Affekt.
Es handelt sich also für das Ich darum, keine Affektentbindung zuzulassen, weil es damit einen Primärvorgang zuläßt. Sein bestes Werkzeug hiefür ist der Aufmerksamkeitsmechanismus. Könnte sich eine Unlust entbindende Besetzung diesem entziehen, so käme das Ich dagegen zu spät. Nun liegt beim hysterischen proton pseudos gerade dieser Fall vor. Die Aufmerksamkeit ist auf die Wahrnehmungen eingestellt, welche sonst zur Unlustentbindung Anlaß geben. Hier ist es keine Wahrnehmung, sondern eine Erinnerungsspur, die unvermuteterweise Unlust entbindet, und das Ich erfährt davon erst zu spät; es hat einen Primärvorgang zugelassen, weil es keinen erwartete.
Allein, es kommt doch auch sonst vor, daß Erinnerungen Unlust entbinden. Gewiß, bei frischen Erinnerungen ist dies ganz normalerweise der Fall. Zunächst, wenn das Trauma (Schmerzerlebnis) kommt – die allerersten entgehen überhaupt dem Ich – zur Zeit, da es schon ein Ich gibt, geschieht eine Unlustentbindung, aber gleichzeitig ist auch das Ich tätig, Seitenbesetzungen zu schaffen. Wiederholt sich die Besetzung der Er-

innerung, so wiederholt sich auch die Unlust, allein auch die Ichbahnungen sind schon vorhanden, die Erfahrung zeigt, daß zum zweiten Male die Entbindung geringer ausfällt, bis sie mit weiterer Wiederholung auf die dem Ich genehme Intensität eines Signals einschrumpft. Es handelt sich also nur darum, daß bei der *ersten Unlustentbindung die* Ichhemmung nicht ausfällt, der Vorgang nicht als ein posthumes primäres Affekterlebnis verläuft, und gerade dies wird erfüllt, wenn wie im Fall des hysterischen proton pseudos die Erinnerung zuerst die Unlustentbindung veranlaßt.

Eine der angeführten, von der klinischen Erfahrung gelieferten Bedingungen wäre hiemit in ihrer Bedeutung gewürdigt. *Die Pubertätsverspätung ermöglicht posthume Primärvorgänge.*

III. Teil VERSUCH DIE NORMALEN Ψ-VORGÄNGE DARZUSTELLEN

5. Okt. 95.

Die sogenannten Sekundärvorgänge müssen mechanisch zu erklären sein durch die Wirkung, welche eine stetig besetzte Neuronenmasse (das Ich) auf andere mit wechselnden Besetzungen ausübt. Ich will zunächst die psychologische Darstellung solcher Vorgänge versuchen.

Habe ich einerseits das Ich, andererseits *W* (Wahrnehmungen), d. h. Besetzungen in ψ von φ (der Außenwelt her), so bedarf ich eines Mechanismus, welcher das Ich veranlaßt, den Wahrnehmungen zu folgen und sie zu beeinflussen. Ich finde ihn darin, daß eine Wahrnehmung nach meinen Voraussetzungen jedesmal ω[1] erregt, also Qualitätszeichen abgibt. Genauer gesagt, sie erregt in ω Bewußtsein (Bewußtsein einer Qualität) und die Abfuhr der ω Erregung wird eine Nachricht nach ψ liefern, welche eben das Qualitätszeichen ist. Ich stelle also die Vermutung auf, daß es diese Qualitätszeichen sind, welche ψ für die Wahrnehmung *interessieren.*

Es wäre dies der Mechanismus der psychischen, Aufmerksamkeit.[2] Seine Entstehung mechanisch (automatisch) zu erklären, fällt mir schwer. Ich glaube darum, daß er biologisch bedingt ist, d. h. übriggeblieben im Laufe der psychischen Entwicklung, weil jedes andere Verhalten von ψ durch Unlustentwicklung ausgeschlossen worden ist. Der Effekt der *psychischen Aufmerksamkeit* ist die Besetzung derselben Neurone, welche Träger der Wahrnehmungsbesetzung sind. Dieser Zustand hat ein Vorbild in dem für die ganze Entwicklung so wichtigen *Befriedigungserlebnis* und in dessen Wiederholungen, den *Begierde*-Zuständen, die sich zu *Wunsch*-Zuständen und *Erwartungs*-Zuständen entwickelt haben. Ich habe dargelegt, daß diese Zustände die *biologische Rechtfertigung* alles Denkens enthalten. Die psychische Situation ist dort folgende: Im Ich herrscht die Begierdespannung, in deren Folge die Vorstellung des geliebten Objektes (die *Wunsch*-Vorstellung) besetzt wird. Biologische Erfahrung hat gelehrt, daß diese Vorstellung nicht so stark besetzt werden darf, um mit einer Wahrnehmung verwechselt werden zu können, und daß man die Abfuhr aufschieben muß, bis von der Vorstellung her die Qualitätszeichen auftreten, als Beweis, daß die Vorstellung jetzt real, eine Wahrnehmungsbesetzung ist. Kommt eine Wahrnehmung an, die mit der Vorstellung identisch oder ähnlich ist, so findet sie ihre Neurone durch den Wunsch *vorbesetzt*, d. h. entweder schon alle besetzt oder einen Teil davon, soweit eben die Übereinstimmung geht. Die Differenz zwischen der Vorstellung und der ankommenden Wahrnehmung gibt dann den Anlaß zum Denkvorgang, der sein Ende erreicht, wenn die überschüssigen Wahrnehmungsbesetzungen auf einem gefundenen Wege in Vorstellungsbesetzungen überführt sind; dann ist *Identität* erreicht.[1]

Die *Aufmerksamkeit* besteht dann darin, die psychische Situation des Erwartungszustandes auch für solche Wahrnehmungen herzustellen, die nicht mit Wunschbesetzungen teilweise zusammenfallen. Es ist eben von Wichtigkeit geworden, allen Wahrnehmungen eine Besetzung entgegenzuschicken, da sich die gewünschten darunter befinden könnten. Die *Aufmerksamkeit* ist biologisch gerechtfertigt; es handelt sich nur darum, das Ich anzuleiten, *welche* Erwartungsbesetzung es herstellen soll, und dazu dienen die Qualitätszeichen.

Man kann den Vorgang der *psychischen Einstellung* etwa noch genauer verfolgen. Zunächst sei das Ich nicht vorbereitet. Es entstehe eine Wahrnehmungsbesetzung und darauf deren Qualitätszeichen. Die innige Bahnung zwischen beiden Nachrichten wird die Wahrnehmungsbesetzung noch steigern und nun wird die Aufmerksamkeitsbesetzung der Wahrnehmungsneuronen erfolgen. Die nächste Wahrnehmung desselben Objektes wird (nach dem zweiten Assoziationsgesetz) eine ausgiebigere Besetzung derselben Wahrnehmung zufolge haben und erst diese wird die psychisch brauchbare Wahrnehmung sein. (Schon aus diesem Stück der Darstellung ergibt sich ein höchst bedeutsamer Satz: Die Wahrnehmungsbesetzung ist das erstemal eine wenig intensive, mit geringer Quantität [*Q*], das zweitemal bei ψ-Vorbesetzung eine quantitativ größere. Nun wird an dem Urteil über die quantitativen Eigenschaften des Objektes durch die Aufmerksamkeit prinzipiell nichts geändert. Folglich kann die äußere Quantität [*Q*] der Objekte sich in ψ nicht durch psychische Quantität [*Q*ή] ausdrücken. Die psychische Quantität bedeutet etwas ganz anderes, in der Realität nicht Vertretenes und die äußere Quantität [*Q*] drückt sich wirklich in ψ durch etwas anderes aus, durch Komplexität der Besetzungen. Dadurch ist aber die äußere [*Q*] Quantität von ψ abgehalten.)

Noch befriedigender ist folgende Darstellung: Es ist ein Resultat biologischer Erfahrung, daß die ψ-Aufmerksamkeit ständig Qualitätszeichen zugewendet ist. Diese erfolgen also auf vorbesetzten Neuronen und mit genügend großer Quantität. Die so verstärkten Qualitätsnachrichten verstärken durch ihre Bahnung die Wahrnehmungsbesetzungen und das Ich hat gelernt, seine Aufmerksamkeitsbesetzungen dem Verlauf dieser Assoziationsbewegung vom Qualitätszeichen zur Wahrnehmung folgen zu lassen. Es wird dadurch geleitet, gerade die richtigen Wahrnehmungen oder deren Umgebung zu besetzen. Ja, wenn man annimmt, daß es dieselbe Quantität (*Q*ή) aus dem Ich ist, welche auf der Bahnung vom Qualitätszeichen zur Wahrnehmung hinwandert, so hat man die Aufmerksamkeitsbesetzungen sogar mechanisch (automatisch) erklärt. Die Aufmerksamkeit verläßt also die Qualitätszeichen, um sich den jetzt überbesetzten Wahrnehmungsneuronen zuzuwenden.

Nehmen wir an, aus irgendeinem Grunde versagte der Aufmerksamkeitsmechanismus, so wird die ψ-Besetzung der Wahrnehmungsneuronen ausbleiben und die dorthin gelangte Quantität (*Q*) wird nach den besten Bahnungen (rein assoziativ) sich fortpflanzen, soweit es die Verhältnisse zwischen Widerständen und Quantität der Wahrnehmungsbesetzung gestatten. Wahrscheinlich würde dieser Ablauf bald sein Ende erreichen, da die Quantität (*Q*) sich teilt und im nächsten Neuron zu klein zu weiteren Strömung wird. Der Ablauf der an der Wahrnehmung haftenden Quantitäten (*Wq*) kann unter gewissen Bedingungen nachträglich Aufmerksamkeit erregen oder auch nicht. Dann endet er unbeachtet in Besetzung irgendwelcher Nachbar-Neuronen, deren Schicksal wir nicht kennen. Dies ist ein Wahrnehmungsablauf ohne Aufmerksamkeit, wie er täglich ungezählte Male vorkommen muß.[1] Er kann nicht weit reichen, wie die Analyse des Aufmerksamkeitsvorganges zeigen wird, und daraus kann man auf die Kleinheit der an der Wahrnehmung haftenden Quantitäten (*Wq*) schließen.

Wenn aber das System *W* seine Aufmerksamkeitsbesetzung bekommen hat, kann sich mancherlei ereignen, worunter sich 2 Situationen herausheben lassen, die des *gemeinen Denkens* und die des bloß *beobachtenden Denkens.* Letzterer Fall scheint der einfachere zu sein; er entspricht etwa dem Zustande des Forschers, der eine Wahrnehmung gemacht hat und sich fragt, was bedeutet das, wohin führt das? Er geht dann so vor: (ich muß aber der Einfachheit halber jetzt der komplexen Wahrnehmungsbesetzung die eines einzelnen Neurons substituieren). Das Wahrnehmungsneuron ist überbesetzt, die aus äußerer und psychischer Quantität (*Q* und *Q*ῆ) zusammengesetzte Quantität strömt ab nach den besten Bahnungen und wird je nach Widerstand und Quantität einige Schranken überwinden und neue assoziierte Neuronen besetzen, andere Schranken nicht überwinden, weil der auf sie entfallende Quotient unter der Schwelle liegt. Es werden sicherlich jetzt mehr und entfernter liegende Neuronen besetzt als beim bloßen Assoziationsvorgang ohne Aufmerksamkeit. Endlich wird auch hier der Strom in gewissen Endbesetzungen oder in einer einzigen enden. Der Erfolg der Aufmerksamkeit wird sein, daß an Stelle der Wahrnehmung mehrere oder eine (durch Assoziation mit dem Ausgangsneuron verbundene) *Erinnerungs-Besetzungen* auftreten. Der Einfachheit halber nehmen wir an, es sei ein einziges *Erinnerungsbild.* Könnte dieses wieder von ψ aus (mit Aufmerksamkeit) besetzt werden, so würde sich das Spiel wiederholen, die Quantität (*Q*) neuerdings in Fluß geraten und auf dem Weg der besten Bahnung ein neues *Erinnerungsbild* besetzen (erwecken). Nun liegt es offenbar in der Absicht des *beobachtenden Denkens,* die vom System *W* aus führenden Wege möglichst weit kennen zu lernen; damit ist ja die Kenntnis des Wahrnehmungsobjektes zu erschöpfen. Wir merken, daß die hier beschriebene Art des Denkens zum *Erkennen* führt. Darum braucht es wieder eine ψ-Besetzung für die erreichten Erinnerungsbilder, aber auch einen Mechanismus, der solche Besetzung an die richtigen Stellen leitet. Wie sollen die ψ-Neuronen im Ich sonst wissen, wohin die Besetzung zu leiten ist? Ein Aufmerksamkeitsmechanismus wie der oben geschilderte setzt aber wieder Qualitätszeichen voraus. Entstehen diese während des Assoziationsablaufes? Nach unseren Voraussetzungen sonst nicht. Sie können aber durch eine neue Einrichtung gewonnen werden, die folgendermaßen aussieht: Qualitätszeichen kommen normalerweise nur von der

Wahrnehmung; also es handelt sich darum, aus dem Quantitätsablauf (Qή) eine Wahrnehmung zu gewinnen. Wenn an den Quantitätsablauf (Qή) eine Abfuhr geknüpft wäre (neben dem Rundlauf), so würde diese wie jede Bewegung eine Bewegungsnachricht liefern. Sind doch die Qualitätszeichen selbst nur Abfuhrnachrichten (vielleicht besprechen wir später, welcher Art). Nun kann es geschehen, daß während des Quantitätsablaufs (*Q*) auch ein motorisches Neuron besetzt wird, das dann Quantität (Qή) abführt und ein Qualitätszeichen liefert. Allein es handelt sich darum, von allen Besetzungen solche Abfuhren zu erhalten. Sie sind nicht alle motorisch, müssen also zu diesem Zweck mit motorischen Neuronen in eine sichere Bahnung gebracht werden.

Diesen Zweck erfüllt die *Sprachassoziation*. Sie besteht in der Verknüpfung der ψ-Neuronen mit Neuronen, welche den Klangvorstellungen dienen und selbst die engste Assoziation mit motorischen Sprachbildern haben. Diese Assoziationen haben vor den anderen 2 Charaktere voraus, sie sind geschlossen (wenig an Zahl) und ausschließlich. Vom Klangbild gelangt die Erregung jedenfalls zum Wortbild, von diesem zur Abfuhr. Sind also die Erinnerungsbilder derart, daß ein Teilstrom von ihnen zu den Klangbildern und motorischen Wortbildern gehen kann, so ist die Besetzung der Erinnerungsbilder mit Abfuhrnachrichten begleitet, welche Qualitätszeichen, damit auch Bewußtseinszeichen der Erinnerung sind. Wenn nun das Ich diese Wortbilder vorbesetzt wie früher die Wahrnehmungs-Abfuhrbilder, so hat es sich den Mechanismus geschaffen, der die ψ-Besetzung auf die im Quantitätsablauf auftauchenden Erinnerungen lenkt.[1] Dies ist *bewußtes, beobachtendes Denken.*

Die Sprachassoziation leistet außer der Ermöglichung des Erkennens noch etwas anderes, sehr Wichtiges. Die Bahnungen zwischen den ψ-Neuronen sind, wie wir wissen, das *›Gedächtnis‹*, die Darstellung aller Beeinflussungen, welche ψ von der Außenwelt erfahren hat. Nun merken wir, daß das Ich selbst gleichfalls Besetzungen der ψ-Neurone vornimmt und Abläufe anregt, die sicherlich auch Bahnungen als Spuren hinterlassen müssen. ψ hat nun kein Mittel, diese Folgen von Denkvorgängen von den Folgen von Wahrnehmungsvorgängen zu unterscheiden. Etwa die Wahrnehmungsvorgänge sind durch die Assoziation mit Wahrnehmungsabfuhren zu erkennen und zu reproduzieren, von den Bahnungen aber, die das Denken gemacht hat, bleibt nur das Resultat, nicht ein *Gedächtnis*. Dieselbe Denkbahnung kann durch einen intensiven oder durch zehn minder eindringliche Vorgänge entstanden sein. Diesem Mangel helfen nun die *Sprachabfuhrzeichen* ab, sie stellen die Denkvorgänge den Wahrnehmungsvorgängen gleich, verleihen ihnen eine Realität und *ermöglichen deren Gedächtnis*.

Die biologische Entwicklung dieser höchst wichtigen Assoziation verdient auch betrachtet zu werden. Die Sprachinnervation ist ursprünglich eine ventilartige Abfuhrbahn für ψ, um Quantitätsschwankungen ($Q\dot{\eta}$) zu regeln, ein Stück der Bahn zur *inneren Veränderung*, die die einzige Abfuhr darstellt, solange die *spezifische Aktion* erst zu finden ist. Diese Bahn gewinnt eine Sekundärfunktion, indem sie das hilfreiche Individuum (gewöhnlich das Wunschobjekt selbst) auf den begehrlichen und notleidenden Zustand des Kindes aufmerksam macht, und dient von nun an der *Verständigung*, wird also in die spezifische Aktion miteinbezogen. Zu Beginn der Urteilsleistung, wenn die Wahrnehmungen wegen ihrer möglichen Beziehung zum Wunschobjekt interessieren und ihre Komplexe (wie bereits geschildert) in einen unassimilierbaren Teil (das Ding) und einen dem Ich aus eigener Erfahrung bekannten (Eigenschaft, Tätigkeit) zerlegen, was man *Verstehen* heißt, ergeben sich für die Sprachäußerung zwei Verknüpfungen. Erstens finden sich Objekte – Wahrnehmungen – die einen *schreien* machen, weil sie Schmerz erregen, und es stellt sich als ungeheuer bedeutsam heraus, daß diese Assoziation eines Klanges (der auch eigene Bewegungsbilder anregt) mit einer sonst zusammengesetzten Wahrnehmung dies Objekt als *feindliches* hervorhebt und dazu dient, die Aufmerksamkeit auf die Wahrnehmung zu lenken. Wo man sonst vor Schmerz keine guten Qualitätszeichen des Objektes erhielt, dient die eigene *Schreinachricht* zur Charakteristik des Objektes. Es ist also diese Assoziation ein Mittel, die *Unlust* erregenden Erinnerungen bewußt und zum Gegenstand der Aufmerksamkeit zu machen, die erste Klasse *bewußter Erinnerungen* ist geschaffen.[1] Es braucht nun nicht viel, um die Sprache zu erfinden. Es gibt andere Objekte, die konstant gewisse Laute von sich geben, in deren Wahrnehmungskomplex also ein Klang eine Rolle spielt. Vermöge der beim Urteilen auftretenden *Imitations*-Tendenz kann man zu diesem Klangbild die Bewegungsnachricht finden. Auch diese Klasse von Erinnerungen kann nun bewußt werden. Nun erübrigt noch, daß man willkürliche Klänge zu den Wahrnehmungen hinzuassoziiert, dann werden die Erinnerungen beim Aufmerken auf die Klangabfuhrzeichen wie die Wahrnehmungen bewußt und können von ψ aus besetzt werden.

Wir haben also als charakteristisch für den Vorgang des *erkennenden* Denkens herausgefunden, daß dabei von vorne herein die Aufmerksamkeit den Denkabfuhrzeichen, den Sprachzeichen zugewendet ist. Wie bekannt, geht ja auch das sogenannte bewußte Denken mit leiser motorischer Verausgabung vor sich.[1]

Der Vorgang der Verfolgung des Quantitätsablaufes (*Q*) durch eine Assoziation kann somit unbestimmt lange fortgesetzt werden, gewöhnlich bis zu ›völlig bekannten‹ Assoziationsendgliedern. Die Fixierung dieses Weges und der Endstationen enthält dann die ›Erkenntnis‹ der etwa neuen Wahrnehmung.

Nun möchte man gerne etwas Quantitatives über diesen Erkenntnis-Denkvorgang wissen. Die Wahrnehmung ist ja hier im Vergleich zum naiven Assoziationsvorgang überbesetzt, der Vorgang selbst besteht in einer durch die Assoziation mit Qualitätszeichen geregelten Verschiebung von Quantitäten *(Qή)*; bei jeder Station wird die ψ-Besetzung erneuert und endlich entsteht von den motorischen Neuronen der Sprachbahn aus eine Abfuhr. Man fragte sich nun, geht bei diesem Vorgang viel Quantität (*Qή*) dem Ich verloren oder ist der Denkaufwand ein relativ geringer? Einen Fingerzeig für die Beantwortung gibt die Tatsache, daß die beim Denken abfließenden Sprachinnervationen offenbar sehr gering sind. Es wird nicht wirklich gesprochen, so wenig wie beim Vorstellen eines Bewegungsbildes wirklich bewegt wird. Das Vorstellen und das Bewegen sind aber nur quantitativ verschieden, wie wir aus den Versuchen über Gedankenlesen gelernt haben. Bei intensivem Denken wird wohl auch laut gesprochen. Wie kann man aber so kleine Abfuhren zustandebringen, da kleine Quantitäten doch nicht strömen können und große sich durch die motorischen Neuronen en masse abgleichen?

Es ist wahrscheinlich daß auch die Verschiebungsquantitäten nicht so groß sind beim Denkvorgang. Erstens ist der Aufwand großer Quantitäten (*Qή*) für das Ich ein möglichst einzuschränkender Verlust, die Quantität ($Q\eta$) ist ja für die anspruchsvolle spezifische Aktion bestimmt. Zweitens würde eine große Quantität ($Q\eta$) gleichzeitig mehrere Assoziationswege gehen und dem Denkbesetzen keine Zeit lassen, auch großen Aufwand verursachen. Es sollen also wohl kleine Quantitäten ($Q\eta$) beim Denkvorgang strömen. Dennoch sollen nach unserer Annahme die Wahrnehmung und Erinnerung beim Denken überbesetzt sein, stärker als bei der einfachen Wahrnehmung. Ferner gibt es ja verschiedene Intensitäten von Aufmerksamkeit, was wir nur übersetzen können, verschiedene Steigerungen der besetzenden Quantitäten ($Q\eta$). Gerade mit stärkerer Aufmerksamkeit wäre dann das beobachtende Verfolgen schwieriger, was so unzweckmäßig ist, daß man es nicht annehmen darf.

Man hat zwei scheinbar entgegengesetzte Anforderungen: Starke Besetzung und schwache Verschiebung. Will man die beiden vereinigen, so kommt man zur Annahme eines *gleichsam gebundenen Zustandes* im Neuron, *der bei hoher Besetzung doch nur eine geringe Strömung gestattet.* Man kann sich diese Annahme plausibler machen, wenn man bedenkt, daß die Strömung in einem Neuron offenbar von den es umgebenden Besetzungen beeinflußt wird. Nun ist das Ich selbst eine solche Masse von Neuronen, welche ihre Besetzung festhalten, d. h. im gebundenen Zustand sind, und dies kann wohl nur durch Einwirkung untereinander geschehen. Man kann sich also vorstellen, ein Wahrnehmungsneuron, das mit Aufmerksamkeit besetzt ist, wird dadurch gleichsam in das Ich vorübergehend aufgenommen und unterliegt jetzt derselben Quantitätsbindung wie alle Ich-Neuronen. Wird es stärker besetzt, so kann dadurch die Strömungsquantität verringert, nicht notwendig vergrößert werden. Man kann sich etwa vorstellen, daß durch diese Bindung gerade die externe Quantität (Q) zur Strömung frei bleibt, während die Aufmerksamkeitsbesetzung gebunden ist; ein Verhältnis, das natürlich nicht beständig zu sein braucht.

Durch diesen gebundenen Zustand, der hohe Besetzung mit geringer Strömung vereint, würde sich also der Denkvorgang mechanisch charakterisieren. Es sind andere Vorgänge denkbar, in denen die Strömung der Besetzung parallel läuft, Vorgänge mit ungehemmter Abfuhr.

Ich hoffe, die Annahme eines solchen gebundenen Zustandes wird sich als mechanisch haltbar herausstellen. Ich möchte die psychologischen

Folgen dieser Annahme beleuchten. Zunächst scheint die Annahme an einem inneren Widerspruch zu leiden. Wenn der Zustand darin besteht, daß bei solcher Besetzung nur kleine Quantitäten (*Q*) zur Verschiebung bleiben, wie kann er neue Neuronen einbeziehen, d. h. große Quantitäten (*Q*) in neue Neuronen wandern lassen? Und dieselbe Schwierigkeit zurückverlegt, wie hat sich überhaupt ein derart zusammengesetztes *Ich* entwickeln können?

So sind wir ganz unerwartet vor das dunkelste Problem gelangt, die Entstehung des ›Ich‹, d. h. eines Komplexes von Neuronen, die ihre Besetzung festhalten, also für kurze Zeiträume ein Komplex konstanten Niveaus sind. Die genetische Behandlung wird die lehrreichste sein. Das Ich besteht ursprünglich aus den Kern-Neuronen, welche die endogene Quantität durch Leitungen empfangen und auf dem Weg zur inneren Veränderung abführen. Das Befriedigungserlebnis hat diesem Kern eine Assoziation verschafft mit einer Wahrnehmung (dem Wunschbild) und einer Bewegungsnachricht (des reflektorischen Anteils der spezifischen Aktion). Im Wiederholungszustande der Begier, in der *Erwartung* findet die Erziehung und Entwicklung dieses anfänglichen Ich statt. Es lernt zuerst, daß es nicht die Bewegungsbilder besetzen darf, so daß Abfuhr erfolgt, solange nicht gewisse Bedingungen von Seite der Wahrnehmung erfüllt sind. Ferner lernt es, daß es die Wunschvorstellung nicht über ein gewisses Maß besetzen darf, weil es sich sonst halluzinatorisch täuschen würde. Wenn es aber diese beiden Schranken respektiert und seine Aufmerksamkeit den neuen Wahrnehmungen zuwendet, hat es Aussicht, die gesuchte Befriedigung zu erreichen. Es ist also klar, die Schranken, welche das Ich hindern, Wunschbild und Bewegungsbild über ein gewisses Maß zu besetzen, sind der Grund einer Aufspeicherung von Quantität (*Q*ή) im Ich und nötigen dieses etwa, seine Quantität (*Q*ή) bis zu gewissen Grenzen auf die von ihm erreichbaren Neuronen zu übertragen.

Die überbesetzten Kern-Neurone stoßen in erster Linie an die durch kontinuierliche Erfüllung mit Quantität (*Q*ή) durchlässig gewordenen Leitungen aus dem Inneren an und müssen als deren Fortsetzung gleichfalls erfüllt bleiben. Die Quantität in ihnen wird nach Maßgabe der auf dem Wege befindlichen Widerstände soweit abfließen, bis die nächsten Widerstände größer sind als der zur Strömung disponierte Quantitätsquotient. Dann aber ist die ganze Besetzungsmasse im Gleichgewicht, einerseits gehalten durch die beiden Schranken gegen Motilität und Wunsch, andererseits durch die Widerstände der äußersten Neurone und gegen das Innere durch den konstanten Druck der Leitung. Die Besetzung wird im Innern dieses Ichgefüges keineswegs überall gleich sein, sie muß nur proportional gleich sein, d. h. im Verhältnis zu den Bahnungen.

Wenn das Besetzungsniveau im Ichkern steigt, wird die Ichweite ihren Kreis ausdehnen können, wenn sie sinkt, wird sich das Ich konzentrisch verengern. Bei einem gewissen Niveau und einer gewissen Weite des Ich wird gegen eine Verschiebbarkeit im Besetzungsgebiet nichts einzuwenden sein.

Es fragt sich jetzt nur, wie stellen sich die beiden Schranken her, welche das konstante Niveau des Ich garantieren, besonders die gegen Bewegungsbilder, welche die Abfuhr hindert? Hier steht man an einem entscheidenden Punkt für die Auffassung der ganzen Organisation. Man kann nur sagen, als diese Schranke noch nicht bestand und mit dem Wunsch auch die motorische Entladung eintrat, wurde regelmäßig die erwartete Lust vermißt und die Fortdauer der endogenen Reizentbindung rief endlich Unlust hervor. Nur diese *Unlust*-Drohung, die sich an die vorzeitige Abfuhr geknüpft hat, kann die in Rede stehende Schranke darstellen. Im Laufe der Entwicklung hat dann die Bahnung einen Teil der Aufgabe übernommen. Es steht aber noch fest, daß die Quantität (*Qή*) im Ich die Bewegungsbilder nicht ohne weiteres besetzt, weil eine *Unlustentbindung die Folge davon* wäre.

Alles was ich einen *biologischen Erwerb* des Neuronensystems heiße, denke ich mir dargestellt durch eine solche *Unlustdrohung,* deren Wirkung darin besteht, daß jene Neuronen *nicht* besetzt werden, welche zur Unlustentbindung führen. Es ist die *primäre Abwehr,* eine verständliche Folge der ursprünglichen Tendenz des Neuronensystems. Die Unlust bleibt das einzige Erziehungsmittel. Wie die *primäre Abwehr,* die Nichtbesetzung durch Unlustdrohung, mechanisch darstellbar ist, das weiß ich freilich nicht anzugeben.

Ich gestatte mir von jetzt an, die mechanische Darstellung solcher biologischer Regeln, die auf Unlustdrohung beruhen, schuldig zu bleiben;

zufrieden, wenn ich von da aus einer anschaulichen Entwicklung treu bleiben kann. Eine zweite biologische Regel, aus dem Erwartungsvorgang abstrahiert, wird wohl sein, die Aufmerksamkeit auf die Qualitätszeichen zu richten, weil diese zu Wahrnehmungen gehören, die zur Befriedigung führen können und sich sodann von dem Qualitätszeichen zur aufgetauchten Wahrnehmung leiten zu lassen. Kurz, der Aufmerksamkeitsmechanismus wird seine Entstehung einer solchen biologischen Regel zu danken haben; er wird die Verschiebung der Ichbesetzungen regeln.[1]

Man kann jetzt einwenden, daß ein solcher Mechanismus mit Hilfe der Qualitätszeichen überflüssig ist. Das Ich könnte biologisch gelernt haben, im Erwartungszustande das Wahrnehmungsgebiet selbst zu besetzen, anstatt erst durch die Qualitätszeichen zu dieser Besetzung veranlaßt zu werden. Allein hier ist zweierlei zu sagen, um den Aufmerksamkeitsmechanismus zu rechtfertigen, 1. daß das Gebiet der Abfuhrzeichen von System *W* (ω) offenbar ein kleineres ist, weniger Neuronen umfaßt, als das der Wahrnehmung, d. h. des ganzen mit den Sinnesorganen in Beziehung stehenden Mantels von ψ, so daß das Ich außerordentlich viel Aufwand spart, wenn es anstatt der Wahrnehmung die Abfuhrzeichen besetzt hält, und 2. daß die Abfuhrzeichen oder Qualitätszeichen zunächst auch Realitätszeichen sind, welche gerade dazu dienen sollen, die realen Wahrnehmungsbesetzungen von den Wunschbesetzungen zu unterscheiden. Es ist also der Aufmerksamkeitsmechanismus nicht zu umgehen. Er besteht aber in jedem Fall darin, daß das Ich diejenigen *Neuronen besetzt,* in denen eine Besetzung bereits aufgetreten ist.

Die biologische Aufmerksamkeitsregel aber lautet für das Ich: *Wenn ein Realitätszeichen auftritt, so ist die gleichzeitig vorhandene Wahrnehmungsbesetzung überzubesetzen.*

Es ist dies die zweite biologische Regel, die erste war die *der primären Abwehr.*

Aus dem Bisherigen lassen sich auch einige allgemeine Winke für die mechanische Darstellung gewinnen wie jener erste war, daß die externe Quantität nicht durch $Q\acute{\eta}$, psychische Quantität, dargestellt sein kann. Aus der Darstellung des Ich und dessen Schwankungen folgt nämlich, daß auch die Niveauhöhe keine Beziehung zur Außenwelt hat, daß allgemeine Erniedrigung oder Erhöhung am Weltbild (normalerweise) nichts ändert. Da das Außenweltbild auf Bahnungen beruht, so heißt das, allgemeine Niveauschwankungen ändern an den Bahnungen nichts. Ein zweites Prinzip ist schon erwähnt, daß bei hohem Niveau kleine Quantitäten leichter verschiebbar sind als bei niedrigem. Es sind dies einzelne Punkte, durch die die Charakteristik der noch ganz unbekannten Neuronenbewegung zu gehen hat.

Kehren wir nun zur Beschreibung des beobachtenden oder *erkennenden* Denkvorganges zurück, der sich vom Erwartungsvorgang dadurch unterscheidet, daß die Wahrnehmungen nicht auf Wunschbesetzungen fallen. Dann wird also das Ich durch die ersten Realitätszeichen aufmerksam gemacht, welches Wahrnehmungsgebiet zu besetzen ist. Der Assoziationsablauf der mitgebrachten Quantität (*Q*) vollzieht sich über vorbesetzte Neuronen und die sich verschiebende *Q*φ (Quantität der φ-Neuronen) wird jedesmal wieder flott. Während dieses Ablaufes entstehen die Qualitätszeichen (der Sprache), denen zufolge der Assoziationsablauf bewußt und reproduzierbar wird.

Man könnte hier nun abermals die Ersprießlichkeit der Qualitätszeichen in Frage ziehen. Was sie leisten, sei ja doch nur, das Ich zu veranlassen, daß sie dort Besetzung hinschicken, wo im Ablauf eine Besetzung auftaucht. Sie bringen diese besetzenden Quantitäten (*Q*ή) aber nicht selbst, sondern höchstens einen Beitrag dazu. Dann aber kann das Ich ohne solche Unterstützung seine Besetzung längs des Quantitätsablaufes (*Q*) wandern lassen.

Das ist gewiß richtig, allein die Beachtung der Qualitätszeichen ist doch nicht überflüssig. Es ist nämlich hervorzuheben, daß die obige biologische Regel der Aufmerksamkeit aus der Wahrnehmung abstrahiert ist und zunächst nur für Realitätszeichen gilt. Die Sprachabfuhrzeichen sind in gewissem Sinne auch Realitätszeichen, Zeichen der Denkrealität, aber nicht der externen, und für sie hat sich eine solche Regel keineswegs durchgesetzt, weil konstante Unlustdrohung an deren Verletzung geknüpft wäre. Die Unlust durch Vernachlässigung der Erkenntnis ist nicht so eklatant wie die bei Ignorierung der Außenwelt, obwohl sie im Grund eines sind. Es gibt also wirklich auch einen *beobachtenden Denkvorgang*, bei dem die Qualitätszeichen nicht oder nur sporadisch erweckt werden, und der dadurch ermöglicht wird, daß das Ich automatisch mit seinen Besetzungen dem Ablauf folgt. Dieser Denkvorgang ist sogar der bei weitem häufigere, ohne abnorm zu sein, es ist unser gemeines Denken, unbewußt, mit gelegentlichen *Einfällen* ins Bewußtsein, sogenanntes bewußtes Denken mit unbewußten Mittelgliedern, die aber bewußt gemacht werden können.[1]

Doch ist der Nutzen der Qualitätszeichen für das Denken unbestreitbar. Zunächst verstärken ja die erweckten Qualitätszeichen die Besetzungen im Ablauf und sichern die automatische Aufmerksamkeit, die offenbar an das Hervortreten von Besetzung – wir wissen nicht wie – geknüpft ist. Sodann, was wichtiger erscheint, sichert die Aufmerksamkeit auf die Qualitätszeichen die Unparteilichkeit des Ablaufes. Es ist nämlich sehr schwer für das Ich, sich in die Situation des bloßen *›Forschens‹* zu versetzen. Das Ich hat fast immer Ziel- und Wunschbesetzungen, deren Bestand während des Forschens den Assoziationsablauf, wie wir hören werden, beeinflußt, also eine falsche Kenntnis von Wahrnehmungen ergibt. Es gibt nun keinen besseren Schutz gegen diese Denkfälschung, als wenn im Ich eine sonst verschiebbare Quantität ($Q\dot{\eta}$) auf eine Region gerichtet wird, die eine solche Ablenkung des Ablaufes nicht äußern (i. e. hervorrufen) kann. Solcher Auskünfte gibt es nur eine einzige, wenn nämlich die Aufmerksamkeit sich den Qualitätszeichen zuwendet, die keine Zielvorstellungen sind, deren Besetzung im Gegenteile den Assoziationsablauf stärker hervorhebt durch Beiträge zur Besetzungsquantität.

Das Denken mit Besetzung der Denkrealitätszeichen oder Sprachzeichen ist also die höchste, sicherste Form des erkennenden Denkvorganges.

Bei der unzweifelhaften Nützlichkeit einer Erweckung der Denkzeichen darf man Einrichtungen erwarten, welche diese Erweckung sichern. Die Denkzeichen entstehen ja nicht wie die Realitätszeichen spontan, ohne Dazutun von ψ. Da sagt uns die Beobachtung, daß diese Einrichtungen nicht für alle Fälle von Denkvorgängen so gelten wie für den forschenden. Bedingung der Erweckung der Denkzeichen überhaupt ist ja deren Aufmerksamkeitsbesetzung; sie entstehen dann nach dem Gesetz, daß zwischen 2 verbundenen und gleichzeitig besetzten Neuronen die Leitung begünstigt ist. Doch hat die *Lockung*, erzeugt durch die Vorbesetzung der Denkzeichen, nur eine gewisse Kraft, um gegen andere Einflüsse zu kämpfen. So wird z. B. jede außerdem in der Nähe des Ablaufes befindliche Besetzung (Zielbesetzung, Affektbesetzung) konkurrieren und den Ablauf unbewußt machen. Ebenso werden (was die Erfahrung bestätigt) größere Ablaufsquantitäten wirken, die eine größere Strömung und damit Beschleunigung des ganzen Ablaufes erzeugen. Die landläufige Behauptung »es habe sich etwas so rasch in einem vollzogen, daß man es nicht gemerkt habe«, ist wohl ganz korrekt. Auch daß der Affekt die Erweckung der Denkzeichen stören kann, ist allbekannt.

Für die mechanische Darstellung psychischer Vorgänge ergibt sich hieraus ein neuer Satz, daß der Ablauf nämlich, der durch die Niveauhöhe nicht verändert wird, durch die strömende Quantität selbst zu beeinflussen ist. *Eine große Quantität (Q) geht im allgemeinen andere Wege im Netz der Bahnungen als eine kleine.* Es scheint mir nicht schwer, dies zu illustrieren:

Es gibt für jede Schranke einen Schwellenwert, unterhalb dessen die Quantität (*Q*) überhaupt nicht passiert, geschweige denn ein Quotient von ihr; die so kleine Quantität (*Q*) wird sich noch auf 2 andere Wege verteilen, für deren *Bahnung die Quantität* (*Q*) ausreicht. Steigt nun die Quantität (*Q*), so wird der erste Weg in Betracht kommen und seine Quotienten fördern, und jetzt können auch etwa Besetzungen sich geltend machen, die jenseits der nun überwindbaren Schranke liegen. Ja, vielleicht kann noch ein anderer Faktor zur Bedeutung kommen. Man darf etwa annehmen, daß nicht alle Wege eines Neurons gleich aufnahmsfähig für die Quantität *(Q)* sind, und diese Verschiedenheit als *Wegbreite* bezeichnen. Die Wegbreite ist an sich unabhängig vom Widerstand, der ja durch Ablaufsquantität (*Abq*) zu verändern ist, während die Wegbreite konstant bleibt. Nehmen wir nun an, daß bei steigender Quantität (*Q*) ein Weg eröffnet wird, der seine Breite geltend machen kann, so sieht man die Möglichkeit ein, daß der Ablauf der Quantität (*Q*) durch die Erhöhung der strömenden Quantität (*Q*) gründlich geändert werde. Die Alltagserfahrung scheint gerade diese Folgerung nachdrücklich zu unterstützen.

Die Erweckung der Denkzeichen scheint nun an den Ablauf mit kleinen Quantitäten (*Q*) geknüpft zu sein. Damit ist nicht behauptet, daß jeder andere Ablauf auch *unbewußt* bleiben muß, denn die Erweckung der Sprachzeichen ist nicht der einzige Weg, Bewußtsein zu erwecken.

Wie kann man sich nun etwa das Denken mit unterbrochenem Bewußtwerden, die plötzlichen Einfälle, anschaulich darstellen? Unser gewöhnliches zielloses Denken, obwohl unter Vorbesetzung und automatischer Aufmerksamkeit, legt doch keinen Wert auf die Denkzeichen. Es hat sich nicht biologisch ergeben, daß diese für den Vorgang unentbehrlich sind. Sie pflegen aber doch zu entstehen, 1. wenn der glatte Ablauf zu einem Ende gekommen oder auf ein Hindernis gestoßen hat, 2. wenn er eine Vorstellung erweckt hat, die aus anderen Gründen Qualitätszeichen, d. h. Bewußtsein wachruft. Hier darf diese Erörterung abbrechen.

Es gibt offenbar andere Arten des Denkvorganges, denen nicht das uneigennützige Ziel des Erkennens, sondern ein anderes praktisches vorschwebt. Der Erwartungszustand, von dem das Denken überhaupt ausgegangen, ist ein Beispiel dieser zweiten Art des Denkens. Es wird hier eine Wunschbesetzung festgehalten und daneben eine zweite auftauchende Wahrnehmungsbesetzung unter Aufmerksamkeit verfolgt. Es ist aber dabei nicht die Absicht zu erfahren, wohin sie überhaupt führt, sondern auf welchen Wegen sie zur Belebung der unterdes festgehaltenen Wunschbesetzung führt. Diese biologisch ursprünglichere Art des Denkvorganges läßt sich leicht nach unseren Voraussetzungen darstellen. Sei $V +$ die Wunschvorstellung, die besonders besetzt gehalten wird, und W die zu verfolgende Wahrnehmung, so wird der Effekt der Aufmerksamkeitsbesetzung von W zunächst sein, daß die $Q\varphi$ nach dem bestgebahnten Neuron a abläuft; von dort würde sie abermals nach der besten Bahnung gehen und dgl. Diese Tendenz, nach der besten Bahnung zu gehen, wird aber gestört werden durch das Vorhandensein von *Seitenbesetzungen.* Wenn von a aus 3 Wege führen, ihrer Bahnung nach geordnet nach $b, c, d,$ und d liege benachbart an die Wunschbesetzung $+ V$, so kann der Erfolg der sein, daß die $Q\varphi$ trotz der Bahnungen nicht nach c und b, sondern nach d strömt, von dort nach $+ V$ und somit den Weg $W - a - d - + V$ als den gesuchten enthüllt. Es wirkt hier das von uns längst anerkannte Prinzip, daß Besetzung die Bahnung verleiten, ihr also auch entgegenwirken kann, somit Seitenbesetzung den Quantitätsablauf modifiziert. Da die Besetzungen veränderlich sind, liegt es im Belieben des

Ich, den Ablauf von *W* aus nach irgendwelcher Zielbesetzung hin zu modifizieren.

Unter Zielbesetzung ist hierbei keine gleichmäßige verstanden, wie sie bei der Aufmerksamkeit ein ganzes Gebiet trifft, sondern eine hervorhebende, über das Ichniveau hervorragende. Wahrscheinlich muß man die Annahme machen, daß bei diesem Denken mit Zielbesetzungen gleichzeitig auch Quantität von $+V$ aus wandert, so daß der Ablauf von *W* nicht nur von $+V$, sondern auch von dessen weiteren Stationen beeinflußt werden kann. Nur ist dabei der Weg $+V\ldots$ bekannt und fixiert, der Weg von *W* ... *a* ... zu suchen. Da unser Ich eigentlich immer Zielbesetzungen, oft gleichzeitig in mehrfacher Zahl unterhält, versteht sich nun sowohl die Schwierigkeit eines rein erkennenden Denkens als auch die Möglichkeit, bei dem praktischen Denken auf die allerverschiedensten Wege zu gelangen, zu verschiedenen Zeiten, unter verschiedenen Bedingungen und für verschiedene Personen.

Beim praktischen Denken kann man auch eine Würdigung der *Denkschwierigkeiten* bekommen, die man ja aus eigener Empfindung kennt. Um das frühere Beispiel aufzunehmen, daß der $Q\varphi$-Strom der Bahnung nach nach *b* und *c* abfließen würde, während *d* durch die nahe Verbindung mit der Zielbesetzung oder ihrer Folgevorstellung ausgezeichnet ist; so kann der Einfluß der Bahnung zu Gunsten von *b* ... *c* so groß sein, daß er die Anziehung $d \ldots +V$ weit überwiegt. Um doch den Ablauf nach $+V$ zu lenken, müßte die Besetzung $+V$ und seine Ausläufervorstellungen noch mehr gesteigert werden, vielleicht auch die Aufmerksamkeit auf *W* verändert, damit eine größere oder geringere Bindung und ein Strömungsniveau erreicht wird, welches dem Weg $d \ldots +V$ günstiger ist. Solcher Aufwand zur Überwindung guter Bahnungen, um die Quantität (*Q*) auf schlechter gebahnte, der Zielbesetzung aber näher gelegene Wege zu locken, entspricht der Denkschwierigkeit.

Die Rolle der Qualitätszeichen beim praktischen Denken wird sich von der beim erkennenden wenig unterscheiden. Die Qualitätszeichen sichern und fixieren den Ablauf, sind aber nicht unumgänglich für ihn erforderlich. Wenn man anstatt der einzelnen Neuronen Komplexe und anstatt der Vorstellungen Komplexe setzt, stößt man auf eine nicht mehr darstellbare Komplexität des praktischen Denkens und begreift, daß rasche Erledigung hier wünschenswert wird. Während eines solchen werden aber die Qualitätszeichen meist nicht vollständig erweckt, und deren Entwicklung dient ja dazu, den Ablauf zu verlangsamen und zu komplizieren. Wo der Ablauf von einer gewissen Wahrnehmung nach gewissen bestimmten Zielbesetzungen bereits wiederholt geschehen und durch Gedächtnisbahnungen stereotypiert ist, wird zur Erweckung der Qualitätszeichen meist kein Anlaß sein.

Das Ziel des praktischen Denkens ist die *Identität*, die Einmündung der verschobenen *Q*φ Besetzung in die unterdes festgehaltene Wunschbesetzung. Es ist rein biologisch zu nehmen, daß damit die Denknötigung aufhört und dafür die Vollinnervation der auf dem Weg berührten *Bewegungsbilder* gestattet ist, die ein unter den Umständen berechtigtes akzessorisches Stück der *spezifischen Aktion* darstellen. Da während des Ablaufes dieses Bewegungsbild nur in gebundener Weise besetzt worden und da der Denkprozeß von einer Wahrnehmung (*W*) ausgegangen ist, die dann nur als Erinnerungsbild verfolgt wurde, so kann sich der ganze Denkprozeß von dem Erwartungsvorgang und der Realität unabhängig machen und in ganz unveränderter Weise bis zur Identität fortschreiten. Er geht dann von einer bloßen *Vorstellung* aus, und führt auch nach seiner Vollendung nicht zur Handlung, hat aber *ein praktisches Wissen*, das vorkommenden realen Falles verwertbar ist, ergeben. Es erweist sich eben als zweckmäßig, den praktischen Denkvorgang nicht erst anstellen zu müssen, wenn man ihn angesichts der Realität bedarf, sondern ihn dafür vorbereitet zu halten.

Es ist nun an der Zeit, eine vorhin gemachte Aufstellung einzuschränken, nämlich daß ein Gedächtnis der Denkvorgänge nur durch die Qualitätszeichen ermöglicht sei, weil deren Spuren sich sonst von den Spuren der Wahrnehmungsbahnungen nicht unterscheiden ließen. Daran ist festzuhalten, daß das *Realgedächtnis* korrekter Weise durch alles Denken darüber nicht modifiziert werden darf. Andererseits ist unleugbar, daß das Denken über ein Thema für ein nächstes Überdenken außerordentlich bedeutsame Spuren hinterläßt, und es ist sehr fraglich, ob nur das Denken mit Qualitätszeichen und Bewußtsein dies tut. Es muß also Denkbahnungen geben und doch dürfen die ursprünglichen Assoziationsbahnen nicht verwischt werden. Da es nur einerlei Bahnungen geben kann, sollte man meinen, die beiden Folgerungen sind unvereinbar. Doch muß eine Vereinigung und Erklärung in dem Umstande zu finden sein, daß die Denkbahnungen alle erst bei hohem Niveau geschaffen worden sind, sich wahrscheinlich auch wieder bei hohem Niveau geltend machen, während die Assoziationsbahnungen, in Voll- oder Primärabläufen entstanden, wieder hervortreten, wenn die Bedingungen des ungebundenen Ablaufes hergestellt sind. Damit soll nun nicht jede mögliche Einwirkung der Denkbahnungen auf die Assoziationsbahnungen geleugnet werden.

Wir gewinnen für die unbekannte Neuronenbewegung also noch folgende Charakteristik: Das Gedächtnis besteht in den Bahnungen. Die Bahnungen werden durch Niveauhebung nicht verändert, es gibt aber Bahnungen, die nur für ein bestimmtes Niveau gelten. Die Richtung des Ablaufes wird durch Niveauänderung zunächst nicht geändert, wohl aber durch die Strömungsquantität und durch Seitenbesetzungen. Bei großem Niveau sind eher kleine Quantitäten (*Q*) verschiebbar.

Neben dem *erkennenden* und dem praktischen Denken muß ein reproduzierendes, *erinnerndes* Denken unterschieden werden, das zum Teil ins praktische eingeht, es aber nicht erschöpft. Dieses *Erinnern* ist die Vorbedingung jeder Prüfung des kritischen Denkens; es verfolgt einen gegebenen Denkvorgang in umgekehrter Richtung, etwa bis auf eine Wahrnehmung zurück, wieder unter Ziellosigkeit, zum Unterschied vom praktischen Denken, und bedient sich dabei im großen Umfange der Qualitätszeichen. Bei dieser Rückverfolgung stößt der Vorgang auf Mittelglieder, die bis dahin unbewußt waren, kein Qualitätszeichen hinterlassen haben, deren Qualitätszeichen sich aber nachträglich ergeben. Es folgt hieraus, daß der Denkablauf an und für sich ohne Qualitätszeichen Spuren hinterlassen hat. In manchen Fällen hat es hier freilich den Anschein, als ob man gewisse Wegstrecken nur erraten würde, weil deren Ausgangs- und Endpunkt durch Qualitätszeichen gegeben ist.

Die Reproduzierbarkeit der Denkvorgänge geht jedenfalls weit über ihre Qualitätszeichen hinaus; sie sind nachträglich bewußt zu machen, wenn vielleicht auch öfter das Resultat des Denkablaufes als dessen Stadien Spuren zurückgelassen hat.

Im Denkablauf können allerlei Ereignisse vorfallen, welche eine Darstellung verdienen, sei es nun *erkennendes*, *prüfendes* oder *praktisches*

Denken. Das Denken kann zur *Unlust* führen oder zum *Widerspruch*. Wir folgen dem Falle, daß praktisches Denken mit Zielbesetzungen zur Unlustentbindung führe.

Die gemeinste Erfahrung zeigt, daß dieses Ereignis ein Hindernis für den Denkvorgang ergibt. Wie kann es überhaupt zustande kommen? Wenn eine Erinnerung bei ihrer Besetzung Unlust entwickelt, so hat dies ganz allgemein seinen Grund darin, daß die entsprechende Wahrnehmung seinerzeit Unlust entwickelt hatte, also einem Schmerzerlebnis angehört. Solche Wahrnehmungen ziehen erfahrungsgemäß hohe Aufmerksamkeit auf sich, erregen aber weniger ihre eigenen Qualitätszeichen als die der Reaktion, zu welcher sie Anlaß geben; sie assoziieren sich mit den eigenen Affekt- und Abwehräußerungen. Verfolgt man das Schicksal solcher Wahrnehmungen als *Erinnerungs*-Bilder, so bemerkt man, daß die ersten Wiederholungen immer noch sowohl Affekt als auch Unlust erwecken, bis mit der Zeit solche Fähigkeit ihnen verlorengeht. Gleichzeitig vollzieht sich mit ihnen eine andere Veränderung. Sie haben anfänglich den Charakter der sinnlichen Qualitäten festgehalten; wenn sie nicht mehr affektfähig sind, verlieren sie auch diesen und werden anderen Erinnerungsbildern gleich. Stößt der Denkablauf auf ein solches noch *ungebändigtes Erinnerungs*-Bild, so entstehen dessen Qualitätszeichen, oft sinnlicher Art, Unlustempfindung und Abfuhrneigungen, deren Kombination einen bestimmten Affekt auszeichnet, und der Denkablauf ist unterbrochen.

Was geht wohl mit den affektfähigen *Erinnerungen* vor, bis sie *gebändigt* werden? Es ist nicht einzusehen, daß die ›Zeit‹, die Wiederholung, ihre Affektfähigkeit abschwächt, da dies Moment sonst gerade zur Verstärkung einer Assoziation beiträgt. Es muß wohl in der ›Zeit‹, bei den Wiederholungen etwas vor sich gehen, was diese Unterwerfung besorgt, und dies kann nichts anderes sein, als daß eine Beziehung zum Ich oder zu Ichbesetzungen Macht über die Erinnerung bekommt. Wenn dies hier länger braucht als sonst, so ist ein besonderer Grund hierfür zu finden, und zwar in der Herkunft dieser affektfähigen Erinnerung. Als Spuren von Schmerzerlebnissen sind sie (nach unserer Annahme über den Schmerz) von übergroßen $Q\varphi$ besetzt gewesen und haben eine überstarke Bahnung zur Unlust- und Affektentbindung erworben. Es braucht

besonders große und wiederholte Bindung vom Ich aus, bis dieser Bahnung zur Unlust die Waage gehalten wird.
Daß die Erinnerung so lange Zeit halluzinatorischen Charakter zeigt, fordert auch seine – für die Auffassung der Halluzination bedeutsame – Erklärung. Es liegt hier nahe, anzunehmen, daß diese Halluzinationsfähigkeit wie die Affektfähigkeit Anzeichen dafür sind, daß die Ichbesetzung noch keinen Einfluß auf die Erinnerung gewonnen hat, daß in dieser die primären Abflußrichtungen und der Voll- oder Primärvorgang überwiegen.
Wir sind genötigt, im Halluziniertwerden ein Rückströmen der Quantität (*Q*) nach φ und damit nach *W*(ω) zu sehen; ein gebundenes Neuron läßt solche Rückströmung also nicht zu. Es fragt sich noch, ob es die übergroße Besetzungsquantität der Erinnerung ist, welche das Rückströmen ermöglicht. Allein hier muß man sich erinnern, daß eine solche große Quantität (*Q*) nur das erste Mal, beim wirklichen Schmerzerlebnis, da ist. Bei der Wiederholung haben wir es nur mit einer gewöhnlich starken Besetzung von Erinnerungen zu tun, die dennoch Halluzination und Unlust durchsetzt; wir können nur annehmen, kraft einer ungewöhnlich starken Bahnung. Daraus folgt, daß die gemeine φ-Quantität wohl zur Rückströmung und zur Abfuhrerregung ausreicht, und die hemmende Wirkung der Ichbindung gewinnt an Bedeutung.
Es wird nun endlich gelingen, die Schmerz-Erinnerung so zu besetzen, daß sie keine Rückströmung äußern und nur minimale Unlust entbinden kann; sie ist dann gebändigt, und zwar durch eine so starke Denkbahnung, daß diese bleibende Wirkung äußert und bei jeder späteren Wiederholung von Erinnerung abermals hemmend wirkt. Es wird dann durch Nichtgebrauch der Weg zur Unlustentbindung allmählich seinen Widerstand vergrößern. Bahnungen sind ja dem allmählichen Verfall (Vergessen) unterworfen. Erst dann ist diese Erinnerung eine gebändigte Erinnerung wie eine andere.
Indes scheint es, daß dieser Unterwerfungsvorgang der Erinnerung eine bleibende Folge für den Denkablauf hinterläßt. Da früher jedesmal mit der Belebung der Erinnerung und Erweckung von Unlust der Denkablauf gestört wurde, ergibt sich eine Tendenz, auch jetzt den Denkablauf zu hemmen, sobald die gebändigte Erinnerung ihre Spur von Unlust

entwickelt. Diese Tendenz ist für das praktische Denken sehr gut brauchbar, denn ein Mittelglied, das zur Unlust führt, kann nicht auf dem gesuchten Weg zur Identität mit der Wunschbesetzung liegen. Es entsteht also die primäre *Denkabwehr*, welche im praktischen Denken die Unlustentbindung zum Signal nimmt, einen gewissen Weg zu verlassen, d. h. die Aufmerksamkeitsbesetzung *andershin* zu richten.[1] Wieder lenkt hier die Unlust den Strom der Quantität ($Q\acute{\eta}$) wie in der ersten biologischen Regel. Man könnte fragen, warum diese Denkabwehr sich nicht gegen die noch affektfähige Erinnerung gerichtet hat. Allein dort, dürfen wir annehmen, hat sich die zweite biologische Regel dagegen erhoben, welche Aufmerksamkeit verlangte, wo ein Realitätszeichen vorliegt, und die ungebändigte Erinnerung war noch imstande, reale Qualitätszeichen zu erzwingen. Man sieht, beide Regeln vertragen sich als zweckmäßig.
Es ist interessant zu sehen, wie das praktische Denken sich durch die biologische *Abwehr*-Regel lenken läßt. Im theoretischen (erkennenden, prüfenden) Denken wird die Regel nicht mehr beobachtet. Begreiflich, da es sich beim Zieldenken um *irgendeinen* Weg handelt und dabei die mit Unlust behafteten ausgeschieden werden können, während beim theoretischen alle Wege erkannt werden sollen.

Des Weiteren erhebt sich die Frage, wie kann auf dem Denkwege *Irrtum* entstehen? Was ist Irrtum?
Der Denkvorgang muß nun noch genauer erwogen werden. Das praktische Denken, der Ursprung, bleibt auch das Endziel aller Denkvorgänge. Alle anderen Arten sind von ihm abgespaltet. Es ist ein offenkundiger Vorteil, wenn die Denküberführung, die im praktischen Denken vorkommt, nicht erst im Erwartungszustand vor sich geht, sondern schon geschehen ist, weil 1. hiedurch Zeit für die Gestaltung der spezifischen Aktion erspart wird, 2. der Erwartungszustand dem Denkablauf gar nicht besonders günstig ist. Der Wert der Promptheit des kurzen Intervalles zwischen Wahrnehmung und Handlung ergibt sich aus der Erwägung, daß die Wahrnehmungen rasch wechseln. Hat der Denkvorgang zu lange angehalten, so ist sein Ergebnis unterdes unbrauchbar geworden. Es wird daher *›vorbedacht‹*.

Anfang der abgespaltenen Denkvorgänge ist die *Urteilsbildung*, auf welche das Ich durch einen Fund in seiner Organisation gelangt, durch das schon eingeführte teilweise Zusammenfallen der Wahrnehmungsbesetzungen mit Nachrichten vom eigenen Körper. Dadurch sondern sich die Wahrnehmungskomplexe in einen konstanten, unverstandenen Teil, das *Ding*, und einen wechselnden, verständlichen, die Eigenschaft oder Bewegung des Dinges. Indem der Dingkomplex in Verbindung mit mancherlei Eigenschaftskomplexen, diese in Verbindung mit mannigfachen Dingkomplexen wiederkehren, ergibt sich eine Möglichkeit, die Denkwege von diesen beiderlei Komplexen zum gewünschten Ding-Zustand gleichsam in allgemein giltiger Weise und abgesehen von der jeweils realen Wahrnehmung auszuarbeiten. Die Denkarbeit mit Urteilen anstatt mit einzelnen ungeordneten Wahrnehmungskomplexen ist also eine große Ersparnis. Ob die so gewonnene psychologische Einheit auch durch eine Neuroneneinheit im Denkablauf vertreten wird, und durch eine andere als die Wortvorstellung, bleibe unerörtert.

In die Urteilsschöpfung kann sich bereits der Irrtum eindrängen. Die Ding- oder Bewegungskomplexe sind nämlich nie ganz identisch, und unter den abweichenden Bestandteilen können sich solche finden, deren Vernachlässigung den Ausfall in der Realität stört. Dieser Mangel des Denkens stammt aus dem Bestreben, das wir hier ja nachahmen, dem Komplex ein einzelnes Neuron zu substituieren, wozu gerade die ungeheure Komplexität nötigt. *Das sind Urteilstäuschungen oder Fehler der Prämissen.*

Ein anderer Grund des Irrtums kann darin liegen, daß die Wahrnehmungsobjekte der Realität nicht vollständig wahrgenommen wurden, weil sie sich nicht im Sinnesbereich befanden. Das sind *Irrtümer der Ignoranz*, allen Menschen unvermeidlich. Wo diese Bedingung nicht zutrifft, kann die psychische Vorbesetzung mangelhaft sein (wegen Ablenkung des Ich von den Wahrnehmungen weg) und ungenaue Wahrnehmungen und unvollständige Denkabläufe ergeben; das sind *Irrtümer* durch *mangelnde Aufmerksamkeit.*

Nehmen wir jetzt als Material der Denkvorgänge die beurteilten und geordneten Komplexe anstatt der naiven, so ergibt sich eine Gelegenheit, den praktischen Denkvorgang selbst abzukürzen. Hat sich nämlich ergeben, daß der Weg von Wahrnehmung zur Identität mit der Wunschbesetzung über ein Bewegungsbild *M* führt, so ist biologisch gesichert, daß nach Eintreffen der Identität dieses *M* voll innerviert werde. Durch die Gleichzeitigkeit der Wahrnehmung und dieses *M* entsteht eine intensive Bahnung zwischen beiden, und ein nächstes Wahrnehmungsbild wird das *M* ohne weiteren Assoziationsablauf erwecken. Es ist dabei freilich angenommen, daß es jederzeit möglich ist, Verbindung zwischen 2 Besetzungen herzustellen. Was ursprünglich eine mühselig hergestellte Denkverbindung war, wird durch gleichzeitige Vollbesetzung dann eine kräftige Bahnung, von der es sich nur fragt, ob sie sich stets über den zuerst gefundenen Weg vollzieht oder eine direktere Verbindung begehen kann. Es scheint letzteres wahrscheinlicher, auch zweckmäßiger, weil es die Notwendigkeit erspart, Denkwege zu fixieren, die ja für die verschiedensten anderen Verbindungen frei bleiben sollen. Fällt für den Denkweg die Wiederholung weg, so ist auch keine Bahnung von ihm zu erwarten und das Resultat wird besser durch direkte Verbindung fixiert. Allerdings, woher der neue Weg stammt, bleibt dahingestellt. Hätten beide Besetzungen, *W* und *M*, eine gemeinsame Assoziation mit einem Dritten, so wäre die Aufgabe erleichtert.

Das Stück Denkablauf von der Wahrnehmung bis zur Identität durch ein *M* läßt sich auch herausheben und liefert ein ähnliches Ergebnis, wenn dann die Aufmerksamkeit das *M* fixiert und es in eine Assoziation mit den gleichfalls wieder fixierten Wahrnehmungen bringt.

Auch diese Denkbahnung wird sich dann im realen Falle wieder einstellen.

Bei dieser Denkarbeit sind Irrtümer zunächst nicht einsichtlich, wohl aber kann ein unzweckmäßiger Denkweg eingeschlagen und eine aufwandreiche Bewegung herausgehoben werden, weil die Auswahl beim praktischen Denken doch nur von den reproduzierbaren Erfahrungen abhängt.

Mit dem Zuwachs an Erinnerungen ergeben sich jedesmal neue Verschiebungswege. Es wird darum vorteilhaft gefunden, die einzelnen Wahrnehmungen vollständig zu verfolgen, um unter allen Wegen die günstigsten auszufinden, und dies ist die Arbeit des *erkennenden* Denkens, welches so als Vorbereitung zum praktischen tritt, obwohl es sich tatsächlich erst spät aus diesem entwickelt. Die Resultate derselben sind dann für mehr als eine Art von Wunschbesetzung brauchbar.

Die Irrtümer des erkennenden Denkens liegen auf der Hand, es sind die Parteilichkeit, wenn Zielbesetzungen nicht vermieden wurden, und die Unvollständigkeit, wenn nicht alle Wege begangen wurden. Es ist klar, daß es hier ein riesiger Vorteil ist, wenn gleichzeitig Qualitätszeichen erweckt wurden; bei der Eintragung dieser herausgegriffenen Denkvorgänge in den Erwartungszustand kann der Assoziationsablauf vom Anfangs- zum Endglied durch die Qualitätszeichen gehen anstatt über die ganze Denkreihe zu gehen; dabei braucht die Qualitätsreihe nicht einmal vollzählig der Denkreihe zu entsprechen.

Im theoretischen Denken spielt die Unlust keine Rolle, es ist daher auch bei gebändigter Erinnerung möglich.

Wir haben noch eine Art des Denkens zu betrachten, das kritische oder nachprüfende. Dies ist dadurch veranlaßt, daß trotz Beachtung aller Regeln der Erwartungsvorgang mit nachfolgender spezifischer Aktion anstatt zur Befriedigung zur Unlust führt. Das kritische Denken sucht ohne praktisches Ziel in Muße und unter Wachrufung aller Qualitätszeichen den ganzen Quantitätsablauf zu wiederholen, um einen *Denkfehler* oder einen *psychologischen Mangel* nachzuweisen. Es ist ein erkennendes Denken mit gegebenem Objekt, einer Denkreihe nämlich. Worin letztere bestehen können, haben wir gehört; worin bestehen aber die *logischen Fehler*?

Kurz gesagt, in der Nichtbeachtung der *biologischen Regeln* für den Denkablauf. Diese Regeln besagen, wohin sich jedesmal die Aufmerksamkeitsbesetzung zu richten und wann der Denkvorgang Halt zu machen hat. Sie sind durch Unlustdrohungen geschützt, aus Erfahrung gewonnen und lassen sich ohne weiteres in die Regeln der Logik umsetzen, was im einzelnen zu erweisen sein wird. Die intellektuelle Unlust des Widerspruches, bei der der prüfende Denkablauf Halt macht, ist also nichts anderes als die zum Schutz der biologischen Regeln aufgespeicherte, die durch den unrichtigen Denkvorgang rege gemacht wird.

Die Existenz solcher biologischer Regeln ist eben aus dem Unlustgefühl bei logischen Fehlern zu erweisen.[1]

Das Handeln können wir uns nun aber nicht anders vorstellen als die Vollbesetzung jener Bewegungsbilder, die beim Denkvorgang hervorgehoben worden sind, etwa dazu noch jener, welche (wenn Erwartungszustand war) zum willkürlichen Anteil der spezifischen Aktion gehören. Hier ist ein Verzicht auf den gebundenen Zustand, und eine Einziehung der Aufmerksamkeitsbesetzungen. Der erstere geht wohl so vor sich, daß mit dem ersten Ablauf von den motorischen Neuronen aus das Niveau im Ich unaufhaltsam sinkt. Wohl wird nicht eine komplette Entladung des Ich bei einzelnen Handlungen zu erwarten sein, sondern nur bei den Befriedigungsakten ausgiebigster Art. Die Handlung geschieht lehrreicher Weise nicht durch Inversion der Bahn, welche die Bewegungsbilder gebracht hat, sondern auf besonderen motorischen Wegen, und der Bewegungsaffekt ist darum nicht auch selbstverständlich der gewollte, wie er bei Inversion derselben Bahn sein müßte. Es muß daher während der Handlung eine neue Vergleichung der ankommenden Bewegungsnachrichten mit den vorbesetzten stattfinden und eine Erregung korrigierender Innervationen, bis Identität erreicht ist. Es wiederholt sich hier derselbe Fall, der auf der Wahrnehmungsseite stattfand, nur in geringerer Mannigfaltigkeit, größerer Raschheit und beständiger *voller* Abfuhr, was dort ohne solche geschah. Die Analogie ist aber bemerkenswert zwischen praktischem Denken und zweckmäßigem Handeln. Man ersieht daraus, daß die Bewegungsbilder *sensibel* sind. Die Eigentümlichkeit aber, daß beim Handeln neue Wege eingeschlagen werden, anstatt der soviel einfacheren Inversion, scheint zu zeigen, daß die Leitungsrichtung der Neuronenelemente eine wohl fixierte ist, ja vielleicht, daß die Neuronenbewegung hier wie dort andere Charaktere haben kann.

Die Bewegungsbilder sind Wahrnehmungen und haben als solche natürlich Qualität und erwecken Bewußtsein; man kann auch nicht bestreiten, daß sie mitunter große Aufmerksamkeit auf sich ziehen; allein ihre Qualitäten sind wenig auffällig, wahrscheinlich nicht so mannigfaltig als die der Außenwelt, und sie sind nicht mit Wortvorstellungen assoziiert, dienen zum Teil vielmehr selbst dieser Assoziation. Sie rühren aber nicht von hochorganisierten Sinnesorganen her, ihre Qualität ist wohl monoton.

Anhang

Anmerkungen

7 [1]) Manuscript I der vorliegenden Veröffentlichungen stammt aus dem Besitz von Dr. Robert Fließ, in den es beim Tod seines Vaters gelangt war und der es bei seiner Übersiedlung von Berlin nach New York, Jahre vor der Auflösung des Fließ'schen Haushaltes, zur Erinnerung mitnahm.

9 [1]) Nach einem Ausdruck in den ›Studien über Hysterie‹

10 [1]) Vgl. ›Neue Beiträge zur Klinik und Therapie der Nasalen Reflexneurose‹, Wien, 1892, und die etwas weitergehende Studie ›Die Nasale Reflexneurose‹, Verhandlungen des Congresses für Innere Medizin, Wiesbaden, 1893, pp. 384-394.

[2]) Dieser Vergleich war von Freud angeregt. Vgl. Manuskript C.

11 [1]) Es ist kennzeichnend, aber in den Briefen nicht erwähnt daß Fließ' diagnostisches Kriterium, das Kokainisieren der Nasenschleimhaut, indirekt mit Freuds Anregung verbunden ist; hatte doch Freud frühzeitig auf die Bedeutung der Kokapflanze hingewiesen; seine Studien wurden dann von dem Augenarzt Koller fortgeführt. (S. 33 Fußnote 3 und ›Selbstdarstellung‹).

[2]) Der Wert der klinischen Veröffentlichungen von Fließ ist noch immer umstritten. Im Anschluß an seine Arbeiten gab es in der deutschen klinischen Literatur über Erkrankung der Nase eine Anzahl von Diskussionen, die etwa von G. Hoffer anläßlich der Besprechung des nasalen Asthmas folgendermaßen zusammengefaßt wurden: Fließ hatte in seiner monographischen Darstellung über die nasale Reflexneurose die Arbeit anderer auf dem gleichen Gebiet nur unzureichend berücksichtigt. So kam es, daß anfänglich »eine Reihe begeisterter Anhänger ... einem kleinen Kreis von Skeptikern gegenüberstand, welcher sich allerdings rasch vergrößerte«. Nach der Meinung Hoffers besteht »... gar kein Recht, der Nasenerkrankung irgendein besonderes Vorrecht gegenüber nervösen Irritationen an irgendeiner anderen Stelle des Körpers oder aber reinen Gemütserregungen einzuräumen«. (Handbuch der Hals-, Nasen- und Ohrenheilkunde, herausgegeben von A. Denker und O. Kahler, Die Krankheiten der Luftwege und der Mundhöhle, III. Teil, S. 263 f.) Andere Autoren des Handbuches nehmen eine ähnliche Stellung ein, wobei manche das Vorkommen der von Fließ beschriebenen Syndrome bestätigen und die Wirksamkeit seiner therapeutischen Vorschläge günstig beurteilen.

In der amerikanischen Literatur werden die Forschungen von Fließ, soweit wir wissen, nicht erwähnt; vgl. etwa die Diskussion der ›Nasal Neuroses‹ von R. A. Fenton, in Ch. Jackson and Ch. L. Jackson, Diseases of the Nose, Throat and Ear, 1945, oder die Arbeiten von Greenfield Sluder, zusammengefaßt in ›*Nasal Neurology, Headaches and Eye Diseases*‹, St. Louis, 1927.

3) ›Magenschmerzen und Dysmenorrhoe in einem neuen Zusammenhang‹ Wr. klinische Rundschau, 1895, Nr. 1 u. ff.

13 1) Vgl. auch Fließ' spätere kürzere zum Teil populäre Schriften: ›Vom Leben und vom Tode‹, 5. Aufl. 1924; ›Das Jahr im Lebendigen‹, 2. Aufl., 1924; ›Gesammelte Aufsätze zur Periodenlehre‹, 1924.

2) Eine ins einzelne gehende Kritik der mathematischen Grundlagen der Fließ'schen Periodenlehre findet sich in dem Buch eines Arztes, J. Aelby, ›Die Fließ'sche Periodenlehre im Lichte biologischer und mathematischer Kritik‹, 1928. Die von Fließ vertretene Forschungsrichtung hat in den Arbeiten des Gynäkologen Georg Riebold eine methodisch wesentlich verbesserte Fortsetzung gefunden. Riebold hat seine seit 1908 veröffentlichten Einzeluntersuchungen in einer Monographie zusammengefaßt (›Einblick in den periodischen Ablauf des Lebens mit besonderer Berücksichtigung des Menstruationsvorgangs‹, Stuttgart, 1942). Nach Riebolds Auffassung ist der Grundgedanke von Fließ, nach dem »das Leben sich in einem periodischen Rhythmus abspielt ... etwas Richtiges ... auch die von ihm gefundenen Perioden von 23 und 28 Tagen kommen tatsächlich häufig vor, aber der Anspruch von Fließ, der sich in seiner Überheblichkeit einem Kepler an die Seite stellt«, wird in das Gebiet der Psychopathologie verwiesen. — Die Bedeutung der Untersuchungen von Riebold, Fließ und anderen, die sich um die Forschung von periodischen Vorgängen im Anschluß an die Menstruation bemühen, wurde von Knaus kritisch geprüft. »Mit dem Fortschritte unserer Kenntnisse von den funktionellen Beziehungen zwischen den der Gebärmutter übergeordneten Drüsen und dem Menstruationsorgan selbst schwindet ... der Glaube an tiefere kosmische Zusammenhänge zwischen Menstruation und ihrer Periodizität und damit das wissenschaftliche Ansehen der von Riebold aufgestellten Periodengesetze«. (›Zur Periodizität des menstruellen Zyklus‹, Münchner Med. Wochenschrift, 1938, S. 47). Außerhalb Deutschlands haben die biologischen Anschauungen von Fließ keine Beachtung gefunden.

Unabhängig von Aelby und Riebold haben auch manche Otolaryngologen in Fließ' klinischen Arbeiten einen Zug ins Mystische beobachtet. »Wer die Geistesrichtung, die dem Ganzen zugrundeliegt, würdigen will, darf sich nicht auf das Wesen der rhinologischen Schriften, die Fließ verfaßt hat, beschränken. Man muß vielmehr auch seine übrigen Schriften werten, in denen sich eine Zahlenmystik findet, die getrost am Ausgang des Mittelalters entstanden sein könnte.« (F. Blumenfeld, im ›Handbuch der Hals-, Nasen-, Ohrenheilkunde‹, herausgegeben von A. Denker und O. Kahler. ›Die Krankheiten der Luftwege und der Mundhöhle‹, II. Teil, S. 51.)

14 1) So kommt es, daß zahlreiche Stellen und eingestreute Bemerkungen, von denen nur einige hier abgedruckt wurden, trotz aller Bemühung unverständlich blieben.

15 1) In hier nicht abgedruckten Postkarten oder Briefen.

2) In hier nicht abgedruckten Postkarten oder Briefen.

16 1) S. S. 92.

2) Freud hat seine Beziehung zu Breuer öfters dargestellt und dabei »die Dankesschuld der Psychoanalyse gewiß nicht unterschätzt«. (Vgl. 1915, ›Zur Geschichte der Psychoanalytischen Bewegung‹, *G. W.* X; 1925, ›Nachruf für Josef Breuer‹, und ›Selbstdarstellung‹, *G. W.* XIV).

3) Der Fall ›Anna O‹ der ›Studien über Hysterie‹.

17 1) ›Vorläufige Mitteilung über den psychischen Mechanismus hysterischer Phänomene‹, Neurol. Zentralblatt 1893, 1 u. 2. — Später wieder abgedruckt als einleitendes Kapitel der ›Studien über Hysterie‹.

2) Vgl. dazu Freuds Darstellung in ›Zur Geschichte der psychoanalytischen Bewegung‹.

3) ›Über die Berechtigung, von der Neurasthenie einen bestimmten Symptomkomplex als Angstneurose abzutrennen‹, Neurol. Zentralblatt 1895, Nr. 2, *G. W.* I.

18 1) In einem zufällig erhaltenen Briefe Breuers an Fließ aus dem Sommer 1895, mehrere Monate vor dem Erscheinen der ›Studien über Hysterie‹, heißt es: »Freud ist im vollsten Schwung seines Intellekts. Ich sehe ihm schon nach wie die Henne dem Falken.«

2) F. Wittels (›Sigmund Freud, der Mann, die Lehre, die Schule‹, 1924, S. 88 f.) hat aus Freuds in der Traumdeutung mitgeteilten Träumen, wie wir glauben, richtig erkannt, daß Fließ Freud verlorene Freunde ersetzen sollte; auch findet er Freuds Ambilavenz gegen Fließ in den Freudschen Träumen ausgedrückt; ein Schluß, den Freud selbst gezogen hat (Brief Nr. 119).

20 1) Briefe Nr. 90, 91.

2) ›Das Unbehagen in der Kultur‹, 1928, *G. W.* XIV.

3) In einem Brief Freuds an einen Freund (Wilhelm Knöpfmacher) vom 6. August 1878 heißt es: »Ich bin in diesen Ferien in ein anderes Laboratorium gegangen und bereite mich dort für meinen eigentlichen Beruf vor. ... Tiere schinden oder Menschen quälen ... und ich entscheide mich immer mehr für das erste Glied der Alternative.«

21 1) ›Über den Ursprung der hinteren Nervenwurzeln im Rückenmark von Ammocoetes (Petromyzon Planeri)‹. Aus dem Physiologischen Institut der Wiener Universität. Sitzungsberichte der K. Akademie der Wissenschaften, Bd. LXXV, III. Abtlg., Jänner Heft 1877. ›Über Spinalganglien und Rükkenmark des Petromyzon‹. Aus dem Physiologischen Institut der Wiener Universität. Sitzungsberichte der K. Akademie der Wissenschaften, Bd. LXXVIII, III. Abtlg., Juli 1878.

2) ›Eine neue Methode zum Studium des Faserverlaufes im Zentralnervensystem.‹ Archiv f. Anat. u. Physiologie, Anat. Abtlg., 1884. (Englisch in ›Brain‹, Part XXV, 1884.) ›Ein Fall von Hirnblutung mit indirekten basalen Herdsymptomen bei Scorbut‹. Wiener med. Wochenschr., 1884, Nr. 9 u. 19. ›Über Coca‹. Heitlers Centralblatt für Therapie, 1884. ›Beitrag zur Kenntnis der Cocawirkung‹. Wiener med. Wochenschr., 1885, Nr. 5. ›Zur Kenntnis der Olivenzwischenschicht‹. Aus Neurolog. Centralbl. 1885, Nr. 12. ›Ein Fall von Muskelatrophie mit ausgebreiteten Sensibilitätsstörungen (Syringomyelie)‹. Wiener med. Wochenschr., 1885, Nr. 13 u. 14.

3) Nach einer Angabe Freuds in einer Fußnote der 1887 erschienenen deutschen Übersetzung von Charcots ›Neuen Vorlesungen über die Krankheiten des Nervensystems‹, S. 301.

4) Das noch unter Joseph II. begründete Institut (1787) war erst in den 80er Jahren des 19. Jahrhunderts modernisiert worden. Freuds Ambulanz beanspruchte ihn an drei Tagen der Woche durch einige Stunden. Siehe M. Kassowitz, ›Beiträge zur Kinderheilkunde an dem ersten öffentlichen Kinderkrankeninstitut‹, 1890, Bd. I, Vorwort.

5) ›Akute multiple Neuritis der spinalen und Hirnnerven‹. Wiener med. Wochenschr., 1886, Nr. 6. ›Über die Beziehung des Strickkörpers zum Hinterstrang und Hinterstrangskern nebst Bemerkungen über zwei Felder der Oblongata‹. In Gemeinschaft mit Dr. L. Darkschewitsch aus Moskau. Neurol. Centralbl., 1886, Nr. 6. ›Über den Ursprung des Nervus acusticus‹. Monatsschrift für Ohrenheilkunde, 1886, Nr. 8 u. 9. ›Bemerkungen über Cocainsucht und Cocainfurcht‹. Wiener med. Wochenschr., 1887, Nr. 28.

6) S. Freud und O. Rie, ›Klinische Studie über die halbseitige Cerebrallähmung der Kinder‹. Beiträge zur Kinderheilkunde, herausgegeben von M. Kassowitz, Heft III, 1891. — ›Zur Kenntnis der cerebralen Diplegien des Kindesalters (im Anschluß an die Little'sche Krankheit)‹. Beiträge zur Kinderheilkunde, herausgegeben von Dr. M. Kassowitz, Neue Folge, Heft III, 1893.

22 1) ›Die infantile Cerebrallähmung‹. Aus Nothnagels Handbuch der speziellen Pathologie und Therapie, 1897, IX. Bd., II. Teil, II. Abtlg.

2) ›Sigmund Freuds Leistungen auf dem Gebiet der organischen Neurologie‹. Schweizer Archiv für Neurologie und Psychiatrie, XXXVII, 1936, S. 200–207.

[3]) J. M. Charcot, ›Neue Vorlesungen über die Krankheiten des Nervensystems, insbesonders über Hysterie‹. Wien, 1887; H. Bernheim, ›Die Suggestion und ihre Heilwirkung‹, Wien, 1888 (Zweite Auflage, 1896). Derselbe, ›Neue Studie über Hypnotismus, Suggestion und Psychotherapie‹, 1892; J. M. Charcot, ›Poliklinische Vorträge‹, I. Band (Leçons du Mardi). Mit Anmerkungen des Übersetzers, Wien, 1892—93. Es sind nicht die einzigen Übersetzungen Freuds. In seinen Studentenjahren übersetzte er einen Band von J. St. Mills (siehe Anmerkung 1 zu Seite 295). Später im Leben, 1922, den Abschnitt über Samuel Butler, in der von Anna Freud besorgten deutschen Ausgabe von Israel Levine, ›Das Unbewußte‹, Int. Psa. Bibl. XX, 1926, und endlich im hohen Alter, als er auf die Erlaubnis wartete, Wien, das von den Nationalsozialisten besetzt war, verlassen zu dürfen, das kleine Buch von Marie Bonaparte, ›Topsy‹ (Übersetzung von Anna Freud und Sigmund Freud).

23 [1]) Brun a. a. O. sagt über diese Arbeit: »Freud unterscheidet scharf zwischen der peripheren (und spinalen) *Projektion* und der zentralen (kortikalen) *Repräsentation* der Körperabschnitte im Zentralorgan und sagt aus, daß die Körperperipherie in den höheren Hirnteilen überhaupt nicht mehr topisch, sondern lediglich funktionsgemäß vertreten sei. Er lehnt es ferner strikte ab, ›Vorstellungen‹ in örtlich umschriebenen Hirnstellen (›Zentren‹) zu lokalisieren und erklärt statt dessen die Sprachfunktion *genetisch* (auf Grund ihres sukzessiven Erwerbes in der Kindheit) als das Ergebnis der jeweiligen Wiedererregung weitgespannter visueller, akustischer, taktiler, kinästhetischer usw. Assoziationsbahnen; die Unterbrechung dieser Assoziationsbahnen, und nicht die Zerstörung besonderer motorischer, sensorischer oder gar ›Begriffszentren‹ der Sprache sei es, was zu einer ›*Verstümmelung*‹ der Sprachfunktion führe und so die verschiedenen Formen der Aphasie erzeuge. Er weist endlich — wiederum als erster — nachdrücklich auf Hughlings Jackson und die von diesem genialen englischen Kliniker in die Pathologie eingeführten (aber leider unbeachtet gebliebenen) Gesichtspunkte der *funktionellen Rückbildung* (›Disinvolution‹) dieses hochorganisierten Apparates unter pathologischen Bedingungen hin. Und endlich stellt *Freud* in dieser gedankenreichen Arbeit auch den *Begriff der Agnosie* auf (zur Bezeichnung von Störungen des Erkennens von Objekten, die bisher mit der *Finkelnburg*schen ›Asymbolie‹ zusammengeworfen waren), — einen Begriff, der sich seither in der Hirnpathologie bekanntlich als sehr fruchtbar erwiesen hat und allgemein akzeptiert worden ist. Wenn wir sehen, mit welcher Klarheit *Freud* in dieser hervorragenden hirnpathologischen Studie schon 1891 alle diese modernen Gesichtspunkte schrittweise entwickelt hat, so stehen wir nicht an, ihn als den *bedeutendsten Vorläufer v. Monakowk* zu bezeichnen. Es erscheint mir als ein Akt historischer

Gerechtigkeit und wissenschaftlicher Ehrenpflicht, dies heute einmal ausdrücklich zu sagen!«

[2]) Freud hat 1939 den Vorschlag, die Arbeit ›Zur Auffassung der Aphasien‹ im ersten Bande der neuen chronologisch geordneten deutschen Ausgabe seiner Schriften zum Abdruck zu bringen, mit dem Hinweis darauf abgelehnt, daß diese Studie zu seinen neurologischen und nicht zu seinen psychoanalytischen Arbeiten gehöre. In den Briefen dagegen spricht er von der ›Aphasie‹ mit größerer Wärme als von seinen anderen neurologischen Schriften.

[3]) Vgl. ›Beiträge zur Kasuistik der Hysterie‹, I, Dr. Wittelshöfers Wiener medizinische Wochenschrift, Nr. 49 u. 50.

24 [1]) Vgl. Charcot, ›Poliklinische Vorträge‹, Freuds Fußnote zu S. 100. — In seiner Selbstdarstellung berichtet Freud, daß Meynert, als Freud ihn während seiner Todeskrankheit besuchte, sich selbst als einen typischen Fall männlicher Hysterie bezeichnete.

[2]) Nach einer Angabe in den ›Studien‹ war Frau Emmy von N. der erste Fall, in dem Freud die neue Methode anwendete. Über andere Verwendungen der Hypnose zu therapeutischen Zwecken berichtete Freud in der Arbeit ›Ein Fall von hypnotischer Heilung nebst Bemerkungen über die Entstehung hysterischer Symptome durch den Gegenwillen‹, Zeitschrift für Hypnotismus, 1892—93, Heft III—IV, *G. S.* I. Seine Einstellung zur hypnotischen Therapie aber kennzeichnet er in diesen Jahren folgendermaßen: »Weder Arzt noch Patient vertragen auf die Dauer den Widerspruch zwischen der entscheidenden Leugnung des Leidens in der Suggestion und die notwendige Anerkennung desselben außerhalb der Suggestion.« (Charcot, ›Poliklinische Vorträge›, Fußnote zu S. 192).)

[3]) Über diesen Besuch vgl. ›Selbstdarstellung‹ und ›Studien über Hysterie‹ (›Miss Lucy R.‹).

[4]) Aus Freuds Darstellung in den ›Studien‹ gewinnt es den Anschein, als sei der Wechsel in der Technik der Formulierung seiner Funde vorausgegangen. Eine ähnliche Folge hat auch später in der Entwicklung der Psychoanalyse eine entscheidende Rolle gespielt. Die technischen Arbeiten Freuds aus dem zweiten Jahrzehnt des zwanzigsten Jahrhunderts haben die Grundlage für seine Auffassung psychischer Struktur abgegeben und enthalten viele Ansätze der späteren psychoanalytischen Ichpsychologie.

25 [1]) Vgl. dazu S. Bernfeld, *›Freud's Earliest Theories and the School of Helmholtz‹*. The Psychoanalytic Quarterly, XIII, 1944, Nr. 3.

[2]) Vgl. dazu ›Zur Theorie des hysterischen Anfalles‹, in *G. W.* XVII, S. 9 bis 13 (Schriften aus dem Nachlaß). Gleichlautende Formulierungen finden sich auch in einem Briefe Freuds an Breuer vom 29. Juni 1892 (ibid., S. 5-6) und in einer offenbar früher im Jahre 1892 verfaßten Fußnote zu den ›Poliklinischen Vorlesungen‹ Charcots (S. 107), wo es heißt:

»Ich habe versucht, das Problem des hysterischen Anfalles anders als deskriptiv zu fassen und bin durch das Examen von Hysterischen im hypnotischen Zustande zu neuen Ergebnissen gelangt, von denen ich einige hier mitteilen will: Der Kern des hysterischen Anfalls, in welcher Form er sich immer zeigen mag, ist eine Erinnerung, das halluzinatorische Wiederdurchleben einer für die Erkrankung bedeutungsvollen Szene. Dieser Vorgang ist es, der sich in der Phase der ›attitudes passionelles‹ wahrnehmbar äußert, er ist aber auch dort vorhanden, wo der Anfall nur motorische Phänomene enthält. Inhalt der Erinnerung ist in der Regel das psychische Trauma, welches entweder seiner Intensität nach geeignet war, den hysterischen Ausbruch bei der Kranken zu provozieren, oder das Ereignis, welches durch sein Eintreffen in einem bestimmten Moment zum Trauma geworden ist.
In Fällen sog. ›traumatischer‹ Hysterie ist dieser Mechanismus der gröbsten Beobachtung auffällig, er läßt sich aber auch bei Hysterie ohne einmaliges großes Trauma nachweisen. Hier findet man dann wiederholte kleinere Traumen oder bei Überwiegen des Faktors der Disposition zu Traumen erhobene, oft an sich indifferente Erinnerungen. Ein Trauma wäre zu definieren als ein Erregungszuwachs im Nervensystem, dessen sich letzteres durch motorische Reaktion nicht hinreichend zu entledigen vermag.
Der hysterische Anfall ist vielleicht aufzufassen als ein Versuch, die Reaktion auf das Trauma zu vollenden.«

26 [1]) ›*Quelques considérations pour une étude comparative des paralysies motrices organiques et hystériques*‹, Arch. de Neurologie, Nr. 77, 1893. Die Arbeit ging auf eine Anregung Charcots zurück, vgl. ›Poliklinische Vorlesungen‹, Fußnote zu S. 268.

27 [1]) »Über die Berechtigung, von der Neurasthenie einen bestimmten Symptomenkomplex als ›Angstneurose‹ abzutrennen«, *G. S.* I, S. 306. Die Hervorhebung von den Herausgebern.

[2]) Vgl. ›Inhaltsangabe der wissenschaftlichen Arbeiten des Privatdozenten Dr. Sigmund Freud (1877-1897)‹, 1897, Internationale Zeitschrift für Psychoanalyse und Imago, XXV, 1940, S. 88.

[3]) Diese Neuformulierung, die von der Bedeutung der Gefahrsituation ausgeht, war freilich in der Arbeit ›Über die Berechtigung . . .‹ vorbereitet: »Die Psyche gerät in den Affekt der Angst, wenn sie sich unfähig fühlt, eine von außen nahende Aufgabe (Gefahr) durch entsprechende Reaktion zu erledigen . . .« (*G. S.* I, S. 329.)

31 [1]) Briefe Nr. 46, 52, 55 u. a.

32 [1]) Zu diesen Fällen gehörte auch der der ›Katharina‹ aus den ›Studien über Hysterie‹ — Anläßlich des Abdruckes dieser Krankengeschichte im I. Band der Gesammelten Schriften (1924) hat Freud in einer Fußnote

(S. 121) mitgeteilt, daß er sich »nach so vielen Jahren getraue ... die damals beobachtete Diskretion aufzuheben und anzugeben, daß Katharina ... unter den sexuellen Versuchungen erkrankt (war), die vom eigenen Vater ausgingen«.

33 1) ›Zur Geschichte der psychoanalytischen Bewegung‹, *G. W.* X.

2) In Brief Nr. 75 erwähnt Freud, daß er mit der Selbstanalyse erst nach dem Sommer einsetzte. Die Briefe Nr. 65 ff. widersprechen dem.

3) Vgl. ›Über Coca‹, Centralblatt f. d. gesamte Therapie, II, 1884, S. 84; ›Zur Auffassung der Aphasien‹, 1891, S. 63, eine Stelle, auf die Otto Isakower gelegentlich hingewiesen hat (Int. Journal of Psycho-Analysis, XX, 1940, S. 347) und ›Über die Bernhardtsche Sensibilitätsstörung‹, Neurol. Centralblatt, XIV, 1895, S. 491. Vgl. auch Bernfeld, Americ. Imago, IV, 1946, S. 17(6).

4) Monatsschrift für Psychiatrie und Neurologie, VI, 1899, *G. S.* I.

5) S. Bernfeld, ›*An Unknown Autobiographical Fragment by Freud*‹. Amer., Imago, IV, 1946, S. 6-19.

6) ›Almanach der Psychoanalyse‹, 1937, S. 9-21; Englisch: Int. Journal of Psycho-Analysis, XXII, 1941, S. 93-101.

34 1) ›*Freud's Early Childhood*‹. Bulletin of the Menninger Clinic, VIII-4, 1944, S. 101-115.

36 1) Die oben erwähnte Analyse der ›Erinnerungsstörung auf der Akropolis‹ beschäftigt sich mit einem Vorfall aus dem Jahre 1904; die Analyse der Deckerinnerung vom Verschwinden der Amme hat Freud in einer späteren Auflage von ›Zur Psychopathologie des Alltagslebens‹ weitergeführt und aus der zweiten Auflage der ›Traumdeutung‹ wissen wir, daß er auch die Ablösung von Fließ mit den Mitteln der Selbstanalyse verfolgt hat. (S. 44.)

2) ›Die endliche und die unendliche Analyse‹. Int. Zeitschr. für Psychonalyse, XXIII, 1937, S. 237. Für ähnliche frühere Stellen s. etwa *G. W.* VII, 383.

37 1) ›Zur Geschichte der psychoanalytischen Bewegung‹, *G. W.* X.

38 1) L. Löwenfeld, ›Über die Verknüpfung neurotischer und hysterischer Symptome nebst Bemerkungen über Freuds Angstneurose‹, Münchner mediz. Wochenschrift, Nr. 15, 1895.

2) »Zur Kritik der ›Angstneurose‹«, Wiener klinische Rundschau, 1895. *G. S.* I.

39 1) Freud selbst faßte den Inhalt dieser Arbeit folgendermaßen zusammen: »Das Problem der Ätiologie in der Neuropathologie wird hier behandelt, um eine Einteilung der vorkommenden ätiologischen Momente in drei Kategorien zu rechtfertigen: (a) Bedingungen; (b) spezifische; (c) konkurrierende oder Hilfsursachen. Bedingungen heißen jene Momente, die zur Erzielung des Effektes zwar unentbehrlich sind, diesen aber nicht für sich

allein erzielen können, sondern der spezifischen Ursachen hierzu bedürfen. Die spezifischen Ursachen unterscheiden sich von den Bedingungen dadurch, daß sie nur in wenigen ätiologischen Formeln auftreten, während die Bedingungen bei zahlreichen Affektionen die nämliche Rolle spielen können. Hilfsursachen sind solche, die weder jedesmal vorhanden sein müssen, noch für sich allein den betreffenden Effekt erzeugen können. — Für den Fall der Neurosen stellt vielleicht die Heredität die Bedingung dar; die spezifische Ursache ist in sexuellen Momenten gegeben; alles andere, was sonst als Ätiologie der Neurosen angeführt wird (Überarbeitung, Gemütsbewegung, physische Erkrankung), ist Hilfsursache und kann das spezifische Moment niemals vollständig vertreten, wohl aber dasselbe der Quantität nach ersetzen. Die Form der Neurose hängt von der Natur des spezifischen sexuellen Momentes ab; *ob überhaupt* eine neurotische Erkrankung zustande kommt, wird von quantitativ wirksamen Faktoren bestimmt; die Heredität wirkt nach Art eines in den Stromkreis eingeschalteten Multiplikators.« S. ›Verzeichnis‹ in Int. Zeitschr. f. Psychoanalyse und Imago, XXV, 1940, S. 88 ff.

2) Aus Fließ' Text geht nicht hervor, wie er zu dieser Annahme gelangt sei.

40 1) Hier nicht mitgeteilt; siehe etwa Brief Nr. 52.

2) Ohne dabei den in der zeitgenössischen Literatur durchaus geläufigen Ausdruck ›Bisexualität‹ zu verwenden.

3) »Im Sommer des Jahres 1901 (!) erklärte ich einmal einem Freunde, mit dem ich damals in regem Gedankenaustausch über wissenschaftliche Fragen stand: Diese neurotischen Probleme sind nur dann zu lösen, wenn wir uns ganz und voll auf den Boden der Annahme einer ursprünglichen Bisexualität des Individuums stellen. Ich erhielt zur Antwort: ›Das habe ich Dir schon vor zweieinhalb Jahren in Br. gesagt, als wir jenen Abendspaziergang machten. Du wolltest damals nichts davon hören.‹ Es ist nun schmerzlich, so zum Aufgeben seiner Originalität aufgefordert zu werden. Ich konnte mich an ein solches Gespräch und an diese Eröffnung meines Freundes nicht erinnern. Einer von uns beiden mußte sich da täuschen; nach dem Prinzip der Frage cui prodest? mußte ich das sein. Ich habe im Laufe der nächsten Woche in der Tat alles so erinnert, wie mein Freund es in mir erwecken wollte; ich weiß selbst, was ich damals zur Antwort gab: Dabei halte ich noch nicht, ich will mich darauf nicht einlassen. Aber ich bin seither um ein Stück toleranter geworden, wenn ich irgendwo in der medizinischen Literatur auf eine der wenigen Ideen stoße, mit denen man meinen Namen verknüpfen kann, und wenn ich dabei die Erwähnung meines Namens vermisse.« *G. W.*, IV, S. 159, und Brief Nr. 146.

4) ›Ein Kind wird geschlagen‹, 1919, *G. W.* XII, S. 222.

5) Der Name Fließ ist an dieser Stelle nicht genannt, aber als Freud in einer späteren Arbeit Fließ' Anschauungen nochmals diskutierte, verwies er auf diese Stelle.

41 1) ›Ein Kind wird geschlagen.‹

2) Diese Formulierung findet sich in einer der letzten Arbeiten Freuds. (›Die endliche und die unendliche Analyse‹ *loc. cit.* S. 239). Sie gibt in kürzester Form das Argument mancher der Briefe wieder. (Nr. 85 und Nr. 146.)

3) Vgl. Anmerkung zu Brief Nr. 138.

42 1) Aelby, *loc. cit.*, schließt seine Untersuchung mit dem Hinweis darauf, daß »jedem psychiatrisch etwas Gebildeten sich die Überzeugung aufdrängen ›muß‹, daß es sich bei Fließ um eine überwertige Idee handle«. Riebold, *loc. cit.*, nennt Fließ einen »Zahlenspieler, unerfahren mit den einfachsten Prinzipien allgemeiner Rechenkunst«. O. Frese meint, daß schon Fließ' Auffassung der nasalen Reflexneurose »stark an das Mystische streift«. (Handbuch der Hals-, Nasen- und Ohrenheilkunde, herausgegeben von A. Denker und O. Kahler. ›Die Krankheiten der Luftwege und der Mundhöhle‹, II. Teil, S. 51.)

43 1) Diese Veröffentlichung gab den Anlaß zu einer weitverzweigten literarischen Fehde. Vgl. besonders Hermann Swobodas Antwort ›Die gemeinnützige Forschung und der eigennützige Forscher‹, 1906. Über Freuds Beziehungen zu Swoboda und Weininger wissen wir aus zwei Briefen Freuds vom 23. und 27. 7. 1904 an Fließ, die dieser Pfenning (S. 26 und 30 f.) zur Publikation überließ, und aus zwei Briefen von Freud an D. Abramsen vom 14. 3. 1938 und 11. 6. 1939 (Faksimile in D. Abramsen, ›*The Mind and Death of a Genius*‹, 1946). Abramsen ist über Fließ' Arbeiten nicht unterrichtet.

2) Der letzte Hinweis stammt aus dem Jahre 1902. Siehe Brief Nr. 147.

3) Vgl. *G. W.* II-III, S. 172 ff. Freud fügt seinem Befunde die Bemerkung an, daß in der Fließ-Swobodaschen Theorie die Bedeutung der Träume zu kurz gekommen wäre ... »das Inhaltsmaterial derselben würde sich durch das Zusammentreffen all jener Erinnerungen erklären, die in jener Nacht gerade eine der biologischen Perioden zum ersten oder n-ten Male vollenden«.

4) ›Die Disposition zur Zwangsneurose‹, 1913, *G. W.* VIII, S. 443. — Als Karl Abraham im Jahre 1911 mit Fließ in Berührung kommen wollte, ermutigte ihn Freud dazu, u. a. mit den Worten: »Sie werden einen hochbegabten, ja faszinierenden Menschen kennen lernen, andererseits leicht Anlaß bekommen, dem Stück Wahrheit, das sicher in der Periodenlehre enthalten ist, wissenschaftlich näher zu kommen, eine Möglichkeit, die mir aus persönlichen Motiven versagt ist.« (Brief an Karl Abraham v. 13. Februar 1911.) Nach der Begegnung mit Fließ berichtete Abraham über diese an

Freud: »Gegen die neueren Ergebnisse der Psychoanalyse hat er (Fließ) sich nach dem Konflikt abgeschlossen, zeigte sich aber sehr interessiert über alles, was ich ihm berichtete. Den faszinierenden Eindruck, den Sie voraussagten, habe ich nicht empfangen; (Fließ mag sich in den letzten Jahren verändert haben) aber doch den Eindruck eines scharfsinnigen und originellen Forschers. Eigentliche Größe fehlt ihm nach meinem Gefühl. Davon fällt auch etwas auf sein wissenschaftliches Arbeiten. Er geht von einigen wertvollen Gedanken aus; alle weitere Arbeit kreist dann um den Beweis ihrer Richtigkeit oder um ihre noch genauere Fassung.« — (Brief an Freud v. 26. Februar 1911.)

44 1) *G. W.* XIII, S. 47 ff.

2) Eine Spur dieser analytischen Arbeit hat sich in der zweiten Auflage der ›Traumdeutung‹ erhalten: »Während ich mit der Bearbeitung eines gewissen wissenschaftlichen Problems beschäftigt bin, sucht mich mehrere Nächte kurz nacheinander ein leicht verwirrender Traum heim, der die Versöhnung mit einem längst beiseite geschobenen Freund zum Inhalt hat. Beim vierten oder fünften Male gelingt es mir endlich, den Sinn dieses Traumes zu erfassen. Er liegt in der Aufmunterung, doch den letzten Rest von Rücksicht für die betreffende Person aufzugeben, sich von ihr völlig frei zu machen, und hatte sich in so heuchlerischer Weise ins Gegenteil verkleidet.« (*G. W.* II-III, S. 150, Fußnote.)
Wir vermuten, daß das Problem, mit dem Freud befaßt war, die Bisexualität war.

3) Freud hatte in diesen Jahren noch Schulden zu bezahlen, die er bei der Gründung seines Hausstandes eingegangen war. Sechs Kinder fortzubringen, war für den sonst mittellosen ärztlichen Spezialisten dieser Tage keine geringe Aufgabe.

45 1) ›Zur Auffassung der Aphasien‹, S. 56. Das in Klammer Gesetzte ist der an dieser Stelle nicht zitierten Arbeit von Hughlings Jackson entlehnt, ›*On Affections of Speech from Diseases of the Brain*‹, Brain, I, 1879, S. 304 ff.; II, 1880, S. 203 ff. u. 323 ff. Vgl. dazu auch M. Dorer, ›Die historischen Grundlagen der Psychoanalyse‹.

46 1) Vgl. ›Der Witz und seine Beziehung zum Unbewußten‹, 1904, *G. W.* VI, S. 165. Freud stellte hier der Hirnphysiologie ihre künftige Aufgabe in demselben Sinne, in dem Charcot auf seinem Arbeitsgebiet dies getan hat. »Je fais la morphologie pathologique, je fais même un peu l'anatomie pathologique mais je ne fais pas la physiologie pathologique, j'attends que quelqu'un d'autre la fasse.« — Das Bedauern über das Scheitern hirnphysiologischer Erklärungsversuche findet sich in Freuds Schriften noch öfters scharf formuliert; vgl. auch die S. 299 f. zitierte Stelle.

2) Vgl. O. Fenichel, ›*Nature and Classification of the So-called Psychosomatic Phenomena*‹, *Psychoanalytic Quarterly*, XIV, 1945, S. 287-312.

3) Vgl. dazu E. Kris, ›*The Nature and Validation of Psychoanalytic Propositions*‹. ›Freedom and Experience‹, Essays in honour of Horace Kallen, 1947.
4) Vgl. H. Hartmann, E. Kris u. R. Loewenstein: ›*Some Comments on the Formation of Psychic Structure*‹. The Psychoanalytic Study of the Child, II, 1947. Diese Arbeit wurde geschrieben, ehe einer der Autoren mit dem ›Entwurf‹ vertraut war.

47 1) ›Die Sexualität in der Ätiologie der Neurosen‹. *G. S.* I.

48 1) Vgl. zu dieser Auffassung H. Hartmann, ›Die Grundlagen der Psychoanalyse‹, 1927, H. Hartmann, E. Kris und R. Loewenstein, *loc. cit.* 1946, E. Kris, *loc. cit.* 1947.

52 1) Freud war mit P. Maries Ansichten über die infektiöse Ätiologie der multiplen Sklerose in Paris vertraut geworden. (Vgl. dazu Charcots von Freud übersetzte ›Poliklinische Vorträge‹, I. Band, Schuljahr 1887-1888, Wien, 1892-1894, und Freuds Fußnote zu S. 386.)
2) Vgl. dazu ›Zur Geschichte der psychoanalytischen Bewegung‹, 1914, *G. W.* X, S. 46, wo es heißt: »Ich hatte mich der physikalischen Therapie anvertraut und fand mich ratlos angesichts der Enttäuschungen, welche mich die an Ratschlägen und Indikationen so reiche ›Elektrotherapie‹ von W. Erb erleben ließ.« (Gemeint ist ›Handbuch der allgemeinen Therapie‹, herausgegeben von H. v. Ziemssen, III, W. Erb, ›Handbuch der Elektrotherapie‹, 1882.)
3) Die ›Gehirnanatomie‹, die auch in den folgenden Briefen wiederholt erwähnt wird, ist nie als Buch erschienen. Einzelne Abschnitte in Villarets ›Handwörterbuch der gesamten Medizin‹, Stuttgart, 2 Bde. (1888 u. 1891) und die Monographie ›Zur Auffassung der Aphasien‹ (1891) sind offenbar der Niederschlag dieses Interesses. Freud selbst bezieht sich auf die ›Gehirnanatomie‹ in der ›Geschichte der psychoanalytischen Bewegung‹ (1914, *G. W.* X, S. 51). Er erwähnt dort, daß eine Bemerkung Charcots ihn schon frühzeitig auf die Rolle der Sexualität in der Ätiologie der Neurosen hätte hinweisen können; aber »die Gehirnanatomie und die experimentelle Erzeugung hysterischer Lähmungen« beanspruchten sein ganzes Interesse. Welche anderen beiden Arbeiten Freud im Jahre 1887 beschäftigt haben können, ist schwer zu entscheiden. Im Brief vom 28. Dezember erwähnt er eine Arbeit über den allgemeinen Charakter hysterischer Phänomene, die nicht im Druck erschienen ist. Im Jahre 1888 ist nur die Studie ›Über Hemianopsie im frühesten Kindesalter‹ in der Wiener Medizinischen Wochenschrift (Nr. 32 u. 33) erschienen. Von den Jahren 1886-91 sagt Freud in der ›Selbstdarstellung‹, daß er wenig wissenschaftlich gearbeitet und kaum etwas publiziert habe. »Ich war davon in Anspruch genommen, mich in den neuen Beruf zu finden und meine materielle Existenz sowie die meiner rasch anwachsenden Familie zu sichern.« Vgl. dagegen Einleitg., S. 22.

53 1) S. Bernheim, ›Die Suggestion und ihre Heilwirkungen‹, 1. Auflage, 1888 (2. umgearbeitete und von Dr. Max Kahane besorgte Auflage 1896). Im Jahre 1892 ist dann in Freuds Übersetzung Bernheims Buch ›Neue Studien über Hypnotismus, Suggestion und Psychotherapie‹ erschienen. Während Freud dem ersten Bande seiner Übersetzungen eine ausführliche Vorrede vorausgeschickt hat (die für die zweite Auflage dieses Bandes gekürzt und etwas verändert wurde), hat er bei der Veröffentlichung des zweiten Bandes auf jede Äußerung eigener Anschauungen verzichtet.

2) Über die ›Gehirnanatomie‹ s. Anmkg. 3 zum Brief v. 24. 11. 87 (Nr. 1). — Die Arbeit über ›Allgemeine Charaktere hysterischer Phänomene‹ ist nicht im Druck erschienen.

3) Chrobak, Rudolf (geb. 1843, gest. 1910), Professor der Gynäkologie in Wien. — Freud hat Chrobak in der ›Geschichte der psychoanalytischen Bewegung‹ (1914) und in seiner ›Selbstdarstellung‹ als einen der Männer genannt, deren ärztliche Erfahrung sie auf die Bedeutung der Sexualität für die Genese neurotischer Erkrankungen hingeführt hatte. Freud erwähnt in der ersten dieser Veröffentlichungen auch, daß, als ihn Chrobaks Hinweis erreichte — offenbar in den 80er Jahren — er noch nicht imstande war, ihn zu verwerten. Erst beim Niederschreiben seiner Erinnerungen in der ›Geschichte der psychoanalytischen Bewegung‹ sei ihm eine diesbezügliche Bemerkung Chrobaks wieder in den Sinn gekommen.

54 1) Die Auffassung von der Rolle des Coitus reservatus (interruptus) in der Ätiologie der Angstneurose taucht in Freuds Veröffentlichungen wenig später auf.

2) Freuds Übersetzung von Charcots ›Neue Vorlesungen über die Krankheiten des Nervensystems, insbesondere über Hysterie‹ war im Jahre 1887 erschienen. Im Vorwort erwähnt Freud, daß er durch Charcots Entgegenkommen in der Lage war, die deutsche Ausgabe »mehrere Monate vor der französischen der Öffentlichkeit zu übergeben«. Auch hat er eine kleine Zahl von Anmerkungen — zumeist Nachträge zu der Geschichte der im Text behandelten Kranken — im Auftrage des Verfassers hinzugefügt.

3) Der für ärztliche Visiten bestimmte Mietwagen.

4) Meynert, Theodor H., Professor der Psychiatrie in Wien. Geb. 1833, gest. 1892. Über seine Beziehung zu Freud s. u. S. 56 f.

5) Kurort in Böhmen.

55 1) In der Schweiz.

2) Die Artikel in Villarets Handwörterbuch sind nicht von den Autoren gezeichnet. Mit voller Sicherheit kann der Artikel über Gehirnanatomie für Freud in Anspruch genommen werden, da er im Brief vom 29. August 1888 als »sehr zusammengestrichen« erwähnt wird (Villaret, Vol. I, *s. v.* Gehirn, I. Anatomie, S. 684—691), und der Artikel über Aphasie, den Freud in seiner ›Selbstdarstellung‹ erwähnt. Auf Grund ihres Stiles und Inhaltes

können ferner die Artikel über ›Hysterie‹ und über ›Kinderlähmung‹ für Freud in Anspruch genommen werden, vielleicht auch der über ›Lähmungen‹. Der Artikel über Neurasthenie dagegen ist offenbar nicht von Freud verfaßt. Freuds Beiträge zu Villarets Handbuch sind in der Bibliographie seiner Schriften übersehen worden und fanden daher in der Würdigung seiner neurologischen Arbeiten durch R. Brun (›Sigmund Freuds Leistungen auf dem Gebiet der organischen Neurologie‹, Schweizer Archiv der Neurologie und Psychiatrie, XXXVII-2, 1936, S. 200—207) keine Berücksichtigung.

[3]) Offenbar eine Vorarbeit zu dem Aufsatz ›Quelques Considérations pour une Étude Comparative des Paralysies Motrices Organiques et Hystériques‹, Archives de Neurologie, 1893, Nr. 77; *G. S.* I.

[4]) Der große an der Stadtperipherie gelegene damals neue Friedhof für das ganze Wiener Stadtgebiet.

[5]) Das Buch: Bernheim ›Die Suggestion und ihre Heilwirkungen‹ in Freuds Übersetzung; der Aufsatz: ›Über Hemianopsie im frühesten Kindesalter‹ (Wiener med. Wochenschrift, 1888, Nr. 32 u. 33).

56 [1]) Der Hinweis auf die ›sehr große Familie‹ zu einer Zeit, da nur Freuds erstes Kind geboren war, erklärt sich durch Freuds Verpflichtung, zum Unterhalt seiner Mutter und der weiteren, sehr zahlreichen Familie beizutragen.

[2]) Die ›Vorrede des Übersetzers‹ zu Bernheims ›Die Suggestion etc.‹ (S. III-XII, englisch unter dem Titel ›*Hypnotism and Suggestion*‹ [1888], übersetzt von James Strachey, Intern. Journal of Psycho-Analysis, XXVII, 1946, 1—2, S. 59 ff) bietet einen ins einzelne gehenden Vergleich der theoretischen Auffassungen von Bernheim und Charcot, der Schulen von Nancy und der Salpêtrière. Das Problem ist in den folgenden Sätzen zusammengefaßt:

> »Wie steht nun der Gegensatz zwischen den psychischen und den physiologischen Phänomenen der Hypnose? Er hatte eine Bedeutung, so lange man unter der Suggestion die direkte psychische Beeinflussung von Seiten des Arztes verstand, welche dem Hypnotisierten eine ihr beliebige Symptomatologie aufdrängt; er geht dieser Bedeutung verlustig, sobald erkannt ist, daß auch die Suggestion nur Erscheinungsreihen auslöst, welche in den funktionellen Eigentümlichkeiten des hypnotisierten Nervensystems begründet sind ... Die Umänderung der Fragestellung scheint bereits über die Beantwortung der Frage zu entscheiden. Es ist unberechtigt, die Großhirnrinde dem übrigen Nervensystem, wie es hier geschieht, gegenüberzustellen; es ist unwahrscheinlich, daß eine so tiefgreifende funktionelle Veränderung der Großhirnrinde nicht von bedeutsamen Veränderungen in der Erregbarkeit der anderen Hirnteile begleitet sein sollte. Wir besitzen kein Kriterium, welches einen psychi-

schen Vorgang von einem physiologischen, einen Akt in der Großhirnrinde von einem Akt in den subkortikalen Massen exakt zu trennen gestattete, denn das ›Bewußtsein‹, was immer es sein mag, kommt nicht jeder Tätigkeit der Großhirnrinde und der einzelnen nicht jedes Mal im gleichen Maße zu; es ist nichts, was an eine Lokalität im Nervensystem gebunden wäre. Ich glaube also, man muß die Frage, ob die Hypnose psychische oder physiologische Phänomene zeigt, im Großen und Ganzen ablehnen, und die Entscheidung für jedes einzelne Phänomen von einer speciellen Untersuchung abhängig machen.«

Der Hauptteil der Vorrede aber beschäftigt sich mit der ›Echtheit‹ der von Charcot beschriebenen hysterischen Phänomene und Meynerts Stellung zu diesen Fragen.

57 [1]) S. Einleitung S. 23 f.

[2]) Siehe Brief vom 28. 5. 1888, Nr. 4.

[3]) Sommerfrische in der Nähe Wiens.

59 [1]) Welche Arbeit Freuds Fließ referierte, war nicht festzustellen.

[2]) Die Monographie ›Zur Auffassung der Aphasien. Eine kritische Studie‹ ist im Jahre 1891 im Verlage Deuticke in Wien erschienen. Ihre Bedeutung für die Aphasie-Forschung wurde von R. Brun, op. cit., gewürdigt; siehe Einleitung S. 22 ff.

[3]) Die Theorien von Meynert, Lichtheim, Wernicke und Grashey werden in Freuds Arbeit kritisch diskutiert.

[4]) Die späteren ›Studien über Hysterie‹. Welches Stück schon 1892 fertig war, ist nicht mehr zu ermitteln.

[5]) Poliklinische Vorträge von J. M. Charcot, I. Bd., Schuljahr 1887—1888. Übersetzt von Sigm. Freud. 1892. Die Vorträge sind in Lieferungen in den Jahren 1892—94 erschienen. In seiner Vorrede charakterisiert Freud die Verschiedenheit der deutschen und französischen Neuropathologie (S. Einl. S. 45). Die Übersetzung ist von einer großen Anzahl von Fußnoten Freuds begleitet, die zum Teil »Erläuterungen des Texts und weitere Literaturangaben, zum Teil aber kritische Einwände und Randglossen, wie sie sich dem Zuhörer aufdrängen könnten«, bieten. Er scheint es versäumt zu haben, hierfür die Erlaubnis Charcots einzuholen. In ›Zur Psychopathologie des Alltagslebens‹ (*G. W.* IV, S. 177 f.), wo dieser Umstand erwähnt wird, drückt Freud die Vermutung aus, daß der Autor »mit dieser Eigenmächtigkeit unzufrieden war«.

60 [1]) ›Neue Beiträge zur Klinik und Therapie der Nasalen Reflexneurose‹, Deuticke 1893. (Das Exemplar in Freuds Bibliothek trägt die Widmung: ›Der befreundeten Seite (S. 3) zur Weihnacht 1892‹.) Die Widmung bezieht sich auf eine Stelle der Arbeit, an der es heißt: » . . . meine Absicht, die Reflexneurose zum Gegenstand literarischer Erörterung zu machen, entstammt allerneuerster Zeit und ist erst von befreundeter Seite auf

meine Äußerung hin angeregt worden, daß diese Erkrankungsform eine alltägliche sei.«

2) ›Zur Kenntnis der cerebralen Diplegien des Kindesalters (im Anschlusse an die Litte'sche Krankheit).‹ Neue Folge, III, der ›Beiträge zur Kinderheilkunde‹ herausgg. von Dr. M. Kassowitz, 1893. Freud bezeichnete diese Arbeit als ›Kinderlähmung II. Teil‹, da sie Ergänzungen zu einer früheren gemeinsam mit Dr. Oscar Rie veröffentlichten Studie bringt. (›Klinische Studie über die halbseitige Cerebrallähmung der Kinder‹, III. Heft, 1891, der ›Beiträge zur Kinderheilkunde‹, herausgegeben von Dr. M. Kassowitz.)

3) Der Ausdruck ›Hysterietheorie‹ bezieht sich auf die Arbeit ›Über den psychischen Mechanismus hysterischer Phänomene‹. (Vorläufige Mitteilungen in Gemeinschaft mit Dr. J. Breuer, Neurol. Zentralblatt 1893, Nr. 1 u. 2; *G. S.* I).

Die Meinungsverschiedenheit zwischen den Autoren, auf die sich der Ausspruch von Kämpfen mit dem Kompagnon bezieht, kann zum Teil rekonstruiert werden, und zwar durch einen Vergleich der ›Vorläufigen Mitteilung‹ mit Freuds Entwürfen (*G. W.* XVII, Schriften aus dem Nachlaß, S. 5–18). Vgl. auch Einl. S. 24 f. In der Vorrede zu den ›Studien‹ (1895) haben die Autoren auf die »berechtigten Meinungsverschiedenheiten zweier Beobachter« hingewiesen, »die bezüglich der Tatsachen und der Grundanschauungen übereinstimmen, deren Deutungen und Vermutungen aber nicht immer zusammenfallen«. Den wesentlichen Unterschied zwischen seinem und Breuers Standpunkt hat Freud in der ›Selbstdarstellung‹ folgendermaßen gekennzeichnet: »In der Frage, wann ein seelischer Ablauf pathogen, d. h. von der normalen Erledigung ausgeschlossen werde, bevorzugte Breuer eine sozusagen physiologische Theorie; er meinte, solche Vorgänge entzögen sich dem normalen Schicksal, die in außergewöhnlichen — hypnoiden — Seelenzuständen entstanden seien. Damit war eine neue Frage, die nach der Herkunft solcher Hypnoide, aufgeworfen. Ich hingegen vermutete eher ein Kräftespiel, die Wirkung von Absichten und Tendenzen, wie sie im normalen Leben zu beobachten sind. So stand ›Hypnoidhysterie‹ gegen ›Abwehrneurose‹.«

4) Fließ hatte sich hier mit einer Wienerin, Ida Bondy, verheiratet.

61 1) Wahrscheinlich gegen Ende 1892 abgefaßt. Undatiert. Das einzige Manuskript Freuds, das durchwegs in lateinischer Schrift geschrieben ist. Der Mangel eines Begleitbriefes mag sich daraus erklären, daß Freud und Fließ einander im Jahre 1892 anläßlich von Fließ' Besuchen bei seiner Braut mehrmals begegnet sind. — Freud erwägt in diesem Entwurf den Gedanken der Verifizierung seiner Hypothesen durch systematische Reihen von klinischen Beobachtungen, ein Gedanke, der ohne Mitarbeiter offenbar unausführbar war. Einzelne Probleme scheinen auf spätere Arbeiten hinzuweisen; so ist die Frage der Neurosenätiologie erst 1895 in der

Arbeit ›Zur Kritik der Angstneurose‹ im hier angedeuteten Zusammenhang behandelt worden.

62 1) Es ist dies die früheste Stelle in Freuds Schriften, in denen er auf die Bedeutung von klinischen Studien unter veränderten kulturellen Bedingungen hinweist.

2) Datiert durch den Poststempel auf dem zugehörigen Briefumschlag.

3) Die ›erste‹ Niederschrift hat sich nicht erhalten. Die vorliegende zweite Niederschrift wird in dem hier nicht abgedruckten Brief vom 5. 1. 1893 erwähnt, in dem es heißt: »Die Neurosengeschichte schreibe ich nochmals.« — Die in der vorliegenden Fassung enthaltenen Anschauungen über die Genese der Neurasthenie bei Männern und Frauen und über die Angstneurose sind später verarbeitet worden in dem Aufsatz »Über die Berechtigung, von der Neurasthenie einen bestimmten Symptomenkomplex als ›Angstneurose‹ abzutrennen« (Neurol. Zentralbl., 1895, Nr. 2, *G.W.* I).

4) Vgl. hiezu A. Preyer, ›Der unvollständige Beischlaf (Congressus Interruptus, Onanismus Coniugalis) und seine Folgen beim männlichen Geschlechte. Eine Studie aus der Praxis‹: »Auch Perversitäten im Geschlechtstriebe, ... weiter die verschiedenen Arten der ›psychischen Masturbation‹ können ätiologisch wirken. *Selbst in der Ehe wird bei sonst geregeltem Geschlechtsverkehr durch den Coitus interruptus Gelegenheit zur Entwicklung neurasthenischer Erscheinungen gegeben ...*« »Der Congressus interruptus ist also durchaus nicht eine gleichgültige oder unschädliche Sache, sondern in einer großen Zahl von Fällen muß er als die geheime, unbekannte und stets fortwirkende Quelle von hochgradigem Nervosismus und reizbarer Nervenschwäche mit ihren unzähligen Symptomen betrachtet werden.«

63 1) Die ›ätiologische Formel‹ wurde später erweitert. In »Zur Kritik der ›Angstneurose‹« (Wiener klinische Rundschau, 1895, *G.W. I)* und in ›L'Hérédité et Etiologie des Nevroses‹ (Revue neurologique IV, 1896; *G.W.* I) unterscheidet Freud a. Bedingungen, b. spezifische und c. konkurrierende Hilfsursachen. S. a. Einl. S. 38 f.

67 1) In den Freudschen Schriften befindet sich kein Hinweis auf diese Frage.

2) Nirgends in Freuds Schriften ist die im folgenden entwickelte These mit gleicher Schärfe vertreten. In den ›Studien über Hysterie‹ (1. Aufl., S. 227) heißt es: »Ich möchte mich nämlich der Behauptung getrauen, daß sie (die kathartische Methode) — prinpiziell — imstande ist, jedes beliebige hysterische Symptom zu beseitigen, während sie, wie leicht ersichtlich, *völlig machtlos ist gegen Phänomene der Neurasthenie* und nur selten auf Umwegen die psychischen Folgen der Angstneurose beeinflußt.«

68 1) Dies ist der erste Hinweis auf die Auffassung von der Rolle der sexuellen Verführung (im weitesten Sinne) in der Ätiologie der Neurosen, die Freud erst im Herbst 1897 verworfen hat.

2) ›Die cerebralen Diplegien des Kindesalters‹.

3) Undatiert. Zwischen Ostern und Juni 1893 entstanden, d. h. zwischen dem im Manuskript erwähnten ›Ostergespräch‹ und dem Kongreß für Innere Medizin in Wiesbaden, bei dem Fließ das hier von Freud diskutierte Manuskript vortrug. — Vgl. Einleitung S. 10.

69 1) Vgl. dazu folgende Arbeiten von A. Preyer: ›Die chronische nervöse oder reflektorische Diarrhöe (Diarrhoea chronica nervosa). Ein Beitrag zur Lehre der Darmerkrankungen‹. Basel, Benno Schwabe, 1884. ›Die reizbare Blase oder idiopathische Blasenreizung (Irritable bladder, nervous bladder). Ihre Ursachen, Diagnose und Behandlung. Eine Studie aus der Praxis.‹ Stuttgart, Ferdinand Enke, 1888. ›Der Urin bei Neurosen. Sammlung klinischer Vorträge in Verbindung mit deutschen Klinikern herausgegeben von Richard von Volkmann.‹ Nr. 341, 11. H., 12. Ser., Leipzig, Breitkopf und Härtel, 1899. ›Asthma und Geschlechtskrankheiten (Asthma sexuale).‹ Berliner Klinik. Sammlung klinischer Vorträge, H. 9: Berlin, 1889. ›Die Neurose der Prostata.‹ Berliner Klinik. Sammlung klinischer Vorträge, H. 38: Berlin, 1891. ›Die nervösen Affektionen des Darmes bei der Neurasthenie des männlichen Geschlechtes (Darmneurasthenie).‹ Wiener Klinik, Vorträge aus der gesamten praktischen Heilkunde, I. Heft, Wien, 1893.

2) Freud geht in dem Brief von der Annahme aus, daß Fließ seine ›ätiologische Formel‹ über den Ursprung der Neurose und seine Anschauungen über die Rolle der Sexualität akzeptiert habe, und fordert Fließ zu einer gemeinsamen Arbeit auf; dieser Plan ist bald darauf aufgegeben worden. (Siehe Brief vom 10. 7. 1893.)

70 1) Es scheint, daß Fließ einige, aber nicht alle von Freuds Vorschlägen angenommen hat.

2) ›*Quelques considérations pour une étude comparative des paralyses motrices organiques et hystériques.*‹ Archives de Neurologie, 1893, Nr. 77. *G. S.* I.

3) Die Untersuchung war auf eine Anregung Charcots hin unternommen worden.

71 1) Damit wird der Plan der gemeinsamen Arbeit (Brief vom 8. 2. 1893) aufgegeben.

2) Freud erwartet von Fließ' Forschungen über Periodizität eine Lösung für das Problem des Koitus ohne Schutzmittel, das von anderen theoretischen Voraussetzungen her später von Knaus bearbeitet wurde. Siehe Einleitung. S. 11 f.

3) »*Mais le travail le plus important qui soit venu confirmer nos anciennes études est sans contredit l'article de MM. Breuer et Freud, récemment paru dans le Neurologisches Zentralblatt. Nous sommes très heureux que ces auteurs, dans leurs recherches indépendantes, aient pu avec autant de*

précision vérifier les nôtres, et nous les remercions de leur aimable citation. Ils montrent par de nombreux exemples que les divers symptômes de l'hystérie ne sont pas des manifestaions spontanées idiopathiques de la maladie, mais sont en étroite connexion avec le trauma provocateur. Les accidents les plus ordinaires de l'hystérie, même les hyperesthésies, les douleurs, les attaques banales, doivent être interprétés de la même manière que les accidents de l'hystérie traumatique par la persistance d'une idée, d'un rêve. Le rapport entre l'idée l'accident peut être plus ou moins direct, mais il existe toujours. Il faut cependant constater que, souvent le malade, dans son état normal, ignore cette idée provocatrice qui se retrouve nettement que pendant les périodes d'état second naturelles ou provoquées, et c'est précisément à leur isolement que ces idées doivent leur pouvoir. Le malade est guéri, disent ces auteurs, quand il parvient à retrouver la conscience claire de son idée fixe. Cette division de la conscience, que l'on a constatée avec netteté dans quelques cas célèbres de double existence, existe d'une façon rudimentaire chez toute hystérique...« Pierre Janet ›État Mental des Hystériques. Les Accidents Mentaux.‹ Bibl. Med. Charcot-Debove, Rueff & Cie., 1894, Paris, S. 268 ff.

Schon wenige Jahre später verändert sich Janets Einstellung zu Freuds Arbeiten. Er leugnet u. a. energisch die therapeutische Wirkung des Abreagierens und erhebt Widerspruch gegen einzelne von Freuds klinischen Aufstellungen. Vgl. ›Névroses et Idées fixes‹ I, 1898, S. 163; II, S. 265.

[4]) ›Charcot‹. Wiener Medizinische Wochenschrift Nr. 37, 1893, *G. S.* I, S. 243.

72 [1]) In der Arbeit ›Über die Berechtigung . . .‹ (1895, *G. S.* I, S. 322) verwertet.

73 [1]) In der Arbeit ›Über die Berechtigung . . .‹ (1895) ist dieser Gedanke mehrfach in vorsichtiger Fassung ausgedrückt: »Zunächst die Vermutung, es dürfte sich um eine Anhäufung von Erregung handeln, sodann die überaus wichtige Tatsache, daß die Angst, die den Erscheinungen der Neurose zugrunde liegt, keine psychische Ableitung zuläßt.«

[2]) ›Über ein Symptom, das häufig Enuresis nocturna der Kinder begleitet.‹ Neur. Zentralblatt 1893, Nr. 21. Die Arbeit stellt die Behauptung auf, daß man in etwa der Hälfte der Fälle von Kindern, die an Enuresis nocturna leiden, eine Hypertonie der unteren Extremitäten finde.

74 [1]) Zwischen diesem und den vorhergehenden (z. T. nicht abgedruckten) Briefen scheint eine Lücke zu klaffen. Vielleicht erklärt sie sich aus dem Umstand, daß Freud und Fließ einander um Weihnachten in Wien sprachen.

[2]) ›Die Abwehr-Neuropsychosen. Versuch einer psychologischen Theorie der akquirierten Hysterie, vieler Phobien und Zwangsvorstellungen und

gewisser halluzinatorischer Psychosen.‹ Neurol. Zentralblatt, 1894; *G. W.* I.

[3]) ›Die Abwehr-Neuropsychosen‹, *G. S.* I, S. 300. S. auch ›*Obsessions et Phobies, Leur mécanisme et leur étiologie*‹ (Revue Neurologique, III, 1895; *G. W.* I), wo derselbe Fall erwähnt wird.

[4]) Billroth, Theodor, Professor der Chirurgie in Wien, geb. 1822, gest. 6. 2. 1894.

77 [1]) ›Zur Kenntnis der cerebralen Diplegien des Kindesalters (im Anschluß an die Little'sche Krankheit). Neue Folge.‹ III. Heft der Beiträge zur Kinderheilkunde, herausgegeben von Dr. M. Kassowitz, 1893.

[2]) Vgl. ›*Le Progrès Médical*‹, Tom. 19—20, 1894. Deuxième Semestre, Paris, 1894, S. 21—24, S. 57—61 ff. Fulgence Raymond (geb. 1848) war der Nachfolger Charcots, der gemeinsam mit Pierre Janet den Band II der ›*Névroses et Idées fixes* (1898) herausgegeben hat.

78 [1]) Während die Begriffe ›Degeneration‹ und ›Konflagration‹ in Freuds Veröffentlichungen keine Rolle spielen, hat er die besonderen psychologischen Verhältnisse des Seniums in ›Über die Berechtigung . . .‹ 1895 (*G. S.* I, S. 327) behandelt. Es heißt dort: »Die Angst im Senium (Klimakterium der Männer) erfordert eine andere Erklärung. Hier läßt die Libido nicht nach; es findet aber, wie während des Klimakteriums der Weiber, eine solche Steigerung in der Produktion der somatischen Erregung statt, daß die Psyche für die Bewältigung derselben sich als relativ insuffizient erweist.«

79 [1]) Undatiert. — Im Brief vom 21. 5. 94 (Nr. 18) wird ›Die Ätiologie und Theorie der Neurosen‹ erwähnt. Das vorliegende Manuskript mag etwas früher entstanden sein.

[2]) Freud beabsichtigte offenbar, neben Problemen der Klinik und Theorie auch solche der therapeutischen Technik zu behandeln. Er hat diese Absicht wenig später im Schlußkapitel der ›Studien‹ durchgeführt.

80 [1]) Der Plan, die Neurosenlehre auf psychische Regulationsprinzipien zu gründen, ist erst in der Reihe der metapsychologischen Schriften (1911 bis 1920) ausgeführt worden.

[2]) Undatiert. — Nach dem Zusammenhang der Gedanken hier einzuordnen; möglicherweise ist ein Briefumschlag mit dem Poststempel vom 6. 6. 1894 zugehörig. — Wesentliche Teile decken sich mit der Arbeit »Über die Berechtigung, von der Neurasthenie einen bestimmten Symptomenkomplex als ›Angstneurose‹ abzutrennen«, die zu Anfang des Jahres 1895 erschienen ist. (Neurologisches Zentralblatt 1895); schon im nächsten Brief erwähnt Freud den Plan zu dieser Arbeit.

86 [1]) S. das letzte Kapitel der ›Studien über Hysterie‹, ›Zur Psychotherapie der Hysterie‹.

87 [1]) Die beiden Krankengeschichten hängen mit den Gedankengängen über

die ätiologische Formel zusammen, die Freud 1895 in ›Zur Kritik der Angstneurose‹, und ausführlicher 1896 in ›L'Hérédité et l'Étiologie des Névroses‹ behandelt hat.

Die Numerierung bezieht sich offenbar auf nicht erhaltene klinische Aufzeichnungen.

90 [1]) Der Terminus Melancholie wird verwendet, wo wir heute von Depression sprechen würden.

91 [1]) Offenbar der Tag, an dem Freud aus der Sommerfrische zur Ordination nach Wien fuhr.

[2]) Leipzig, 1894.

[3]) Dr. Paschkis, der Herausgeber der Wiener Medizinischen Rundschau, zu deren ständigen Mitarbeitern Freud gehörte.

[4]) Mit dem Aufsatz über Migraine dürfte eine Arbeit Meynerts gemeint sein.

[5]) Die mehrfach erwähnte, 1895 erschienene Arbeit von Fließ, deren Manuskript Freud im September in Fließ' Auftrag der Wiener Med. Rundschau übergab. S. Einl. S. 12.

92 [1]) Undatiert. Vermutlich — nach dem Poststempel auf einem wohl zugehörigen Briefumschlag — am 7. 1. 1895 verfaßt, im Anschluß an eine Begegnung mit Fließ zu Weihnachten 1894. — Im Anschluß an die ältere deutsche Psychiatrie verwendet Freud in dieser Skizze den Ausdruck ›Melancholie‹ zur Bezeichnung aller, auch leichter Depressionen und Verstimmungen. — Der klinische Ansatz, d. h. der Versuch, die ›Melancholie‹ aus der Reaktion auf Sexualerregung abzuleiten, ist Freud naturgemäß bald als unbefriedigend erschienen. Schon 1896 (in ›Weitere Bemerkungen über die Abwehr-Neuropsychosen‹, *G. S.* I, S. 371) hat er darauf hingewiesen, daß Fälle von ›periodischer Melancholie‹ sich »in ungeahnter Häufigkeit . . . in Zwangsaffekte und Zwangsvorstellungen auflösen« lassen und daher aus dem Wesen des zwangsneurotischen Konflikts zu erklären seien. Wenig später hat er das Ganze seines Versuches als eine Verirrung erkannt. (Siehe auch Brief vom 16. 1. 1899 Nr. 102.) So hat sich aus den klinischen Beobachtungen nur erhalten, was später in die Sprache der Libidotheorie übersetzt werden konnte, namentlich etwa der Vergleich von Trauer und Melancholie; er ist 1910 im Schlußwort der Selbstmorddiskussion (*G. W.* VIII, S. 64) und 1917 in ›Trauer und Melancholie‹ verwendet, wo Freud für diesen Vergleich auf Abrahams Ausführungen hinweist. (›Ansätze zur psychoanalytischen Erforschung und Behandlung des manisch-depressiven Irreseins und verwandter Zustände‹, Zentralblatt II, 1912, Klinische Beiträge a. d. Jahren 1907—1920, Int. Psychoanalytische Bibliothek 10, 1921, 95 ff.)

Die theoretischen Auffassungen, von denen Freud in dieser Skizze ausgeht, sind aus der wenig später erschienenen aber etwas früher abgefaßten

Arbeit »Über die Berechtigung, von der Neurasthenie einen bestimmten Symptomenkomplex als ›Angstneurose‹ abzutrennen« bekannt; dort heißt es: (*G. S.* I, S. 325) »Im geschlechtsreifen männlichen Organismus wird — wahrscheinlich kontinuierlich — die somatische Sexualerregung produziert, die periodisch zu einem Reiz für das psychische Leben wird. Schalten wir, um unsere Vorstellungen darüber besser zu fixieren, ein, daß diese somatische Sexualerregung sich als Druck auf die mit Nervenendigungen versehene Wandung der Samenbläschen äußert, so wird diese viszerale Erregung zwar kontinuierlich anwachsen, aber erst von einer gewissen Höhe an imstande sein, den Widerstand der abgeschalteten Leitung bis zur Hirnrinde zu überwinden und sich als psychischer Reiz zu äußern. Dann aber wird die in Psyche vorhandene sexuelle Vorstellungsgruppe mit Energie ausgestattet, und es ensteht der psychische Zustand libidinöser Spannung, welcher den Drang nach Aufhebung dieser Spannung mit sich bringt. Eine solche psychische Entlastung ist nur auf dem Wege möglich, den ich als *spezifische* oder *adäquate* Aktion bezeichnen will. Diese adäquate Aktion besteht für den männlichen Sexualtrieb in einem komplizierten spinalen Reflexakt, der die Entlastung jener Nervenendigungen zur Folge hat, und in allen psychisch zu leistenden Vorbereitungen für die Auslösung dieses Reflexes. Etwas anderes als die adäquate Aktion würde nichts fruchten, denn die somatische Sexualerregung setzt sich, nachdem sie einmal den Schwellenwert erreicht hat, kontinuierlich in psychische Erregung um; es muß durchaus das geschehen, was die Nervenendigungen von dem auf ihnen lastenden Druck befreit, somit die ganze derzeit vorhandene somatische Erregung aufhebt und der subkortikalen Leitung gestattet, ihren Widerstand herzustellen ... Es ist auch bei der Frau eine somatische Sexualerregung anzunehmen und ein Zustand, in dem diese Erregung psychischer Reiz wird, Libido, und den Drang nach der spezifischen Aktion hervorruft, an welche sich das Wollustgefühl knüpft. Nur ist man bei der Frau nicht imstande, anzugeben, was etwa der Entspannung der Samenbläschen hier analog wäre.« — Die vorliegenden Notizen führen diese Überlegungen weiter und das ›Sexualschema‹ illustriert sie; (s. S. 93.) Auch die Versuche, die Unterschiede zwischen männlicher und weiblicher Sexualfunktion rein physiologisch zu erklären, sind um ein Stück weitergeführt; vermutlich unter dem Einfluß von Fließ, der wohl hier, wie auch sonst, die Zuspitzung der physiologischen Erklärung gefördert haben dürfte.

93 1) Einzelne der Gedanken dieses Absatzes sind in dem ›Das Problem der Sexualerregung‹ überschriebenen Abschnitt der ›Drei Abhandlungen zur Sexualtheorie‹ (1904) weit klarer formuliert worden; durch die Einführung der Libido als »psychische Energie der Sexualtriebe« werden die Probleme, um die sich Freud hier bemüht, besser faßbar.

95 [1]) D. h. »daß bei so vielen Melancholischen lange vorher Anästhesie bestanden hat«.

[2]) D. h. »daß alles, was Anästhesie hervorruft, die Entstehung von Melancholie fördert«.

96 [1]) Gemeint ist wohl: bei niedrigem Stand der Spannung im Endorgan.

97 [1]) Beilage zu dem hier nicht abgedruckten Brief vom 24. I. Ein Teil der hier niedergelegten Auffassungen hat Aufnahme gefunden in dem Aufsatz ›Weitere Bemerkungen über die Abwehr-Neuropsychosen‹ (Neurologisches Zentralblatt, 1896, 10), wo als II. Abschnitt die ›Analyse eines Falles von chronischer Paranoia‹ gegeben ist, den Freud in einer Fußnote in 1924 (*G. S.* I, S. 376) als ›Dementia paranoides‹ klassifiziert. Doch reicht die Publikation von 1896 nicht an die vorliegenden Ausführungen heran. Namentlich die ins einzelne gehende Diskussion der Projektion und ihre Verwendung in normalen und abnormalen psychischen Vorgängen findet sich erst in späteren Schriften Freuds; eine zusammenfassende selbständige Darstellung des Projektionsmechanismus, der namentlich in ›Psychoanalytische Bemerkungen über einen autobiographischen beschriebenen Fall von Paranoia (Dementia Paranoides)‹ (Schreber) von manchen Seiten her beleuchtet wurde, ist nie erschienen. — Die Betonung des Abwehrbegriffes in der vorliegenden Studie und der Vergleich der Abwehrleistungen verschiedener Krankheitsbilder nimmt manches vorweg, das erst dreißig Jahre später in ›Hemmung, Symptom und Angst‹ ausgeführt und neu begründet wurde.

[2]) Lessing: Emilia Galotti.

103 [1]) Erschienen unter dem Titel ›Zur Psychotherapie der Hysterie‹ als letzter Abschnitt der ›Studien über Hysterie‹. (*G. W.* I.)

[2]) Verwendet in der ›Traumdeutung‹, *G. W.* II—III, S. 130.

[3]) Bezieht sich vermutlich auf das im folgenden abgedruckte Manuskript.

[4]) Undatiertes Manuskript aus dem Besitz von Dr. Robert Fließ, New York; vermutlich identisch mit der im vorangehenden Brief erwähnten Arbeit.

105 [1]) Ergänzt.

106 [1]) ›Über die Bernhardtsche Sensibilitätsstörung am Oberschenkel‹. Neurol. Zentralblatt, 1895, Nr. 11.

[2]) S. L. Löwenfeld, ›Über die Verknüpfung neurasthenischer und hysterischer Symptome in Anfallsform nebst Bemerkungen über die Freudsche Angstneurose‹. Münchner Medizinische Wochenschrift, Nr. 13, 1895. Freuds Erwiderung ist in der Arbeit ›Zur Kritik der Angstneurose‹ in der Wiener klinischen Rundschau des gleichen Jahres erschienen. (*G.W.* I.)

[3]) Die Arbeit über ›Die infantile Cerebrallähmung‹ ist erst 1897 erschienen und wird als drückende Verpflichtung in den Briefen öfters erwähnt.

107 1) W. Jerusalem, ›Urteilsfunktion‹. 1895. Jerusalem, der mit Phänomenen des Hypnotismus und den Schriften von Charcot, Richet und Bernheim vertraut war, vertritt in diesem Buche die Berechtigung der »Annahme unbewußter psychischer Phänomene«. Es ist wahrscheinlich, daß auch seine Erörterungen über die Wichtigkeit der »Beobachtungen der Kinderseele und Benützung der Berichte über das Seelenleben wenig entwickelter Völker« (S. 19) auf Freud anregend wirkten.

108 1) Offenbar die Frage, in welchen Zeitpunkten die größte und die kleinste Wahrscheinlichkeit der Befruchtung besteht.

2) Fließ' Lehre von der nasalen Reflexneurose.

109 1) Alexander Freud, geb. 1866, gest. 1943.

2) *φψω* (oder W) als Abkürzung für die Grundhypothesen der ›Psychologie‹, s. den ›Entwurf‹, S. 297 ff.

110 1) D. h. Neuigkeiten über Neurosen.

2) Siehe den ›Entwurf einer Psychologie‹, S. 297 ff. — Freud hatte Fließ in Berlin besucht.

111 1) Die Bemerkung bezieht sich auf die fortschreitende Eroberung des Wiener Gemeinderates durch die von K. Lueger geführte christlichsoziale Partei, deren antisemitische Tendenz die liberale Partei erfolglos zu bekämpfen suchte. In den Jahren 1895—96 ist Lueger dreimal zum Bürgermeister gewählt worden, aber die kaiserliche Bestätigung wurde bis April 1897 vorenthalten. Über Freuds Stellung zu Lueger, der bis zu seinem 1910 erfolgten Tod Bürgermeister von Wien blieb, s. Brief v. 14. 4. 1898 Nr. 88.

2) Zu dieser Einsicht war Freud im Juli 1895 gekommen. Siehe Brief v. 12. 6. 1900 Nr. 137 und Entwurf, S. 343 ff.

112 1) Fließ ist dieser Anregung später gefolgt. Seine 1897 bei Deuticke in Wien erschienene Publikation trägt den Titel ›Die Beziehungen zwischen Nase und weiblichem Geschlechtsorgan‹.

2) Siehe S. 299.

3) Nicht erhalten.

4) Siehe dazu Brief vom 15. 10. 1895, Nr. 30.

5) Nicht erhalten.

113 1) Ein nicht erhaltenes Manuskript von Fließ.

2) Vgl. den vorangehenden Brief. Dies ist eine der Grundthesen der 1896 erschienenen Arbeit ›Weitere Bemerkungen über die Abwehr-Neuropsychosen‹. Der moralische Konflikt in der Struktur der Zwangsneurose wird hier deutlich erkannt.

3) Unterschrift fehlt.

114 1) Fließ' im Brief Nr. 29 erwähnte Aufzeichnungen.

2) Die Novelle des dänischen Schriftstellers Jacobsen, Niels Lyhne.

3) Nicht im Druck erschienen; ein Manuskript ist nicht erhalten.

115 1) Das Folgende bezieht sich auf Freuds Arbeit am Entwurf einer ›Allgemeinen Psychologie‹.

116 1) Rückert, ›Makamen des Hariri‹, später an das Ende von ›Jenseits des Lustprinzips‹ gestellt.

2) Fließ litt um diese Zeit an fortgesetzten Migrainen.

3) ›Auf meine Million‹ bezieht sich auf ein Scherzwort. Freuds Skeptizismus folgt der Periode, in der er den Entwurf der Psychologie in weniger als drei Wochen niedergeschrieben hat. Hier sehen wir ihn von der Konstruktion zur Empirie zurückkehren. Er erwartet von der Beendigung eines Falles (vielleicht der öfters erwähnte Fall E) Aufklärung über die Klinik der Verdrängung (s. nächster Brief).

117 1) Der Begriff der ›Lustpumpe‹ ist weder in Freuds gedruckten Arbeiten, noch in den hier vorliegenden Notizen nochmals erwähnt.

2) Der Gedanke, die Ätiologie der Hysterie mit der Verführung der Kinder durch Erwachsene zu verbinden, festigt sich und scheint durch die analytische Arbeit bestätigt zu werden.

119 1) Nicht erhalten.

2) Bezieht sich auf die Schwangerschaft. S. Brief vom 3. 12. 1895, Nr. 37.

120 1) Minna Bernays, 1865—1941, Martha Freuds Schwester.

2) Der Aufsatz ›Über psychische Lähmungen‹ (Neurologisches Zentralblatt, 1893, S. 938—946) ist von C. S. Freund in Breslau verfaßt und folgt dem Gedankengang von Freuds ›Considerations‹, ohne diese Arbeit zu zitieren. Etwa die Hälfte des Aufsatzes ist dem Lehrbuch von Heinrich Sachs (›Vorträge über Bau und Tätigkeit des Großhirns und die Lehre von der Aphasie und Seelenkrankheit‹, Breslau, 1893) wörtlich entlehnt. Dort heißt es: »Im Gehirn des Menschen sind, sobald derselbe nur einige Zeit auf der Welt existiert hat, eine sehr große Anzahl molekularer Wellen der allerverschiedensten Spannungsgrade als das Resultat der während des Lebens aufgesammelten Erfahrungen vorhanden. Von diesen besitzt jeder Zeit nur eine geringe Anzahl diejenige Wellenhöhe, die sie zusammen als eine Gesamtvorstellung ins Bewußtsein treten läßt. Keine Welle behält ihre Höhe längere Zeit bei; eine jede fällt sofort wieder ab und verschwindet damit aus dem Bewußtsein, um anderen Platz zu machen. Und so löst unaufhörlich im normalen Gehirn eine Vorstellung die andere ab.« (S. 110.) Freund fügt hinzu: »Nach der Annahme von Heinrich Sachs liegt den letzterwähnten Tatsachen ein Gesetz zugrunde, nämlich das ›Gesetz von den konstanten Mengen psychischer Energie‹, nach welchem die Summe der Spannungen aller vorhandenen molekularen Wellen innerhalb gewisser zeitlicher Grenzen im selben Individuum eine annähernd konstante ist.«

Das Prinzip der psychischen Konstanz hatte Freud schon seit Jahren beschäftigt. In einem Brief vom 29. 6. 1892 an Breuer erwähnt er den ›Satz von der Konstanz der Erregungssumme‹ als erste der gemeinsamen Theorien (*G. W.* XVII, S. 5) und im ersten Entwurf der vorläufigen Mitteilung ›Über den psychischen Mechanismus hysterischer Phänomene‹, die Ende November 1892 verfaßt wurde (*G. W.* XVII, S. 10—13), ist dieser Gedanke näher ausgeführt. (Vgl. auch die S. 27 abgedruckte Bemerkung in Freuds Ausgabe der Charcot-Vorlesungen.)

Über die Verarbeitung dieses Gedankens in den ›Studien über Hysterie‹ vgl. S. Bernfeld, ›*Freuds Earliest Theories and the School of Helmholtz*‹, The Psychoanalytic Quarterly, XIII, S. 341—362.

Das Konstanzprinzip spielt in den Freudschen Entwürfen von 1895 (s. S. 306) als ›Trägheitsprinzip‹ eine wichtige Rolle. Es ist dann als ›Lustprinzip‹ (Streben des psychischen Apparates, die Spannung konstant zu erhalten) und als ›Nirwanaprinzip‹ (Streben des psychischen Apparates nach Herabsetzung der Spannung auf O) zu einem der Regulationsprinzipien der Psychoanalyse geworden.

[3]) Karl Fleischmann, der bekannte Gynäkologe.

121 [1]) Vgl. dazu Anm. zum Brief vom 29. 11. 1895, Nr. 36.

122 [1]) Undatiert. — In der Darstellung ähnlich der Krankengeschichte im ›Entwurf‹, S. 353. Auch nach der Schrift wohl im Jahre 1895 (vielleicht aber schon früher in diesem Jahre) entstanden; in Freuds Schriften nicht verwendet.

124 [1]) Robert Wilhelm.

125 [1]) Vgl. das im Folgenden (S. 129 ff.) abgedruckte Manuskript, das in einem Teil des Inhaltes identisch ist mit dem Aufsatz ›Weitere Bemerkungen über die Abwehr-Neuropsychosen‹, der im Neurologischen Zentralblatt von 1896, Heft 10, erschienen ist. (*G. W.* I.)

[2]) Nicht erhalten.

[3]) Das Folgende bezieht sich auf den ›Entwurf einer Psychologie‹, S. 305 ff.

127 [1]) Diese Modifizierungen zu den im ›Entwurf‹ niedergelegten Auffassungen verdienen Beachtung, weil sie die Unterscheidung von Wahrnehmungs- und inneren Reizen neu formulieren, auf den Gegensatz von bewußten und unbewußten (nicht verdrängten) psychischen Vorgängen vorbereiten und so auf die von Freud später vollendete Auffassung psychischer Struktur hinweisen. Die unmittelbare Fortentwicklung ist im 7. Kapitel der Traumdeutung gegeben; die hier angedeutete Auffassung der Halluzination ist dort im wesentlichen unverändert wiederholt.

128 [1]) Die folgenden Gedanken sind offenbar in der Absicht niedergeschrieben, eine Brücke zwischen Freuds und Fließ' Arbeitsgebieten herzustellen. Sie spielen in der Weiterentwicklung von Freuds Hypothesen keine Rolle.

[2]) Siehe Freuds Diskussion über Migraine, S. 103.

129 [1]) Beilage zum Brief vom 1. 1. 1896. Der letzte Abschnitt sucht Anschluß an die Gedanken des ›Entwurfs‹ und wiederholt sie zum Teil. — Die

Grundgedanken sind zum Teil in der Arbeit ›Weitere Bemerkungen über die Abwehr-Neuropsychosen‹ verwendet worden, die 1896 erschienen ist. Worauf sich der Untertitel des vorliegenden Entwurfs bezieht, wissen wir nicht, vielleicht erklärt er sich aus der Zeit der Zusendung, als verspätetes Geschenk zu Weihnachten 1895.

130 1) Vgl. dazu die analogen Ausführungen, Entwurf S. 356 ff.

2) Für weitere Versuche, das Problem der Neurosenwahl zu lösen, siehe etwa Brief Nr. 125.

3) »*Inter faeces et urinas nascimur.*« Vgl. dazu die Ausführungen in ›Das Unbehagen in der Kultur‹, 1928 (*G. S.* XII, S. 74, Fußnote zu S. 73), die zum Teil an E. Bleulers Arbeit ›Der Sexualwiderstand‹ (Jahrbuch für psychoanalytische und psychopathologische Forschungen, V, 1913) anschließen.

4) Diese unbefriedigenden Aufstellungen, die Freud schon im nächsten Satz verwirft, verdienen Beachtung weil sie beweisen, daß Freud sich schon damals des Einflusses sozialer Umstände auf die Neurosenentwicklung bewußt war; vgl. auch Manuskript A.

134 1) In dem entsprechenden Abschnitt der Arbeit ›Weitere Bemerkungen über die Abwehr-Neuropsychosen‹ ist manches hinzugefügt und einiges, meist Unwesentliches, unterdrückt worden.

135 1) Diese Überlegungen tauchen, in veränderter Form, erst in Freuds späteren Schriften auf.

137 1) Den Begriff der Grenzvorstellung hat Freud nicht in seine Schriften übernommen. Der Abschnitt über Hysterie in der Arbeit ›Weitere Bemerkungen über die Abwehr-Neuropsychosen‹ ist dem hier vorliegenden bei weitem überlegen und ruht auf reicher klinischer Grundlage.

2) Die drei kleinen Mitteilungen sind als ›Weitere Beiträge über die Abwehr-Neuropsychosen‹ im Neurologischen Zentralblatt 1896, Nr. 10 erschienen; die andere gleichzeitig übersandte Arbeit — ›*L'Hérédité et l'Étiologie des Névroses*‹ — in der Revue Neurologique IV, 1896.

3) Siehe S. 129 ff.

138 1) Strümpells Anzeige der ›Studien über Hysterie‹ ist in der Deutschen Zeitschrift für Nervenheilkunde, 1896, S. 159—161 erschienen. Breuers theoretische Ausführungen mögen, nach Strümpell, »manche treffende und anregende Gedanken« enthalten, die aber »in viel zu großer Verallgemeinerung und dabei in einer eigentümlich gesuchten Ausdrucksweise vorgebracht werden«. »Die therapeutischen Anschauungen der Verfasser« beruhen »auf einer richtigen und feinen psychologischen Auffassung mancher Fälle von schwerer Hysterie«, aber Strümpell hat Bedenken gegen das Heilverfahren. »Dieses verlangt, wie die Verfasser selbst hervorheben, eine oft bis in die kleinsten Einzelheiten eindringende Erforschung der privaten Verhältnisse und Erlebnisse der Kranken. Ich weiß nicht, ob

man unter allen Umständen ein derartiges Eindringen in die intimsten privaten Angelegenheiten auch von Seiten des ehrenhaften Arztes für erlaubt erachten darf. Am bedenklichsten finde ich dieses Eindringen, wenn es sich um sexuelle Verhältnisse handelt . . .«

[2]) Die Besprechung von Alfred Freiherr von Berger (1853—1912), Professor der Literaturgeschichte an der Wiener Universität und Direktor des Burgtheaters, ist in der Neuen Freien Presse als Feuilleton unter dem Titel ›Seelenchirurgie‹ erschienen; sie ist teilweise abgedruckt in ›Die Psychoanalytische Bewegung›, IV, 1932, S. 73 ff.; für eine Würdigung vgl. auch E. Kris in Psychoanalytik Quarterly XV, 1946, S. 226 ff. (Besprechung von F. J. Hoffmann, ›*Freudianism and the Literary Mind*‹).

[3]) Diese Bemerkung bezieht sich offenbar auf das Manuskript (ohne Schlußkapitel) von Fließ' 1897 erschienener Monographie ›Die Beziehungen zwischen Nase und weiblichen Geschlechtsorganen‹.

[4]) »den Dingen Fremder« = den Problemen fremd Gegenüberstehender.

[5]) Der Ausdruck ›Metapsychologie‹ ist hier zum ersten Male verwendet; siehe auch Brief vom 10. 3. 1898, Nr. 84; in Freuds Schriften findet er sich erst nach 1915.

139 [1]) H. Taine, ›L'Intelligence‹, 2 Bde., Paris, 1864.

[2]) Das Freud vorliegende Manuskript ist unter dem Titel ›Die Beziehungen zwischen Nase und weiblichen Geschlechtsorganen. In ihrer biologischen Bedeutung dargestellt‹ im Jahre 1897 im Druck erschienen. Vgl. Einleitung S. 12 f.

140 [1]) Fließ scheint einige von Freuds Änderungsvorschlägen berücksichtigt zu haben.

[2]) Über Freuds Stellung zur Periodenlehre von Fließ s. S. 42 ff.

[3]) In der wenig später (noch 1896) verfaßten Arbeit ›Zur Ätiologie der Hysterie‹ (*G. S.* I.) heißt es (S. 428): »Da in keinem einzigen Fall« (von Hysterie) »die Kette der wirksamen Erlebnisse mit dem achten Jahr abbricht, muß ich annehmen, daß diese Lebensperiode, in welcher der Wachstumsschub der zweiten Dentition erfolgt, für die Hysterie eine Grenze bildet, von welcher an ihre Verursachung unmöglich wird«. Vgl. dagegen die Auffassung im ›Entwurf‹, wo noch die Pubertät als Grenze angenommen ist.

[4]) Versuch einer Weiterführung der Hypothese von der Verwandlung gestauter Sexualerregung (Libido) in Angst.

[5]) Freud hatte sich schon 1892 für die Funktion der Schilddrüse interessiert, s. Charcot, ›Poliklinische Vorträge‹, Fußnoten zu S. 237.

[6]) Unter den Bedingungen für die Entstehung der Angstneurose bei Männern heißt es: »Angst der Männer im Senium. Es gibt Männer, die, wie die Frauen, ein Klimakterium zeigen und zur Zeit ihrer abnehmenden Potenz und steigenden Libido Angstneurose produzieren.«

141 [1]) Fließ' Reaktion auf Freuds Brief vom 1. 3. 1896, Brief Nr. 42, bereitet den Boden für die spätere Auflösung der Beziehung. Fließ verlangt unbedingte Anerkennung seiner Periodenlehre. S. Einl. S. 38 ff.

[2]) In ›Zur Geschichte der psychoanalytischen Bewegung‹ sagt Freud: »... es bildet sich ein negativer Raum um meine Person«. Siehe auch Brief vom 4. 5. 1896, Nr. 45. Freud hat die Reaktion seiner Umwelt auf seine Funde zuweilen noch schärfer und positiver formuliert: Die Ablehnung der Umwelt habe, nachdem er die Wirkungsweise des Widerstandes verstanden habe, die Einsicht in die volle Bedeutung seiner Funde gegeben.

142 [1]) S. Bemerkung z. Brief v. 1. 3. 96 (Nr. 42).

[2]) S. Anmkg. 5, S. 140, Brief Nr. 42.

143 [1]) Nicht erhalten.

[2]) Die Hochzeit von Freuds Schwester Rosa.

[3]) Hier bereitet sich die Vorstellung von ›Latenzperioden‹ vor, deren Bezeichnung Freud von Fließ entlehnte.

145 [1]) Der hier versuchte Ansatz hat in späterer Zeit in Verbindung mit den in den ›Drei Abhandlungen zur Sexualtheorie‹ entwickelten Anschauungen zur Lehre von der Fixierung geführt.

146 [1]) Wir finden hier in erster Formulierung die Lehre vom Kompromißcharakter des Symptoms. Auch die Strukturlehre ist im Ansatz gegeben: Freud spricht von psychischen Mächten, die miteinander in Konflikt geraten und antipiziert in seiner Vorstellung vom Bewußtsein eine erst in ›Das Ich und das Es‹ voll entwickelte Einsicht, daß das Ich sowohl am Bewußtsein wie am Unbewußten Anteil hat oder, anders gesagt, daß manche Ich-Funktionen bewußt seien und andere nicht.

Kennzeichnend für Freuds Interessen in der Zeit der Abfassung des Briefes ist der Umstand, daß er seine Vergleiche aus der Denkpsychologie wählt und das Symptom einem Denkfehler vergleich; hier spielen die Gedanken des ›Entwurfs‹ eine entscheidende Rolle.

[2]) Der Vortrag war unfreundlich aufgenommen worden. Krafft-Ebbing hatte, wie Freud in einem hier nicht mitgeteilten Briefe berichtet, die Bemerkung fallen lassen, »Es klingt wie ein wissenschaftliches Märchen«. Der Vortrag ist unter dem Titel ›Zur Ätiologie der Hysterie‹ in der Wiener klinischen Rundschau Nr. 22-26 erschienen (*G. W.* I). Den Inhalt der Arbeit hat Freud selbst (in ›Inhaltsangaben der wissenschaftlichen Schriften des Privatdozenten Dr. Sigm. Freud‹) folgendermaßen zusammengefaßt:

> »Eingehendere Mitteilungen über die infantilen Sexualerlebnisse, die sich als Ätiologie der Psychoneurosen ergeben haben. Der Inhalt derselben ist als ›Perversion‹ zu bezeichnen, die Urheber sind zumeist unter den nächsten Angehörigen der Kranken zu suchen. Erörterung der

Schwierigkeiten, welche bei der Aufdeckung dieser verdrängten Erinnerungen zu überwinden sind, und der Anzweiflungen, welche man gegen die so gewonnenen Resultate erheben kann. Die hysterischen Symptome erweisen sich als Abkömmlinge unbewußt wirkender Erinnerungen; sie treten nur unter der Mitwirkung solcher Erinnerungen auf. Das Vorhandensein von infantilen Sexualerlebnissen ist unerläßliche Bedingung, wenn es dem — auch im Normalen vorhandenen Abwehrbestreben gelingen soll, pathogene Wirkungen, d. h. Neurosen, zu erzeugen.«

147 [1]) Fließ ist bei seinen Arbeiten auf die Bemerkung Löwenfelds über die Periodizität von Angstanfällen gestoßen. Freud verweist demgegenüber auf folgende Stelle in seiner Arbeit ›Zur Kritik der Angstneurose‹.

»Der weiteren Behauptung *Löwenfelds*, daß die Angstzustände nur bei gewissen Anlässen auftreten, bei deren Vermeidung sie ausbleiben, gleichgültig, welches die Vita sexualis des Betreffenden sein mag, ist entgegenzuhalten, daß *Löwenfeld* hierbei offenbar nur die Angst der *Phobien* im Auge hat, wie auch die an die zitierte Stelle geknüpften Beispiele zeigen. Von den spontanen Angstanfällen, deren Inhalt Schwindel, Herzklopfen, Atemnot, Zittern, Schweiß u. dgl. ist, spricht er gar nicht. Das Auftreten und Ausbleiben dieser Angstanfälle zu erklären, scheint meine Theorie aber keineswegs untüchtig. In einer ganzen Reihe solcher Fälle von Angstneurosen ergibt sich nämlich wirklich der Anschein einer Periodizität des Auftretens von Angstzuständen ähnlich der bei Epilepsie beobachteten, nur daß hier der Mechanismus dieser Periodizität durchsichtiger wird. Bei näherer Erforschung findet man nämlich mit großer Regelmäßigkeit einen aufregenden sexuellen Vorgang auf (d. h. einen solchen, der imstande ist, somatische Sexualspannung zu entbinden), an welchen sich mit Einhaltung eines bestimmten, oft ganz konstanten Zeitintervalls der Angstanfall anschließt. Diese Rolle spielen bei abstinenten Frauen die menstruale Erregung, die gleichfalls periodisch wiederkehrenden nächtlichen Pollutionen, vor allem der (in seiner Unvollständigkeit schädliche) sexuelle Verkehr selbst, der diesen seinen Wirkungen, den Angstanfällen, die eigene Periodizität überträgt. Kommen Angstanfälle, welche die gewohnte Periodizität durchbrechen, so gelingt es zumeist, sie auf eine Gelegenheitsursache von seltenerem und unregelmäßigem Vorkommen zurückzuführen, ein vereinzeltes sexuelles Erlebnis, Lektüre, Schaustellung u. dgl. Das Intervall, das ich erwähnt habe, beträgt einige Stunden bis zu zwei Tagen; es ist dasselbe, mit welchem bei anderen Personen auf dieselben Veranlassungen hin die bekannte Sexualmigräne auftritt, die ihre sicheren Beziehungen zum Symptomkomplex der Angstneurose hat.« (*G. S.* I, S. 354-355.)

Freuds Auffassung hat mit der von Fließ vertretenen in der Tat nichts zu tun, beleuchtet aber das Problem der Spannungsabfuhr und seiner Auffassungen zu diesem Gegenstand mit besonderer Klarheit.

149 [1]) Wernicke, Karl, (1848-1905) der bekannte Breslauer Psychiater und Neurologe.

150 [1]) Verwendet in der Traudeutung, *G. W.* II-III, S. 322 f., wo der Traumtext heißt: »Man bittet, die Augen zuzudrücken.« Der Traum ist dort ausführlich, offenbar an Hand von Notizen dargestellt.

[2]) Fließ' Frau und Sohn.

[3]) Vergil, Aeneis. — Verwendet als Motto der ›Traumdeutung‹.

[4]) Goethe, ›Zahme Xenien‹. Verwendet 1914 als Motto des dritten, der Geschichte der ›Abfallsbewegungen‹ gewidmeten Kapitels der Arbeit ›Zur Geschichte der psychoanalytischen Bewegung‹.

151 [1]) Die folgende Darstellung vermittelt zwischen den Annahmen über den psychischen Apparat, die im Entwurf (s. S. 297 ff.) niedergelegt sind, und den Vorstellungen, die Freud im VII. Kapitel der Traumdeutung zusammengefaßt hat; sie werden später namentlich in ›Jenseits des Lustprinzips‹ wieder aufgenommen und 1925 in der Arbeit ›Notiz über den Wunderblock‹ (*G. W.* XIV) in eine Form gefaßt, die frühe und spätere Theorien verbindet:

> »Die Hilfsapparate, welche wir zur Verbesserung oder Verstärkung unserer Sinnesfunktionen erfunden haben, sind alle so gebaut wie das Sinnesorgan selbst oder Teile desselben (Brille, photographische Kamera, Höhrrohr usw.). An diesem Maß gemessen, scheinen die Hilfsvorrichtungen für unser Gedächtnis besonders mangelhaft zu sein, denn unser seelischer Apparat leistet gerade das, was diese nicht können; er ist in unbegrenzter Weise aufnahmsfähig für immer neue Wahrnehmungen und schafft doch dauerhafte — wenn auch nicht unveränderliche — Erinnerungsspuren von ihnen. Ich habe schon in der ›Traumdeutung‹ 1900 die Vermutung ausgesprochen, daß diese ungewöhnliche Fähigkeit auf die Leistung zweier verschiedener Systeme (Organe des seelischen Apparates) aufzuteilen sei. Wir besäßen ein System W-Bw, welches die Wahrnehmungen aufnimmt, aber keine Dauerspur von ihnen bewahrt, so daß es sich gegen jede neue Wahrnehmung wie ein unbeschriebenes Blatt verhalten kann. Die Dauerspuren der aufgenommenen Erregungen kämen in dahinter gelegenen ›Erinnerungssystemen‹ zustande. Später (›Jenseits des Lustprinzips‹) habe ich die Bemerkung hinzugefügt, das unerklärliche Phänomen des Bewußtseins entstehe im Wahrnehmungssystem *an Stelle* der Dauerspuren.«

[2]) Eine der seltenen Stellen, in denen Freud selbst auf die Ähnlichkeit zwischen seiner Studie ›Zur Auffassung der Aphasien‹ (1891) und seinen späteren Arbeiten hinweist.

[3]) Das vorliegende Schema leitet zu dem im VII. Kapitel der Traumdeutung verwendeten Schema über, bei dem aber von der Beziehung auf Neuronen abgesehen wurde.

[4]) Wz. für ›Wahrnehmungszeichen‹.

152 [1]) Den Gedanken, das Verständnis der Funktionsweise des psychischen Apparates genetisch zu begründen, hat Freud in seinen Schriften nicht unmittelbar fortgeführt; mittelbar freilich hat er in der Arbeit ›Formulierungen über die zwei Prinzipien des psychischen Geschehens‹ (1911) gerade diese Betrachtungen vertreten. — Auch in jüngster Zeit hat Freuds Ansatz keine voll befriedigende Fortsetzung gefunden; das Problem aber, das er schon 1896 im Auge hatte, läßt sich jetzt schärfer abgrenzen. Es handelt sich um die Aufgabe, die Geschichte einzelner Ich-Funktionen mit der Entwicklung des psychischen Apparates zu verbinden. Zu diesem Problem vgl. H. Hartmann, ›Ichpsychologie und Anpassungsprobleme‹, Intern. Zeitschrift für Psychoanalyse und Imago, XXVI, 1940, und H. Hartmann, E. Kris and R. Loewenstein, ›*Some Comments on the Formation of Psychic Structure*‹. The Psychoanalytic Study of the Child, II, 1947.

153 [1]) Die ökonomischen Überlegungen, die im Jahre vorher (s. Entwurf) noch in der Sprache der Nervenphysiologie formuliert waren, sind hier durch allgemeine Annahmen über Besetzungsintensitäten ersetzt. Die Darstellung des psychischen Apparates ist damit um ein gutes Stück ›selbständiger‹ geworden; sie kann mit klinischen Beobachtungen leichter in Einklang gebracht werden; zugleich wird der ontogenetische Gesichtspunkt eingeführt.

Die anschließenden Abschnitte verbinden die Annahmen über die Funktion des psychischen Apparates mit denen über die Sonderstellung der Verdrängung als Abwehr sexueller Traumen. Diese Annahmen stehen hier noch auf dem Boden der ›Verführungshypothese‹. (S. Einleitung, S. 31 ff.)

[2]) Vgl. dazu die frühere Formulierung im Brief vom 30. 5. 1896 (Nr. 46).

[3]) Freud unterscheidet hier nur zwei ›sexuelle‹ Phasen vor der Pubertät, die von einander durch die zweite Dentition getrennt sind.

[4]) Freud hatte bisher von der Perversion nicht gesprochen.

155 [1]) In einer im folgenden nicht wiedergegebenen Stelle bemüht sich Freud darum, die Phasen, in denen die Verführungserlebnisse bei jeder der Krankheitsgruppen ätiologisch wirksam sind, als Vielfaches der Fließ'schen Perioden anzusehen. Der nächste, hier abgedruckte Abschnitt verarbeitet den Gedanken, daß die Bisexualität die Grundlage der Neurose bildet, einen Gedanken, den Fließ sich später voll zu eigen macht. (S. Einl. S. 41 f.) Freuds Anschauungen aber greifen schon in der hier vorliegenden ersten Formulierung viel weiter aus: er erkennt die Bedeutung der erogenen Zonen und weist wenigstens in einem Satze darauf hin, welche Bedeutung Reifungsvorgänge in diesem Zusammenhang besitzen.

[2]) Eine Annahme, von der sich Freud bald befreit hat. Sie stellt den Höhepunkt von Freuds Bemühen dar, seine und Fließ' Anschauungen zu verbinden.

156 [1]) In seiner 1894 erschienenen Arbeit ›Die Abwehr-Neuropsychosen‹ hatte Freud den Satz Oppenheims ›Die Hysterie ist ein gesteigerter Ausdruck der Gemütsbewegung‹ noch angenommen. (*G. S.* I, S. 296.)

[2]) Das Zimmer ist das neue vor kurzem bezogene Ordinationszimmer Freuds im Parterre des Hauses Berggasse 19.

157 [1]) Der hier nicht mitgeteilte Einleitungsabschnitt des Briefes enthält einen weiteren Versuch, die Fließ'sche Periodenrechnung mit der Neurosenlehre zu verbinden.

[2]) Die Angst, aus dem Fenster zu stürzen, läßt auch andere Deutungen zu. Freud weist später (1922) auf die Bedeutung als ›Darstellung der Niederkunft‹ hin. (Vgl. ›Traum und Telepathie‹, *G. W.* XIII, S. 183.)

158 [1]) Anspielung auf einen Witz, den Freud als Assoziation zu einem seiner Träume in der Traumdeutung mitteilt (*G. W.* II-III, S. 200). Der Witz berichtet, »wie ein armer Jude ohne Fahrbillett den Einlaß in den Eilzug nach Karlsbad (Kurort in der Tschechoslowakei) erschleicht, dann ertappt, bei jeder Revision vom Zuge gewiesen und immer härter behandelt wird, und der dann einem Bekannten, welcher ihn auf einer seiner Leidensstationen antrifft, auf die Frage, wohin er reise, — zur Antwort gibt: ›Wenn's meine Konstitution aushält — nach Karlsbad.‹«

[2]) Der erste Hinweis auf die ätiologische Bedeutung der frühen Kindheit. Ähnliche Gedanken müssen aber Freud schon längere Zeit beschäftigt haben, denn schon im Jahre 1895 (s. Entwurf 335) hat er etwa die Beziehung des Kindes zur mütterlichen Pflegeperson und zur Mutterbrust als Beispiel für eine Diskussion des Unterschiedes zwischen Wahrnehmung und Halluzination verwendet.

159 [1]) Dies ist der erste Versuch, eine psychoanalytische Rekonstruktion zu verifizieren.

[2]) Krafft-Ebing, der Autor der ›Psychopathia Sexualis‹, damals Ordinarius für Psychiatrie und Neurologie in Wien, der Freud zwar skeptisch, aber wohlwollend gegenüberstand und ihm seine Schriften zuzusenden pflegte.

[3]) Verwendet als Inschrift der englischen Medaille, die zur Erinnerung an den Untergang der spanischen Armada geprägt wurde; vgl. dazu Traumdeutung (*G. W.*, II-III, 219), wo Freud seiner Absicht gedenkt, »diesen Spruch zur halb scherzhaft gemeinten Überschrift des Kapitels ›Therapie‹ zu nehmen, wenn ich je dazu gelangen sollte, ausführliche Kunde von meiner Auffassung und Behandlung der Hysterie zu geben«.

[4]) Die ›Verführungshypothese‹ gewinnt in diesem und dem folgenden Brief an Bedeutung für Freuds Denken. Trotz dieses Umweges ergeben sich fruchtbare Nebenfunde: Das Alter der ›Fixierung‹ für psychotische

Erkrankungen wird vorgelegt und die Einsichten in die Phasen der Libidoentwicklung deuten sich an.

160 1) Die Gedanken über die Bedeutung des Geruchssinnes bei Mensch und Tier weisen auf Freuds spätere Hypothesen über die Rolle des aufrechten Gangs in Onto- und Phylogenese hin; zu diesem Thema s. den Brief vom 14. Nov. 1897, Nr. 75.

161 1) Der vorliegende Brief weist auf drei später bedeutsame Richtungen in Freuds Arbeiten hin: auf die Heranziehung von Völkerkunde und Anthropologie, d. h. auf eine Ausdehnung des Beobachtungsmaterials; auf die Entdeckung der anal-sadistischen Phase und ihre Manifestationen, die in den folgenden Monaten und Jahren in den Briefen eine große Rolle spielt; und auf die Widerlegung von Freuds Auffassung von der Rolle der sexuellen Verführung in der Ätiologie der Neurosen, die er zur Zeit des Briefes noch mit Zähigkeit festhält und festhalten wird, bis er im Zuge der Selbstanalyse mit einem Schlage den Unterschied von Phantasie und Realität in den Berichten seiner Patienten erkennt.

163 1) E's ›Kinderfrau und erste Geliebte‹ S. Brief Nr. 80.

2) Die Formulierung, nach der die Hysterie das Negativ der Perversion ist, hat sich in Freuds Auffassung erhalten. (›Drei Abhandlungen zur Sexualtheorie‹, *G. W.* V, S. 65): ›Die Symptome bilden sich also auf Kosten abnormer Sexualität; die Neurose ist sozusagen das Negativ der Perversion.‹ (Siehe auch *ibid.*, S. 132, 210.)

3) Die Phantasien der anal-sadistischen Phase.

164 1) Dieser Gedanke taucht in etwas anderer Formulierung als Hypothese über den Wahrheitsgehalt des psychotischen Wahns in Freuds späten Arbeiten wieder auf. Vgl. ›Der Mann Moses und die monotheistische Religion‹, 1939, und ›Konstruktionen in der Analyse‹, Intern. Zeitschrift für Psychoanalyse, XXIII, 1937, S. 459-469.

2) Dieser Gedanke ist später O. Rank (›Der Mythus von der Geburt des Helden‹, 1909) zur Bearbeitung überlassen worden.

165 1) An den österreichischen Universitäten bestand der Brauch, daß die Medizinische Fakultät den Antrag zweier ihrer Mitglieder auf Verleihung des Professorentitels an einen Privatdozenten mit einer Majorität der Stimmen zu billigen hatte, ehe er an den Minister gelangte, der das Ernennungsdekret zur kaiserlichen Unterschrift vorzulegen hatte.

166 1) Unleserlich.

2) Ein weiterer Fortschritt auf dem Wege, der zur Einsicht in die Entwicklungsphasen der Libido führt. Die ältere Auffassung von den traumatischen Anlässen der Verführung wird offenbar nicht mehr als befriedigend empfunden.

3) Bei einem Zusammentreffen.

4) Der Ort der nächsten geplanten Begegnung.

[5]) Ein weiterer Hinweis auf die Bedeutung des Phantasielebens, der aber Freuds Überzeugung von der Realität der Verführungserlebnisse zunächst nicht erschüttert.

167 [1]) Das Referat von Krafft-Ebing war einer der zur Verleihung des Professortitels nötigen Schritte.

[2]) In der ›Traumdeutung‹ mitgeteilt (*G. W.* II-III, S. 522).

168 [1]) Bezieht sich vermutlich auf Fließ' Mißfallen am Nürnberger Stadtbild.

[2]) Eine unverständliche Anspielung.

170 [1]) Der ›große Fortschritt‹, von dem Freud spricht, hat später den ganzen Aufbau der psychoanalytischen Hypothesen umgestaltet und die Psychoanalyse zur Triebpsychologie gemacht. Freud hat beinahe das ›Es‹ entdeckt (die Bedeutung des Triebs), wenn er sagt, »daß das psychische Gebilde, welches von der Verdrängung betroffen wird, nicht eigentlich die Erinnerungen sind, denn kein Mensch ergibt sich ohne Grund einer Erinnerungstätigkeit«, sondern Impulse, die sich von den Urszenen ableiten.

[2]) Beilage zum Brief vom 2. 5. 97. — Die folgenden Bemerkungen gehören zu jenen, die Freud, meist angeregt durch klinische Beobachtungen, in unregelmäßiger Folge zu notieren pflegte. — Andere Notizen dieser Art folgen auf S. 175, 180. Freud hat ähnliche Aufzeichnungen bis in seine letzten Arbeitsjahre fortgesetzt; vgl. etwa die Notizen, die im XVII. Band der Gesammelten Werke (London, 1941) S. 151 f. abgedruckt sind.

[3]) Dieser Gedanke ist in Freuds Schriften kaum je mit vergleichbarer Prägnanz formuliert worden; vgl. etwa Traumdeutung, *G. W.* II-III, S. 495. »Das Studium der Psychoneurosen führt zur überraschenden Erkenntnis, daß diese Phantasien oder Tagträume die nächsten Vorstufen der hysterischen Symptome — wenigstens einer ganzen Reihe von ihnen — sind; nicht an den Erinnerungen selbst, sondern an den auf Grund der Erinnerung aufgebauten Phantasien hängen erst die hysterischen Symptome.«

171 [1]) Das Verständnis der folgenden Notiz ist gebunden an die Berücksichtigung der spezifischen sozialen Stellung des Dienstmädchens im Wiener bürgerlichen Haushalt der 1890er Jahre. Was von den vorliegenden Überlegungen Eingang in Freuds späteres Denken gefunden hat, ist in der Arbeit ›Über die allgemeine Erniedrigung des Liebeslebens‹ (Jahrbuch II, *G. W.* VIII) neu formuliert worden.

[2]) Wohl eine Vorahnung der Vorstellung vom Über-Ich.

172 [1]) Ähnliche Gedanken sind in der Arbeit ›Der Dichter und das Phantasieren‹ ausgeführt worden (1908). (*G. W.* VII.)

[2]) Verwendet in der Traumdeutung (*G. W.* II-III, S. 161 f.).

173 [1]) Im Druck erschienen (Deuticke 1897) unter dem Titel ›Inhaltsangaben der wissenschaftlichen Arbeiten des Privatdocenten Dr. Sigm. Freud (1877

bis 1897). Als Manuskript gedruckt.‹ Nachgedruckt in Internationale Zeitschrift für Psychoanalyse und Imago, XXV, 1940.

[2]) Die Abstimmung im Professorenkollegium der Medizinischen Fakultät, bei der Freud mit Stimmenmehrheit für den Titel eines außerordentlichen Professors vorgeschlagen wurde, fand am 12. Juni 1897 statt. Seither war die Verzögerung der Ernennung ausschließlich der (antisemitischen) Politik des Unterrichtsministeriums zuzuschreiben.

175 [1]) Scherzhafte Anspielung auf das ›Verzeichnis sämtlicher Schriften‹. Vgl. dazu den vorangehenden Brief.

[2]) Beilage zum Brief vom 25. 5. 1897.

[3]) Der Gedanke, daß ›Szenen nach steigendem Widerstand‹ geordnet sind und daß der Arbeitsweg der Behandlung in Schleifen vor sich gehe, hat später zu den in Freuds technischen Schriften niedergelegten Ratschlägen über die Deutung des Widerstands und damit zur Begründung der psychoanalytischen Technik geführt.

176 [1]) Der hier angedeutete Gedanke hat Freud zeit seines Lebens beschäftigt. (Vgl. dazu Einl. S. 40.) Er hat zu der Einsicht in die allgemeine Bedeutung der ›Inversionsneigung bei Psychoneurotikern‹ geführt, die Freud nach einer Bemerkung in den ›Drei Abhandlungen zur Sexualtheorie‹ (2. Aufl. S. 28; *G. W.* V, S. 65, Fußnote) mit einer Anregung von Fließ verbindet, später auf die allgemeine Bedeutung der latenten Homosexualität und endlich, in Freuds letzten Arbeitsjahren, auf die Bedeutung der Passivität im Leben des Kleinkindes.

178 [1]) Das hier Angedeutete läßt sich in mehreren von Freuds späteren Gedanken weiterverfolgen: in die Unterscheidung von Triebhaftem und Verdrängtem im Es (›Das Ich und das Es‹) und in die Idee, daß das Verdrängte selbst aufgearbeitet und zum Verschwinden gebracht werden könne (›Der Untergang des Ödipuskomplexes‹).

[2]) Der Familienroman, der hier und an früheren Stellen in den Briefen als Kennzeichen des Paranoischen angesehen wird, ist später von Freud als Teil des normalen Phantasielebens erkannt worden, das sich unter dem Druck des Ödipuskomplexes entwickelt. Die erste Mitteilung findet sich als Einschaltung Freuds in O. Ranks ›Der Mythus von der Geburt des Helden‹, 1909, S. 190; Siehe auch *G. S.* XII, *G. W.* VII.

179 [1]) Vgl. damit die übereinstimmende, ausführlichere Stelle in der Traumdeutung (*G. W.* II-III, S. 244), wo auf diesen Traum Bezug genommen wird.

180 [1]) Beilage zum Brief vom 31. 5. 97.

[2]) Erste Hinweise auf den Ödipuskomplex.

[3]) Kinderfräulein.

181 [1]) Diese Gedanken sind an anderem Material in Freuds späteren Arbeiten wiederholt behandelt und weitergeführt worden; namentlich in der

›Traumdeutung‹, in »Der Wahn und die Träume in W. Jensens ›Gradiva‹« (1907) *G. S.* IX, *G. W.* VII und in ›Der Dichter und das Phantasieren‹ (1908, *G. S.* X, *G. W.* VII).

²) Die Ähnlichkeit der Traum- und Symptombildung war Freud schon 1895 aufgefallen (S. Entwurf S. 341), aber erst anfangs 1899 wird sie neu entdeckt, d. h. wird sich Freud der vollen Bedeutung dieses Umstandes bewußt. (Brief vom 19. 2. 1899, Nr. 105.)

³) Hier findet sich die erste Einsicht in das Wesen des Angsttraums (Vgl. ›Traumdeutung‹, *G. W.* II/III, 586 ff.) und in die später entwickelte Anschauung vom Strafbedürfnis.

182 ¹) Dies scheint die früheste Formulierung von Freuds Auffassung über die Triebfeindlichkeit des Zivilisationsprozesses zu sein, die er zunächst in »Die ›kulturelle‹ Sexualmord und die moderne Nervosität« (1908, *G. S.* V, *G. W.* VII), später in ›Totem und Tabu‹ (1912-13, *G. S.* X, *G. W.* IX), in ›Das Unbehagen in der Kultur‹ (1928, *G. S.* XI, *G. W.* XIV) und in ›Warum Krieg?‹ (1932, *G. S.* XII, *G. W.* XVI) weiterentwickelt hat.

²) Freud fordert hier Fließ auf, den nächsten ›Kongreß‹ in Aussee zu halten, wo er mit seiner Familie Sommerquartier gemietet hatte.

³) Diese Stelle darf man als das erste Anzeichen vom Beginn einer oder besser von der Vorbereitung zu einer Selbstanalyse ansehen. Im Brief vom 7. Juli 1897 tritt dieses Thema schon deutlicher hervor. In den weiteren Briefen dieses Sommers wird es ausdrücklich erwähnt; im Brief vom 14. August heißt es dann: »*Die* Analyse ist schwerer als irgendeine andere.« Es bildet das Hauptthema der folgenden Briefe. Siehe Einleitung S. 33 ff.

183 ¹) S. Einleitung S. 44 und den vorangehenden Brief.

184 ¹) Siehe Freuds Traum, erwähnt im Brief vom 31. 5. 1897, Nr. 64.

186 ¹) Bezieht sich auf die ungewöhnlich späte Rückkehr von den Sommerferien.

187 ¹) Seit Monaten schon hatte Freuds Interesse sich auf das Studium der kindlichen Phantasie gerichtet; er hatte die dynamische Funktion der Phantasie studiert und bleibende Einsichten auf diesem Gebiet gewonnen. (Notizen S. 176, 180 und die Briefe Nr. 62 ff.) Er hatte sich dem Ödipuskomplex genähert, in dem er die aggressiven Impulse der Kinder gegen die Eltern erkannte, aber hatte den Gedanken an die Realität der Verführungsszene noch festgehalten. Es liegt nahe anzunehmen, daß erst die Selbstanalyse des Sommers den entscheidenden Schritt, die Verwerfung der Verführungshypothese, möglich gemacht hat. Vgl. Einleitung S. 33 f.

²) Von hier führt der nächste Schritt zur Einsicht in den Ödipuskomplex.

188 ¹) In einer 1924 datierten Fußnote zu dem Abschnitt »Die ›spezifische‹ Ätiologie der Hysterie« in der Arbeit ›Weitere Bemerkungen über die

Abwehrneuropsychosen‹ (1896) im Abdruck dieser Arbeit in den Gesammelten Schriften (Bd. I, S. 369) heißt es:

»Dieser Abschnitt steht unter der Herrschaft eines Irrtums, den ich seither wiederholt bekannt und korrigiert habe. Ich verstand es damals noch nicht, die Phantasien der Analysierten über ihre Kinderjahre von realen Erinnerungen zu unterscheiden. Infolgedessen schrieb ich dem ätiologischen Moment der Verführung eine Bedeutsamkeit und Allgemeingültigkeit zu, die ihm nicht zukommen. Nach der Überwindung dieses Irrtums eröffnete sich der Einblick in die spontanen Äußerungen der kindlichen Sexualität, die ich in den ›Drei Abhandlungen zur Sexualtheorie‹, 1905, beschrieben habe. Doch ist nicht alles im obigen Text Enthaltene zu verwerfen; der Verführung bleibt eine gewisse Bedeutung für die Ätiologie gewahrt und manche psychologische Ausführungen halte ich auch heute noch für zutreffend.«

2) Die geplante Reise ist zustande gekommen und Freud am 29. wieder nach Wien zurückgekehrt.

3) Jüdischer Ausdruck für Braut.

190 1) Vgl. dazu ›Traumdeutung‹, *G. W.* II-III, S. 487, wo Freud dieses Stück analytischer Einsicht noch schärfer formuliert. »Ein intimer Freund und ein gehaßter Feind waren mir immer notwendige Erfordernisse meines Gefühlslebens; ich wußte beide mir immer von neuem zu verschaffen, und nicht selten stellte sich das Kindheitsideal so weit her, daß Freund und Feind in dieselbe Person zusammenfielen, natürlich nicht mehr gleichzeitig oder in mehrfach wiederholter Abwechslung, wie es in den ersten Kinderjahren der Fall gewesen sein mag.«
Für die mögliche Beziehung dieser Stelle auf das Verhältnis zu Fließ mag es wichtig sein, darauf hinzuweisen, daß Fließ' (verstorbene) Schwester Pauline hieß, wie Freuds Nichte, die Schwester des älteren Neffen John. S. Einl., S. 34 f.

2) Vgl. dazu Briefe Nr. 68 und 77.

191 1) Vgl. dazu die ›Verifizierung‹ der Deutung im nächsten Brief, Nr. 71.

192 1) Siehe den vorangehenden Brief.

193 1) Dieses Beispiel einer auf eine Traumdeutung gestützten und verifizierten Rekonstruktion hat Freud nie im Druck mitgeteilt. Dagegen hat er die Deckerinnerung vom Kasten in der ›Psychopathologie des Alltagslebens‹ verwendet. (1. Aufl. 1899, S. 58.) In späteren Auflagen hat er den Hinweis auf die symbolische Bedeutung des Kastens (Schwangerschaft) hinzugefügt (*G. W.* IV, S. 60).

194 1) Die hier in Kürze niedergelegten Anschauungen und Beispiele sind aus der ›Traumdeutung‹ (*G. W.* II-III, S. 265-273) bekannt. Wir gewinnen aus dieser Briefstelle, der ersten, die den Ödipuskomplex als solchen erwähnt, die Einsicht, daß Freud die Überzeugung von der Allgemeingül-

tigkeit des Ödipuskomplexes in seiner Selbstanalyse gefestigt hat, oder daß sie ihm erst in seiner Selbstanalyse zur Gewißheit geworden ist: den Zusammenhang der Selbstanalyse mit dem aus der Analyse seiner Patienten gewonnenen Material hat er in diese Worte gefaßt: »Ich kann mich nur selbst analysieren mit den objektiv gewonnenen Kenntnissen.« (Brief vom 14. 11. 1897, Nr. 75.)

195 [1]) Goethe, Zueignung. Von Freud 1932 in seiner ›Ansprache im Frankfurter Goethe-Haus‹ (*G. S.* XII, S. 408 f.) als ›Worte‹ zitiert, »die wir für jede unserer Analysen wiederholen könnten«.

196 [1]) Es scheint, als ob Freud manche Phänomene des Widerstandes durch die Selbstanalyse deutlicher geworden wären.

197 [1]) S. ›Traumdeutung‹, *G. W.* II-III, S. 135; ›Über den Traum‹, ibid., S. 657.

[2]) Offenbar Baldwins, ›*Mental Development in the Child and the Race*‹, 1895, dessen 1898 erschienene deutsche Übersetzung in den ›Drei Abhandlungen zur Sexualtheorie‹ zitiert ist. Baldwins Anschauungen über das Verhältnis von Onto- und Phylogenese und über die Beziehung des Einzelnen mit der Gemeinschaft stimmen in manchen Punkten mit denen Freuds überein.

198 [1]) Beards Arbeiten haben Freud schon früh beschäftigt; sie waren in Übersetzungen von H. Neisser (›Die Nervenschwäche‹, Leipzig, 1895) und Rockwell (›Die sexuelle Neurasthenie‹, Wien, 1890) verbreitet. Freud bezieht sich in den Jahren 1894-96 wiederholt auf Beards Auffassung der Neurasthenie und hat noch 1908 in der Arbeit »Die ›kulturelle‹ Sexualmoral und die moderne Nervosität« Beards Auffassung von der Neurasthenie als einer neuen »speziell auf amerikanischem Boden erwachsenen Nervenkrankheit« diskutiert.

Über den Zusammenhang der bis 1869 zurückreichenden Forschungen von George M. Beard mit denen Freuds, s. Henry A. Bunker ›*Symposium on Neurasthenia, From Beard to Freud, A Brief History of the Concept of Neurasthenia*‹. Medical Review of Reviews, vol. XXXVI, Nr. 3 (1930, S. 108-114).

[2]) Emanuel Löwy, Professor der Archäologie in Rom und Wien (1858 bis 1937), mit dem Freud eine lebenslange Freundschaft unterhielt.

199 [1]) Die Daten des einleitenden Abschnittes beziehen sich auf Fließ' Periodenlehre. Die Einleitungssätze selbst stellen vermutlich eine Travestie des Beginnes der Biographie des Michel Angelo von Giorgio Vasari (1550) dar, mit dessen Biographien italienischer Künstler Freud vertraut war. Die ›Entdeckung‹, die Freud so einleitet, ist die der Libidoentwicklung. Er schildert seine Arbeitsweise, wenn er von dem ›Vorausahnen‹ kommender Einsichten spricht. In der Sprache der Psychoanalyse gesagt, kann das nur heißen: wissenschaftliche Zusammenhänge werden vorbewußt bearbeitet, ehe sie bewußt werden. So kommt es zu dem Vorstoß in der Theo-

rienbildung, der sich in diesem Brief manifestiert. Die Gedanken des Briefes sind zum Teil unverändert in die ›Drei Abhandlungen zur Sexualtheorie‹ eingegangen. Andere Teile werden erst später verwendet. So ist der zuerst im Brief vom 11. Jänner 1897 angespielte Gedanke der Bedeutung des Übergangs vom Vierfüßler zum Zweifüßler und die Rolle des aufrechten Ganges erst 1928 in ›Das Unbehagen in der Kultur‹ weitergeführt worden.

Freud unterscheideit im vorliegenden Brief noch nicht immer scharf zwischen drei verschiedenen Bedeutungen des Wortes ›Verdrängung‹; erstens dem psychologischen Mechanismus der Verdrängung, zweitens jenen Vorgängen, die in der Entwicklung des Kindes durch Reifung zustande kommen, wobei dann gewissen Körperzonen die Besetzung entzogen wird, und drittens Veränderungen in den Apparaten, die durch die Entwicklung der Art zustande kommen und mit Freuds späterer Auffassung von der ›organischen Verdrängung‹ zusammenhängen.

Die in dem Briefe gegebene Darstellung über die Entwicklung des moralischen Verhaltens hat sich später grundsätzlich verändert. Was Freud hier beschreibt, ist im ganzen noch auf dem Niveau, das er später (›Drei Abhandlungen‹) als Reaktionsbildung angesehen hat. Der Einfluß der Umwelt ist nur teilweise erkannt und der der Objektbeziehung auf die Entwicklung (Identifizierung) noch nicht berücksichtigt.

Freud hat in diesem Briefe zuerst den früher nur gelegentlich erwähnten Mechanismus der Regression in den Mittelpunkt der dynamischen Erklärung der Neurosen gerückt; die spätere Unterscheidung zwischen topischer Regression und historischer Regression ist noch nicht versucht.

Dagegen hat Freud in diesem Brief einen Gesichtspunkt zuerst entwickelt, den er in allen seine späteren Arbeit festgehalten hat, der aber in der psychoanalytischen Literatur sonst nicht immer die nötige Beachtung gefunden hat: den Gedanken nämlich, daß die Wirkung von spezifischen Erlebnissen in der Entwicklung des Kindes von der Reifungsphase abhängig ist, in der sich das Kind befindet. In dem Satz »Wahrscheinlich hängt nun die Neurosenwahl ... von der Natur des Schubes ab, der die Verdrängung ermöglicht ...« scheint dieser Gedanke klar formuliert zu sein.

Im letzten Abschnitt des Briefes verwirft Freud eine Anzahl von Fehlhypothesen: den engen Zusammenhang zwischen Libido und Angst (ein Problem, das er 1926 in ›Hemmung, Symptom und Angst‹ neu bearbeitet hat) und die im Anschluß an die Periodenlehre von Fließ entwickelte These, »die Libido für den männlichen, die Verdrängung für den weiblichen Faktor zu erklären«. Vgl. auch Einleitung, S. 41 f.

[2]) Vgl. dagegen Einleitung, S. 33.

202 [1]) Freud hat später die Selbstanalyse nur als Ergänzung der bei einem Analytiker unternommenen Analyse angesehen. Ausnahmsweise aber hat

er für die Versuche Einzelner, durch Selbstanalyse in ihre Kindheitsgeschichte Einsicht zu gewinnen, Interesse gezeigt. So hat er der Redaktion der Internationalen Zeitschrift für Psychoanalyse eine Arbeit von E. Pickworth-Farrow (›Eine Kindheitserinnerung aus dem sechsten Lebensmonat‹) folgendermaßen zur Veröffentlichung empfohlen: »Der Verfasser ist mir als Mann von starker und unabhängiger Intelligenz bekannt, der wahrscheinlich infolge einer gewissen Eigenwilligkeit mit den zwei Analytikern, mit denen er es versuchte, nicht zurechtkommen konnte. Er wandte sich dann zur konsequenten Anwendung des Verfahrens der Selbstanalyse, dessen ich mich seinerzeit zur Analyse meiner eigenen Träume bedient habe. Seine Resultate verdienen gerade wegen der Besonderheit seiner Person und seiner Technik Beachtung.« (Vgl. Int. Zeitschr. für Psychoanalyse, XII, 1926, S. 79.) Diese Empfehlung wurde dann mit Zustimmung Freuds von E. Pickworth-Farrow als Vorwort des Büchleins, ›*Psychoanalyse Yourself, a Practical Method of Self-Treatment*‹ (New York, 1945) verwendet.

[2]) Der Brief deutet auf die Einsicht in den ›sekundären Krankheitsgewinn‹ hin.

203 [1]) Mit weiteren Assoziationen mitgeteilt in der Traumdeutung, *G. W.* II-III, S. 201.

[2]) Über die Bedeutung von Freuds Vorliebe für Hannibal und ihre Wurzeln in der Beziehung zu seinem Vater, vgl. ›Die Traumdeutung‹, *G. W.* II-III, S. 201 ff.

204 [1]) Vgl. ›Traumdeutung‹, *G. W.* II-III, S. 456. Dieses Zitat aus Goethes Faust tritt im Zuge von Assoziationen auf, die sich auf die Überwindung beziehen, die es Freud kostet, in der ›Traumdeutung‹ so viel von seinem ›intimen Wesen‹ der Öffentlichkeit preiszugeben. — In Freuds ›Ansprache im Frankfurter Goethehaus‹ (1932, *G. S.* XII, S. 408 ff.) sagt Freud von Goethe, daß er »nicht nur als Dichter ein großer Bekenner war, sondern auch trotz der Fülle autobiographischer Aufzeichnungen ein sorgsamer Verhüller«. Im Anschluß daran zitiert Freud wieder die Worte des Mephistopheles.

[2]) Vgl. Brief vom 3. 10. 97 (Nr. 70). Vgl. dazu auch H. Sachs, ›*Freud, Master and Friend*‹ (London, 1945, Imago Publ. Co. Ltd.). — Nach einer von Bernfeld (Amerik. Imago, *loc. cit.*) mitgeteilten Angabe E. Simmels hat W. Fließ Jahre nach dem Abbruch der Beziehung zu Freud im Gespräche erwähnt, daß Freud sich durch die Selbstanalyse von einem phobischen Symptom befreit habe.

[3]) Der Ausdruck ›endopsychische Mythen‹ steht für die Gedanken, die Freud in ›Der Dichter und das Phantasieren‹, 1906 (*G. W.* VII) in anderer Form ausgedrückt hat. Dort heißt es: »Soweit die Stoffe aber gegeben sind, entstammen sie dem Volksschatze an Mythen, Sagen und Märchen.

Die Untersuchung dieser völkerpsychologischen Bildungen ist nun keineswegs abgeschlossen, aber es ist z. B. von den Mythen durchaus wahrscheinlich, daß sie den entstellten Überresten von Wunschphantasien ganzer Nationen, den *Säkularträumen* der jungen Menschheit, entsprechen.«

[4]) Kleinpaul, ›Die Lebendigen und die Todten in Volksglaube, Religion und Sage‹, 1890.

[5]) Über Freuds Beziehung zum Verein B'nai B'rith, vgl. Freuds Brief aus dem Jahre 1926, veröffentlicht in seinen nachgelassenen Schriften *(G. W.* XVII) S. Brief Nr. 130.

205 [1]) Freud hat diesen Zugang zum Problem der Süchtigkeit in den folgenden Jahren vernachlässigt — so etwa in den ›Drei Abhandlungen zur Sexualtheorie‹, *G. W.* V, s. bes. S. 81 f. (Autoerotismus), — und erst in seiner Abhandlung über ›Dostojewski und die Vatertötung‹ (*G. W.* XIV) in einer Aufklärung des Spielertums weitergeführt.

206 [1]) Was Freud hier an der Zwangsneurose entdeckt, hat er später als allgemeine Eigenschaft des Primärvorganges erkannt.

[2]) Diese und viele folgende Briefstellen beziehen sich auf die Phänomene der analen Phase der Libidoentwicklung.

[3]) Das erste Auftreten des aus der Traumdeutung bekannten Begriffes; vgl. hier *G. W.* II-III, S. 534 f.

207 [1]) Das Thema des Primärvorganges (siehe den vorangehenden Brief) setzt sicht fort.

[2]) Fließ hat diesen Zweifel Freuds schlecht vertragen; s. den folgenden Brief. — Die Frage der Bilateralität war kurz vor diesen Briefen anläßlich der Begegnung in Breslau aufgetaucht, von der die spätere Entfremdung zwischen Freud und Fließ ihren Ausgang nahm. — Im Jahre 1904, drei Jahre nach der Auflösung der Beziehung, hat Fließ auf diese Begegnung in einem Brief an Freud hingewiesen, in dem er seine Priorität in der Aufstellung der Bisexualität gegenüber Otto Weininger betont. (S. Einl., S. 42.) Aus diesem Briefe ergibt sich, daß Fließ Freuds Zweifel an seiner Theorie der Bilateralität als Widerspruch gegen seine Annahmen über Bisexualität aufgefaßt hatte:

> »Zuerst war zwischen uns in Nürnberg davon (d. h. von der Bisexualität) die Rede, während ich noch im Bett lag und Du mir die Krankengeschichte von einer mit Träumen von riesigen Schlangen erzähltest. Damals warst Du von dem Gedanken, daß Unterströmungen bei einem Weibe aus dem männlichen Teil ihrer Psyche stammen könnten, sehr betroffen. Um so mehr hat mich dann Dein Widerstand in Breslau gegen die Annahme der Bisexualität in der Psyche gewundert. In Breslau hatte ich Dir auch davon gesprochen, daß in meiner Bekanntschaft so viel linkshändige Ehegatten existierten, und aus der Theorie der Linkshändigkeit heraus habe ich Dir eine Erklärung entwickelt, die mit

der Weiningerschen (der von Linkshändigkeit nichts weiß) bis in die Einzelheiten übereinstimmt. Die Linkshändigkeit selbst hast Du freilich abgelehnt . . .«

Brief v. 26. 7. 1904, abgedruckt in A. R. Pfenning, ›Wilhelm Fließ und seine Nachentdecker: Otto Weininger und H. Swoboda‹, 1906, S. 29, und in ›W. Fließ in eigener Sache‹, 1906, S. 16.

208 [1]) Siehe die Bemerkungen zum vorangehenden Brief. In der neueren Literatur über Linkshändigkeit findet Fließ' Hypothese keine Erwähnung mehr; s. A. Blau, ›*The Master Hand*‹, Research Monograph Nr. 5, New York, American Orthopsychiatric Association, 1946.

209 [1]) Gemeint ist der Aufsatz über ›Die Sexualität in der Ätiologie der Neurosen‹.

210 [1]) ›Die Traumdeutung‹.

[2]) Aus der ›Jobsiade‹ von Wilhelm Busch.

[3]) ›Elemente der Psychophysik‹, II. Teil, S. 520.

[4]) Der Aufsatz ›Die Sexualität in der Ätiologie der Neurosen‹.

[5]) Diese Bemerkung bezieht sich auf den Zola Prozeß in Paris (7.-23. Februar 1898). Zwei Tage nach dem Freispruch Eszterhazis, des Kronzeugen der Anklage im Dreyfus Prozeß, hatte Zola seine berühmte Streitschrift ›J'Accuse‹ veröffentlicht, in der er die Anti-Dreyfus-Machinationen bloßlegte. Die Anklage, die gegen Zola auf Grund dieser Veröffentlichung erhoben wurde, führte zu seiner Verurteilung.

211 [1]) ›Geheimrat Schweninger‹, der berühmte Arzt Bismarcks, hielt am 5. Februar 1898 gemeinsam mit dem Schriftsteller Maximilian Harden einen Vortrag in Dialogform, in dem er dem medizinischen Nihilismus das Wort redete. Er wendete sich gegen das Spezialistentum in der Medizin, machte geringschätzige Bemerkungen über die Röntgenphotographie als diagnostischen Behelf und bekannte sich dazu, die Tierärzte zu beneiden, da das Tier nicht reden könne. Der Vortrag gifelte in dem Satz »Dem Mutigen gehört die Welt, auch dem mutigen Kranken.«

[2]) Freud besuchte eine der Vorlesungen, die Mark Twain in Wien hielt (s. ›Das Unbehagen in der Kultur‹, 1928, *G. S.* XI, S. 93), an die er sich noch in späteren Jahren häufig erinnerte.

[3]) Die einleitende Bemerkung bezieht sich offenbar auf eine in der ›Traumdeutung‹ (*G. W.* II-III, S. 177) mitgeteilte Stelle aus einem Brief von Fließ:

> »Mein visueller Freund schrieb mir gestern aus Berlin: ›Mit Deinem Traumbuche beschäftige ich mich sehr viel. Ich sehe es fertig vor mir liegen und blättere darin‹.«

Diese Verbindung erlaubt es nun festzustellen, daß der vorliegende Brief am Tage nach dem oder kurz nach dem in der ›Traumdeutung‹ mitgeteilten ›Traum von der botanischen Monographie‹ geschrieben wurde. In der

Deutung dieses Traumes spielt die Beziehung auf eine Kinderszene eine erhebliche Rolle. Aus dem vorliegenden Brief sehen wir, daß an der Deutung dieses Traumes Freud eine der Grundansichten seiner Traumdeutung festigte.

212 [1]) P. Janet, ›*Névroses et idées fixes*‹. 2 Bde., 1898. (Der zweite klinische Band gemeinsam mit Charcots Nachfolger F. Raymond.)

[2]) Hinweis auf das Gedicht ›Am Himmelsthor‹ von Conrad Ferdinand Meyer, dem Schweizer Dichter, geb. 1825, gest. 1898. Durch Fließ auf Meyer hingelenkt, hat sich Freud mit seinen Werken später nachdrücklich beschäftigt. Siehe Briefe Nr. 90 und 91. Seine Vorliebe ist dem Dichter seither treu geblieben. S. Hanns Sachs, ›*Freud, Master and Friend*‹, 1945, S. 50.

213 [1]) Wiener Dialekt für Droschkengaul.

[2]) In der endgültigen Fassung wurde diese Disposition wesentlich verändert.

[3]) Gemeint ist offenbar der Traum ›Freund R. ist mein Onkel‹, ›Traumdeutung‹, *G. W.* II-III, S. 143 ff.

216 [1]) Freud hatte geplant, Fließ zu treffen; die Absicht war durch Fließ' Erkrankung vereitelt worden. Die Reise nach Istrien, die dieser Brief beschreibt, ist im Anschluß an Freuds Traum vom ›Schloß am Meer‹ in der Traumdeutung ausführlich erwähnt. (*G. W.* II-III, S. 466 ff.)

217 [1]) Dr. Karl Lueger, 1844-1910, der christlich-soziale, anti-semitische Bürgermeister von Wien, der, nachdem seiner Wahl die kaiserliche Bestätigung in den Jahren 1895 und 1896 dreimal verweigert worden war, nach einer abermaligen Neuwahl am 8. April 1897 Bürgermeister wurde und in der Wiener Stadtpolitik mit unerbittlichem Eifer reaktionäre Ziele verfolgte.

219 [1]) Wiener Sprachgebrauch für ›gibt es Schwierigkeiten‹.

220 [1]) Freuds erste Anwendung der Analyse auf ein Werk der Literatur.

[2]) Zum Familienroman s. S. 178.

222 [1]) Es scheint sich um einen weiteren Abschnitt der ›Traumdeutung‹ oder um eine nicht erhaltene Niederschrift von Freuds Selbstanalyse zu handeln.

[2]) In Königgrätz wurde im Jahre 1866 die österreichische von der preußischen Armee geschlagen.

[3]) Der Dichter ist natürlich C. F. Meyer. Die Freudsche Deutung, in der die Rolle von manifesten und latenten Themen betont wird, leitet unmittelbar auf seine spätere Analyse von Jensens ›Gradiva‹ hin.

224 [1]) S. Traumdeutung, *G. W.* II-III, S. 196.

[2]) Theodor Lipps (geb. 1851, gest. 1914) war Professor der Psychologie in München. Die Schriften von Lipps mußten Freuds Interesse fesseln, da Lipps mit der Annahme unbewußter seelischer Prozesse arbeitete. Im

Sommer 1898 hat Freud Lipps' 1883 erschienene ›Grundtatsachen des Seelenlebens‹ zum Teile (s. dazu Brief Nr. 95) gelesen. Im Exemplar dieses Buches in Freuds Bibliothek findet sich u. a. die folgende Stelle angestrichen: (S. 149) Wir behaupten »nicht nur die Existenz unbewußter seelischer Vorgänge neben den bewußten. Wir nehmen vielmehr an, daß unbewußte Vorgänge allen bewußten zu Grunde liegen und sie begleiten. Aus dem Unbewußten erhebt sich, wie wir schon sagten, das Bewußte, wenn nämlich das Glück günstig ist, und sinkt dann wieder ins Unbewußte zurück«. Die Worte ›bewußt‹ und ›unbewußt‹ haben freilich für Lipps nicht die gleiche Bedeutung wie für Freud. Lipps verwendete sie ohne Beziehung zu dynamischen Vorstellungen rein beschreibend. Er folgt darin der Tradition der deutschen Romantik, die in Eduard Hartmanns berühmtem Werk, die ›Philosophie des Unbewußten‹ ihren Niederschlag gefunden hatte.

Freud verdankt nach seinem eigenen Zeugnis (›Der Witz und seine Beziehung zum Unbewußten‹, *G. W.* VI, S. 5) der Bekanntschaft mit Lipps' Buch über ›Komik und Humor‹ (1898) »den Mut und die Möglichkeit«, sich mit den Problemen der Komik zu befassen. Er setzt sich in dieser Arbeit (S. 165) im einzelnen mit den Abweichungen zwischen seinen und Lipps' Anschauungen auseinander. Er anerkennt die Übereinstimmung mit Lipps, wo es sich um die Einsicht handelt, daß »nicht die Bewußtseinsinhalte, sondern die an sich unbewußten psychischen Vorgänge« von entscheidender Bedeutung seien. (Lipps, ›Komik und Humor‹, S. 132) und meint, daß er sich nur da von Lipps unterscheide, wo er »von der Besetzung psychischer Wege« spreche. Freud fügt hinzu: »Die Erfahrungen über die Verschiebbarkeit der psychischen Energie längs gewisser Assoziationsbahnen und über die fast unverwüstliche Erhaltung der Spuren psychischer Vorgänge haben es mir in der Tat nahegelegt, eine solche Verbildlichung für das Unbekannte zu versuchen.« Die Erfahrungen, auf die sich Freud hier beruft, konnte nur der biologisch gerichtete Naturforscher gewinnen, und sie konnten sich nur auf dem Gebiet der Psychopathologie gewinnen lassen.

225 [1]) Der erste Fund aus dem Gebiete der ›Psychopathologie des Alltagslebens‹. Das hier mitgeteilte Beispiel wurde später nicht verwertet.

226 [1]) Operette von Gilbert und Sullivan.

[2]) Am 28. August übergab der Kaiserlich Russische Außenminister Graf Muraview den am St. Petersburger Hof akkredidierten auswärtigen Vertretern eine Note, in der der Zar zu einer Friedenskonferenz aufruft, deren Aufgabe es wäre, in einem mächtigen Brennpunkte die Bemühungen aller Staaten zu vereinigen, welche aufrichtig darnach streben, der großen Idee des allgemeinen Friedens zum Siege über die Elemente der Zerstörung und der Zwietracht zu verhelfen. Sie würde zu gleicher Zeit ge-

rade durch diese solidarische Anerkennung der Grundsätze der Billigkeit und des Rechtes, auf denen die Sicherheit der Staaten und die Wohlfahrt der Völker beruhen, das *Einvernehmen der Staaten befestigen.*
Die ›revolutionäre Sprache‹, auf die Freud hinweist, kommt in folgenden Aussprüchen zur Geltung. »Die Aufrechterhaltung des allgemeinen Friedens und die möglichste Verminderung der übermäßigen Rüstungen, welche auf allen Nationen lasten, stellen sich bei der gegenwärtigen allgemeinen Weltlage als das Ideal dar, auf dessen Erreichung die Bemühungen aller Regierungen gerichtet sein sollten. Im Laufe der letzten 20 Jahre haben sich die Wünsche nach einem allgemeinen Frieden im Bewußtsein der zivilisierten Völker außerordentlich befestigt. Die Erhaltung des Friedens wurde als der Zweck der internationalen Politik bezeichnet; in ihrem Namen haben die großen Staaten untereinander mächtige Allianzen geschlossen; um den Frieden wirksamer sicherstellen zu können, haben sie in bisher ungeahnter Ausdehnung ihre militärischen Streitkräfte entwickelt und sie setzen diese Tätigkeit noch immer fort, ohne vor einem Opfer zurückzuscheuen. Die in aufsteigender Richtung sich bewegenden finanziellen Lasten treffen die *öffentliche Wohlfahrt an ihrer Wurzel*, sowie die intellektuellen und physischen Kräfte der Völker. Arbeit und Kapital sind zum überwiegenden Teil ihrer natürlichen Bestimmung entfremdet und werden in unproduktiver Weise aufgezehrt. Die *wirtschaftlichen Krisen* sind zu ihrem großen Teile den *übermäßigen Rüstungen* und der anhaltenden Gefahr zuzuschreiben, die in der Anhäufung von Kriegsmaterial besteht. Der *bewaffnete Friede* unserer Zeit wird auf diese Weise zu einer *erdrückenden Last*, welche die Völker immer schwerer zu ertragen vermögen.«

227 [1]) Vgl. hierzu Einleitung S. 44 ff.

[2]) Verwendet in der Arbeit ›Zum Psychischen Mechanismus der Vergeßlichkeit‹, Monatsschrift für Psychiatrie und Neurologie 1898 und im ersten Kapitel von ›Zur Psychopathologie des Alltagslebens‹.

228 [1]) Fließ' zweites Kind, Pauline.

[2]) Ziehen und Wernicke waren die Herausgeber der Monatsschrift für Psychiatrie und Neurologie.

229 [1]) D. h. an dem Flusse Wien.

232 [1]) C. F. Meyer war am 28. November nach fast fünfjähriger Krankheit gestorben.

[2]) Geschrieben nach einem Zusammentreffen.

[3]) An dem neuen Stück Selbstanalyse hat sich das Thema von Phantasie und Erinnerung, das Freud viele Jahre hindurch beschäftigte, in dem Sinn gelöst, in dem wir es in Freuds späteren Schriften dargestellt finden.

233 [1]) Vergl. S. 181.

[2]) ›Hysteria in Relation to the Sexual Emotions‹, The Alienist and Neurologist, XIX, St. Louis, 1898, S. 599-615; der Aufsatz ist eine Fortsetzung einer vorangehenden Abhandlung über ›Autoerotism‹ und war, wie diese, für den II. Band von H. Ellis ›Studies in the Psychology of Sex‹ bestimmt.

[3]) Die Zweifel Freuds an Fließ' Periodenlehre finden hier einen ersten Ausdruck: er fürchtet, daß durch die Periodenlehre die psychische Dynamik ausgeschaltet wird. S. Einleitung S. 40 f.

234 [1]) Datum des vorangehenden Briefes.

235 [1]) Siehe Seite 92 ff.

237 [1]) Aus dem Briefwechsel ist nicht ersichtlich, worauf sich Freuds Pläne eines Berufs- und Ortswechsels beziehen. Er spricht in späteren Briefen von dem Versuch, Anschluß an eine Heilanstalt zu suchen, und die Anerkennung für Berlin im Vergleich mit Wien findet sich wiederholt erwähnt.

238 [1]) Die Einsicht schreitet fort: nachdem die Brücke zwischen Neurosen- und Traumlehre hergestellt ist, wird die Bedeutung des Symptoms erkannt. Schon früher (Brief Nr. 101 ff.) hatte Freud Einsicht in den Kompromißcharakter der Symptombildung gewonnen; jetzt werden die Kräfte, zwischen denen das Kompromiß zustandekommt, in die Formel eingesetzt. Die Auffassung des Symptoms als Ausdruck von verdrängten und verdrängenden Gedanken (als Kompromiß zwischen Es und Über-Ich) hat von anderer Seite her die Auffassung von der Traumarbeit befruchtet und so die zentralen Hypothesen der ›Traumdeutung‹ ergänzt.

239 [1]) C. F. Meyer ›Huttens letzte Tage‹. Von Freud zitiert in der ›Analyse der Phobie eines fünfjährigen Knaben‹, *G. W.* VII, S. 347.

241 [1]) ›Über Deckerinnerungen‹, Monatsschrift für Psychiatrie und Neurologie, 1899. G. S. I.-S. Bernfeld (›An Unknown Autobiographical Fragment by Freud‹, The American Imago, IV, 1946, Nr. 1) zeigt, daß es sich um eine Deckerinnerung Freuds selbst handelt.

243 [1]) Spitta, W. ›Die Schlaf- und Traumzustände der menschlichen Seele‹, 1892.

244 [1]) Es handelt sich um einen in vielen Varianten bekannten Witz, auf den sich Freud in den folgenden Briefen immer wieder bezieht. Die hier zitierte Fassung ist unter dem Titel ›Vernunftehe‹ bekannt gewesen. Onkel Jonas trifft seinen Neffen, der ihm gratuliert, da er von seiner Verlobung gehört hat. »Und wie ist denn Deine Braut, Onkel?« Der Onkel erwidert: »Geschmacksache, — mir gefällt sie nicht!«

247 [1]) Vgl. Anmkg. zum Brief vom 3. 1. 1897, Nr. 54.

250 [1]) Der Traum ist endlich an anderer Stelle eingereiht worden (siehe Brief vom 27. August 1899, Nr. 116). Die Stelle (›Traumdeutung‹, *G. W.* II-III, S. 274) lautet:

»Ein noch nicht vierjähriger Knabe erzählt: Er hat eine große garnierte Schüssel gesehen, worauf ein großes Stück Fleisch gebraten war, und

das Stück war auf einmal ganz — nicht zerschnitten — aufgegessen. Die Person, die es gegessen hat, hat er nicht gesehen.
Wer mag der fremde Mensch sein, von dessen üppiger Fleischmahlzeit unser Kleiner träumt? Die Erlebnisse des Traumtages müssen uns darüber aufklären. Der Knabe bekommt seit einigen Tagen nach ärztlicher Vorschrift Milchdiät; am Abend des Traumtages war er aber unartig, und da wurde ihm zur Strafe die Abendmahlzeit entzogen. Er hat schon früher einmal solche Hungerkur durchgemacht und sich sehr tapfer dabei benommen. Er wußte, daß er nichts bekommen würde, getraute sich aber auch nicht mit einem Worte anzudeuten, daß er Hunger hat. Die Erziehung fängt an, bei ihm zu wirken; sie äußert sich bereits im Traum, der einen Anfang von Traumentstellung zeigt. Es ist kein Zweifel, daß er selbst die Person ist, deren Wünsche auf eine so reiche Mahlzeit, und zwar eine Bratenmahlzeit, zielen. Da er aber weiß, daß diese ihm verboten ist, wagt er es nicht, wie die hungrigen Kinder es im Traum tun (vgl. den Erdbeertraum meiner kleinen Anna, S. 135), sich selbst zur Mahlzeit hinzusetzen. Die Person bleibt anonym.«

Die im Briefe anschließende Bemerkung bezieht sich auf den Inhalt des Traumes.

[2]) Jacob Julius David, geb. 1859, gest. 1906. Nach einer Angabe in der ›Traumdeutung‹ (*G. W.* II-III, S. 305) war David ein Freund von Alexander Freud und stammte aus Freiberg in Mähren, dem Geburtsort Freuds. Er hat später Freuds ›Traumdeutung‹ besprochen.

251 [1]) Vgl. dazu ›Zur Psychopathologie des Alltagsleben‹, *G. W.* IV, S. 120.

252 [1]) In einer Nachschrift zu diesem Briefe hat Freud die Determinierung dieses Zahleneinfalles aufgeklärt. Diese Nachschrift ist nicht im Briefwechsel enthalten; Freud hat sie von Fließ zurückerbeten und in der ›Psychopathologie des Alltagslebens‹ (*G. W.* IV, S. 270) abgedruckt.

»Ich versuche sofort, mir diese Zahl aufzuklären und füge die kleine Analyse noch als Nachschrift dem Briefe an. Am besten zitiere ich jetzt, wie ich damals geschrieben, als ich mich auf frischer Tat ertappte: ›Noch rasch einen Beitrag zur Psychopathologie des Alltagslebens. Du findest im Briefe die Zahl 2467 als übermütige Willkürschätzung der Fehler, die sich im Traumbuch finden werden. Es soll heißen: irgendeine große Zahl, und da stellt sich diese ein. Nun gibt es aber nichts Willkürliches, Undeterminiertes im Psychischen. Du wirst also auch mit Recht erwarten, daß das Unbewußte sich beeilt hat, die Zahl zu determinieren, die von dem Bewußten freigelassen wurde. Nun hatte ich gerade vorher in der Zeitung gelesen, daß ein General E. M. als Feldzeugmeister in den Ruhestand getreten ist. Du mußt wissen, der Mann interessiert mich. Während ich als militärärztlicher Eleve diente, kam er einmal, damals Oberst, in den Krankenstand und sagte zum

Arzte: ,Sie müssen mich aber in acht Tagen gesund machen, denn ich habe etwas zu arbeiten, worauf der Kaiser wartet'. Damals nahm ich mir vor, die Laufbahn des Mannes zu verfolgen, und siehe da, heute (1899) ist er am Ende derselben, Feldzeugmeister und schon im Ruhestande. Ich wollte ausrechnen, in welcher Zeit er diesen Weg zurückgelegt, und nahm an, daß ich ihn 1882 im Spital gesehen. Das wären also 17 Jahre. Ich erzählte meiner Frau davon und sie bemerkt: ,Da müßtest Du also auch schon im Ruhestand sein'. Und ich protestierte: Davor bewahre mich Gott. Nach diesem Gespräch setzte ich mich an den Tisch, um Dir zu schreiben. Der frühere Gedankengang setzt sich aber fort und mit gutem Recht. Es war falsch gerechnet; ich habe einen festen Punkt dafür in meiner Erinnerung. Meine Großjährigkeit, meinen 24. Geburtstag also, habe ich im Militärarrest gefeiert (weil ich mich eigenmächtig absentiert hatte). Das war also 1880; es sind 19 Jahre her. Da hast Du nun die Zahl 24 in 2467! Nimm nun meine Alterszahl 43 und gib 24 Jahre hinzu, so bekommst Du 67! Das heißt, auf die Frage, ob ich auch in den Ruhestand treten will, habe ich mir im Wunsche noch 24 Jahre Arbeit zugelegt. Offenbar bin ich gekränkt darüber, daß ich es in dem Intervall, durch das ich den Obersten M. verfolgt, selbst nicht weit gebracht habe, und doch wie in einer Art von Triumph darüber, daß er jetzt schon fertig ist, während ich noch alles vor mir habe. Da darf man mit Recht sagen, daß nicht einmal die absichtslos hingeworfene Zahl 2467 ihre Determinierung aus dem Unbewußten entbehrt.‹«

254 [1]) Zu David siehe Brief Nr. 114; s. a. Friedjung, ›Der Kampf um die Vorherrschaft in Deutschland 1859—66‹ und ›Österreich von 1848—1860‹.

[2]) S. Bemerkung zu Brief Nr. 109.

[3]) Bezieht sich offenbar auf das VII. Kapitel der ›Traumdeutung‹.

255 [1]) Vgl. den Hinweis auf diese Bemerkung von Fließ, ›Traumdeutung‹, *G.W.* II—III, S. 303.

[2]) Gemeint ist die Beziehung des Witzigen und Komischen zum Primärvorgang und zum Infantilen. So kündigt sich hier schon das nächste Interesse Freuds an, das in dem Buch ›Der Witz und seine Beziehung zum Unbewußten‹ (1905) Ausdruck fand. Die Wurzeln dieser Interssen lassen sich in Freuds Schriften weiter zurück verfolgen. Siehe etwa die abschließende Fußnote zur Krankengeschichte der Elisabeth von R. in den ›Studien über Hysterie‹. (*G.S.* I, S, 177.)

256 [1]) Verwendet als Motto der Arbeit ›Zur Geschichte der psychoanalytischen Bewegung‹.

[2]) ›Traumdeutung‹, *G.W.* II—III, S. 424 f.

257 [1]) H. R. Marshall, ›Pain, Pleasure and Aesthetics‹, London, 1894. ›Aesthetic Principles‹, 1895.

2) In den Vororten Wiens.

259 1) Die Analyse dieser und anderer aus der Vater-Sohn-Beziehung ableitbaren Irrtümer in der ›Traumdeutung‹ ist in ›Zur Psychopathologie des Alltagslebens‹, Kap. X, (*G.W.* IV, S. 242 ff.) gegeben. Siehe auch Brief Nr. 124.

261 1) Siehe etwa S. 143 ff.

2) Diese Formulierung weist auf die später erkannte Beziehung zwischen Narzißmus und der Gruppe der schizophrenen Psychosen hin.

262 1) Dr. Heinrich Gomperz, später Professor der Philosophie in Wien und Los Angeles (gest. 1939), der damals mit Freud Probleme der Traumdeutung besprach.

2) Ein neuer absurder Traum vom toten Vater, ›Traumdeutung‹, *G.W.* II—III, S. 437 f.

263 1) Siehe auch Brief vom 3. 10. 1897 (Nr. 70).

2) Des Briefpapiers.

3) Dr. Oscar Rie, der frühere Mitarbeiter Freuds.

4) Conrad, der Name von Fließ' jüngerem, kurz vorher geborenen Sohn.

264 1) Das Referat von Max Burckhard war in der Wiener Tageszeitung ›Die Zeit‹ vom 6. und 13. Jänner 1900 unter dem Titel ›Ein modernes Traumbuch‹ erschienen; eine boshafte Darstellung der Freudschen Gedanken, mit journalistischem Geschick verzerrt und ironisiert.

2) Freud hat Einsicht in die Natur seines Arbeitsvorgangs und in dessen Beziehung zum Vorbewußten gewonnen. (Der Vorstoß vom Vorbewußten wird dabei als ein der ›Inspiration‹ ähnlicher Vorgang erlebt; vgl. E. Kris, ›On Inspiration‹, Int. Journal of Psycho-Analysis, 1940, XX, S. 377—389.) — Später hat Freud seine Arbeitsweise geändert. In einem Brief vom 11. XII. 1914 an Karl Abraham heißt es: »Meine Art zu arbeiten war früher eine andere, ich pflegte zu warten, bis mir ein Einfall kam. Jetzt gehe ich ihm entegegen, ich weiß nicht, ob ich ihn darum schneller finden werde.«

3) Die Kronenwährung war an Stelle der Guldenwährung getreten, wobei 2 Kronen 1 Gulden entsprach.

265 1) Siehe den vorangehenden Brief.

269 1) An der wöchentlichen Tarockpartie hat Freud zeitlebens festgehalten. Seine Beziehung zum Verein B'nai B'rith hat Freud im Jahre 1926 in der Antwort auf eine Festrede anläßlich seines 70sten Geburtstages folgendermaßen beschrieben: (*G.W.* XVII, S. 51)

> »Es geschah in den Jahren 1895, daß zwei starke Eindrücke bei mir zur gleichen Wirkung zusammentrafen. Einerseits hatte ich die ersten Einblicke in die Tiefen des menschlichen Trieblebens gewonnen, manches gesehen, was ernüchtern, zunächst sogar erschrecken konnte, anderseits hatte die Mitteilung meiner unliebsamen Funde den Erfolg, daß ich den größten Teil meiner damaligen menschlichen Beziehungen ein-

büßte; ich kam mir vor wie geächtet, von allen gemieden. In dieser Vereinsamung erwachte in mir die Sehnsucht nach einem Kreis von auserlesenen, hochgestimmten Männern, die mich ungeachtet meiner Verwegenheit freundschaftlich aufnehmen sollten. Ihre Vereinigung wurde mir als der Ort bezeichnet, wo solche Männer zu finden seien.«

271 1) Der dänische Schriftsteller und Kritiker (geb. 1842, gest. 1927).

2) Siehe Brief Nr. 136.

273 1) Es ist dies die erste Einsicht in die Rolle der *Übertragung* in der psychoanalytischen Therapie. Die Schwierigkeiten, die sich durch Übertragungsphänomene ergaben, waren Freud schon begegnet, da er noch hypnotische Kuren vornahm (s. ›Selbstdarstellung‹, S. 58). Aus dem ›Bruchstück einer Hysterieanalyse‹, das uns mit Freuds Technik der Zeit bekannt macht, in der der vorliegende Brief entstanden ist, wissen wir, daß Freud die Übertragung technisch noch nicht zu meistern verstand; im Nachwort dieser Veröffentlichung hat Freud dann die Theorie der Übertragung zum ersten Male entwickelt (*G.W.* V, S. 279 ff.) Der Mangel eines vollen Verständnisses für die Dynamik der Übertragung erklärt auch den um diese Zeit vorkommenden persönlichen Kontakt Freuds mit manchen seiner Patienten.

2) Dem jüdischen Gruß ›nächstes Jahr in Jerusalem‹ nachgebildet.

274 1) ›Die Periodenlehre‹.

276 1) Unsichere Lesung.

2) S. Brief Nr. 132; gemeint ist die Schrift ›Über den Traum‹.

277 1) Am ›Traum von Irmas Injektion‹, ›Traumdeutung‹, *G.W.* II–III, S. 111.

2) S. Dr. med. H. Kroell, ›Der Aufbau der menschlichen Seele, eine psychologische Skizze‹, 1900.

279 1) Dies ist der letzte Brief vor dem Zusammentreffen, bei dem die bisher latente Entfremdung manifest wurde.

Aus den folgenden Briefen ergibt sich Freuds Reaktion auf die Begegnung. Fließ hat die seine in späterer Zeit auf seine Weise geschildert:

»Mit Freud habe ich oft Zusammenkünfte zu wissenschaftlicher Aussprache gehabt. So in Berlin, Wien, Salzburg, Dresden, Nürnberg, Breslau, Innsbruck. Das letzte Mal im Sommer 1900 am Achensee. Damals war Freud von einer mir zuerst unerklärlichen Heftigkeit gegen mich. Weil ich in einer Diskussion über Freuds Beobachtungen an seinen Kranken den periodischen Vorgängen auch für die Psyche unbedingt Geltung zusprach; insbesondere sie auch für diejenigen psychopathischen Erscheinungen als wirksam hinstellte, mit deren Analyse zum Zweck der Heilung sich Freud beschäftigte. Weder plötzliche Verschlechterungen, noch plötzliche Besserungen seien daher ohne weiteres auf die Analyse und ihre Einwirkungen zu schieben. Ich belegte meine Meinung mit eigenen Beobachtungen. Im Gefolge jener Diskussion glaubte ich bei Freud eine persönliche Animosität gegen mich wahrzunehmen, die aus Neid entsprang. Hatte doch Freud früher in Wien zu mir gesagt: ›Es ist gut, daß wir Freunde sind. Ich würde vor Neid zerspringen, wenn ich sonst hörte, daß einer in Berlin solche Sachen findet.‹ Die Äußerung habe ich in meiner Bestürzung seinerzeit meiner Gattin mitgeteilt, und ferner auch der uns befreundeten Frau Hofkapellmeister Schalk geb. Hopfen, z. Z. in Wien, die das gerne bekundet.

Wegen der Situation am Achensee (Sommer 1900) habe ich mich still von Freud zurückgezogen und unseren regelmäßigen Briefwechsel eingehen lassen. Seit jener Zeit hat Freud über meine wissenschaftlichen Funde nichts mehr von mir gehört, wohl aber hat er in demselben Jahre 1900, wo er sich über meine Zurückziehung beklagte, Weiningers Freund Swoboda kennen gelernt und ihn wegen einer Psychoneurose in Behandlung genommen. Bei dieser Behandlung hat Swoboda die Tatsache der dauernden Bisexualität erfahren, die seit meiner Mitteilung nach Freuds Angabe in seiner psychoneurotischen Kur zur Sprache kommt.«

(›In eigener Sache‹ von Wilhelm Fließ. Gegen Otto Weininger und Hermann Swoboda. Emil Goldschmidt, Berlin, 1906.)

[2]) Freud hat dieses Motto (Faust, 2. Teil, 5. Akt) für die ›Psychopathologie des Alltagslebens‹ verwendet.

280 [1]) Erschienen unter dem Titel ›Bruchstück einer Hysterieanalyse‹ in der Monatsschrift für Psychiatrie und Neurologie 1905. Im Vorwort erwähnt Freud, daß die Arbeit »ursprünglich den Namen ›Traum und Hysterie‹«, führte und daß die Verwertung der Träume mit Absicht in den Mittelpunkt der Darstellung gerückt wurde. In der ›Geschichte‹ der psychoanalytischen Bewegung‹ und in einem Zusatz zum ›Bruchstück‹ von 1923 (*G.W.* VI, S. 171) teilt Freud mit, daß die Behandlung des in dieser Arbeit geschilderten Falles am 31. 12. 1899 unterbrochen wurde. Freud erwähnt auch, daß die Krankengeschichte »in den nächsten zwei Wochen« niedergeschrieben wurde. Die vorliegende Briefstelle macht es wahrscheinlich, daß sich Freud geirrt hat und die Behandlung am 31. Dez. 1900 zum Abschluß kam.

[2]) Im Brief vom 8. März aber erfahren wir, daß Freud sich nicht entschließen kann, das Manuskript abzusenden; er sendet es endlich ab (Brief vom 6. 9.), um es dann von der Redaktion zurückzuerbitten.

[3]) Freud bezieht sich darauf, daß seine letzten Arbeiten (seit dem Aufsatz ›Über Deckerinnerungen‹) in der von Ziehen und Wernicke herausgegebenen Monatsschrift für Psychiatrie und Neurologie erschienen sind, obgleich zumindest Wernicke seinem Standpunkt ablehnend gegenüberstand. Ziehens Widerspruch hat sich erst später entwickelt.

281 [1]) Bezieht sich auf Fließ' Interessen. Fließ ist Freuds Anregung gefolgt. Vgl. Brief vom 20. 9. 1901, Nr. 147.

282 [1]) ›Zur Psychopathologie des Alltagslebens‹, zuerst erschienen in Monatsschrift für Neurologie und Psychiatrie. Bd. X. (*G.W.* IV).

[2]) Siehe Felix Gattl, ›Über die sexuellen Ursachen der Neurasthenie und Angstneurose‹, Berlin, 1898.

283 [1]) Ein kleines gerahmtes Fragment eines pompejanischen Frescos, das sich in Freuds Sammlung befindet.

284 [1]) Bezieht sich auf Fließ' Monographie ›Über den ursächlichen Zusammenhang von Nase und Geschlechtsorgan, zugleich ein Beitrag zur Nervenphysiologie‹, Halle, 1902, eine Arbeit, deren Titel damals noch nicht feststand.

[2]) Freuds Schwiegermutter und Schwägerin.

285 [1]) Der Verfasser ist Friedrich v. d. Leyen, der mit Freud eine Zeitlang im Briefwechsel stand und in einem Brief vom 17. Mai 1902 (Warburg Institute, London University) Roscher, den Verfasser des berühmten mythologischen Lexikons, auf Freuds Forschungen hinweist. Leyen hat die späteren Arbeiten Freuds mit zurückhaltender Skepsis verfolgt.

[2]) S. Ludwig Laistner, ›Das Rätsel der Sphinx, Grundzüge der Mythenforschung‹, 2 Bde., 1889.

286 [1]) Hinweis auf die ersten Berichte von Evans' Ausgrabungen der Kretisch-Minoischen Denkmäler, an denen Freud auch später mit lebhaftem Interesse teilnahm.

288 [1]) D. h., des mittelalterlichen und nachmittelalterlichen Rom.

[2]) Nach einer Tradition wird der Reisende, der ein Geldstück in die Fontana del Trevi wirft, nach Rom zurückkehren.

289 [1]) Bei dem letzten Zusammentreffen am Achensee. S. Brief Nr. 138.

[2]) *G.W.* IV, S. 159 f.

290 [1]) Nicht veröffentlicht.

[2]) Der Brief bezieht sich auf die neueste Fließ'sche Arbeit (S. Bem. z. Brief Nr. 143). Die Stelle, in der Fließ auf Freud verweist, lautet: »Die typische Ursache der Neurasthenie junger Leute beiderlei Geschlechts ist die Onanie (Freud), die bei Älteren sehr häufig durch den Onanismus conjugalis ersetzt wird.«

Der Abschnitt über Herpes Zoster S. 19 knüpft an die Arbeit von Head and Cambell (›The Pathology of Herpes Zoster and its Bearing on Sensory Localisation‹, Brain, XCI, 3, S. 353 ff., 1900) an. (S. Brief vom 30. 1. 1901 Nr. 141.)

294 [1]) Sigmund R. v. Exner (geb. 1846, gest. 1926), Professor der Physiologie an der Universität Wien, seit 1891 Nachfolger Brückes im Ordinariat, und seit 1894 Fachreferent im Unterrichtsministerium.

2) Der Unterrichtsminister Wilhelm Freiherr von Härtel (geb. 1839), vorher Professor der Philologie an der Universität Wien.

295 1) Elise Gompertz, die Gattin von Theodor Gompertz (1832—1912), der zugleich mit Härtel im Jahre 1869 zum Professor der Philologie ernannt worden war und als Verfasser des Buches ›Die griechischen Denker‹ berühmt geworden ist. In der von Gompertz herausgegebenen deutschen Ausgabe der Werke von John Stuart Mill hatte Freud noch als Student einen im Dezember 1880 erschienenen Band übersetzt (›Über Frauenemanzipation, Plato, Arbeiterfrage, Sozialismus‹).

2) Siehe Brief Nr. 58 f.

3) Nach dem etwas vereinfachten Bericht dieses Vorfalles bei H. Sachs (›Freud, Master and Friend‹, 1945, S. 76) handelte es sich um Böcklins ›Schloßruine‹, die Härtel für die damals in Gründung begriffene ›Moderne Galerie‹ in Wien geschenkt haben wollte.

297 1) Der Titel wurde von den Herausgebern hinzugefügt. Freuds Manuskript hat keinen Titel; in den Briefen spricht er von den ›Heften‹ oder der ›Psychologie‹. Über die Stellung des Entwurfs in Freuds Entwicklung s. Einleitung S. 28 ff.

305 1) Die zahlreichen von Freud im folgenden verwendeten Abkürzungen wurden zum größten Teil aufgelöst. Neben gebräuchlichen oder leicht zu erratenden Abkürzungen verwendet Freud eine Anzahl von Sigeln. *N* steht regelmäßig für Neuronen. Die Neuronensysteme hat Freud mit φ ψ ω bezeichnet. ψ verwendet Freud öfters auch adjektivisch. In diesen Fällen wurde das Wort ›psychisch‹ eingesetzt. Das System der ω-Neuronen bezeichnet Freud öfters auch als das der Wahrnehmungsneuronen. In diesen Fällen haben wir das Abkürzungszeichen in Klammer wiederholt. Zur Bezeichnung von ›Quantität‹ verwendet Freud zwei Abkürzungen Q und $Q\acute{\eta}$. Gegen Ende des Entwurfs, siehe z. B. (Seite 361 f.) hat er Kriterien für die Unterscheidung angegeben: Q bezieht sich auf die ›externe‹, $Q\acute{\eta}$ auf die ›psychische‹ Quantität. Die Unterscheidung ist im Manuskript nicht immer konsequent durchgeführt und sie ist im Brief vom 1. 1. 1896, Nr. 39, fallen gelassen. Im vorliegenden Text wurden beide Abkürzungen: Q und $Q\acute{\eta}$ durch das Wort ›Quantität‹ ersetzt. Die Abkürzung wurde in Klammer nachgestellt. Wo dem Wort ›Quantität‹ keine Abkürzungszeichen folgt, hat Freud keines verwendet, sondern das Wort ausgeschrieben.

2) Wir vermögen nicht mit Bestimmtheit anzugeben, auf welche ›Versuche‹ sich Freud bezieht. Für die hirnphysiologischen Auffassungen ist zu vergleichen E. Fleischl v. Marxow, ›Gesammelte Abhandlungen‹, herausgegeben von Otto Fleischl v. Marxow, mit biogr. Skizze von Prof. Sigmund Exner, 1893; für die Beziehung von Physiologie zur Psychologie Exners eigene Schriften, namentlich sein ›Entwurf einer physiologischen Erklärung der psychischen Erscheinungen‹, 1894, wo es etwa heißt (S.

225): »Alle Erscheinungen der Qualität und Quantität von bewußten Empfindungen, Wahrnehmungen und Vorstellungen lassen sich zurückführen auf quantitativ variable Erregungen verschiedener Anteile dieser Summe von Bahnen.« Für die Theorie des Gedächtnisses mag neben den französischen Autoren A. Forels Vortrag ›Das Gedächtnis und seine Abnormitäten‹, Zürich, 1885, den Freud sorgfältig las, anregend gewesen sein.

[3]) Die Angabe, daß die erfolgreiche Anwendung dynamischer Vorstellungen auf Probleme der Hysterie die hier vertretene Auffassung Freuds angeregt habe, erinnert uns daran, daß zur Zeit der Niederschrift des Entwurfes die ›Studien über Hysterie‹ noch nicht erschienen waren; der Gedanke, daß Freuds Entwurf zu lösen versucht, was Breuer in seinem theoretischen Abschnitt der Studien nicht zu lösen vermochte, liegt nahe; Freuds Ansatz steht hier in schärfstem Widerspruch zu Breuers, bei dem es heißt: »In diesen Erörterungen wird wenig vom Gehirn und gar nicht von den Molekülen die Rede sein. Psychische Vorgänge sollen in der Sprache der Psychologie behandelt werden, ja es kann gar nicht anders geschehen.«

306 [1]) Offenbar fehlt ein Wort.

307 [1]) An die hier entwickelten Gedanken knüpft später Freuds Überlegung über die ›Zwei Prinzipien des psychischen Geschehens‹ (›Formulierungen über die zwei Prinzipien des psychischen Geschehens‹, 1911, *G.W.* VIII) an; dazwischen liegen die Ausführungen im 7. Kapitel der ›Traumdeutung‹ (*G.W.* II–III, 604 f.) Die Unterscheidung zwischen einer Tendenz des psychischen Apparates, die Spannung auf *O* herabzusetzen (s. dazu auch S. 366 f.) und der Modifizierung dieser Tendenz zum Bestreben, die Spannung möglichst niedrig zu halten, also die Unterscheidung zwischen dem Nirwana-Prinzip und dem Lustprinzip, ist in ›Jenseits des Lustprinzips‹ (*G.W.* XIII, S. 60) ausgeführt.

308 [1]) Die Funktion der Kontaktschranken wird an späterer Stelle genauer präzisiert; s. S. 326.

309 [1]) Freud hat manche dieser Gedanken in ›Jenseits des Lustprinzips‹ (*G.W.* XIII, S. 23 ff.) verwendet. Er verweist dort ausdrücklich darauf, daß er sich dabei der ›lokalisierenden Hirnanatomie‹ anschließe. Nach M. Dorers Analyse der Beziehung Freuds zu Meynerts Theorien besteht kein Zweifel daran, daß Freud mit diesen Worten auf Meynert verweist. (Vgl. M. Dorer, ›Historische Grundlagen der Psychoanalyse‹, 1932, S. 128 ff. und bes. S. 151.) Der Einfluß Meynerts ist im Gedankengang des Entwurfs an mehreren Stellen zu vermuten; er ist nicht immer ohne weiteres von dem der in der Neurologie der neunziger Jahre allgemein verbreiteten Annahmen zu sondern.

[2]) Aus dem weiteren Verlaufe der Darstellung ergeben sich für beide Neuronengruppen folgende Eigenschaften: Die φ-Neuronen sind ›durchlässig‹, d. h. nicht mit Widerstand behaftet, sie dienen der Bewältigung

der Außenweltreize und sind mit dem Spinalgrau zu identifizieren; die ψ-Neuronen retenieren, dienen der Bewältigung der Innenreize und sind mit dem supponierten Gehirngrau zu identifizieren.

311 1) Vgl. dazu S. 328, wo diese Frage beantwortet ist. – Manches des in dem vorangehenden Abschnitt Gesagten ist in veränderter Form in Freuds Annahmen über die Beziehung von Gedächtnis und Bewußtsein weiterentwickelt; vgl. dazu das in der ›Traumdeutung‹ gegebene Schema (*G.W.* II–III, S. 542 f.) und die Annahme, daß »Gedächtnis und Qualität für das Bewußtsein an den ψ-Systemen einander ausschließen«. Diesen Gedanken hat Freud später noch radikaler formuliert, in der Annahme, »daß Bewußtsein entstehe an der Stelle der Erinnerungsspur«. (›Jenseits des Lustprinzips‹, 1920, *G.W.* XIII, S. 25, ›Notiz über den Wunderblock‹, *G.S.* XIV, 1925). Vgl. auch Brief Nr. 52. Eine ähnliche Auffassung war von Breuer im theoretischen Kapitel der ›Studien‹ vertreten worden. Es heißt dort (1. Aufl. S. 164): »Dieser Perceptionsapparat, einschließlich der corticalen Sinnesphären, muß verschieden sein von dem Organ, welches die Sinneseindrücke als Erinnerungsbilder aufbewahrt und reproduciert«, etc.

312 1) Weitere Vorschläge für die empirische Überprüfung, s. S. 314.

314 1) Der zweite Vorschlag zur empirischen Überprüfung; s. S. 312.
2) S. 306 f. und S. 307, Anm. 1.

315 1) Eine Weiterführung des hier Angedeuteten findet sich in dem Abschnitt ›Schmerzerlebnis‹ S. 327 ff.

317 1) Die Rolle der Wahrnehmungsneuronen und ihre Stellung zu den φ und ψ-Neuronen ist im Brief vom 1. 1. 1896 neu formuliert; es heißt dort: »Ich schiebe jetzt die *W.* Neuronen zwischen die φ und die ψ-(Neuronen) ein, so daß φ seine Qualität an *W* überträgt, *W* jetzt an ψ weder Qual(ität) noch Quant(ität) überträgt, sondern ψ nur anregt, d. h. der freien ψ-Energie ihre Wege aufweist.«

318 1) S. S. 317, Anm. 1.

326 1) In späteren Formulierungen Freuds ist die hier gegebene kaum je erreicht oder übertroffen worden: sie weist der Objektbeziehung ihren Platz an beim Übergang vom Lust- zum Realitätsprinzip; s. auch S. 334 ff.

328 1) Wahrscheinlich verschrieben für ›sekretorisch‹; vgl. dagegen S. 340, wo die motorischen Neuronen als ›Schlüsselneuronen‹ bezeichnet sind.
2) Siehe S. 310 f.

329 1) Freud hat noch in der vorliegenden Abhandlung zwischen primärer Abwehr und Verdrängung unterschieden (S. 351) und später die Reaktion auf Schmerz von der Verdrängung getrennt. S. Die Verdrängung, 1915, *G.W.* X, S. 249.

330 1) Die konstante Energiebesetzung, die Funktion, gewisse Abläufe zu hemmen oder aufzuschieben, und die Beziehung zum Sekundärvorgang gehören auch zu den Eigenschaften der Ich-Organisation in Freuds Ver-

wendung dieses Ausdrucks in seiner Strukturlehre; s. ›Das Ich und das Es‹ (1923) und Freuds spätere Schriften.

332 [1]) Im Folgenden findet sich die früheste Formulierung eines von Freud vielfach variierten und verschiedentlich formulierten Gedankens, dem er zuletzt die Fassung gegeben hat, daß die Realitätsprüfung eine Ichfunktion sei. Frühere Formulierungen, die sich an die Darstellung des Entwurfs unmittelbar anschließen, finden sich in der ›Traumdeutung‹ und in ›Formulierungen über die zwei Prinzipien des psychischen Geschehens‹, 1911, s. *G.W.* VIII, bes. S. 231.

334 [1]) Zum Vergleich mit dem vorangehenden Abschnitt setzen wir hier Zitate aus der ›Traumdeutung‹ ein: (*G.W.* II–III, S. 604 f.) »Eine solche, von der Unlust ausgehende, auf die Lust zielende Strömung im Apparat heißen wir einen Wunsch ... Das erste Wünschen dürfte ein halluzinatorisches Besetzen der Befriedigungserinnerung gewesen sein ... Ich halte nur an der Vorstellung fest, daß die Tätigkeit des ersten ψ-Systems *auf freies Abströmen der Erregungsquantitäten* gerichtet ist, und daß das zweite System durch die von ihm ausgehenden Besetzungen eine *Hemmung* dieses Abströmens, eine Verwandlung in ruhende Besetzung, wohl unter Niveauerhöhung, herbeiführt. Ich nehme also an, daß der Ablauf der Erregung unter der Herrschaft des zweiten Systems an ganz andere mechanische Verhältnisse geknüpft wird als unter der Herrschaft des ersten. Hat das zweite System seine probende Denkarbeit beendigt, so hebt es auch die Hemmung und Stauung der Erregungen auf und läßt dieselben zur Motilität abfließen.«

[2]) Vgl. dazu und zum Folgenden eine von Freuds späteren Formulierungen aus diesem weiterem Problemkreis: »Der erste und nächste Zweck der Realitätsprüfung ist also nicht, ein dem Vorgestellten entsprechendes Objekt in der realen Wahrnehmung zu finden, sondern es *wiederzufinden*, sich zu überzeugen, daß es noch vorhanden ist. Ein weiterer Beitrag zur Entfremdung zwischen dem Subjektiven und dem Objektiven rührt von einer anderen Fähigkeit des Denkvermögens her. Die Reproduktion der Wahrnehmung in der Vorstellung ist nicht immer deren getreue Wiederholung; sie kann durch Weglassungen modifiziert, durch Verschmelzungen verschiedener Elemente verändert sein. Die Realitätsprüfung hat dann zu kontrollieren, wie weit diese Entstellungen reichen. Man erkennt aber als Bedingung für die Einsetzung der Realitätsprüfung, daß Objekte verlorengegangen sind, die einst reale Befriedigung gebracht hatten.« (›Die Verneinung‹, 1925, *G.S.* XI, 6).

Die in dem letzten Satz gegebene Beziehung zur frühen Objektbeziehung ist im ›Entwurf‹ oft nur impliziert, aber das Beispiel, an dem Freud die Herstellung der Identität zwischen Vorstellung und Vorgestelltem diskutiert (s. S. 337) ist die Vorstellung des Säuglings von der Mutterbrust.

338 [1]) Diese Gedanken über die Wurzeln des Ausdrucksverständnisses haben in Freuds Werken keine adäquate Fortsetzung gefunden. Ein Abschnitt in ›Der Witz und seine Beziehung zum Unbewußten‹ (1904) verwendet die Hypothese, daß die Erinnerung an den eigenen Innervationsaufwand das Verständnis der Mimik und der Gesten des Nebenmenschen ermöglichen. (Vgl. dazu S. 337.) Die neueren Forschungen über das Körperschema rükken Freuds im ›Entwurf‹ formulierte Gedanken in ein neues Licht. Vgl. Paul Schilder, ›Mind, Perception and Thought‹, 1942.

[2]) Zum Folgenden vgl. S. 343 ff. (Arten des Denkens).

339 [1]) Vgl. Anm. 1 zu S. 338.

341 [1]) Vgl. zum Folgenden ›Traumdeutung‹, *G.W.* II—III, besonders S. 603. Die hier ausgesprochene Einsicht in die ›Ähnlichkeit‹ von Traumvorgängen und Mechanismen der Psychoneurosen hat Freud anscheinend nicht festgehalten, sondern erst anfangs 1899 wiederentdeckt. Vgl. auch S. 353 und S. 181 Anm. 2.

343 [1]) Der folgende erste Versuch einer Traumlehre ist in so wesentlichen Teilen stückhaft, daß es wenig lohnend scheint, ihn im einzelnen mit den in der Traumdeutung entwickelten Hypothesen zu vergleichen. Wir gewinnen die Einsicht, daß Freud sich dem Studium des Traumes von zwei Seiten genähert hat: Seine Versuche, das Wesen des psychischen Apparates zu ergründen, lassen ihn allgemeine Mechanismen der Traumbildung verstehen; erst die Analyse der eigenen Träume aber — und das konkrete Erlebnis der Selbstanalyse — ermöglicht den Fortschritt, der aus der Fassung des Entwurfes zu der ›Traumdeutung‹ geführt hat.

[2]) Freud hat diese Beispiele in der ›Traumdeutung‹, *G.W.* II—III, S. 503 f., verwendet und aus dem Bestreben erklärt, »die gebotenen Sinneseindrücke verständlich zusammenzusetzen«.

345 [1]) Die Einsicht hatte sich Freud im Anschluß an die Deutung des Traumes von Irmas Injektion im Juli 1895 ergeben; S. Brief Nr. 137. Die Analyse dieses Traumes stand anscheinend noch nicht im Zusammenhang der ›Selbstanalyse‹; sie war dynamisch, aber noch nicht genetisch gerichtet.

[2]) Vgl. dazu S. 55 und dort Anm. 2.

346 [1]) Aus dem Traum ›Von Irmas Injektion‹. S. ›Traumdeutung‹ *G. W.* II—III, S. 111 ff.

350 [1]) Freud hat nach den ›Studien über Hysterie‹ den Ausdruck ›Symbol‹ nur ausnahmsweise in diesem Sinne verwendet.

353 [1]) Vgl. dazu über den Primärvorgang S. 332 ff.

[2]) In Freuds Schriften nicht verwendet.

356 [1]) Freuds spätere Einsicht über die Bedeutung der infantilen Sexualität hat diese Auffassung nicht ganz außer Kraft gesetzt; sie weist auf die regressive Besetzung des infantilen Materials in der Pubertät hin.

358 [1]) S. S. 366.

360 [1]) Das System *W*.

[2]) Die Rolle, die die Aufmerksamkeit in den folgenden Ausführungen spielt, erklärt es, daß sich verhältnismäßig wenige Anknüpfungspunkte zu Freuds späteren Schriften ergeben. Schon in der ›Traumdeutung‹, *G.W.* II—III, S. 598, hat Freud betont, »daß die kompliziertesten Denkleistungen ohne Mittun des Bewußtseins möglich sind«; ... das »Bewußtwerden hängt mit Zuwendung einer bestimmten psychischen Funktion, der Aufmerksamkeit, zusammen«; vgl. auch S. 371 f.

361 [1]) Vgl. dazu ›Traumdeutung‹, *G.W.* II—III, S. 571, wo es nach einer Diskussion der Beziehung von Wahrnehmung und Wunscherfüllung heißt. »Diese erste psychische Tätigkeit zielt also auf eine *Wahrnehmungsidentität*, nämlich auf die Wiederholung jener Wahrnehmung, welche mit der Befriedigung des Bedürfnisses verknüpft ist.« Der ›Entwurf‹ geht mehr ins einzelne: Freud versucht hier, das Denken und die Realitätsprüfung aus der Spannung abzuleiten, der das Kind ausgesetzt ist, während es auf Befriedigung wartet; vgl. auch S. 334 ff.

362 [1]) Das Folgende steht im Widerspruch zu Freuds späterer, schon in der Traumdeutung entwickelten Auffassung von der Bedeutung vorbewußter psychischer Abläufe; s. dagegen S. 371 f.

364 [1]) In der ›Traumdeutung‹, *G.W.* II—III, S. 622, heißt es: »Um den Denkvorgängen eine Qualität zu verleihen, werden sie beim Menschen mit den Worterinnerungen assoziiert.« In seinen späteren Arbeiten hat Freud die Formulierung gewählt »... die bewußte Vorstellung umfaßt die Sachvorstellung plus der Wortvorstellung, die unbewußte ist die Sachvorstellung allein«. (›Das Unbewußte‹, 1915, *G.W.* X, S. 300.)

365 [1]) In Freuds späterer Terminologie ausgedrückt: Die Versagungssituationen frühester Kindheit leisten im allgemeinen einen wichtigen Beitrag für Entwicklung des Wirklichkeitssinnes, im besonderen liefern sie die Motivierung für das Erkennen und Bezeichnen der Pflegeperson, von der Befriedigung und Versagung ausgeht.

366 [1]) Das Denken »ist im wesentlichen ein Probehandeln mit Verschiebung kleinerer Besetzungsquantitäten, unter geringer Verausgabung (Abfuhr) derselben«. (›Formulierungen über die zwei Prinzipien der psychischen Geschehens‹, 1911, *G.W.* VIII, S. 233.)

370 [1]) Vgl. dazu die Fortsetzung dieses Gedankens in ›Formulierungen über die zwei Prinzipien des psychischen Geschehens‹, 1911, *G. W.* VIII, S. 233, wo der Aufmerksamkeit die Aufgabe zugeteilt wird, »die Außenwelt periodisch abzusuchen ..., damit die Daten derselben in vorhinein bekannt wären, wenn sich ein unaufschiebbares Bedürfnis einstellte ...«

372 [1]) Die früheste Freudsche Schilderung des vorbewußten Denkvorganges; s. S. 362.

380 1) Vgl. dazu ›Traumdeutung‹, *G.W.* II–III, S. 608, wo es heißt: »Es ist auch nicht schwer zu übersehen, daß das Unlustprinzip dem Denkvorgang, welchem es sonst die wichtigsten Anhaltspunkte bietet, auch Schwierigkeiten in der Verfolgung der Denkidentität in den Weg legt. Die Tendenz des Denkens muß also dahin gehen, sich von der ausschließlichen Regulierung durch das Unlustprinzip immer mehr zu befreien und die Affektentwicklung durch die Denkarbeit auf ein Mindestes, das noch als Signal verwertbar ist, einzuschränken.«

383 1) Eine gewiß nicht sehr weitgehende Annäherung an diesen Gedanken in Freuds Schriften findet sich in seiner Annahme über die synthetische Funktion des Ich, die das Bedürfnis nach Beseitigung von Widersprüchen einschließt. In der ›Traumdeutung‹ hatte Freud das hier angeschlagene Problem nur von ungefähr gestreift. »Unser waches (vorbewußtes) Denken benimmt sich gegen ein beliebiges Wahrnehmungsmaterial ganz ebenso wie die in Frage stehende Funktion [i. e. die Sekundärfunktion] gegen den Trauminhalt. Es ist ihm natürlich, in einem solchen Material Ordnung zu schaffen, Relationen herzustellen, es unter die Erwartung eines intelligibeln Zusammenhangs zu bringen.« (*G.W.* II–III, S. 503 f.)

Verzeichnis der Schriften Freuds 1877-1902

1877 *Beobachtungen über Gestaltung und feineren Bau der als Hoden beschriebenen Lappenorgane des Aals.*
(Aus dem LXXV. Bd. der Sitzb. der k. Akad. d. Wissensch. I. Abt. März-Heft 1877.)
Über den Ursprung der hinteren Nervenwurzeln im Rückenmarke von Ammocoetes (Petromyzon Planeri).
(Aus dem physiologischen Institute der Wiener Universität. Mit 1 Tafel)
(Aus dem LXXV. Bd. der Sitzb. der k. Akad. d. Wissensch. III. Abt. Jänner-Heft 1877.)

1878 *Über Spinalganglien und Rückenmark des Petromyzon.*
(Aus dem physiologischen Institute der Wiener Universität. Mit 4 Tafeln und 2 Holzschnitten.)
(Aus dem LXXVIII. Bd. der Sitzb. der k. Akad. d. Wissensch. III. Abt. Juli-Heft 1878.)

1879 *Notiz über eine Methode zur anatomischen Präparation des Nervensystems.*
(Aus: Centralbl. für d. med. Wissensch. 1879, Nr. 26.)

1880 Übersetzung: John Stuart Mill ›Über Frauenemanzipation, Plato, Die Arbeiterfrage, der Sozialismus‹.
(Aus Bd. XII der von Theodor Gompertz herausgegebenen Gesammelten Werke von John Stuart Mill. Leipzig, Fue's Verlag [R. Reisland], 1880.)

1882 *Über den Bau der Nervenfasern und Nervenzellen beim Flußkrebs.*
(Aus dem LXXXV. Bd. der Sitzb. d. Akad. d. Wissensch. III. Abt. Jänner-Heft 1882.)
Die Struktur der Elemente des Nervensystems.
(Vortrag im psychiatrischen Verein. 1882; erschienen im LXXXV. Bd. der Sitzb. der k. Akad. d. Wissensch. III. Abt. Jänner-Heft 1882.)

1884 *Eine neue Methode zum Studium des Faserverlaufes im Zentralnervensystem.*
(Aus: Archiv f. Anat. u. Physiologie, Anat. Abt. 1884.)
A New Histological Method for the Study of Nerve-Tracts in the Brain and Spinal Chord.
(Aus: Brain, part XXV. 1884.)

Ein Fall von Hirnblutung mit indirekten basalen Herdsymptomen bei Scorbut.
(Aus: Wiener med. Wochenschr. 1848, Nr. 9 u. 10.)
Über Coca.
(Aus: Heitlers Centralblatt für Therapie. 1884.)

1885 *Beitrag zur Kenntnis der Cocawirkung.*
(Aus: Wiener med. Wochenschr. 1885, Nr. 5.)
Zur Kenntnis der Olivenzwischenschicht.
(Aus: Neurolog. Centralblatt. 1885, Nr. 12.)
Ein Fall von Muskelatrophie mit ausgebreiteten Sensibilitätsstörungen (Syringomyelie).
(Aus: Wiener med. Wochenschr. 1885, Nr. 13 u. 14.)

1886 *Akute multiple Neuritis der spinalen und Hirnnerven.*
(Aus: Wiener med. Wochenschr. 1886, Nr. 6.)
Über die Beziehung des Strickkörpers zum Hinterstrang und Hinterstrangskern nebst Bemerkungen über zwei Felder der Oblongata.
(In Gemeinschaft mit Dr. L. Darkschewitsch aus Moskau.)
(Aus: Neurolog. Centralblatt. 1886, Nr. 6.)
Über den Ursprung des Nervus acusticus.
(Aus: Monatsschrift für Ohrenheilkunde. 1886, Nr. 8 u. 9.)
Beobachtungen einer hochgradigen Hemianästhesie bei einem hysterischen Manne.
Die Untersuchung des Sehorgans von Dozenten Dr. Königstein. (Vortrag in der k. Gesellsch. d. Ärzte am 26. Nov. 1886. — Aus: Wiener med. Wochenschr. 1886, Nr. 49 u. 50.)
Übersetzung: J. M. Charcot ›Neue Vorlesungen über Krankheiten des Nervensystems, insbesondere über Hysterie‹.
(Mit Vorwort und Fußnoten.) (Leipzig und Wien, Toeplitz u. Deuticke. 1886.)

1887 *Bemerkungen über Cocaïnsucht und Cocaïnfurcht.*
Mit Beziehungen auf einen Vortrag W. A. Hammonds.
(Aus: Wiener med. Wochenschr. 1887, Nr. 28.)

1888 *Über Hemianopsie im frühesten Kindesalter.*
(Aus: Wiener med. Wochenschr. 1888, Nr. 32 u. 33.)
Übersetzung: H. Bernheim ›Die Suggestion und ihre Heilwirkung‹.
(Leipzig u. Wien, Franz Deuticke. 1888, 2. Auflage 1896.)
(Die Vorrede des Übersetzers ist englisch unter dem Titel ›Hypnotism and Suggestion‹ im International Journal of Psycho-Analysis, vol. XXVII, 1946, S. 55 ff., erschienen.)

1888- *Beiträge in Villarets ›Handwörterbuch der Gesamten Medizin‹*, 2 Bände.
1891 (Stuttgart. 1888 u. 1891.)

1891 *Zur Auffassung der Aphasien.*
Eine kritische Studie.
(Leipzig u. Wien, Franz Deuticke, 1891.)
Klinische Studie über die halbseitige Cerebrallähmung der Kinder.
(In Gemeinschaft mit Dr. O. Rie.)
(III. Heft, 1891, der ›Beiträge zur Kinderheilkunde‹, herausgegeben von Dr. M. Kassowitz.)

1892 Übersetzung: H. Bernheim ›Neue Studien über Hypnotismus, Suggestion und Psychotherapie‹.
(Leipzig u. Wien, Franz Deuticke, 1892.)

1892- *Ein Fall von hypnotischer Heilung nebst Bemerkungen über die Entste-*
1893 *hung hysterischer Symptome durch den ›Gegenwillen‹.*
(Aus: Zeitschrift f. Hypnotismus etc. 1892/93, Heft III/IV.)

1892- Übersetzung: J. M. Charcot ›Poliklinische Vorträge‹, Bd. I, Schuljahr
1894 1887/88.
(Mit Vorwort und zahlreichen Anmerkungen Freuds.)
(Leipzig u. Wien, Franz Deuticke, 1892, in Lieferungen erschienen.)

1893 *Charcot.*
(Aus: Wiener med. Wochenschr. 1893, Nr. 37.)
Über ein Symptom, das häufig die Enuresis nocturna der Kinder begleitet.
(Neurolog. Centralblatt, 1893, Nr. 21.)
Über den psychischen Mechanismus hysterischer Phänomene.
(Vorläufige Mitteilung in Gemeinschaft mit Dr. J. Breuer.)
(Neurolog. Centralblatt, 1893, Nr. 1 u. 2.)
Zur Kenntnis der cerebralen Diplegien des Kindesalters (im Anschlusse an die Little'sche Krankheit).
(Neue Folge, III. Heft der ›Beiträge zur Kinderheilkunde‹, herausgegeben von Dr. M. Kassowitz 1893.)
Über familiäre Formen von cerebralen Diplegien.
(Aus: Neurolog. Centralblatt, 1893, Nr. 15 u. 16.)
Les diplégies cérébrales infantiles.
(Aus: Revue neurologique, T. I., 1893, Nr. 8.)
Quelques considérations pour une étude comparative des paralysies motrices organiques et hystériques.
(Aus: Arch. de Neurologie, Nr. 77, 1893.)

1894 *Die Abwehr-Neuropsychosen.*
Versuch einer psychologischen Theorie der acquirierten Hysterie, vieler Phobien und Zwangsvorstellungen und gewisser halluzinatorischer Psychosen.
(Aus: Neurolog. Centralblatt, 1894, Nr. 10 u. 11.)

1895 *Obsessions et Phobies. Leur méchanisme psychique et leur étiologie.*
(Aus: Revue Neurologique, III, 1895, Nr. 2.)
Studien über Hysterie.
(In Gemeinschaft mit Dr. J. Breuer.)
Wien, Franz Deuticke, 1895
Über die Berechtigung, von der Neurasthenie einen bestimmten Symptomenkomplex als ›Angstneurose‹ abzutrennen.
(Aus: Neurolog. Centralblatt, 1895, Nr. 2.)
Zur Kritik der ›Angstneurose‹.
(Aus: Wiener klin. Rundschau, 1895.)
Über die Bernhardt'sche Sensibiltätsstörung am Oberschenkel.
(Aus: Neurolog. Centralblatt, 1895, Nr. 11.)

1896 *Weitere Bemerkungen über die Abwehr-Neuropsychosen.*
(Aus: Neurolog. Centralblatt, 1896, Nr. 10.)
Zur Aetiologie der Hysterie.
(Aus: Wiener klin. Rundschau, 1896, Nr. 22 bis 26.)
L'Hérédité et l'étiologie des névroses.
(Aus: Revue neurologique, T. IV, 1896, Nr. 6.)

1897 *Die infantile Cerebrallähmung.*
(Aus: Nothnagel's Handbuch der speziellen Pathologie und Therapie, 1897, IX. Bd., II. T., II. Abt.)
Inhaltsangabe der wissenschaftlichen Arbeiten des Privatdocenten Dr. Sigmund Freud (1877-1897).
(Als Manuskript gedruckt, bei Franz Deuticke in Wien, im Jahre 1897 erschienen. Abgedruckt in ›Internationale Zeitschrift für Psychoanalyse und Imago‹, XXXV. Bd., 1940, S. 69 ff.)

1898 *Die Sexualität in der Aetiologie der Neurosen.*
(Aus: Wiener klin. Rundschau, 1898, Nr. 2, 4, 5 u. 7. G. S. Bd. I.)
Zum psychischen Mechanismus der Vergeßlichkeit.
(Aus: Monatsschr. f. Psychiatrie und Neurologie, 1898.)

1899 *Über Deckerinnerungen.*
(Aus: Monatsschr. f. Psychiatrie und Neurologie, 1899. G. S. Bd. I.)

1900 *Die Traumdeutung.*
(Leipzig u. Wien, Franz Deuticke, 1900. Abgedruckt in G. W. II/III.)

1901 *Über den Traum.*

(Grenzfragen des Nerven- und Seelenlebens. Wiesbaden, Verlag Bergmann, 1901. G. W. II/III.)

Zur Psychopathologie des Alltagslebens (Vergessen, Versprechen, Vergreifen) nebst Bemerkungen über eine Wurzel des Aberglaubens.

(Monatsschr. f. Psychiatrie und Neurologie, 1901, Bd. X, Heft 1 u. 2.)

(Erste Buchauflage 1904.)

Übersicht der Briefsendungen

Jahr		*Gesamtzahl der Sendungen*		*Hier veröffentlicht*
1887	..	2	..	2
1888	..	3	..	3
1889	..	—	..	—
1890	..	2	..	2
1891	..	4	..	2
1892	..	7	..	4
1893	..	15	..	6
1894	..	18	..	9
1895	..	37	..	21
1896	..	29	..	15
1897	..	39	..	29
1898	..	35	..	21
1899	..	44	..	26
1900	..	27	..	14
1901	..	17	..	11
1902	..	5	..	3
		284		168

Hinweise auf Ausgaben Freudscher Schriften in der Einleitung und in Anmerkungen:

G.S. = Gesammelte Schriften, 12 Bände, Leipzig und Wien, 1924-1936.

G.W. = Gesammelte Werke, 18 Bände, S. Fischer Verlag, Frankfurt a. M.

Wo immer angängig, sind die ›Gesammelten Werke‹ als die chronologisch geordnete Ausgabe zitiert.

Inhalt

Vorwort der Herausgeber 7
Einleitung von Ernst Kris: 9
I. Wilhelm Fließ' wissenschaftliche Interessen 9
II. Psychologie und Physiologie 19
III. Infantile Sexualität und Selbstanalyse 31
IV. Die Psychoanalyse als unabhängige Wissenschaft
(Auflösung der Beziehung zu Fließ) 38
Briefe 1—11 51
(Manuskript A) Probleme 61
(Manuskript B) Die Ätiologie der Neurosen 62
Brief 12 68
(Manuskript C) Etwas Motivenbericht 68
Briefe 13—18 70
(Manuskript D) Zur Ätiologie und Theorie der großen Neurosen
(Gliederung) 79
(Manuskript E) Wie die Angst entsteht 80
Briefe 19—20 86
(Manuskript F) Sammlung III. Nr. I 87
Brief 21 91
(Manuskript G) Melancholie 92
(Manuskript H) Paranoia 97
Brief 22 103
(Manuskript I) Migraine, feste Punkte 103
Briefe 23—38 106
(Manuskript J) Frau P. J., 27 J. 122
Brief 39 124
(Manuskript K) Die Abwehrneurosen 129
Briefe 40—61 137
(Manuskript L) Notizen I 170
Briefe 62—63 173
(Manuskript M) Notizen II 175
Brief 64 178
(Manuskript N) Notizen III 180
Briefe 65—153 182
Entwurf einer Psychologie 297
Anhang 385